BASEBALL AMERICA'S 1992 ALMANAC

A Comprehensive Review Of The 1991 Season, Featuring Statistics And Commentary

Copyright © by Baseball America, Inc.

Distributed by Simon & Schuster

No portion of this book may be reprinted or reproduced without the written consent of the publisher. For additional copies, send $9.95 to Baseball America, P.O. Box 2089, Durham, NC 27702.

BASEBALL AMERICA'S 1992 ALMANAC

PUBLISHED BY
Baseball America, Inc.

PUBLISHER
Miles Wolff

EDITOR
Allan Simpson

ASSISTANT EDITOR
Julie Lanzillo

PRODUCTION MANAGER
Shannon Cain

PRODUCTION ASSISTANT
Susan Merrell

ASSOCIATE EDITORS
Jim Callis, Dean Gyorgy, Alan Schwarz

CONTRIBUTING EDITORS
Peter Conradi, Maureen Delany, Gerry Fraley,
Wayne Graczyk, Rubin Grant, Paul Hagen, David Jones,
Mike Klis, David Lanier, Bill Palmer,
Tim Pearrell, Curt Rallo, Tracy Ringolsby, George Rorrer,
Gene Sapakoff, Casey Tefertiller, Gene Warnick

PHOTOGRAPHERS
Dan Arnold, Ken Babbitt, Mel Bailey, Rich Chapman,
Tom DiPace, Frank Farina, Al Gibes, Simon Griffiths,
Charlie Hall, Larry Kinker, Mitchell Layton/Duomo Photography,
Lewis Sports Photography, Michael Locke, David McIntyre,
Mike Ponzini, Frank Ragsdale, Lee R. Schmid,
Ron Schreier, John Schultz, Bruce Schwartzman,
John Spear, Bernard Troncale, Ed Turocey, Ron Vesely

STATISTICAL PRODUCTION CONSULTANT
Howe Sportsdata International, Inc.
Boston, Mass.

EDITOR'S NOTE
All professional statistics are based on final, unofficial 1991 averages. The statistics include all players who participated in at least one game during the 1991 season. Pitchers batting statistics are not included, nor are the pitching stats of minor league field players who pitched on rare occasions. For players who played with more than one team in the same league, the player's cumulative statistics are listed with that league's individual batting and pitching leaders.

* lefthanded batter, pitcher   # switch hitter

CONTENTS

THE MAJOR LEAGUES

The Year in Review 5
A worst-to-first dash by both Minnesota and Atlanta, a World Series that will go down as one of the greatest ever and expansion into the untapped markets of Florida and Colorado highlighted a grand 1991 season.

League Recaps 20
A complete review of the 1991 major league season, from Opening Day through the World Series.

ORGANIZATIONS

Club-by-Club Statistics 48
A complete statistical review of the '91 season, from the major leagues to the rookie leagues.

THE MINOR LEAGUES

The Year in Review 181
A bitter battle between the major and minor leagues was averted when a new Professional Baseball Agreement was signed; What ensued was a record-breaking year at the gate for the minor leagues.

League Recaps 190
A complete review of the '91 season, with standings, batting and pitching leaders from 17 pro leagues.

AND THERE'S MORE

Foreign Leagues 258
A review of pro ball in the Mexican and Japanese leagues, plus baseball's five recognized winter leagues.

College Baseball 273
A recap of Louisiana State winning its first World Series, plus All-America teams, national and conference stat leaders.

Amateur Baseball 295
Team USA's exploits at the Pan American Games, plus a complete recap of all amateur and youth tournaments in 1991.

1991 Amateur Draft 303
Beginning with Brien Taylor's historic signing, a complete recap of the '91 draft, with a list of all 1,600 players drafted.

THE MAJOR LEAGUES

1991 IN REVIEW **5**
Expansion, rash of no-hitters and managerial firings stole the headlines in 1991

THE WORLD SERIES **12**
From worst to first, from the Tomahawk Chop to Homer Hankies, Atlanta and Minnesota stage one of the greatest series ever

AMERICAN LEAGUE **20**
Upstart Twins dislodge 3-time champion A's in AL West . . . then brush past Blue Jays in playoffs

NATIONAL LEAGUE **33**
Braves have a season to remember, rallying past Dodgers in NL West and Pittsburgh in the playoffs

1991 IN REVIEW

Fantasy Baseball: Twins, Braves In Series

By CASEY TEFERTILLER

Even with all the troubles in which baseball seems to find itself, there is always a little room for fantasy.

This time it came courtesy of the Minnesota Twins and Atlanta Braves, when '90's bums became '91's fancy. "Worst to first" became October's cry when two last-place teams of 1990 arose from the cellar to battle for a World Series championship. Decades into the future, when the talk of bulging contracts, managerial firings and suspensions are forgotten, 1991 will be remembered as the year when the meek inherited the World Series.

For all the problems in baseball, there is something remarkably right about that. Second chances are as American as Opening Day.

Fire The Manager

Job security never had much to do with managing in Major League Baseball. But 1991 shot away all that old talk of stability, with skippers being discarded as if they were broken bats or scarred balls.

From Opening Day to the end of the World Series, 14 managers were either fired or changed jobs of their own accord. More than half the teams in baseball were under new management.

Even winning was not enough. Don Zimmer had led the Chicago Cubs to the National League West title in 1989 but found himself jobless before summer hit Chicago. Joe Morgan managed the Boston Red Sox into the 1990 American League Championship Series and contended for the A.L. East title into the last week of '91, only to find himself facing unemployment in October.

Don Zimmer, Stump Merrill (top right) and Tim Trebelhorn (bottom right) were among 14 managers who lost their jobs in 1991.

More than any previous season, 1991 was the year of win or else. Just about every manager knew the gallows was ready, awaiting one bad spell that could send him to pink-slip pandamonium. Team executives no longer talked of stability, just of finding the right man to win.

Perhaps it could be foreseen. The winter of 1990-91 was a rarity, with no managers dumped in the offseason. The calm winter would preceed baseball's stormiest summer, the year of the executioner's song.

By October, the Cubs had fired two managers—Zimmer and Jim Essian; the White Sox lost Jeff Torborg to the Mets and dismissed were the Mariners' Jim Lefebvre, the Expos' Buck Rodgers, the Mets' Bud Harrelson, the Phils' Nick Leyva, the Orioles' Frank Robinson, the Angels' Doug Rader, the Indians' John McNamara, the Royals' John Wathan, the Brewers' Tom Trebelhorn and the Yankees' Stump Merrill.

Cincinnati's Rob Dibble was reprimanded for bad behavior three times in 1991.

"I feel like a guy in an open casket at his own funeral," Trebelhorn said after his October firing. "Everyone walks by and says what a good guy you were. But it doesn't do any good. You're still dead."

The Players Fought Back

The on-field acrimony between players and fans reached intense levels. Cincinnati's Rob Dibble and Cleveland's Albert Belle fired balls into the stands, hitting fans. Jose Canseco engaged in a heated discussion with an antagonizing New York fan, then in a later game became the subject of a garbage attack from Yankee Stadium fans.

There was just no getting along between the entertainers and the folks who pay their salaries.

Dibble had a season in tumult. He was twice suspended: first for throwing behind the head of Houston's Eric Yelding; second for an incident in which he saved a game, then angrily fired a ball into the upper deck of the outfield area and hit a woman in the elbow.

Later, Dibble fielded a bunt by the Cubs' Doug Dascenzo and intentionally hit Dascenzo with the throw as Dascenzo sped to first. He was merely reprimanded for that incident.

Belle hit a heckling fan in the chest with his throw, and Canseco was restrained after a finger-pointing incident where the fan allegedly made profane reference to his meeting with pop singer Madonna.

Fire the manager, storm the fans. This was the year patience wore thin in the Grand Old Game.

Crowds Still Coming

Even if the players and fans did not always get along, the crowds kept coming.

Major League Baseball set a single-season attendance record for the sixth time in seven years, drawing a combined total of

56,888,512 fans—an average of 27,403 a game. The record breaks the 55,173,096 mark set in 1989.

The Toronto Blue Jays became the first franchise in North American sports history to draw more than four million, attracting 4,001,526 to SkyDome.

Atlanta, involved in a down-to-the-wire pennant race, made the greatest jump, from 980,129 in 1990 to 2,140,217 in 1991.

There Are Still Heroes

When umpire Steve Palermo struggled to the mound in Minnesota to throw out the first pitch of the World Series, he showed heroism is about much more than swinging a bat or throwing a fastball.

Steve Palermo
. . . Hero

Palermo was shot after responding to the screams of two waitresses being assaulted outside a Dallas restaurant. He and five others helped subdue an alleged assailant before Palermo was shot by accomplices. He had been considered by many the best umpire in the American League, but his career may have ended with an act of courage.

The 42-year-old, 14-year veteran of the American League spent three months in a hospital learning to walk again after a bullet severed nerves in his spine.

Palermo returned on Oct. 5 to accept lineups before a Rangers-A's game in Arlington, then arrived in Minneapolis for the World Series. This was the year an umpire deserved more cheers than the players.

Another No-hitter Fest

After a record nine no-hitters in '90, how many generations would it take to even come close to the total?

Well, not many.

Major league pitchers threw eight more no-hitters in '91, meaning that the two years of the '90s had more no-hitters than the entire decade of the '80s.

Of course, the no-hitter by Expos pitcher Mark Gardner was stricken from the record book shortly after he pitched it—he threw nine no-hit innings only to lose it in the 10th—so it will have no place in history. All no-hitters that didn't go at least nine innings and didn't remain intact if they went beyond regulation were stricken from the record books by the game's Committee for Statistical Accuracy in 1991.

Dennis Martinez
. . . Perfect

The most dramatic no-hitter came a night after Gardner's no-hitter that wasn't a no-hitter when teammate Dennis Martinez threw a perfect game against the Dodgers, making Ron Hassey the first catcher ever to receive two perfectos—he also caught Len Barker's in 1981 with the Indians.

Nolan Ryan of the Rangers threw the seventh no-hitter of his career, 21-year-old Wilson Alvarez pitched one in his his second major-league appearance and first with the White Sox, Tommy Greene of the Phillies emerged from obscurity to throw one and Bret Saberhagen of the Royals added another.

There were two combined no-nos—Bob Milacki, Mike Flanagan, Mark Williamson and Gregg Olson did it for the Orioles against the defending AL champion A's, and Kent Mercker, Mark Wohlers and Alejandro Pena did it for the Braves.

1992 ALMANAC • **7**

Nolan Ryan, 44, continued to eclipse baseball milestones in 1991. Among other feats, he pitched his seventh career no-hitter.

Once one of baseball's most dramatic shows, the no-hitter has become commonplace in the '90s. As with ice cream, too much does not taste nearly as good.

And Then There Were 28

The long wait ended for Denver and Miami, the two cities granted expansion franchises in the National League, beginning with the 1993 season.

This expansion will be different. The two teams will draft players from both leagues, and free agency could bring expansion teams into contention more quickly than in the past.

The two teams, known as the Colorado Rockies and Florida Marlins, paid a record $95 million expansion fee. They beat out applications from Tampa-St. Petersburg, Buffalo, Orlando and Washington, D.C.

Big Year At Cooperstown

For the first time in seven years, the Baseball Writers Association of America voted three players into the Hall of Fame.

Gaylord Perry, Ferguson Jenkins and Rod Carew received baseball's ultimate honor. In addition, former Yankee second baseman Tony Lazzeri and ex-owner Bill Veeck were awarded posthumously by the veterans committee.

Perry won 314 games and is the only pitcher to win Cy Young Awards in both leagues. Yet he was on the ballot for three years before finally reaching the 75 percent of votes necessary. The delay likely came because he was believed the game's

Dave Dombrowski, left, and Bob Gebhard were selected to head National League expansion franchises in Miami and Denver.

premier practioner of the spitball. Perry played for eight different teams, second only to Hoyt Wilhelm (9) for different uniforms worn by Hall-of-Famers.

Jenkins had a 284-226 career record and had six consecutive 20-win seasons, although he never pitched on a pennant winner and usually played for teams buried in the standings.

Carew, the AL's Most Valuable Player in 1967, had a .328 career average and won seven AL batting titles. He hit better than .300 for 15 consecutive seasons. He stole home seven times in 1969.

Lazzeri played second base for the Yankees during the glory years of the late '20s and early '30s, compiling a career .292 average. He played in seven World Series.

Veeck owned the St. Louis Browns, Cleveland Indians and Chicago White Sox at various times, and was considered baseball's ultimate showman. He sent midget Eddie Gaedel to bat in a game against the Tigers in 1952 when he owned the Browns.

Deaths

Baseball lost two of its greats during 1991. Hall of Fame shortstop Luke Appling and veteran manager Leo Durocher both died.

Appling, a five-time all-star, had a .310 career average and was elected to the Hall of Fame in 1964.

"Old Aches and Pains" was voted the White Sox's greatest living player in a 1969 fan poll. He led the American League in hitting with a .388 average in 1936.

Durocher played on championship teams with the Yankees and was the shortstop for the St. Louis Cardinals' Gashouse Gang, but his greatest fame came as a manager. He presided over the New York Giants' comeback in 1951 and the Cubs'

Oakland's Rickey Henderson broke the all-time stolen base record set by Lou Brock, stealing base No. 939 on May 1.

Rod Carew, left, Ferguson Jenkins, center, and Gaylord Perry were among five new Hall of Fame inductees in 1991.

collapse in 1969, guiding the Dodgers and Astros during a managerial career that began in Brooklyn in 1939 and ended in Houston in 1973. He was, rightly or wrongly, credited with the phrase "Nice guys finish last," and he lasted until the finish.

The Day The Records Fell

Baseball waited through April while Oakland's Rickey Henderson nursed injuries. The all-time stolen base record was his for the taking.

Henderson's day came May 1 at the Oakland Coliseum when he took off for third base against Yankees pitcher Tim Leary. It was steal No. 939, surpassing Lou Brock as the most by

MAJOR LEAGUE ALL-STAR GAME

Oakland's Tony La Russa became the first manager to win three consecutive All-Star Games and A's reliever Dennis Eckersley the first to save three in a row as the American League downed the National League 4-2 July 9 at Toronto's SkyDome.

Baltimore's Cal Ripken was selected the game's MVP. He hammered a three-run homer off former teammate Dennis Martinez in the third inning, lifting the A.L. to its fourth straight win.

American League 4, National League 2

NATIONAL	AB	R	H	BI	BB	SO	AMERICAN	AB	R	H	BI	BB	SO
Gwynn cf	4	1	2	0	0	0	R. Henderson lf	2	1	1	0	0	0
Butler pr-cf	1	0	0	0	0	0	Carter lf	1	1	1	0	1	0
Sandberg 2b	3	0	1	0	0	0	Boggs 3b	2	1	1	0	1	0
Samuel 2b	1	0	1	0	0	0	Molitor 3b	0	0	0	0	0	0
Clark 1b	2	0	0	1	0	0	Ripken ss	3	1	2	3	0	0
Murray 1b	1	0	0	0	0	1	Guillen ss	0	0	0	0	0	0
Bonilla dh	4	0	2	1	0	1	Fielder 1b	3	0	0	0	0	1
Dawson rf	2	1	1	1	0	0	Palmeiro 1b	0	0	0	0	1	0
Jose rf	2	0	1	0	0	1	Tartabull dh	2	0	0	0	0	1
Calderon lf	2	0	1	0	0	0	Baines dh	1	0	0	1	0	0
O'Neill lf	2	0	0	0	0	0	D. Henderson rf	2	0	0	0	0	1
Sabo 3b	2	0	0	0	0	0	Sierra rf	2	0	0	0	0	2
Johnson 3b	2	0	0	0	0	1	Griffey Jr. cf	3	0	2	0	0	0
Santiago c	3	0	0	0	0	1	Puckett cf	1	0	0	0	0	0
Biggio c	1	0	0	0	0	0	S. Alomar c	2	0	0	0	0	0
O. Smith ss	1	0	0	0	1	0	Fisk c	2	0	1	0	0	1
Larkin ss	1	0	0	0	0	0	R. Alomar 2b	4	0	0	0	0	0
Bell ph	1	0	0	0	0	1							
TOTALS	35	2	10	2	2	7	TOTALS	30	4	8	4	3	6

```
National . . . . . . . . . . . . . . . . . . . . . . . . . . . . . . . . . . . . . . . . . . . . . . . 100  100  000—2
American . . . . . . . . . . . . . . . . . . . . . . . . . . . . . . . . . . . . . . . . . . . . . . 003  001  10x—4
```

Molitor reached on catcher's interference.
E—Biggio. DP—American 2. LOB—National 8, American 8. 2B—Sandberg. HR—Ripken, Dawson. SB—Calderon. S—Guillen. SF—Baines.

NATIONAL	IP	H	R	ER	BB	SO	AMERICAN	IP	H	R	ER	BB	SO
Glavine	2	1	0	0	1	3	Morris	2	4	1	1	0	1
D. Martinez L	2	4	3	3	0	0	Key W	1	1	0	0	0	1
Viola	1	0	0	0	1	0	Clemens	1	1	1	1	0	0
Harnisch	1	2	0	0	1	0	McDowell	2	1	0	0	2	0
Smiley	0	1	1	1	0	0	Reardon	⅔	1	0	0	0	0
Dibble	1	0	0	0	1	1	Aguilera	1⅓	2	0	0	0	3
Morgan	1	0	0	0	0	1	Eckersley S	1	0	0	0	0	1

Smiley pitched to two batters in the 7th.
T—3:04. A—52,383.

Houston's Jeff Bagwell hit .294 while learning a new position. He was selected Baseball America's 1991 Rookie of the Year.

anyone in the history of the game.

A few hours later Nolan Ryan pitched his seventh no-hitter, striking out 16 Toronto Blue Jays in a 3-0 win at Arlington Stadium. At age 44, he became the oldest pitcher ever to throw a no-hitter.

"It was the most rewarding no-hitter of them all because it came in front of my fans on Arlington Appreciation Night," Ryan said. "My career is complete now. I got one for the fans in Arlington."

Ryan also set records for most consecutive years (22) with 100 or more strikeouts and 545 starts without making a relief appearance. He became the second pitcher to reach double digits in victories 20 different seasons and added to several records he already held.

A Farewell To Memorial

Baltimore's Memorial Stadium will never be eulogized as one of the great parks of baseball, not a Fenway, a Wrigley or even a Dodger Stadium. Yet the old yard had its moments.

It was only fitting that Johnny Unitas and Brooks Robinson threw out the first balls for the final game at Memorial, Unitas throwing a football. Over the years, they were responsible for much of the excitement.

Catcher Rick Dempsey led the final farewell, using his body to spell out the letters O-R-I-O-L-E-S.

Next comes Orioles Park at Camden Yards, a long, unwieldy name that will forever be shortened to Camden Yards on the sports pages.

WORLD SERIES

Worst-to-First Series Unfolds As One Of Best

By TRACY RINGOLSBY

Three hours after the ultimate baseball game of the season ended and his Minnesota Twins accomplished the ultimate goal—victory in the World Series—manager Tom Kelly sat behind the desk in his office. He still wore his champagne-soaked uniform. And he bore a feeling of accomplishment that he appreciated more than ever.

As a rookie big league manager in 1987, Kelly had taken the Twins to a World Series title. That was special, and Kelly wasn't about to compare the feelings of that year to 1991.

But...

"I really felt happy to win this time," Kelly said.

How happy?

For a moment after Gene Larkin delivered a single in the bottom of the 10th inning to win one of the best World Series in history, Kelly actually joined in the on-field celebration.

"Got a little excited," he admitted.

How excited?

This is the man who watched from the dugout in 1987 when his players celebrated on the field after clinching the American League West, the AL pennant and the World Series. And this is the same man who stayed in the dugout in recent days when the Twins again celebrated an AL West title and pennant.

Not this time, though. When the Twins beat Atlanta 1-0 behind 10 innings of stellar pitching by Jack Morris, Kelly made his way from the dugout to be a part of the festivities. And long after the sellout crowd of 55,118 had filed out of the Metrodome and the bulk of his players had headed elsewhere to celebrate, Kelly still was savoring the accomplishment.

"There are some personal reasons I don't want to get into," Kelly said, "but baseball-wise, I guess going from last (in the AL West in 1990) to first and doing the work we did over the winter to bring in people to help us be competitive ... I guess I do appreciate it a little more."

Three Extra-Inning Games

The manner in which the Twins held off Atlanta only added to Kelly's emotional satisfaction.

Five of the seven games were decided by one run—one short of the record set in 1972. Four of the games were decided on the final pitch—two more than any other Series had witnessed. A record five games were decided in a team's final at-bat.

"After Game 6, people started telling me this is one of the greatest World Series ever played. Then you start thinking about what you've gone through in the dugout and you think maybe they're right," Kelly said. "Maybe it was one of the greatest ever."

It certainly was one of the more intriguing. Minnesota became the first team in history to finish last one year then win a World Series the next. And the team the Twins beat, the Braves, earned their World Series berth after three straight last-place finishes, during which time they averaged 100 losses.

In the end, it was Morris, a reclamation project himself who clinched the Series MVP award with his Game 7 effort.

Morris made it clear that the game was his the night before, when he promised "to do my best." He came through with a better performance than even he could have expected, getting

Hometown hero Jack Morris won Game 7 for the Twins with a 10-inning, 1-0 shutout over the Atlanta Braves.

a major break in the eighth inning when Atlanta outfielder Lonnie Smith, attempting to steal second, lost sight of a drive hit by Terry Pendleton and hesitated at second base. While Pendleton wound up with a double, Smith had to hold at third with nobody out. Morris pitched out of that jam, then retired the Braves in order in the ninth and, to Kelly's surprise, the 10th.

"After the ninth I told him he had done enough," Kelly said. "My God, what more could you have wanted from a man?"

Morris, though, lobbied and won a debate with Kelly to remain in the game.

"He said he was fine, and (pitching coach) Dick Such said he was fine," Kelly said. "I decided, 'What the heck, it's just a game.' " Kelly was so convinced that Morris was committed to finishing what he started that when the Twins were batting in the bottom of the 10th there still was no one warming in the Minnesota bullpen.

"It would have taken a shotgun to get him out of there," Kelly said, "and I didn't have one."

Morris Wins Two

Morris provided the opening and finishing touches for the Twins, who duplicated their 1987 first-time feat of winning all four games at home.

Morris, who returned to his native state as a free agent after a long career in Detroit, had been the Twins starter in the season opener, for Game 1 of the AL playoffs and again in the World Series.

He got the Twins off to a fast start, pitching seven strong innings before admittedly running out of gas and walking Smith and Jeff Treadway to open the eighth. The Twins bullpen took over to preserve a 5-2 victory, the big blow being a three-run home run by Greg Gagne that gave the Twins a 4-0 lead in the fifth and chased Braves starter Charlie Leibrandt.

Leibrandt was selected to start Game 1 by Braves manager Bobby Cox because Cox wanted to give an extra day of rest to 20-game winner Tom Glavine. It was the only start Leibrandt would make in the Series, but he would have a say—one he'd rather not remember—in the Twins overcoming a 3-2 deficit.

Glavine responded well to the extra day of rest, but the Braves didn't reward him. He gave up two runs in the first inning, on a Chili Davis home run, but then rebounded, retiring 15 straight batters and 17 of 18 before giving up a leadoff home run to Scott Leius in the eighth inning that proved the difference in Minnesota's 3-2 victory.

The Braves found the home field to their liking in Game 3. The Braves knocked out 20-game winner Scott Erickson in the fifth, racing to a 4-1 lead behind the strong arm of Steve Avery. An error by Pendleton in the eighth, though, provided the opening the Twins needed to turn Avery's gem into a game that would epitomize the Series. Davis, relegated to pinch-hitting

WORLD SERIES CHAMPS

1991—Minnesota (AL) 4, Atlanta (NL) 3	1961—New York (AL) 4, Cincinnati (NL) 1
1990—Cincinnati (NL) 4, Oakland (AL) 0	1960—Pittsburgh (NL) 4, New York (AL) 3
1989—Oakland (AL) 4, San Francisco (NL) 0	1959—Los Angeles (NL) 4, Chicago (AL) 2
1988—Los Angeles (NL) 4, Oakland (AL) 1	1958—New York (AL) 4, Milwaukee (NL) 3
1987—Minnesota (AL) 4, St. Louis (NL) 3	1957—Milwaukee (NL) 4, New York (AL) 3
1986—New York (NL) 4, Boston (AL) 3	1956—New York (AL) 4, Brooklyn (NL) 3
1985—Kansas City (AL) 4, St. Louis (NL) 3	1955—Brooklyn (NL) 4, New York (AL) 3
1984—Detroit (AL) 4, San Diego (NL) 1	1954—New York (NL) 4, Cleveland (AL) 0
1983—Baltimore (AL) 4, Philadelphia (NL) 1	1953—New York (AL) 4, Brooklyn (NL) 2
1982—St. Louis (NL) 4, Milwaukee (AL) 3	1952—New York (AL) 4, Brooklyn (NL) 3
1981—Los Angeles (NL) 4, New York (AL) 2	1951—New York (AL) 4, New York (NL) 2
1980—Philadelphia (NL) 4, Kansas City (AL) 2	1950—New York (AL) 4, Philadelphia (NL) 0
1979—Pittsburgh (NL) 4, Baltimore (AL) 3	1949—New York (AL) 4, Brooklyn (NL) 1
1978—New York (AL) 4, Los Angeles (NL) 2	1948—Cleveland (AL) 4, Boston (NL) 2
1977—New York (AL) 4, Los Angeles (NL) 2	1947—New York (AL) 4, Brooklyn (NL) 3
1976—Cincinnati (NL) 4, New York (AL) 0	1946—St. Louis (NL) 4, Boston (AL) 3
1975—Cincinnati (NL) 4, Boston (AL) 3	1945—Detroit (AL) 4, Chicago (NL) 3
1974—Oakland (AL) 4, Los Angeles (NL) 1	1944—St. Louis (NL) 4, St. Louis (AL) 2
1973—Oakland (AL) 4, New York (NL) 3	1943—New York (AL) 4, St. Louis (NL) 1
1972—Oakland (AL) 4, Cincinnati (NL) 3	1942—St. Louis (NL) 4, New York (AL) 1
1971—Pittsburgh (NL) 4, Baltimore (AL) 3	1941—New York (AL) 4, Brooklyn (NL) 1
1970—Baltimore (AL) 4, Cincinnati (NL) 1	1940—Cincinnati (NL) 4, Detroit (AL) 3
1969—New York (NL) 4, Baltimore (AL) 1	1939—New York (AL) 4, Cincinnati (NL) 0
1968—Detroit (AL) 4, St. Louis (NL) 3	1938—New York (AL) 4, Chicago (NL) 0
1967—St. Louis (NL) 4, Boston (AL) 3	1937—New York (AL) 4, New York (NL) 1
1966—Baltimore (AL) 4, Los Angeles (NL) 0	1936—New York (AL) 4, New York (NL) 2
1965—Los Angeles (NL) 4, Minnesota (AL) 3	1935—Detroit (AL) 4, Chicago (NL) 2
1964—St. Louis (NL) 4, New York (AL) 3	1934—St. Louis (NL) 4, Detroit (AL) 3
1963—Los Angeles (NL) 4, New York (AL) 0	1933—New York (NL) 4, Washington (AL) 1
1962—New York (AL) 4, San Francisco (NL) 3	1932—New York (AL) 4, Chicago (NL) 0
	1931—St. Louis (NL) 4, Philadelphia (AL) 3
	1930—Philadelphia (AL) 4, St. Louis (NL) 2
	1929—Philadelphia (AL) 4, Chicago (NL) 1
	1928—New York (AL) 4, St. Louis (NL) 0
	1927—New York (AL) 4, Pittsburgh (NL) 0
	1926—St. Louis (NL) 4, New York (AL) 3
	1925—Pittsburgh (NL) 4, Washington (AL) 3
	1924—Washington (AL) 4, New York (NL) 3
	1923—New York (AL) 4, New York (NL) 2
	1922—New York (NL) 4, New York (AL) 0
	1921—New York (NL) 5, New York (AL) 3
	1920—Cleveland (AL) 5, Brooklyn (NL) 2
	1919—Cincinnati (NL) 5, Chicago (AL) 3
	1918—Boston (AL) 4, Chicago (NL) 2
	1917—Chicago (AL) 4, New York (NL) 2
	1916—Boston (AL) 4, Brooklyn (NL) 1
	1915—Boston (AL) 4, Philadelphia (NL) 1
	1914—Boston (NL) 4, Philadelphia (AL) 0
	1913—Philadelphia (AL) 4, New York (NL) 1
	1912—Boston (AL) 4, New York (NL) 3
	1911—Philadelphia (AL) 4, New York (NL) 2
	1910—Philadelphia (AL) 4, Chicago (NL) 1
	1909—Pittsburgh (NL) 4, Detroit (AL) 3
	1908—Chicago (NL) 4, Detroit (AL) 1
	1907—Chicago (NL) 4, Detroit (AL) 0
	1906—Chicago (AL) 4, Chicago (NL) 2
	1905—New York (NL) 4, Philadelphia (AL) 1
	1904—No Series
	1903—Boston (AL) 5, Pittsburgh (NL) 3

because the DH was not used in the National League park, followed with a game-tying home run.

Finally, in the 12th inning, light-hitting Mark Lemke solved a Twins bullpen that had not allowed an earned run in 27 previous postseason innings. He delivered a two-out single off Rick Aguilera, scoring Dave Justice, who had singled with one out and stolen second.

That gave the Braves a 5-4 victory in a game that equaled the second longest in World Series history and saw the two teams use a record 42 players, including a single-team record 23 by Minnesota. When the game ended, only Morris, the Game 4 starter, and Kevin Tapani, who would start Game 5, had not appeared. The Twins used a record eight pinch-hitters—two more than the Dodgers in Game 5 of 1959—including pitcher Aguilera, who lined out with the bases loaded to end the top of the 12th.

The Braves tied the Series 2-2 with a 3-2 victory in Game 4 when Jerry Willard, who earned a spot on the Braves' post-season roster only because Otis Nixon was suspended for a chemical abuse relapse, drove in the game-winning run with a sacrifice fly in the bottom of the ninth. Lemke, inserted into the Braves lineup in Game 2, completed a 3-for-4 performance by tripling and scoring the winning run.

Mark Lemke
. . . .417 hitter

Atlanta racked up the only Series blowout with a 14-5 victory in Game 5 as Justice drove in five runs. Smith, the first player to appear in a World Series with four different teams (Philadelphia in 1980, St. Louis in 1982, Kansas City in 1985 and the Braves in 1991), became the first player since Reggie Jackson of the 1977 Yankees to hit home runs in three consecutive games. Lemke had two more triples.

Puckett Gets Twins Even

Once the Series returned to Minnesota for its conclusion, a regular-season star finally took on a starring role.

Kirby Puckett broke out of a 3-for-18 slump in Game 6, breaking the hearts of Atlanta and Leibrandt by drilling an 11th-inning homer, enabling the Twins to win 4-3. Cox gambled and lost when he called on Leibrandt to make the first meaningful relief appearance of his career at the start of the inning.

Puckett led the majors with a .407 average against lefties during the regular season, and drove the fifth pitch Leibrandt threw deep to left center. Puckett played a role in all four Minnesota runs.

That set the stage for Morris, who provided the pitching masterpiece that set off a championship celebration.

It was a celebration even Kelly had to admit he enjoyed, passing out cigars like a proud father.

"I campaigned hard (to sign) Jack," Kelly said. "And when the owner says to you, 'If I get you Morris, are you going to guarantee we finish first, second or third?' . . . I wanted Pags (Mike Pagliarulo). I made a big push for Chili."

Kelly got all three free agents, and the Twins got a World Series championship.

WORLD SERIES BOX SCORES

Game One: Minnesota 5, Atlanta 2

ATLANTA	AB	R	H	BI	BB	SO	MINNESOTA	AB	R	H	BI	BB	SO
L. Smith dh	3	1	0	0	1	0	Gladden lf	2	1	0	0	2	0
Treadway 2b	3	1	1	0	1	2	Knoblauch 2b	3	0	3	1	1	0
Pendleton 3b	4	0	0	0	0	0	Puckett cf	4	0	0	0	0	2
Justice rf	2	0	1	0	2	0	C. Davis dh	3	0	0	0	1	1
Gant cf	4	0	3	2	0	0	Harper c	4	0	2	0	0	0
Bream 1b	4	0	0	0	0	1	Mack rf	4	0	0	0	0	1
Hunter lf	4	0	0	0	0	0	Hrbek 1b	4	2	2	1	0	1
Olson c	3	0	1	0	1	0	Leius 3b	2	1	1	0	0	1
Belliard ss	1	0	0	0	0	0	Pagliarulo ph-3b	1	0	0	0	0	0
Blauser ph-ss	2	0	0	0	0	0	Gagne ss	3	1	1	3	0	0
TOTALS	30	2	6	2	5	3	TOTALS	30	5	9	5	4	6

Atlanta . . . . 000 001 010—2
Minnesota . . . . 001 031 00x—5

E—Treadway, Gladden. DP—Atlanta 2, Minnesota 2. LOB—Atlanta 7, Minnesota 5. 2B—Harper, Hrbek. HR—Gagne. SB—Hrbek, Knoblauch 2. S—Belliard.

ATLANTA	IP	H	R	ER	BB	SO	MINNESOTA	IP	H	R	ER	BB	SO
Leibrandt L	4	7	4	4	1	3	Morris W	7	5	2	2	4	3
Clancy	2	1	1	1	2	0	Guthrie	⅔	0	0	0	1	0
Wohlers	1	1	0	0	1	0	Aguilera S	1⅓	1	0	0	0	3
Stanton	1	0	0	0	0	2							

Leibrandt pitched to 3 batters in 5th, Morris pitched to 2 batters in 8th.
T—3:00. A—55,108.

Game Two: Minnesota 3, Atlanta 2

ATLANTA	AB	R	H	BI	BB	SO	MINNESOTA	AB	R	H	BI	BB	SO
L. Smith dh	3	0	0	0	0	0	Gladden lf	4	0	0	0	0	1
Pendleton 3b	4	0	2	0	0	1	Knoblauch 2b	3	1	0	0	1	0
Gant cf	4	0	1	0	0	0	Puckett cf	4	0	0	0	0	1
Justice rf	4	1	1	0	0	0	C. Davis dh	3	1	1	2	0	1
Bream 1b	4	0	1	0	0	1	Harper c	2	0	1	0	1	0
Hunter lf	3	0	1	1	0	1	Mack rf	3	0	0	0	0	2
Olson c	4	1	1	0	0	1	Hrbek 1b	2	0	0	0	1	1
Lemke 2b	3	0	1	0	0	1	Leius 3b	3	1	1	1	0	0
Gregg ph	1	0	0	0	0	1	Gagne ss	3	0	1	0	0	1
Belliard ss	2	0	1	1	0	0							
TOTALS	32	2	8	2	0	6	TOTALS	27	3	4	3	3	6

Atlanta . . . . 010 010 000—2
Minnesota . . . . 200 000 01x—3

E—Justice, Leius. DP—Atlanta 2. LOB—Atlanta 6, Minnesota 3. 2B—Bream, Olson. HR—C. Davis, Leius. S—L. Smith. SF—Hunter, Belliard.

ATLANTA	IP	H	R	ER	BB	SO	MINNESOTA	IP	H	R	ER	BB	SO
Glavine L	8	4	3	3	3	6	Tapani W	8	7	2	2	0	3
							Aguilera S	1	1	0	0	0	3

Bk—Glavine. T—2:37. A—55,145.

Game Three: Atlanta 5, Minnesota 4

MINNESOTA	AB	R	H	BI	BB	SO	ATLANTA	AB	R	H	BI	BB	SO
Gladden lf	6	1	3	0	0	1	L. Smith lf	4	1	1	1	0	1
Knoblauch 2b	5	0	1	1	0	0	Mitchell lf	2	0	0	0	0	0
Hrbek 1b	6	0	1	0	0	2	Pendleton 3b	4	1	0	0	2	0
Puckett cf	4	1	1	1	2	2	Gant cf	6	0	0	0	0	0
Mack rf	4	0	0	0	0	2	Justice rf	6	2	2	1	0	1
Willis p	0	0	0	0	0	0	Bream 1b	3	0	1	0	1	0
Sorrento ph	1	0	0	0	0	1	Hunter ph-1b	2	0	0	0	0	0
Guthrie p	0	0	0	0	0	0	Olson c	3	1	1	1	3	0
Aguilera ph-p	1	0	0	0	0	0	Lemke 2b	5	0	2	1	1	1
Leius 3b	3	0	0	0	0	1	Belliard ss	3	0	1	1	1	0
Pagliarulo ph-3b	1	0	0	0	0	1	Blauser ph-ss	1	0	0	0	0	0
Newman ph-3b	1	0	0	0	0	0	Avery p	3	0	0	0	0	2
Gagne ss	5	0	0	0	0	1	Pena p	0	0	0	0	0	0
Ortiz c	2	0	1	0	0	0	Treadway ph	0	0	0	0	0	0
Harper ph-c	3	1	1	0	0	0	Stanton p	0	0	0	0	0	0
Erickson p	1	0	0	0	0	1	Cabrera ph	1	0	0	0	0	0
West p	0	0	0	0	0	0	Wohlers p	0	0	0	0	0	0
Leach p	0	0	0	0	0	0	Mercker p	0	0	0	0	0	0
Larkin ph	1	0	1	0	0	0	Clancy p	0	0	0	0	0	0
Bedrosian p	0	0	0	0	0	0							
Davis ph	1	1	1	2	0	0							
Brown rf	0	0	0	0	0	0							
Bush ph-rf	2	0	0	0	0	1							
TOTALS	47	4	10	4	2	13	TOTALS	43	5	8	5	8	6

Minnesota . . . . 100 000 120 000—4
Atlanta . . . . 010 120 000 001—5

E—Knoblauch, Pendleton, Lemke. LOB—Minnesota 10, Atlanta 12. 2B—Bream, Olson.

16 • 1992 ALMANAC

3B—Gladden. HR—Puckett, Davis, L. Smith, Justice. SB—Knoblauch, Justice. S—Treadway. SF—Knoblauch.

MINNESOTA	IP	H	R	ER	BB	SO	ATLANTA	IP	H	R	ER	BB	SO
Erickson	4⅔	5	4	3	2	3	Avery	7	4	3	2	0	5
West	0	0	0	0	2	0	Pena	2	4	1	1	0	4
Leach	⅓	0	0	0	0	1	Stanton	2	1	0	0	1	3
Bedrosian	2	0	0	0	0	1	Wohlers	⅓	1	0	0	0	0
Willis	2	0	0	0	2	0	Mercker	⅓	0	0	0	0	1
Guthrie	2	1	0	0	1	1	Clancy W	⅓	0	0	0	1	0
Aguilera L	⅔	2	1	1	1	0							

West pitched to 2 batters in 5th, Avery pitched to 1 batter in 8th.
WP—Pena, Erickson. T—4:04. A—50,878.

Game Four: Atlanta 3, Minnesota 2

MINNESOTA	AB	R	H	BI	BB	SO	ATLANTA	AB	R	H	BI	BB	SO
Gladden lf	4	0	0	0	0	0	L. Smith lf	4	1	2	1	0	1
Knoblauch 2b	3	0	1	0	1	1	Pendleton 3b	4	1	2	1	0	0
Puckett cf	4	0	1	0	0	0	Gant cf	3	0	1	0	1	0
Hrbek 1b	4	0	0	0	0	1	Justice rf	3	0	0	0	1	1
Harper c	4	1	2	0	0	0	Bream 1b	3	0	0	0	1	0
Mack rf	4	0	0	0	0	2	Hunter ph-1b	1	0	0	0	0	0
Pagliarulo 3b	3	1	3	2	0	0	Olson c	3	0	0	0	1	1
Leius ph-3b	1	0	0	0	0	0	Lemke 2b	4	1	3	0	0	0
Bedrosian p	0	0	0	0	0	0	Belliard ss	2	0	0	0	0	0
Gagne ss	3	0	0	0	0	3	Treadway ph	1	0	0	0	0	0
Morris p	2	0	0	0	0	1	Blauser ss	0	0	0	0	1	0
Larkin ph	1	0	0	0	0	0	Smoltz p	2	0	0	0	0	1
Willis p	0	0	0	0	0	0	Gregg ph	1	0	0	0	0	1
Guthrie p	0	0	0	0	0	0	Wohlers p	0	0	0	0	0	0
Newman 3b	0	0	0	0	0	0	Stanton p	0	0	0	0	0	0
							Cabrera ph	0	0	0	0	0	0
							Willard ph	0	0	0	0	0	0
TOTALS	33	2	7	2	1	8	TOTALS	31	3	8	3	4	6

Minnesota	010 000 100—2
Atlanta	001 000 101—3

LOB—Minnesota 5, Atlanta 7. 2B—Knoblauch, Harper, Pendleton, Lemke. 3B—Lemke. HR—L. Smith, Pendleton, Pagliarulo. SB—Knoblauch, L. Smith, Gant. SF—Willard.

MINNESOTA	IP	H	R	ER	BB	SO	ATLANTA	IP	H	R	ER	BB	SO
Morris	6	6	1	1	3	4	Smoltz	7	7	2	2	0	7
Willis	1⅓	1	1	1	0	1	Wohlers	⅓	0	0	0	1	0
Guthrie L	1	1	1	1	1	1	Stanton W	1⅔	0	0	0	0	1
Bedrosian	⅓	0	0	0	0	0							

WP—Morris. T—2:57. A—50,878.

Game Five: Atlanta 14, Minnesota 5

MINNESOTA	AB	R	H	BI	BB	SO	ATLANTA	AB	R	H	BI	BB	SO
Gladden lf	5	1	1	0	0	1	L. Smith lf	5	1	1	1	0	1
Knoblauch 2b	3	1	1	0	1	1	Mitchell lf	0	0	0	0	0	0
Bedrosian p	0	0	0	0	0	0	Pendleton 3b	4	3	2	0	1	0
Ortiz c	1	0	0	1	0	0	Gant cf	4	3	3	1	1	1
Puckett cf	2	1	1	0	0	0	Justice rf	5	2	2	5	0	1
Brown ph-cf	2	0	0	0	0	0	Bream 1b	2	0	0	0	1	1
Davis rf	3	2	1	0	1	0	Hunter ph-1b	2	2	2	2	0	0
Willis p	0	0	0	0	0	0	Olson c	5	1	3	0	0	0
Harper c	2	0	1	1	1	0	St. Claire p	0	0	0	0	0	0
Bush ph-rf	1	0	0	0	0	0	Lemke 2b	4	2	2	3	1	1
Leius 3b	2	0	1	1	0	0	Belliard ss	4	0	2	2	0	0
West p	0	0	0	0	0	0	Glavine p	2	0	0	0	0	0
Newman 2b	1	0	1	1	0	0	Mercker p	0	0	0	0	0	0
Hrbek 1b	3	0	0	1	0	0	Gregg ph	1	0	0	0	0	0
Sorrento ph-1b	0	0	0	1	0	0	Clancy p	1	0	0	0	0	1
Gagne ss	4	0	1	0	0	0	Cabrera c	0	0	0	0	0	0
Tapani p	1	0	0	0	0	0							
Larkin ph	1	0	0	0	0	0							
Leach p	0	0	0	0	0	0							
Pagliarulo ph-3b	2	0	0	0	0	0							
TOTALS	39	15	17	15	5	6							

Minnesota	000 003 011— 5
Atlanta	000 410 63x—14

E—Harper, Pendleton. DP—Minnesota 1. LOB—Minnesota 7, Atlanta 5. 2B—Gagne, Pendleton, Belliard. 3B—Gladden, Newman, Gant, Lemke 2. HR—L. Smith, Justice, Hunter. SB—Justice, Olson. S—Puckett.

MINNESOTA	IP	H	R	ER	BB	SO	ATLANTA	IP	H	R	ER	BB	SO
Tapani L	4	6	4	4	2	4	Glavine W	5⅓	4	3	3	4	2
Leach	2	2	1	1	0	1	Mercker	⅔	0	0	0	0	0
West	0	2	4	4	2	0	Clancy	2	2	1	1	1	2
Bedrosian	1	3	2	2	0	1	St. Claire	1	1	1	1	0	0
Willis	1	4	3	3	0	0							

West pitched to 4 batters in 7th.
WP—Bedrosian. T—2:59. A—50,878.

1992 ALMANAC • 17

Twins pinch-hitter Gene Larkin (left) won Game 7 with a 10th-inning single. Lonnie Smith hit three home runs for the Braves.

Game Six: Minnesota 4, Atlanta 3

ATLANTA	AB	R	H	BI	BB	SO	MINNESOTA	AB	R	H	BI	BB	SO
L. Smith dh	3	1	0	0	1	0	Gladden lf	4	1	0	0	1	0
Pendleton 3b	5	1	4	2	0	0	Knoblauch 2b	5	1	1	0	0	0
Gant cf	5	0	0	1	0	0	Puckett cf	4	2	3	3	0	1
Justice rf	4	0	0	0	1	1	Davis dh	4	0	0	0	0	1
Bream 1b	4	0	1	0	1	0	Mack rf	4	0	2	1	0	0
Mitchell pr-lf	0	0	0	0	0	0	Leius 3b	3	0	2	0	0	0
Hunter lf-1b	5	0	0	0	0	0	Pagliarulo ph-3b	1	0	0	0	0	1
Olson c	5	0	0	0	0	1	Hrbek 1b	4	0	0	0	0	1
Lemke 2b	4	1	2	0	0	0	Ortiz c	2	0	0	0	0	1
Belliard ss	2	0	1	0	0	1	Harper ph-c	2	0	0	0	0	1
Gregg ph	0	0	0	0	0	0	Gagne ss	4	0	1	0	0	0
Blauser ph-ss	2	0	1	0	0	1							
TOTALS	39	3	9	3	3	4	TOTALS	37	4	9	4	1	6

```
Atlanta    . . . . . . . . . . . . . . . . . . . . . . . . . . . . . . . . . . 000  020  100  00—3
Minnesota  . . . . . . . . . . . . . . . . . . . . . . . . . . . . . . . . . . 200  010  000  01—4
```

E—Hunter. DP—Atlanta 2, Minnesota 2. LOB—Atlanta 7, Minnesota 5. 2B—Mack. 3B—Puckett. HR—Pendleton, Puckett. SB—Gladden, Puckett. SF—Puckett.

ATLANTA	IP	H	R	ER	BB	SO	MINNESOTA	IP	H	R	ER	BB	SO
Avery	6	6	3	3	1	3	Erickson	6	5	3	3	2	2
Stanton	2	2	0	0	0	1	Guthrie	⅓	1	0	0	1	1
Pena	2	0	0	0	2	0	Willis	2⅔	1	0	0	0	1
Leibrandt L	0	1	1	1	0	0	Aguilera W	2	2	0	0	0	0

Erickson pitched to 1 batter in 7th, Leibrandt pitched to 1 batter in 11th.
HBP—L. Smith (by Erickson). WP—Guthrie. T—3:46. A—55,155.

Game Seven: Minnesota 1, Atlanta 0

ATLANTA	AB	R	H	BI	BB	SO	MINNESOTA	AB	R	H	BI	BB	SO
L. Smith dh	4	0	2	0	1	1	Gladden lf	5	1	3	0	0	1
Pendleton 3b	5	0	1	0	0	0	Knoblauch 2b	4	0	1	0	0	0
Gant cf	4	0	0	0	0	2	Puckett cf	2	0	0	0	3	1
Justice rf	3	0	1	0	1	1	Hrbek 1b	3	0	0	0	1	0
Bream 1b	4	0	0	0	0	0	Davis dh	4	0	1	0	0	1
Hunter lf	4	0	1	0	0	1	Brown pr-dh	0	0	0	0	0	0
Olson c	4	0	0	0	0	1	Larkin ph	1	0	1	1	0	0
Lemke 2b	4	0	1	0	0	1	Harper c	4	0	2	0	0	0
Belliard ss	2	0	1	0	0	1	Mack rf	4	0	1	0	0	0
Blauser ph-ss	1	0	0	0	0	0	Pagliarulo 3b	3	0	0	0	1	0
							Gagne ss	2	0	0	0	0	1
							Bush ph	1	0	1	0	0	0
							Newman pr-ss	0	0	0	0	0	0
							Sorrento ph	1	0	0	0	0	1
							Leius ss	0	0	0	0	0	0
TOTALS	35	0	7	0	2	8	TOTALS	34	1	10	1	5	5

```
Atlanta    . . . . . . . . . . . . . . . . . . . . . . . . . . . . . . . . . . 000  000  000  0—0
Minnesota  . . . . . . . . . . . . . . . . . . . . . . . . . . . . . . . . . . 000  000  000  1—1
```

DP—Atlanta 3, Minnesota 1. LOB—Atlanta 8, Minnesota 12. 2B—Pendleton, Hunter, Gladden 2. S—Belliard, Knoblauch.

ATLANTA	IP	H	R	ER	BB	SO	MINNESOTA	IP	H	R	ER	BB	SO
Smoltz	7⅓	6	0	0	1	4	Morris W	10	7	0	0	2	8
Stanton	⅔	2	0	0	1	0							
Pena L	1⅓	2	1	1	3	1							

Stanton pitched to 2 batters in 9th.
HBP—Hrbek (by Smoltz). T—3:23. A—55,118.

WORLD SERIES COMPOSITE BOX

ATLANTA

Player, Pos.	AVG	G	AB	R	H	2B	3B	HR	RBI	BB	SO	SB
Mark Lemke, 2b	.417	6	24	4	10	1	3	0	4	2	4	0
Rafael Belliard, ss	.375	7	16	0	6	1	0	0	4	1	2	0
Terry Pendleton, 3b	.367	7	30	6	11	3	0	2	3	3	1	0
Ron Gant, cf	.267	7	30	3	8	0	1	0	4	2	3	1
Dave Justice, rf	.259	7	27	5	7	0	0	2	6	5	5	2
Jeff Treadway, 2b-ph	.250	3	4	1	1	0	0	0	0	1	2	0
Lonnie Smith, dh-lf	.231	7	26	5	6	0	0	3	3	3	4	1
Greg Olson, c	.222	7	27	3	6	2	0	0	1	5	4	1
Brian Hunter, lf-ph-1b	.190	7	21	2	4	1	0	1	3	0	2	0
Jeff Blauser, ph-ss	.167	5	6	0	1	0	0	0	0	1	1	0
Sid Bream, 1b	.125	7	24	0	3	2	0	0	0	3	4	0
Francisco Cabrera, ph-c	.000	3	1	0	0	0	0	0	0	0	0	0
Jim Clancy, p	.000	2	1	0	0	0	0	0	0	0	1	0
Tom Glavine, p	.000	2	2	0	0	0	0	0	0	0	0	0
Keith Mitchell, lf-pr	.000	3	2	0	0	0	0	0	0	0	1	0
John Smoltz, p	.000	2	2	0	0	0	0	0	0	0	1	0
Steve Avery, p	.000	2	3	0	0	0	0	0	0	0	2	0
Tommy Gregg, ph	.000	4	3	0	0	0	0	0	0	0	2	0
Jerry Willard, ph	.000	1	0	0	0	0	0	0	1	0	0	0
TOTALS	**.253**	**7**	**249**	**29**	**63**	**10**	**4**	**8**	**29**	**26**	**39**	**5**

Pitcher	W	L	ERA	G	GS	CG	SV	IP	H	R	ER	BB	SO
Mike Stanton	1	0	0.00	5	0	0	0	7⅓	5	0	0	2	7
Mark Wohlers	0	0	0.00	3	0	0	0	1⅔	2	0	0	2	1
Kent Mercker	0	0	0.00	2	0	0	0	1	0	0	0	0	1
John Smoltz	0	0	1.26	2	2	0	0	14⅓	13	2	2	1	11
Tom Glavine	1	1	2.70	2	2	1	0	13⅓	8	6	4	7	8
Alejandro Pena	0	1	3.38	3	0	0	0	5⅓	6	2	2	3	7
Steve Avery	0	0	3.46	2	2	0	0	13	10	6	5	1	8
Jim Clancy	1	0	4.15	3	0	0	0	4⅓	3	2	2	4	2
Randy St. Claire	0	0	9.00	1	0	0	0	1	1	1	1	0	0
Charlie Liebrandt	0	2	11.25	2	1	0	0	4	8	5	5	1	3
TOTALS	**3**	**4**	**2.89**	**7**	**7**	**1**	**0**	**65⅓**	**56**	**24**	**21**	**21**	**48**

MINNESOTA

Player, Pos.	AVG	G	AB	R	H	2B	3B	HR	RBI	BB	SO	SB
Gene Larkin, ph	.500	4	4	0	2	0	0	0	1	0	0	0
Al Newman, ph-3b-2b-ss	.500	3	2	0	1	0	1	0	1	0	0	0
Brian Harper, c-ph	.381	7	21	2	8	2	0	0	1	2	2	0
Scott Leius, 3b-ph-ss	.357	7	14	2	5	0	0	1	2	1	2	0
Chuck Knoblauch, 2b	.308	7	26	3	8	1	0	0	2	4	2	4
Mike Pagliarulo, ph-3b	.273	6	11	1	3	0	0	1	2	1	2	0
Kirby Puckett, cf	.250	7	24	4	6	0	1	2	4	5	7	1
Randy Bush, ph-rf	.250	3	4	0	1	0	0	0	0	1	0	0
Dan Gladden, lf	.233	7	30	5	7	2	2	0	0	3	4	2
Chili Davis, dh-ph-rf	.222	6	18	4	4	0	0	2	4	2	3	0
Junior Ortiz, c	.200	3	5	0	1	0	0	0	0	1	0	0
Greg Gagne, ss	.167	7	24	4	4	1	0	1	3	0	7	0
Shane Mack, rf	.130	6	23	3	3	1	0	0	1	0	7	0
Kent Hrbek, 1b	.115	7	26	2	3	1	0	1	2	2	6	0
Rick Aguilera, ph-p	.000	4	1	0	0	0	0	0	0	0	1	0
Scott Erickson, p	.000	2	1	0	0	0	0	0	0	0	1	0
Kevin Tapani, p	.000	1	1	0	0	0	0	0	0	0	0	0
Jarvis Brown, rf-ph-cf-pr	.000	4	2	0	0	0	0	0	0	0	1	0
Jack Morris, p	.000	3	2	0	0	0	0	0	0	0	1	0
Paul Sorrento, ph-1b	.000	3	2	0	0	0	0	0	0	1	2	0
TOTALS	**.232**	**7**	**241**	**24**	**56**	**8**	**4**	**8**	**24**	**21**	**48**	**7**

Pitcher	W	L	ERA	G	GS	CG	SV	IP	H	R	ER	BB	SO
Jack Morris	2	0	1.17	3	3	1	0	23	18	3	3	9	15
Rick Aguilera	1	1	1.80	4	0	0	2	5	5	1	1	1	3
Mark Guthrie	0	1	2.25	4	0	0	0	4	3	1	1	4	3
Terry Leach	0	0	3.86	2	0	0	0	2⅓	2	1	1	0	2
Kevin Tapani	1	1	4.50	2	2	0	0	12	13	6	6	2	7
Scott Erickson	0	0	5.06	2	2	0	0	10⅔	10	7	6	4	5
Carl Willis	0	0	5.14	4	0	0	0	7	6	4	4	2	2
Steve Bedrosian	0	0	5.40	3	0	0	0	3⅓	3	2	2	0	2
David West	0	0	∞	2	0	0	0	0	2	4	4	4	0
TOTALS	**4**	**3**	**3.74**	**7**	**7**	**1**	**2**	**67⅔**	**63**	**29**	**28**	**26**	**39**

Atlanta	0	2	1	5	6	1	8	4	1	0	0	1—29
Minnesota	5	1	1	0	4	4	2	4	1	1	1	0—24

E—Treadway, Gladden, Justice, Leius, Knoblauch, Pendleton 2, Lemke, Harper, Hunter. DP—Atlanta 9, Minnesota 6. LOB—Atlanta 52, Minnesota 47. S—Belliard 2, Smith, Treadway, Puckett, Knoblauch. SF—Hunter, Belliard, Willard, Knoblauch, Puckett. HBP—Smith (by Erickson), Hrbek (by Smoltz). WP—Pena, Morris 2, Guthrie, Erickson, Bedrosian. Bk—Glavine. PB—Harper. Umpires—Drew Coble (AL), Don Denkinger (AL), Ed Montague (NL), Rick Reed (AL), Terry Tata (NL), Harry Wendelstedt (NL). Official Scorers—Red Foley, Tom Mee, Dave Nightingale, Mark Fredrickson, Kit Stier.

AMERICAN LEAGUE

Twins' Roller Coaster Ride Tops Crazy Season

By GERRY FRALEY

In May, President George Bush took Queen Elizabeth II of England to her first major league game. If the president had difficulty explaining that day's game in Baltimore, how would he explain to her the weirdness that was the American League in 1991?

The weak became powerful. The powerful became weak.

Managers were fired for winning. Players were paid millions of dollars for not playing.

A player who was supposed to be finished because of injury, Bo Jackson, returned to the Chicago White Sox. A player who was supposed to be at the top of the game, Oakland's Rickey Henderson, did not play as well as teammate Mike Gallego.

A player, New York Yankees first baseman Don Mattingly, was benched for his failure to get a haircut. A pitcher, Jack McDowell of the Chicago White Sox, played with his band in an afternoon concert and did not finish the third inning in a start that evening.

Tom Kelly
. . . On hotseat early

Cleveland spent one day over .500 and finished last in the East. California played an entire season at .500 and finished last in the West.

Remember this as a volatile year. These were the landmark points.

The Rises

Minnesota lost 88 games and finished in last place in 1990. The Twins started 1991 at 2-9 and the noose was ready for manager Tom Kelly.

He finished the year, however, in the World Series and a strong candidate for manager of the year honors. The Twins won the West, becoming the first team in this century to go from last place to first place in consecutive seasons. They defeated Toronto in five games in the American League playoffs then beat another last-to-first team, Atlanta, in one of the greatest World Series ever.

The Twins improved by 25 victories over 1990 for several reasons. Pitcher Jack Morris, who started the all-star game and won the decisive seventh game of the World Series, and designated hitter Chili Davis were successful free-agent additions. Young pitchers Scott Erickson and Kevin Tapani bloomed.

Erickson had 12 consecutive victories in the first half and stopped Texas' 14-game winning streak in one of the season's pivotal games. Tapani won 14 of 16 decisions leading up to the division clinching.

The Twins won their 15th consecutive game June 16 and took first place for the duration. It was hard to find flaws in the Twins armor. They led the league in hitting and finished second in ERA and fielding.

Toronto won the East despite having only two position players in the same spot as in 1990. General manager Pat Gillick, shedding his 'Stand Pat' image, made significant additions of outfielders Joe Carter and Devon White and second baseman Roberto Alomar. Carter had 108 RBIs and may have been only third in importance on the Blue Jays behind White and Alomar.

While division rivals dawdled, Gillick added pitcher Tom Candiotti and outfielder Candy Maldonado during the season. Despite their loss in the playoffs, Toronto showed some mettle. The Blue Jays were 5-1 in the second half in games in which their lead was down to one game or less, and Toronto put away Boston by winning seven of its last 10 games.

The Fall

Oakland's run of three consecutive World Series appearances ended with a fourth-place showing in the West.

The Athletics held first place as late as June 15 but lost eight of the next 10 games. Oakland was three games off the lead on Aug. 11 but lost the next seven games for its longest losing streak since 1986.

Oakland's troubles began well before opening day. Third baseman Carney Lansford was essentially lost for the year because of a winter snowmobiling accident. Henderson, the left fielder and defending MVP, pouted in spring training about his contract and carried out his threat to play as if his mind were elsewhere.

Righthander Scott Erickson was hot early and won 20 games for Minnesota.

The Athletics used the disabled list 16 times and had 19 pitchers—one more than the previous two years combined—get a victory. Oakland's pitching problems were reflected in Dave Stewart and Bob Welch dropping from 49 victories in 1990 to 23.

The Firings

To be a manager in the American League in 1991 was to live a life of uncertainty.

Kansas City's John Wathan was first to go, dumped on May 22 with the disappointing Royals at 15-22. Baltimore's Frank Robinson went the next day. By the beginning of the World Series, eight AL managers on opening day had been fired.

Another, Jeff Torborg, chose to leave the Chicago White Sox after two consecutive second-place finishes.

Some moves were understandable.

Stump Merrill, the good soldier as a minor league manager, had difficulty dealing with the differences of major league life.

PENNANT WINNERS, DIVISION CHAMPIONS

Year	Winner	Pct
1901	Chicago	.610
1902	Philadelphia	.610
1903	Boston	.659
1904	Boston	.617
1905	Philadelphia	.622
1906	Chicago	.616
1907	Detroit	.613
1908	Detroit	.588
1909	Detroit	.645
1910	Philadelphia	.680
1911	Philadelphia	.669
1912	Boston	.691
1913	Philadelphia	.627
1914	Philadelphia	.651
1915	Boston	.669
1916	Boston	.591
1917	Chicago	.649
1918	Boston	.595
1919	Chicago	.629
1920	Cleveland	.636
1921	New York	.641
1922	New York	.610
1923	New York	.645
1924	Washington	.597
1925	Washington	.636
1926	New York	.591
1927	New York	.714
1928	New York	.656
1929	Philadelphia	.693
1930	Philadelphia	.662
1931	Philadelphia	.704
1932	New York	.695
1933	Washington	.651
1934	Detroit	.656
1935	Detroit	.616
1936	New York	.667
1937	New York	.662
1938	New York	.651
1939	New York	.702
1940	Detroit	.584
1941	New York	.656
1942	New York	.669
1943	New York	.636
1944	St. Louis	.578
1945	Detroit	.575
1946	Boston	.675
1947	New York	.630
1948	Cleveland	.626
1949	New York	.630
1950	New York	.636
1951	New York	.636
1952	New York	.617
1953	New York	.656
1954	Cleveland	.721
1955	New York	.623
1956	New York	.630
1957	New York	.636
1958	New York	.597
1959	Chicago	.610
1960	New York	.630
1961	New York	.673
1962	New York	.593
1963	New York	.646
1964	New York	.611
1965	Minnesota	.630
1966	Baltimore	.606
1967	Boston	.568
1968	Detroit	.636

Year	Eastern Div.		Western Div.		Pennant	
1969	Baltimore	.673	Minnesota	.599	Baltimore	3-0
1970	Baltimore	.667	Minnesota	.605	Baltimore	3-0
1971	Baltimore	.639	Oakland	.627	Baltimore	3-0
1972	Detroit	.551	Oakland	.600	Oakland	3-2
1973	Baltimore	.599	Oakland	.580	Oakland	3-2
1974	Baltimore	.562	Oakland	.556	Oakland	3-1
1975	Boston	.594	Oakland	.605	Boston	3-0
1976	New York	.610	Kansas City	.556	New York	3-2
1977	New York	.617	Kansas City	.630	New York	3-2
1978	New York	.613	Kansas City	.568	New York	3-1
1979	Baltimore	.642	California	.543	Baltimore	3-1
1980	New York	.636	Kansas City	.599	Kansas City	3-0
1981	New York	.551	Oakland	.587	New York	3-0
1982	Milwaukee	.586	California	.574	Milwaukee	3-2
1983	Baltimore	.605	Chicago	.611	Baltimore	3-1
1984	Detroit	.642	Kansas City	.519	Detroit	3-0
1985	Toronto	.615	Kansas City	.562	Kansas City	4-3
1986	Boston	.590	California	.568	Boston	4-3
1987	Detroit	.605	Minnesota	.525	Minnesota	4-1
1988	Boston	.549	Oakland	.642	Oakland	4-0
1989	Toronto	.549	Oakland	.611	Oakland	4-1
1990	Boston	.543	Oakland	.636	Oakland	4-0
1991	Toronto	.562	Minnesota	.586	Minnesota	4-1

Joe Carter joined the Blue Jays in 1991 and led the team to the A.L. East title, driving in 108 runs.

The Yankees stirred some hope by going over .500 on July 20, but that lasted a day. The reality was the Yankees had terrible pitching that managed a league-low three complete games.

Tom Trebelhorn paid for Milwaukee's sour free-agent signings—first baseman Franklin Stubbs and pitcher Ted Higuera—and several years of sliding. The irony for Trebelhorn was the Brewers finished strong—going 40-19—and had their starting pitching in order for the first time in his tenure.

Some moves were curious.

Seattle had an improved record in each of Jim Lefebvre's three years. The Mariners, with a roster full of young players, had the first winning record (83-79) in club history. That could not overcome a front-office rift that cost Lefebvre his job.

Joe Morgan managed on hunches, pushed the bullpen hard and had as much control over the Boston clubhouse as a substitute teacher. Morgan did win twice in four years and had the Red Sox within a ½ game of the lead on Sept. 21 but was fired. No word on what will happen to those responsible for signing free-agent pitchers Danny Darwin and Matt Young. They combined to go 6-13 while spending much of the season on the disabled list.

That was too much for even Roger Clemens, the league leader in ERA, strikeouts and innings, to overcome. The Red Sox were 23-12 when Clemens started and 61-66 in all other games.

The Hirings

California changed general manager and manager within four months. General manager Mike Port and manager Doug Rader, fired with his team on a 17-31 run after spending a day tied for first place, were out. Lead executive Whitey Herzog and former Montreal manager Buck Rodgers were in.

1992 ALMANAC • **23**

Just as he did with St. Louis in the 1980s, Herzog promised to rearrange a team that had grown old and stale. Despite having three lefthanders—Jim Abbott, Chuck Finley and Mark Langston—combine for 55 victories, the Angels finished last. Their problem was an old and weary offense that finished 13th in scoring and produced three runs or fewer in 46 of 81 games after the all-star break.

Kansas City gave Hal McRae the managerial job he turned down three years earlier. McRae stopped the Royals' bleeding. Kansas City was 15-22 under Wathan and 67-58 under McRae. He returned the Royals to the style that made them a success in his playing days. The Royals placed a premium on speed and defense, and that shoved starters shortstop Kurt Stillwell and third baseman Bill Pecota to the bench.

The Streaks

Entering 1991, in AL history there had been only 18 teams with winning streaks of 14 or more games. Texas and Minnesota, which feasted on teams from the East, did it in the season's first half.

Minnesota won 15 games and the division. Texas won 14 consecutive games in May and still finished third. Of the 20 teams with lengthy winning streaks, only the 1916 St. Louis Browns, the 1951 Chicago White Sox and the Rangers did not finish first or second.

Oakland's Jose Canseco tied for the league lead with 44 homers.

The Rangers, who had a losing record before the streak started and after the streak ended, had obvious problems. Texas, with second baseman Julio Franco batting a majors-leading .341, topped the majors in scoring but also led in runs allowed. Bashball did not work for the Rangers.

The Slides

Cleveland lost at least 100 games for the third time in the last seven years. Even by Cleveland's standards, this was an ignominious year.

The Tribe lost 105 games and finished 10 games out of sixth place. A managerial change did not help. John McNamara started and went 25-52. Mike Hargrove finished and went 32-53. The Indians won consecutive games once from June 1 through July 18.

Along the way, the Indians used 53 players. One was unpredictable power hitter Albert Belle, who earned an in-season suspension for throwing a baseball at a heckler. Continuing their curious decision-making process, the Indians pushed back fences and began accumulating power hitters.

Hello

The Chicago White Sox unveiled the new Comiskey Park with a 16-0 loss to Detroit. It took the White Sox a while to understand their new digs, which favor power, and how to play there. The White Sox lost 14 of their first 30 home games, dropping into last place in the process. The White Sox came to within one game of first place on Aug. 11 but could not make up for the early problems.

Minnesota second baseman Chuck Knoblauch was the most conspicuous member of the rookie group. Texas catcher Ivan Rodriguez, promoted in late June, may have the best long-term capabilities. Several AL scouts considered Rodriguez the league's best defensive catcher at season's end.

Released in spring training by Kansas City because of a hip injury, Jackson signed with the White Sox as a free agent. He defied most forecasts and played in the majors in September, hitting .225 in 71 at-bats. With his football life in jeopardy, Jackson could devote himself full-time to the White Sox.

Accomplishments

Boston's Jeff Reardon became the fourth pitcher with 300 career saves. He balanced that by blowing a save opportunity Sept. 22 at New York with the Red Sox only ½ game out of first place. That started a season-ending 3-11 slump.

Baltimore's Cal Ripken Jr., a great player on a bad team, became only the fourth shortstop in history with a 30-homer season. It is a measure of the Orioles that a player of Ripken's greatness could not lift this team out of sixth place.

Oakland's Jose Canseco and Detroit's Cecil Fielder staged a stirring battle for the home-run title. They ended tied with 44. Fielder merited special consideration. He also led the league in RBIs (133) and helped keep in contention a team that finished 12th in ERA and last in team batting. Detroit was tied for first with Toronto as late as Aug. 26 but faded when a paralyzed front office did not respond to the loss of reliever Mike Henneman.

A Day In The Life

If one day captured the mood of the 1991 season, it was May 1.

In the afternoon at Oakland, Henderson stole third base to break Lou Brock's career record of 938 stolen bases. Henderson turned the historic moment into a tasteless scene by wearing sunglasses to get an endorsement fee and embarrassing himself with a vainglorious acceptance speech.

That evening in Arlington, Texas, Nolan Ryan showed how to make history with dignity. The 44-year-old Ryan overpowered Toronto for his record seventh no-hitter and called himself a fortunate man. Even in a bizarre season, there were some constants.

Baltimore's Cal Ripken enjoyed one of the greatest years ever by a shortstop, hitting .323 with 34 homers and 114 RBIs.

1991 FINAL STANDINGS

EAST	W	L	PCT	GB	Manager
Toronto	91	71	.562	—	Cito Gaston
Boston	84	78	.519	7	Joe Morgan
Detroit	84	78	.519	7	Sparky Anderson
Milwaukee	83	79	.512	8	Tom Trebelhorn
New York	71	91	.438	20	Stump Merrill
Baltimore	67	95	.414	24	Frank Robinson, John Oates
Cleveland	57	105	.352	34	John McNamara, Mike Hargrove

WEST	W	L	PCT	GB	Manager
Minnesota	95	67	.586	—	Tom Kelly
Chicago	87	75	.537	8	Jeff Torborg
Texas	85	77	.525	10	Bobby Valentine
Oakland	84	78	.519	11	Tony La Russa
Seattle	83	79	.512	12	Jim Lefebvre
Kansas City	82	80	.506	13	John Wathan, Hal McRae
California	81	81	.500	14	Doug Rader, Buck Rodgers

LEAGUE CHAMPIONSHIP SERIES: Minnesota defeated Toronto 4-1 in best-of-7 series for league pennant.

REGULAR-SEASON ATTENDANCE: Toronto—4,001,526; Chicago—2,934,154; Oakland—2,713,493; Boston—2,562,435; Baltimore—2,552,261; California—2,416,236; Texas—2,297,718; Minnesota—2,293,842; Kansas City—2,161,537; Seattle—2,147,905; New York—1,863,731; Detroit—1,641,661; Milwaukee—1,478,814; Cleveland—1,051,863.

1991 BATTING, PITCHING STATISTICS

CLUB BATTING

	AVG	G	AB	R	H	2B	3B	HR	BB	SO	SB
Minnesota	.280	162	5556	776	1557	270	42	140	526	747	107
Milwaukee	.271	162	5611	799	1523	247	53	116	556	802	106
Texas	.270	162	5703	829	1539	288	31	177	596	1039	102
Boston	.269	162	5530	731	1486	305	25	126	593	820	59
Kansas City	.264	162	5584	727	1475	290	41	117	523	969	119
Chicago	.262	162	5594	758	1464	226	39	139	610	896	134
Toronto	.257	162	5489	684	1412	295	45	133	499	1043	148
New York	.256	162	5541	674	1418	249	19	147	473	861	109
California	.255	162	5470	653	1396	245	29	115	448	928	94
Seattle	.255	162	5494	702	1400	268	29	126	588	811	97
Cleveland	.254	162	5470	576	1390	236	26	79	449	888	84
Baltimore	.254	162	5604	686	1421	256	29	170	528	974	50
Oakland	.248	162	5410	760	1342	246	19	159	642	981	151
Detroit	.247	162	5547	817	1372	259	26	209	699	1185	109

CLUB PITCHING

	ERA	G	CG	SHO	SV	IP	H	R	ER	BB	SO
Toronto	3.50	162	10	16	60	1463	1301	622	569	523	971
California	3.69	162	18	10	50	1442	1351	649	591	543	990
Minnesota	3.69	162	21	12	53	1449	1402	652	595	488	876
Chicago	3.79	162	28	8	40	1478	1302	681	622	601	923
Seattle	3.79	162	10	13	48	1464	1387	674	616	628	1003
Kansas City	3.92	162	17	12	41	1466	1473	722	639	529	1004
Boston	4.01	162	15	13	45	1440	1405	712	642	530	999
Milwaukee	4.14	162	23	11	41	1464	1498	744	674	527	859

1991 ALL-STAR TEAM

(Selected by Baseball America)

C—Brian Harper, Minnesota.
1B—Cecil Fielder, Detroit. **2B**—Julio Franco, Texas. **3B**—Robin Ventura, Chicago.
SS—Cal Ripken, Baltimore.
OF—Ken Griffey Jr., Seattle; Ruben Sierra, Texas; Jose Canseco, Oakland.
DH—Frank Thomas, Chicago.
P—Roger Clemens, Boston; Jim Abbott, California; Scott Erickson, Minnesota; Jack McDowell, Chicago; Bryan Harvey, California.

Player of the Year—Cal Ripken, Baltimore.
Pitcher of the Year—Roger Clemens, Boston.
Manager of the Year—Tom Kelly, Minnesota.
Rookie of the Year—Chuck Knoblauch, Minnesota. **Executive of the Year**—Andy MacPhail, Minnesota.

Ken Griffey Jr.
. . . Mariners CF

Texas second baseman Julio Franco walked away with the American League batting title, hitting .341.

	ERA	G	CG	SHO	SV	IP	H	R	ER	BB	SO
Cleveland	4.23	162	22	8	33	1441	1551	759	678	441	862
New York	4.42	162	3	11	37	1444	1510	777	709	506	936
Texas	4.47	162	9	10	41	1479	1486	814	734	662	1022
Detroit	4.51	162	18	8	38	1450	1570	794	726	593	739
Oakland	4.57	162	14	10	49	1444	1425	776	734	655	892
Baltimore	4.59	162	8	8	42	1458	1534	796	743	504	868

INDIVIDUAL BATTING LEADERS
(Minimum 502 Plate Appearances)

	AVG	G	AB	R	H	2B	3B	HR	RBI	BB	SO	SB
Franco, Julio, Texas	.341	146	589	108	201	27	3	15	78	65	78	36
*Boggs, Wade, Boston	.332	144	546	93	181	42	2	8	51	89	32	1
Randolph, Willie, Milwaukee	.327	124	431	60	141	14	3	0	54	75	38	4
*Griffey, Ken Jr., Seattle	.327	154	548	76	179	42	1	22	100	71	82	18
Molitor, Paul, Milwaukee	.325	158	665	133	216	32	13	17	75	77	62	19
Ripken, Cal, Baltimore	.323	162	650	99	210	46	5	34	114	53	46	6
*Palmeiro, Rafael, Texas	.322	159	631	115	203	49	3	26	88	68	72	4
Puckett, Kirby, Minnesota	.319	152	611	92	195	29	6	15	89	31	78	11
Thomas, Frank, Chicago	.318	158	559	104	178	31	2	32	109	138	112	1
Tartabull, Danny, Kansas City	.316	132	484	78	153	35	3	31	100	65	121	6

INDIVIDUAL PITCHING LEADERS
(Minimum 162 Innings)

	W	L	ERA	G	GS	CG	SV	IP	H	R	ER	BB	SO
Clemens, Roger, Boston	18	10	2.62	35	35	13	0	271	219	93	79	65	241
Candiotti, Tom, Toronto	13	13	2.65	34	34	6	0	238	202	82	70	73	167
Wegman, Bill, Milwaukee	15	7	2.84	28	28	7	0	193	176	76	61	40	89
*Abbott, Jim, California	18	11	2.89	34	34	5	0	243	222	85	78	73	158
Ryan, Nolan, Texas	12	6	2.91	27	27	2	0	173	102	58	56	72	203
Moore, Mike, Oakland	17	8	2.96	33	33	3	0	210	176	75	69	105	153
Tapani, Kevin, Minnesota	16	9	2.99	34	34	4	0	244	225	84	81	40	135
*Langston, Mark, California	19	8	3.00	34	34	7	0	246	190	89	82	96	183
*Key, Jimmy, Toronto	16	12	3.05	33	33	2	0	209	207	84	71	44	125
Saberhagen, Bret, KC	13	8	3.07	28	28	7	0	196	165	76	67	45	136

Cumulative Statistics, Multi-team Players

BATTING	AVG	G	AB	R	H	2B	3B	HR	RBI	BB	SO	SB
Hill, Glenallen, Tor-Clev	.258	72	221	29	57	8	2	8	25	23	54	6
Huff, Mike, Clev-Chi	.251	100	243	42	61	10	2	3	25	37	48	14
Jacoby, Brook, Clev-Oak	.224	122	419	28	94	21	1	4	44	27	54	2
Maldonado, Candy, Mil-Tor	.250	86	288	37	72	15	0	12	48	36	76	4
Marshall, Mike, Bos-Cal	.261	24	69	4	18	4	0	1	7	0	20	0
*Parker, Dave, Cal-Tor	.239	132	502	47	120	26	2	11	59	33	98	2
Snyder, Cory, Chi-Tor	.175	75	166	14	29	4	1	3	17	9	60	0
#Ward, Turner, Clev-Tor	.239	48	113	12	27	7	0	0	7	11	18	0
#Whiten, Mark, Tor-Clev	.243	116	407	46	99	18	7	9	45	30	85	4

PITCHING	W	L	ERA	G	GS	CG	SV	IP	H	R	ER	BB	SO
*Boucher, Denis, Tor-Clev	1	7	6.05	12	12	0	0	58	74	41	39	24	29
Candiotti, Tom, Clev-Tor	13	13	2.65	34	34	6	0	238	202	82	70	73	167
Hawkins, Andy, NY-Oak	4	6	5.52	19	17	1	0	90	91	56	55	42	45
Petry, Dan, Det-Bos	2	3	4.79	30	6	0	1	77	87	52	41	31	30
*Poole, Jim, Tex-Balt	3	2	2.36	29	0	0	1	42	29	14	11	12	38

DEPARTMENT LEADERS

Cecil Fielder
... 44 HR, 133 RBIs

Frank Thomas
... On-base leader

BATTING

RUNS
Paul Molitor, Milwaukee	133
Rafael Palmeiro, Texas	115
Jose Canseco, Oakland	115
Ruben Sierra, Texas	110
Devon White, Toronto	110

HITS
Paul Molitor, Milwaukee	216
Cal Ripken, Baltimore	210
Rafael Palmeiro, Texas	203
Ruben Sierra, Texas	203
Julio Franco, Texas	201

TOTAL BASES
Cal Ripken, Baltimore	368
Rafael Palmeiro, Texas	336
Ruben Sierra, Texas	332
Paul Molitor, Milwaukee	325
Joe Carter, Toronto	321

DOUBLES
Rafael Palmeiro, Texas	49
Cal Ripken, Baltimore	46
Ruben Sierra, Texas	44
Four tied at	42

TRIPLES
Lance Johnson, Chicago	13
Paul Molitor, Milwaukee	13
Roberto Alomar, Toronto	11
Mike Devereaux, Baltimore	10
Devon White, Toronto	10

HOME RUNS
Cecil Fielder, Detroit	44
Jose Canseco, Oakland	44
Cal Ripken, Baltimore	34
Joe Carter, Toronto	33
Frank Thomas, Chicago	32

RUNS BATTED IN
Cecil Fielder, Detroit	133
Jose Canseco, Oakland	122
Ruben Sierra, Texas	116
Cal Ripken, Baltimore	114
Frank Thomas, Chicago	109

SACRIFICE BUNTS
Luis Sojo, California	19
Roberto Alomar, Toronto	16
Harold Reynolds, Seattle	14
Felix Fermin, Cleveland	13
Ozzie Guillen, Chicago	13
B.J. Surhoff, Milwaukee	13

SACRIFICE FLIES
Alvin Davis, Seattle	10
John Olerud, Toronto	10
Several tied at	9

WALKS
Frank Thomas, Chicago	138
Mickey Tettleton, Detroit	101
Rickey Henderson, Oakland	98
Jack Clark, Boston	96
Chili Davis, Minnesota	95

INTENTIONAL WALKS
Wade Boggs, Boston	25
Harold Baines, Oakland	22
Ken Griffey Jr., Seattle	21
Paul Molitor, Milwaukee	16
Cal Ripken, Baltimore	15

HIT BY PITCH
Joe Carter, Toronto	10
Jose Canseco, Oakland	9
Dave Valle, Seattle	9
Brian Downing, Texas	8
Gary Gaetti, California	8
Edgar Martinez, Seattle	8

STRIKEOUTS
Rob Deer, Detroit	175
Jose Canseco, Oakland	152
Cecil Fielder, Detroit	151
Travis Fryman, Detroit	149
Devon White, Toronto	135

STOLEN BASES
Rickey Henderson, Oakland	58
Roberto Alomar, Toronto	53
Tim Raines, Chicago	51
Luis Polonia, California	48
Milt Cuyler, Detroit	41

CAUGHT STEALING
Luis Polonia, California	23
Rickey Henderson, Oakland	18
Alex Cole, Cleveland	17
Ozzie Guillen, Chicago	15
Tim Raines, Chicago	15

GIDP
Kirby Puckett, Minnesota	27
Albert Belle, Cleveland	24
Randy Milligan, Baltimore	23
Tony Pena, Boston	23
Robin Ventura, Chicago	22

HITTING STREAKS
Brian McRae, Kansas City	22
Joe Orsulak, Baltimore	21
Chuck Knoblauch, Minnesota	20
Darryl Hamilton, Milwaukee	19
Ruben Sierra, Texas	18

MULTI-HIT GAMES
Cal Ripken, Baltimore	73
Paul Molitor, Milwaukee	65
Julio Franco, Texas	64
Kirby Puckett, Minnesota	64
Rafael Palmeiro, Texas	59

SLUGGING PERCENTAGE
Danny Tartabull, K.C.	.593
Cal Ripken, Baltimore	.566
Jose Canseco, Oakland	.556
Frank Thomas, Chicago	.553
Rafael Palmeiro, Texas	.532

ON-BASE PERCENTAGE
Frank Thomas, Chicago	453
Willie Randolph, Milwaukee	.424
Wade Boggs, Boston	.421
Julio Franco, Texas	.408
Edgar Martinez, Seattle	.405

DEPARTMENT LEADERS

Roger Clemens was a one-man gang for Boston's pitching staff, leading in ERA, innings, shutouts and strikeouts.

PITCHING

GAMES
Duane Ward, Toronto	81
Gregg Olson, Baltimore	72
Mike Jackson, Seattle	72
Bill Swift, Seattle	71
Mike Jeffcoat, Texas	70
Mark Eichhorn, California	70

GAMES STARTED
Jack McDowell, Chicago	35
Bill Gullickson, Detroit	35
Dave Stewart, Oakland	35
Roger Clemens, Boston	35
Jack Morris, Minnesota	35
Bob Welch, Oakland	35

COMPLETE GAMES
Jack McDowell, Chicago	15
Roger Clemens, Boston	13
Jaime Navarro, Milwaukee	10
Jack Morris, Minnesota	10
Walt Terrell, Detroit	8

SHUTOUTS
Roger Clemens, Boston	4
Scott Erickson, Minnesota	3
Kevin Appier, Kansas City	3
Jack McDowell, Chicago	3
Brian Holman, Seattle	3

SAVES
Bryan Harvey, California	46
Dennis Eckersley, Oakland	43
Rick Aguilera, Minnesota	42
Jeff Reardon, Boston	40
Jeff Montgomery, Kansas City	33

WINS
Scott Erickson, Minnesota	20
Bill Gullickson, Detroit	20
Mark Langston, California	19
Four tied at	18

LOSSES
Kirk McCaskill, California	19
Greg Swindell, Cleveland	16
Charles Nagy, Cleveland	15
Tom Gordon, Kansas City	14
Brian Holman, Seattle	14

INNINGS PITCHED
Roger Clemens, Boston	271
Jack McDowell, Chicago	254
Jack Morris, Minnesota	247
Mark Langston, California	246
Kevin Tapani, Minnesota	244

HITS ALLOWED
Walt Terrell, Detroit	257
Bill Gullickson, Detroit	256
Dave Stewart, Oakland	245
Greg Swindell, Cleveland	241
Jaime Navarro, Milwaukee	237

RUNS ALLOWED
Dave Stewart, Oakland	135
Bob Welch, Oakland	124
Jaime Navarro, Milwaukee	117
Kevin Brown, Texas	116
Walt Terrell, Detroit	115

HOME RUNS ALLOWED
Rich DeLucia, Seattle	31
Mark Langston, California	30
Frank Tanana, Detroit	26
Bob Welch, Oakland	25
Three tied at	24

WALKS
Randy Johnson, Seattle	152
Mike Moore, Oakland	105
Dave Stewart, Oakland	105
Chuck Finley, California	101
Mark Langston, California	96

HIT BATSMEN
Mike Boddicker, Kansas City	13
Kevin Brown, Texas	13
Randy Johnson, Seattle	12
Todd Stottlemyre, Toronto	12
Charlie Hough, Chicago	11
Bob Welch, Oakland	11

STRIKEOUTS
Roger Clemens, Boston	241
Randy Johnson, Seattle	228
Nolan Ryan, Texas	203
Jack McDowell, Chicago	191
Mark Langston, California	183

WILD PITCHES
Jack Morris, Minnesota	15
Erik Hanson, Seattle	14
Mike Moore, Oakland	14
Dave Stewart, Oakland	13
Kevin Brown, Texas	12
Randy Johnson, Seattle	12

BALKS
Jim Abbott, California	4
Denis Boucher, Tor.-Clev.	4
Several tied at	3

OPPONENTS BATTING AVERAGE
Nolan Ryan, Texas	.172
Randy Johnson, Seattle	.213
Mark Langston, California	.215
Roger Clemens, Boston	.221
Tom Candiotti, Clev.-Tor.	.228

ALCS BOX SCORES

Game One: Twins 5, Blue Jays 4

TORONTO	AB	R	H	BI	BB	SO	MINNESOTA	AB	R	H	BI	BB	SO
White cf	4	1	1	0	0	1	Gladden lf	5	1	2	0	0	1
Alomar 2b	4	1	2	0	0	1	Knoblauch 2b	3	1	2	1	1	0
Carter rf	4	2	2	0	0	0	Puckett cf	4	0	0	0	0	1
Olerud 1b	4	0	2	2	0	0	Hrbek 1b	4	0	1	0	0	0
Gonzales pr-1b	0	0	0	0	0	0	Davis dh	2	1	1	2	2	0
Gruber 3b	4	0	2	2	0	2	Harper c	4	0	2	0	0	1
Maldonado lf	4	0	0	0	0	2	Ortiz c	0	0	0	0	0	0
Mulliniks dh	4	0	0	0	0	0	Mack rf	3	1	2	1	1	1
Borders c	4	0	0	0	0	0	Pagliarulo 3b	2	0	0	0	0	0
Lee ss	3	0	0	0	0	2	Leius ph-3b	1	0	0	0	0	1
							Larkin ph	1	0	0	0	0	0
							Newman 3b	0	0	0	0	0	0
							Gagne ss	4	1	1	1	0	1
TOTALS	35	4	9	4	0	8	TOTALS	33	5	11	5	4	6

Toronto .... 000 103 000—4
Minnesota .... 221 000 00x—5

E—Gruber 2, Borders. DP—Toronto 1. LOB—Toronto 4, Minnesota 8. 2B—Carter, Mack, Harper. SB—Gruber, Knoblauch 2, Davis, Mack.

TORONTO	IP	H	R	ER	BB	SO	MINNESOTA	IP	H	R	ER	BB	SO
Candiotti L	2⅔	8	5	5	1	2	Morris W	5⅓	8	4	4	0	4
Wells	3	2	0	0	2	2	Willis	2⅓	0	0	0	0	2
Timlin	2⅓	1	0	0	1	2	Aguilera S	1⅓	1	0	0	0	2

T—3:17. A—54,766.

Game Two: Toronto 5, Minnesota 2

TORONTO	AB	R	H	BI	BB	SO	MINNESOTA	AB	R	H	BI	BB	SO
White cf	4	3	2	0	1	1	Gladden lf	3	0	0	0	1	0
Alomar 2b	3	1	2	0	0	0	Knoblauch 2b	3	2	2	0	1	1
Carter rf	3	0	1	2	0	0	Puckett cf	3	0	1	1	1	0
Olerud 1b	4	0	0	0	0	1	Hrbek 1b	4	0	0	0	0	0
Gruber 3b	4	0	2	2	0	1	Davis dh	3	0	0	0	1	2
Maldonado lf	4	0	0	0	1	0	Harper c	4	0	1	1	0	0
Mulliniks dh	2	0	1	0	1	0	Mack rf	3	0	0	0	0	0
Tabler dh	1	0	0	0	0	0	Larkin ph	1	0	0	0	0	1
Borders c	4	0	1	0	0	0	Pagliarulo 3b	4	0	0	0	0	2
Lee ss	3	1	0	0	1	1	Gagne ss	3	0	1	0	0	2
TOTALS	32	5	9	4	3	5	TOTALS	31	2	5	2	4	8

Toronto .... 102 000 200—5
Minnesota .... 001 001 000—2

E—Mack. DP—Toronto 1, Minnesota 1. LOB—Toronto 5, Minnesota 6. 2B—White. SB—White, Alomar, Gladden. S—Alomar. SF—Carter.

TORONTO	IP	H	R	ER	BB	SO	MINNESOTA	IP	H	R	ER	BB	SO
Guzman W	5⅔	4	2	2	4	2	Tapani L	6⅓	8	4	4	2	5
Henke	1⅓	0	0	0	0	2	Bedrosian	⅓	1	1	0	1	0
D. Ward S	2	1	0	0	0	4	Guthrie	2⅓	0	0	0	0	0

WP—Guzman. T—3:02. A—54,816.

Game Three: Minnesota 3, Toronto 2

MINNESOTA	AB	R	H	BI	BB	SO	TORONTO	AB	R	H	BI	BB	SO
Gladden lf	5	0	0	0	0	0	White cf	5	0	1	0	0	0
Knoblauch 2b	5	1	2	0	0	0	Alomar 2b	3	0	0	0	1	1
Puckett cf	5	0	2	1	0	1	Carter rf	3	1	1	1	1	2
Davis dh	4	0	1	0	0	2	Ducey pr-rf	1	0	0	0	0	0
Mack rf	4	1	1	0	0	1	Olerud 1b	2	1	0	0	3	0
Hrbek 1b	3	0	0	1	1	1	Gruber 3b	5	0	0	0	0	1
Gagne ss	2	0	0	0	1	1	Maldonado lf	4	0	1	1	1	1
Sorrento ph	1	0	0	0	0	1	Mulliniks dh	1	0	0	1	0	0
Newman ss	0	0	0	0	0	0	Tabler ph	0	0	0	0	1	0
Ortiz c	3	0	0	0	0	0	Wilson pr-dh	1	0	0	0	0	0
Larkin ph	1	0	0	0	0	0	Borders c	3	0	0	0	0	0
Harper c	0	0	0	0	0	0	Lee ss	4	0	0	0	0	1
Leius 3b	3	0	0	0	0	0							
Pagliarulo ph-3b	1	1	1	0	0	0							
TOTALS	37	3	7	3	2	7	TOTALS	32	2	5	2	8	6

Minnesota .... 000 011 000 1—3
Toronto .... 200 000 000 0—2

E—Timlin. DP—Minnesota 1, Toronto 2. LOB—Minnesota 6, Toronto 10. 2B—Knoblauch, Puckett, Maldonado. 3B—Mack. HR—Pagliarulo, Carter. S—Alomar, Borders.

MINNESOTA	IP	H	R	ER	BB	SO	TORONTO	IP	H	R	ER	BB	SO
Erickson	4	3	2	2	5	2	Key	6	5	2	2	1	1
West	2⅔	1	0	0	3	3	Wells	1⅔	1	0	0	0	2
Willis	2	1	0	0	0	1	Henke	1⅓	0	0	0	1	3
Guthrie W	⅓	0	0	0	0	0	Timlin L	1	1	1	1	0	1
Aguilera S	1	0	0	0	0	0							

Erickson pitched to one batter in 5th. WP—West 2. T—3:36. A—51,454.

Minnesota's Kirby Puckett was selected MVP of the American League Championship Series. He hit .429 with two homers.

Game Four: Minnesota 9, Toronto 3

MINNESOTA	AB	R	H	BI	BB	SO	TORONTO	AB	R	H	BI	BB	SO
Gladden lf	5	1	3	3	0	1	White cf	5	0	2	0	0	0
Knoblauch 2b	5	0	0	0	0	2	Alomar 2b	5	0	2	1	0	0
Puckett cf	4	2	3	2	0	0	Carter dh	5	0	0	0	0	3
Hrbek 1b	5	0	0	0	0	1	Olerud 1b	5	0	1	0	0	0
Davis dh	4	1	2	0	1	2	Gruber 3b	4	1	1	0	0	0
Brown pr-dh	0	1	0	0	0	0	Maldonado rf	4	1	1	0	0	0
Harper c	5	1	1	0	0	0	Borders c	4	0	3	2	0	0
Mack rf	3	1	1	1	1	1	Lee ss	3	0	0	0	0	1
Pagliarulo 3b	4	2	2	2	0	0	Mulliniks ph	0	1	0	0	1	0
Leius ph-3b	0	0	0	0	1	0	Wilson lf	3	0	1	0	1	1
Gagne ss	4	0	1	0	0	2							
TOTALS	39	9	13	8	3	9	TOTALS	38	3	11	3	2	5

Minnesota . . . . 000 402 111—9
Toronto . . . . 010 001 001—3

E—Gagne, Gruber, Lee. LOB—Minnesota 9, Toronto 10. 2B—Davis 2, Harper, Pagliarulo, Gruber, Borders. HR—Puckett. SB—Gladden, White, Alomar. SF—Mack, Puckett.

MINNESOTA	IP	H	R	ER	BB	SO	TORONTO	IP	H	R	ER	BB	SO
Morris W	8	9	2	2	1	3	Stottlemyre L	3⅔	7	4	4	1	3
Bedrosian	1	2	1	0	1	2	Wells	1⅔	2	2	2	0	3
							Acker	⅔	1	0	0	0	1
							Timlin	2	2	2	0	1	2
							MacDonald	1	1	1	1	1	0

HBP—Gagne (by Stottlemyre). WP—Morris 2. T—3:15. A—51,526.

Game Five: Minnesota 8, Toronto 5

MINNESOTA	AB	R	H	BI	BB	SO	TORONTO	AB	R	H	BI	BB	SO
Gladden lf	5	2	1	0	0	1	White cf	4	1	2	0	1	1
Knoblauch 2b	4	1	1	2	1	0	Alomar 2b	4	1	2	3	1	1
Puckett cf	5	2	3	2	0	2	Carter dh	4	0	1	1	0	0
Hrbek 1b	5	0	2	2	0	0	Olerud 1b	4	0	0	1	0	0
Davis dh	4	1	1	0	1	2	Gruber 3b	4	0	0	0	0	0
Harper c	5	0	1	0	0	1	Maldonado rf	4	0	0	0	0	2
Ortiz c	0	0	0	0	0	0	Borders c	4	0	1	0	0	0
Mack rf	5	1	2	1	0	1	Lee ss	3	2	2	0	0	0
Pagliarulo 3b	4	1	2	0	0	0	Mulliniks ph	1	0	0	0	0	0
Gagne ss	4	0	1	0	0	0	Gonzales ss	0	0	0	0	0	0
							Wilson lf	4	1	1	0	0	2
TOTALS	41	8	14	7	2	7	TOTALS	36	5	9	5	2	6

Minnesota . . . . 110 003 030—8
Toronto . . . . 003 200 000—5

E—Harper, Gagne, Borders. DP—Minnesota 1, Toronto 1. LOB—Minnesota 9, Toronto 6. 2B—Knoblauch, Carter. HR—Puckett. SB—Gladden, Mack, White, Wilson. S—Pagliarulo.

1992 ALMANAC • **31**

MINNESOTA	IP	H	R	ER	BB	SO		TORONTO	IP	H	R	ER	BB	SO
Tapani	4	8	5	5	1	4		Candiotti	5	9	4	2	1	3
West W	3	0	0	0	1	1		Timlin	⅓	1	1	1	0	0
Willis	1	1	0	0	0	0		D. Ward L	2⅓	3	3	3	1	2
Aguilera S	1	0	0	0	0	1		Wells	1⅓	1	0	0	0	2

Candiotti pitched to two batters in 6th.
WP—Candiotti. T—3:29. A—51,425.

ALCS COMPOSITE BOX

TORONTO

Player, Pos.	AVG	G	AB	R	H	2B	3B	HR	RBI	BB	SO	SB
Roberto Alomar, 2b	.474	5	19	3	9	0	0	0	4	2	3	2
Devon White, cf	.364	5	22	5	8	1	0	0	0	2	3	3
Pat Borders, c	.263	5	19	0	5	1	0	0	2	0	0	0
Joe Carter, rf-dh	.263	5	19	3	5	2	0	1	4	1	5	0
Mookie Wilson, pr-dh-lf	.250	3	8	1	2	0	0	0	0	1	3	1
Kelly Gruber, 3b	.238	5	21	1	5	0	0	0	4	0	4	1
John Olerud, 1b	.211	5	19	1	4	1	0	0	3	3	1	0
Manuel Lee, ss	.125	5	16	3	2	0	0	0	0	1	5	0
Rance Mulliniks, dh-ph	.125	5	8	1	1	0	0	0	0	3	0	0
Candy Maldonado, lf-rf	.100	5	20	1	2	1	0	0	1	1	6	0
Rob Ducey, pr-rf	.000	1	1	0	0	0	0	0	0	0	0	0
Pat Tabler, ph	.000	1	1	0	0	0	0	0	0	1	0	0
Rene Gonzales, pr-1b-ss	—	2	0	0	0	0	0	0	0	0	0	0
TOTALS	.249	5	173	19	43	6	0	1	18	15	30	7

Pitcher	W	L	ERA	G	GS	CG	SV	IP	H	R	ER	BB	SO
Jim Acker	0	0	0.00	1	0	0	0	⅔	1	0	0	0	1
Tom Henke	0	0	0.00	2	0	0	0	2⅔	0	0	0	1	5
David Wells	0	0	2.35	4	0	0	0	7⅔	6	2	2	2	9
Jimmy Key	0	0	3.00	1	1	0	0	6	5	2	2	1	1
Juan Guzman	1	0	3.18	1	1	0	0	5⅔	4	2	2	4	2
Mike Timlin	0	1	3.18	4	0	0	0	5⅔	5	4	2	2	5
Duane Ward	0	1	6.23	4	0	0	0	4⅓	4	3	3	1	6
Tom Candiotti	0	1	8.22	2	2	0	0	7⅔	17	9	7	2	5
Bob MacDonald	0	0	9.00	1	0	0	0	1	1	1	1	1	0
Todd Stottlemyre	0	1	9.81	1	1	0	0	3⅔	7	4	4	1	3
TOTALS	1	4	4.60	5	5	0	1	45	50	27	23	15	37

MINNESOTA

Player, Pos.	AVG	G	AB	R	H	2B	3B	HR	RBI	BB	SO	SB
Kirby Puckett, cf	.429	5	21	4	9	1	0	2	6	1	4	0
Chuck Knoblauch, 2b	.350	5	20	5	7	2	0	0	3	3	4	2
Shane Mack, rf	.333	5	18	4	6	1	1	0	3	2	4	2
Mike Pagliarulo, 3b-ph	.333	5	15	3	5	1	0	1	3	0	2	0
Chili Davis, dh	.294	5	17	3	5	2	0	0	2	5	8	1
Brian Harper, c	.278	5	18	1	5	2	0	0	1	0	2	0
Dan Gladden, lf	.261	5	23	4	6	0	0	0	3	1	3	3
Greg Gagne, ss	.235	5	17	2	4	0	0	0	1	1	5	0
Kent Hrbek, 1b	.143	5	21	0	3	0	0	0	3	1	3	0
Paul Sorrento, ph	.000	1	1	0	0	0	0	0	0	0	0	0
Gene Larkin, ph	.000	3	3	0	0	0	0	0	0	0	1	0
Junior Ortiz, c	.000	3	3	0	0	0	0	0	0	0	0	0
Scott Leius, 3b-ph	.000	3	4	0	0	0	0	0	0	1	1	0
Al Newman, 3b-ss	—	2	0	0	0	0	0	0	0	0	0	0
Jarvis Brown, pr	—	1	0	1	0	0	0	0	0	0	0	0
TOTALS	.276	5	181	27	50	9	1	3	25	15	37	8

Pitcher	W	L	ERA	G	GS	CG	SV	IP	H	R	ER	BB	SO
David West	1	0	0.00	2	0	0	0	5⅔	1	0	0	4	4
Carl Willis	0	0	0.00	3	0	0	0	5⅓	2	0	0	0	3
Rick Aguilera	0	0	0.00	3	0	0	3	3⅓	1	0	0	0	3
Mark Guthrie	0	0	0.00	2	0	0	0	2⅔	0	0	0	2	2
Steve Bedrosian	0	0	0.00	2	0	0	0	1⅓	3	2	0	2	2
Jack Morris	2	0	4.05	2	2	0	0	13⅓	17	6	6	1	7
Scott Erickson	0	0	4.50	1	1	0	0	4	3	2	2	5	2
Kevin Tapani	0	1	7.84	2	2	0	0	10⅓	16	9	9	3	9
TOTALS	4	1	3.33	5	5	0	3	46	43	19	17	15	30

Toronto	3	1	5	3	0	4	2	0	1	0 — 19
Minnesota	3	3	2	4	1	7	1	4	1	1 — 27

E—Borders 2, Gruber 3, Lee, Timlin, Mack, Harper, Gagne 2. **DP**—Toronto 5, Minnesota 3. **LOB**—Toronto 35, Minnesota 38. **S**—Alomar 2, Borders, Pagliarulo. **SF**—Carter, Puckett, Mack. **HBP**—Gagne (by Stottlemyre). **Umpires**—Larry Barnett, Mark Johnson, Rocky Roe, Tim Welke, Mike Reilly, Jim McKean. **Official Scorers**—Joe Sawchuck (Toronto), Tom Mee (Minneapolis).

NATIONAL LEAGUE

Braves' Rags-to-Riches Tale Tops Unlikely Year

By PAUL HAGEN

The National League awarded expansion franchises to Denver and Miami in 1991, with the Colorado Rockies and Florida Marlins to begin play two years hence. Both the locations and timetable were routine.

But that's about all that went as expected in the National League in 1991. Remember it as the year the NL was turned upside down.

In spring training, the Chicago Cubs were heavily favored in the NL East after signing free agents George Bell, Danny Jackson and Dave Smith while the Atlanta Braves were an afterthought in the NL West.

Eight months later, Atlanta hosted its first World Series and the Cubs were searching for their third manager after firing first Don Zimmer, then Jim Essian while finishing fourth.

Terry Pendleton
. . . NL batting champ

The Montreal Expos, a youthful club coming off a strong third-place finish, figured to be a factor. Instead, Montreal fired manager Buck Rodgers, lost general manager Dave Dombrowski to the Marlins and had to play almost all of September on the road after Olympic Stadium was closed for structural repairs.

The Los Angeles Dodgers had Darryl Strawberry and a 9½ game lead over the Braves at the all-star break. By the end of the season, at least they still had Strawberry.

The defending World Series champion Cincinnati Reds talked a good game in spring training about becoming the first team since the 1977-78 New York Yankees to repeat but were barely a factor once the regular season started.

Philadelphia and St. Louis were expected to battle for last place in the NL East. Instead, St. Louis was second and the Phillies were third, their highest finish since 1986.

Buck Rodgers, left, and Bud Harrelson were two of four National League East managers fired during the 1991 season.

Lefthander Tom Glavine led Atlanta to the N.L. pennant by becoming the majors' first 20-game winner in 1991.

Four NL East teams changed managers. In addition to the Cubs moves, Jim Fregosi replaced Nick Leyva in Philadelphia, Tom Runnells took over for Rodgers in Montreal and Jeff Torborg was lured from the Chicago White Sox after interim manager Mike Cubbage finished the Mets season for Bud Harrelson.

Braves New World

The Pittsburgh Pirates shrugged off the departures of infielders Sid Bream, Wally Backman and Rafael Belliard and outfielder R.J. Reynolds to free agency and won their second straight divisional championship. Then, also for the second straight year, the Pirates offense disappeared in the N.L. Championship Series.

Steve Avery and John Smoltz had two victories each for the upstart Braves, who had to win the final two games in Pittsburgh to take the playoffs, four games to three.

The 21-year-old Avery was being compared to Steve Carlton and Sandy Koufax after pitching a record $16^{1/3}$ scoreless innings. He earned two wins, the nickname Poison Avery and was voted Most Valuable Player of the NLCS.

The Pirates showed none of the offense that had made them one of the most potent teams in the league. They were shut out in three of their losses, they scored more than one run in an inning only once, they batted .113 with runners in scoring position. The Big Three of Andy Van Slyke, Bobby Bonilla and Barry Bonds hit a combined .200 with one homer and three RBIs.

And that wasn't the only way the Pirates exited quietly. There were about 12,000 empty seats in Game 7 when the Braves clinched Atlanta's first pennant.

It all started to turn sour for the Pirates in the opener, even though they won 5-1. Starting pitcher Doug Drabek had to leave the game after pitching six shutout innings with a strained left hamstring, suffered when he tried to stretch a double into a triple. That would prove to be a costly loss.

In a game that proved to be a harbinger for what was to come, Atlanta evened the series with a 1-0 victory in Game 2. Zane Smith pitched a terrific game for the Pirates, but Avery was dominant for the Braves.

The game was decided in the sixth inning when, with two outs and David Justice on second, Mark Lemke hit a grounder toward third that bad-hopped over Steve Buechele's head and into left field to account for the game's only run.

John Smiley won his 20th game on the final day of the '91 season.

The action shifted to Atlanta and the Braves coasted to a 10-3 win in Game 3, driving Pirates starter John Smiley from the mound after two innings. Greg Olson, Ron Gant and Sid Bream all homered for the Braves.

After that game, Pirates centerfielder Andy Van Slyke said: "You've got to start wondering if we're a bunch of gaggers."

But, in keeping with the contrary nature of these playoffs, the Pirates won the next two games on the road and put themselves in a position of having to win only once at home to go to the World Series for the first time since 1979.

Pittsburgh won Game 4 in extra innings, 3-2, when Van Slyke led off the 10th with a walk, stole second and scored when pinch-hitter Mike LaValliere singled to right.

In Game 5, even Pirates starter Smith admitted: "We got breaks, a lot of good breaks." Pittsburgh won, 1-0, but what will be remembered most is the fact that the Braves took a run off the board.

Justice was on second with two outs in the fourth inning when Mark Lemke singled. The Braves, apparently, had taken the lead. But Pirates third baseman Jay Bell was screaming for the ball and, after the appeal, umpire Frank Pulli ruled that Justice was out for failing to touch third base.

Drabek was finally able to return for Game 6, and he held the Braves to one run for nine innings. The lone run came in the top of the ninth when Gant walked with one out, stole second and scored on Olson's two-out double to left. That was just enough for Avery, who combined with Alejandro Pena for the shutout.

That set up the decisive Game 7, and it was no contest. The

1992 ALMANAC • 35

PENNANT WINNERS, DIVISION CHAMPIONS

(Since 1900)

Year	Team	Pct
1900	Brooklyn	.603
1901	Pittsburgh	.647
1902	Pittsburgh	.741
1903	Pittsburgh	.650
1904	New York	.693
1905	New York	.686
1906	Chicago	.763
1907	Chicago	.704
1908	Chicago	.643
1909	Pittsburgh	.724
1910	Chicago	.675
1911	New York	.647
1912	New York	.682
1913	New York	.664
1914	Boston	.614
1915	Philadelphia	.592
1916	Brooklyn	.610
1917	New York	.636
1918	Chicago	.651
1919	Cincinnati	.686
1920	Brooklyn	.604
1921	New York	.614
1922	New York	.604
1923	New York	.621
1924	New York	.608
1925	Pittsburgh	.621
1926	St. Louis	.578
1927	Pittsburgh	.610
1928	St. Louis	.617
1929	Chicago	.645
1930	St. Louis	.597
1931	St. Louis	.656
1932	Chicago	.584
1933	New York	.599
1934	St. Louis	.621
1935	Chicago	.649
1936	New York	.597
1937	New York	.625
1938	Chicago	.586
1939	Cincinnati	.630
1940	Cincinnati	.654
1941	Brooklyn	.649
1942	St. Louis	.688
1943	St. Louis	.682
1944	St. Louis	.682
1945	Chicago	.636
1946	St. Louis	.628
1947	Brooklyn	.610
1948	Boston	.595
1949	Brooklyn	.630
1950	Philadelphia	.591
1951	New York	.624
1952	Brooklyn	.627
1953	Brooklyn	.682
1954	New York	.630
1955	Brooklyn	.641
1956	Brooklyn	.604
1957	Milwaukee	.617
1958	Milwaukee	.597
1959	Los Angeles	.564
1960	Pittsburgh	.617
1961	Cincinnati	.604
1962	San Francisco	.624
1963	Los Angeles	.611
1964	St. Louis	.574
1965	Los Angeles	.599
1966	Los Angeles	.586
1967	St. Louis	.627
1968	St. Louis	.599

Year	Eastern Div.		Western Div.		Pennant	
1969	New York	.617	Atlanta	.574	New York	3-0
1970	Pittsburgh	.549	Cincinnati	.630	Cincinnati	3-0
1971	Pittsburgh	.599	San Francisco	.556	Pittsburgh	3-1
1972	Pittsburgh	.619	Cincinnati	.617	Cincinnati	3-2
1973	New York	.509	Cincinnati	.611	New York	3-2
1974	Pittsburgh	.543	Los Angeles	.630	Los Angeles	3-1
1975	Pittsburgh	.571	Cincinnati	.667	Cincinnati	3-0
1976	Philadelphia	.623	Cincinnati	.630	Cincinnati	3-0
1977	Philadelphia	.623	Los Angeles	.605	Los Angeles	3-1
1978	Philadelphia	.556	Los Angeles	.586	Los Angeles	3-1
1979	Pittsburgh	.605	Cincinnati	.559	Pittsburgh	3-0
1980	Philadelphia	.562	Houston	.571	Philadelphia	3-2
1981	Montreal	.556	Los Angeles	.573	Los Angeles	3-2
1982	St. Louis	.568	Atlanta	.549	St. Louis	3-0
1983	Philadelphia	.556	Los Angeles	.562	Philadelphia	3-1
1984	Chicago	.596	San Diego	.568	San Diego	3-2
1985	St. Louis	.623	Los Angeles	.586	St. Louis	4-2
1986	New York	.667	Houston	.593	New York	4-2
1987	St. Louis	.586	San Francisco	.556	St. Louis	4-3
1988	New York	.625	Los Angeles	.584	Los Angeles	4-3
1989	Chicago	.571	San Francisco	.568	San Francisco	4-1
1990	Pittsburgh	.586	Cincinnati	.562	Cincinnati	4-2
1991	Pittsburgh	.605	Atlanta	.580	Atlanta	4-3

36 • 1992 ALMANAC

Barry Bonds hit only .148 as Pittsburgh lost to Atlanta in the NLCS. In the regular season, he hit .292 with 25 homers.

Braves knocked starter John Smiley out of the game in the first inning and cruised to an easy 4-0 win behind the pitching of Smoltz. The Pirates were held scoreless for the last 22 innings of NLCS play.

Going West

For the fourth consecutive year, the pennant winner emerged from the NL West.

The Braves became the first team in NL history to go from last place to first in the same season and, in the process, breathed new life into a franchise that had been moribund. Attendance doubled and Native Americans protested as the tomahawk chop swept the nation.

The Braves sudden success came about because the young pitchers stockpiled by manager Bobby Cox during his term as general manager—Avery, Smoltz, Tom Glavine, Kent Mercker—combined with the astute acquisitions by new GM John Schuerholz—Bream, Pena, Terry Pendleton—to give Atlanta a team that has a chance to remain competitive for awhile.

The Dodgers kept expecting the Braves to fade, and maybe that was the problem. Strawberry got off to a slow start in his hometown, but came on in the second half. Reliever Roger McDowell was added for the stretch drive. Los Angeles and Atlanta were tied going into the final weekend of the season. But the Dodgers lost the first two games at San Francisco while the Braves were beating Houston, and were eliminated.

Cincinnati had a stormy season. Reliever Rob Dibble was

suspended three times in the first half of the season, but was unhittable. In the second half, he toned down his behavior but wasn't nearly as effective. Eric Davis was hurt much of the season. At the end of the year, manager Lou Piniella received assurances from owner Marge Schott that the necessary steps to help the team come back would be taken.

Giants manager Roger Craig came under fire for the first time in San Francisco as his team got off to a slow start for the second straight year. And Craig's health was a concern. But general manager Al Rosen supported his manager all the way.

The Padres had another disappointing season and surprised some when they extended manager Greg Riddoch's contract through the 1992 season.

The Astros finished last, as expected, as owner John McMullen continued his attempts to sell the team. But McMullen made money because of his low payroll and the team could point to rising young stars, notably first baseman Jeff Bagwell, named Baseball America's top rookie.

Darryl Strawberry hit .265 with 28 homers, but couldn't lift the Dodgers by Atlanta.

Eastern Exposure

Even though the Pirates repeated as NL East champions, their season ended on a note of uncertainty. That's because they lost in the playoffs for the second straight year and several key players (Bonilla, LaValliere, Buechele) were eligible for free agency. In addition, Bonds was considered certain to leave after the 1992 season.

Few people expected much from the Cardinals, and after lefthander Joe Magrane was lost for the year to elbow surgery in spring training, they were written off completely. But outfielders Ray Lankford and Felix Jose blossomed, Todd Zeile became more comfortable at third base, Ozzie Smith had a great season at shortstop and ace closer Lee Smith was as good as money in the bank with a lead in the ninth.

Going into spring training, starting pitching was the Phillies' biggest question mark. At the end of the year, it was their strength. Tommy Greene pitched a no-hitter, Terry Mulholland won 16 games and Jose DeJesus had a streak in which he was 10-2.

Cubs president Don Grenesko, the man who pushed for luxury boxes and night games at Wrigley Field, was promoted after the season by the Tribune Company, which owns the Cubs, leaving the baseball operation in limbo until a successor was named.

The New York Mets missed Strawberry more than they expected and also shuffled the front office. Frank Cashen turned over his general manager duties to first lieutenant Al Harazin, who immediately had several important decisions to make as pitching, once the heart of the team, was suddenly suspect.

The future of the Expos in Montreal was being called increasingly into question, in large part because of concerns over the long-term safety of Olympic Stadium.

1991 FINAL STANDINGS

EAST	W	L	PCT	GB	Manager
Pittsburgh	98	64	.605	—	Jim Leyland
St. Louis	84	78	.519	14	Joe Torre
Philadelphia	78	84	.481	20	Nick Leyva, Jim Fregosi
Chicago	77	83	.481	20	Don Zimmer, Jim Essian
New York	77	84	.475	20½	Bud Harrelson, Mike Cubbage
Montreal	71	90	.441	26½	Buck Rodgers, Tom Runnells

WEST	W	L	PCT	GB	Manager
Atlanta	94	68	.580	—	Bobby Cox
Los Angeles	93	69	.574	1	Tommy Lasorda
San Diego	84	78	.519	10	Greg Riddoch
San Francisco	75	87	.463	19	Roger Craig
Cincinnati	74	88	.457	20	Lou Piniella
Houston	65	97	.401	29	Art Howe

LEAGUE CHAMPIONSHIP SERIES: Atlanta defeated Pittsburgh 4-3 in best-of-7 series for league pennant.

REGULAR-SEASON ATTENDANCE: Los Angeles—3,348,170; St. Louis—2,449,537; Cincinnati—2,372,377; Chicago—2,314,250; New York—2,284,484; Atlanta—2,140,217; Pittsburgh—2,065,302; Philadelphia—2,050,012; San Diego—1,804,289; San Francisco—1,737,479; Houston—1,196,152; Montreal—978,045.

1991 BATTING, PITCHING STATISTICS

CLUB BATTING

	AVG	G	AB	R	H	2B	3B	HR	BB	SO	SB
Pittsburgh	.263	162	5449	768	1433	259	50	126	620	901	124
Cincinnati	.258	162	5501	689	1419	250	27	164	488	1006	124
Atlanta	.258	162	5456	749	1407	255	30	141	563	906	165
St. Louis	.255	162	5362	651	1366	239	53	68	532	857	202
Chicago	.253	160	5522	695	1395	232	26	159	442	879	123
Los Angeles	.253	162	5408	665	1366	191	29	108	583	957	126
San Francisco	.246	162	5463	649	1345	215	48	141	471	973	95
Montreal	.246	161	5412	579	1329	236	42	95	484	1056	221
Houston	.244	162	5504	605	1345	240	43	79	502	1027	125
San Diego	.244	162	5408	636	1321	204	36	121	501	1069	101
New York	.244	161	5359	640	1305	250	24	117	578	789	153
Philadelphia	.241	162	5521	629	1332	248	33	111	490	1026	92

CLUB PITCHING

	ERA	G	CG	SHO	SV	IP	H	R	ER	BB	SO
Los Angeles	3.06	162	15	14	40	1458	1312	565	496	500	1028
Pittsburgh	3.44	162	18	11	51	1457	1411	632	557	401	919
Atlanta	3.49	162	18	7	48	1453	1304	644	563	481	969
New York	3.56	161	12	11	39	1437	1403	646	568	410	1028
San Diego	3.57	162	14	11	47	1453	1385	646	577	457	921
Montreal	3.64	161	12	14	39	1440	1304	655	583	584	909
St. Louis	3.69	162	9	5	51	1435	1367	648	588	454	822
Cincinnati	3.83	162	7	11	43	1440	1372	691	613	560	997
Philadelphia	3.86	162	16	11	35	1463	1346	680	628	670	988
Houston	4.00	162	7	13	36	1453	1477	717	646	651	1033
Chicago	4.03	160	12	4	40	1457	1415	734	653	542	927
San Francisco	4.03	162	10	10	45	1442	1397	697	646	544	905

1991 ALL-STAR TEAM

(Selected by Baseball America)

C—Tom Pagnozzi, St. Louis. **1B**—Will Clark, San Francisco. **2B**—Ryne Sandberg, Chicago. **3B**—Terry Pendleton, Atlanta. **SS**—Barry Larkin, Cincinnati.

OF—Barry Bonds, Pittsburgh; Ron Gant, Atlanta; Bobby Bonilla, Pittsburgh.

P—Tom Glavine, Atlanta; John Smiley, Pittsburgh; Jose Rijo, Cincinnati; Dennis Martinez, Montreal; Lee Smith, St. Louis.

Player of the Year—Terry Pendleton, Atlanta. **Pitcher of the Year**—Tom Glavine, Atlanta. **Manager of the Year**—Jim Leyland, Pittsburgh. **Rookie of the Year**—Jeff Bagwell, Houston. **Executive of the Year**—John Schuerholz, Atlanta.

Barry Larkin
... All-star SS

Atlanta's Ron Gant had his second straight 30-30 season, hitting 32 homers and stealing 34 bases.

INDIVIDUAL BATTING LEADERS
(Minimum 502 Plate Appearances)

	AVG	G	AB	R	H	2B	3B	HR	RBI	BB	SO	SB
#Pendleton, Terry, Atlanta	.319	153	586	94	187	34	8	22	86	43	70	10
*Morris, Hal, Cincinnati	.318	136	478	72	152	33	1	14	59	46	61	10
*Gwynn, Tony, San Diego	.317	134	530	69	168	27	11	4	62	34	19	8
#McGee, Willie, San Francisco	.312	131	497	67	155	30	3	4	43	34	74	17
#Jose, Felix, St. Louis	.305	154	568	69	173	40	6	8	77	50	113	20
Larkin, Barry, Cincinnati	.302	123	464	88	140	27	4	20	69	55	64	24
#Bonilla, Bobby, Pittsburgh	.302	157	577	102	174	44	6	18	100	90	67	2
*Clark, Will, San Francisco	.301	148	565	84	170	32	7	29	116	51	91	4
Sabo, Chris, Cincinnati	.301	153	582	91	175	35	3	26	88	44	79	19
Calderon, Ivan, Montreal	.300	134	470	69	141	22	3	19	75	53	64	31

INDIVIDUAL PITCHING LEADERS
(Minimum 162 Innings)

	W	L	ERA	G	GS	CG	SV	IP	H	R	ER	BB	SO
Martinez, Dennis, Montreal	14	11	2.39	31	31	9	0	222	187	70	59	62	123
Rijo, Jose, Cincinnati	15	6	2.51	30	30	3	0	204	165	69	57	55	172
*Glavine, Tom, Atlanta	20	11	2.55	34	34	9	0	247	201	83	70	69	192
Belcher, Tim, Los Angeles	10	9	2.62	33	33	2	0	209	189	76	61	75	156
Harnisch, Pete, Houston	12	9	2.70	33	33	4	0	217	169	71	65	83	172
DeLeon, Jose, St. Louis	5	9	2.71	28	28	1	0	163	144	57	49	61	118
Morgan, Mike, Los Angeles	14	10	2.78	34	33	5	1	236	197	85	73	61	140
*Tomlin, Randy, Pittsburgh	8	7	2.98	31	27	4	0	175	170	75	58	54	104
Benes, Andy, San Diego	15	11	3.03	33	33	4	0	223	194	76	75	59	167
Drabek, Doug, Pittsburgh	15	14	3.07	35	35	5	0	235	245	92	80	62	142

Cumulative Statistics, Multi-team Players

BATTING	AVG	G	AB	R	H	2B	3B	HR	RBI	BB	SO	SB
#Berryhill, Damon, Chi-Atl	.188	63	160	13	30	7	0	5	14	11	42	1
Gonzalez, Jose, LA-Pitt	.042	58	48	5	2	0	0	1	3	2	15	0
#Herr, Tom, NY-SF	.209	102	215	23	45	8	1	1	21	45	28	9
Martinez, Carmelo, Pitt-Cin	.234	64	154	13	36	5	0	6	19	16	39	0
#Templeton, Garry, SD-NY	.221	112	276	25	61	10	2	3	26	10	38	3
Teufel, Tim, NY-SD	.217	117	341	41	74	16	0	12	44	51	77	9
#Webster, Mitch, LA-Pitt	.222	94	171	21	38	8	5	2	19	18	52	0

PITCHING	W	L	ERA	G	GS	CG	SV	IP	H	R	ER	BB	SO
Bielecki, Mike, Chi-Atl	13	11	4.46	36	25	0	0	174	171	91	86	56	75
Burke, Tim, Mtl-NY	6	7	3.36	72	0	0	6	102	96	46	38	26	59
*Castillo, Tony, Atl-NY	2	1	3.34	17	3	0	0	32	140	16	12	11	18
Clancy, Jim, Hous-Atl	3	5	3.91	54	0	0	8	90	73	42	39	34	50
Darling, Ron, NY-Mtl	5	8	4.37	20	20	0	0	119	121	66	58	33	69
Hartley, Mike, LA-Phil	4	1	4.21	58	0	0	2	83	74	40	39	47	63
Mahler, Rick, Atl-Mtl	2	4	4.50	23	8	0	0	66	70	37	33	28	27
McDowell, Roger, Phil-LA	9	9	2.93	71	0	0	10	101	100	40	33	48	50
Pena, Alejandro, NY-Atl	8	1	2.40	59	0	0	15	82	74	23	22	22	62
*Wilson, Steve, Chi-LA	0	0	2.61	19	0	0	2	21	14	7	6	9	14

40 • 1992 ALMANAC

DEPARTMENT LEADERS

Howard Johnson
. . . 38 HR, 117 RBIs

Bobby Bonilla
. . . 44 doubles

BATTING

RUNS
Brett Butler, Los Angeles	112
Howard Johnson, New York	108
Ryne Sandberg, Chicago	104
Bobby Bonilla, Pittsburgh	102
Ron Gant, Atlanta	101

HITS
Terry Pendleton, Atlanta	187
Brett Butler, Los Angeles	182
Chris Sabo, Cincinnati	175
Bobby Bonilla, Pittsburgh	174
Felix Jose, St. Louis	173

TOTAL BASES
Will Clark, San Francisco	303
Terry Pendleton, Atlanta	303
Howard Johnson, New York	302
Matt Williams, San Francisco	294
Chris Sabo, Cincinnati	294

DOUBLES
Bobby Bonilla, Pittsburgh	44
Felix Jose, St. Louis	40
Todd Zeile, St. Louis	36
Paul O'Neill, Cincinnati	36
Chris Sabo, Cincinnati	35
Ron Gant, Atlanta	35

TRIPLES
Ray Lankford, St. Louis	15
Tony Gwynn, San Diego	11
Steve Finley, Houston	10
Luis Gonzalez, Houston	9
Marquis Grissom, Montreal	9

HOME RUNS
Howard Johnson, New York	38
Matt Williams, San Francisco	34
Ron Gant, Atlanta	32
Fred McGriff, San Diego	31
Andre Dawson, Chicago	31

RUNS BATTED IN
Howard Johnson, New York	117
Barry Bonds, Pittsburgh	116
Will Clark, San Francisco	116
Fred McGriff, San Diego	106
Ron Gant, Atlanta	105

SACRIFICE BUNTS
Jay Bell, Pittsburgh	30
Tom Glavine, Atlanta	15
Zane Smith, Pittsburgh	13
Randy Tomlin, Pittsburgh	13
Lenny Harris, Los Angeles	12
Bruce Hurst, San Diego	12
Charlie Liebrandt, Atlanta	12

SACRIFICE FLIES
Howard Johnson, New York	15
Barry Bonds, Pittsburgh	13
Bobby Bonilla, Pittsburgh	11
Shawon Dunston, Chicago	11
Andy Van Slyke, Pittsburgh	11

WALKS
Brett Butler, Los Angeles	108
Barry Bonds, Pittsburgh	107
Fred McGriff, San Diego	105
Delino DeShields, Montreal	95
Bobby Bonilla, Pittsburgh	90

INTENTIONAL WALKS
Fred McGriff, San Diego	26
Barry Bonds, Pittsburgh	25
Eddie Murray, Los Angeles	17
John Kruk, Philadelphia	16
Paul O'Neill, Cincinnati	14

HIT BY PITCH
Jeff Bagwell, Houston	13
Lonnie Smith, Atlanta	9
Luis Gonzalez, Houston	8
Gary Carter, Los Angeles	7
Billy Hatcher, Cincinnati	7

STRIKEOUTS
Delino DeShields, Montreal	151
Fred McGriff, San Diego	135
Juan Samuel, Los Angeles	133
Matt Williams, San Francisco	128
Darryl Strawberry, Los Angeles	125

STOLEN BASES
Marquis Grissom, Montreal	76
Otis Nixon, Atlanta	72
Delino DeShields, Montreal	56
Ray Lankford, St. Louis	44
Barry Bonds, Pittsburgh	43

CAUGHT STEALING
Brett Butler, Los Angeles	28
Delino DeShields, Montreal	23
Otis Nixon, Atlanta	21
Ray Lankford, St. Louis	20
Steve Finley, Houston	18

GIDP
Benito Santiago, San Diego	21
Jose Lind, Pittsburgh	20
Dale Murphy, Philadelphia	20
Ken Caminiti, Houston	18
Eddie Murray, Los Angeles	17

HITTING STREAKS
Brett Butler, Los Angeles	23
Otis Nixon, Atlanta	20
Mark Grace, Chicago	19
Barry Larkin, Cincinnati	19
Willie McGee, San Francisco	19

MULTI-HIT GAMES
Terry Pendleton, Atlanta	52
Felix Jose, St. Louis	51
Tony Gwynn, San Diego	50
Eddie Murray, Los Angeles	50
Chris Sabo, Cincinnati	49

SLUGGING PERCENTAGE
Will Clark, San Francisco	.536
Howard Johnson, New York	.535
Terry Pendleton, Atlanta	.517
Barry Bonds, Pittsburgh	.514
Barry Larkin, Cincinnati	.506

ON-BASE PERCENTAGE
Barry Bonds, Pittsburgh	.410
Brett Butler, Los Angeles	.401
Fred McGriff, San Diego	.396
Bobby Bonilla, Pittsburgh	.391
Jeff Bagwell, Houston	.387

DEPARTMENT LEADERS

New York's David Cone fanned 19 on the final day of the 1991 season to finish with a league-leading 241 strikeouts.

PITCHING

GAMES
Barry Jones, Montreal	77
Paul Assenmacher, Chicago	75
Mike Stanton, Atlanta	74
Tim Burke, Mtl.-N.Y.	72
Juan Agosto, St. Louis	72

GAMES STARTED
Greg Maddux, Chicago	37
John Smoltz, Atlanta	36
Tom Browning, Cincinnati	36
Charlie Liebrandt, Atlanta	36
Four tied at	35

COMPLETE GAMES
Tom Glavine, Atlanta	9
Dennis Martinez, Montreal	9
Terry Mulholland, Philadelphia	8
Greg Maddux, Chicago	7
Ramon Martinez, Los Angeles	6
Zane Smith, Pittsburgh	6

SHUTOUTS
Dennis Martinez, Montreal	5
Ramon Martinez, Los Angeles	4
Terry Mulholland, Philadelphia	3
Zane Smith, Pittsburgh	3
Bud Black, San Francisco	3

GAMES FINISHED
Lee Smith, St. Louis	61
Mitch Williams, Philadelphia	60
Rob Dibble, Cincinnati	57
Dave Righetti, San Francisco	49
John Franco, New York	48

SAVES
Lee Smith, St. Louis	47
Rob Dibble, Cincinnati	31
Mitch Williams, Philadelphia	30
John Franco, New York	30
Dave Righetti, San Francisco	24

WINS
Tom Glavine, Atlanta	20
John Smiley, Pittsburgh	20
Steve Avery, Atlanta	18
Ramon Martinez, Los Angeles	17
Terry Mulholland, Philadelphia	16
Zane Smith, Pittsburgh	16

LOSSES
Bud Black, San Francisco	16
Frank Viola, New York	15
Tom Browning, Cincinnati	14
David Cone, New York	14
Doug Drabek, Pittsburgh	14

INNINGS PITCHED
Greg Maddux, Chicago	263
Tom Glavine, Atlanta	247
Mike Morgan, Los Angeles	236
Doug Drabek, Pittsburgh	235
David Cone, New York	233

HITS ALLOWED
Frank Viola, New York	259
Doug Drabek, Pittsburgh	245
Tom Browning, Cincinnati	241
Zane Smith, Pittsburgh	234
Greg Maddux, Chicago	232

RUNS ALLOWED
Tom Browning, Cincinnati	124
Greg Maddux, Chicago	113
Frank Viola, New York	112
Charlie Liebrandt, Atlanta	105
Bud Black, San Francisco	104

HOME RUNS ALLOWED
Tom Browning, Cincinnati	32
Jack Armstrong, Cincinnati	25
Bud Black, San Francisco	25
Frank Viola, New York	25
Andy Benes, San Diego	23

WALKS
Jose DeJesus, Philadelphia	128
Brian Barnes, Montreal	84
Darryl Kile, Houston	84
Pete Harnisch, Houston	83
Randy Myers, Cincinnati	80

HIT BATSMEN
John Burkett, San Francisco	10
Juan Agosto, St. Louis	8
Mitch Williams, Philadelphia	8
Ron Darling, N.Y.-Mtl.	7
Ramon Martinez, Los Angeles	7
Bryn Smith, St. Louis	7

STRIKEOUTS
David Cone, New York	241
Greg Maddux, Chicago	198
Tom Glavine, Atlanta	192
Pete Harnisch, Houston	172
Jose Rijo, Cincinnati	172

WILD PITCHES
John Smoltz, Atlanta	20
David Cone, New York	17
Jason Grimsley, Philadelphia	14
Ron Darling, N.Y.-Mtl.	13
Norm Charlton, Cincinnati	11
Bob Walk, Pittsburgh	11

BALKS
Bud Black, San Francisco	6
Jim Deshaies, Houston	5
Several tied at	4

OPPONENTS BATTING AVERAGE
Pete Harnisch, Houston	.212
Jose Rijo, Cincinnati	.219
Tom Glavine, Atlanta	.222
Ken Hill, St. Louis	.224
Jose DeJesus, Philadelphia	.224

NLCS BOX SCORES

Game One: Pittsburgh 5, Atlanta 1

ATLANTA	AB	R	H	BI	BB	SO	PITTSBURGH	AB	R	H	BI	BB	SO
L. Smith lf	4	0	0	0	0	1	Redus 1b	4	0	1	0	0	0
Lemke 2b	4	0	0	0	0	0	Bell ss	3	1	1	0	0	1
Pendleton 3b	3	0	0	0	1	1	Van Slyke cf	4	2	2	2	0	0
Justice rf	3	1	2	1	1	1	Bonilla rf	3	1	2	1	1	0
Gant cf	4	0	0	0	0	1	Bonds lf	2	0	0	0	2	0
Bream 1b	4	0	2	0	0	0	Buechele 3b	3	1	1	0	1	1
Olson c	4	0	0	0	0	0	Slaught c	3	0	0	1	1	1
Belliard ss	2	0	0	0	0	1	Lind 2b	3	0	1	0	0	0
Willard ph	1	0	0	0	0	1	Drabek p	3	0	1	1	0	1
Blauser ss	0	0	0	0	0	0	Walk p	1	0	0	0	0	1
Glavine p	2	0	1	0	0	0							
Gregg ph	1	0	0	0	0	1							
Wohlers p	0	0	0	0	0	0							
Stanton p	0	0	0	0	0	0							
TOTALS	32	1	5	1	2	7	TOTALS	29	5	8	5	5	5

Atlanta .... 000 000 001—1
Pittsburgh .... 102 001 01x—5

E—Belliard, Redus. DP—Atlanta 1. LOB—Atlanta 6, Pittsburgh 7. 2B—Van Slyke, Buechele, Drabek. HR—Justice, Van Slyke. SB—Redus. S—Bell. SF—Lind.

ATLANTA	IP	H	R	ER	BB	SO	PITTSBURGH	IP	H	R	ER	BB	SO
Glavine L	6	6	4	4	3	4	Drabek W	6	3	0	0	2	5
Wohlers	1	1	0	0	0	0	Walk S	3	2	1	1	0	2
Stanton	1	1	1	1	2	1							

T—2:51. A—57,347.

Game Two: Atlanta 1, Pittsburgh 0

ATLANTA	AB	R	H	BI	BB	SO	PITTSBURGH	AB	R	H	BI	BB	SO
L. Smith lf	3	0	0	0	1	0	Redus 1b	3	0	1	0	1	1
Mitchell pr-lf	1	0	0	0	0	0	Bell ss	4	0	1	0	0	2
Pendleton 3b	4	0	0	0	0	0	Van Slyke cf	4	0	0	0	0	1
Gant cf	3	0	2	0	0	0	Bonilla rf	4	0	2	0	0	1
Justice rf	4	1	1	0	0	2	Bonds lf	4	0	1	0	0	1
Hunter 1b	4	0	1	0	0	1	Buechele 3b	3	0	0	0	1	1
Olson c	4	0	2	0	0	1	Slaught c	3	0	0	0	0	1
Lemke 2b	4	0	2	1	0	0	Wilkerson ph	1	0	0	0	0	1
Belliard ss	3	0	0	0	1	0	Lind 2b	3	0	1	0	0	0
Avery p	4	0	0	0	0	3	Smith p	2	0	0	0	0	1
Pena p	0	0	0	0	0	0	Mason p	0	0	0	0	0	0
							McClendon ph	1	0	0	0	0	0
							Belinda p	0	0	0	0	0	0
TOTALS	34	1	8	1	2	7	TOTALS	32	0	6	0	2	10

Atlanta .... 000 001 000—1
Pittsburgh .... 000 000 000—0

DP—Atlanta 1, Pittsburgh 1. LOB—Atlanta 9, Pittsburgh 7. 2B—Lemke, Bonilla. SB—Gant 3, Redus, Bonds 2.

ATLANTA	IP	H	R	ER	BB	SO	PITTSBURGH	IP	H	R	ER	BB	SO
Avery W	8⅓	6	0	0	2	9	Smith L	7	8	1	1	2	5
Pena S	⅔	0	0	0	0	1	Mason	1	0	0	0	0	1
							Belinda	1	0	0	0	0	1

HBP—Gant (by Smith). WP—Pena. T—2:46. A—57,533.

Game Three: Atlanta 10, Pittsburgh 3

PITTSBURGH	AB	R	H	BI	BB	SO	ATLANTA	AB	R	H	BI	BB	SO
Merced 1b	5	1	1	1	0	1	L. Smith lf	3	1	0	0	0	2
Rodriguez p	0	0	0	0	0	0	Mitchell lf	1	0	0	0	0	0
Bell ss	5	1	3	1	0	2	Pendleton 3b	5	0	2	1	0	0
Van Slyke cf	3	0	0	0	2	0	Gant cf	5	2	2	0	0	0
Bonilla rf	5	0	0	0	0	1	Justice rf	3	1	1	1	1	1
Bonds lf	5	1	1	0	0	0	Hunter 1b	4	1	1	1	0	1
Buechele 3b	4	0	2	0	0	0	Pena p	0	0	0	0	0	0
LaValliere c	2	0	0	0	1	0	Olson c	3	3	2	2	1	0
Slaught ph-c	1	0	1	0	0	0	Lemke 2b	2	1	0	0	2	1
Lind 2b	4	0	1	1	0	3	Belliard ss	3	0	1	1	0	1
Smiley p	0	0	0	0	0	0	Smoltz p	3	0	1	0	0	2
Espy ph	1	0	0	0	0	1	Stanton p	0	0	0	0	0	0
Landrum p	0	0	0	0	0	0	Wohlers p	0	0	0	0	0	0
Varsho ph	1	0	0	0	0	1	Bream 1b	1	1	1	3	0	0
Patterson p	0	0	0	0	0	0							
Wilkerson ph	1	0	0	0	0	0							
Kipper p	0	0	0	0	0	0							
McClendon ph-1b	0	0	0	0	1	0							
TOTALS	37	3	10	3	4	9	TOTALS	33	10	11	10	4	9

Pittsburgh .... 100 100 100—3
Atlanta .... 411 000 13x—10

1992 ALMANAC • 43

Atlanta lefthander Steve Avery was named MVP of the N.L Championship Series for pitching 16⅓ scoreless innings.

E—Merced, Bell. LOB—Pittsburgh 11, Atlanta 5. 2B—Bell, Buechele, Pendleton, Gant, Justice, Hunter. HR—Merced, Bell, Gant, Olson, Bream. SB—Bonds, Olson, Smoltz. S—Belliard.

PITTSBURGH	IP	H	R	ER	BB	SO	ATLANTA	IP	H	R	ER	BB	SO
Smiley L	2	5	5	4	0	2	Smoltz W	6⅓	8	3	3	2	7
Landrum	1	2	1	1	2	2	Stanton	⅔	1	0	0	1	0
Patterson	2	1	0	0	0	3	Wohlers	⅓	1	0	0	1	1
Kipper	2	2	1	1	0	1	Pena S	1⅔	0	0	0	0	1
Rodriguez	1	1	3	3	2	1							

HBP—L. Smith (by Smiley). WP—Stanton. T—3:21. A—50,905.

Game Four: Pittsburgh 3, Atlanta 2

PITTSBURGH	AB	R	H	BI	BB	SO	ATLANTA	AB	R	H	BI	BB	SO
Redus 1b	5	1	1	0	0	1	L. Smith lf	4	1	2	0	1	0
Bell ss	5	0	3	0	0	1	Pendleton 3b	5	0	1	0	0	1
Van Slyke cf	3	1	0	0	2	1	Gant cf	5	0	0	1	0	1
Bonilla rf	3	1	1	0	2	0	Justice rf	4	1	1	0	0	0
Bonds lf	5	0	1	0	0	1	Hunter 1b	3	0	1	0	0	0
Buechele 3b	3	0	3	0	1	0	Bream ph-1b	1	0	0	0	0	0
Slaught c	4	0	1	1	0	1	Olson c	3	0	1	1	1	0
LaValliere ph-c	1	0	1	1	0	0	Lemke 2b	3	0	0	0	1	0
Lind 2b	4	0	0	0	0	2	Belliard ss	3	0	1	0	0	0
Tomlin p	2	0	0	0	0	0	Leibrandt p	1	0	0	0	0	0
Wilkerson ph	1	0	0	0	0	1	Clancy p	0	0	0	0	0	0
Walk p	0	0	0	0	0	0	Gregg ph	1	0	0	0	0	0
McClendon ph	1	0	0	0	0	0	Stanton p	0	0	0	0	0	0
Belinda p	0	0	0	0	0	0	Willard ph	1	0	0	0	0	0
							Mercker p	0	0	0	0	0	0
							Wohlers p	0	0	0	0	0	0
TOTALS	37	3	11	2	5	8	TOTALS	34	2	7	2	3	2

```
Pittsburgh .................................... 010  010  000  1—3
Atlanta ....................................... 200  000  000  0—2
```

E—Bonds, Justice. DP—Atlanta 1. LOB—Pittsburgh 10, Atlanta 7. 2B—L. Smith. SB—Van Slyke. S—Buechele, Belliard, Leibrandt.

PITTSBURGH	IP	H	R	ER	BB	SO	ATLANTA	IP	H	R	ER	BB	SO
Tomlin	6	6	2	2	2	1	Leibrandt	6⅔	8	2	1	3	6
Walk	2	1	0	0	0	0	Clancy	⅓	0	0	0	0	0
Belinda W	2	0	0	0	1	1	Stanton	2	2	0	0	0	2
							Mercker L	⅔	0	1	1	2	0
							Wohlers	⅓	1	0	0	0	0

T—3:43. A—51,109.

Game Five: Pittsburgh 1, Atlanta 0

PITTSBURGH	AB	R	H	BI	BB	SO	ATLANTA	AB	R	H	BI	BB	SO
Redus 1b	4	0	0	0	0	1	L. Smith lf	4	0	2	0	0	1
Bell ss	4	0	2	0	0	0	Pena p	0	0	0	0	0	0
Van Slyke cf	4	0	1	0	0	0	Pendleton 3b	4	0	1	0	0	0
Bonilla rf	2	0	1	0	2	0	Gant cf	4	0	1	0	0	0
Bonds lf	4	0	0	0	0	1	Justice rf	4	0	0	0	0	2
Buechele 3b	3	1	0	0	1	1	Hunter 1b	3	0	0	0	0	0
Slaught c	3	0	1	0	0	0	Gregg ph	1	0	1	0	0	0
Lind 2b	4	0	1	1	0	1	Olson c	3	0	1	0	1	0
Smith p	3	0	0	0	0	3	Lemke 2b	4	0	2	0	0	0
Mason p	1	0	0	0	0	1	Belliard ss	2	0	0	0	0	1
							Blauser ph-ss	2	0	0	0	0	0
							Glavine p	2	0	0	0	0	2
							Mitchell ph-lf	1	0	0	0	0	0
TOTALS	32	1	6	1	3	8	TOTALS	34	0	9	0	1	6

Pittsburgh .... 000 010 000—1
Atlanta .... 000 000 000—0

E—Redus, Blauser. DP—Pittsburgh 2, Atlanta 1. LOB—Pittsburgh 8, Atlanta 8. 2B—Bell, Van Slyke, Bonilla. 3B—Pendleton. SB—L. Smith, Gant. S—Slaught.

PITTSBURGH	IP	H	R	ER	BB	SO	ATLANTA	IP	H	R	ER	BB	SO
Smith W	7 2/3	7	0	0	1	5	Glavine L	8	6	1	1	3	7
Mason S	1 1/3	2	0	0	0	1	Pena	1	0	0	0	0	1

T—2:51. A—51,109.

Game Six: Atlanta 1, Pittsburgh 0

ATLANTA	AB	R	H	BI	BB	SO	PITTSBURGH	AB	R	H	BI	BB	SO
L. Smith lf	3	0	2	0	1	0	Redus 1b	3	0	0	0	0	1
Mitchell lf	0	0	0	0	0	0	Merced ph	0	0	0	0	0	0
Treadway 2b	3	0	1	0	0	0	Bell ss	4	0	0	0	0	2
Lemke 2b	0	0	0	0	0	0	Van Slyke cf	3	0	0	0	1	2
Pendleton 3b	4	0	0	0	0	1	Bonilla rf	2	0	0	0	1	0
Justice rf	4	0	0	0	0	0	Bonds lf	3	0	0	0	0	1
Gant cf	3	1	1	0	1	0	Buechele 3b	3	0	1	0	0	1
Bream 1b	4	0	0	0	0	1	Slaught c	3	0	1	0	0	1
Olson c	4	0	1	1	0	1	Lind 2b	3	0	1	0	0	0
Belliard ss	3	0	1	0	1	0	Drabek p	2	0	0	0	0	1
Avery p	3	0	1	0	0	1	Varsho ph	1	0	1	0	0	0
Gregg ph	1	0	0	0	0	1							
Pena p	0	0	0	0	0	0							
TOTALS	32	1	7	1	3	5	TOTALS	27	0	4	0	2	9

Atlanta .... 000 000 001—1
Pittsburgh .... 000 000 000—0

DP—Atlanta 2. LOB—Atlanta 8, Pittsburgh 3. 2B—L. Smith, Olson. SB—Gant 2. S—Treadway, Merced.

ATLANTA	IP	H	R	ER	BB	SO	PITTSBURGH	IP	H	R	ER	BB	SO
Avery W	8	3	0	0	2	8	Drabek L	9	7	1	1	3	5
Pena S	1	1	0	0	0	1							

WP—Pena. T—3:09. A—54,508.

Game Seven: Atlanta 4, Pittsburgh 0

ATLANTA	AB	R	H	BI	BB	SO	PITTSBURGH	AB	R	H	BI	BB	SO
L. Smith lf	3	1	0	0	1	1	Merced 1b	4	0	1	0	0	0
Mitchell lf	1	0	0	0	0	1	Bell ss	4	0	2	0	0	2
Pendleton 3b	5	1	1	0	0	0	Van Slyke cf	4	0	0	0	0	1
Gant cf	3	1	1	1	1	0	Bonilla rf	4	0	1	0	0	0
Justice rf	3	0	0	0	1	1	Bonds lf	4	0	1	0	0	0
Hunter 1b	4	1	2	3	0	0	Buechele 3b	4	0	0	0	0	2
Olson c	3	0	1	0	1	0	LaValliere c	3	0	1	0	1	0
Lemke 2b	3	0	0	0	0	0	Lind 2b	4	0	0	0	0	0
Belliard ss	3	0	1	0	1	0	Smiley p	0	0	0	0	0	0
Smoltz p	2	0	0	0	1	2	Walk p	1	0	0	0	0	1
							Espy ph	1	0	0	0	0	1
							Mason p	0	0	0	0	0	0
							Wilkerson ph	1	0	0	0	0	1
							Belinda p	0	0	0	0	0	0
TOTALS	30	4	6	4	7	6	TOTALS	34	0	6	0	1	8

Atlanta .... 300 010 000—4
Pittsburgh .... 000 000 000—0

E—Lemke. LOB—Atlanta 8, Pittsburgh 8. 2B—Hunter, Bonds. HR—Hunter. SB—Gant. S—Smoltz. SF—Gant.

ATLANTA	IP	H	R	ER	BB	SO	PITTSBURGH	IP	H	R	ER	BB	SO
Smoltz W	9	6	0	0	1	8	Smiley L	2/3	3	3	3	1	1
							Walk	4 1/3	2	1	1	3	3
							Mason	2	1	0	0	1	0
							Belinda	2	0	0	0	2	2

Bk—Walk. T—3:04. A—46,932.

NLCS COMPOSITE BOX

ATLANTA

Player, Pos.	AVG	G	AB	R	H	2B	3B	HR	RBI	BB	SO	SB
Brian Hunter, 1b	.333	5	18	2	6	2	0	1	4	0	2	0
Greg Olson, c	.333	7	24	3	8	1	0	1	4	4	3	1
Jeff Treadway, 2b	.333	1	3	0	1	0	0	0	0	0	0	0
Sid Bream, 1b-ph	.300	4	10	1	3	0	0	1	3	0	1	0
Ron Gant, cf	.259	7	27	4	7	1	0	1	3	2	4	7
Tom Glavine, p	.250	2	4	0	1	0	0	0	0	0	2	0
Tommy Gregg, ph	.250	4	4	0	1	0	0	0	0	0	2	0
Lonnie Smith, lf	.250	7	24	3	6	3	0	0	0	4	5	2
Rafael Belliard, ss	.211	7	19	0	4	0	0	0	1	3	3	0
Dave Justice, rf	.200	7	25	4	5	1	0	1	2	3	7	0
Mark Lemke, 2b	.200	7	20	1	4	0	0	0	1	4	0	0
John Smoltz, p	.200	2	5	0	1	0	0	0	0	1	4	1
Terry Pendleton, 3b	.167	7	30	1	5	1	0	0	1	1	3	0
Steve Avery, p	.143	2	7	0	1	0	0	0	0	0	4	0
Charlie Leibrandt, p	.000	1	1	0	0	0	0	0	0	0	0	0
Jeff Blauser, ss-ph	.000	2	2	0	0	0	0	0	0	0	0	0
Gerry Willard, ph	.000	2	2	0	0	0	0	0	0	0	1	0
Keith Mitchell, pr-lf-ph	.000	5	4	0	0	0	0	0	0	0	1	0
TOTALS	.231	7	229	19	53	10	1	5	19	22	42	11

Pitcher	W	L	ERA	G	GS	CG	SV	IP	H	R	ER	BB	SO
Steve Avery	2	0	0.00	2	2	0	0	16⅓	9	0	0	4	17
Alejandro Pena	0	0	0.00	4	0	0	3	4⅓	1	0	0	0	4
Mark Wohlers	0	0	0.00	3	0	0	0	1⅔	3	0	0	1	1
Jim Clancy	0	0	0.00	1	0	0	0	⅓	0	0	0	0	0
Charlie Leibrandt	0	0	1.35	1	1	0	0	6⅔	8	2	1	3	6
John Smoltz	2	0	1.76	2	2	1	0	15⅓	14	3	3	3	15
Mike Stanton	0	0	2.45	3	0	0	0	3⅔	4	1	1	3	3
Tom Glavine	0	2	3.21	2	2	0	0	14	12	5	5	6	11
Kent Mercker	0	1	13.50	1	0	0	0	⅔	0	1	1	2	0
TOTALS	4	3	1.57	7	7	1	3	63	51	12	11	22	57

PITTSBURGH

Player, Pos.	AVG	G	AB	R	H	2B	3B	HR	RBI	BB	SO	SB
Gary Varsho, ph	.500	2	2	0	1	0	0	0	0	0	1	0
Jay Bell, ss	.414	7	29	2	12	2	0	1	1	0	10	0
Mike LaValliere, c-ph	.333	3	6	0	2	0	0	0	1	2	0	0
Bobby Bonilla, rf	.304	7	23	2	7	2	0	0	1	6	2	0
Steve Buechele, 3b	.304	7	23	2	7	2	0	0	4	6	0	0
Don Slaught, c-ph	.235	6	17	0	4	0	0	0	1	1	4	0
Orlando Merced, 1b-ph	.222	9	1	2	0	0	0	1	0	1	0	0
Doug Drabek, p	.200	2	5	0	1	1	0	0	1	0	2	0
Jose Lind, 2b	.160	7	25	0	4	0	0	0	3	0	6	0
Andy Van Slyke, cf	.160	7	25	3	4	2	0	1	2	5	5	1
Gary Redus, 1b	.158	5	19	1	3	0	0	0	0	1	4	2
Barry Bonds, lf	.148	7	27	1	4	1	0	0	0	2	4	3
Roger Mason, p	.000	3	1	0	0	0	0	0	0	0	1	0
Cecil Espy, ph	.000	2	2	0	0	0	0	0	0	0	2	0
Lloyd McClendon, ph-1b	.000	3	2	0	0	0	0	0	1	0	1	0
Randy Tomlin, p	.000	1	2	0	0	0	0	0	0	0	0	0
Bob Walk, p	.000	3	2	0	0	0	0	0	0	0	2	0
Curtis Wilkerson, ph	.000	4	4	0	0	0	0	0	0	0	3	0
Zane Smith, p	.000	2	5	0	0	0	0	0	0	0	4	0
TOTALS	.224	7	228	12	51	10	0	3	11	22	57	6

Pitcher	W	L	ERA	G	GS	CG	SV	IP	H	R	ER	BB	SO
Stan Belinda	1	0	0.00	3	0	0	0	5	0	0	0	3	4
Roger Mason	0	0	0.00	3	0	0	1	4⅓	3	0	0	1	2
Bob Patterson	0	0	0.00	1	0	0	0	2	1	0	0	0	3
Doug Drabek	1	1	0.60	2	2	0	0	15	10	1	1	5	10
Zane Smith	1	1	0.61	2	2	0	0	14⅔	15	1	1	3	10
Bob Walk	0	0	1.93	3	0	0	1	9⅓	5	2	2	3	5
Dave Tomlin	0	0	3.00	1	1	0	0	6	6	2	2	2	1
Bob Kipper	0	0	4.50	3	0	0	2	2	1	1	1	0	1
Bill Landrum	0	0	9.00	1	0	0	0	1	2	1	1	2	2
John Smiley	0	2	23.63	2	2	0	0	2⅔	8	8	7	1	3
Rosario Rodriguez	0	0	27.00	1	0	0	0	1	3	3	3	2	1
TOTALS	3	4	2.57	7	7	1	2	63	53	19	18	22	42

Atlanta	9	1	1		0	1	1		1	3	2	0 — 19
Pittsburgh	2	1	2		1	2	1		1	1	0	1 — 12

E—Lemke, Belliard, Redus 2, Merced, Bonds, Justice, Lind, Blauser, Bell. **DP**—Atlanta 6, Pittsburgh 3. **LOB**—Atlanta 51, Pittsburgh 54. **S**—Bell, Belliard 2, Leibrandt, Buechele, Slaught, Treadway, Merced, Smoltz. **SF**—Lind, Gant. **HBP**—Gant (by Z. Smith), L. Smith (by Smiley). **Umpires**—Doug Harvey, Frank Pulli, Dana DeMuth, Eric Gregg, Bob Davidson, Bruce Froemming. **Official Scorers**—Tony Krizmanich (Pittsburgh), Nick Peters (San Francisco), Paul Newberry (Atlanta).

MAJOR, MINOR STATISTICS

Atlanta	48	Montreal	119
Baltimore	54	New York (AL)	124
Boston	59	New York (NL)	129
California	64	Oakland	134
Chicago (AL)	69	Philadelphia	139
Chicago (NL)	74	Pittsburgh	144
Cincinnati	79	St. Louis	149
Cleveland	84	San Diego	155
Detroit	89	San Francisco	160
Houston	94	Seattle	165
Kansas City	99	Texas	170
Los Angeles	104	Toronto	175
Milwaukee	109	Independents	253
Minnesota	114		

ATLANTA BRAVES

Manager: Bobby Cox.
1991 Record: 94-68, .580 (1st, NL West).

BATTING	AVG	G	AB	R	H	2B	3B	HR	RBI	BB	SO	SB
*Bell, Mike	.133	17	30	4	4	0	0	1	1	2	7	1
Belliard, Rafael	.249	149	353	36	88	9	2	0	27	22	63	3
#Berryhill, Damon	.000	1	1	0	0	0	0	0	0	0	1	0
Blauser, Jeff	.259	129	352	49	91	14	3	11	54	54	59	5
*Bream, Sid	.253	91	265	32	67	12	0	11	45	25	31	0
Cabrera, Francisco	.242	44	95	7	23	6	0	4	23	6	20	1
Castilla, Vinny	.200	12	5	1	1	0	0	0	0	0	2	0
Gant, Ron	.251	154	561	101	141	35	3	32	105	71	104	34
Gregg, Tommy	.187	72	107	13	20	8	1	1	4	12	24	2
Heath, Mike	.209	49	139	4	29	3	1	1	12	7	26	0
*Heep, Danny	.417	14	12	4	5	1	0	0	3	1	4	0
Hunter, Brian	.251	97	271	32	68	16	1	12	50	17	48	0
*Justice, Dave	.275	109	396	67	109	25	1	21	87	65	81	8
#Lemke, Mark	.234	136	269	36	63	11	2	2	23	29	27	1
Mitchell, Keith	.318	48	66	11	21	0	0	2	5	8	12	3
#Nixon, Otis	.297	124	401	81	119	10	1	0	26	47	40	72
Olson, Greg	.241	133	411	46	99	25	0	6	44	44	48	1
*Pendleton, Terry	.319	153	586	94	187	34	8	22	86	43	70	10
Rossy, Rico	.000	5	1	0	0	0	0	0	0	0	1	0
*Sanders, Deion	.191	54	110	16	21	1	2	4	13	12	23	11
Smith, Lonnie	.275	122	353	58	97	19	1	7	44	50	64	9
*Treadway, Jeff	.320	106	306	41	98	17	2	3	32	23	19	2
*Willard, Jerry	.214	17	14	1	3	0	0	1	4	2	5	0

PITCHING	W	L	ERA	G	GS	CG	SV	IP	H	R	ER	BB	SO
*Avery, Steve	18	8	3.38	35	35	3	0	210	189	89	79	65	137
Berenguer, Juan	0	3	2.24	49	0	0	17	64	43	18	16	20	53
Bielecki, Mike	0	0	0.00	2	0	0	0	2	2	0	0	2	3
*Castillo, Tony	1	1	7.27	7	0	0	0	9	13	9	7	5	8
Clancy, Jim	3	2	5.71	24	0	0	3	35	36	23	22	14	17
Freeman, Marvin	1	0	3.00	34	0	0	1	48	37	19	16	13	34
*Glavine, Tom	20	11	2.55	34	34	9	0	247	201	83	70	69	192
*Leibrandt, Charlie	15	13	3.49	36	36	1	0	230	212	105	89	56	128
Mahler, Rick	1	1	5.65	13	2	0	0	29	33	20	18	13	10
*Mercker, Kent	5	3	2.58	50	4	0	6	73	56	23	21	35	62
Parrett, Jeff	1	2	6.33	18	0	0	1	21	31	18	15	12	14
Pena, Alejandro	2	0	1.40	15	0	0	11	19	11	3	3	3	13
Petry, Dan	0	0	5.55	10	0	0	0	24	29	17	15	14	9
Reynoso, Armando	2	1	6.17	6	5	0	0	23	26	18	16	10	10
Sisk, Doug	2	1	5.02	14	0	0	0	14	21	14	8	8	5
Smith, Pete	1	3	5.06	14	10	0	0	48	48	33	27	22	29
Smoltz, John	14	13	3.80	36	36	5	0	230	206	101	97	77	148
St. Claire, Randy	0	0	4.08	19	0	0	0	29	31	17	13	9	30
*Stanton, Mike	5	5	2.88	74	0	0	7	78	62	27	25	21	54
Wohlers, Mark	3	1	3.20	17	0	0	2	20	17	7	7	13	13

FIELDING

Catcher	PCT	G	PO	A	E
Cabrera	.987	17	72	6	1
Heath	.991	45	192	33	2
Olson	.995	127	721	48	4
Willard	1.000	1	3	0	0

First Base	PCT	G	PO	A	E
*Bell	.975	14	72	5	2
*Bream	.996	85	668	50	3
Cabrera	.973	14	65	7	2
*Gregg	1.000	13	105	9	0
*Heep	1.000	1	1	0	0
*Hunter	.988	85	622	46	8

Second Base	PCT	G	PO	A	E
Blauser	.983	32	48	66	2
Lemke	.978	110	159	205	8
Treadway	.960	93	155	206	15

Third Base	PCT	G	PO	A	E
Blauser	.911	18	13	28	4

	PCT	G	PO	A	E
Lemke	.867	15	3	10	2
Pendleton	.950	148	108	349	24

Shortstop	PCT	G	PO	A	E
Belliard	.967	145	168	361	18
Blauser	.948	85	75	125	11
Castilla	1.000	12	6	6	0
Rossy	.000	1	0	0	0

Outfield	PCT	G	PO	A	E
Gant	.983	148	338	7	6
*Gregg	1.000	14	16	0	0
*Heep	.000	1	0	0	0
*Hunter	1.000	6	2	0	0
*Justice	.968	106	204	9	7
Mitchell	.970	34	31	1	1
Nixon	.987	115	93	6	3
*Sanders	.952	44	57	3	3
L. Smith	.965	99	98	5	5

BRAVES FARM SYSTEM

Class	Club	League	W	L	Pct.	Manager
AAA	Richmond	International	65	79	.451	Phil Niekro
AA	Greenville	Southern	88	56	.611	Chris Chambliss
A	Durham	Carolina	79	58	.577	Grady Little
A	Macon	South Atlantic	83	58	.589	Roy Majtyka
Rookie	Pulaski	Appalachian	45	23	.662	Randy Ingle

48 • 1992 ALMANAC

Outfielder David Justice carried Atlanta to the National League pennant by driving in 87 runs in 109 games.

Class	Club	League	W	L	Pct.	Manager
Rookie	Idaho Falls	Pioneer	39	30	.565	Steve Curry
Rookie	Bradenton	Gulf Coast	30	29	.508	Jim Saul

RICHMOND — AAA
INTERNATIONAL LEAGUE

BATTING	AVG	G	AB	R	H	2B	3B	HR	RBI	BB	SO	SB
Alva, John, 2b	.287	44	129	16	37	3	0	3	17	6	26	2
*Bell, Mike, 1b-of	.249	91	341	37	85	12	2	5	29	26	68	2
Cabrera, Francisco, 1b-c	.261	32	119	22	31	7	1	7	24	10	21	0
#Casarotti, Rich, 2b	.200	29	85	10	17	2	1	0	8	3	18	2
Castilla, Vinny, ss	.225	67	240	25	54	7	4	7	36	14	32	1
Crabbe, Bruce, of-3b	.264	65	178	21	47	10	0	0	20	35	27	1
*Fields, Bruce, of	.223	37	112	9	25	5	0	0	8	9	14	0
*Gregg, Tommy, of-dh	.462	3	13	3	6	0	0	1	4	1	2	1
Hunter, Brian, of	.260	48	181	28	47	7	0	10	30	11	24	3
#Loggins, Mike, of	.165	25	91	7	15	0	0	0	6	8	11	3
Mann, Kelly, c	.184	64	196	24	36	7	0	3	14	23	41	1
*Martin, Al, of	.278	44	151	20	42	11	1	5	18	7	33	11
Mitchell, Keith, of	.326	25	95	16	31	6	1	2	17	9	13	0
#Nelson, Jerome, of	.288	63	215	34	62	7	6	0	18	36	46	10
*Rodriguez, Boi, 3b-of	.281	105	392	50	110	25	1	8	49	34	100	1
Rosario, Victor, ss	.306	60	206	28	63	9	6	0	26	14	44	4
Rossy, Rico, 2b-ss	.257	139	482	58	124	25	1	2	48	67	44	4
*Sanders, Deion, of	.262	29	130	20	34	6	3	5	16	10	28	12
Szekely, Joe, c	.260	83	227	24	59	10	1	3	30	20	45	1
*Tomberlin, Andy, of	.234	93	329	47	77	13	2	2	24	41	85	10
Watkins, Darren, of	.273	3	11	1	3	0	0	0	0	1	5	0
*Willard, Jerry, c-1b	.300	91	277	42	83	24	0	8	39	45	46	1
Wilson, Glenn, of	.270	29	100	13	27	4	0	2	15	13	21	1
Woodson, Tracy, 3b-1b	.277	120	441	43	122	20	3	6	56	28	43	1

PITCHING	W	L	ERA	G	GS	CG	SV	IP	H	R	ER	BB	SO
*Alba, Gibson	0	0	2.25	3	0	0	0	4	1	1	1	1	3
*Castillo, Tony	5	6	2.90	23	17	0	0	118	89	47	38	32	78
Davis, John	0	1	9.00	5	0	0	0	8	11	9	8	6	6
*Gomez, Pat	2	9	4.39	16	14	0	0	82	99	55	40	41	41
Grant, Mark	0	0	0.00	1	1	0	0	3	2	0	0	1	3
Holman, Shawn	0	1	7.36	4	0	0	0	7	7	7	6	5	5
Kramer, Randy	3	3	2.80	11	10	1	0	64	60	22	20	24	26
Marak, Paul	10	13	5.85	29	26	2	0	172	220	123	112	80	57
McCarthy, Tom	4	6	4.24	21	13	1	0	85	80	43	40	34	51
Parrett, Jeff	2	7	4.52	19	14	0	0	80	72	45	40	46	88
*Perez, Yorkis	12	3	3.79	36	10	0	1	107	99	47	45	53	102
Peterek, Jeff	0	1	4.38	6	0	0	0	12	10	6	6	4	9

1992 ALMANAC • 49

PITCHING	W	L	ERA	G	GS	CG	SV	IP	H	R	ER	BB	SO
*Polley, Dale	2	3	3.26	50	1	0	4	66	70	24	24	30	38
Reynoso, Armando	10	6	2.61	22	19	3	0	131	117	44	38	39	97
Richards, Rusty	1	2	7.47	6	2	0	0	16	25	15	13	7	8
Ross, Mark	3	6	3.50	39	1	0	9	82	84	35	32	13	50
Sisk, Doug	0	0	1.59	9	0	0	2	11	14	3	2	4	2
Smith, Pete	3	3	7.24	10	10	1	0	51	66	44	41	24	41
St.Claire, Randy	6	2	1.19	29	0	0	2	68	39	10	9	11	60
Turner, Matt	1	3	4.75	23	0	0	5	36	33	21	19	20	33
Veres, Randy	0	2	5.04	9	3	0	0	25	32	14	14	10	12
Wendell, Turk	0	2	3.43	3	3	1	0	21	20	9	8	16	18
Wohlers, Mark	1	0	1.03	23	0	0	11	26	23	4	3	12	22

GREENVILLE AA

SOUTHERN LEAGUE

BATTING	AVG	G	AB	R	H	2B	3B	HR	RBI	BB	SO	SB
#Alicea, Edwin, of	.333	13	42	6	14	3	0	1	5	6	5	1
Alva, John, ss	.207	68	256	27	53	12	1	2	24	15	49	0
*Burton, Chris, of	.208	58	144	18	30	3	2	1	9	14	33	8
#Casarotti, Rich, 2b	.258	78	264	38	68	7	2	0	15	25	49	2
Castilla, Vinny, ss	.270	66	259	34	70	17	3	7	44	9	35	0
Champion, Brian, dh-1b	.226	113	332	45	75	17	1	7	35	49	77	1
Cole, Popeye, of	.243	124	420	51	102	14	4	2	36	32	73	16
Cuevas, Johnny, c	.190	68	205	22	39	11	0	3	21	13	47	1
Deak, Brian, c	.201	73	204	31	41	9	0	10	41	53	51	0
Kelly, Pat, inf-of	.300	30	90	14	27	6	2	0	10	10	5	10
*Klesko, Ryan, 1b	.291	126	419	64	122	22	3	14	67	75	60	14
Kowitz, Brian, of	.232	35	112	15	26	5	0	3	17	10	7	1
Lopez, Fred, c	.264	23	53	5	14	3	0	1	6	6	10	0
Maloney, Rich, 2b-ss	.261	43	111	12	29	6	1	0	13	10	8	0
*Martin, Al, of	.243	86	301	38	73	13	3	7	38	32	84	19
Mitchell, Keith, of	.327	60	214	46	70	15	3	10	47	29	29	12
Morris, Rick, 3b	.240	115	338	50	81	16	1	5	43	75	55	2
#Olmeda, Jose, 2b	.202	50	173	18	35	10	1	3	16	15	36	9
Perez, Eddie, 1b	.250	1	4	0	1	0	0	0	0	0	1	0
*Rodriguez, Boi, 3b	.283	29	92	14	26	10	1	1	14	15	16	0
*Ross, Sean, of	.282	113	429	52	121	28	3	8	40	24	96	20
*Simmons, Randy, of	.000	1	1	0	0	0	0	0	0	0	1	0

PITCHING	W	L	ERA	G	GS	CG	SV	IP	H	R	ER	BB	SO
*Bark, Brian	2	1	3.57	9	3	1	1	18	19	10	7	8	15
*Borbon, Pedro	0	1	2.79	4	4	0	0	29	23	12	9	10	22
*Gomez, Pat	5	2	1.81	13	13	0	0	80	58	20	16	31	71
*Johnson, Judd	10	7	3.56	47	9	0	6	99	108	42	39	15	66
Nied, David	7	3	2.41	15	15	1	0	90	79	26	24	20	101
Rivera, Ben	11	8	3.57	26	26	3	0	159	155	76	63	75	116
Robinson, Napoleon	16	6	2.77	29	28	0	0	175	172	61	54	48	107
Sanders, Earl	4	7	3.65	48	0	0	0	79	82	37	32	51	85
Strange, Don	1	0	13.50	4	0	0	1	5	9	7	7	2	8
Taylor, Bill	6	2	1.51	59	0	0	22	77	49	16	13	15	65
*Taylor, Scott	3	4	4.19	8	7	1	0	43	49	25	20	16	26
*Upshaw, Lee	7	6	3.36	19	19	2	0	115	117	55	43	43	87
Watson, Preston	5	6	4.24	49	0	0	1	81	74	48	38	44	53
Wendell, Turk	11	3	2.56	25	20	1	0	148	130	47	42	51	122
Wohlers, Mark	0	0	0.57	28	0	0	21	31	9	4	2	13	44
*Young, Mike	0	0	14.90	10	0	0	0	10	10	17	16	19	9

DURHAM A

CAROLINA LEAGUE

BATTING	AVG	G	AB	R	H	2B	3B	HR	RBI	BB	SO	SB
*Brust, Dave, 1b	.221	94	253	36	56	5	1	11	33	23	70	7
#Caraballo, Ramon, 2b	.250	120	444	73	111	13	8	6	52	38	91	53
*Clark, Jeff, of	.116	18	43	4	5	0	0	0	1	5	5	4
*Dando, Pat, dh-1b	.143	25	70	2	10	1	0	0	5	3	16	2
Gillis, Tim, 3b	.246	120	395	48	97	26	3	5	59	58	86	6
*Giovanola, Joe, inf	.254	101	299	50	76	9	0	6	27	57	39	18
Kelly, Mike, dh-of	.250	35	124	29	31	6	1	6	17	19	47	6
Kelly, Pat, of	.250	54	120	14	30	5	0	0	12	14	18	4
*Kowitz, Brian, of	.254	86	323	41	82	13	5	3	21	23	56	18
Lopez, Javy, c	.245	113	384	43	94	14	2	11	51	25	88	10
#McCoy, Brent, 1b-of	.247	92	288	37	71	8	1	3	27	38	45	6
#Mordecai, Mike, ss	.262	109	397	52	104	15	2	4	42	40	58	30
#Nieves, Melvin, of	.264	64	201	31	53	11	0	9	25	40	53	3
*O'Connor, Kevin, of	.203	28	79	14	16	1	0	3	10	8	13	1
Perez, Eddie, c-1b	.271	92	277	38	75	11	1	9	41	17	33	0
*Simmons, Randy, of	.221	106	290	30	64	16	4	5	34	23	84	14
Swail, Steve, c	.100	32	50	2	5	0	0	0	1	5	15	0
Tarasco, Tony, of	.250	78	248	31	62	8	2	12	38	21	64	11
Watkins, Darren, of	.213	22	61	12	13	3	1	2	9	3	20	1

PITCHING	W	L	ERA	G	GS	CG	SV	IP	H	R	ER	BB	SO
*Bark, Brian	4	3	2.51	13	13	0	0	82	66	23	23	24	76
*Borbon, Pedro	4	3	2.27	37	6	1	5	91	85	40	23	45	81
Burlingame, Dennis	11	7	3.01	26	26	3	0	161	143	60	54	80	95
Cronin, Jeff	9	5	3.65	37	3	0	3	74	73	38	30	32	52
*Deleon, Roberto	0	0	5.06	3	0	0	0	5	10	4	3	1	4

50 • 1992 ALMANAC

Mark Wohlers was the dominant closer in the minors in 1991, saving 32 games between Richmond and Greenville.

PITCHING	W	L	ERA	G	GS	CG	SV	IP	H	R	ER	BB	SO
*Hailey, Roger	1	0	2.16	5	0	0	0	8	8	2	2	3	7
*Mattson, Rob	1	4	4.34	9	8	2	1	46	48	23	22	9	32
McMichael, Greg	5	6	3.62	36	6	0	2	80	83	34	32	29	82
Minchey, Nate	6	6	2.84	15	12	3	0	89	72	31	28	29	77
Murray, Matt	1	0	1.29	2	2	0	0	7	5	1	1	0	7
Nied, David	8	3	1.56	13	12	2	0	81	46	19	14	23	77
Ritter, Darren	3	3	3.40	26	0	0	2	53	44	23	20	26	44
Ryder, Scott	2	0	3.06	8	4	0	1	32	24	13	11	9	26
Shiflett, Matt	1	3	4.44	16	0	0	1	26	40	23	13	16	27
Sottile, Shaun	1	0	6.75	6	0	0	0	8	19	11	6	3	4
Steinmetz, Earl	3	7	4.00	16	15	0	0	72	74	38	32	24	58
Strange, Don	0	0	1.79	38	0	0	19	40	39	13	8	8	51
Taylor, Scott	10	3	2.24	16	2	3	1	104	94	32	27	33	78
Vazquez, Marcos	3	0	2.63	4	0	0	0	24	30	9	7	11	12
Werland, Henry	5	2	1.98	8	7	0	0	41	36	12	9	15	22
*Woodall, Brad	0	0	2.45	4	0	0	0	7	4	3	2	4	14
*Young, Mike	1	3	3.62	13	3	0	1	37	32	21	15	21	22

MACON — A

SOUTH ATLANTIC LEAGUE

BATTING	AVG	G	AB	R	H	2B	3B	HR	RBI	BB	SO	SB
*Brittain, Grant, 3b-2b	.221	94	272	63	60	8	7	4	36	69	58	15
*Dando, Pat, 1b	.061	11	33	2	2	1	0	0	2	0	9	0
Drabinski, Marek, c	.167	45	102	13	17	5	0	0	4	12	24	0
Gonzalez, Wallace, c-dh	.192	58	156	22	30	7	0	5	24	22	61	1
*Gress, Loren, 1b	.209	43	129	15	27	7	1	3	15	15	37	2
#Heath, Lee, of	.236	126	399	55	94	9	3	3	44	29	82	62
*Houston, Tyler, c	.231	107	351	41	81	16	3	8	47	39	70	10
Hughes, Troy, of	.300	112	404	69	121	32	2	9	80	36	75	23
Jiminez, Vincent, dh-1b	.150	22	60	5	9	3	0	2	9	5	24	0
*Jones, Chipper, ss	.326	136	473	104	154	24	11	15	98	69	70	40
*Justice, Dave, of-dh	.200	3	10	2	2	0	0	0	2	5	2	0
*Karcher, Rick, 1b	.228	123	425	58	97	21	1	12	79	34	108	6
*Moore, Vincent, of	.200	35	120	17	24	5	1	0	12	7	24	6
*O'Connor, Kevin, of	.250	90	312	58	78	11	2	1	31	48	36	32
#Olmeda, Jose, 2b	.275	81	305	66	84	16	8	3	30	38	38	34
Orr, Geoff, 3b	.204	81	235	37	48	6	2	2	22	28	49	11
Roa, Hector, 2b-3b	.306	34	121	17	37	10	0	2	16	9	22	2
Robinson, Raul, of	.214	42	103	17	22	4	0	0	10	20	16	3
#Virgilio, George, 2b	.189	46	148	17	28	4	2	1	17	13	19	4
*Williams, Juan, of	.233	106	347	44	81	12	2	1	32	39	100	13

PITCHING	W	L	ERA	G	GS	CG	SV	IP	H	R	ER	BB	SO
Chiles, Barry	3	7	4.19	40	10	0	6	103	99	57	48	36	68
*Dare, Brian	3	1	3.72	25	1	0	2	36	31	17	15	18	27
Fowler, Dwayne	1	0	3.54	19	0	0	2	28	29	13	11	5	13
Francis, Don	1	5	5.35	10	5	0	0	35	43	34	21	6	38
Jewett, Earl	1	0	3.60	7	0	0	0	10	8	5	4	6	9
Leahy, Tom	8	5	4.34	29	13	1	2	91	93	57	44	43	91
Lomon, Kevin	1	0	1.80	1	0	0	0	5	2	1	1	1	2
Mack, Ray	0	2	1.54	19	0	0	9	23	13	8	4	5	15
Mattson, Rob	5	2	2.82	23	7	3	0	77	61	29	24	17	51
Morrison, Keith	4	3	2.95	8	8	1	0	43	41	23	14	6	25
*Potts, Mike	8	5	3.49	34	11	2	1	95	64	45	37	50	75
Ritter, Darren	0	2	1.21	14	0	0	1	22	17	11	3	7	22

PITCHING	W	L	ERA	G	GS	CG	SV	IP	H	R	ER	BB	SO
Roa, Joe	13	3	2.17	30	18	4	1	141	106	46	34	33	96
Rohrwild, Shawn	0	3	3.41	26	0	0	7	29	27	14	11	17	33
Ryder, Scott	4	1	1.62	12	2	0	2	33	25	7	6	14	23
Saulter, Kevin	0	2	3.12	14	0	0	3	17	15	7	6	7	18
Smith, Pete	0	0	8.38	3	3	0	0	10	15	11	9	2	14
Sparma, Blase	4	4	5.59	13	13	1	0	66	74	51	41	33	34
Vazquez, Marcos	7	4	2.54	14	14	3	0	92	61	35	26	40	75
*Werland, Henry	10	3	3.12	18	16	2	0	112	83	43	39	34	78
Williams, David	10	6	3.15	23	20	2	0	131	116	64	46	56	76

PULASKI   R

APPALACHIAN LEAGUE

BATTING	AVG	G	AB	R	H	2B	3B	HR	RBI	BB	SO	SB
Archer, Carl, 1b-dh	.189	50	159	23	30	9	0	3	21	20	34	3
Ayrault, Joe, c	.257	55	202	22	52	12	0	3	27	13	49	0
Chambers, Mark, of	.263	55	186	33	49	8	1	0	15	19	41	26
Chaney, Keith, 2b-3b	.224	57	196	23	44	8	0	1	20	30	63	7
Crosnoe, Cory, 3b	.259	60	189	32	49	9	1	1	16	37	54	9
Garr, Ralph, of	.202	35	94	9	19	3	0	0	9	4	27	1
Jimenez, Manny, ss	.282	57	234	37	66	10	7	1	29	12	48	19
Johnson, Andre, of	.271	57	207	33	56	10	3	4	29	21	69	23
Keeline, Jason, ss-2b	.189	37	95	9	18	1	0	0	9	8	30	4
Kelliher, Paul, c	.214	4	14	1	3	0	0	0	0	1	7	0
Lara, Carlos, c-dh	.237	33	97	14	23	5	1	2	17	10	11	5
Marks, Lance, 1b	.281	61	221	46	62	9	5	12	42	21	43	5
#Reinert, Greg, c	.150	11	20	1	3	0	1	0	5	0	8	0
Rivas, Javier, of-dh	.250	37	108	15	27	8	0	1	12	20	39	5
*Robinson, Don, of	.286	54	189	42	54	9	0	3	23	20	44	22
Therrien, Dominic, of	.500	6	16	4	8	1	0	0	7	5	0	2
#Virgilio, George, 2b	.352	15	54	8	19	5	0	0	7	3	6	3

PITCHING	W	L	ERA	G	GS	CG	SV	IP	H	R	ER	BB	SO
Behrens, Scott	0	1	10.45	3	3	0	0	10	14	12	12	6	3
Blair, Dirk	8	1	3.35	18	1	0	4	46	47	21	17	15	41
*Butler, Jason	3	2	4.70	11	8	0	0	38	30	24	20	32	58
*Carr, Brent	2	0	1.71	15	0	0	1	26	19	7	5	12	37
Dunlap, Travis	2	1	2.54	13	0	0	4	28	20	13	8	15	42
*Ford, Stewart	1	2	4.42	18	0	0	0	37	30	22	18	29	36
Fowler, Dwayne	0	1	2.03	6	0	0	1	13	9	6	3	2	9
Francis, Scott	5	0	0.90	6	1	0	0	40	17	5	4	11	33
Hostetler, Mike	3	2	1.91	9	9	0	0	47	35	12	10	9	61
Kempfer, Jason	0	1	3.03	13	1	0	3	30	24	14	10	20	20
*Lairsey, Eric	2	4	5.44	13	13	1	0	45	25	35	27	64	48
Lomon, Kevin	6	0	0.61	10	5	1	1	44	17	9	3	13	70
Nahas, Jim	0	0	12.46	4	2	0	1	9	13	13	12	9	4
Petit, Ricardo	2	0	8.04	5	1	0	0	16	25	16	14	9	14
Place, Mike	1	2	4.03	12	4	0	1	45	45	22	20	15	35
Ryder, Scott	2	0	0.00	2	2	0	0	11	6	0	0	3	16
Saulter, Kevin	0	2	0.56	8	0	0	3	16	6	2	1	5	23
Viarengo, Matt	2	0	3.06	6	0	0	0	18	9	6	6	11	18
Wilder, John	8	2	2.51	14	13	1	0	79	55	27	22	39	60

IDAHO FALLS   R

PIONEER LEAGUE

BATTING	AVG	G	AB	R	H	2B	3B	HR	RBI	BB	SO	SB
Coates, Tom, of	.324	64	241	64	78	12	3	4	34	35	56	23
Graffagnino, Anthony, ss	.347	66	274	53	95	16	4	4	56	27	37	19
*Gress, Loren, 1b-3b	.298	66	275	55	82	14	1	10	60	20	47	6
*Grijak, Kevin, of	.337	52	202	33	68	9	1	10	58	16	15	4
Jimenez, Vincent, 1b	.267	25	101	23	27	7	1	6	22	12	22	2
Kelliher, Paul, dh-c	.115	10	26	3	3	0	0	0	1	9	7	1
O'Neill, Rick, 3b-2b	.222	38	108	14	24	3	0	1	13	15	28	4
Paulino, Dario, 2b-3b	.371	64	240	39	89	12	1	1	38	16	39	3
#Reinert, Greg, c	.118	7	17	2	2	0	0	0	2	4	8	0
Ripplemeyer, Brad, c-dh	.358	37	120	23	43	12	2	5	22	24	29	1
*Rodriguez, Armando, of-dh	.294	36	109	17	32	8	2	3	16	10	23	0
Santoya, Cristobal, 2b	.273	3	11	2	3	1	0	0	1	0	1	0
Stanton, Gary, ph	.000	4	4	0	0	0	0	0	0	0	3	0
*Swann, Pedro, of	.276	55	174	35	48	6	1	3	28	33	45	8
*Therrien, Dominic, of-3b	.327	53	223	48	73	15	0	6	37	21	38	10
Tierney, Tom, of	.250	23	60	9	15	3	0	1	4	7	12	0
Toth, David, c	.213	47	160	27	34	3	0	4	22	18	21	1
*Walker, Johnny, of	.315	18	73	22	23	4	3	1	11	9	12	7
York, Ronald, dh-of	.224	22	58	5	13	0	0	0	3	5	13	0

PITCHING	W	L	ERA	G	GS	CG	SV	IP	H	R	ER	BB	SO
*Armstrong, Jim	3	5	4.33	14	14	0	0	60	73	54	29	13	49
Behrens, Scott	1	0	10.29	8	0	0	0	14	20	18	16	14	11
Cook, Doug	3	3	6.06	18	5	0	0	52	66	39	35	14	54
Dunlap, Travis	0	1	10.32	4	3	0	0	11	18	14	13	9	17
Kempfer, Jason	1	1	9.56	5	5	0	0	16	24	18	17	8	7
Koklys, Wayne	3	1	6.57	25	0	0	0	49	70	37	36	10	58
Koller, Jerry	2	2	6.25	9	9	0	0	36	49	29	25	14	29
Ledwik, Shannon	3	2	4.23	18	0	0	1	38	40	19	18	16	26
Majeski, Carl	4	2	4.50	25	0	0	3	34	33	29	17	23	49

ORGANIZATION LEADERS

BATTING

*AVG	Dario Paulino, Idaho Falls	.371
R	Chipper Jones, Macon	104
H	Chipper Jones, Macon	153
TB	Chipper Jones, Macon	244
2B	Troy Hughes, Macon	33
3B	Chipper Jones, Macon	11
HR	Chipper Jones, Macon	15
RBI	Chipper Jones, Macon	98
SB	Lee Heath, Macon	60

PITCHING

W	Napoleon Robinson, Greenville	16
L	Paul Marak, Richmond	13
†ERA	Bill Taylor, Greenville	1.51
G	Bill Taylor, Greenville	59
CG	Joe Roa, Macon	4
SV	Mark Wohlers, Green.-Rich.	32
IP	Napoleon Robinson, Greenville	175
BB	Two tied at	80
SO	David Nied, Durham-Greenville	178

Chipper Jones
...244 TB, 98 RBIs

Minor Leaguers Only   *Minimum 250 At-Bats   †Minimum 75 Innings

PITCHING	W	L	ERA	G	GS	CG	SV	IP	H	R	ER	BB	SO
Petit, Ricardo	0	0	3.45	10	0	0	1	16	19	10	6	4	15
Place, Michael	2	1	4.44	5	5	0	0	24	28	16	12	10	9
*Rapp, Craig	3	3	3.81	20	9	0	0	59	62	29	25	14	57
Simoneaux, Wayne	0	0	1.69	2	0	0	0	5	6	5	1	4	3
Vasquez, Julio	3	2	8.00	13	10	0	0	45	62	51	40	38	32
Viarengo, Matt	0	0	7.90	11	0	0	0	14	23	20	12	12	17
Weber, Brent	4	4	6.91	16	9	0	0	56	75	54	43	17	40
Weeks, Ben	3	2	5.58	24	0	0	1	40	42	36	25	30	42
*Woodall, Brad	4	1	1.37	28	0	0	11	39	29	9	6	19	57

BRAVES   R

GULF COAST LEAGUE

BATTING	AVG	G	AB	R	H	2B	3B	HR	RBI	BB	SO	SB
Arendt, James, of	.167	2	6	1	1	0	0	0	1	1	1	1
#Correa, Miguel, of	.251	47	171	21	43	8	2	1	6	7	28	10
Garcia, Adrian, c	.267	14	45	5	12	1	1	0	0	0	9	0
Garr, Ralph Jr., of	.231	4	13	4	3	0	0	0	3	1	0	1
*Grob, Robert, c	.171	17	41	3	7	3	0	0	11	5	6	0
James, Brad, of-1b	.232	31	99	14	23	6	2	1	16	11	40	2
Keenan, Chris, of	.125	12	24	2	3	1	0	0	0	4	16	0
Leichmon, Sequinn, of	.353	15	34	7	12	2	0	0	5	3	6	0
Leonardo, Eddy, 3b-ss	.239	54	184	13	44	4	2	0	25	12	23	5
Lloyd, Ron, of-1b	.280	28	93	12	26	2	0	0	7	4	15	4
Mathis, Cory, of	.200	13	40	6	8	2	0	0	5	1	4	0
#Moore, Vincent, of	.400	30	110	28	44	4	6	2	22	13	19	7
Potskin, Joey, ss	.000	1	3	0	0	0	0	0	0	1	0	0
Reese, T.J., c	.250	18	32	8	8	1	1	0	3	5	9	0
Riddle, Brad, of-dh	.269	13	26	2	7	0	0	0	1	2	9	2
Rivera, Melvin, 1b-3b	.182	40	121	12	22	6	1	0	9	9	26	0
Rodriguez, Jose, c	.181	23	72	6	13	0	0	0	4	6	12	0
Santoya, Cristobal, ss-dh	.182	3	11	0	2	0	0	0	0	1	0	1
#Saturnino, Sherton, of	.259	39	143	31	37	7	3	0	10	10	43	16
*Sly, Kian, 1b-of	.236	39	127	16	30	7	3	1	13	9	34	3
Smith, J.J., 3b-1b	.200	3	10	1	2	0	0	0	1	0	3	0
Torian, Vance, 2b-ss	.208	55	202	25	42	5	0	0	18	11	21	36
*Trevino, Gerald, 2b-ss	.281	58	199	32	56	10	3	2	25	33	36	8
*Vivenzio, Augie, c-dh	.213	25	75	8	16	3	1	1	12	7	14	0
Woods, Byron, dh-of	.258	37	120	14	31	5	0	3	24	11	40	5

PITCHING	W	L	ERA	G	GS	CG	SV	IP	H	R	ER	BB	SO
Ayers, Rich	4	2	5.06	15	0	0	0	27	27	15	15	15	13
*Burgess, Kurt	1	0	1.52	20	0	0	8	30	20	8	5	7	25
*Carr, Brent	0	0	2.57	2	2	0	0	7	6	2	2	3	10
Garcia, Pedro	3	2	4.41	11	10	0	0	51	57	30	25	22	24
Giard, Ken	0	2	3.79	11	10	0	0	38	42	21	16	13	24
Havens, Willie	1	4	8.67	11	7	0	0	27	35	31	26	21	15
Jimenez, Luis	4	2	6.15	15	1	0	0	34	45	28	23	16	30
Koller, Jerry	0	0	3.38	2	2	0	0	8	9	6	3	3	10
Maitland, Billy	1	1	6.62	12	2	0	0	34	36	31	25	27	24
Martineau, Yves	3	0	2.95	7	1	0	0	18	14	6	6	6	13
*Nelson, Earl	0	2	4.18	11	7	0	0	32	29	21	15	12	28
Reyes, Carlos	3	2	1.77	20	0	0	5	46	44	15	9	9	37
Risdon, Craig	2	1	3.71	15	0	0	2	27	31	16	11	10	18
Roberson, Cody	3	5	3.44	18	0	0	2	37	35	17	14	13	17
Schmidt, Jason	3	4	2.38	11	11	0	0	45	32	21	12	23	44
Seelbach, Chris	0	1	4.20	4	4	0	0	15	13	7	7	6	19
Shafer, Bill	0	1	8.31	8	1	0	0	17	19	21	16	16	13
*Wade, Terrell	2	0	6.26	10	2	0	0	23	29	17	16	22	15

BALTIMORE ORIOLES

Managers: Frank Robinson, John Oates.
1991 Record: 67-95, .414 (6th, AL East).

BATTING	AVG	G	AB	R	H	2B	3B	HR	RBI	BB	SO	SB
*Anderson, Brady	.230	113	256	40	59	12	3	2	27	38	44	12
#Bell, Juan	.172	100	209	26	36	9	2	1	15	8	51	0
Davis, Glenn	.227	49	176	29	40	9	1	10	28	16	29	4
Devereaux, Mike	.260	149	608	82	158	27	10	19	59	47	115	16
Evans, Dwight	.270	101	270	35	73	9	1	6	38	54	54	1
Gomez, Leo	.233	118	391	40	91	17	2	16	45	40	82	1
Hoiles, Chris	.243	107	341	36	83	15	0	11	31	29	61	0
Horn, Sam	.233	121	317	45	74	16	0	23	61	41	99	0
Hulett, Tim	.204	79	206	29	42	9	0	7	18	13	49	0
*Martinez, Chito	.269	67	216	32	58	12	1	13	33	11	51	1
#McKnight, Jeff	.171	16	41	2	7	1	0	0	2	2	7	1
Melvin, Bob	.250	79	228	11	57	10	0	1	23	11	46	0
Mercedes, Luis	.204	19	54	10	11	2	0	0	2	4	9	0
Milligan, Randy	.263	141	483	57	127	17	2	16	70	84	108	0
*Orsulak, Joe	.278	143	486	57	135	22	1	5	43	28	45	6
Ripken, Billy	.216	104	287	24	62	11	1	0	14	15	31	0
Ripken, Cal	.323	162	650	99	210	46	5	34	114	53	46	6
#Segui, David	.278	86	212	15	59	7	0	2	22	12	19	1
Tackett, Jeff	.125	6	8	1	1	0	0	0	0	2	2	0
*Turner, Shane	.000	4	1	0	0	0	0	0	0	0	0	0
*Whitt, Ernie	.242	35	62	5	15	2	0	0	3	8	12	0
Worthington, Craig	.225	31	102	11	23	3	0	4	12	12	14	0

PITCHING	W	L	ERA	G	GS	CG	SV	IP	H	R	ER	BB	SO
*Ballard, Jeff	6	12	5.60	26	22	0	0	124	153	91	77	28	37
Bautista, Jose	0	1	16.88	5	0	0	0	5	13	10	10	5	3
DelaRosa, Francisco	0	0	4.50	2	0	0	0	4	6	3	2	2	1
*Flanagan, Mike	2	7	2.38	64	1	0	3	98	84	27	26	25	55
Frohwirth, Todd	7	3	1.87	51	0	0	3	96	64	24	20	29	77
*Hickey, Kevin	1	0	9.00	19	0	0	0	14	15	14	14	6	10
Johnson, Dave	4	8	7.07	22	14	0	0	84	127	68	66	24	38
Jones, Stacy	0	0	4.09	4	1	0	0	11	11	6	5	5	10
*Kilgus, Paul	0	2	5.08	38	0	0	1	62	60	38	35	24	32
McDonald, Ben	6	8	4.84	21	21	1	0	126	126	71	68	43	85
Mesa, Jose	6	11	5.97	23	23	2	0	124	151	86	82	62	64
Milacki, Bob	10	9	4.01	31	26	3	0	184	175	86	82	53	108
Mussina, Mike	4	5	2.87	12	12	2	0	88	77	31	28	21	52
Olson, Gregg	4	6	3.18	72	0	0	31	74	74	28	26	29	72
*Poole, Jim	3	2	2.00	24	0	0	0	36	19	10	8	9	34
*Rhodes, Arthur	0	3	8.00	8	8	0	0	36	47	35	32	23	23
Robinson, Jeff M.	4	9	5.18	21	19	0	0	104	119	62	60	51	65
Smith, Roy	5	4	5.60	17	14	0	0	80	99	52	50	24	25
Telford, Anthony	0	0	4.05	9	1	0	0	27	27	12	12	6	24
Williamson, Mark	5	5	4.48	65	0	0	4	80	87	42	40	35	53

FIELDING

Catcher	PCT	G	PO	A	E
Hoiles	.998	89	433	43	1
Melvin	.998	72	383	31	1
Tackett	1.000	6	22	0	0
Whitt	1.000	20	72	8	0

First Base	PCT	G	PO	A	E
Davis	.976	36	289	38	8
Gomez	1.000	3	16	0	0
Hoiles	1.000	2	10	1	0
*Martinez	1.000	1	4	0	0
McKnight	1.000	2	14	1	0
Milligan	.990	106	930	81	10
*Segui	.996	42	206	22	1

Second Base	PCT	G	PO	A	E
Bell	.973	77	104	189	8
Hulett	.968	26	29	32	2
B. Ripken	.986	103	200	284	7
Turner	1.000	1	0	1	0

Third Base	PCT	G	PO	A	E
Gomez	.972	105	62	184	7
Hulett	.976	39	18	65	2
Worthington	.975	30	26	51	2

Shortstop	PCT	G	PO	A	E
Bell	.929	15	3	10	1
Hulett	.000	1	0	0	1
C. Ripken	.986	162	267	529	11

Outfield	PCT	G	PO	A	E
*Anderson	.981	101	151	3	3
Bell	.000	1	0	0	0
Devereaux	.993	149	399	10	3
Evans	.984	67	116	6	2
*Martinez	.982	54	107	4	2
McKnight	1.000	7	8	1	0
Mercedes	1.000	15	20	0	0
Milligan	.950	9	19	0	1
*Orsulak	.997	132	272	22	1
*Segui	.967	33	58	1	2

ORIOLES FARM SYSTEM

Class	Club	League	W	L	Pct.	Manager
AAA	Rochester	International	76	68	.528	Greg Biagini
AA	Hagerstown	Eastern	81	59	.579	Jerry Narron
A	Frederick	Carolina	58	82	.414	Wally Moon
A	Kane County	Midwest	68	67	.504	Bob Miscik
Rookie	Bluefield	Appalachian	36	31	.537	Gus Gil
Rookie	Sarasota	Gulf Coast	35	24	.593	Ed Napoleon

After going 10-4, 2.87 at Triple-A, Mike Mussina stepped in and became Baltimore's best starter.

ROCHESTER — AAA
INTERNATIONAL LEAGUE

BATTING	AVG	G	AB	R	H	2B	3B	HR	RBI	BB	SO	SB
*Anderson, Brady, of	.385	7	26	5	10	3	0	0	2	7	4	4
Chance, Tony, of	.251	111	355	61	89	14	3	14	55	41	98	4
#Contreras, Joaquin, of	.000	3	6	0	0	0	0	0	0	2	3	0
Dickerson, Bobby, 2b	.333	2	6	0	2	1	0	0	0	0	1	0
*Distefano, Benny, 1b	.267	124	427	52	114	23	2	18	83	41	52	5
*Dunbar, Tommy, dh-1b	.300	20	60	13	18	3	0	3	8	12	8	0
Eberle, Mike, c	.178	42	90	8	16	2	0	0	5	9	24	0
Gomez, Leo, 3b	.257	28	101	13	26	6	0	6	19	16	18	0
Gutierrez, Ricky, ss	.306	49	157	23	48	5	3	0	15	24	27	4
#Jeltz, Steve, ss-2b	.189	64	206	25	39	5	3	1	24	39	32	5
Kingwood, Tyrone, of	.312	37	138	20	43	8	2	1	18	9	22	12
Lofton, Rodney, 2b	.000	3	3	0	0	0	0	0	1	0	0	0
*Martinez, Chito, of-1b	.322	60	211	42	68	8	1	20	50	26	69	2
*McDowell, Oddibe, of	.231	78	264	31	61	13	2	4	22	35	45	12
#McKnight, Jeff, ss-2b	.383	22	81	19	31	7	2	1	18	14	10	1
*McLemore, Mark, 2b	.281	57	228	32	64	11	4	1	28	27	29	12
Meadows, Scott, dh-of	.329	74	249	45	82	16	1	5	42	41	38	3
Mercedes, Luis, of	.334	102	374	68	125	14	5	2	36	65	63	23
#Segui, David, 1b-of	.271	28	96	9	26	2	0	1	10	15	6	1
Shamburg, Ken, 1b	.150	13	40	4	6	1	0	0	3	5	10	0
Shields, Tommy, 3b-ss	.289	116	412	69	119	18	3	6	52	32	73	16
Tackett, Jeff, c	.236	126	433	64	102	18	2	6	50	54	59	3
*Turner, Shane, 2b-3b	.282	110	404	49	114	13	2	1	57	47	75	6
Voigt, Jack, of-1b	.270	83	267	46	72	12	4	6	35	40	53	9
*Wetherby, Jeff, dh-1b	.143	25	70	2	10	2	0	1	5	10	17	1
Worthington, Craig, 3b-dh	.298	19	57	10	17	4	0	2	9	6	8	0

PITCHING	W	L	ERA	G	GS	CG	SV	IP	H	R	ER	BB	SO
*Ballard, Jeff	3	3	4.41	7	7	3	0	51	63	27	25	10	19
Bautista, Jose	1	0	0.59	6	0	0	1	15	8	1	1	3	7
Codiroli, Chris	0	0	13.50	7	0	0	0	8	20	13	12	6	5
DelaRosa, Francisco	4	1	2.67	38	4	0	3	84	71	28	25	33	61
Frohwirth, Todd	1	3	3.65	20	0	0	8	25	17	12	10	5	15
Hernandez, Julio	0	0	10.50	2	1	0	0	6	10	7	7	3	3
Johnson, Dave	0	1	4.15	2	2	1	0	13	18	7	6	5	8
Jones, Stacy	4	4	3.38	33	1	0	8	51	53	22	19	20	47
*Kilgus, Paul	2	2	5.76	9	6	0	0	45	58	32	29	10	29
Lewis, Richie	1	0	2.81	2	2	0	0	16	13	5	5	7	18
*Linskey, Mike	1	5	7.24	10	9	0	0	41	67	34	33	17	25
Martinez, David	0	5	5.28	37	4	0	1	87	98	58	51	43	73
McDonald, Ben	0	1	7.71	2	2	0	0	7	10	7	6	5	7
*McKeon, Joel	0	0	9.00	3	0	0	0	2	2	2	2	2	0
Mesa, Jose	3	3	3.86	8	8	1	0	51	37	25	22	30	48
Miller, Dave	0	0	0.00	1	0	0	0	1	0	0	0	0	0
Mussina, Mike	10	4	2.87	19	19	3	0	122	108	42	39	31	107
*Myers, Chris	8	7	4.49	23	21	0	0	118	141	63	59	44	57
Peraza, Oswaldo	3	4	5.20	8	8	0	0	45	45	29	26	21	40

1992 ALMANAC • 55

PITCHING	W	L	ERA	G	GS	CG	SV	IP	H	R	ER	BB	SO
Poole, Jim	3	2	2.79	27	0	0	9	29	29	11	9	9	25
*Price, Joe	0	1	16.20	7	0	0	0	5	13	9	9	4	3
Robinson, Jeff M.	1	2	6.43	8	1	0	1	21	23	18	15	15	13
*Sanchez, Israel	6	2	3.42	24	12	4	2	95	94	43	36	33	74
Smith, Roy	6	2	3.50	11	11	2	0	75	65	31	29	17	40
Telford, Anthony	12	9	3.95	27	25	3	0	157	166	82	69	48	115
Woodward, Rob	7	7	4.23	47	0	0	1	72	80	50	34	39	60

HAGERSTOWN — AA

EASTERN LEAGUE

BATTING	AVG	G	AB	R	H	2B	3B	HR	RBI	BB	SO	SB
Alexander, Manny, ss	.333	3	9	3	3	1	0	0	2	1	3	0
Berthel, Dan, of	.161	11	31	0	5	1	0	0	2	4	2	0
*Carey, Paul, of	.252	114	373	63	94	29	1	12	65	68	109	5
Davis, Glenn, 1b-dh	.250	7	24	4	6	1	0	1	3	1	2	0
Dickerson, Bobby, ss-2b	.238	90	302	34	72	12	4	1	36	9	44	2
#Gilbert, Roy, of	.225	76	204	23	46	5	5	0	19	11	22	14
Gutierrez, Ricky, ss	.236	84	292	47	69	6	4	0	30	57	52	11
Hithe, Victor, of	.277	69	260	46	72	11	5	0	26	40	48	20
Holland, Tim, 3b	.248	133	501	58	124	21	2	8	73	35	142	6
Kingwood, Tyrone, of	.279	80	319	39	89	15	2	2	36	16	44	26
Lehman, Mike, c	.281	97	331	42	93	24	1	3	46	45	69	2
Lofton, Rodney, 2b	.284	118	437	78	124	6	5	1	33	48	74	56
Meadows, Scott, of-2b	.300	33	120	18	36	7	1	1	11	34	22	1
*Raley, Tim, dh-of	.244	80	234	39	57	9	3	3	31	30	56	2
Ripken, Billy, 2b	.600	1	5	1	3	0	0	0	0	0	0	1
Robbins, Doug, c	.304	92	286	45	87	12	1	0	28	71	48	4
*Roth, Greg, of-1b	.345	38	119	21	41	4	1	5	24	12	26	1
Shamburg, Ken, 1b	.275	116	426	59	117	36	2	10	82	69	61	3
Voigt, Jack, of	.244	29	90	15	22	3	0	0	6	15	19	6
Wearing, Mel, dh-1b	.299	35	107	18	32	6	0	3	24	17	28	1
#Yacopino, Ed, of	.343	69	268	51	92	16	4	2	47	35	42	4

PITCHING	W	L	ERA	G	GS	CG	SV	IP	H	R	ER	BB	SO
Bumgarner, Jeff	3	6	4.54	17	11	0	0	73	84	44	37	35	45
Burdick, Stacey	11	4	2.99	26	21	0	0	136	99	67	45	100	102
Codiroli, Chris	3	0	4.50	5	0	0	0	12	11	8	6	5	10
Constant, Andres	0	1	18.00	1	1	0	0	2	7	4	4	1	1
Culkar, Steve	0	0	0.00	3	0	0	0	5	1	0	0	1	2
*Hickey, Kevin	0	1	1.83	15	0	0	3	20	15	6	4	6	20
Johnson, Dave	3	0	1.00	3	3	0	0	18	13	3	2	3	9
Jones, Stacy	0	1	1.78	12	0	0	1	30	24	6	6	15	26
*Leinen, Pat	10	6	3.03	23	21	2	0	149	143	63	50	33	63
*Linskey, Mike	6	5	4.46	16	16	1	0	107	128	62	53	37	71
McKeon, Joel	3	2	4.19	33	0	0	0	62	72	36	29	27	34
Milacki, Bob	3	0	1.06	3	3	0	0	17	14	3	2	3	18
Miller, Dave	2	0	1.17	14	0	0	1	31	16	4	4	13	15
*Moore, Daryl	5	3	3.38	34	0	0	3	32	21	16	12	19	47
Oquist, Mike	10	9	4.06	27	26	1	0	166	168	82	75	62	136
Peraza, Oswald	6	7	3.98	19	16	1	0	106	97	58	47	60	97
*Rhodes, Arthur	7	4	2.70	19	19	2	0	107	73	37	32	47	115
Schullstrom, Erik	1	0	2.77	2	2	0	0	13	11	5	4	3	9
Stephan, Todd	5	5	2.12	53	1	0	14	89	68	27	21	41	67
Williams, Jeff	3	5	2.60	39	0	0	17	55	52	23	16	32	42

FREDERICK — A

CAROLINA LEAGUE

BATTING	AVG	G	AB	R	H	2B	3B	HR	RBI	BB	SO	SB
Alexander, Manny, ss	.261	134	548	81	143	17	3	3	42	44	68	47
*Alstead, Jason, of	.260	77	177	33	46	2	1	0	12	30	39	15
#Baker, George, c	.204	20	49	6	10	1	0	0	2	4	5	1
Beasley, Tony, 2b-3b	.248	124	387	50	96	11	10	1	34	27	75	29
Berlin, Randy, 3b-2b	.233	84	227	22	53	4	0	2	29	19	37	4
Berthel, Dan, of	.213	41	122	13	26	3	0	4	11	13	22	1
Buford, Damon, of	.273	133	505	71	138	25	6	8	54	51	92	50
Cairo, Sergio, of	.314	90	299	38	94	20	2	3	40	47	39	4
Devares, Cesar, c	.251	74	235	25	59	13	2	3	29	14	28	2
*Flowers, Doug, dh-c	.275	63	193	22	53	14	0	3	22	13	50	0
Gilbert, Roy, of	.281	38	146	18	41	10	0	0	19	9	13	13
Hedge, Pat, of	.191	90	235	20	45	5	1	4	24	28	76	5
Horowitz, Ed, dh-c	.294	64	235	32	69	11	0	5	29	24	41	2
#Kessinger, Keith, 3b-2b	.179	26	56	5	10	3	0	0	4	8	12	2
Lewis, T.R., 3b	.208	49	159	18	33	7	2	0	7	19	25	1
*Miller, Brent, 1b	.257	37	148	21	38	8	0	10	31	6	16	0
Reynolds, Doug, c-dh	.241	27	87	10	21	6	0	3	8	12	22	0
Ripken, Billy, dh	.250	1	4	2	1	0	0	0	1	0	1	0
Smith, Mark, of	.250	38	148	20	37	5	1	4	29	9	24	1
*Sprick, Scott, 3b-1b	.179	34	84	4	15	6	0	0	8	6	16	0
Tallman, Troy, c	.049	14	41	3	2	1	0	0	2	6	22	2
*Tyler, Brad, 2b	.257	56	187	26	48	6	0	4	26	33	33	3
*Wawruck, Jim, Of-dh	.277	22	83	15	23	3	0	0	7	7	14	10
Wearing, Mel, 1b	.263	94	335	46	88	14	3	11	53	54	73	1

PITCHING	W	L	ERA	G	GS	CG	SV	IP	H	R	ER	BB	SO
*Anderson, Matt	0	1	6.75	1	1	0	0	5	7	5	4	6	6

56 • 1992 ALMANAC

ORGANIZATION LEADERS

Manny Alexander
... 84 R, 146 H

BATTING
*AVG	Ed Yacopino, Hagerstown	.343
R	Manny Alexander, Frederick	84
H	Manny Alexander, Frederick	146
TB	Damon Buford, Frederick	199
2B	Ken Shamburg, Hag.-Roch.	37
3B	Tony Beasley, Frederick	10
HR	Chito Martinez, Rochester	20
RBI	Ken Shamburg, Hag.-Roch.	85
SB	Rodney Lofton, Frederick	56

PITCHING
W	Matt Anderson, Kane Cty.-Fred.	13
L	Chuck Ricci, Frederick	14
†ERA	Todd Stephan, Hagerstown	2.12
G	Daryl Moore, Fred.-Hag.	56
CG	Matt Anderson, Kane Cty.-Fred.	5
SV	Jeff Williams, Fred.-Hag.	23
IP	Chuck Ricci, Frederick	174
BB	Stacey Burdick, Hagerstown	100
SO	Matt Anderson, Kane Cty.-Fred.	166

Minor Leaguers Only   *Minimum 250 At-Bats   †Minimum 75 Innings

PITCHING	W	L	ERA	G	GS	CG	SV	IP	H	R	ER	BB	SO
*Blumberg, Rob	7	2	2.25	13	12	0	0	76	65	26	19	52	53
Carper, Mark	3	8	4.31	26	9	1	0	88	92	59	42	51	49
Constant, Andres	3	5	5.03	8	0	0	0	39	47	26	22	10	25
Culkar, Steve	0	0	4.50	6	0	0	0	12	13	6	6	3	14
*Hale, Shane	0	6	3.42	16	9	0	1	71	61	45	27	34	72
Hays, Greg	2	3	3.58	30	0	0	1	33	41	22	13	22	21
Hebb, Mike	0	0	2.25	3	0	0	0	8	7	2	2	8	5
*Hook, Mike	0	3	5.77	37	0	0	1	53	44	41	34	54	63
Kerr, Zack	2	3	5.04	8	3	0	1	25	30	21	14	15	14
*Leinen, Pat	0	0	0.00	1	0	0	0	3	0	0	0	0	4
Miller, Dave	1	0	3.00	9	0	0	0	18	21	11	6	10	12
*Moore, Daryl	1	1	1.32	22	1	0	5	48	28	8	7	15	44
O'Donoghue, John	7	8	2.90	22	21	2	0	134	131	55	43	50	128
Pavelofti, Dave	0	0	2.84	5	0	0	0	6	7	2	2	2	8
*Pennington, Brad	1	4	3.92	36	0	0	13	44	32	23	19	44	58
Plaster, Allen	0	3	11.00	4	2	0	0	9	13	14	11	8	10
Ricci, Chuck	12	14	3.11	30	29	2	0	174	148	91	60	84	144
Riddle, David	2	4	4.21	52	1	0	5	98	101	53	46	44	68
Schullstrom, Erik	5	6	3.05	19	17	1	0	86	70	32	29	45	73
Williams, Jeff	1	2	2.70	12	0	0	6	17	17	6	5	6	20
*Williams, Steve	0	1	9.00	1	0	0	0	2	2	2	2	2	3
Yaughn, Kip	11	8	3.94	27	27	1	0	162	168	88	71	76	155

KANE COUNTY — A

MIDWEST LEAGUE

BATTING	AVG	G	AB	R	H	2B	3B	HR	RBI	BB	SO	SB
Audley, Jim, of	.260	70	289	50	75	3	5	2	27	32	53	4
Byrne, Clayton, of	.212	26	104	14	22	6	0	0	3	2	26	2
Coss, Mike, ss-3b	.182	3	11	1	2	0	0	0	0	1	3	0
Davis, Allen, of	.203	26	69	7	14	6	0	0	11	3	25	0
*DiMarco, Steve, 3b	.252	37	107	10	27	5	0	0	13	9	21	1
*Flowers, Doug, 1b	.333	18	57	3	19	1	0	1	8	3	14	0
Garcia, Manuel, 2b-of	.269	67	197	24	53	11	2	3	29	9	55	0
Godin, Steve, of	.269	93	346	48	93	12	3	6	38	23	66	10
*Hicks, Aman, of	.238	49	164	25	39	6	0	1	7	16	28	8
*Hrabar, Shaun, of	.161	68	180	12	29	6	1	0	14	13	32	2
McClain, Scott, 3b	.222	25	81	9	18	0	0	0	4	17	25	1
*McConathy, Doug, 1b	.246	35	122	16	30	7	0	0	17	16	18	0
Millares, Jose, 2b-3b	.271	114	425	57	115	28	2	5	71	20	71	3
*Miller, Brent, 1b	.286	87	308	36	88	21	3	9	50	12	33	3
Ortiz, Basilio, of	.270	57	215	34	58	8	1	0	27	17	38	2
Paredes, German, of	.171	21	70	5	12	0	0	0	5	1	13	0
Ramirez, Dan, ss	.264	120	402	59	106	19	2	0	40	34	66	9
Reynolds, Doug, dh-c	.228	59	189	25	43	13	0	3	18	36	48	2
Roso, Jimmy, 1b-dh	.307	58	189	23	58	13	1	0	30	24	42	1
*Schmidt, Keith, of	.193	64	202	22	39	6	3	1	15	18	84	5
Seitzer, Brad, 3b	.279	58	197	34	55	11	1	2	28	36	36	1
Tallman, Troy, c	.125	6	16	2	2	1	0	0	1	4	4	0
*Tyler, Brad, 2b	.271	60	199	35	54	10	3	3	29	44	41	24
#Zaun, Gregg, c	.274	113	409	67	112	17	5	4	51	50	41	4

PITCHING	W	L	ERA	G	GS	CG	SV	IP	H	R	ER	BB	SO
*Anderson, Matt	13	8	3.03	26	26	5	0	169	135	65	57	62	180
*Blumberg, Rob	3	4	3.90	14	14	0	0	81	68	40	35	46	71
Borowski, Joe	7	2	2.56	49	0	0	13	81	60	26	23	43	76
Chatterton, Chris	2	0	5.23	10	0	0	0	10	13	9	6	5	8
Chouinard, Bobby	2	4	4.64	6	6	1	0	33	45	24	17	5	57

1992 ALMANAC • 57

PITCHING	W	L	ERA	G	GS	CG	SV	IP	H	R	ER	BB	SO
Dedrick, James	4	5	2.95	16	15	0	0	88	84	38	29	38	71
*Eshelman, Vaughn	5	3	2.32	11	11	2	0	78	57	23	20	35	90
*Farrar, Terry	6	3	3.70	12	11	0	0	66	73	33	27	28	35
Hebb, Mike	3	3	5.15	26	6	0	0	73	87	50	42	42	52
*Martin, Tom	4	10	3.64	38	10	0	6	99	92	50	40	56	106
Paveloff, Dave	6	1	3.59	35	0	0	8	53	50	22	21	16	54
*Pennington, Brad	0	2	5.87	23	0	0	4	23	16	17	15	25	43
Ryan, Kevin	0	0	0.96	1	1	0	0	9	6	1	1	2	8
Taylor, Tom	4	11	5.23	26	14	1	0	96	110	70	56	54	59
Tippitt, Brad	4	6	3.35	18	12	0	1	91	88	46	34	22	61
*Unrein, Todd	0	1	3.40	30	1	0	1	50	51	24	19	15	44
*Wiley, Mike	5	4	2.43	23	9	0	0	85	71	26	23	41	59

BLUEFIELD (R)

APPALACHIAN LEAGUE

BATTING	AVG	G	AB	R	H	2B	3B	HR	RBI	BB	SO	SB
Adams, Derek, ss-3b	.287	34	115	13	33	5	0	0	9	4	21	4
Alexander, Eric, dh-of	.275	51	153	30	42	4	1	3	24	41	37	5
Byrne, Clayton, of	.321	54	221	39	71	9	4	3	25	18	38	8
Coleman, Glenn, of	.200	48	150	25	30	7	0	0	12	18	55	8
Coss, Mike, 2b-ss	.191	59	209	24	40	6	1	0	17	22	41	8
*Gilbert, Don, 1b-3b	.272	34	114	21	31	7	1	2	17	26	29	3
*Graham, Gordie, 1b	.144	38	104	10	15	6	0	3	10	6	41	0
Grejtak, Bryan, c	.257	46	148	26	38	7	1	7	20	28	44	4
Gresham, Kris, c-3b	.239	34	117	16	28	5	2	0	16	5	19	6
McClain, Scott, 3b	.264	41	148	16	39	5	0	0	24	15	39	5
*McConathy, Doug, 1b	.402	27	92	17	37	10	2	2	18	13	14	2
Ortiz, Basilio, c	.302	12	53	4	16	2	1	1	7	2	6	1
#Ruiz, Stewart, ss-2b	.257	47	175	29	45	4	0	0	11	4	28	11
*Schmidt, Keith, c	.233	52	172	26	40	11	1	4	17	16	50	2
Seitzer, Brad, 3b	.289	12	45	5	13	2	0	3	5	5	10	1
Thomas, Mike, of	.224	41	147	20	33	8	0	4	26	12	35	7
Waszgis, Robert, c	.229	12	35	8	8	1	0	3	8	5	11	3

PITCHING	W	L	ERA	G	GS	CG	SV	IP	H	R	ER	BB	SO
Benge, Brett	4	1	3.18	23	0	0	5	40	38	18	14	16	46
Chouinard, Bobby	5	1	3.48	6	6	0	0	34	44	19	13	11	31
*Eshelman, Vaughn	1	0	0.64	3	3	0	0	14	10	4	1	9	15
*Farrar, Terry	1	1	4.15	3	3	0	0	13	11	9	6	6	17
Firsich, Steve	2	3	5.16	11	4	0	0	30	28	21	17	20	25
*Gould, Frank	3	6	4.14	12	11	1	0	67	71	37	31	19	58
*Krivda, Rick	7	1	1.88	15	8	0	1	67	48	20	14	24	79
Lemp, Chris	0	1	2.06	25	0	0	12	39	22	14	9	24	43
*Mercedes, Juan	2	6	3.98	16	8	0	1	52	45	28	23	28	60
O'Connell, Shawn	1	5	3.73	19	0	0	1	41	47	25	17	16	37
Plaster, Allen	4	1	2.44	10	9	1	0	52	39	24	14	23	53
Ryan, Kevin	5	4	2.59	14	11	0	1	76	71	26	22	24	71
Sanders, Matt	1	1	3.21	17	4	0	1	56	42	27	20	27	52

SARASOTA (R)

GULF COAST LEAGUE

BATTING	AVG	G	AB	R	H	2B	3B	HR	RBI	BB	SO	SB
Asencio, Mattie, 2b-ss	.213	54	169	20	36	5	0	1	13	14	42	7
#Bell, Derek, c-1b	.265	37	83	18	22	5	2	0	15	29	13	0
Conner, Jamie, 2b	.208	36	101	17	21	2	2	0	7	15	22	7
Curran, Shawn, c	.172	36	99	16	17	5	0	0	8	17	34	0
Evans, Justin, of	.187	35	91	8	17	4	0	0	7	10	22	0
*Goodwin, Curtis, of	.258	48	151	32	39	5	0	0	9	38	25	26
Hodge, Roy, of	.267	36	90	10	24	4	0	1	13	19	17	1
Manrique, Marco, c-3b	.238	26	84	5	20	1	0	0	3	10	18	1
#Mercedes, Feliciano, ss-2b	.227	53	185	34	42	4	5	0	15	29	45	12
Miley, Scott, 1b	.250	21	76	5	19	4	0	0	4	6	18	0
Ochoa, Alex, of	.307	53	179	26	55	8	3	1	30	16	14	11
*Tatro, Glenn, of	.301	34	83	14	25	2	3	0	5	12	20	2
Thomas, Duane, of-dh	.224	45	147	26	33	10	2	10	32	24	62	8
Washington, Lamann, 3b-ss	.257	53	202	32	52	13	5	0	23	21	55	5
*Wawruck, Jim, of-dh	.378	14	45	6	17	1	1	0	6	6	4	2
*Winget, Jeremy, 1b	.238	41	130	14	31	4	0	0	16	10	22	3

PITCHING	W	L	ERA	G	GS	CG	SV	IP	H	R	ER	BB	SO
Arias, Jose	2	2	3.79	18	0	0	1	19	18	10	8	6	13
Benitez, Armando	3	2	2.72	14	3	0	0	36	35	16	11	11	33
Chatterton, Chris	5	1	1.85	12	1	0	2	34	25	11	7	12	30
Conner, Scott	1	4	5.36	12	7	0	1	49	49	33	29	19	34
Cresencio, Arturo	1	1	4.32	7	0	0	1	8	6	8	4	6	6
*Dubois, Brian	0	0	0.00	1	1	0	0	0	0	0	0	0	0
Forney, Rich	7	0	2.19	12	10	2	0	66	48	21	16	10	51
Fregoso, Daniel	2	4	4.22	12	10	0	0	53	43	29	25	33	53
Haynes, Jimmy	3	2	1.60	14	8	1	2	62	44	27	11	21	67
*Jarvis, Matt	3	1	4.34	11	5	0	1	37	44	22	18	17	30
Kelley, Kent	2	0	2.45	13	0	0	1	22	18	8	6	11	22
Marquez, Ihosvany	5	3	1.12	10	8	1	0	64	31	11	8	33	70
Sachrison, Scott	0	0	13.50	1	0	0	0	1	1	3	2	3	1
Saneaux, Francisco	1	4	3.95	12	6	0	1	41	42	31	18	22	27

BOSTON RED SOX

Manager: Joe Morgan.
1991 Record: 84-78, .519 (2nd, AL East)

BATTING	AVG	G	AB	R	H	2B	3B	HR	RBI	BB	SO	SB
*Boggs, Wade	.332	144	546	93	181	42	2	8	51	89	32	1
#Brumley, Mike	.212	63	118	16	25	5	0	0	5	10	22	2
Brunansky, Tom	.229	142	459	54	105	24	1	16	70	49	72	1
Burks, Ellis	.251	130	474	56	119	33	3	14	56	39	81	6
Clark, Jack	.249	140	481	75	120	18	1	28	87	96	133	0
*Cooper, Scott	.457	14	35	6	16	4	2	0	7	2	2	0
*Greenwell, Mike	.300	147	544	76	163	26	6	9	83	43	35	15
#Housie, Wayne	.250	11	8	2	2	1	0	0	0	1	3	1
*Lyons, Steve	.241	87	212	15	51	10	1	4	17	11	35	10
Marshall, Mike	.290	22	62	4	18	4	0	1	7	0	19	0
Marzano, John	.263	49	114	10	30	8	0	0	9	1	16	0
Naehring, Tim	.109	20	55	1	6	1	0	0	3	6	15	0
Pena, Tony	.231	141	464	45	107	23	2	5	48	37	53	8
*Plantier, Phil	.331	53	148	27	49	7	1	11	35	23	38	1
Quintana, Carlos	.295	149	478	69	141	21	1	11	71	61	66	1
Reed, Jody	.283	153	618	87	175	42	2	5	60	60	53	6
Rivera, Luis	.258	129	414	64	107	22	3	8	40	35	86	4
Romine, Kevin	.164	44	55	7	9	2	0	1	7	3	10	1
Vaughn, Mo	.260	74	219	21	57	12	0	4	32	26	43	2
Wedge, Eric	1.000	1	1	0	1	0	0	0	0	0	0	0
Zupcic, Bob	.160	18	25	3	4	0	0	1	6	1	6	0

PITCHING	W	L	ERA	G	GS	CG	SV	IP	H	R	ER	BB	SO
*Bolton, Tom	8	9	5.24	25	19	0	0	110	136	72	64	51	64
Clemens, Roger	18	10	2.62	35	35	13	0	271	219	93	79	65	241
Darwin, Danny	3	6	5.16	12	12	0	0	68	71	39	39	15	42
Dopson, John	0	0	18.00	1	0	0	0	1	2	2	2	1	0
*Fossas, Tony	3	2	3.47	64	0	0	1	57	49	27	22	28	29
Gardiner, Mike	9	10	4.85	22	22	0	0	130	140	79	70	47	91
Gray, Jeff	2	3	2.34	50	0	0	1	62	39	17	16	10	41
Harris, Greg	11	12	3.85	53	21	1	2	173	157	79	74	69	127
*Hesketh, Joe	12	4	3.29	39	17	0	0	153	142	59	56	53	104
Irvine, Daryl	0	0	6.00	9	0	0	0	18	25	13	12	9	8
Kiecker, Dana	2	3	7.36	18	5	0	0	40	56	34	33	23	21
Lamp, Dennis	6	3	4.70	51	0	0	0	92	100	54	48	31	57
Manzanillo, Josias	0	0	18.00	1	0	0	0	1	2	2	2	3	1
*Morton, Kevin	6	5	4.59	16	15	1	0	86	93	49	44	40	45
Petry, Dan	0	0	4.43	13	0	0	1	22	21	17	11	12	12
Plympton, Jeff	0	0	0.00	4	0	0	0	5	5	0	0	4	2
Reardon, Jeff	1	4	3.03	57	0	0	40	59	54	21	20	16	44
*Young, Matt	3	7	5.18	19	16	0	0	89	92	55	51	53	69

FIELDING

Catcher	PCT	G	PO	A	E
Marzano	.985	48	174	20	3
Pena	.995	140	864	60	5

First Base	PCT	G	PO	A	E
Lyons	.000	2	0	0	0
Marshall	.979	5	46	0	1
Quintana	.993	138	1026	101	8
Vaughn	.985	49	378	26	6

Second Base	PCT	G	PO	A	E
Brumley	1.000	7	12	21	0
Lyons	.977	16	18	25	1
Naehring	1.000	1	1	2	0
Reed	.982	152	312	444	14

Third Base	PCT	G	PO	A	E
Boggs	.968	140	89	276	12
Brumley	.935	17	10	19	2
Cooper	.931	13	6	21	2
Lyons	.929	12	9	17	2

	PCT	G	PO	A	E
Naehring	1.000	2	0	2	0

Shortstop	PCT	G	PO	A	E
Brumley	.950	31	19	76	5
Lyons	1.000	1	1	0	0
Naehring	.956	17	16	49	3
Reed	1.000	6	2	5	0
Rivera	.959	129	180	387	24

Outfield	PCT	G	PO	A	E
Brumley	1.000	4	5	0	0
Brunansky	.989	137	265	5	3
Burks	.993	126	283	2	2
Greenwell	.989	143	263	9	3
Housie	1.000	4	3	0	0
Lyons	1.000	45	90	0	0
Plantier	.976	40	80	1	2
Quintana	.941	13	15	1	1
Romine	.964	23	27	0	1
Zupcic	.875	16	14	0	2

RED SOX FARM SYSTEM

Class	Club	League	W	L	Pct.	Manager
AAA	Pawtucket	International	79	64	.552	Butch Hobson
AA	New Britain	Eastern	47	93	.336	Gary Allenson
A	Lynchburg	Carolina	67	72	.482	Buddy Bailey
A	Winter Haven	Florida State	43	85	.336	Mike Verdi
A	Elmira	New York-Penn	47	30	.610	Dave Holt
Rookie	Winter Haven	Gulf Coast	33	27	.550	Felix Maldonado

Boston third baseman Wade Boggs enjoyed the 10th straight .300 season of his career, hitting .332—second best in the A.L.

PAWTUCKET — AAA
INTERNATIONAL LEAGUE

BATTING	AVG	G	AB	R	H	2B	3B	HR	RBI	BB	SO	SB
Aguayo, Luis, 2b-ss	.284	65	204	31	58	14	1	9	37	22	35	0
#Barrett, Tom, 2b	.269	102	331	43	89	15	1	0	27	54	39	8
#Brumley, Mike, ss-2b	.269	32	108	25	29	2	2	4	16	24	21	8
*Cooper, Scott, 3b	.277	137	483	55	134	21	2	15	72	50	58	3
DeKneef, Mike, 2b	.188	6	16	3	3	0	0	0	0	2	0	0
Flaherty, John, c	.186	45	156	18	29	7	0	3	13	15	14	0
#Housie, Wayne, of	.329	21	79	14	26	9	0	2	8	6	20	2
*Lancellotti, Rick, of-dh	.209	102	330	43	69	15	1	21	64	44	75	1
Magrann, Tom, c	.146	13	41	5	6	1	0	1	2	4	3	0
Milstien, Dave, 2b-ss	.203	19	59	2	12	0	0	0	4	3	8	0
Pankovits, Jim, 2b-dh	.265	65	215	29	57	14	0	5	30	15	39	1
Pina, Mickey, of	.208	105	298	39	62	11	1	8	33	28	94	2
*Plantier, Phil, of	.305	84	298	69	91	19	4	16	61	65	64	6
Pratt, Todd, c-dh	.292	68	219	27	64	16	0	11	41	23	42	0
*Stone, Jeff, of	.281	104	352	63	99	14	9	8	44	31	65	18
*Twardoski, Mike, 1b	.253	110	367	52	93	20	2	4	26	62	64	0
Valentin, John, ss	.264	100	329	52	87	22	4	9	49	60	42	0
*Vaughn, Mo, 1b	.274	69	234	35	64	10	0	14	50	60	44	2
Wedge, Eric, c	.233	53	163	24	38	14	1	5	18	25	26	0
Zupcic, Bob, of	.240	129	429	70	103	27	1	18	70	55	58	11

PITCHING	W	L	ERA	G	GS	CG	SV	IP	H	R	ER	BB	SO
Conroy, Brian	6	4	4.58	17	16	1	0	98	95	60	50	51	66
Finnvold, Gar	1	2	6.60	3	3	0	0	15	19	13	11	7	12
Fischer, Tom	0	2	9.58	2	2	0	0	10	14	11	11	2	8
Gale, Rich	0	0	1.59	1	0	0	0	6	4	1	1	1	1
Gardiner, Mike	7	1	2.34	8	8	2	0	58	39	16	15	11	42
Hetzel, Eric	9	5	3.57	19	19	0	0	116	110	60	46	58	83
Hoy, Peter	1	2	2.38	15	0	0	5	23	18	8	6	10	12
Irvine, Daryl	1	1	3.00	27	0	0	17	33	27	11	11	13	19
Kiecker, Dana	2	3	3.79	8	7	0	0	38	42	24	16	19	23
Livernois, Derek	1	2	10.53	5	5	0	0	20	27	25	23	17	14
Manzanillo, Josias	4	5	5.61	20	16	0	0	103	109	69	64	53	65
*Morton, Kevin	7	3	3.49	16	15	1	0	98	91	41	38	30	80
*O'Neill, Dan	5	7	5.30	55	0	0	1	70	76	46	41	44	54

PITCHING	W	L	ERA	G	GS	CG	SV	IP	H	R	ER	BB	SO
*Owen, Dave	0	1	17.36	2	2	0	0	9	9	9	9	6	3
Plympton, Jeff	2	6	3.12	41	1	0	7	69	65	31	24	29	58
Quantrill, Paul	10	7	4.45	25	23	6	0	156	169	81	77	30	75
Ryan, Ken	1	0	4.91	9	0	0	1	18	15	11	10	11	14
Shikles, Larry	8	4	3.95	41	10	0	3	128	130	64	56	34	74
*Taylor, Scott	3	3	3.46	7	7	1	0	39	32	19	15	17	35
*Walter, Gene	4	3	4.81	22	6	0	3	58	61	37	31	29	34
Walters, Dave	5	3	3.07	48	1	0	12	85	83	35	29	30	48
*Young, Matt	1	0	4.50	2	2	0	0	8	8	4	4	6	7

NEW BRITAIN — AA
EASTERN LEAGUE

BATTING	AVG	G	AB	R	H	2B	3B	HR	RBI	BB	SO	SB
Beams, Mike, of	.203	81	251	21	51	14	2	4	25	28	66	1
*Blosser, Greg, of	.217	134	452	47	98	21	3	8	46	63	114	9
Byrd, James, ss	.240	79	292	28	70	9	1	0	15	28	53	14
*Defigico, Vinnie, dh	.231	75	199	12	46	4	0	4	19	37	51	0
Dixon, Colin, 3b-1b	.270	87	274	29	74	16	1	4	20	30	57	1
Dorante, Lou, c-1b	.265	58	181	21	48	12	0	1	22	24	34	2
Fagnant, Ray, c	.130	21	46	3	6	2	0	0	1	4	13	0
Flaherty, John, c	.289	67	225	27	65	9	0	3	18	31	22	0
*Fox, Blane, of	.213	57	141	17	30	3	0	0	13	27	29	4
Hendricks, Steve, 1b	.211	100	336	20	71	10	2	0	33	33	48	8
#Housie, Wayne, of	.277	113	444	58	123	24	2	6	26	55	86	43
Magrann, Tom, c	.105	28	76	5	8	1	0	1	3	17	14	0
Milstien, Dave, 2b	.278	86	309	36	86	6	1	4	31	46	38	3
Paris, Juan, of	.243	115	419	32	102	17	3	3	41	24	45	4
Powers, Scott, 3b-2b	.208	87	250	21	52	9	2	0	16	32	54	3
Randle, Randy, 3b-ss	.193	116	347	33	67	12	2	2	31	28	71	7
Rodriguez, Ruben, c	.262	23	61	8	16	1	0	1	6	3	11	1
Valentin, John, ss	.198	23	81	8	16	3	0	0	5	9	14	1
*Wallin, Les, 1b	.202	28	89	13	18	8	2	0	9	11	29	0
Wedge, Eric, dh-c	.250	2	8	0	2	0	0	0	2	0	2	0

PITCHING	W	L	ERA	G	GS	CG	SV	IP	H	R	ER	BB	SO
Allen, Tracy	0	1	10.13	8	0	0	0	8	13	9	9	9	7
*Brown, Paul	1	1	3.60	12	0	0	2	20	22	11	8	6	13
Conroy, Brian	1	5	3.02	10	10	1	0	66	51	27	22	26	34
Davis, Freddie	2	3	5.45	45	0	0	2	78	102	51	47	29	42
Estrada, Pete	2	12	6.05	25	16	1	0	97	114	82	65	59	53
Finnvold, Gar	5	8	3.82	16	16	0	0	101	97	46	43	36	80
*Fischer, Tom	8	11	4.09	22	22	3	0	134	135	69	61	63	85
*Florence, Don	3	8	5.44	55	2	0	2	84	84	58	51	43	73
Hoy, Peter	4	4	1.46	47	0	0	15	68	47	20	11	22	39
Kane, Tom	4	8	4.55	41	10	1	1	115	121	65	58	42	75
Livernois, Derek	3	2	3.25	5	5	0	0	28	28	14	10	10	31
Manzanillo, Josias	2	2	2.90	7	7	0	0	50	37	25	16	28	35
*O'Neill, Dan	0	2	4.50	2	2	0	0	10	12	8	5	4	5
Painter, Gary	3	7	4.84	15	15	0	0	87	89	54	47	35	51
Quantrill, Paul	2	1	2.06	5	5	1	0	35	32	14	8	8	18
Ryan, Ken	1	2	1.73	14	0	0	1	26	23	7	5	12	26
Sanders, Al	4	15	4.95	26	26	1	0	158	160	101	87	77	80
*Taylor, Scott	2	0	0.62	4	4	0	0	29	20	2	2	9	38
*Walter, Gene	0	1	3.60	3	0	0	0	5	5	2	2	0	3

LYNCHBURG — A
CAROLINA LEAGUE

BATTING	AVG	G	AB	R	H	2B	3B	HR	RBI	BB	SO	SB
*Berni, Denny, dh-1b	.229	83	262	21	60	8	0	1	20	18	41	1
*Bethea, Scott, 2b-of	.241	112	336	46	81	6	1	1	28	50	41	8
Byrd, James, ss	.238	52	206	29	49	10	0	1	18	13	50	10
Chick, Bruce, of	.271	134	513	58	139	23	4	10	73	44	119	10
DeKneef, Mike, ss-2b	.314	10	35	9	11	3	1	0	5	3	7	1
Delgado, Alex, inf	.212	61	179	21	38	8	0	0	17	16	19	2
#Graham, Greg, ss	.196	82	275	31	54	6	1	1	24	36	65	6
*Hatteberg, Scott, c	.200	8	25	4	5	1	0	0	2	7	6	0
*Leach, Chris, of	.214	46	126	20	27	5	0	3	18	34	30	6
Luis, Joe, c	.264	43	106	9	28	3	0	0	6	14	16	0
McNeely, Jeff, of	.322	106	382	58	123	16	5	4	38	74	74	38
Moore, Boo, of	.249	132	502	63	125	30	3	14	69	39	135	8
*Norris, Bill, 3b	.252	134	484	61	122	21	3	10	60	47	100	5
#Tatum, Willie, 1b	.287	126	421	54	121	25	4	8	54	61	89	15
Villalobos, Gary, 2b	.203	62	172	14	35	4	1	0	9	6	46	2
Wardwell, Shea, of	.230	53	152	19	35	3	2	2	16	26	40	3
Wilson, Craig, c	.223	98	310	43	69	23	0	4	37	39	77	0
Zambrano, Jose, dh	.111	3	9	0	1	0	0	0	0	0	5	0

PITCHING	W	L	ERA	G	GS	CG	SV	IP	H	R	ER	BB	SO
*Burgo, Dale	5	3	2.96	36	0	0	9	49	33	19	16	22	48
*Dennison, Jim	3	8	3.38	30	19	0	0	133	134	61	50	32	68
Finnvold, Gar	2	3	3.32	6	6	0	0	38	30	16	14	7	29
*Hoyer, Brad	1	5	3.63	52	2	0	5	72	78	35	29	12	51
*Mosley, Tony	4	4	3.84	46	7	0	3	87	80	48	37	29	73
*Plantenberg, Erik	11	5	3.76	20	20	0	0	103	116	59	43	51	73

1992 ALMANAC • 61

ORGANIZATION LEADERS

Jeff McNeely
... .322 average

BATTING
*AVG	Jeff McNeely, Lynchburg	.322
R	Wayne Housie, New Brit.-Paw.	72
H	Wayne Housie, New Brit.-Paw.	149
TB	Wayne Housie, New Brit.-Paw.	210
2B	Wayne Housie, New Brit.-Paw.	33
3B	Jeff Stone, Pawtucket	9
HR	Rick Lancellotti, Pawtucket	21
RBI	Bruce Chick, Lynchburg	73
SB	Wayne Housie, New Brit.-Paw.	45

PITCHING
W	Two tied at	12
L	Al Sanders, New Britain	15
†ERA	Peter Hoy, New Brit.-Paw.	1.68
G	Peter Hoy, New Brit.-Paw.	62
CG	Paul Quantrill, New Brit.-Paw.	7
SV	Peter Hoy, New Brit.-Paw.	20
IP	Paul Quantrill, New Brit.-Paw.	191
BB	Tom Niles, Winter Haven (FSL)	85
SO	Andy Rush, Lynchburg	144

Minor Leaguers Only *Minimum 250 At-Bats Minimum 75 Innings

PITCHING	W	L	ERA	G	GS	CG	SV	IP	H	R	ER	BB	SO
Richardson, Ronnie	3	4	4.46	25	6	1	0	71	81	49	35	38	44
*Riley, Ed	8	10	3.53	27	27	2	0	163	169	80	64	56	122
Rush, Andy	9	13	4.11	26	26	2	0	149	145	75	68	47	144
Scott, Rennie	1	3	3.36	49	1	0	2	75	84	45	28	28	51
Smith, Tim	12	9	2.16	25	25	8	0	175	149	60	42	34	103
Uhrhan, Kevin	8	5	2.91	51	0	0	12	74	66	25	24	27	58

WINTER HAVEN A

FLORIDA STATE LEAGUE

BATTING	AVG	G	AB	R	H	2B	3B	HR	RBI	BB	SO	SB
Brown, Bryan, of	.268	47	157	13	42	15	0	1	22	13	28	3
Brown, Randy, ss	.156	63	135	14	21	3	0	0	5	16	42	10
*Ciccarella, Joe, 1b	.232	32	99	12	23	3	0	0	11	18	29	1
Davis, Tim, 2b-3b	.230	88	265	25	61	10	0	0	13	33	33	7
*Degifico, Vinnie, dh	.265	11	34	4	9	0	0	0	1	8	9	0
DeKneef, Mike, ss-2b	.242	104	372	36	90	20	2	1	35	28	39	13
Demus, Joe, c	.110	43	73	4	8	1	0	0	1	11	23	1
Dorante, Lou, c-1b	.239	33	92	11	22	6	1	0	8	11	21	3
Dukes, Willie, of	.162	80	204	14	33	5	0	1	11	19	74	3
#Graham, Greg, ss	.350	9	20	2	7	0	0	0	0	1	5	1
Grant, Larry, 3b-ss	.226	92	288	29	65	9	2	3	35	27	66	7
Hanks, Chris, dh	.250	2	4	0	1	0	0	0	0	1	3	0
*Hatteberg, Scott, c	.277	56	191	21	53	7	3	1	25	22	22	1
Jenkins, Garrett, of	.239	83	218	35	52	6	3	0	25	41	63	21
Lentz, Jim, ss	.217	14	46	4	10	3	0	0	2	4	20	0
Lora, Jose, of-dh	.163	16	49	1	8	0	0	0	4	1	19	3
Madril, Bill, c	.176	10	17	2	3	1	0	0	3	3	3	1
*Malzone, John, 3b	.249	103	265	40	66	11	2	1	28	60	56	2
Matilla, Pedro, c	.130	29	77	2	10	1	0	0	4	10	18	0
Morrison, Jim, of	.219	102	310	29	68	5	0	3	31	45	86	29
*Rappoli, Paul, of	.000	5	2	0	0	0	0	0	0	0	1	0
#Rivers, Mickey, of	.208	71	231	19	48	9	2	4	21	7	68	6
#Schmidt, David, 2b	.175	63	177	25	31	4	2	1	16	37	66	0
Tackett, Tim, c	.182	8	22	1	4	1	0	0	6	7	0	0
*Twardoski, Mike, dh-1b	.143	4	14	2	2	1	0	0	2	0	1	0
Wallin, Les, 1b	.247	88	279	34	69	17	1	3	27	41	52	8
Wardwell, Shea, of	.146	65	205	18	30	1	2	3	16	16	56	6
Wedge, Eric, dh-c	.238	8	21	2	5	0	0	1	1	3	7	1

PITCHING	W	L	ERA	G	GS	CG	SV	IP	H	R	ER	BB	SO
Allen, Tracy	4	6	3.88	27	11	0	1	95	96	49	41	43	56
*Brown, Paul	4	3	3.17	35	0	0	8	65	52	27	23	25	56
Delgado, Rich	0	0	9.00	1	0	0	0	1	2	2	1	0	0
Dopson, John	2	2	3.38	6	6	0	0	27	26	14	10	8	26
Johnson, Jeff	0	1	5.79	7	1	0	0	14	16	10	9	8	8
Kite, Dan	3	2	4.74	29	1	0	1	63	56	54	33	79	66
*Klvac, Dave	0	1	6.23	1	1	0	0	4	5	3	3	2	1
Maietta, Ron	0	1	5.19	3	1	0	0	9	6	6	5	6	8
*Maloney, Ryan	0	5	5.57	16	5	1	1	42	45	28	26	18	18
*Mitchelson, Mark	4	7	4.21	14	13	0	0	62	70	33	29	26	48
Niles, Tom	3	14	3.78	25	21	3	0	136	119	75	57	85	91
*Owen, Dave	0	0	4.50	1	1	0	0	4	3	2	2	2	5
Painter, Gary	2	5	2.81	9	9	1	0	58	38	21	18	22	54
Powers, Terry	8	7	4.60	25	15	3	0	106	108	66	54	54	76
Ryan, Ken	1	3	2.05	21	1	0	15	40	15	12	19	53
Santamaria, Silverio	0	5	4.33	45	1	0	3	62	65	38	30	57	50
Sele, Aaron	3	6	4.96	13	11	4	1	69	65	42	38	32	51

62 • 1992 ALMANAC

PITCHING	W	L	ERA	G	GS	CG	SV	IP	H	R	ER	BB	SO
Vanegmond, Tim	4	5	3.03	13	10	4	2	68	69	32	23	23	47
Young, Brian	5	12	5.87	28	20	2	1	118	146	80	77	50	77

ELMIRA A

NEW YORK-PENN LEAGUE

BATTING	AVG	G	AB	R	H	2B	3B	HR	RBI	BB	SO	SB
Bright, Brian, of	.237	61	194	22	46	9	0	4	21	17	47	3
Colon, Felix, dh-3b	.249	63	205	32	51	8	0	12	41	32	57	0
Crowley, Jim, 2b	.209	71	249	36	52	13	1	10	34	38	51	5
Eierman, John, of	.259	64	193	26	50	8	2	6	29	30	42	7
Friedman, Jason, 1b	.273	70	253	36	69	13	2	8	36	35	43	2
Graham, Tim, of	.309	61	181	28	56	13	5	5	33	23	56	5
Lammon, John, dh-c	.257	35	101	6	26	3	1	0	10	5	24	0
LeVangie, Dana, c	.149	35	94	6	14	3	0	0	4	10	18	0
Lora, Jose, of	.119	25	59	12	7	0	1	0	3	5	24	4
Madril, Bill, c	.217	51	152	14	33	7	0	4	19	9	41	1
Marin, Jose, 2b-3b	.213	22	61	7	13	1	0	0	6	5	12	7
*Rappoli, Paul of	.263	69	209	37	55	15	1	3	19	34	37	11
Rodriguez, Frank, ss	.271	67	255	36	69	5	3	6	31	13	38	3
Rodriguez, Tony, 3b-ss	.257	77	272	48	70	10	2	1	23	32	45	29
Soto, Emison, of	.225	30	80	13	18	7	1	0	4	4	11	0

PITCHING	W	L	ERA	G	GS	CG	SV	IP	H	R	ER	BB	SO
Bailey, Cory	2	4	1.85	28	0	0	15	39	19	10	8	12	54
Bennett, Joel	5	3	2.44	13	12	1	0	81	60	29	22	30	75
Brown, Ernie	0	0	9.00	1	0	0	0	2	2	3	2	2	2
Budrewicz, Tim	4	5	4.18	24	6	0	1	60	63	41	28	30	51
Caruso, Joe	2	1	2.84	21	4	0	2	67	56	23	21	29	68
Chafin, John	0	0	9.82	4	0	0	0	4	4	6	4	4	6
Davis, Chris	9	3	2.19	18	16	0	0	99	91	35	24	23	65
Delgado, Richard	0	1	7.79	13	0	0	0	17	26	16	15	8	10
Gonzales, Melvin	5	5	3.72	20	10	1	1	68	54	36	28	21	38
Henkel, Robert	6	3	2.34	18	11	0	2	77	58	34	20	33	87
Konopki, Mark	9	4	2.64	17	14	3	1	95	76	36	28	23	66
Miller, Todd	2	0	4.50	11	4	0	0	32	34	20	16	12	17
*Mitchelson, Mark	3	0	4.11	24	0	0	1	35	28	18	16	24	38
Pratts, Tato	0	1	3.18	4	0	0	0	6	5	7	2	6	5

WINTER HAVEN R

GULF COAST LEAGUE

BATTING	AVG	G	AB	R	H	2B	3B	HR	RBI	BB	SO	SB
Aguado, Victor, 2b-ss	.158	16	38	3	6	2	0	0	5	4	7	1
*Baez, Diogenes, of	.268	41	153	30	41	6	3	1	16	13	27	8
Borrero, Rikchy, c	.220	35	118	11	26	3	1	0	16	2	24	4
Brown, Randy, ss-3b	.189	44	143	25	27	7	0	0	10	23	31	19
*Ciccarella, Joe, 1b	.304	8	23	5	7	2	0	1	6	6	3	0
Collier, Dan, dh-of	.252	42	131	27	33	4	2	6	25	27	42	1
Crimmins, John, 1b-dh	.321	18	53	7	17	2	0	1	6	7	15	1
Diaz, Jenny, 2b	.162	18	37	3	6	1	1	0	3	1	18	1
#Ferreira, Tony, 2b	.255	48	157	36	40	2	0	0	14	49	30	17
Johnson, J.J., of	.173	31	110	14	19	1	0	0	9	10	16	3
Jones, Donny, of	.221	42	149	21	33	4	1	1	14	15	40	5
Lentz, Jim, dh	.222	9	27	5	6	1	1	0	2	7	11	0
Lora, Jose, of	.000	3	9	2	0	0	0	0	0	1	4	1
Lorenzo, Odalis, 3b	.154	10	26	4	4	1	0	0	2	5	11	1
*Mahay, Ron, of	.273	54	187	30	51	6	5	1	29	33	40	2
Malave, Jose, 1b-of	.322	37	146	24	47	4	2	2	28	10	23	6
McKeel, Walt, c-1b	.133	35	113	10	15	1	0	1	2	12	17	20	0
Ortiz, Luis, 3b	.333	42	153	21	51	11	2	4	29	8	9	2
Ortiz, Nick, ss-3b	.260	35	100	16	26	3	1	0	13	21	23	1
Rodriguez, Frank, ss	.500	3	14	3	7	0	1	0	3	0	1	0
Tackett, Tim, 1b-c	.125	20	48	2	6	0	0	0	2	10	23	0

PITCHING	W	L	ERA	G	GS	CG	SV	IP	H	R	ER	BB	SO
Bailey, Phillip	0	0	0.00	1	0	0	1	2	2	1	0	1	1
Bennett, Joel	0	0	1.80	2	2	0	0	10	6	2	2	4	8
Bush, Craig	5	4	2.41	14	11	2	2	67	62	27	18	13	52
Caruso, Joe	2	0	4.50	2	0	0	0	6	6	3	3	4	4
Centeno, Luis	1	3	4.50	13	1	0	1	30	35	20	15	8	15
Henkel, Robert	1	0	1.80	1	1	0	0	5	4	1	1	1	7
Horn, Terry	2	0	1.74	7	1	0	1	10	9	2	2	2	8
Johnson, Jeff	0	0	0.00	4	1	0	1	6	2	0	0	2	5
Klvac, David	4	3	2.35	14	10	3	0	69	63	23	18	20	47
Lemaster, Matt	1	3	5.70	14	1	0	0	36	45	30	23	13	12
Maietta, Ron	2	4	6.57	13	3	0	0	35	35	25	18	7	22
Maloney, Ryan	2	0	0.56	3	2	0	0	16	12	4	1	3	12
*Martinez, Cesar	3	2	1.33	13	8	1	0	54	50	19	8	16	32
Mejia, Jorge	0	5	7.12	13	6	0	1	37	52	35	29	11	18
Perez, Hilario	1	1	3.28	16	0	0	2	25	27	10	9	12	15
*Pinango, Simon	0	0	4.50	4	0	0	0	4	7	5	2	2	1
Ring, Dave	2	0	2.25	5	0	0	2	8	4	2	2	7	10
Schoenvogel, Chad	5	2	3.25	15	11	1	0	72	73	29	26	13	49
Sosa, Juan	0	0	4.50	3	0	0	0	4	7	6	2	2	6
Vanegmond, Tim	2	0	0.60	3	2	0	1	15	6	1	1	1	20

CALIFORNIA ANGELS

Managers: Doug Rader, Bob Rodgers.
1991 Record: 81-81, .500 (7th, AL West)

BATTING	AVG	G	AB	R	H	2B	3B	HR	RBI	BB	SO	SB
Abner, Shawn	.228	41	101	12	23	6	1	2	9	4	18	1
Amaro, Ruben	.217	10	23	0	5	1	0	0	2	3	3	0
Cron, Chris	.133	6	15	0	2	0	0	0	0	2	5	0
Davis, Mark	.000	3	2	0	0	0	0	0	0	0	0	0
DiSarcina, Gary	.211	18	57	5	12	2	0	0	3	3	4	0
#Felix, Junior	.283	66	230	32	65	10	2	2	26	11	55	7
Flora, Kevin	.125	3	8	1	1	0	0	0	0	1	5	1
Gaetti, Gary	.246	152	586	58	144	22	1	18	66	33	104	5
Gallagher, Dave	.293	90	270	32	79	17	0	1	30	24	43	2
#Hill, Donnie	.239	77	209	36	50	8	1	1	20	30	21	1
*Howell, Jack	.210	32	81	11	17	2	0	2	7	11	11	1
*Joyner, Wally	.301	143	551	79	166	34	3	21	96	52	66	2
Lyons, Barry	.200	2	5	0	1	0	0	0	0	0	0	0
Marshall, Mike	.000	2	7	0	0	0	0	0	0	0	1	0
Orton, John	.203	29	69	7	14	4	0	0	3	10	17	0
*Parker, Dave	.232	119	466	45	108	22	2	11	56	29	91	3
Parrish, Lance	.216	119	402	38	87	12	0	19	51	35	117	0
*Polonia, Luis	.296	150	604	92	179	28	8	2	50	52	74	48
Rose, Bobby	.277	22	65	5	18	5	1	1	8	3	13	0
Schofield, Dick	.225	134	427	44	96	9	3	0	31	50	69	8
Sojo, Luis	.258	113	364	38	94	14	1	3	20	14	26	4
*Stevens, Lee	.293	18	58	8	17	7	0	0	9	6	12	1
#Tingley, Ron	.200	45	115	11	23	7	0	1	13	8	34	1
*Venable, Max	.246	82	187	24	46	8	2	3	21	11	30	2
Winfield, Dave	.262	150	568	75	149	27	4	28	86	56	109	7

PITCHING	W	L	ERA	G	GS	CG	SV	IP	H	R	ER	BB	SO
*Abbott, Jim	18	11	2.89	34	34	5	0	243	222	85	78	73	158
*Abbott, Kyle	1	2	4.58	5	3	0	0	20	22	11	10	13	12
*Bailes, Scott	1	2	4.18	42	0	0	0	52	41	26	24	22	41
*Bannister, Floyd	0	0	3.96	16	0	0	0	25	25	12	11	10	16
Beasley, Chris	0	1	3.38	22	0	0	0	27	26	14	10	10	14
Eichhorn, Mark	3	3	1.98	70	0	0	1	82	63	21	18	13	49
Fetters, Mike	2	5	4.84	19	4	0	0	45	53	29	24	28	24
*Finley, Chuck	18	9	3.80	34	34	4	0	227	205	102	96	101	171
Grahe, Joe	3	7	4.81	18	10	1	0	73	84	43	39	33	40
Harvey, Bryan	2	4	1.60	67	0	0	46	79	51	20	14	17	101
*Langston, Mark	19	8	3.00	34	34	7	0	246	190	89	82	96	183
Lewis, Scott	3	5	6.27	16	11	0	0	60	81	43	42	21	37
McCaskill, Kirk	10	19	4.26	30	30	1	0	178	193	93	84	66	71
*McClure, Bob	0	0	9.31	13	0	0	0	10	13	11	10	5	5
Robinson, Jeff D.	0	3	5.37	39	0	0	3	57	56	34	34	29	57
*Valenzuela, Fernando	0	2	12.15	2	2	0	0	7	14	10	9	3	5
*Young, Cliff	1	1	4.26	11	0	0	0	13	12	6	6	3	6

FIELDING

Catcher	PCT	G	PO	A	E
Orton	.994	28	145	23	1
Parrish	.997	111	658	57	2
Tingley	.988	45	222	32	3

First Base	PCT	G	PO	A	E
Cron	1.000	5	31	6	0
Hill	.947	3	15	3	1
Howell	1.000	3	18	2	0
*Joyner	.994	141	1335	98	8
Lyons	1.000	2	20	1	0
Marshall	1.000	1	14	1	0
Parrish	1.000	3	12	0	0
Rose	1.000	3	21	1	0
*Stevens	.989	11	85	6	1

Second Base	PCT	G	PO	A	E
Amaro	.917	4	6	5	1
DiSarcina	1.000	7	12	11	0
Flora	.846	3	8	3	2
Hill	.971	39	75	91	5
Howell	.968	12	24	36	2
Rose	1.000	8	12	26	0
Sojo	.981	107	228	326	11

Third Base	PCT	G	PO	A	E
DiSarcina	1.000	2	2	6	0

	PCT	G	PO	A	E
Gaetti	.965	152	111	354	17
Howell	1.000	8	4	17	0
Rose	1.000	4	2	4	0
Sojo	1.000	1	1	3	0

Shortstop	PCT	G	PO	A	E
DiSarcina	.915	10	15	28	4
Hill	.983	29	37	82	2
Schofield	.975	133	186	397	15
Sojo	1.000	2	2	6	0

Outfield	PCT	G	PO	A	E
Abner	1.000	38	72	3	0
Amaro	1.000	5	3	1	0
Davis	.500	3	1	0	1
Felix	.977	65	126	1	3
Gallagher	1.000	87	180	8	0
Howell	1.000	5	7	0	0
Marshall	1.000	4	3	0	0
*Polonia	.981	143	246	9	5
Rose	1.000	7	9	0	0
Sojo	1.000	1	2	0	0
*Stevens	1.000	9	15	0	0
Venable	.968	65	87	3	3
Winfield	.990	115	198	7	2

California lefthander Jim Abbott recovered from a slow start to achieve a personal high 18 victories.

ANGELS FARM SYSTEM

Class	Club	League	W	L	Pct.	Manager
AAA	Edmonton	Pacific Coast	70	66	.515	Max Oliveras
AA	Midland	Texas	67	68	.496	Don Long
A	Palm Springs	California	65	71	.478	Nate Oliver
A	Quad City	Midwest	74	63	.540	Mitch Seoane
A	Boise	Northwest	50	26	.658	Tom Kotchman
Rookie	Mesa	Arizona	29	30	.492	Bill Lachemann

EDMONTON AAA

PACIFIC COAST LEAGUE

BATTING	AVG	G	AB	R	H	2B	3B	HR	RBI	BB	SO	SB
#Amaro, Ruben, of	.326	121	472	95	154	42	6	3	42	63	48	36
Anderson, Kent, 2b-ss	.210	84	271	30	57	9	2	2	26	26	32	6
Barns, Jeff, dh	.176	7	17	1	3	1	0	0	0	3	4	0
Cron, Chris, 1b-3b	.293	123	461	74	135	21	1	22	91	47	103	6
Curtis, Chad, 3b-of	.316	115	431	81	136	28	7	9	61	51	56	46
Davis, Doug, c	.274	33	113	12	31	4	0	3	18	11	23	1
Davis, Kevin, 2b-3b	.237	34	118	14	28	7	2	2	20	3	20	2
Davis, Mark, of	.278	116	424	86	118	20	6	13	58	71	114	32
DiSarcina, Gary, ss	.310	119	390	61	121	21	4	4	58	29	32	16
Gonzalez, Larry, c	.000	2	3	0	0	0	0	0	0	1	1	0
*Grunhard, Dan, of-dh	.267	100	326	62	87	19	2	9	45	49	63	12
#Lawton, Marcus, of	.279	12	43	9	12	0	2	0	1	9	8	5
Lyons, Barry, c-1b	.309	47	165	15	51	13	0	2	23	10	11	0
Orton, John, c	.224	76	245	39	55	14	1	5	32	31	66	5
Peters, Reed, of	.266	87	207	32	55	13	1	1	19	26	18	10
Rose, Bobby, 3b-2b	.298	62	242	35	72	14	5	6	55	21	41	3
*Stevens, Lee, of-1b	.314	123	481	75	151	29	3	19	96	37	79	3
Tingley, Ron, c	.291	17	55	11	16	5	0	3	15	8	14	1
Wasinger, Mark, dh	.118	13	34	3	4	2	0	0	2	7	7	1

PITCHING	W	L	ERA	G	GS	CG	SV	IP	H	R	ER	BB	SO
*Abbott, Kyle	14	10	3.99	27	27	4	0	180	173	84	80	46	120
Beasley, Chris	3	5	5.26	23	10	1	1	89	99	55	52	26	51
*Berrios, Hector	3	1	3.86	17	0	0	1	16	15	7	7	8	12
Bockus, Randy	0	0	16.62	4	0	0	0	4	13	10	8	3	3
Buckels, Gary	5	3	4.18	51	0	0	7	56	66	27	26	20	34
Burcham, Tim	7	7	4.98	31	20	1	5	137	161	83	76	57	70
*Corbett, Sherman	4	3	3.92	41	2	0	6	62	58	30	27	33	34
Erb, Mike	1	0	3.76	31	1	0	5	41	40	18	17	23	26

PITCHING	W	L	ERA	G	GS	CG	SV	IP	H	R	ER	BB	SO
Fetters, Mike	2	7	4.87	11	11	1	0	61	65	39	33	26	43
Grahe, Joe	9	3	4.01	14	14	3	0	94	121	55	42	30	55
*Leiper, Dave	1	0	7.64	13	0	0	1	18	30	15	15	5	8
Lewis, Scott	3	9	4.50	17	17	4	0	110	132	71	55	26	87
Montalvo, Rafael	1	0	6.84	25	0	0	2	26	39	26	20	12	15
Pawlowski, John	0	0	3.97	10	0	0	1	11	16	6	5	3	10
Sontag, Alan	1	1	10.57	3	1	0	0	8	13	10	9	5	6
Toliver, Fred	7	4	4.15	18	18	2	0	95	89	48	44	49	68
*Valenzuela, Fernando	3	3	7.12	7	7	0	0	37	48	34	29	17	36
*Vosberg, Ed	0	1	6.28	12	0	0	0	14	19	10	10	5	14
Young, Cliff	4	8	4.90	34	8	0	5	72	88	53	39	25	39
Zappelli, Mark	2	1	4.44	17	0	0	0	24	24	12	12	19	16

MIDLAND — AA

TEXAS LEAGUE

BATTING	AVG	G	AB	R	H	2B	3B	HR	RBI	BB	SO	SB
Alfonzo, Ed, inf	.277	26	83	13	23	1	1	4	13	2	7	0
*Barbara, Don, 1b	.362	63	224	43	81	13	0	10	40	37	45	0
Barns, Jeff, 3b-ss	.219	10	32	5	7	0	0	0	3	1	5	0
*Billmeyer, Mick, c	.305	37	128	15	39	7	2	1	25	6	15	0
Davis, Kevin, 3b-2b	.346	51	153	30	53	12	2	0	25	10	26	8
Dominguez, Frank, c	.222	5	18	2	4	1	0	0	1	0	2	0
Easley, Damion, ss	.254	127	452	73	115	24	5	6	57	58	67	23
Flora, Kevin, 2b	.285	124	484	97	138	14	15	12	67	37	92	40
Gonzales, Larry, c	.319	78	257	27	82	13	0	4	56	22	33	2
Howie, Mark, 1b-3b	.364	130	516	101	188	32	2	18	123	56	49	7
#Jones, Bobby, of	.221	82	285	35	63	12	0	1	35	21	53	4
*Lawton, Marcus, of	.287	114	435	76	125	25	8	5	53	29	62	29
*McConnell, Walt, dh-3b	.284	77	264	41	75	14	1	7	65	48	44	1
Rivers, Ken, c	.257	32	109	11	28	7	0	2	15	11	19	1
Salmon, Tim, of	.245	131	465	100	114	26	4	23	94	89	166	12
#Sambo, Ramon, of-dh	.286	55	161	29	46	5	2	0	10	29	23	14
*Sconiers, Daryl, dh-1b	.275	29	102	15	28	8	0	4	14	11	18	2
*Taylor, Terry, 3b	.196	32	102	15	20	6	1	0	8	18	22	0
Trevino, Alex, c	.227	14	44	8	10	3	0	2	10	5	6	0
#Williams, Reggie, of	.310	83	319	77	99	12	3	1	30	62	67	21

PITCHING	W	L	ERA	G	GS	CG	SV	IP	H	R	ER	BB	SO
*Acosta, Clemente	0	6	7.28	37	3	0	0	72	109	77	58	27	59
Berrios, Hector	2	1	2.81	18	0	0	2	16	13	5	5	3	17
Bockus, Randy	3	0	7.27	12	0	0	0	17	28	15	14	5	6
Butcher, Mike	9	6	5.22	41	6	0	3	88	93	54	51	46	70
Carter, Glenn	1	6	8.26	8	8	0	0	40	69	46	37	26	13
Cobb, Marvin	2	2	4.04	42	0	0	3	78	73	49	35	45	72
Corbett, Sherman	0	1	3.33	13	0	0	1	24	24	12	9	17	17
*Holzemer, Mark	0	0	1.42	2	2	0	0	6	3	2	1	5	7
*James, Todd	12	10	4.81	27	27	4	0	161	186	104	86	73	94
King, Steve	0	3	12.39	5	5	0	0	20	40	34	28	16	12
Leftwich, Phil	1	0	3.00	1	1	0	0	6	5	2	2	5	3
*Martinez, Fili	4	5	6.43	19	11	0	0	81	104	72	58	50	42
Montalvo, Rafael	5	1	5.62	22	2	0	0	58	89	39	36	15	30
Pawlowski, John	1	3	2.49	15	6	0	0	47	42	14	13	16	36
Robertson, Doug	2	2	4.82	36	0	0	9	52	65	31	28	23	40
Shotkoski, Dave	5	11	4.28	23	22	1	0	130	161	91	62	40	85
Sontag, Alan	2	3	6.33	15	13	0	0	70	90	63	49	37	26
*Valenzuela, Fernando	3	1	1.96	4	4	1	0	23	18	5	5	6	11
Vidmar, Don	13	5	3.16	22	22	5	0	145	168	67	51	47	64
Zappelli, Mark	2	2	2.48	32	0	0	11	33	26	15	9	13	31

PALM SPRINGS — A

CALIFORNIA LEAGUE

BATTING	AVG	G	AB	R	H	2B	3B	HR	RBI	BB	SO	SB
Alfonzo, Edgar, dh-3b	.277	81	292	43	81	11	4	4	38	38	32	5
*Billmeyer, Mick, c	.278	39	115	15	32	9	2	0	6	21	9	0
Cannon, Rob, of	.153	24	59	5	9	3	0	0	7	13	16	0
Colon, David, of	.258	96	326	41	84	8	1	2	44	41	43	6
#Dodge, Tom, c	.262	49	149	19	39	5	1	2	16	14	21	4
Dominguez, Frank, c	.211	70	237	18	50	8	0	0	21	20	46	1
*Edmonds, Jim, of	.294	60	187	28	55	15	1	2	27	40	57	2
#Felix, Junior, of	.359	18	64	12	23	3	0	2	10	16	11	8
Forbes, P.J., 2b	.266	94	349	45	93	14	2	2	26	36	44	18
Gil, Danny, c-dh	.222	48	153	12	34	4	1	4	18	17	48	0
Kapano, Corey, 3b	.286	120	419	63	120	23	3	8	52	72	86	13
*Knabenshue, Chris, of-dh	.200	11	30	5	6	1	0	1	5	8	11	0
Laboy, Carlos, of	.247	119	425	58	105	19	5	8	49	45	114	8
Marshall, Mike, of-dh	.250	3	8	1	2	1	0	0	2	3	2	0
Martinez, Ray, ss-2b	.270	106	371	58	100	13	5	2	41	66	64	10
#Munoz, Orlando, 2b-ss	.270	36	122	16	33	4	0	0	10	15	23	3
Oberdank, Jeff, 3b-2b	.172	30	93	9	16	2	2	0	5	11	7	2
Partrick, Dave, of	.202	97	302	32	61	5	3	3	24	14	118	15
*Perez, Beban, of	.245	17	53	9	13	0	1	0	5	3	15	1
*Phillips, J.R., 1b	.248	130	471	64	117	22	2	20	70	57	144	15
Rodriguez, Edgal, of-dh	.214	10	28	3	6	2	0	0	2	1	6	1
Sheehy, Mike, of	.000	7	15	1	0	0	0	0	0	0	4	0

66 • 1992 ALMANAC

ORGANIZATION LEADERS

BATTING
*AVG	Mark Howie, Midland	.364
R	Mark Howie, Midland	101
H	Mark Howie, Midland	188
TB	Mark Howie, Midland	278
2B	Ruben Amaro, Edmonton	42
3B	Kevin Flora, Midland	15
HR	Tim Salmon, Midland	23
RBI	Mark Howie, Midland	123
SB	Clifton Garrett, Quad City	51

PITCHING
W	Don Vidmar, Palm Spr.-Mid.	17
L	Two tied at	11
†ERA	Julian Heredia, Boise	1.05
G	Gary Buckels, Edmonton	51
CG	Don Vidmar, Palm Spr.-Mid.	8
SV	Darryl Scott, Quad City	19
IP	Don Vidmar, Palm Spr.-Mid.	190
BB	David Vanwinkle, Palm Springs	98
SO	Phil Leftwich, Quad City-Mid.	166

Tim Salmon
... 23 homers in Double-A

Minor Leaguers Only   *Minimum 250 At-Bats   †Minimum 75 Innings

BATTING	AVG	G	AB	R	H	2B	3B	HR	RBI	BB	SO	SB
Showalter, J.R., ss	.205	44	161	19	33	7	3	3	24	8	34	4
#Williams, Reggie, of	.295	14	44	10	13	1	0	1	2	21	15	6

PITCHING	W	L	ERA	G	GS	CG	SV	IP	H	R	ER	BB	SO
*Bannister, Floyd	0	3	6.59	7	5	0	1	29	32	24	21	9	27
*Bennett, Erik	2	3	2.51	8	8	1	0	43	41	15	12	27	31
*Berrios, Hector	0	2	4.94	10	0	0	0	24	23	16	13	11	29
Haffner, Les	2	2	5.53	22	0	0	0	42	48	33	26	31	29
*Holzemer, Mark	0	4	2.86	6	6	0	0	22	15	14	7	16	19
King, Steve	5	3	2.39	32	9	1	9	98	71	33	26	67	110
Loubier, Steve	8	5	3.40	35	11	1	1	111	105	54	42	56	60
*Martinez, Fili	2	1	2.10	5	5	1	0	30	17	9	7	16	23
Merriman, Brett	4	1	1.96	34	0	0	2	41	36	20	9	30	23
*Montoya, Norm	4	7	4.11	17	17	1	0	105	117	64	48	26	45
Pakele, Louis	7	11	4.65	26	26	2	0	163	182	101	84	60	75
Peck, Steve	6	4	2.09	17	8	0	1	69	57	28	16	16	67
Powers, Randy	3	7	7.80	15	9	1	0	45	45	43	39	50	20
Saitz, Robbie	2	0	4.28	20	1	0	0	34	32	19	16	17	27
Sontag, Alan	2	0	1.74	5	5	1	0	31	22	11	6	9	15
Swingle, Paul	5	4	4.42	43	0	0	10	57	51	37	28	41	63
*Valenzuela, Fernando	0	0	0.00	1	1	0	0	4	4	1	0	3	2
Vanwinkle, David	7	9	4.03	31	19	2	0	138	136	79	62	98	78
*Vegely, Bruce	2	3	3.36	40	0	0	3	59	57	33	22	36	59
Vidmar, Don	4	2	1.40	6	6	3	0	45	31	9	7	6	25

QUAD CITY — A

MIDWEST LEAGUE

BATTING	AVG	G	AB	R	H	2B	3B	HR	RBI	BB	SO	SB
*Anderson, Garret, of	.260	105	392	40	102	22	2	2	42	20	89	5
Anderson, Jon, c	.190	26	63	8	12	2	1	0	6	7	12	0
Barbara, Don, 1b	.288	66	226	29	65	15	2	5	48	59	49	2
*Cohick, Emmitt, of	.274	112	350	52	96	22	9	11	53	56	97	8
Dalesandro, Mark, 3b-1b	.273	125	487	63	133	17	8	5	69	34	58	1
Dodge, Tom, c	.190	21	63	13	12	2	0	0	5	9	12	3
Forrester, Gary, ss-3b	.150	10	20	1	3	0	0	0	2	2	7	0
*Garrett, Clifton, of	.276	105	391	79	108	14	5	0	28	66	70	51
Gil, Danny, dh-c	.103	14	39	2	4	2	0	0	2	5	12	0
Grebeck, Brian, ss-2b	.245	121	408	80	100	20	3	0	34	103	76	19
Kipila, Jeff, 1b-dh	.274	112	401	64	110	35	0	18	77	58	99	4
Martinez, Ray, ss-2b	.238	6	21	3	5	1	0	0	4	4	5	0
Minnis, Billy, ss-3b	.238	107	374	40	89	19	2	10	55	18	84	5
Muratti, Rafael, of	.244	104	311	33	76	20	0	2	40	40	49	4
*Musolino, Mike, dh-c	.252	41	127	11	32	5	0	1	13	20	28	1
Oberdank, Jeff, 2b-of	.219	58	169	31	37	5	0	3	11	22	32	7
Polanco, Carlos, 2b	.108	22	74	10	8	0	1	0	8	6	12	1
Rivers, Ken, c-dh	.198	28	96	8	19	5	1	1	14	3	28	0
*Rodriguez, Edgal, of	.258	46	120	19	31	8	2	3	14	16	25	0
Stela, Jose, c	.167	4	12	3	2	0	0	0	1	0	0	0
*Taylor, Terry, 2b	.278	65	205	30	57	15	0	3	26	53	53	7
Tejero, Fausto, c	.172	83	244	16	42	7	0	1	18	14	52	0

PITCHING	W	L	ERA	G	GS	CG	SV	IP	H	R	ER	BB	SO
Adams, Dave	8	8	3.53	22	21	0	0	120	115	62	47	52	92
Craven, Britt	6	6	4.17	28	14	1	0	106	116	63	49	38	78
Edenfield, Ken	8	5	2.59	47	0	0	15	87	69	30	25	30	106
Fritz, John	2	3	3.67	25	5	0	0	61	52	27	25	24	72
*Gamez, Bob	4	3	3.64	41	5	0	1	77	75	38	31	38	83
Haffner, Les	1	1	4.08	12	0	0	0	29	22	15	13	15	12
*Hathaway, Hilly	9	6	3.35	20	20	1	0	129	126	58	48	41	110

1992 ALMANAC • 67

PITCHING	W	L	ERA	G	GS	CG	SV	IP	H	R	ER	BB	SO
Klancnik, Joe	0	1	9.27	15	0	0	0	22	24	25	23	20	17
Lachemann, Bret	9	4	3.28	33	10	1	0	104	95	47	38	55	102
Leftwich, Phil	11	9	3.28	26	26	5	0	173	158	70	63	58	163
Martin, Justin	8	9	3.89	27	18	1	0	134	128	69	58	57	118
*Montoya, Norm	4	1	5.13	8	8	0	0	40	55	27	23	12	22
*Neal, Dave	0	2	8.87	10	5	0	0	22	31	26	22	16	12
Parker, Rich	0	1	5.68	8	1	0	0	13	15	10	8	6	5
Scott, Darryl	4	3	1.55	47	0	0	19	75	35	18	13	26	123
Silverio, Victor	0	1	7.16	4	4	0	0	16	16	16	13	15	16

BOISE — A

NORTHWEST LEAGUE

BATTING	AVG	G	AB	R	H	2B	3B	HR	RBI	BB	SO	SB
#Bobo, Elgin, dh-c	.285	49	172	40	49	10	1	3	29	31	26	4
Boykin, Tyrone, of	.210	52	162	26	34	8	2	4	22	33	54	4
Cannon, Rob, of	.277	15	47	9	13	5	1	1	5	13	17	2
#Claus, Todd, 2b-ss	.213	59	178	27	38	6	0	0	8	25	43	6
Hagy, Gary, ss	.278	72	248	42	69	10	1	1	35	34	32	5
Markiewicz, Brandon, 3b	.217	61	212	22	46	9	1	2	33	10	49	2
*Palmeiro, Orlando, of	.278	70	277	56	77	11	2	1	24	33	22	8
Perez, Eduardo, of-1b	.288	46	160	35	46	13	0	1	22	19	39	12
Polanco, Carlos, of	.172	36	58	6	10	3	0	0	4	13	9	1
*Pritchett, Chris, 1b	.267	70	255	41	68	10	3	9	50	47	41	1
Raven, Luis, dh	.274	38	84	13	23	2	0	2	13	9	19	1
Ruocchio, James, 3b-dh	.208	37	120	10	25	5	0	2	13	4	37	0
Sears, Jim, 2b	.233	41	90	19	21	2	0	0	14	24	15	4
Stela, Jose, c	.295	33	112	13	33	3	1	1	15	10	13	1
*Sweeney, Mark, of	.282	70	234	45	66	10	3	4	34	51	42	9
Tallent, Ron, of	.209	25	43	6	9	3	0	0	8	14	17	0
Turner, Chris, c-of	.227	52	163	26	37	5	0	2	29	32	32	10

PITCHING	W	L	ERA	G	GS	CG	SV	IP	H	R	ER	BB	SO
*Butler, Mike	0	0	9.82	1	0	0	0	4	5	4	4	3	2
*Dodd, Rob	0	1	10.38	6	0	0	0	4	4	7	5	4	3
Gledhill, Chance	3	1	3.53	21	4	0	0	43	37	21	17	18	34
Heredia, Julian	8	1	1.05	25	0	0	5	77	42	17	9	16	99
Keling, Korey	6	2	3.04	15	14	0	1	83	71	31	28	30	96
*Mammola, Mark	3	1	2.37	23	0	0	0	19	19	9	5	11	25
Martinez, Eric	5	2	3.54	15	15	0	0	69	69	36	27	39	73
Percival, Troy	2	0	1.41	28	0	0	12	38	23	7	6	18	63
Powers, Randy	2	3	6.05	12	10	0	0	39	41	31	26	34	35
Purdy, Shawn	8	4	3.01	15	15	1	0	96	87	37	32	27	78
Ratekin, Mark	2	5	3.34	14	13	1	0	70	59	31	26	22	49
*Robinson, Chris	6	3	2.13	27	0	0	3	38	33	13	9	10	41
Saitz, Robbie	1	0	0.00	2	0	0	0	5	3	0	0	1	4
Van Dyke, Rod	1	1	4.35	20	2	0	0	41	42	23	20	18	18
*Watson, Ron	0	1	6.23	18	3	0	0	26	35	28	18	15	27
Williard, Brian	0	0	4.91	1	0	0	0	4	2	2	2	3	4
Wylie, John	3	1	3.28	22	0	0	0	36	38	18	13	7	30

MESA — R

ARIZONA LEAGUE

BATTING	AVG	G	AB	R	H	2B	3B	HR	RBI	BB	SO	SB
Alcaraz, Vlad, 1b	.223	51	157	24	35	5	3	1	24	39	28	2
Anderson, Jon, c-dh	.211	17	57	4	12	0	0	0	7	6	13	0
Bertucci, Joe, c	.170	30	100	15	17	3	2	0	10	11	27	3
Castro, Antonio, ss	.191	19	68	7	13	1	0	0	10	7	23	1
#Connell, Lino, 2b-ss	.324	56	216	43	70	8	10	2	40	30	64	6
Donati, John, 1b	.272	42	114	28	31	6	1	0	21	34	37	1
Hardwick, Joe, of	.220	43	127	30	28	0	2	0	12	28	36	15
House, Ken, of	.293	58	232	39	68	13	4	1	40	25	42	3
Martin, Ronnie, of	.169	32	89	10	15	2	2	0	3	9	39	3
McCaffery, Dennis, of	.323	54	220	46	71	5	4	0	37	25	18	6
*Musolino, Mike, c-dh	.154	4	13	1	2	0	0	1	2	3	1	0
Oliver, Felix, dh-of	.262	30	84	14	22	4	4	1	15	9	17	1
#Pineiro, Mike, c-dh	.280	43	157	23	44	5	3	2	28	12	23	1
Sierra, Roberto, ss-2b	.255	45	161	30	41	4	1	1	20	33	20	3
Simmons, Mark, 3b	.294	59	228	43	67	6	3	0	17	43	61	17

PITCHING	W	L	ERA	G	GS	CG	SV	IP	H	R	ER	BB	SO
*Butler, Mike	2	1	4.11	11	7	0	0	50	50	29	23	26	57
*Heusman, Theron	4	1	2.76	19	1	0	0	46	47	21	14	30	50
Knox, Jeff	0	4	6.28	6	6	0	0	29	36	29	20	11	26
*Ledinsky, Mark	0	1	10.80	1	0	0	0	2	3	2	2	0	0
Merrill, Larry	0	2	4.50	6	3	0	0	24	27	16	12	9	10
Mussett, Jose	1	1	3.21	10	0	0	2	14	14	7	5	5	10
Myers, Matt	4	2	4.45	21	4	0	1	59	55	35	29	19	46
Parker, Richard	2	1	2.70	15	0	0	5	17	13	6	5	8	8
Parra, Domingo	0	1	7.39	12	0	0	1	28	36	26	23	22	14
Rivera, Carlos	4	3	4.19	7	7	0	0	43	54	30	20	15	20
Sebach, Kyle	3	5	6.26	13	11	1	0	65	62	49	45	39	58
Severino, Blas	2	0	4.46	13	2	0	0	34	44	31	17	23	33
Sheehy, Mike	0	0	3.86	5	0	0	0	7	6	4	3	5	4
Williard, Brian	5	6	4.98	12	12	1	0	60	58	48	33	48	50
Young, Fred	2	2	2.89	8	6	0	0	37	25	19	12	27	35

CHICAGO WHITE SOX

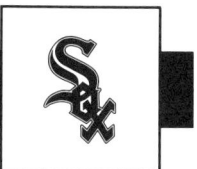

Manager: Jeff Torborg.
1991 Record: 87-75, .537 (2nd, AL West)

BATTING	AVG	G	AB	R	H	2B	3B	HR	RBI	BB	SO	SB
Beltre, Esteban	.167	8	6	0	1	0	0	0	0	1	1	1
#Cora, Joey	.241	100	228	37	55	2	3	0	18	20	21	11
Fisk, Carlton	.241	134	460	42	111	25	0	18	74	32	86	1
Fletcher, Scott	.206	90	248	14	51	10	1	1	28	17	26	0
Grebeck, Craig	.281	107	224	37	63	16	3	6	31	38	40	1
*Guillen, Ozzie	.273	154	524	52	143	20	3	3	49	11	38	21
Huff, Mike	.268	51	97	14	26	4	1	1	15	12	18	3
Jackson, Bo	.225	23	71	8	16	4	0	3	14	12	25	0
*Johnson, Lance	.274	159	588	72	161	14	13	0	49	26	58	26
Karkovice, Ron	.246	75	167	25	41	13	0	5	22	15	42	0
Kittle, Ron	.191	17	47	7	9	0	0	2	7	5	9	0
McCray, Rodney	.286	17	7	2	2	0	0	0	0	0	2	1
Merullo, Matt	.229	80	140	8	32	1	0	5	21	9	18	0
*Newson, Warren	.295	71	132	20	39	5	0	4	25	28	34	2
*Pasqua, Dan	.259	134	417	71	108	22	5	18	66	62	86	0
#Raines, Tim	.268	155	609	102	163	20	6	5	50	83	68	51
Snyder, Cory	.188	50	117	10	22	4	0	3	11	6	41	0
Sosa, Sammy	.203	116	316	39	64	10	1	10	33	14	98	13
Thomas, Frank	.318	158	559	104	178	31	2	32	109	138	112	1
*Ventura, Robin	.284	157	606	92	172	25	1	23	100	80	67	2
Wakamatsu, Don	.226	18	31	2	7	0	0	0	0	1	6	0

PITCHING	W	L	ERA	G	GS	CG	SV	IP	H	R	ER	BB	SO
*Alvarez, Wilson	3	2	3.51	10	9	2	0	56	47	26	22	29	32
Carter, Jeff	0	1	5.25	5	2	0	0	12	8	8	7	5	2
Drahman, Brian	3	2	3.23	28	0	0	0	31	21	12	11	13	18
*Drees, Tom	0	0	12.27	4	0	0	0	7	10	10	10	6	2
*Edwards, Wayne	0	2	3.86	13	0	0	0	23	22	14	10	17	12
Fernandez, Alex	9	13	4.51	34	32	2	0	192	186	100	96	88	145
Garcia, Ramon	4	4	5.40	16	15	0	0	78	79	50	47	31	40
Hernandez, Roberto	1	0	7.80	9	3	0	0	15	18	15	13	7	6
*Hibbard, Greg	11	11	4.31	32	29	5	0	194	196	107	93	57	71
Hough, Charlie	9	10	4.02	31	29	4	0	199	167	98	89	94	107
McDowell, Jack	17	10	3.41	35	35	15	0	254	212	97	96	82	191
Pall, Donn	7	2	2.41	51	0	0	0	71	59	22	19	20	40
*Patterson, Ken	3	0	2.83	43	0	0	1	64	48	22	20	35	32
Perez, Melido	8	7	3.12	49	8	0	1	136	111	49	47	52	128
*Radinsky, Scott	5	5	2.02	67	0	0	8	71	53	18	16	23	49
Thigpen, Bobby	7	5	3.49	67	0	0	30	70	63	32	27	38	47
Wapnick, Steve	0	1	1.80	6	0	0	0	5	2	1	1	4	1

FIELDING

Catcher	PCT	G	PO	A	E
Fisk	.993	106	535	55	4
Karkovice	.988	69	309	28	4
Merullo	.989	27	79	8	1
Wakamatsu	1.000	18	47	2	0

First Base	PCT	G	PO	A	E
Fisk	.980	12	90	10	2
Kittle	.982	15	101	6	2
Merullo	.989	16	80	6	1
*Pasqua	.991	83	511	43	5
Snyder	.991	18	107	6	1
Thomas	.996	56	460	26	2
Ventura	1.000	31	91	4	0

Second Base	PCT	G	PO	A	E
Cora	.970	80	103	184	9
Fletcher	.992	86	177	191	3
Grebeck	.994	36	62	97	1
Huff	.000	2	0	0	0

Third Base	PCT	G	PO	A	E
Fletcher	1.000	4	1	1	0
Grebeck	.933	49	22	48	5
Ventura	.959	151	135	287	18

Shortstop	PCT	G	PO	A	E
Beltre	1.000	8	1	5	0
Cora	.923	5	4	8	1
Grebeck	.935	26	20	38	4
Guillen	.970	149	248	439	21

Outfield	PCT	G	PO	A	E
Huff	.986	48	71	1	1
*Johnson	.995	157	425	11	2
Karkovice	.000	1	0	0	0
McCray	1.000	8	10	0	0
Newson	.962	50	36	3	2
*Pasqua	.988	59	76	3	1
Raines	.990	133	273	12	3
Sosa	.973	111	214	6	6
Snyder	.981	29	50	1	1

WHITE SOX FARM SYSTEM

Class	Club	League	W	L	Pct.	Manager
AA	Vancouver	Pacific Coast	49	86	.363	Marv Foley, Rick Renick
AA	Birmingham	Southern	77	66	.538	Tony Franklin
A	Sarasota	Florida State	75	56	.573	Rick Patterson
A	South Bend	Midwest	69	70	.496	Tommy Thompson
A	Utica	New York-Penn	39	37	.513	Mike Gellinger
Rookie	Sarasota	Gulf Coast	30	29	.508	Jaime Garcia

VANCOUVER — AAA

PACIFIC COAST LEAGUE

BATTING	AVG	G	AB	R	H	2B	3B	HR	RBI	BB	SO	SB
Beltre, Esteban, ss-3b	.271	88	347	48	94	11	3	0	30	23	61	8
Bernhardt, Cesar, 2b	.260	87	323	40	84	10	5	1	30	18	26	12
*Brock, Greg, dh-1b	.143	2	7	0	1	0	0	0	0	1	1	0
Brown, Kurt, c	.248	84	274	22	68	12	2	4	27	18	47	2
#Cangelosi, John, of	.245	30	102	15	25	1	0	0	10	11	8	9
DeButch, Mike, 2b	.000	2	1	0	0	0	0	0	0	0	1	0
Hall, Joe, 3b-of	.248	118	427	41	106	16	1	4	39	23	45	11
*Heep, Danny, of	.243	20	70	2	17	6	0	0	10	4	9	1
Henley, Dan, ss-3b	.195	70	190	30	37	5	1	1	13	14	35	0
*Hill, Orsino, of	.288	106	347	39	100	14	1	4	45	42	76	4
*Jeter, Shawn, of	.299	43	144	24	43	5	1	1	13	11	27	4
Kittle, Ron, 1b-dh	.310	17	71	9	22	4	1	4	21	6	13	1
*Lee, Derek, of	.296	87	318	54	94	28	5	6	44	35	62	4
*Liebert, Allen, c	.235	21	51	3	12	3	0	1	7	8	5	0
#Martin, Norberto, 2b-ss	.278	93	338	39	94	9	0	0	20	21	38	11
McCray, Rod, of	.230	83	222	37	51	9	5	0	13	26	48	14
*Nelson, Rob, 1b	.240	86	271	26	65	11	0	13	37	37	73	0
*Newson, Warren, of	.369	33	111	19	41	12	1	2	19	30	26	5
*Roth, Greg, 2b-3b	.190	7	21	2	4	1	0	1	2	0	8	0
Sosa, Sammy, of	.267	32	116	19	31	7	2	3	19	17	32	9
Stark, Matt, 1b	.284	118	394	47	112	21	1	10	68	79	38	0
Tatarian, Dean, 3b-ss	.316	10	19	3	6	0	0	0	3	2	6	1
*Waggoner, Aubrey, of	.205	50	156	23	32	4	4	1	10	19	39	5
Wakamatsu, Don, c	.198	55	172	20	34	8	0	4	19	12	39	0

PITCHING	W	L	ERA	G	GS	CG	SV	IP	H	R	ER	BB	SO
Brito, Mario	0	10	7.12	19	13	1	0	78	106	69	62	25	41
Carter, Jeff	3	7	3.05	41	4	0	4	80	78	33	27	35	40
Drahman, Brian	2	3	4.44	22	0	0	12	24	21	12	12	13	17
*Drees, Tom	8	8	3.52	22	22	3	0	143	130	70	56	62	89
Dunne, Mike	2	2	5.40	17	5	1	2	55	66	37	33	19	21
*Edwards, Wayne	3	9	6.26	14	12	0	0	65	73	50	45	37	35
Garcia, Ramon	2	2	4.05	4	4	0	0	27	24	13	12	7	17
*Hall, Grady	1	5	5.57	19	8	0	1	63	78	48	39	42	34
Hasler, Curt	0	2	7.81	11	2	0	0	28	44	28	24	16	17
Hernandez, Roberto	4	1	3.22	7	7	0	0	45	41	17	16	23	40
*Hibbard, Greg	0	0	3.38	1	1	0	0	5	4	3	2	3	3
Kennedy, Jim	3	4	7.85	17	5	0	0	37	56	33	32	29	25
Kutzler, Jerry	5	10	5.06	29	24	5	0	158	199	98	89	62	64
Perschke, Greg	7	12	4.65	27	27	3	0	176	170	104	91	62	98
*Scheid, Rich	6	7	6.08	47	0	0	3	67	65	46	45	33	57
Stephens, Ron	3	4	3.42	53	1	0	4	105	103	50	40	58	59

BIRMINGHAM — AA

SOUTHERN LEAGUE

BATTING	AVG	G	AB	R	H	2B	3B	HR	RBI	BB	SO	SB
Bernhardt, Cesar, 2b	.272	26	103	15	28	2	0	3	16	12	8	3
Busby, Wayne, ss-2b	.162	67	198	18	32	3	2	1	14	28	75	2
Campbell, Darrin, c	.221	94	289	39	64	7	3	7	32	27	94	0
*Castleberry, Kevin, ph	.000	1	1	0	0	0	0	0	0	0	0	0
*Chasey, Mark, 1b	.238	110	332	42	79	17	3	5	36	72	97	1
Coomer, Ron, 3b	.255	137	505	81	129	27	5	13	76	59	78	0
#Foster, Lindsay, ss	.212	116	372	40	79	8	4	1	34	26	73	23
*Garner, Kevin, 1b-dh	.249	119	430	54	107	19	3	14	74	59	106	0
*Gay, Jeff, c	.193	26	83	5	16	4	0	0	6	6	19	1
Jackson, Bo, dh	.308	4	13	2	4	0	0	0	0	4	2	1
Jaster, Scott, of	.265	104	362	40	96	14	4	7	44	36	73	1
*Kobza, Greg, c	.000	1	4	0	0	0	0	0	0	1	2	0
*Lee, Derek, of	.325	45	154	36	50	10	2	5	16	46	23	9
*Liebert, Allen, c	.183	35	109	7	20	5	0	1	7	16	7	0
*Merullo, Matt, c-dh	.214	28	28	5	6	0	0	2	3	2	4	0
Ocasio, Javier, 2b	.224	102	398	39	89	7	4	0	30	39	63	16
*Pledger, Kinnis, of	.218	117	363	53	79	16	8	9	51	60	104	15
*Roth, Greg, inf	.190	41	126	15	24	8	1	1	12	18	21	0
Sullivan, Carl, of	.234	45	128	11	30	6	1	3	12	6	32	2
Tatarian, Dean, ss	.333	8	15	5	5	2	0	0	0	2	1	0
*Tedder, Scott, of	.294	95	337	34	99	14	3	0	32	51	38	5
*Waggoner, Aubrey, of	.230	69	248	39	57	11	4	3	21	54	56	20
Wilson, Brandon, ss	.400	2	10	3	4	1	0	0	2	0	2	0

PITCHING	W	L	ERA	G	GS	CG	SV	IP	H	R	ER	BB	SO
*Alvarez, Wilson	10	6	1.83	23	23	3	0	152	109	46	31	74	165
Bolton, Rod	8	4	1.62	12	12	3	0	89	73	26	16	21	57
Brito, Mario	2	4	3.30	10	10	4	0	71	53	31	26	16	37
Chambers, Travis	0	0	3.71	10	0	0	0	17	18	9	7	4	13
Cortes, Conde	8	8	3.31	22	22	1	0	133	126	63	49	61	71
Davino, Mike	1	4	3.45	25	0	0	4	47	44	23	18	16	27
Garcia, Ramon	4	0	0.93	6	6	2	0	39	27	5	4	11	38
Hernandez, Roberto	1	0	1.99	4	4	0	0	23	11	5	5	2	20
*Howard, Chris	6	1	2.04	38	0	0	9	53	43	14	12	16	52
Hudek, John	5	10	3.84	51	0	0	13	66	58	39	28	28	49

70 • 1992 ALMANAC

Baseball America's college player of the 1980's, Chicago's Robin Ventura enjoyed a breakthrough season (.284-23-100) in 1991.

PITCHING	W	L	ERA	G	GS	CG	SV	IP	H	R	ER	BB	SO
Kennedy, Bo	10	3	2.32	15	15	0	0	93	88	39	24	48	52
Keyser, Brian	0	1	5.00	3	3	0	0	18	19	10	10	9	9
Merigliano, Frank	3	2	3.89	36	1	0	4	69	58	38	30	31	51
Middaugh, Scott	2	2	3.41	12	1	0	1	34	27	20	13	14	27
Reynolds, Dave	2	0	1.97	19	1	0	1	46	36	16	10	20	38
*Thomas, Larry	0	0	3.00	2	0	0	0	6	6	3	2	4	2
Ventura, Jose	8	10	4.06	25	25	3	0	149	129	79	67	64	91
Wickman, Bob	6	10	3.56	20	20	4	0	131	127	68	52	50	81

SARASOTA A

FLORIDA STATE LEAGUE

BATTING	AVG	G	AB	R	H	2B	3B	HR	RBI	BB	SO	SB
Alvarez, Clemente, c	.206	71	194	14	40	10	2	1	22	20	41	3
Bradish, Mike, 1b	.295	36	78	7	23	6	1	0	6	9	17	1
*Castleberry, Kevin, 2b-ss	.272	94	346	70	94	14	3	4	39	54	54	23
*Cepicky, Scott, 1b	.290	124	442	62	128	33	4	8	76	62	99	13
#Coleman, Ken, 2b-3b	.280	44	118	15	33	6	1	1	15	20	21	5
Foster, Julio, 2b	.333	9	9	0	3	0	0	0	0	3	2	0
*Gaither, Horace, ss	.250	7	16	2	4	1	0	0	1	1	3	1
*Gay, Jeff, dh-c	.133	16	45	6	6	1	0	1	6	6	9	1
#Hairston, John, of	.204	51	93	10	19	4	2	1	13	12	44	3
Harris, Robert, of	.267	75	255	42	68	11	4	2	21	12	51	21
Helms, Tommy, 2b	.000	3	1	0	0	0	0	0	0	0	0	0
Jackson, Bo, dh	.333	2	6	1	2	0	0	0	2	0	0	0
*Kobza, Greg, c	.173	72	156	19	27	9	2	0	12	32	48	1
*Lukachyk, Rob, of	.271	125	399	63	108	27	2	9	49	63	100	22
Manning, Henry, c	.083	13	24	2	2	0	0	0	0	0	6	0
McCray, Justin, 2b-ss	.095	21	21	3	2	0	0	0	1	3	8	0
McGough, Greg, c	.143	13	21	1	3	1	0	1	4	1	10	0
Nunez, Rogelio, c	.222	15	36	6	8	1	0	0	3	3	8	0
*Plemmons, Ron, of	.239	128	444	49	106	17	4	2	64	66	67	9
#Reyes, Jimmy, ph	.000	1	1	0	0	0	0	0	0	0	0	0
*Rose, Pete, 3b	.217	98	323	31	70	12	2	0	35	36	35	5
Saenz, Olmeda, 3b	.105	5	19	1	2	1	0	0	2	2	0	0
Smith, Ed, 1b-3b	.217	54	198	27	43	7	0	3	27	15	52	4
Sullivan, Carl, of	.304	24	92	16	28	2	1	2	7	7	17	4
Tatarian, Dean, 2b-ss	.145	49	69	9	10	2	0	0	3	17	15	1
*Tedder, Scott, of	.336	42	149	25	50	5	1	0	17	29	19	6
Tejada, Leo, ss	.252	159	333	40	84	9	4	1	19	20	44	9
Wolak, Jerry, of-2b	.291	110	326	36	95	17	1	3	22	14	62	22

PITCHING	W	L	ERA	G	GS	CG	SV	IP	H	R	ER	BB	SO
Bolton, Rod	7	6	1.91	15	15	5	0	104	81	29	22	23	77
Brutcher, Len	7	5	4.54	24	19	0	0	103	106	64	52	62	68
Chambers, Travis	0	1	2.08	2	0	0	0	4	2	1	1	2	3
Conde, Argenis	2	0	2.09	5	5	1	0	39	31	12	9	10	19
*Dabney, Fred	11	3	2.99	26	8	1	1	96	88	45	32	44	72
*Galvan, Mike	0	0	4.32	14	0	0	0	17	19	9	8	8	13
Hoey, Andy	1	0	0.00	4	0	0	0	4	2	0	0	1	3
*Johnson, Earnie	6	1	1.75	51	0	0	9	77	51	41	17	10	17	42
Keyser, Brian	6	7	2.30	27	14	2	2	129	110	40	33	45	94
Matznick, Dan	5	12	4.00	26	26	2	0	157	129	82	70	94	131
Mongiello, Mike	4	4	2.25	55	0	0	23	68	51	26	17	34	62
Reynolds, Dave	1	1	1.23	6	0	0	0	2	15	14	3	2	6	14
Ruffin, Johnny	11	4	3.23	26	26	6	0	159	126	68	57	62	117
Shepherd, Keith	1	1	2.72	18	0	0	2	40	33	16	12	20	26
Stevens, Scott	8	10	2.64	35	11	2	2	126	103	48	37	50	103
Wickman, Bob	5	1	2.05	7	7	0	0	44	43	16	10	11	32

1992 ALMANAC • 71

ORGANIZATION LEADERS

BATTING
*AVG	Brandon Wilson, So. Bend-Birm.	.315
R	Derek Lee, Birm.-Vancouver	90
H	Two tied at	149
TB	Derek Lee, Birm.-Vancouver	229
2B	Derek Lee, Birm.-Vancouver	38
3B	Dennis Walker, South Bend	9
HR	Kevin Garner, Birmingham	14
RBI	Two tied at	76
SB	Brandon Wilson, So. Bend-Birm.	41

PITCHING
W	Rod Bolton, Sar. (FSL)-Birm.	15
L	Mario Brito, Birm.-Vancouver	14
†ERA	Keith Shepherd, So. Bend-Sar. (FSL)	1.68
G	Mike Mongiello, Sarasota (FSL)	55
CG	Rod Bolton, Sar. (FSL)-Birm.	8
SV	Mike Mongiello, Sarasota (FSL)	23
IP	Rod Bolton, Sar.-Birm.	193
BB	Jason Bere, South Bend	100
SO	Wilson Alvarez, Birmingham	165

Wilson Alvarez
...165 strikeouts

Minor Leaguers Only   *Minimum 250 At-Bats   †Minimum 75 Innings

SOUTH BEND — A

MIDWEST LEAGUE

BATTING	AVG	G	AB	R	H	2B	3B	HR	RBI	BB	SO	SB
#Coleman, Ken, 2b-3b	.346	8	26	5	9	1	0	0	4	0	4	0
#Cora, Joey, 2b	.200	1	5	1	1	0	0	0	0	0	1	1
*Coughlin, Kevin, of-1b	.304	131	431	60	131	12	2	0	38	62	67	19
Foster, Julio, 2b	.188	28	85	7	16	0	1	0	5	5	22	4
*Gaither, Horace, 2b-ss	.251	61	179	21	45	8	0	0	22	6	35	9
#Hairston, John, dh-of	.198	24	86	6	17	5	0	1	12	5	30	3
Hattabaugh, Matt, c	.000	4	7	0	0	0	0	0	0	1	0	0
*Hawkins, Ty, of	.217	52	152	14	33	6	0	1	19	16	25	3
Hood, Randy, of	.160	36	100	13	16	3	2	1	12	20	27	9
Manning, Henry, c	.284	23	67	5	19	3	0	0	10	1	4	0
McGough, Greg, c	.204	58	157	13	32	5	1	0	18	21	50	2
Monzon, Dan, 2b	.240	89	258	35	62	13	2	0	21	45	71	7
#Nunez, Rogelio, c	.212	56	189	26	40	4	1	0	15	14	30	5
Poe, Charles, of	.213	117	418	57	89	29	6	5	59	38	136	20
Ramos, Jorge, 3b-ss	.200	32	100	8	20	3	0	0	7	3	22	4
*Robertson, Mike, 1b	.329	54	210	30	69	16	2	1	26	18	24	7
Robledo, Nilson, dh-c	.289	40	142	15	41	7	1	5	20	9	42	3
Saenz, Olmedo, 3b	.245	56	192	23	47	10	1	2	22	21	48	5
Sheppard, Don, of	.208	83	178	24	37	5	2	1	11	21	57	7
Solimine, Joe, 1b-c	.158	17	38	4	6	3	0	0	7	13	6	1
Strange, Keith, 3b	.232	95	302	29	70	15	0	1	29	50	66	7
Valrie, Kerry, of	.215	87	331	47	71	11	2	6	29	23	78	32
#Vogel, Mike, c-dh	.278	14	36	1	10	3	0	0	4	5	8	1
Walker, Dennis, 1b-of	.221	122	394	48	87	10	9	5	38	42	109	18
Wilson, Brandon, ss	.313	125	463	75	145	18	2	2	49	61	70	41

PITCHING	W	L	ERA	G	GS	CG	SV	IP	H	R	ER	BB	SO
*Altaffer, Todd	1	2	3.38	21	1	0	2	37	33	18	14	16	32
Bere, Jason	9	12	2.87	27	27	2	0	163	116	66	52	100	158
Campos, Frank	7	9	4.28	37	14	2	1	114	116	73	54	62	98
Caridad, Rolando	3	3	2.19	53	0	0	17	70	48	20	17	40	76
Hoey, Andy	1	4	4.05	17	2	0	0	40	41	22	18	22	20
Hooper, Mike	0	1	2.70	11	0	0	0	13	12	4	4	8	13
Jean, Domingo	12	8	3.30	25	25	2	0	158	121	75	58	65	141
Jenkins, Jonathan	6	7	3.88	19	15	1	0	97	80	54	42	44	91
*Locklear, Dean	5	1	2.97	44	0	0	0	61	40	27	20	31	47
Olsen, Steve	5	2	3.64	13	13	0	0	82	80	44	33	28	76
Perigny, Don	6	4	1.87	56	0	0	6	92	91	31	19	22	54
Person, Robert	4	3	3.30	13	13	0	0	76	50	35	28	56	66
Ruffcorn, Scott	1	3	3.92	9	9	0	0	44	35	26	19	25	45
Shepherd, Keith	1	2	0.51	31	0	0	10	35	17	4	2	19	38
*Tolar, Kevin	8	5	2.83	30	19	0	1	115	87	54	36	85	87
Woodfin, Chris	0	2	5.79	3	0	0	1	5	5	4	3	5	5
Young, Greg	0	2	5.47	13	1	0	0	26	33	19	16	10	14

UTICA — A

NEW YORK-PENN LEAGUE

BATTING	AVG	G	AB	R	H	2B	3B	HR	RBI	BB	SO	SB
Austin, Corey, of	.273	44	150	24	41	4	1	0	15	6	33	7
#Brady, Steve, ss	.235	65	226	37	53	6	3	2	31	31	31	21
Buchanan, Shawn, of	.205	46	127	20	26	5	1	0	10	23	29	5
Burton, Essex, 2b	.276	15	58	11	16	0	0	0	4	8	12	6
*DiSarcina, Glenn, ss	.252	56	202	27	51	10	1	0	27	22	30	11
#Durham, Ray, 2b	.254	39	142	29	36	2	7	0	17	25	44	12

72 • 1992 ALMANAC

BATTING	AVG	G	AB	R	H	2B	3B	HR	RBI	BB	SO	SB
*Fryman, Troy, 1b	.242	52	178	23	43	15	1	2	16	14	45	1
*Haase, Dean, c	.222	27	72	9	16	1	1	0	8	19	14	0
Hattabaugh, Matt, c	.205	26	73	5	15	1	0	0	11	17	12	0
Helms, Tommy, 2b	.221	35	113	13	25	6	0	1	8	11	30	3
Henry, Harold, of	.275	62	232	32	61	14	3	3	30	19	63	16
James, Greg, of	.118	7	17	2	2	0	0	0	1	5	8	0
Martorana, David, 3b	.210	66	243	35	51	8	2	2	35	13	38	7
Ochoa, Rafael, of	.257	64	191	30	49	3	4	2	25	36	64	13
Pierce, Jeff, of-dh	.240	50	158	22	38	10	4	0	24	25	26	4
#Robertson, Mike, 1b	.167	13	54	6	9	2	1	0	8	5	11	1
Rollins, Pat, 1b-c	.204	24	49	11	10	2	0	1	6	11	11	0
Siebert, Steve, 3b	.204	31	93	10	19	3	2	0	11	4	35	0
Story, Jonathan, of-dh	.176	12	34	6	6	0	2	0	3	8	9	1
#Vogel, Mike, c	.271	23	59	6	16	1	0	1	9	14	19	0

PITCHING	W	L	ERA	G	GS	CG	SV	IP	H	R	ER	BB	SO
Baldwin, James	1	4	5.30	7	7	1	0	37	40	26	22	27	23
*Bertotti, Mike	3	4	5.79	14	5	0	0	37	38	33	24	36	33
Boehringer, Brian	1	1	2.37	4	4	0	0	19	14	8	5	8	19
Burrow, Jeff	1	1	4.56	9	3	0	1	26	28	17	13	7	12
Call, Mike	6	1	1.26	12	9	2	0	72	61	20	10	15	55
Ellis, Robert	3	9	4.62	15	15	1	0	88	86	66	45	61	66
*Fritz, Greg	4	1	2.81	17	1	0	1	42	35	15	13	6	27
Heathcott, Mike	3	1	3.55	6	6	0	0	33	26	19	13	14	14
Herrholz, John	0	0	8.79	9	0	0	0	14	16	14	14	17	14
Hoey, Andy	2	0	2.66	14	0	0	3	20	26	7	6	6	17
Kubicki, Marc	3	4	2.91	23	0	0	3	43	24	18	14	28	56
Levine, Alan	6	4	3.18	16	12	2	1	85	75	43	30	26	83
McGraw, Doug	0	2	13.50	3	2	0	0	5	10	12	8	9	4
Olsen, Steve	1	0	0.64	2	2	0	0	14	3	3	1	4	20
*Tagle, Henry	3	1	1.85	16	0	0	7	24	22	7	5	6	24
*Thomas, Larry	1	3	1.47	11	10	0	0	73	55	22	12	25	61
Young, Greg	1	1	4.42	11	0	0	1	18	26	11	9	6	17

SARASOTA — R

GULF COAST LEAGUE

BATTING	AVG	G	AB	R	H	2B	3B	HR	RBI	BB	SO	SB
Austin, Corey, of	.242	10	33	6	8	0	0	0	7	2	5	4
Bowrosen, Rich, 3b	.233	53	172	25	40	10	2	2	13	18	61	1
Burton, Essex, 2b	.278	50	194	37	54	5	2	0	17	26	27	21
Cameron, Mike, of	.221	44	136	21	30	3	0	0	11	17	29	13
Devers, Ed, of	.250	42	132	14	33	2	1	0	9	4	22	4
#Durham, Ray, 2b	.304	6	23	3	7	1	0	0	3	3	5	5
*Fryman, Troy, 1b	.231	7	26	2	6	3	0	0	3	4	7	1
Harris, Marc, of	.176	30	74	9	13	0	0	0	8	24	24	2
Hurst, Jimmy, of	.256	36	121	14	31	4	0	0	13	13	32	6
James, Nate, of	.229	25	70	12	16	4	1	0	13	11	25	4
Machado, Robert, c	.246	38	126	11	31	4	1	0	15	6	21	2
Mathis, Monte, 3b	.139	14	36	2	5	0	0	0	2	1	7	1
Millege, Tony, dh-of	.186	30	86	13	16	4	1	1	10	8	24	1
*Polidor, Wilfredo, ss	.207	54	217	19	45	2	0	0	18	6	16	9
#Reyes, Jimmy, 3b-ss	.183	34	93	14	17	2	0	0	9	12	27	5
Richardson, Eric, of	.210	42	100	16	21	3	1	0	6	13	29	8
Robledo, Nilson, dh	.200	6	20	2	4	0	0	0	2	1	7	1
Rodriguez, Nerio, c	.225	26	89	4	20	1	0	0	8	2	24	3
Strange, Keith, 3b	.222	5	18	3	4	0	0	1	4	4	2	0
Taylor, Jon, 1b	.100	10	20	2	2	0	0	0	0	2	9	0
Vinas, Julio, 1b	.225	50	187	21	42	9	0	3	29	19	40	2
#Vogel, Mike, c	.333	3	9	1	3	0	0	0	2	1	3	0

PITCHING	W	L	ERA	G	GS	CG	SV	IP	H	R	ER	BB	SO
Andujar, Luis	4	4	2.45	10	10	1	0	62	60	27	17	10	52
Baldwin, James	3	1	2.12	6	6	0	0	34	16	8	8	16	48
Boehringer, Brian	1	1	6.57	5	1	0	0	12	14	9	9	5	10
Burrow, Jeff	1	0	2.00	5	0	0	0	9	6	2	2	2	4
Call, Mike	2	0	1.17	4	0	0	0	8	5	5	1	2	10
Chambers, Travis	0	0	0.90	6	0	0	0	10	6	2	1	3	12
Culberson, Don	2	4	2.45	19	0	0	4	33	20	13	9	14	33
Delacruz, Carlos	0	2	3.29	10	2	0	1	27	19	14	10	13	35
Dunne, Mike	0	0	0.00	1	0	0	0	3	0	0	0	1	5
*Harp, Keith	0	0	1.80	5	0	0	0	5	5	2	1	1	4
Hernandez, Roberto	0	0	0.00	1	1	0	0	6	2	0	0	0	7
Herrholz, John	0	1	3.07	7	0	0	1	15	13	6	5	1	15
*Marshall, Ted	4	2	1.99	12	12	1	0	63	58	25	14	17	44
McGraw, Doug	2	3	3.79	7	7	0	0	38	43	19	16	14	28
Ruffcorn, Scott	0	0	3.18	4	2	0	0	11	8	7	4	5	15
Ruiz, Jorge	3	1	2.61	11	0	0	0	21	17	9	6	15	20
Schrenk, Steve	1	3	2.92	11	7	0	0	37	30	20	12	6	39
Soto, Juan	3	4	3.35	10	10	0	0	54	44	30	20	23	36
Starks, Fred	3	2	3.03	14	0	0	0	36	32	22	12	15	44
*Tagel, Henry	0	0	0.00	2	0	0	0	2	4	3	0	0	1
Wood, Denny	0	1	8.59	6	0	0	1	7	10	7	7	7	9
Woodfin, Chris	1	0	2.39	13	1	0	4	26	19	7	7	7	24

CHICAGO CUBS

Managers: Don Zimmer, Jim Essian.
1991 Record: 77-83, .481 (4th, NL East)

BATTING	AVG	G	AB	R	H	2B	3B	HR	RBI	BB	SO	SB
Bell, George	.285	149	558	63	159	27	0	25	86	32	62	2
#Berryhill, Damon	.189	62	159	13	30	7	0	5	14	11	41	1
#Dascenzo, Doug	.255	118	239	40	61	11	0	1	18	24	26	14
Dawson, Andre	.272	149	563	69	153	21	4	31	104	22	80	4
Dunston, Shawon	.260	142	492	59	128	22	7	12	50	23	64	21
Girardi, Joe	.191	21	47	3	9	2	0	0	6	6	6	0
*Grace, Mark	.273	160	619	87	169	28	5	8	58	70	53	3
*Landrum, Ced	.233	56	86	28	20	2	1	0	6	10	18	27
*May, Derrick	.227	15	22	4	5	2	0	1	3	2	1	0
Pappas, Erik	.176	7	17	1	3	0	0	0	2	1	5	0
Salazar, Luis	.258	103	333	34	86	14	1	14	38	15	45	0
Sanchez, Rey	.261	13	23	1	6	0	0	0	2	4	3	0
Sandberg, Ryne	.291	158	585	104	170	32	2	26	100	87	89	22
Scott, Gary	.165	31	79	8	13	3	0	1	5	13	14	0
*Smith, Dwight	.228	90	167	16	38	7	2	3	21	11	32	2
#Strange, Doug	.444	3	9	0	4	1	0	0	1	0	1	1
Villanueva, Hector	.276	71	192	23	53	10	1	13	32	21	30	0
#Vizcaino, Jose	.262	93	145	7	38	5	0	0	10	5	18	2
#Walker, Chico	.257	124	374	51	96	10	1	6	34	33	57	13
Walton, Jerome	.219	123	270	42	59	13	1	5	17	19	55	7
*Wilkins, Rick	.222	86	203	21	45	9	0	6	22	19	56	3

PITCHING	W	L	ERA	G	GS	CG	SV	IP	H	R	ER	BB	SO
*Assenmacher, Paul	7	8	3.24	75	0	0	15	103	85	41	37	31	117
Bielecki, Mike	13	11	4.50	39	25	0	0	172	169	91	86	54	72
Boskie, Shawn	4	9	5.23	28	20	0	0	129	150	78	75	52	62
Castillo, Frank	6	7	4.35	18	18	4	0	112	107	56	54	33	73
Harkey, Mike	0	2	5.30	4	4	0	0	19	21	11	11	6	15
*Jackson, Danny	1	5	6.75	17	14	0	0	71	89	59	53	48	31
Lancaster, Les	9	7	3.52	64	11	1	3	156	150	68	61	49	102
Maddux, Greg	15	11	3.35	37	37	7	0	263	232	113	98	66	198
May, Scott	0	0	18.00	2	0	0	0	2	6	4	4	1	1
*McElroy, Chuck	6	2	1.95	71	0	0	3	101	73	33	22	57	92
Pavlas, Dave	0	0	18.00	1	0	0	0	1	3	2	2	0	0
*Perez, Yorkis	1	0	3.00	3	0	0	0	4	2	2	1	2	3
Renfroe, Laddie	0	1	13.50	4	0	0	0	5	11	7	7	2	4
Scanlan, Bob	7	8	3.89	40	13	0	1	111	114	60	48	40	44
Slocumb, Heath	2	1	3.45	52	0	0	1	63	53	29	24	30	34
Smith, Dave	0	6	6.00	35	0	0	17	33	39	22	22	19	16
Sutcliffe, Rick	6	5	4.10	19	18	0	0	97	96	52	44	45	52
*Wilson, Steve	0	0	4.38	8	0	0	0	12	13	7	6	5	9

FIELDING

Catcher	PCT	G	PO	A	E
Girardi	.972	21	95	11	3
Pappas	1.000	6	35	1	0
Villanueva	.979	55	259	26	6
Wilkins	.993	82	373	42	3

First Base	PCT	G	PO	A	E
*Grace	.995	160	1520	167	8
Salazar	.969	7	30	1	1
Villanueva	1.000	6	17	1	0

Second Base	PCT	G	PO	A	E
Sanchez	1.000	2	1	8	0
Sandberg	.995	157	267	515	4
Vizcaino	.929	9	8	18	2
Walker	1.000	6	11	16	0

Third Base	PCT	G	PO	A	E
Salazar	.956	86	46	151	9
Scott	.969	31	13	50	2

	PCT	G	PO	A	E
Strange	.800	3	1	3	1
Vizcaino	.947	57	10	26	2
Walker	.929	57	22	69	7

Shortstop	PCT	G	PO	A	E
Dunston	.968	142	261	383	21
Sanchez	1.000	10	10	17	0
Vizcaino	.972	33	31	74	3

Outfield	PCT	G	PO	A	E
Bell	.962	146	249	6	10
*Dascenzo	.985	86	134	0	2
Dawson	.988	137	243	7	3
Landrum	.968	44	61	0	2
May	1.000	7	11	1	0
Salazar	.000	1	0	0	0
D. Smith	.962	42	73	3	3
Walker	.987	53	73	4	1
Walton	.983	101	170	2	3

CUBS FARM SYSTEM

Class	Club	League	W	L	Pct.	Manager
AAA	Iowa	American Association	78	66	.542	Jim Essian, Mick Kelleher
AA	Charlotte	Southern	74	70	.514	Jay Loviglio
A	Winston-Salem	Carolina	83	57	.593	Brad Mills
A	Peoria	Midwest	62	76	.449	Bill Hayes
A	Geneva	New York-Penn	35	43	.449	Greg Mahlberg
Rookie	Huntington	Appalachian	25	42	.373	Steve Roadcap

Though the Cubs finished six games under .500, outfielder Andre Dawson had 31 homers and 104 RBIs

IOWA — AAA
AMERICAN ASSOCIATION

BATTING	AVG	G	AB	R	H	2B	3B	HR	RBI	BB	SO	SB
*Baldwin, Jeff, of-dh	.210	25	62	5	13	2	0	1	8	5	16	0
#Berryhill, Damon, c-dh	.330	26	97	20	32	4	1	8	24	12	25	0
*Bierley, Brad, of	.228	110	382	48	87	21	4	12	60	39	75	5
#Blair, Paul, 2b-ss	.111	13	9	2	1	0	0	0	0	2	2	0
Canan, Dick, of	.266	32	64	14	17	6	0	0	6	10	19	2
*Carter, Steve, of	.287	136	519	79	149	31	11	8	67	36	78	11
Girardi, Joe, c	.222	12	36	3	8	1	0	0	4	4	8	2
#Guinn, Brian, of-inf	.236	109	343	46	81	11	2	4	32	49	70	10
*Landrum, Cedric, of	.336	38	131	14	44	8	2	1	11	5	21	13
*May, Derrick, of	.297	82	310	47	92	18	4	3	49	19	38	7
McGinnis, Russ, 1b-c	.281	111	374	70	105	18	2	15	70	63	68	3
Pappas, Erik, c-of	.275	88	284	41	78	19	1	7	48	45	47	5
Sanchez, Rey, ss	.290	126	417	60	121	16	5	2	46	37	27	13
Scott, Gary, 3b-ss	.208	63	231	21	48	10	2	3	34	20	45	0
Simonds, Dan, c	.125	20	32	6	4	0	0	0	3	7	6	1
#Smajstrla, Craig, 2b	.278	117	385	55	107	17	5	3	38	47	53	7
Small, Jeff, 2b-ss	.295	36	122	11	36	8	1	0	11	5	19	2
*Strange, Doug, 3b-2b	.293	131	509	76	149	35	5	8	56	49	75	10
*Sullivan, Glenn, 1b-of	.247	99	247	35	61	17	1	4	30	42	30	1
Villanueva, Hector, dh-c	.360	6	25	2	9	3	0	2	9	1	6	0
#Wilkins, Rick, c	.271	38	107	12	29	3	1	5	14	11	17	1

PITCHING	W	L	ERA	G	GS	CG	SV	IP	H	R	ER	BB	SO
*Adkins, Steve	4	4	5.14	13	12	0	0	63	57	41	36	32	48
Boskie, Shawn	2	2	3.57	7	6	2	0	45	43	19	18	11	29
Bullinger, Jim	3	4	5.40	8	8	0	0	47	47	32	28	23	30
Castillo, Frank	3	1	2.52	4	4	1	0	25	20	7	7	7	20
*Dickson, Lance	4	4	3.11	18	18	1	0	101	85	39	35	57	101
Filer, Tom	8	3	4.37	18	18	2	0	113	126	62	55	29	47
*Jackson, Danny	0	0	1.80	1	1	0	0	5	2	1	1	2	4
*Kraemer, Joe	8	7	4.60	20	19	1	0	119	127	66	61	48	76
*LaPoint, Dave	3	0	5.34	26	1	0	1	30	37	26	18	13	17

1992 ALMANAC • **75**

PITCHING	W	L	ERA	G	GS	CG	SV	IP	H	R	ER	BB	SO
Luecken, Rick	0	0	9.82	5	0	0	0	7	12	8	8	8	3
May, Scott	4	4	2.97	57	2	0	10	94	75	38	31	54	93
Mount, Chuck	1	2	5.40	10	3	0	0	23	29	15	14	18	15
Nunez, Jose	12	9	4.58	28	25	4	0	165	157	95	84	87	118
Pavlas, Dave	5	6	3.98	61	0	0	7	97	92	49	43	43	54
Renfroe, Laddie	8	5	4.21	63	1	1	18	98	101	52	46	32	52
*Rosario, Dave	3	1	2.18	33	0	0	1	33	21	10	8	11	31
Scanlan, Bob	2	0	2.95	4	3	0	0	18	14	8	6	10	15
Slocumb, Heathcliff	1	0	4.05	12	0	0	1	13	10	8	6	6	9
*Sodders, Mike	2	4	6.69	16	5	0	0	38	48	31	28	18	33
Strauss, Julio	1	0	0.87	6	0	0	0	19	9	2	1	2	8
Sutcliffe, Rick	1	2	9.69	3	2	0	0	13	23	14	14	6	12
*Wilson, Steve	3	8	3.87	25	16	1	0	114	102	55	49	45	84

CHARLOTTE   A
SOUTHERN LEAGUE

BATTING	AVG	G	AB	R	H	2B	3B	HR	RBI	BB	SO	SB
Arias, Alex, ss	.275	134	488	69	134	26	0	4	47	47	42	23
*Baldwin, Jeff, of-1b	.246	65	207	24	51	8	0	1	27	23	38	4
Biasucci, Joe, 2b-dh	.220	24	50	4	11	2	0	0	2	6	18	2
#Blair, Paul, 2b-1b	.179	40	67	13	12	3	0	0	3	11	14	2
Canan, Dick, 3b-1b	.214	34	84	10	18	2	1	1	10	9	24	3
Castellano, Pedro, 3b	.421	7	19	2	8	0	0	0	2	1	6	0
Crockett, Rusty, of-2b	.214	117	280	36	60	7	1	1	23	25	42	14
Grace, Mike, 3b	.207	73	261	22	54	8	0	6	32	15	43	3
#Griffin, Ty, of	.164	42	116	16	19	4	0	0	12	27	37	4
Knapp, Mike, c	.256	92	266	29	68	12	0	1	33	19	49	4
*Paulino, Elvin, 1b	.257	132	460	67	118	27	1	24	81	55	110	8
Ramsey, Fernando, of	.276	139	547	78	151	18	6	6	49	36	89	37
#Roberson, Kevin, of	.256	136	507	77	130	24	2	19	67	39	129	17
Simonds, Dan, c	.247	34	97	17	24	6	1	0	6	14	12	0
St. Peter, Bill, 3b	.192	44	146	14	28	2	0	3	9	14	39	4
Taylor, Scott, c	.234	40	107	11	25	3	0	0	4	11	14	0
Welch, Doug, of-dh	.241	131	444	45	107	17	0	13	65	25	107	7
White, Billy, 2b-ss	.268	123	396	52	106	16	3	3	50	66	70	13

PITCHING	W	L	ERA	G	GS	CG	SV	IP	H	R	ER	BB	SO
Bullinger, Jim	9	9	3.53	20	20	8	0	143	132	62	56	61	128
DiBartolomeo, Steve	4	3	3.79	45	2	0	1	76	80	36	32	34	46
Gardner, John	7	8	3.51	29	25	3	0	154	122	69	60	97	116
Gomez, Henry	5	8	4.88	34	13	2	1	122	114	72	66	47	82
Hawblitzel, Ryan	1	2	3.21	5	5	1	0	34	31	14	12	12	25
*Jaques, Eric	3	1	4.19	20	0	0	0	19	20	10	9	15	15
Jones, Shannon	1	1	6.52	4	2	0	0	15	5	9	7	11	12
Mount, Chuck	4	5	3.78	17	16	2	0	105	97	55	44	27	55
*Muh, Steve	1	0	4.70	21	0	0	0	23	21	12	12	12	18
Parker, Tim	11	9	3.73	24	24	4	0	145	131	70	60	73	74
Salles, John	10	7	3.00	22	22	4	0	150	141	59	50	37	74
Sierra, Candy	4	1	3.78	18	6	0	0	48	45	24	20	22	24
*Sodders, Mike	0	2	7.58	9	3	0	0	19	21	17	16	11	14
Strauss, Julio	6	7	2.69	49	0	0	9	74	63	30	22	27	57
*Stroud, Derek	0	0	12.71	4	0	0	0	6	11	8	8	3	4
Swartzbaugh, Dave	0	1	10.13	1	1	0	0	5	6	7	6	3	5
Watkins, Tim	8	6	3.11	52	5	1	13	107	109	43	37	32	97

WINSTON-SALEM   A
CAROLINA LEAGUE

BATTING	AVG	G	AB	R	H	2B	3B	HR	RBI	BB	SO	SB
Belyeu, Randy, c	.240	11	25	5	6	0	0	1	2	3	7	0
Biasucci, Joe, dh-2b	.275	67	211	35	58	10	3	1	34	30	58	2
Castellano, Pedro, 3b-ss	.303	129	459	59	139	25	3	10	87	72	97	11
Cole, Marvin, 2b-dh	.272	86	276	41	75	17	3	2	29	17	12	5
Ebright, Chris, dh-of	.280	121	415	66	116	21	2	13	57	56	72	13
*Franco, Matt, 1b	.215	104	307	47	66	12	1	4	41	46	42	4
Gabbani, Mike, c	.239	4	109	12	26	6	0	1	8	2	37	0
Grace, Mike, 3b	.339	51	180	36	61	11	3	8	39	23	23	1
*Grayum, Richie, of	.249	110	309	43	77	18	1	9	31	66	88	2
#Griffin, Ty, 2b	.242	88	314	71	76	21	3	3	25	72	80	26
Hartung, Andy, 1b-dh	.277	53	159	20	44	3	0	7	22	17	43	0
Huff, Brad, c	.000	7	8	0	0	0	0	0	0	0	4	0
*Jensen, John, of	.256	128	446	68	114	26	2	14	78	73	119	9
Postiff, James, c-1b	.190	53	116	14	22	5	0	1	6	18	36	1
St. Peter, Bill, ss	.196	74	219	26	43	10	2	5	21	21	74	6
Torres, Paul, of	.115	27	87	9	10	1	0	2	7	11	30	4
*Walbeck, Matt, c	.269	91	260	25	70	11	0	3	41	20	23	5
#Williams, Jerrone, of	.258	137	550	81	142	19	11	10	64	33	147	23
Wilson, Bryan, ss-2b	.265	22	49	8	13	2	0	0	4	11	11	0

PITCHING	W	L	ERA	G	GS	CG	SV	IP	H	R	ER	BB	SO
Bradford, Troy	9	5	2.59	19	19	4	0	118	103	44	34	48	72
Caballero, Ed	6	7	4.57	32	13	1	0	110	111	68	56	50	93
Cheetham, Sean	5	6	4.10	17	17	2	0	83	70	43	38	56	53
Hawblitzel, Ryan	15	2	2.42	20	20	5	0	134	110	40	36	47	103
Hollins, Jessie	4	8	5.67	41	13	0	5	98	107	78	62	83	74

76 • 1992 ALMANAC

ORGANIZATION LEADERS

BATTING
*AVG	Pete Castellano, W-S/Char.	.308
R	Ty Griffin, Char./Win.-Salem	87
H	Fernando Ramsey, Charlotte	151
TB	Steve Carter, Iowa	226
2B	Jose Vierra, Peoria	37
3B	Two tied at	11
HR	Elvin Paulino, Charlotte	24
RBI	Pete Castellano, W-S/Char.	90
SB	Fernando Ramsey, Charlotte	37

PITCHING
W	Ryan Hawblitzel, W-S/Char.	16
L	Jim Bullinger, Charlotte/Iowa	13
†ERA	Dave Swartzbaugh, W-S/Peoria/Char.	1.46
G	Laddie Renfroe, Iowa	63
CG	Jim Bullinger, Charlotte/Iowa	8
SV	Travis Willis, Winston-Salem	26
IP	Jim Bullinger, Charlotte/Iowa	189
BB	John Gardner, Iowa	97
SO	Jim Bullinger, Charlotte/Iowa	158

Jimmy Bullinger
... Strikeout leader

Minor Leaguers Only   *Minimum 250 At-Bats   †Minimum 75 Innings

PITCHING	W	L	ERA	G	GS	CG	SV	IP	H	R	ER	BB	SO
*Jaques, Eric	3	2	3.00	30	0	0	4	45	37	15	15	22	33
Jones, Shannon	8	6	3.16	17	17	0	0	105	96	48	37	36	88
Melvin, Bill	5	4	3.33	41	3	0	4	100	89	50	37	49	94
Perez, Leo	0	0	7.24	9	0	0	0	14	13	12	11	17	9
*Porcelli, Joe	0	1	4.53	41	0	0	1	60	65	38	30	34	29
*Sodders, Mike	8	1	2.54	10	10	1	0	64	54	19	18	33	39
*Stroud, Derek	0	3	6.59	6	1	0	0	14	18	10	10	3	11
Swartzbaugh, Dave	10	4	1.83	15	15	2	0	94	71	22	19	42	73
Trachsel, Steve	4	4	3.67	12	12	1	0	74	70	38	30	19	69
Willis, Travis	6	4	4.05	53	0	0	26	73	73	36	33	25	60

PEORIA   A

MIDWEST LEAGUE

BATTING	AVG	G	AB	R	H	2B	3B	HR	RBI	BB	SO	SB
Belyeu, Randy, c	.000	1	0	0	0	0	0	0	0	0	0	0
Cancel, Victor, of	.219	105	342	45	75	17	1	2	28	37	92	22
Coffey, Steve, ss	.167	11	30	2	5	0	0	0	0	1	10	0
*Craig, Morris, 2b-dh	.191	29	94	13	18	2	0	0	6	9	15	1
Cunningham, Earl, of	.239	101	381	50	91	17	1	19	70	10	145	6
*Dauphin, Phil, of	.296	120	426	74	126	27	5	11	49	72	66	15
*Diaz, German, 2b	.252	105	317	36	80	12	2	2	23	41	80	7
Duffy, Darrin, 3b-ss	.200	8	25	1	5	0	0	0	3	3	4	1
Erdman, Brad, c	.254	83	280	33	71	19	1	4	26	32	59	5
*Fernandez, Rolando, dh-of	.281	108	302	35	85	9	0	2	40	50	34	2
Gardner, Willie, of	.143	9	21	2	3	1	0	0	0	0	11	0
Hartung, Andy, 1b	.218	28	101	9	22	3	2	1	11	8	16	0
Little, Mike, of-dh	.274	122	413	59	113	28	2	10	61	58	90	3
Medina, Ricardo, 1b-3b	.302	14	43	5	13	3	0	1	5	6	2	1
Moore, Tim, 2b-ss	.226	42	115	14	26	5	1	0	10	13	13	2
Mundy, Rick, c-1b	.226	64	195	23	44	11	0	4	27	13	51	7
Postiff, James, 1b-c	.235	14	51	3	12	1	0	1	3	5	14	1
Soto, Rafael, ss	.202	108	347	36	70	4	3	0	19	34	58	8
Taylor, Scott, c	.200	16	55	1	11	1	0	0	3	6	5	0
Torres, Paul, 1b-of	.213	99	352	60	75	24	2	13	50	48	91	6
Vierra, Jose, 3b	.265	132	513	52	136	37	0	6	55	48	78	3
Wilson, Bryan, 2b-ss	.197	61	178	24	35	4	0	0	10	22	21	1

PITCHING	W	L	ERA	G	GS	CG	SV	IP	H	R	ER	BB	SO
*Alicano, Pedro	2	7	3.52	43	9	0	6	100	88	52	39	35	79
Bliss, Bill	0	2	3.72	20	0	0	6	19	20	10	8	5	23
Correa, Amilcar	5	2	2.96	39	1	0	2	79	59	35	26	50	75
Delgado, Tim	7	2	4.02	49	0	0	4	87	103	55	39	27	94
Doss, Jason	11	11	3.34	25	24	1	0	143	136	65	53	68	154
Gardner, John	1	2	5.25	3	3	1	0	12	16	9	7	7	6
Godfrey, Tyson	7	14	5.45	26	26	3	0	147	196	101	89	63	76
Kirk, Chuck	5	9	3.60	38	17	2	4	138	147	73	55	42	108
Krahenbuhl, Ken	7	8	3.96	23	23	1	0	123	126	69	54	53	91
Mann, Thomas	5	4	4.63	44	1	0	5	82	71	50	42	50	57
Perez, Pedro	0	1	5.59	7	1	0	0	10	10	11	6	9	4
*Ross, Dave	4	1	3.45	39	0	0	2	60	49	25	23	42	65
Sutcliffe, Rick	0	0	6.00	1	1	0	0	9	12	6	6	2	6
Swartzbaugh, Dave	0	5	1.83	5	5	1	0	34	21	16	7	15	31
Taylor, Aaron	2	4	5.17	15	14	1	0	78	99	60	45	27	42
Weiss, Scott	6	4	3.83	13	13	1	0	82	72	41	35	35	66

GENEVA A

NEW-YORK PENN LEAGUE

BATTING	AVG	G	AB	R	H	2B	3B	HR	RBI	BB	SO	SB
Coffey, Steve, ss	.167	14	42	4	7	1	0	0	2	5	19	1
Craig, Dale, dh	.107	18	56	7	6	2	0	0	2	11	16	1
*Craig, Morris, 2b-of	.136	7	22	2	3	0	0	0	3	2	4	0
*Doiron, Serge, c	.192	29	73	3	14	2	0	0	6	10	20	1
Gardner, Willie, of	.259	54	201	31	52	8	1	5	16	22	68	3
Glanville, Doug, of	.303	36	152	29	46	8	0	2	12	11	25	17
Gomez, Rudy, ss	.227	61	229	22	52	6	2	0	14	24	38	5
Huston, Patrick, 3b-1b	.173	47	139	21	24	5	0	2	15	29	46	1
Larregui, Ed, of	.248	71	270	34	67	12	2	1	28	15	29	13
Medina, Ricardo, 1b-3b	.290	59	224	27	65	10	1	3	35	19	38	2
Moore, Tim, 2b-3b	.171	51	158	20	27	5	0	0	11	14	26	2
Robinson, Jim, c	.284	64	215	31	61	11	0	4	27	40	26	2
Saa, Humberto, 2b-ss	.225	50	160	18	36	6	0	0	18	17	23	4
Sarcia, Joe, 1b-dh	.174	43	132	7	23	4	0	1	8	13	42	1
*Terilli, Joey, of-1b	.259	66	243	45	63	13	5	5	32	45	51	4
Timmons, Ossie, of	.221	73	294	35	65	10	1	12	47	18	39	4

PITCHING	W	L	ERA	G	GS	CG	SV	IP	H	R	ER	BB	SO
Bliss, Bill	1	1	5.40	15	0	0	2	20	24	12	12	4	24
Burlingame, Ben	5	2	2.84	14	5	0	1	51	49	22	16	12	38
Davis, Steve	1	2	8.20	20	1	0	0	26	45	28	24	17	16
Kenny, Brian	5	7	4.37	15	15	2	0	91	101	55	44	25	56
Pacheco, Jose	1	2	3.04	8	8	1	0	47	53	21	16	7	24
Perez, Leo	0	0	4.71	13	0	0	1	21	20	12	11	13	17
Perez, Pedro	4	4	3.06	16	16	1	0	100	105	51	34	30	95
Schramm, Carl	5	7	3.41	15	15	2	0	98	80	47	37	33	63
Stevens, Dave	2	3	2.85	9	9	1	0	47	49	20	15	14	44
*Szczepanski, Joe	3	5	2.82	26	2	0	4	51	46	22	16	17	46
Taylor, Aaron	1	3	3.63	21	1	0	3	35	32	15	14	9	30
*Tidwell, Mike	4	3	2.97	24	0	0	0	36	31	15	12	16	33
Trachsel, Steve	1	0	1.26	2	2	0	0	14	10	2	2	6	7
Weiss, Scott	0	0	0.00	1	1	0	0	4	2	0	0	1	6
Young, Mike	2	4	4.76	23	3	0	1	51	46	33	27	32	31

HUNTINGTON R

APPALACHIAN LEAGUE

BATTING	AVG	G	AB	R	H	2B	3B	HR	RBI	BB	SO	SB
Arnold, Ken, ss	.275	61	229	28	63	16	4	6	43	20	33	8
Belyeu, Randy, c-dh	.184	14	38	5	7	1	2	0	0	6	12	1
*Cabral, Joaquin, 1b	.186	43	118	10	22	1	0	3	14	13	40	1
Chavez, Devin, dh-1b	.227	42	128	9	29	3	1	0	9	18	29	2
Fernandez, Jose, of	.167	5	12	1	2	0	0	0	0	5	5	0
Hernandez, Crandall, c	.077	15	13	2	1	0	0	0	1	4	8	0
*Houston, Maceo, of-dh	.187	44	139	10	26	2	1	1	13	10	47	1
Perez, Richard, 2b-ss	.181	48	166	19	30	4	0	0	8	19	29	5
Reeves, Mickey, of	.100	28	60	5	6	0	0	0	2	2	17	2
Reyes, Sergio, of	.234	28	94	11	22	1	0	0	9	8	20	2
Robinson, Chuck, c	.118	20	51	1	6	1	0	0	0	3	23	0
Root, Mitchell, 3b	.268	53	194	29	52	6	2	1	17	28	45	12
Smith, Calvin, 2b-3b	.225	54	182	28	41	3	0	0	9	37	47	16
Tillman, Darren, of	.221	45	163	21	36	7	2	1	9	14	38	14
*Valdez, Pedro, of	.287	50	157	18	45	11	1	0	16	17	31	5
Walker, Steve, of	.198	58	187	19	37	2	4	1	15	6	64	11
Walker, Tom, 1b-of	.202	53	124	11	25	4	0	1	9	11	27	1
Wolff, Jim, c	.207	50	169	21	35	3	0	4	20	17	52	5

PITCHING	W	L	ERA	G	GS	CG	SV	IP	H	R	ER	BB	SO
Adams, Terry	0	9	5.77	14	13	0	0	58	67	56	37	62	52
Camarena, Miguel	2	1	3.43	16	0	0	2	39	40	30	15	10	31
Garcia, Mario	1	2	2.19	22	0	0	6	37	34	18	9	8	33
Gardner, Scott	2	3	3.20	7	7	0	0	39	38	16	14	16	25
Goodson, Kirk	0	4	6.18	17	2	0	1	39	55	37	27	14	45
*Meyer, Jay	2	5	3.04	17	7	0	1	68	75	37	23	25	41
Morones, Eugenio	2	3	4.33	22	0	0	3	35	37	18	17	24	36
Pacheco, Yogi	1	3	3.12	5	5	1	0	35	30	14	12	8	21
Rodriguez, Cristobal	3	3	4.31	11	7	1	0	48	51	37	23	25	39
Sample, Frank	1	1	7.77	11	2	0	0	24	34	22	21	15	13
Sanchez, Adrian	5	5	3.10	14	14	5	0	105	95	53	36	26	71
Trinidad, Hector	6	3	2.87	12	10	2	0	69	64	28	22	11	61

78 • 1992 ALMANAC

CINCINNATI REDS

Manager: Lou Piniella
1991 Record: 74-88, .457 (5th, NL West).

BATTING	AVG	G	AB	R	H	2B	3B	HR	RBI	BB	SO	SB
Benavides, Fred	.286	24	63	11	18	1	0	0	3	1	15	1
#Benzinger, Todd	.187	51	123	7	23	3	2	1	11	10	20	2
Braggs, Glenn	.260	85	250	36	65	10	0	11	39	23	46	11
Davis, Eric	.235	89	285	39	67	10	0	11	33	48	92	14
#Doran, Bill	.280	111	361	51	101	12	2	6	35	46	39	5
Duncan, Mariano	.258	100	333	46	86	7	4	12	40	12	57	5
Hatcher, Billy	.262	138	442	45	116	25	3	4	41	26	55	11
#Jefferson, Reggie	.143	5	7	1	1	0	0	0	1	1	2	0
#Jefferson, Stan	.053	13	19	2	1	0	0	0	0	1	3	2
Jones, Chris	.292	52	89	14	26	1	2	2	6	2	31	2
Larkin, Barry	.302	123	464	88	140	27	4	20	69	55	64	24
Lee, Terry	.000	3	6	0	0	0	0	0	0	0	2	0
Martinez, Carmelo	.232	53	138	12	32	5	0	6	19	15	37	0
*Morris, Hal	.318	136	478	72	152	33	1	14	59	46	61	10
*O'Neill, Paul	.256	152	532	71	136	36	0	28	91	73	107	12
Oliver, Joe	.216	94	269	21	58	11	0	11	41	18	53	0
#Quinones, Luis	.222	97	212	15	47	4	3	4	20	21	31	1
*Reed, Jeff	.267	91	270	20	72	15	2	3	31	23	38	0
Sabo, Chris	.301	153	582	91	175	35	3	26	88	44	79	19
Sanders, Reggie	.200	9	40	6	8	0	0	1	3	0	9	1
#Scott, Donnie	.158	10	19	0	3	0	0	0	0	0	2	0
Sutko, Glenn	.100	10	10	0	1	0	0	0	1	2	6	0
*Winningham, Herm	.225	98	169	17	38	6	1	1	4	11	40	4

PITCHING	W	L	ERA	G	GS	CG	SV	IP	H	R	ER	BB	SO
Armstrong, Jack	7	13	5.48	27	24	1	0	140	158	90	85	54	93
Brown, Keith	0	0	2.25	11	0	0	0	12	15	4	3	6	4
*Browning, Tom	14	14	4.18	36	36	1	0	230	241	124	107	56	115
*Carman, Don	0	2	5.25	28	0	0	1	36	40	23	21	19	15
*Charlton, Norm	3	5	2.91	39	11	0	1	108	92	37	35	34	77
Dibble, Rob	3	5	3.17	67	0	0	31	82	67	32	29	25	124
Foster, Steve	0	0	1.93	11	0	0	0	14	7	5	3	4	11
Gross, Kip	6	4	3.47	29	9	1	0	86	93	43	33	40	40
*Hammond, Chris	7	7	4.06	20	18	0	0	100	92	51	45	48	50
Hill, Milt	1	1	3.78	22	0	0	0	33	36	14	14	8	20
Layana, Tim	0	2	6.97	22	0	0	0	21	23	18	16	11	14
*Minutelli, Gino	0	2	6.04	16	3	0	0	25	30	17	17	18	21
*Myers, Randy	6	13	3.55	58	12	1	6	132	116	61	52	80	108
Power, Ted	5	3	3.62	68	0	0	3	87	87	37	35	31	51
Rijo, Jose	15	6	2.51	30	30	3	0	204	165	69	57	55	172
Sanford, Mo	1	2	3.86	5	5	0	0	28	19	14	12	15	31
Scudder, Scott	6	9	4.35	27	14	0	1	101	91	52	49	56	51

FIELDING

Catcher	PCT	G	PO	A	E
Oliver	.980	90	496	40	11
Reed	.991	89	527	29	5
Scott	1.000	8	19	0	0
Sutko	.875	9	16	5	3

First Base	PCT	G	PO	A	E
Benzinger	.986	21	123	13	2
Doran	1.000	4	19	0	0
*R. Jefferson	1.000	2	14	1	0
Lee	1.000	2	8	4	0
Martinez	.985	25	188	11	3
*Morris	.992	128	979	100	9

Second Base	PCT	G	PO	A	E
Benavides	1.000	3	7	4	0
Doran	.981	88	153	208	7
Duncan	.974	62	116	144	7
Quinones	.975	33	45	74	3

Third Base	PCT	G	PO	A	E
Quinones	.914	19	12	20	3

	PCT	G	PO	A	E
Sabo	.966	151	86	255	12

Shortstop	PCT	G	PO	A	E
Duncan	.983	32	46	68	2
Larkin	.976	119	226	372	15
Quinones	.958	5	11	12	1

Outfield	PCT	G	PO	A	E
Benzinger	1.000	15	23	0	0
Braggs	.966	74	139	2	5
Davis	.985	81	190	5	3
Doran	1.000	6	11	0	0
Duncan	1.000	7	7	0	0
Hatcher	.981	121	248	4	5
S. Jefferson	1.000	5	4	0	0
Jones	1.000	26	27	1	0
Martinez	1.000	16	35	1	0
*Morris	.000	1	0	0	0
*O'Neill	.994	150	301	13	2
Sanders	1.000	9	22	0	0
Winningham	.953	66	99	2	5

REDS FARM SYSTEM

Class	Club	League	W	L	Pct.	Manager
AAA	Nashville	American Association	65	78	.455	Pete Mackanin
AA	Chattanooga	Southern	73	71	.507	Jim Tracy
A	Cedar Rapids	Midwest	66	74	.471	Frank Funk
A	Charleston, W.Va.	South Atlantic	92	50	.648	Dave Miley
Rookie	Princeton	Appalachian	24	40	.375	Sam Mejias
Rookie	Billings	Pioneer	25	44	.362	P.J. Carey

Shortstop Barry Larkin led Cincinnati in batting average (.302) while delivering 20 home runs.

NASHVILLE — AAA

AMERICAN ASSOCIATION

BATTING	AVG	G	AB	R	H	2B	3B	HR	RBI	BB	SO	SB
*Bates, Billy, 2b-ss	.242	49	165	22	40	3	3	3	15	2	17	1
Beeler, Pete, c-3b	.308	4	13	2	4	1	0	0	0	2	1	0
Benavides, Fred, ss	.242	94	331	24	80	8	0	0	21	16	55	7
*Branson, Jeff, ss-2b	.241	43	145	10	35	4	1	0	11	8	31	5
*Casillas, Adam, of	.275	128	422	44	116	17	3	5	52	47	28	3
DeFrancesco, Tony, c	.156	55	141	9	22	1	0	2	12	27	45	0
*Garcia, Leo, of	.244	125	450	49	110	12	5	9	37	32	57	17
Gonzalez, Angel, 2b-ss	.243	103	309	31	75	10	7	4	42	19	36	3
Gonzalez, Denny, 3b	.289	74	242	41	70	17	1	9	38	49	40	3
#Jefferson, Reggie, 1b	.320	28	103	15	33	3	1	3	20	10	22	3
Jefferson, Stan, of	.244	27	78	10	19	4	3	2	5	4	19	2
Jones, Chris, of	.243	73	267	29	65	5	4	9	33	19	65	10
*Jose, Manny, of	.224	37	67	5	15	1	0	0	2	8	19	5
Lee, Terry, 1b-of	.304	126	437	70	133	21	4	15	67	62	80	12
*Lockhart, Keith, 3b-2b	.260	116	411	53	107	25	3	8	36	24	64	3
Pearson, Kevin, 3b-of	.240	91	229	23	55	13	1	0	19	21	38	3
*Pose, Scott, of	.192	15	52	7	10	0	0	0	3	2	9	3
#Scott, Donnie, c	.178	84	225	19	40	8	0	3	18	25	41	0
Sutko, Glenn, c	.209	45	134	9	28	2	1	3	15	22	67	1
Trafton, Todd, of-1b	.285	75	263	37	75	16	1	9	41	28	46	1
*Walker, Bernie, of	.226	16	31	2	7	1	1	0	1	3	13	2

PITCHING	W	L	ERA	G	GS	CG	SV	IP	H	R	ER	BB	SO
Alvarez, Jose	2	2	2.03	16	1	0	1	31	19	8	7	16	28
Armstrong, Jack	2	0	2.65	6	6	2	0	37	31	14	11	5	28
Brown, Keith	2	5	3.48	47	1	0	16	62	64	26	24	32	53
Foster, Steve	2	3	2.14	41	0	0	12	55	46	17	13	29	52
Garcia, Victor	2	0	2.63	15	0	0	0	24	15	7	7	14	12
Gross, Kip	5	3	2.08	14	6	1	0	48	39	13	11	16	28
*Hall, Drew	0	1	5.87	8	0	0	0	8	6	6	5	10	2
Hill, Milt	3	3	2.94	37	0	0	3	67	59	26	22	15	62
Imes, Rodney	3	7	6.30	25	16	0	0	86	103	75	60	49	49
Layana, Tim	3	1	3.23	26	2	0	1	47	41	17	17	28	43
Lopez, Rob	1	1	4.50	3	3	0	0	16	11	9	8	4	11
*Minutelli, Gino	4	7	1.90	13	13	1	0	80	57	25	17	35	64
Mitchell, Charlie	6	9	4.17	35	12	0	0	108	110	59	50	33	61
*Powell, Ross	8	8	4.37	24	24	1	0	130	125	74	63	63	82
Pugh, Tim	7	11	3.81	23	23	3	0	149	130	68	63	56	89

80 • 1992 ALMANAC

PITCHING	W	L	ERA	G	GS	CG	SV	IP	H	R	ER	BB	SO
Risley, Bill	3	5	4.91	8	8	1	0	44	45	27	24	26	32
Sanford, Mo	3	0	1.60	5	5	2	0	34	19	7	6	22	38
Turek, Joe	3	6	4.99	14	14	0	0	79	88	45	44	29	49
Vasquez, Luis	1	2	5.12	8	7	0	0	39	40	28	22	29	55
*Vierra, Joey	5	4	4.33	62	2	0	2	96	81	60	46	43	84

CHATTANOOGA — AA

SOUTHERN LEAGUE

BATTING	AVG	G	AB	R	H	2B	3B	HR	RBI	BB	SO	SB
Allen, Rick, 3b	.251	123	382	52	96	15	1	4	26	35	61	5
Beeler, Pete, c	.201	68	204	26	41	7	1	6	16	7	40	2
*Branson, Jeff, ss-2b	.263	88	304	35	80	13	3	2	28	31	51	3
Bryant, Scott, of	.304	91	306	42	93	14	6	8	43	34	77	2
Colvard, Benny, of	.281	124	463	62	130	23	8	17	68	17	111	11
Costo, Tim, 1b-ss	.280	85	293	31	82	19	3	5	29	20	65	11
Cox, Darren, ss	.184	13	38	2	7	1	0	0	3	2	9	0
*Gillum, K.C., of-dh	.161	12	31	3	5	3	0	0	0	2	11	1
#Jose, Manny, of	.302	63	169	22	51	8	6	2	17	22	37	13
Kremblas, Frank, of-inf	.241	102	320	35	77	17	0	3	41	29	61	3
Lonigro, Greg, inf	.261	131	460	47	120	24	3	5	54	23	65	12
*Pose, Scott, of	.274	117	402	61	110	8	5	1	31	69	50	17
Rush, Eddie, ss	.165	32	91	11	15	0	0	0	3	9	11	0
Sanders, Reggie, of	.315	86	302	50	95	15	8	49	41	67	15	
Sellner, Scott, 2b	.200	42	130	11	26	3	0	0	11	21	22	4
Sutko, Glenn, c	.286	23	63	12	18	3	0	3	11	9	20	0
Trafton, Todd, 1b	.260	63	231	30	60	18	0	6	34	23	46	2
*Walker, Bernie, of	.222	1	18	1	4	0	1	0	3	3	3	1
Wilson, Dan, c	.257	81	292	32	75	19	2	2	38	21	39	2

PITCHING	W	L	ERA	G	GS	CG	SV	IP	H	R	ER	BB	SO
Anderson, Mike	10	9	4.40	28	26	3	0	155	142	94	76	93	115
Ayala, Bobby	3	1	4.67	39	8	1	4	91	79	52	47	58	92
Dodd, Bill	3	4	4.32	35	2	0	7	75	68	41	36	40	64
Foster, Steve	0	2	1.15	17	0	0	10	16	10	4	2	4	18
Garcia, Victor	5	3	1.98	40	0	0	5	50	41	12	11	20	51
Hoffman, Trevor	1	0	1.93	14	0	0	8	14	10	4	3	7	23
Imes, Rodney	4	2	5.13	8	8	0	0	47	48	29	27	17	25
Leslie, Reggie	0	1	18.69	1	1	0	0	4	8	9	9	3	4
McAuliffe, Dave	4	6	6.47	33	0	0	3	40	37	31	29	24	26
*McCarthy, Steve	0	0	6.75	12	0	0	0	9	17	9	7	9	7
Pugh, Tim	3	1	1.64	5	5	0	0	38	20	7	7	11	24
Risley, Bill	5	7	3.16	19	19	3	0	108	81	48	38	60	77
Sanford, Mo	7	4	2.74	16	16	1	0	95	69	37	29	55	124
Satre, Jason	1	7	5.11	8	8	0	0	44	37	26	25	26	44
Schock, Will	6	3	4.06	12	11	2	0	69	77	34	31	14	38
Spradlin, Jerry	7	3	3.09	48	1	0	4	96	95	38	33	32	73
Tatar, Kevin	3	8	5.19	12	12	0	0	68	75	42	39	31	37
Turek, Joe	4	5	3.38	10	10	3	0	59	57	28	22	18	48
Vasquez, Luis	7	5	3.12	17	17	6	0	121	104	50	42	43	64

CEDAR RAPIDS — A

MIDWEST LEAGUE

BATTING	AVG	G	AB	R	H	2B	3B	HR	RBI	BB	SO	SB
#Arias, Amadoz, 2b-ss	.186	21	59	5	11	0	1	0	4	4	14	7
Arland, Mark, of	.160	36	100	18	16	5	0	1	9	16	46	5
Cavazzoni, Ken, of	.278	25	79	10	22	5	0	4	16	10	15	0
Cox, Darron, c	.267	21	60	12	16	4	0	0	4	8	11	7
*Dismuke, Jamie, 1b	.254	138	492	56	125	35	1	8	72	50	80	4
Filotei, Bobby, 2b	.216	102	328	44	71	5	2	1	20	48	89	13
Fuller, Jon, c	.203	92	281	33	57	8	2	9	40	55	78	1
*Geigling, Matt, c	.206	48	107	3	22	2	0	1	10	14	26	1
*Gillum, K.C., of	.246	126	452	62	111	22	8	7	43	51	105	19
*Hammargren, Roy, c-dh	.210	53	167	20	35	6	0	8	20	19	47	1
Javier, Vicente, lnf	.217	58	152	22	33	2	0	1	14	8	26	4
Jones, Motorboat, of	.227	98	352	58	80	7	1	5	42	62	43	26
#Kessinger, Keith, 3b-ss	.204	59	206	15	42	5	0	1	15	23	46	0
Koelling, Brian, ss	.259	35	147	27	38	6	0	1	12	14	39	22
Perozo, Dan, of	.216	31	111	10	24	0	2	0	5	5	20	12
*Riggs, Kevin, 3b-of	.268	118	406	72	109	21	2	2	42	91	51	23
Rush, Eddie, ss	.254	80	323	43	82	17	0	0	43	37	36	4
*Vasquez, Chris, of	.267	50	195	33	52	13	1	9	37	14	41	5
Velez, Noel, of	.164	67	4	11	1	0	0	6	7	14	2	
Vondran, Steve, 3b-1b	.213	55	178	14	38	4	0	1	19	18	25	3
*Wilson, Todd, of-dh	.204	96	284	23	58	11	4	1	37	22	99	0

PITCHING	W	L	ERA	G	GS	CG	SV	IP	H	R	ER	BB	SO
Berry, Kevin	5	4	3.36	37	0	0	3	64	50	28	24	26	60
Borcherding, Mark	9	8	4.40	26	21	4	0	135	150	78	66	34	58
Culberson, Calvain	6	8	4.18	18	14	1	0	88	82	54	41	54	68
Edwards, Ryan	2	2	2.22	37	1	0	2	57	52	23	14	23	63
Ferry, Mike	2	2	6.66	16	0	0	3	26	25	19	19	21	27
Griffen, Leonard	5	10	4.21	27	16	1	1	133	125	74	62	42	117
Hoffman, Trevor	1	1	1.87	27	1	0	12	34	22	8	7	13	52
Langford, Rich	2	2	2.42	14	0	0	1	26	24	9	7	11	19
Luebbers, Larry	8	10	3.12	28	28	3	0	185	177	85	64	64	98

ORGANIZATION LEADERS

BATTING
*AVG	Reggie Sanders, Chattanooga	.315
R	Two tied at	72
H	Steve Gibralter, Charleston	145
TB	Benny Colvard, Chattanooga	221
2B	Steve Gibralter, Charleston	36
3B	Keith Gordon, Charleston	10
HR	Benny Colvard, Chattanooga	17
RBI	Todd Trafton, Chat.-Nash.	75
SB	Motorboat Jones, Cedar Rapids	26

PITCHING
W	John Ray, Charleston	16
L	Jason Satre, Cedar Rapids-Chat.	13
†ERA	John Roper, Charleston	2.31
G	Joey Vierra, Nashville	62
CG	Two tied at	6
SV	Steve Foster, Chat.-Nash.	22
IP	Two tied at	187
BB	Carl Stewart, Charleston	88
SO	John Roper, Charleston	189

Reggie Sanders
. . . .315 hitter

Minor Leaguers Only   *Minimum 250 At-Bats   †Minimum 75 Innings

PITCHING	W	L	ERA	G	GS	CG	SV	IP	H	R	ER	BB	SO
Manon, Ramon	0	0	0.00	1	0	0	0	5	6	4	0	1	3
*Margheim, Greg	4	6	4.13	35	13	1	2	105	103	61	48	46	44
*McCarthy, Steve	2	3	4.17	32	1	0	2	45	37	26	21	27	43
Robinson, Scott	8	9	3.77	20	19	2	0	127	122	57	53	48	75
Satre, Jason	8	6	2.58	21	20	4	1	133	101	48	38	67	130
Steph, Rodney	4	3	2.54	8	7	3	0	57	46	19	16	15	46

CHARLESTON   A

SOUTH ATLANTIC LEAGUE

BATTING	AVG	G	AB	R	H	2B	3B	HR	RBI	BB	SO	SB
Arland, Mark, of-dh	.278	7	18	2	5	2	0	0	4	2	6	1
Bustamante, Rafael, ss	.257	117	382	50	98	7	0	0	33	64	49	4
Cox, Darron, c	.241	79	294	37	71	14	1	2	28	24	39	8
Duncan, Enrique, 2b	.105	27	38	9	4	0	1	0	4	6	14	3
*Erhardt, Herb, dh-1b	.280	30	82	5	23	1	0	2	11	9	13	0
Gast, John, dh-3b	.233	19	60	7	14	2	0	3	14	9	8	0
Gibralter, Steve, of	.267	140	544	72	145	36	7	6	71	31	117	11
Gill, Chris, 2b-ss	.232	106	370	57	86	18	2	0	28	46	45	15
Gordon, Keith, of	.268	123	388	63	104	14	10	8	46	50	135	25
*Hammargren, Roy, dh-c	.188	47	138	17	26	8	0	1	17	28	42	1
Hammond, Greg, c-dh	.151	36	93	8	14	3	0	1	5	13	20	0
Jesperson, Bob, of	.158	8	19	2	3	0	1	0	2	5	5	0
#Perna, Bobby, 3b-of	.248	136	460	71	114	24	5	9	57	83	71	7
Quinones, Elliot, of	.231	120	428	57	99	22	6	10	64	30	67	7
Raffo, Tom, 1b	.277	133	473	63	131	22	2	13	68	39	81	2
*Riggs, Kevin, dh	.500	1	2	0	1	0	0	0	0	1	0	0
*Vasquez, Chris, of	.252	51	163	15	41	6	0	1	15	9	40	3
Vondran, Steve, dh-3b	.213	52	178	15	38	11	0	2	12	17	28	0
Wentz, Lenny, 2b-ss	.264	78	227	26	60	7	1	2	25	32	31	9
Wilson, Dan, c	.315	52	197	25	62	11	1	3	29	25	21	1

PITCHING	W	L	ERA	G	GS	CG	SV	IP	H	R	ER	BB	SO
Cecil, Tim	8	4	3.18	24	23	2	0	130	129	52	46	49	70
Doty, Sean	4	2	1.94	47	0	0	20	56	43	18	12	29	62
*Duff, Scott	8	3	2.72	40	0	0	15	50	29	16	15	32	53
Ferry, Mike	1	3	4.47	22	1	0	2	44	41	23	22	21	51
Hook, Chris	8	2	2.41	45	0	0	2	71	52	26	19	40	79
*King, Doug	6	2	3.45	30	14	0	1	107	102	56	41	43	78
Leslie, Reggie	5	0	1.83	44	0	2	0	93	66	21	19	39	91
*McCarthy, Steve	1	0	0.00	1	1	1	0	9	6	0	0	0	13
*Minutelli, Gino	1	0	0.00	2	2	0	0	8	2	0	0	4	8
Nieves, Ernie	6	1	2.98	27	10	0	0	88	96	38	29	32	53
Ray, John	16	9	3.36	28	27	3	0	171	161	72	64	57	120
Roper, John	14	9	2.27	27	27	5	0	187	135	59	47	67	189
Stewart, Carl	8	12	4.56	24	24	2	0	136	117	73	69	88	135
Tatar, Kevin	6	3	1.63	11	11	3	0	72	49	17	13	20	77

PRINCETON   R

APPALACHIAN LEAGUE

BATTING	AVG	G	AB	R	H	2B	3B	HR	RBI	BB	SO	SB
Arendt, Jim, of	.222	19	54	2	12	0	0	0	4	3	19	0
Aubin, Kevin, c-dh	.134	31	97	7	13	4	0	0	9	10	37	0
Bentley, Blake, of	.197	42	122	13	24	6	1	0	6	20	39	5
Cavazzoni, Ken, of-1b	.260	37	127	14	33	5	1	0	14	22	21	1
Concepcion, Yamil, 3b	.175	32	103	12	18	2	0	1	9	8	36	0
Dreisbach, Bill, c	.167	22	60	7	10	2	1	0	1	3	11	1

82 • 1992 ALMANAC

Righthanders Mo Sanford, left, and John Roper finished 1-2 in the Reds system in strikeouts.

BATTING	AVG	G	AB	R	H	2B	3B	HR	RBI	BB	SO	SB
Duncan, Enrique, 3b-dh	.191	13	47	6	9	1	1	1	3	3	7	4
Gast, John, 3b-1b	.277	36	137	17	38	6	0	4	12	8	17	1
*Jenkins, Demetrish, 2b	.257	59	230	31	59	6	4	1	18	8	30	2
Loyola, Juan, c	.064	20	47	0	3	0	0	0	1	5	20	0
#Malpica, Omar, inf	.205	30	83	11	17	3	0	0	7	26	23	0
Morris, Rossi, of	.113	26	53	7	6	0	0	0	1	4	25	5
Ramos, Martin, c	.260	13	50	11	13	3	1	2	6	1	23	1
Reese, Calvin, ss	.238	62	231	30	55	8	3	3	27	23	44	10
Robinson, Eli, 1b	.214	43	140	10	30	3	0	0	8	12	55	2
Rumfield, Toby, c-dh	.274	59	226	22	62	13	3	3	30	9	44	1
Thomas, Rodney, of	.100	33	90	12	9	1	1	1	6	6	36	9
*Wilkerson, Wayne, of	.255	61	231	26	59	8	5	0	17	22	33	11

PITCHING	W	L	ERA	G	GS	CG	SV	IP	H	R	ER	BB	SO
*Balentine, Bryant	0	3	4.94	18	7	1	1	55	47	34	30	52	58
Brothers, John	3	0	0.95	3	3	0	0	19	13	4	2	4	16
Garcia, Fermin	2	2	2.90	14	0	0	2	40	35	15	13	12	32
Hrusovsky, John	4	4	1.83	26	0	0	7	44	26	12	9	21	52
Jarvis, Kevin	5	6	2.42	13	13	4	0	86	73	34	23	29	79
Miller, James	1	6	6.57	15	4	0	0	38	40	37	28	44	33
Morales, Armando	3	2	2.63	13	9	2	1	65	47	31	19	25	68
Murphy, Jeff	1	2	8.04	13	0	0	0	31	43	31	28	11	13
Reed, Chris	3	6	4.86	13	13	0	0	63	68	53	34	30	51
Rhodriquez, Rory	0	6	4.91	13	8	0	0	51	43	36	28	37	39
Steph, Rodney	2	3	3.11	7	7	1	0	46	37	19	16	11	52
Wiggins, Jim	0	0	2.61	14	0	0	1	21	22	15	6	14	16

BILLINGS R

PIONEER LEAGUE

BATTING	AVG	G	AB	R	H	2B	3B	HR	RBI	BB	SO	SB
Burris, Pierre, of	.211	58	209	32	44	8	1	1	8	34	47	27
*DeBerry, Joe, 1b	.263	65	236	41	62	13	0	10	47	36	46	5
Driesbach, Bill, c	.167	6	18	3	3	0	0	0	0	3	5	0
Ford, Andy, 3b	.155	22	71	9	11	3	0	1	6	6	25	0
Graham, Derrick, of-3b	.233	60	215	22	50	10	0	1	24	18	57	11
Harrison, Mike, dh-c	.275	57	200	27	55	9	0	4	17	24	52	2
Hernandez, Ramon, ss-3b	.233	35	120	12	28	5	1	3	13	3	37	3
Jesperson, Bob, of	.273	40	132	18	36	7	2	0	15	25	30	7
Jones, Mike, 3b-2b	.248	43	165	22	41	6	3	3	28	15	22	2
Koelling, Brian, ss	.353	22	85	17	30	7	1	2	13	14	23	6
Loftin, Bo, c	.178	47	163	19	29	6	0	0	5	23	11	62	1
#Martin, Matt, inf	.178	37	118	15	21	3	1	0	10	11	18	4
Montgomery, Damon, of-dh	.214	27	84	6	18	3	0	1	11	4	30	0
Snead, Scott, 2b-ss	.175	61	211	28	37	4	0	0	12	14	23	5
Taylor, Gene, of	.290	67	248	34	72	12	3	3	26	21	52	8
#Wilburn, Trey, c	.211	5	19	2	4	0	0	0	0	0	1	1

PITCHING	W	L	ERA	G	GS	CG	SV	IP	H	R	ER	BB	SO
Carson, Mark	0	1	7.20	7	1	0	0	5	6	5	4	2	1
*Coletti, John	0	3	8.26	12	1	0	0	28	37	28	26	26	16
*Courtright, John	1	0	0.00	1	1	0	0	6	2	0	0	1	4
Dodd, Scott	1	7	6.11	18	10	0	1	66	56	60	45	64	50
Kendall, Phil	5	6	4.19	16	11	1	2	82	98	54	38	22	53
Langford, Tim	3	4	3.86	20	6	0	1	65	61	39	28	47	55
McClain, Charles	5	7	3.38	15	12	2	0	80	63	47	30	51	62
*Quinones, Rene	1	4	4.01	11	8	0	0	52	48	24	23	22	35
Reeves, Dru	4	4	3.47	12	11	2	0	62	61	42	24	31	33
Tobin, Dan	1	2	7.86	13	3	0	0	34	40	35	30	31	23
Vivas, Domingo	2	3	3.95	22	1	0	0	55	69	32	24	8	32
Wyatt, Chuck	0	1	6.00	10	3	0	0	21	16	17	14	25	10
Zastoupil, Rich	2	2	4.06	25	1	0	9	38	43	18	17	8	36

CLEVELAND INDIANS

Managers: John McNamara, Mike Hargrove.
1991 Record: 57-105, .352 (7th, AL East).

BATTING	AVG	G	AB	R	H	2B	3B	HR	RBI	BB	SO	SB
*Aldrete, Mike	.262	85	183	22	48	6	1	1	19	36	37	1
*Allred, Beau	.232	48	125	17	29	3	0	3	12	25	35	2
Alomar, Sandy	.217	51	184	10	40	9	0	0	7	8	24	0
#Baerga, Carlos	.288	158	593	80	171	28	2	11	69	48	74	3
Belle, Albert	.282	123	461	60	130	31	2	28	95	25	99	3
#Browne, Jerry	.228	107	290	28	66	5	2	1	29	27	29	2
*Cole, Alex	.295	122	387	58	114	17	3	0	21	58	47	27
Escobar, Jose	.200	10	15	0	3	0	0	0	1	1	4	0
Fermin, Felix	.262	129	424	30	111	13	2	0	31	26	27	5
Gonzalez, Jose	.159	33	69	10	11	2	1	1	4	11	27	8
Hill, Glenallen	.262	37	122	15	32	3	0	5	14	16	30	4
Huff, Mike	.240	51	146	28	35	6	1	2	10	25	30	11
Jacoby, Brook	.234	66	231	14	54	9	1	4	24	16	32	0
James, Chris	.238	115	437	31	104	16	2	5	41	18	61	3
#Jefferson, Reggie	.198	26	101	10	20	3	0	2	12	3	22	0
*Kirby, Wayne	.209	21	43	4	9	2	0	0	5	2	6	1
Lewis, Mark	.264	84	314	29	83	15	1	0	30	15	45	2
Lopez, Luis	.220	35	82	7	18	4	1	0	7	4	7	0
*Magallanes, Ever	.000	3	2	0	0	0	0	0	0	1	1	0
Manto, Jeff	.211	47	128	15	27	7	0	2	13	14	22	2
Martinez, Carlos	.284	72	257	22	73	14	0	5	30	10	43	3
Medina, Luis	.063	5	16	0	1	0	0	0	0	1	7	0
Perezchica, Tony	.364	17	22	4	8	2	0	0	0	3	5	0
Skinner, Joel	.243	99	284	23	69	14	0	1	24	14	67	0
*Taubensee, Eddie	.242	26	66	5	16	2	1	0	8	5	16	0
Thome, Jim	.255	27	98	7	25	4	2	1	9	5	16	1
#Ward, Turner	.230	40	100	11	23	7	0	0	5	10	16	0
#Webster, Mitch	.125	13	32	2	4	0	0	0	0	3	9	2
#Whiten, Mark	.256	70	258	34	66	14	4	7	26	19	50	4

PITCHING	W	L	ERA	G	GS	CG	SV	IP	H	R	ER	BB	SO
*Bell, Eric	4	0	0.50	10	0	0	0	18	5	2	1	5	7
Blair, Willie	2	3	6.75	11	5	0	0	36	58	27	27	10	13
*Boucher, Denis	1	4	8.34	5	5	0	0	23	35	21	21	8	13
Candiotti, Tom	7	6	2.24	15	15	3	0	108	88	35	27	28	86
Egloff, Bruce	0	0	4.76	6	0	0	0	8	3	4	4	3	8
Gozzo, Mauro	0	0	19.29	2	2	0	0	5	9	10	10	7	3
Hillegas, Shawn	3	4	4.34	51	3	0	7	83	67	42	40	46	66
Jones, Doug	4	8	5.54	36	4	0	7	63	87	42	39	17	48
King, Eric	6	11	4.60	25	24	2	0	151	166	83	77	44	59
*Kiser, Garland	0	0	9.64	7	0	0	0	5	7	5	5	4	3
Kramer, Tom	0	0	17.36	4	0	0	0	5	10	9	9	6	4
*Mutis, Jeff	0	3	11.68	3	3	0	0	12	23	16	16	7	6
Nagy, Charles	10	15	4.13	33	33	6	0	211	228	103	97	66	109
Nichols, Rod	2	11	3.54	31	16	3	1	137	145	63	54	30	76
Olin, Steve	3	6	3.36	48	0	0	17	56	61	26	21	23	38
*Orosco, Jesse	2	0	3.74	47	0	0	0	46	52	20	19	15	36
*Otto, Dave	2	8	4.23	18	14	1	0	100	108	52	47	27	47
Seanez, Rudy	0	0	16.20	5	0	0	0	5	10	12	9	7	7
Shaw, Jeff	0	5	3.36	29	1	0	1	72	72	34	27	27	31
*Swindell, Greg	9	16	3.48	33	33	7	0	238	241	112	92	31	169
*Valdez, Efrain	0	0	1.50	7	0	0	0	6	5	1	1	3	1
Valdez, Sergio	1	0	5.51	6	0	0	0	16	15	11	10	5	11
Walker, Mike	0	1	2.08	5	0	0	0	4	6	1	1	2	2
York, Mike	1	4	6.75	14	4	0	0	35	45	29	26	19	19

FIELDING

Catching	PCT	G	PO	A	E
Alomar	.987	46	280	19	4
Lopez	1.000	12	34	2	0
Manto	1.000	5	13	2	0
Skinner	.991	99	504	38	5
Taubensee	.979	25	89	6	2

First Base	PCT	G	PO	A	E
*Aldrete	.994	47	313	22	2
Jacoby	.988	55	379	32	5
James	1.000	15	95	8	0
*Jefferson	.993	26	252	23	2
Lopez	.976	10	75	7	2
Manto	.975	14	75	3	2
Martinez	.968	31	229	12	8

Second Base	PCT	G	PO	A	E
Baerga	.971	75	163	238	12
Browne	.964	47	80	109	7
Escobar	1.000	4	10	8	0

	PCT	G	PO	A	E
Huff	1.000	2	1	3	0
Lewis	.966	50	87	140	8
Perezchica	1.000	2	1	6	0

Third Base	PCT	G	PO	A	E
Baerga	.944	89	54	183	14
Browne	.867	15	7	32	6
Escobar	.000	1	0	0	0
Jacoby	1.000	15	11	29	0
Lopez	.000	1	0	0	0
Manto	.929	32	21	58	6
Perezchica	1.000	3	0	1	0
Thome	.899	27	12	59	8

Shortstop	PCT	G	PO	A	E
Baerga	.000	2	0	0	1
Escobar	1.000	5	5	5	0
Fermin	.980	129	214	372	12
Lewis	.993	36	42	91	1

	PCT	G	PO	A	E		PCT	G	PO	A	E
Magallanes	1.000	2	0	1	0	Hill	.978	33	89	0	2
Perezchica	1.000	6	2	4	0	Huff	.990	48	96	3	1
Outfield	**PCT**	**G**	**PO**	**A**	**E**	James	1.000	39	78	2	0
*Aldrete	1.000	16	21	1	0	Kirby	1.000	21	41	1	0
*Allred	.972	42	105	1	3	Lopez	.000	1	0	0	0
Belle	.952	89	171	8	9	Manto	.000	1	0	0	0
Browne	.963	17	26	0	1	Ward	1.000	38	65	1	0
*Cole	.970	107	256	6	8	*Webster	1.000	10	24	0	0
Gonzalez	.981	32	52	1	1	Whiten	.962	67	165	11	7

INDIANS FARM SYSTEM

Class	Club	League	W	L	Pct.	Manager
AAA	Colorado Springs	Pacific Coast	72	67	.518	Charlie Manuel
AA	Canton-Akron	Eastern	75	65	.536	Ken Bolek
A	Kinston	Carolina	89	49	.645	Brian Graham
A	Columbus	South Atlantic	73	69	.514	Mike Brown
A	Watertown	New York-Penn	27	50	.351	Gary Tuck
Rookie	Burlington	Appalachian	40	27	.597	Dave Keller

COLORADO SPRINGS — AAA

PACIFIC COAST LEAGUE

BATTING	AVG	G	AB	R	H	2B	3B	HR	RBI	BB	SO	SB
*Aldrete, Mike, of-1b	.289	23	76	4	22	5	0	0	8	8	17	0
*Allred, Beau, of	.250	53	148	39	37	12	3	6	21	34	55	1
Alomar, Sandy, dh-c	.400	12	35	5	14	2	0	1	10	5	0	0
Belle, Albert, of-dh	.328	16	61	9	20	3	2	2	16	2	8	1
Berroa, Geronimo, of-dh	.322	125	478	81	154	31	7	18	91	35	88	2
Brown, Marty, 3b-2b	.301	121	396	65	119	24	2	15	69	49	77	3
Burdick, Kevin, 2b-3b	.235	36	132	24	31	6	0	2	17	12	9	3
*Cole, Alex, of	.188	8	32	6	6	0	1	0	3	4	3	1
Diaz, Carlos, c	.237	36	93	7	22	4	0	0	7	2	17	0
Escobar, Jose, ss-2b	.204	33	93	12	19	5	1	0	11	4	16	0
Fermin, Felix, ss	.250	2	8	1	2	0	0	0	1	0	0	0
#Jefferson, Reggie, 1b	.309	39	136	29	42	11	0	3	21	16	28	0
#Jefferson, Stan, of	.284	28	74	11	21	2	1	2	9	5	9	3
Johnson, Brian, c	.340	21	53	13	18	4	0	2	3	8	14	0
*Jones, Barry, of	.294	28	85	12	25	5	1	2	12	6	10	4
Kirby, Wayne, of	.294	118	385	66	113	16	4	1	39	34	36	29
Lewis, Mark, ss	.279	46	179	29	50	10	3	2	31	18	23	3
Lopez, Luis, 1b-3b	.347	41	176	29	61	11	4	1	31	9	10	0
*Magallanes, Ever, 2b-ss	.285	94	305	37	87	13	1	1	33	23	36	1
Manto, Jeff, 3b-1b	.320	43	153	36	49	16	0	6	36	33	24	1
McGuire, Bill, c	.286	11	28	0	8	1	0	0	4	7	2	0
Medina, Luis, dh-1b	.324	117	450	81	146	28	6	27	98	47	100	0
#Moses, John, of-1b	.295	74	298	58	88	18	3	3	31	36	32	11
Nixon, Donell, of	.304	11	23	4	7	1	0	0	1	3	1	0
Pough, Clyde, of	.000	2	0	0	0	0	0	0	0	0	0	0
Smith, Keith, ss-2b	.317	71	205	28	65	10	0	4	31	32	25	1
#Tatis, Bernie, of	.250	7	20	4	5	0	0	2	2	3	5	1
*Taubensee, Eddie, c	.310	91	287	53	89	23	3	13	39	31	61	0
*Thome, Jim, 3b	.285	41	151	20	43	7	3	2	28	12	29	0
#Ward, Turner, of	.196	14	51	5	10	1	1	1	3	6	9	2
Zambrano, Roberto, of	.297	35	91	12	27	2	2	3	14	10	13	0

PITCHING	W	L	ERA	G	GS	CG	SV	IP	H	R	ER	BB	SO
*Bell, Eric	2	1	2.13	8	4	1	0	25	23	6	6	11	16
Birkbeck, Mike	0	0	0.00	3	1	0	0	7	4	1	0	3	3

ORGANIZATION LEADERS

BATTING
- *AVG Kyle Washington, Col.-Kinston .... .342
- R Jason Hardtke, Columbus 104
- H Jason Hardtke, Columbus 155
- TB Luis Medina, Colorado Springs ... 267
- 2B Clyde Pough, Col.-Kinston 36
- 3B Kyle Washington, Col.-Kinston ... 13
- HR Luis Medina, Colorado Springs ... 27
- RBI Luis Medina, Colorado Springs ... 98
- SB John Cotton, Columbus 56

PITCHING
- W Curtis Leskanic, Kinston 15
- L Two tied at 12
- †ERA Garland Kiser, Kinston-Canton ... 1.75
- G Mike Soper, Kinston 62
- CG Jeff Mutis, Canton 7
- SV Mike Soper, Kinston 41
- IP Oscar Munoz, Kinston-Canton ... 179
- BB Shawn Bryant, Kinston 106
- SO Oscar Munoz, Kinston-Canton ... 182

Luis Medina
... 27 HR, 98 RBIs

Minor Leaguers Only   *Minimum 250 At-Bats   †Minimum 75 Innings

PITCHING	W	L	ERA	G	GS	CG	SV	IP	H	R	ER	BB	SO
Bittiger, Jeff	9	12	3.90	27	27	2	0	148	158	89	64	83	93
Blair, Willie	9	6	4.99	26	15	0	4	114	130	74	63	30	57
*Boucher, Denis	1	0	5.02	3	3	0	0	14	14	8	8	2	9
Bruske, Jim	4	0	2.45	7	1	0	2	26	19	9	7	8	13
Chamberlain, Craig	0	1	12.60	1	1	0	0	5	7	9	7	2	0
Cummings, Steve	0	4	6.08	5	5	0	0	27	36	24	18	6	15
*Curtis, Mike	2	4	3.83	20	2	0	1	45	43	26	19	23	32
Egloff, Bruce	1	2	3.38	15	0	0	2	29	31	14	11	13	17
Gozzo, Mauro	10	6	5.25	25	20	3	1	130	143	86	76	68	81
*Hall, Drew	1	0	1.86	5	0	0	0	10	6	5	2	6	8
*Hall, Grady	0	0	5.59	3	2	0	0	10	19	6	6	3	2
*Horton, Ricky	3	2	6.67	22	0	0	1	27	37	21	20	7	18
Jones, Doug	2	2	3.28	17	2	1	7	36	30	14	13	5	29
King, Eric	1	0	9.53	3	3	0	0	11	18	12	12	5	3
Kramer, Tom	1	0	0.79	10	1	0	4	11	5	1	1	5	18
Olin, Steve	3	2	4.47	22	0	0	6	44	45	25	22	10	36
*Otto, Dave	5	6	4.75	17	15	1	0	95	110	56	50	43	62
Roscoe, Greg	2	1	5.74	3	0	0	0	16	20	11	10	9	6
Seanez, Rudy	0	0	7.27	16	0	0	0	17	17	14	14	22	19
Shaw, Jeff	6	3	4.64	12	12	1	0	76	77	47	39	25	55
*Valdez, Efrain	3	1	3.82	14	1	0	1	31	26	15	13	13	25
Valdez, Sergio	4	12	4.11	26	15	4	0	131	139	67	60	27	71
Ward, Colby	2	1	4.50	28	2	0	2	48	56	28	24	28	33
*Wickander, Kevin	1	0	2.31	12	0	0	2	12	9	3	3	5	10
York, Mike	0	1	5.88	5	5	0	0	26	40	19	17	16	13

CANTON-AKRON — AA

EASTERN LEAGUE

BATTING	AVG	G	AB	R	H	2B	3B	HR	RBI	BB	SO	SB
Barns, Jeff, 2b-3b	.260	43	123	12	32	6	0	1	10	5	14	3
Bautista, Ramon, 2b	.216	102	278	40	60	9	5	2	29	27	78	7
#Contreras, Joaquin, of	.225	70	240	27	54	13	3	1	19	16	33	1
Costo, Tim, 1b	.271	52	192	28	52	10	3	1	24	15	44	2
*Epley, Daren, 1b-of	.253	128	451	58	114	24	0	9	52	58	77	9
Escobar, Jose, ss-2b	.059	12	34	0	2	1	0	0	1	1	7	0
Ferretti, Sam, ss-3b	.214	101	299	26	64	12	3	0	23	37	60	8
#Jefferson, Reggie, 1b-dh	.280	6	25	2	7	1	0	0	4	1	5	0
Lane, Nolan, of	.245	74	237	20	58	8	1	2	22	16	43	8
*Levis, Jesse, c	.264	115	382	31	101	17	3	6	45	40	30	1
Martinez, Carlos, dh-of	.329	80	295	48	97	22	2	11	73	22	47	11
Odor, Rouglas, ss-2b	.199	76	236	25	47	5	2	1	29	25	50	8
*Ramos, Ken, of	.241	74	257	41	62	6	3	2	13	28	22	8
Resetar, Gary, c	.227	59	154	14	35	3	0	1	13	16	28	3
*Sabino, Miguel, of	.219	115	392	51	86	11	2	5	26	54	67	23
Sarbaugh, Mike, 3b	.067	5	15	1	1	0	0	0	1	1	4	1
#Tatis, Bernie, 2b-of	.333	8	30	5	10	3	0	0	3	2	6	3
Thomas, Andres, ss-3b	.290	45	169	15	49	14	1	0	20	11	17	2
*Thome, Jim, 3b	.337	84	294	47	99	20	2	5	45	44	58	8
#Tinsley, Lee, of	.295	38	139	26	41	7	2	3	8	18	37	18
Whitfield, Ken, dh-of	.240	69	200	24	48	9	2	3	24	21	52	5
Zambrano, Roberto, of-dh	.338	23	77	15	26	6	0	2	13	13	13	1

PITCHING	W	L	ERA	G	GS	CG	SV	IP	H	R	ER	BB	SO
*Bell, Eric	9	5	2.89	18	16	1	0	93	82	47	30	37	84
Birkbeck, Mike	2	3	3.89	21	2	0	5	39	39	17	17	18	40
Bruske, Jim	5	2	3.47	17	11	0	1	80	73	36	31	27	35
Chamberlain, Craig	0	0	7.50	2	0	0	1	6	8	5	5	3	4
*Curtis, Mike	2	0	1.83	10	0	0	1	20	20	6	4	10	20
DiPoto, Jerry	6	11	3.81	28	26	2	0	156	143	83	66	74	97
Easley, Logan	0	2	3.60	6	0	0	1	15	11	7	6	1	14
Garcia, Apolonar	2	1	1.96	4	4	0	0	18	22	13	4	7	10
*Hall, Grady	2	3	3.26	8	7	2	0	47	39	23	17	11	24
*Horton, Ricky	1	2	3.67	25	0	0	1	27	25	12	11	5	23
*Kiser, Garland	2	3	2.03	17	4	0	0	44	35	13	10	11	34
Kovach, Ty	2	6	6.02	11	11	0	0	58	72	44	39	28	30
Kramer, Tom	7	3	2.38	35	5	0	6	79	61	23	21	34	61
Meyer, Brian	1	0	1.50	14	0	0	3	24	18	5	4	4	9
Munoz, Oscar	3	8	5.72	15	15	2	0	85	88	54	54	51	71
*Mutis, Jeff	11	5	1.80	25	24	7	0	170	138	42	34	51	89
Roscoe, Greg	6	2	1.83	13	13	3	0	88	70	28	18	28	66
Seanez, Rudy	4	2	2.58	25	0	0	7	38	17	12	11	30	73
Walker, Mike	9	4	2.79	45	1	0	11	77	68	36	24	45	42
Ward, Colby	0	1	0.87	4	1	0	1	10	6	2	1	5	7
*Wickander, Kevin	1	2	3.96	20	0	0	0	25	24	14	11	13	21

KINSTON — A

CAROLINA LEAGUE

BATTING	AVG	G	AB	R	H	2B	3B	HR	RBI	BB	SO	SB
Canate, William, of	.217	51	166	21	41	3	1	1	12	14	29	15
*DeJardin, Brad, of	.250	52	148	21	37	7	1	1	19	23	39	3
#Donahue, Timo, ss-2b	.283	34	99	14	28	8	0	0	10	10	12	5
*Drew, Cameron, ph	.000	3	2	0	0	0	0	0	0	0	1	0
*Easley, Mike, 1b-3b	.277	109	386	64	107	20	5	0	43	57	65	6

86 • 1992 ALMANAC

BATTING	AVG	G	AB	R	H	2B	3B	HR	RBI	BB	SO	SB
Eiterman, Tom, of-dh	.273	124	433	66	118	19	4	8	66	67	50	13
Flores, Miguel, 2b	.268	124	425	61	114	19	3	5	40	34	45	29
*Giles, Brian, of	.310	125	394	71	122	14	0	4	47	68	70	19
Lane, Nolan, of	.305	31	95	14	29	8	1	4	13	9	14	2
Losa, Bill, c	.181	71	193	19	35	8	0	3	19	33	76	2
#Meade, Paul, ss	.089	17	45	4	4	0	0	0	1	4	20	2
Mota, Carlos, c	.235	69	196	18	46	5	1	1	23	14	49	9
Pough, Clyde, of	.167	11	30	2	5	1	0	0	2	1	9	1
Rigsby, Tim, ss	.202	85	263	24	53	12	2	3	25	13	77	1
*Sanders, Tracy, of	.266	118	421	80	112	20	8	18	63	83	96	8
Sarbaugh, Mike, ss-2b	.248	76	262	39	65	12	1	7	33	33	48	3
Sued, Nick, c	.239	33	88	19	21	3	1	1	11	14	12	2
Tena, Paulino, 3b-ss	.252	127	433	43	109	9	4	2	52	27	65	12
Tepper, Marc, 1b-dh	.271	109	384	40	104	12	2	2	56	33	53	9
Washington, Kyle, of	.333	3	12	1	4	0	0	0	2	2	1	0
Williams, Dan, c	.267	6	15	1	4	0	0	0	2	0	5	1

PITCHING	W	L	ERA	G	GS	CG	SV	IP	H	R	ER	BB	SO
Allen, Chad	9	8	2.48	26	25	2	0	153	146	58	42	51	82
*Bryant, Shawn	11	9	4.02	29	28	2	0	155	154	91	69	106	112
Byrd, Paul	4	3	3.16	14	11	0	0	63	40	27	22	36	62
*Charland, Colin	1	2	1.80	5	5	0	0	20	10	7	4	8	19
Johnson, Carl	6	1	3.81	32	5	0	2	85	86	43	36	48	64
*Kiser, Garland	6	1	1.49	31	0	0	5	48	35	11	8	14	52
Kovach, Ty	0	1	7.30	4	4	0	0	12	15	13	10	17	11
*Langdon, Tim	1	0	8.18	7	0	0	0	11	11	12	10	12	10
Leskanic, Curtis	15	8	2.79	28	28	0	0	174	143	63	54	91	163
*Malley, Mike	0	0	10.19	9	1	0	0	18	25	25	20	25	17
Morgan, Scott	7	2	2.54	34	0	0	1	74	60	29	21	27	72
Munoz, Oscar	6	3	1.44	14	14	2	0	94	60	23	15	36	111
Neill, Scott	7	1	2.73	40	0	0	1	69	67	32	21	16	56
Person, Robert	3	5	4.67	11	11	0	0	52	56	37	27	42	45
Pettiford, Cecil	8	2	3.16	26	6	1	0	85	69	39	30	35	70
Phillips, Lonnie	1	1	3.00	6	0	0	1	9	4	3	3	4	11
*Rivera, Roberto	1	0	4.35	10	0	0	0	10	10	6	5	2	9
Soper, Mike	3	2	2.47	62	0	0	41	73	59	21	20	26	72
Tatterson, Gary	0	0	0.00	1	0	0	0	4	2	0	0	0	2

COLUMBUS — A

SOUTH ATLANTIC LEAGUE

BATTING	AVG	G	AB	R	H	2B	3B	HR	RBI	BB	SO	SB
Andujar, Hector, ss-3b	.189	14	37	5	7	0	0	0	3	3	8	0
Bell, David, 3b	.230	136	491	47	113	24	1	5	63	37	50	3
Bryant, Pat, of	.209	100	326	51	68	11	0	7	27	49	108	31
Canate, William, of	.240	62	204	32	49	13	2	4	20	25	32	14
*Charbonnet, Mark, of-dh	.246	37	118	20	29	5	3	1	17	5	23	3
*Cotton, John, 2b	.227	122	405	88	92	11	9	13	42	93	135	57
#Donahue, Timo, 2b	.000	2	2	0	0	0	0	0	0	0	2	0
Gomez, Fabio, of	.227	12	44	4	10	0	1	0	6	4	8	0
*Hardtke, Jason, ss-2b	.290	139	534	104	155	26	8	12	81	75	48	23
*Harvey, Ray, of-1b	.280	129	443	75	124	22	7	10	79	71	66	6
Henderson, Pedro, of	.143	4	7	1	1	0	0	0	0	0	4	0
Jones, Victor, of	.174	25	69	10	12	0	2	0	10	16	17	6
*Lorms, John, c	.195	51	154	12	30	3	1	0	8	25	35	0
McCall, Rod, 1b	.217	103	323	34	70	14	1	5	35	61	128	2
#Meade, Paul, ss	.202	29	89	11	18	4	1	4	8	9	24	0
Morrison, Brian, dh	.222	6	18	1	4	1	0	0	2	3	3	0
*Perez, Joe, of	.231	23	65	5	15	1	0	0	4	4	13	3
Pinckes, Mike, 1b-2b	.154	8	13	3	2	1	0	0	4	6	5	0
Pough, Clyde, of-dh	.304	115	414	77	126	35	3	11	73	62	62	11
Smith, Robbie, 2b-3b	.147	29	75	11	11	2	0	0	6	14	21	2
Stinnett, Kelly, c	.263	102	384	49	101	15	1	14	74	26	70	4
*Torres, Ramon, of-dh	.056	5	18	2	1	0	0	0	1	2	4	1
Washington, Kyle, of	.343	118	432	85	148	31	12	8	58	68	101	51

PITCHING	W	L	ERA	G	GS	CG	SV	IP	H	R	ER	BB	SO
*Alexander, Charles	0	0	6.37	17	0	0	0	30	30	27	21	32	37
Baker, Andy	8	8	4.05	25	24	2	0	144	116	75	65	84	118
Baker, Sam	0	3	4.09	4	2	0	0	11	15	10	5	6	12
Brown, Dickie	8	11	5.44	27	26	1	0	152	167	111	92	61	109
*Buzard, Brian	1	0	5.25	6	0	0	0	12	13	7	7	8	14
Cofer, Brian	7	3	2.62	41	0	0	12	58	50	19	17	25	42
*Embree, Alan	10	8	3.59	27	26	3	0	155	126	80	62	77	137
Gajkowski, Steve	0	0	3.00	3	0	0	0	6	3	2	2	5	5
McLochlin, Mike	3	5	4.52	15	15	1	0	90	96	52	45	35	54
Mlicki, Dave	8	6	4.20	22	19	2	0	116	101	70	54	70	136
*Rivera, Roberto	7	1	1.65	30	1	0	3	49	48	15	9	12	36
Santiago, Delvy	7	4	3.56	34	11	1	3	119	109	64	47	30	111
Stone, Eric	1	3	2.94	9	9	0	0	49	42	20	16	19	37
Sweeney, Mark	1	0	1.08	3	0	0	0	8	4	1	1	2	10
Walden, Alan	1	4	6.67	12	9	0	0	54	72	60	40	29	38
Wertz, Bill	6	8	2.97	49	0	0	9	91	81	41	30	32	95
Winiarski, Chip	5	5	4.27	39	0	0	4	78	88	56	37	28	62

WATERTOWN A

NEW YORK-PENN LEAGUE

BATTING	AVG	G	AB	R	H	2B	3B	HR	RBI	BB	SO	SB
Andujar, Hector, ss-3b	.273	3	11	1	3	0	0	0	0	1	4	0
Bates, Tommy, ss	.221	74	262	40	58	9	3	3	23	44	63	16
Brohm, Jeff, of	.217	17	46	6	10	4	1	2	6	3	12	0
*Charbonnet, Mark, of	.282	47	174	18	49	4	2	4	19	5	31	12
Edwards, Otis, of	.000	2	5	0	0	0	0	0	0	0	2	0
Henderson, Pedro, of	.257	47	140	19	36	4	1	2	14	20	44	6
Kantor, Brad, 3b-2b	.160	52	162	8	26	4	0	2	16	10	51	1
Martindale, Ryan, c	.230	67	243	34	56	7	0	4	25	21	50	7
*Maxwell, Pat, 2b	.182	16	55	5	10	0	0	0	5	3	9	1
Moore, Michael, c-dh	.193	31	83	7	16	4	0	0	6	7	23	0
Moreno, Jose, c	.235	14	34	6	8	2	0	0	2	4	3	0
Morris, Aaron, 1b	.225	39	102	12	23	4	0	2	14	8	33	1
*Perez, Joe, of	.268	58	164	26	44	8	1	3	19	16	35	9
Perry, Herbert, dh	.208	14	53	3	11	2	0	0	5	7	7	0
Ramirez, Omar, of	.268	56	209	30	56	17	0	2	16	30	29	12
Sharts, Scott, 1b	.159	61	207	14	33	7	0	5	20	24	68	2
Shirley, Mike, of	.257	25	74	9	19	2	2	0	7	6	14	3
Smith, Robbie, 2b	.188	51	128	14	24	4	0	0	7	28	53	7
Thomas, Tim, 1b	.000	3	6	0	0	0	0	0	0	0	3	0
*Vantiger, Tom, of	.239	59	184	19	44	7	1	1	13	35	36	14
*Vosik, Bill, 3b-2b	.260	66	192	24	50	5	2	0	23	27	32	10
*Whitmore, Darrell, dh-of	.368	6	19	2	7	2	1	0	3	3	2	0

PITCHING	W	L	ERA	G	GS	CG	SV	IP	H	R	ER	BB	SO
Baker, Sam	3	8	2.86	22	7	0	5	72	54	35	23	38	48
*Buzard, Brian	1	0	0.59	8	0	0	3	15	9	4	1	9	14
*Davidson, Grady	1	2	6.86	11	0	0	0	21	22	16	16	20	29
Fleet, Joe	3	8	4.38	15	15	0	0	86	79	54	42	54	63
Fronio, Jason	0	1	19.64	3	0	0	0	4	6	8	8	2	1
Gajkowski, Steve	3	3	5.25	20	4	0	0	48	41	36	28	32	34
Jewell, Mike	1	3	3.94	21	0	0	1	46	44	23	20	24	42
Key, Wade	6	4	2.67	12	7	1	0	61	48	19	18	19	45
*Knapland, Greg	0	0	19.29	3	0	0	0	2	3	5	5	4	3
Logsdon, Kevin	2	5	4.25	13	11	0	0	59	58	42	28	41	38
*Malley, Mike	1	0	1.50	6	6	0	0	36	22	10	6	27	36
*Stemmler, Andy	0	3	3.68	20	0	0	1	29	24	15	12	33	32
Sweeney, Mark	4	4	3.44	14	10	3	1	71	68	30	27	35	66
Tatterson, Gary	0	1	1.80	13	2	0	2	30	29	8	6	10	33
Walden, Alan	2	7	4.70	17	15	1	0	88	103	58	46	47	67

BURLINGTON R

APPALACHIAN LEAGUE

BATTING	AVG	G	AB	R	H	2B	3B	HR	RBI	BB	SO	SB
Burritt, Mike, 3b	.173	20	52	6	9	3	0	1	3	7	19	0
*Chisum, David, 2b	.250	31	92	9	23	5	0	2	15	7	41	3
Coleman, Ronnie, of-dh	.227	33	97	21	22	2	0	0	3	20	24	8
*Duplessis, Dave, 1b	.233	30	103	18	24	1	2	6	24	14	30	3
Duran, Felipe, ss	.209	59	201	24	42	6	1	0	14	18	38	3
Edwards, Otis, of	.162	27	74	8	12	4	1	0	7	14	23	3
Guerra, Pete, c	.095	6	21	0	2	2	0	0	0	3	7	0
Hairston, Rodd, 1b	.150	24	80	9	12	2	1	1	6	16	24	1
Hence, Sam, of	.248	40	161	23	40	7	1	2	10	10	37	6
*Lawson, Cale, dh-c	.191	35	110	14	21	4	0	5	15	12	27	0
*Maxwell, Pat, 2b-ss	.289	45	166	41	48	8	4	1	12	26	15	7
Morgan, James, of	.261	10	23	5	6	0	0	0	2	1	4	1
Ramirez, Manny, of	.326	59	215	44	70	11	4	19	63	34	41	7
Robles, Javier, 3b-2b	.125	12	32	5	4	0	0	1	3	9	10	2
Santiago, Jorge, 3b-ss	.094	15	32	1	3	1	0	0	2	2	10	0
*Schultz, Bobby, of	.236	44	148	20	35	5	2	1	12	19	46	4
Shirley, Mike, of	.250	21	76	10	19	6	0	0	8	11	17	1
Sued, Nick, c	.255	43	157	18	40	6	0	2	23	13	10	3
Taylor, Michael, c	.225	18	40	5	9	0	0	1	3	10	10	0
Whitaker, Jeff, 2b	.111	9	9	0	1	0	0	0	0	2	6	1
*White, Andre, of	.200	42	140	13	28	4	1	0	14	13	17	15
Whitehurst, Todd, 1b-3b	.281	23	64	12	18	3	1	4	12	9	23	0
Zollars, Mike, 3b-ss	.241	44	137	26	33	8	2	2	16	32	35	7

PITCHING	W	L	ERA	G	GS	CG	SV	IP	H	R	ER	BB	SO
*Bluhm, Brandon	5	1	4.47	20	0	0	1	44	38	26	22	22	46
Colon, Jose	2	1	3.50	6	3	0	0	18	12	8	7	12	17
*Coulter, Chris	4	1	2.30	12	7	0	1	63	49	16	16	18	49
Crawford, Carlos	6	3	2.46	13	13	2	0	80	62	28	22	14	80
Doyle, Ian	2	4	3.32	25	0	0	11	43	44	20	16	11	44
Gibbs, Paul	3	0	1.22	16	1	0	0	37	25	9	5	13	54
Gonzalez, Jesus	0	0	14.14	5	0	0	0	7	11	12	11	9	8
Harris, Pep	4	3	3.29	13	13	0	0	66	67	30	24	31	47
Hernandez, Fernando	4	4	2.92	14	13	0	0	77	74	33	25	19	86
Key, Wade	2	1	1.29	4	0	0	0	7	5	2	1	1	5
*Knapland, Greg	1	0	1.50	5	0	0	0	6	1	3	1	8	7
Koller, Rodney	0	0	3.00	2	0	0	0	3	3	1	1	0	0
Lopez, Albert	4	5	3.44	13	13	0	0	73	61	33	28	23	81
Maffett, Chris	0	2	11.05	11	1	0	0	22	27	31	27	17	17
Resendez, Oscar	3	2	2.68	24	1	0	6	50	33	26	15	31	62

88 • 1992 ALMANAC

DETROIT TIGERS

Manager: Sparky Anderson.
1991 Record: 84-78, .519 (2nd, AL East).

BATTING	AVG	G	AB	R	H	2B	3B	HR	RBI	BB	SO	SB
Allanson, Andy	.232	60	151	10	35	10	0	1	16	7	31	0
Barnes, Skeeter	.289	75	159	28	46	13	2	5	17	9	24	10
*Bergman, Dave	.237	86	194	23	46	10	1	7	29	35	40	1
#Bernazard, Tony	.167	6	12	0	2	0	0	0	0	0	4	0
#Cuyler, Milt	.257	154	475	77	122	15	7	3	33	52	92	41
Deer, Rob	.179	134	448	64	80	14	2	25	64	89	175	1
DelosSantos, Luis	.167	16	30	1	5	2	0	0	0	2	4	0
Fielder, Cecil	.261	162	624	102	163	25	0	44	133	78	151	0
Fryman, Travis	.259	149	557	65	144	36	3	21	91	40	149	12
*Hare, Shawn	.053	9	19	0	1	1	0	0	0	2	1	0
Incaviglia, Pete	.214	97	337	38	72	12	1	11	38	36	92	1
*Livingstone, Scott	.291	44	127	19	37	5	0	2	11	10	25	2
*Moseby, Lloyd	.262	74	260	37	68	15	1	6	35	21	43	8
#Moses, John	.048	13	21	5	1	1	0	0	1	2	7	4
Paredes, Johnny	.333	16	18	4	6	0	0	0	0	0	1	1
*Phillips, Tony	.284	146	564	87	160	28	4	17	72	79	95	10
Rowland, Rich	.250	4	4	0	1	0	0	0	1	1	2	0
*Salas, Mark	.088	33	57	2	5	1	0	1	7	0	10	0
*Shelby, John	.154	53	143	19	22	8	1	3	8	8	23	0
#Tettleton, Mickey	.263	154	501	85	132	17	2	31	89	101	131	3
Trammell, Alan	.248	101	375	57	93	20	0	9	55	37	39	11
*Whitaker, Lou	.279	138	470	94	131	26	2	23	78	90	45	4

PITCHING	W	L	ERA	G	GS	CG	SV	IP	H	R	ER	BB	SO
*Aldred, Scott	2	4	5.18	11	11	1	0	57	58	37	33	30	35
*Cerutti, John	3	6	4.57	38	8	1	2	89	94	49	45	37	29
*Dalton, Mike	0	0	3.38	4	0	0	0	8	12	3	3	2	4
Gakeler, Dan	1	4	5.74	31	7	0	2	74	73	52	47	39	43
Gibson, Paul	5	7	4.59	68	0	0	8	96	112	51	49	48	52
*Gleaton, Jerry Don	3	2	4.06	47	0	0	2	75	74	37	34	39	47
Gullickson, Bill	20	9	3.90	35	35	4	0	226	256	109	98	44	91
Haas, David	1	0	6.75	11	0	0	0	11	8	8	8	12	6
Henneman, Mike	10	2	2.88	60	0	0	21	84	81	29	27	34	61
*Kaiser, Jeff	0	1	9.00	10	0	0	2	5	6	5	5	5	4
Kiely, John	0	1	14.85	7	0	0	0	7	13	11	11	9	1
Leiter, Mark	9	7	4.21	38	15	1	1	135	125	66	63	50	103
Meacham, Rusty	2	1	5.20	10	4	0	0	28	35	17	16	11	14
*Munoz, Mike	0	0	9.64	6	0	0	0	9	14	10	10	5	7
Petry, Dan	2	3	4.94	17	6	0	0	55	66	35	30	19	18
Ritz, Kevin	0	3	11.74	11	5	0	0	15	17	22	20	22	9
Searcy, Steve	1	2	8.41	16	5	0	0	41	52	40	38	30	32
*Tanana, Frank	13	12	3.77	33	33	3	0	217	217	98	91	78	107
Terrell, Walt	12	14	4.24	35	33	8	0	219	257	115	103	79	80

FIELDING

Catching	PCT	G	PO	A	E
Allanson	.979	56	212	22	5
Rowland	1.000	2	2	1	0
Salas	1.000	11	22	1	0
Tettleton	.990	125	558	55	6

First Base	PCT	G	PO	A	E
Allanson	1.000	2	7	0	0
Barnes	1.000	9	24	1	0
*Bergman	.997	49	364	29	1
DelosSantos	1.000	2	2	0	0
Fielder	.993	122	1056	82	8
Salas	1.000	5	6	1	0
Tettleton	1.000	1	2	0	0

Second Base	PCT	G	PO	A	E
Barnes	1.000	7	5	10	0
Bernazard	.900	2	3	6	1
Paredes	.958	7	11	12	1
Phillips	.996	36	108	118	1
Whitaker	.994	135	255	362	4

Third Base	PCT	G	PO	A	E
Barnes	.939	17	9	22	2
DelosSantos	.500	2	0	1	1
Fryman	.946	85	45	146	11

	PCT	G	PO	A	E
Livingstone	.980	43	32	67	2
Paredes	.000	1	0	0	0
Phillips	.957	46	26	85	5
Trammell	1.000	1	1	0	0

Shortstop	PCT	G	PO	A	E
Fryman	.963	71	108	207	12
Paredes	.000	1	0	0	0
Phillips	.981	13	21	32	1
Trammell	.979	91	130	296	9

Outfield	PCT	G	PO	A	E
Barnes	1.000	33	54	5	0
*Bergman	1.000	4	1	0	0
Cuyler	.986	151	412	7	6
DelosSantos	1.000	3	6	0	0
Deer	.978	132	310	8	7
*Hare	1.000	6	9	1	0
Incaviglia	.973	54	106	4	3
*Moseby	.955	64	125	1	6
*Moses	1.000	12	13	0	0
Phillips	.991	56	113	3	1
Shelby	.982	47	108	4	2
Tettleton	1.000	3	2	0	0

TIGERS FARM SYSTEM

Class	Club	League	W	L	Pct.	Manager
AAA	Toledo	International	74	70	.514	Joe Sparks
AA	London	Eastern	61	78	.439	Gene Roof
A	Lakeland	Florida State	72	56	.563	John Lipon

1992 ALMANAC • **89**

Class	Club	League	W	L	Pct.	Manager
A	Fayetteville	South Atlantic	58	79	.423	Gerry Groninger
A	Niagara Falls	New York-Penn	36	42	.462	Gary Calhoun
Rookie	Bristol	Appalachian	22	44	.333	Juan Lopez

TOLEDO — AAA

INTERNATIONAL LEAGUE

BATTING	AVG	G	AB	R	H	2B	3B	HR	RBI	BB	SO	SB
*Allaire, Karl, ss-3b	.262	129	385	57	101	21	4	3	34	64	68	4
Barnes, Skeeter, of-3b	.330	62	233	48	77	14	0	9	40	23	26	27
Benton, Butch, c	.133	9	30	1	4	0	0	0	0	0	9	0
Beyeler, Arnie, ss-2b	.174	29	69	14	12	2	0	0	2	4	8	0
*Brogna, Rico, 1b	.220	41	132	13	29	6	1	2	13	4	26	2
Clark, Phil, of-c	.254	110	362	47	92	14	4	4	45	21	49	6
*Cruz, Ivan, 1b	.138	8	29	2	4	0	0	1	4	2	12	0
Decillis, Dean, dh-3b	.308	39	143	20	44	7	0	2	18	17	11	3
DelosSantos, Luis, 1b	.284	41	141	12	40	8	0	2	22	16	19	0
*Ford, Curt, of	.268	102	366	52	98	24	4	3	38	42	38	8
*Hare, Shawn, of-1b	.310	80	252	44	78	18	2	9	42	30	53	1
Kutcher, Randy, of	.232	70	237	26	55	11	1	3	28	31	37	0
*Livingstone, Scott, 3b	.302	92	331	48	100	13	3	3	62	40	52	2
Lyden, Mitch, dh-c	.224	101	340	34	76	11	2	18	55	15	108	0
Mangham, Eric, of	.241	124	378	60	91	12	1	4	35	53	59	29
Paredes, Johnny, 2b	.284	135	514	82	146	25	6	1	53	47	51	36
Pegues, Steve, of	.225	68	222	21	50	13	3	4	23	3	31	6
Rosario, Victor, ss	.295	56	217	31	64	11	6	1	22	7	43	8
Rowland, Rich, c	.272	109	383	56	104	26	0	13	68	60	77	4

PITCHING	W	L	ERA	G	GS	CG	SV	IP	H	R	ER	BB	SO
*Aldred, Scott	8	8	3.92	22	20	2	1	135	127	65	59	72	95
Bair, Doug	0	1	3.60	5	0	0	0	5	3	2	4	5	
Cummings, Steve	5	5	4.68	30	7	0	5	75	72	42	39	29	41
*Dalton, Mike	3	3	4.13	39	0	0	4	65	72	33	30	24	28
DeSilva, John	5	4	4.60	11	11	1	0	59	62	33	30	21	16
Gakeler, Dan	2	3	3.50	23	2	0	4	44	44	22	17	13	32
Gohr, Greg	10	8	4.61	26	26	2	0	148	125	86	76	66	96
*Groom, Buddy	2	5	4.32	24	6	0	1	75	75	39	36	25	49
Haas, David	8	10	5.23	28	28	1	0	158	187	103	92	77	133
*Kaiser, Jeff	3	0	2.08	16	3	0	1	35	35	9	8	11	28
Kiely, John	4	2	2.13	42	0	0	6	72	55	25	17	35	60
Knudsen, Kurt	1	2	1.47	12	0	0	0	18	13	11	3	10	28
Leiter, Mark	1	0	0.00	1	1	0	0	7	6	0	0	3	7
*Marshall, Randy	1	0	9.00	1	1	0	0	5	5	6	5	2	2
Meacham, Rusty	9	7	3.09	26	17	3	2	125	117	53	43	40	70
*Munoz, Mike	2	3	3.83	38	1	0	8	54	44	30	23	35	38
Nosek, Randy	0	1	0.00	1	1	0	0	1	0	4	0	4	1
Rightnowar, Ron	1	1	3.94	23	0	0	3	30	30	15	13	15	5
Ritz, Kevin	8	7	3.28	20	19	3	0	126	116	50	46	60	105
*Vesling, Don	1	0	5.48	12	2	0	0	23	28	17	14	19	20

LONDON — AA

EASTERN LEAGUE

BATTING	AVG	G	AB	R	H	2B	3B	HR	RBI	BB	SO	SB
Balthazar, Doyle, c	.258	85	264	28	68	8	1	1	22	22	39	4
Beyeler, Arnie, 2b-ss	.235	57	213	21	50	8	2	1	13	16	17	3
*Brogna, Rico, 1b-of	.273	77	293	40	80	13	1	13	51	25	59	0
Cabrera, Basilio, of	.127	29	71	10	9	0	1	1	3	3	17	3
*Cruz, Ivan, 1b	.248	121	443	46	110	21	0	9	47	36	73	3
Decillis, Dean, ss-2b	.267	59	225	25	60	8	1	1	32	18	27	2
#Frazier, Lou, of-2b	.239	122	439	69	105	9	4	3	40	77	87	42
Galindo, Luis, 3b-ss	.253	84	269	27	68	5	1	0	20	43	35	5
Gillette, Mike, c	.187	77	241	24	45	10	1	5	21	20	54	2
*Hare, Shawn, of	.272	31	125	20	34	12	0	4	28	12	23	2
Hurst, Jody, of	.278	54	187	33	52	8	0	8	25	28	45	9
Ingram, Riccardo, of	.271	118	421	58	114	14	1	18	64	40	77	6
#Kimberlin, Keith, ss-2b	.233	107	326	26	76	16	5	3	34	24	55	4
Leonhardt, Dave, 2b	.200	7	15	5	3	0	0	0	0	4	4	0
Marigny, Ron, 3b-2b	.271	25	85	14	23	3	1	0	6	15	17	2
Michel, Domingo, dh-of	.269	49	145	18	39	4	1	2	14	43	42	1
Pegues, Steve, of-dh	.301	56	216	24	65	3	2	6	26	8	24	4
#Reimink, Rob, 3b-2b	.258	89	279	37	72	9	1	2	18	51	67	2
Rodriguez, Ruben, c	.282	14	39	5	11	4	0	2	3	5	8	0
Woodruff, Pat, of	.212	59	179	14	38	8	0	1	23	25	56	4

PITCHING	W	L	ERA	G	GS	CG	SV	IP	H	R	ER	BB	SO
*Cook, Ron	0	1	10.13	3	0	0	0	5	11	9	6	8	2
DeSilva, John	5	4	2.81	11	11	2	0	74	51	24	23	24	80
Doherty, John	3	3	2.22	53	0	0	15	65	62	29	16	21	42
Gohr, Greg	0	0	0.00	2	2	0	0	11	9	0	0	2	10
*Groom, Buddy	7	1	3.48	11	7	0	0	52	51	20	20	12	39
Hansen, Mike	4	5	3.32	21	10	1	1	84	71	35	31	33	61
*Hursey, Darren	2	2	5.16	35	1	0	2	68	81	47	39	30	35
Kerfeld, Charley	1	1	3.12	11	1	0	2	17	9	7	6	11	18
Knudsen, Kurt	2	3	3.48	34	0	0	6	52	42	29	20	30	56
Krumm, Todd	4	8	7.10	18	12	1	0	77	103	70	61	42	61

Detroit first baseman Cecil Fielder increased his two-year home run total to 95, by swatting 44 in 1991.

PITCHING	W	L	ERA	G	GS	CG	SV	IP	H	R	ER	BB	SO
*Lovelace, Vance	1	0	5.52	9	0	0	0	15	18	14	9	9	12
*Marshall, Randy	8	10	4.47	27	27	4	0	159	186	92	79	27	105
*Ramos, Jose	2	5	3.80	34	4	0	0	64	67	37	27	25	43
Rightnowar, Ron	2	1	3.91	15	0	0	3	25	27	13	11	8	18
Rivera, Lino	2	2	3.71	17	0	0	0	27	25	13	11	11	19
Stone, Eric	1	5	5.74	6	6	0	0	27	26	18	17	25	10
*Vesling, Don	7	8	4.49	18	18	3	0	112	127	67	56	47	52
Willis, Marty	5	12	3.64	31	23	3	0	156	154	75	63	69	98
Wolf, Steve	5	7	4.80	17	17	2	0	101	109	59	54	63	67

LAKELAND — A

FLORIDA STATE LEAGUE

BATTING	AVG	G	AB	R	H	2B	3B	HR	RBI	BB	SO	SB
Albright, Eric, c	.211	64	185	23	39	9	0	3	22	42	41	3
Anglero, Jose, 3b-ss	.222	104	316	37	70	6	4	0	19	36	66	9
Cabrera, Basilio, of	.286	74	266	29	76	15	4	3	34	16	41	17
*Cornelius, Brian, of-1b	.279	121	438	57	122	16	9	6	59	45	67	4
*Dubose, Brian, dh-1b	.200	15	35	7	7	2	0	1	6	10	12	0
Fermin, Carlos, ss-3b	.200	7	15	3	3	0	0	0	4	0	1	0
Gillette, Mike, c	.275	17	51	8	14	3	0	0	6	5	13	0
Goodale, Jeff, of	.233	31	90	8	21	2	0	0	4	18	24	1
Green, Steve, of-dh	.238	20	63	7	15	4	0	2	6	6	17	0
#Howard, Ron, 2b-3b	.243	109	350	53	85	14	6	4	37	34	77	14
Maldonado, Carlos, 3b-ss	.167	26	54	7	9	1	0	0	2	3	7	1
Marigny, Ron, 3b-2b	.291	54	189	33	55	7	5	0	25	28	30	6
McNamara, Denny, of	.237	64	207	39	49	11	3	4	34	41	35	11
Mendenhall, Kirk, ss	.251	111	354	38	89	10	4	1	38	36	57	9
Pemberton, Rudy, of	.229	111	375	40	86	15	2	3	36	25	52	25
Radachowsky, Gregg, c	.000	1	0	0	0	0	0	0	0	0	0	0
*Rendina, Mike, 1b	.214	115	359	36	77	7	2	4	41	54	62	2
#Sawkiw, Warren, dh-2b	.271	112	420	58	114	20	7	2	42	42	87	2
Sellers, Rick, c	.275	71	244	33	67	8	2	8	32	26	62	3
*Wilson, Brad, c	.100	10	10	0	1	0	0	0	0	2	2	0
Woodruff, Pat, of	.326	41	144	25	47	3	2	6	28	27	28	13

PITCHING	W	L	ERA	G	GS	CG	SV	IP	H	R	ER	BB	SO
Braley, Jeff	4	4	2.63	61	0	0	24	72	65	28	21	25	50
*Cook, Ron	3	4	3.30	29	1	0	1	44	47	23	16	13	27
Drell, Tom	6	10	2.91	28	21	1	0	130	115	50	42	43	56
Ettles, Mark	2	1	4.76	8	1	0	0	17	19	11	9	5	15
Ferm, Ed	4	8	5.00	17	15	0	0	72	69	49	40	57	42
Garcia, Mike	6	8	3.13	25	24	0	0	144	130	63	50	41	109

ORGANIZATION LEADERS

John DeSilva
. . . Strikeout leader

BATTING
*AVG	Rob Grable, Niagara Falls	.303
R	Johnny Paredes, Toledo	82
H	Johnny Paredes, Toledo	146
TB	Johnny Paredes, Toledo	186
2B	Shawn Hare, London-Toledo	30
3B	Brian Cornelius, Lakeland	9
HR	Two tied at	18
RBI	Shawn Hare, London-Toledo	70
SB	Lou Frazier, London	42

PITCHING
W	Four tied at	11
L	Marty Willis, London	12
†ERA	Bob Undorf, Fay.-Niag. Falls	1.63
G	Jeff Braley, Lakeland	61
CG	Two tied at	4
SV	Jeff Braley, Lakeland	24
IP	Steve Wolf, Lakeland-London	160
BB	Two tied at	77
SO	John DeSilva, London-Toledo	136

Minor Leaguers Only *Minimum 250 At-Bats †Minimum 75 Innings

PITCHING	W	L	ERA	G	GS	CG	SV	IP	H	R	ER	BB	SO
*Gonzales, Frank	11	5	3.39	25	25	1	0	146	130	62	55	55	99
*Henry, Jimmy	0	0	3.27	6	0	0	0	11	13	4	4	5	7
Krumm, Todd	3	3	3.00	8	0	0	0	36	28	16	12	13	23
Leimeister, Eric	2	2	5.55	35	0	0	0	60	77	41	37	28	32
Lima, Jose	0	1	10.38	4	1	0	0	9	16	10	10	2	5
Lumley, Mike	6	3	2.84	43	3	0	6	70	55	30	22	27	72
*Marcero, Doug	0	0	40.50	2	0	0	0	1	5	7	6	2	0
*Ramos, Jose	2	0	1.31	12	0	0	0	21	12	3	3	8	13
Rivera, Lino	2	1	3.38	14	0	0	3	16	18	7	6	5	17
Schwarber, Tom	2	2	6.26	8	5	0	0	23	22	16	16	17	18
Torres, Leonardo	4	2	2.76	42	1	0	0	78	53	31	24	34	85
Warren, Brian	8	2	2.53	17	16	4	0	103	86	34	29	15	75
Wolf, Steve	6	0	1.83	9	9	0	0	59	42	14	12	14	59

FAYETTEVILLE (A)

SOUTH ATLANTIC LEAGUE

BATTING	AVG	G	AB	R	H	2B	3B	HR	RBI	BB	SO	SB
Alder, Jimmy, 3b	.192	57	167	19	32	6	1	3	17	29	73	2
Bautista, Danny, of	.192	69	234	21	45	6	4	1	30	21	65	7
Fermin, Carlos, 2b	.214	73	224	23	48	3	0	0	19	17	36	6
Givens, Jim, ss-3b	.248	60	226	27	56	5	0	0	15	17	31	13
Goodale, Jeff, of	.326	43	141	22	46	7	1	3	26	18	19	12
Guerrero, Gustavo, ss	.056	10	18	3	1	0	0	0	0	4	6	0
Haley, Ryan, c-dh	.188	17	48	4	9	1	0	0	4	8	6	1
Keating, David, of	.264	70	216	27	57	5	2	0	27	25	45	13
Kimbler, Doug, 3b	.233	27	86	19	20	3	0	4	14	23	23	2
Leonhardt, Dave, 3b-2b	.236	55	191	17	45	5	1	0	19	21	35	9
Looney, Steve, of	.244	118	389	54	95	8	4	5	34	41	85	22
Maldonado, Carlos, ss-2b	.253	50	190	24	48	14	0	2	14	15	27	3
*O'Neal, Kelley, 2b	.251	114	395	66	99	10	3	1	26	48	75	22
Perona, Joe, c	.265	46	147	25	39	7	2	6	25	23	19	5
Radachowsky, Gregg, c	.143	5	14	2	2	1	0	0	1	5	7	1
*Rogers, Danny, 1b	.230	112	391	39	90	17	2	11	67	41	132	1
Ruff, Dan, 1b-of	.256	60	203	18	52	10	1	4	35	21	41	3
Sadler, Sean, c	.234	39	124	16	29	5	1	2	11	12	30	3
Saltzgaber, Brian, dh-c	.261	111	376	54	98	16	0	2	29	60	61	11
*Seja, Aaron, of	.179	37	106	6	19	0	0	0	6	18	37	1
Tillman, Mark, of	.196	49	138	14	27	1	0	0	3	19	34	3
Weinberg, Michael, of	.217	45	157	14	34	7	1	2	11	15	47	6
*Wilson, Brad, c-dh	.193	55	171	16	33	10	0	1	16	23	36	3

PITCHING	W	L	ERA	G	GS	CG	SV	IP	H	R	ER	BB	SO
*Bauer, Matt	2	0	1.80	4	0	0	0	10	7	2	2	3	9
*Coppeta, Greg	11	10	5.14	28	27	0	0	151	184	95	86	48	96
Fazekas, Rob	1	4	1.98	24	0	0	6	27	28	12	6	20	32
Guilfoyle, Mike	1	4	2.66	40	0	0	8	47	41	22	14	26	44
*Haeger, Greg	4	10	4.14	23	23	1	0	120	117	67	55	71	104
Kosenski, John	3	2	2.69	37	1	0	2	74	59	32	22	45	42
Lima, Jose	1	3	4.97	18	7	0	0	58	53	38	32	25	60
Lira, Felipe	5	5	4.66	15	13	0	1	73	79	43	38	19	56
Neidinger, Joe	5	11	4.66	31	11	0	1	104	122	72	54	29	49
Pfaff, Jason	3	6	4.46	14	12	2	0	75	80	41	37	14	43
Reincke, Corey	3	4	5.40	12	12	0	0	58	56	43	35	36	43
*Rodriguez, Ed	7	8	3.28	32	18	2	0	140	117	62	51	73	119
Stidham, Phil	0	1	1.60	28	0	0	8	34	25	12	6	16	20
Stokes, Randy	3	3	4.22	38	2	0	0	75	66	37	35	28	55
Undorf, Bob	4	1	1.60	22	0	0	3	45	39	19	8	10	48

PITCHING	W	L	ERA	G	GS	CG	SV	IP	H	R	ER	BB	SO
Warren, Brian	3	1	2.10	10	1	0	0	26	18	6	6	5	28
Withem, Shannon	2	6	8.50	11	11	0	0	48	71	53	45	28	19

NIAGARA FALLS — A

NEW YORK-PENN LEAGUE

BATTING	AVG	G	AB	R	H	2B	3B	HR	RBI	BB	SO	SB
#Brown, Jimmy, of-3b	.154	42	104	11	16	0	0	0	6	22	26	6
Burguillos, Carlos, of	.275	54	167	22	46	11	0	0	18	22	58	1
*Dubose, Brian, 1b	.256	44	164	26	42	7	1	0	31	17	32	3
Feeley, Peter, of	.246	57	211	42	52	5	2	4	31	22	51	5
Gibson, Tom, of	.153	30	85	10	13	3	0	0	5	11	30	4
Grable, Rob, 3b-dh	.303	73	251	48	76	18	2	7	48	47	55	2
Guerrero, Gustavo, 3b-ss	.000	4	14	1	0	0	0	0	0	0	5	0
Haley, Ryan, c	.148	11	27	4	4	1	0	0	2	2	8	0
*Higginbotham, Robin, of	.265	49	166	15	44	5	0	5	21	10	33	7
Johnson, A.J., 3b-dh	.253	53	178	33	45	5	1	0	7	24	49	10
Miller, Kevin, c	.288	45	146	23	42	12	1	1	23	22	40	1
Morgan, Kevin, ss	.238	70	252	23	60	13	0	0	26	22	49	8
#Pratte, Evan, 2b	.292	77	291	53	85	10	2	0	29	53	45	14
Radachowsky, Gregg, dh	.000	2	3	1	0	0	0	0	0	3	1	0
*Rea, Clarke, c	.184	50	147	8	27	3	0	1	18	34	34	0
*Rojas, Roberto, of	.214	7	14	2	3	1	0	0	0	6	1	0
Sadler, Sean, 1b-c	.192	43	151	13	29	7	0	0	17	17	29	0
Seja, Aaron, of	.125	12	24	2	3	0	0	0	0	3	6	2
*Sullivan, Brian, of	.302	48	162	40	49	8	5	2	27	36	24	13

PITCHING	W	L	ERA	G	GS	CG	SV	IP	H	R	ER	BB	SO
Bergman, Sean	5	7	4.46	15	15	0	0	85	87	57	42	42	77
Blomdahl, Ben	6	4	4.46	16	13	0	0	79	72	43	39	50	30
Durussel, Scott	3	0	4.64	18	1	0	3	33	38	25	17	17	23
*Henry, Jimmy	8	4	2.22	15	15	2	0	97	73	34	24	54	79
*Kelley, Rich	4	8	3.32	15	13	0	0	81	75	38	30	33	78
*Lemay, Bob	2	3	2.88	17	1	0	1	34	27	17	11	21	32
Martin, Doug	3	1	4.73	19	2	0	2	46	47	33	24	16	26
Miller, Henry	0	0	16.20	2	0	0	0	2	3	3	3	4	3
Reid, John	0	0	4.40	17	0	0	3	29	30	20	14	9	13
Reincke, Corey	0	3	5.73	11	6	0	1	33	36	27	21	29	22
Turri, Shawn	0	1	7.53	12	0	0	0	14	16	19	12	15	15
Undorf, Bob	2	1	1.67	15	0	0	4	32	22	9	6	11	32
*Walsh, Dennis	2	6	3.73	18	9	0	3	70	60	39	29	31	82
Withem, Shannon	1	2	3.33	8	3	0	0	27	26	12	10	11	17

BRISTOL — R

APPALACHIAN LEAGUE

BATTING	AVG	G	AB	R	H	2B	3B	HR	RBI	BB	SO	SB
Alder, Jimmy, 3b	.215	49	149	16	32	4	2	6	21	31	64	3
Bradford, Vince, of-dh	.128	34	86	6	11	1	1	0	0	7	48	3
*Brock, Tarrick, of-dh	.266	55	177	26	47	7	3	1	13	22	42	14
#Caro, Jorge, 1b	.214	54	126	10	27	2	0	2	15	17	32	7
Diaz, Carlos, 2b-ss	.130	37	92	12	12	0	0	0	6	15	26	2
#Givens, Jim, ss-2b	.250	4	12	3	3	0	0	0	1	1	1	1
Guerrero, Gustavo, ss	.142	57	155	13	22	6	0	0	5	19	57	5
Hernandez, Luis, 2b-3b	.215	41	130	20	28	4	0	3	16	14	34	9
Johnson, Art, ss	.182	3	11	2	2	0	0	0	0	0	1	2
Kimsey, Keith, of	.159	53	164	10	26	3	0	3	17	14	60	2
Mashore, Justin, of	.203	58	177	29	36	3	0	3	11	28	65	17
#Mezzanotte, Tom, 1b-c	.304	56	168	23	51	10	0	6	25	17	24	1
#Moreno, Jorge, 3b-of	.197	49	122	10	24	2	0	0	6	11	43	0
Perona, Joe, c	.500	5	16	1	8	3	0	1	3	3	1	2
Prichard, Brian, c	.109	28	64	6	7	0	1	1	3	11	34	0
*Rojas, Roberto, of-dh	.175	38	103	10	18	3	0	0	5	14	38	7
*Ruff, Dan, of-1b	.462	4	13	3	6	4	0	0	5	1	2	0
Sanjurjo, Jose, of	.078	32	64	7	5	1	0	0	7	7	21	2
Sutey, John, of	.240	40	96	10	23	5	0	1	7	18	27	3
Ubina, Alex, c	.286	12	28	1	8	1	0	0	2	1	5	0
Yelton, Rob, c	.301	40	103	7	31	4	3	0	12	5	14	4

PITCHING	W	L	ERA	G	GS	CG	SV	IP	H	R	ER	BB	SO
Adams, Art	0	4	4.35	19	5	0	3	50	48	36	24	33	57
*Bauer, Matt	5	3	3.19	15	2	0	4	37	33	15	13	8	39
Bussa, Todd	1	2	2.73	12	1	0	1	30	28	16	9	17	26
Cedeno, Blas	1	4	3.80	14	2	0	0	45	47	36	19	18	37
Durussell, Scott	0	0	1.88	6	0	0	2	14	14	3	3	4	16
Edmondson, Brian	4	4	4.57	12	12	1	0	69	72	38	35	23	42
Megrini, Paul	1	3	3.18	7	6	0	1	28	20	12	10	21	19
*Miller, Trever	2	7	5.67	13	13	0	0	54	60	44	34	29	46
Nelson, Brian	0	0	214.18	8	4	0	0	13	12	29	21	38	11
*Perpetuo, Nelson	0	3	5.79	8	0	0	0	14	18	11	9	5	9
Quiles, Henry	1	1	3.66	11	2	0	0	32	28	21	13	9	31
Raffo, Greg	3	1	4.59	19	1	0	2	49	47	25	25	27	63
Rodriguez, Alejandro	0	0	7.71	2	0	0	0	7	9	6	6	5	5
Schwarber, Tom	2	0	0.00	4	0	0	1	10	7	2	0	2	15
Sodowsky, Clint	0	5	3.76	14	8	0	0	55	49	34	23	34	44
*Thompson, Justin	2	5	3.60	10	10	0	0	50	45	29	20	24	60

HOUSTON ASTROS

Manager: Art Howe.
1991 Record: 65-97, .401 (6th, NL West).

BATTING	AVG	G	AB	R	H	2B	3B	HR	RBI	BB	SO	SB
*Anthony, Eric	.153	39	118	11	18	6	0	1	7	12	41	1
Bagwell, Jeff	.294	156	554	79	163	26	4	15	82	75	116	7
Biggio, Craig	.295	149	546	79	161	23	4	4	46	53	71	19
#Caminiti, Ken	.253	152	574	65	145	30	3	13	80	46	85	4
#Candaele, Casey	.262	151	461	44	121	20	7	4	50	40	49	9
Cedeno, Andujar	.243	67	251	27	61	13	2	9	36	9	74	4
Cooper, Gary	.250	9	16	1	4	1	0	0	2	3	6	0
Davidson, Mark	.190	85	142	10	27	6	0	2	15	12	28	0
Eusebio, Tony	.105	10	19	4	2	1	0	0	0	6	8	0
*Finley, Steve	.285	159	596	84	170	28	10	8	54	42	65	34
*Gonzalez, Luis	.254	137	473	51	120	28	9	13	69	40	101	10
*Lofton, Kenny	.203	20	74	9	15	1	0	0	0	5	19	2
#McLemore, Mark	.148	21	61	6	9	1	0	0	2	6	13	0
Mota, Andy	.189	27	90	4	17	2	0	1	6	1	17	2
Nichols, Carl	.196	20	51	3	10	3	0	0	1	5	17	0
Oberkfell, Ken	.229	53	70	7	16	4	0	0	14	14	8	0
Ortiz, Javier	.277	47	83	7	23	4	1	1	5	14	14	0
Ramirez, Rafael	.236	101	233	17	55	10	0	1	20	13	40	3
*Rhodes, Karl	.213	44	136	7	29	3	1	1	12	14	26	2
#Rohde, Dave	.122	29	41	3	5	0	0	0	0	5	8	0
Servais, Scott	.162	16	37	0	6	3	0	0	6	4	8	0
Simms, Mike	.203	49	123	18	25	5	0	3	16	18	38	1
*Tolentino, Jose	.259	44	54	6	14	4	0	1	6	4	9	0
Yelding, Eric	.243	78	276	19	67	11	1	1	20	13	46	11
#Young, Gerald	.218	108	142	26	31	3	1	1	11	24	17	16

PITCHING	W	L	ERA	G	GS	CG	SV	IP	H	R	ER	BB	SO
Bowen, Ryan	6	4	5.15	14	13	0	0	72	73	43	41	36	49
Capel, Mike	1	3	3.03	25	0	0	3	33	33	14	11	15	23
Clancy, Jim	0	3	2.78	30	0	0	5	55	37	19	17	20	33
Corsi, Jim	0	5	3.71	47	0	0	0	78	76	37	32	23	53
*Deshaies, Jim	5	12	4.98	28	28	1	0	161	156	90	89	72	98
Gardner, Chris	1	2	4.01	5	4	0	0	25	19	12	11	14	12
Harnisch, Pete	12	9	2.70	33	33	4	0	217	169	71	65	83	172
Henry, Dwayne	3	2	3.19	52	0	0	2	68	51	25	24	39	51
Hernandez, Xavier	2	7	4.71	32	6	0	3	63	66	34	33	32	55
Jones, Jimmy	6	8	4.39	26	22	1	0	135	143	73	66	51	88
Juden, Jeff	0	2	6.00	4	3	0	0	18	19	14	12	7	11
Kile, Darryl	7	11	3.69	37	22	0	0	154	144	81	63	84	100
*Mallicoat, Rob	0	2	3.86	24	0	0	1	23	22	10	10	13	18
*Osuna, Al	7	6	3.42	71	0	0	12	82	59	39	31	46	68
Portugal, Mark	10	12	4.49	32	27	1	1	168	163	91	84	59	120
Schilling, Curt	3	5	3.81	56	0	0	8	76	79	35	32	39	71
Scott, Mike	0	2	12.86	2	2	0	0	7	11	10	10	4	3
Wilkins, Dean	2	1	11.25	7	0	0	1	8	16	14	10	10	4
Williams, Brian	0	1	3.75	2	2	0	0	12	11	5	5	4	4

FIELDING

Catching	PCT	G	PO	A	E
Biggio	.990	139	889	64	10
Eusebio	.981	9	49	4	1
Nichols	.971	17	86	14	3
Servais	.988	14	77	4	1

First Base	PCT	G	PO	A	E
Bagwell	.991	155	1270	106	12
Oberkfell	1.000	13	66	8	0
Rohde	1.000	1	3	0	0
*Tolentino	.982	10	49	5	1

Second Base	PCT	G	PO	A	E
Biggio	.929	3	5	8	1
Candaele	.982	109	197	301	9
McLemore	.975	19	25	54	2
Mota	.970	27	31	65	3
Ramirez	.978	27	35	52	2
Rohde	1.000	4	7	12	0

Third Base	PCT	G	PO	A	E
Caminiti	.948	152	129	293	23
Candaele	.958	11	7	16	1
Cooper	.857	4	3	3	1
Oberkfell	.818	4	4	5	2

	PCT	G	PO	A	E
Ramirez	1.000	2	0	1	0
Rohde	1.000	3	0	3	0

Shortstop	PCT	G	PO	A	E
Cedeno	.930	66	88	150	18
Ramirez	.953	45	50	72	6
Rohde	1.000	3	3	8	0
Yelding	.939	72	113	166	18

Outfield	PCT	G	PO	A	E
*Anthony	.986	37	64	5	1
Biggio	1.000	2	0	1	0
Candaele	1.000	26	40	1	0
Davidson	1.000	63	71	1	0
*Finley	.985	153	324	13	5
Gonzalez	.984	133	293	6	5
*Lofton	.977	20	41	1	1
Ortiz	1.000	24	27	2	0
*Rhodes	.958	44	87	4	4
Simms	.889	41	44	4	6
*Tolentino	1.000	1	4	0	0
Yelding	.333	4	1	0	2
Young	1.000	84	96	4	0

ASTROS FARM SYSTEM

Class	Club	League	W	L	Pct.	Manager
AAA	Tucson	Pacific Coast	79	61	.564	Bob Skinner
AA	Jackson	Texas	70	66	.515	Rick Sweet
A	Osceola	Florida State	64	63	.504	Sal Butera
A	Burlington	Midwest	67	70	.489	Tim Tolman
A	Asheville	South Atlantic	55	83	.399	Frank Cacciatore
A	Auburn	New York-Penn	38	39	.494	Steve Dillard
Rookie	Kissimmee	Gulf Coast	27	33	.450	Julio Linares

TUCSON — AAA
PACIFIC COAST LEAGUE

BATTING	AVG	G	AB	R	H	2B	3B	HR	RBI	BB	SO	SB
*Anthony, Eric, of	.336	79	318	57	107	22	2	9	63	25	58	11
#Baker, Doug, 3b-ss	.183	73	164	17	30	1	2	1	15	14	23	0
Cedeno, Andujar, ss	.303	93	347	49	105	19	6	7	55	19	68	5
Colombino, Carlo, 3b	.273	81	198	38	54	12	1	1	25	13	32	1
Cooper, Gary, 3b-of	.305	120	406	86	124	25	6	14	75	66	107	7
Dean, Kevin, of	.333	17	48	14	16	4	2	0	5	11	17	1
Engle, Dave, ph	.000	1	1	0	0	0	0	0	0	0	0	0
Eusebio, Tony, c	.400	5	20	5	8	1	0	0	2	3	3	1
#Hubbard, Trent, 2b	.000	2	4	0	0	0	0	0	0	0	0	0
*Lofton, Kenny, of	.308	130	545	93	168	19	17	2	50	52	95	40
Massarelli, John, c-of	.268	46	127	19	34	7	1	0	16	15	18	10
McGriff, Terry, c-dh	.288	51	146	18	42	15	1	0	24	16	20	0
#McLemore, Mark, 2b	.357	4	14	2	5	1	0	0	0	2	1	0
Mikulik, Joe, of	.500	2	4	2	2	0	0	0	0	0	0	0
Mota, Andy, 2b	.299	123	462	65	138	19	4	2	46	22	76	14
Nelson, Rob, 1b	.278	25	90	14	25	6	1	3	25	12	39	1
Nichols, Carl, c	.215	36	121	13	26	4	1	3	17	17	27	0
Ortiz, Javier, of	.323	34	127	20	41	13	0	3	22	10	22	0
*Rhodes, Karl, of	.260	84	308	45	80	17	1	4	46	38	47	5
Rohde, Dave, ss-3b	.372	73	253	36	94	10	4	1	40	52	34	15
Servais, Scott, c	.324	60	219	34	71	12	0	2	27	13	19	0
Simms, Mike, of-1b	.246	85	297	53	73	20	2	15	59	36	94	2
*Tolentino, Jose, 1b	.290	90	303	44	88	24	5	6	51	44	44	2
Yelding, Eric, ss	.395	11	43	6	17	3	0	0	3	4	4	4
#Young, Gerald, of	.304	24	79	14	24	2	3	0	17	14	8	3

PITCHING	W	L	ERA	G	GS	CG	SV	IP	H	R	ER	BB	SO
*Allen, Harold	0	2	19.50	5	4	0	0	12	25	27	26	22	6
Bowen, Ryan	5	5	4.38	18	18	3	0	99	114	56	48	56	78
Capel, Mike	4	2	2.40	30	0	0	3	56	49	16	15	17	44
Childress, Rocky	0	1	6.92	7	0	0	0	13	21	13	10	2	6
Clark, Terry	14	7	4.66	26	26	2	0	164	200	104	85	37	97
Corsi, Jim	0	0	0.00	2	0	0	0	3	2	0	0	0	4
Freeland, Dean	1	3	6.42	22	0	0	0	41	63	36	29	25	30
*Hartgraves, Dean	3	0	3.09	16	3	1	0	44	47	17	15	20	18
Hennis, Randy	4	0	3.36	11	10	0	0	62	69	28	23	31	41
*Henry, Butch	10	11	4.80	27	27	2	0	154	192	92	82	42	97
Hernandez, Xavier	2	1	2.75	16	3	0	4	36	35	16	11	9	34
*Ilsley, Blaise	8	6	4.27	46	4	0	0	86	105	51	41	27	52
Juden, Jeff	3	2	3.18	10	10	0	0	57	56	28	20	25	31
*Mallicoat, Rob	4	4	5.48	19	6	0	1	48	43	32	29	38	32
Schilling, Curt	0	1	3.42	13	0	0	3	24	16	9	9	12	21
Schiraldi, Calvin	3	2	4.47	15	8	0	0	54	62	28	27	21	49
Sebra, Bob	4	2	3.75	30	2	0	4	60	64	33	25	32	52
Tunnell, Lee	5	3	3.84	20	11	1	0	73	78	38	31	27	41
Turner, Matt	1	1	4.15	13	0	0	1	26	27	12	12	14	25
Wilkins, Dean	8	7	4.20	65	0	0	21	84	84	47	39	43	65
Williams, Brian	0	1	4.93	7	7	0	0	38	39	25	21	22	29

JACKSON — AA
TEXAS LEAGUE

BATTING	AVG	G	AB	R	H	2B	3B	HR	RBI	BB	SO	SB
Ansley, Willie, of-dh	.232	77	233	43	54	15	5	1	20	43	66	9
#Baldwin, Jeff, 1b	.206	11	34	7	7	0	0	0	4	9	6	0
Beuerlein, Ed, c	.263	9	19	4	5	1	0	1	4	4	2	0
Dean, Kevin, of	.237	98	278	34	66	11	4	2	33	53	80	9
Eusebio, Tony, c	.261	66	222	27	58	8	3	2	31	25	54	3
*Forrester, Tom, of	.231	26	39	4	9	3	0	0	5	6	9	0
Hajek, David, 3b-ss	.191	37	94	10	18	6	0	0	9	7	12	2
#Harris, Rusty, ss-2b	.240	51	150	21	36	9	0	0	18	22	26	4
#Hubbard, Trent, 2b	.297	126	455	78	135	21	3	2	41	65	81	39
#Hunter, Bert, of-1b	.256	120	379	58	97	17	7	1	43	57	92	32
Jenkins, Bernard, of	.260	109	335	42	87	14	4	5	36	26	83	21
#Kellner, Frank, ss	.270	83	211	47	57	7	4	2	25	29	37	6
Madsen, Lance, 3b	.221	123	407	54	90	21	5	7	50	41	122	8
Makarewicz, Scott, c	.231	76	229	23	53	9	0	2	30	18	36	1
Massarelli, John, c	.211	12	38	3	8	2	0	0	0	1	2	4
#McLemore, Mark, 2b	.227	7	22	6	5	3	0	1	4	6	3	1
Mikulik, Joe, of	.293	133	492	76	144	17	6	15	94	41	62	20
Miller, Orlando, ss	.186	23	70	5	13	6	0	1	5	3	18	1

BATTING	AVG	G	AB	R	H	2B	3B	HR	RBI	BB	SO	SB
*Prager, Howard, 1b	.305	109	357	57	109	26	2	11	65	52	75	9
Renteria, Ed, ss-2b	.288	18	59	11	17	3	0	1	6	4	5	2

PITCHING	W	L	ERA	G	GS	CG	SV	IP	H	R	ER	BB	SO
*Allen, Harold	4	7	4.50	26	14	0	0	92	90	65	46	73	61
August, Sam	1	2	5.24	7	7	0	0	34	27	22	20	19	25
Bauer, Pete	3	7	3.81	46	0	0	1	78	50	36	33	33	80
Coffman, Kevin	8	7	5.03	30	19	1	1	106	79	71	59	101	105
Freeland, Dean	0	1	9.00	1	1	0	0	4	9	5	4	2	1
Gardner, Chris	13	5	3.15	22	22	1	0	131	116	57	46	75	72
*Grovom, Carl	1	1	3.63	10	0	0	0	17	18	9	7	8	17
*Hartgraves, Dean	6	5	2.68	19	9	3	0	74	60	25	22	25	44
Jones, Todd	4	3	4.88	10	10	0	0	55	51	37	30	39	37
Juden, Jeff	6	3	3.10	16	16	0	0	96	84	43	33	44	75
Kaiser, Keith	1	4	11.54	14	9	0	0	39	40	62	50	71	41
LaRose, Steve	4	3	4.05	26	0	0	6	33	34	23	15	22	29
*Mallicoat, Rob	4	1	3.77	18	0	0	1	31	20	15	13	11	34
*Resnikoff, Rob	1	1	3.00	26	0	0	1	42	40	18	14	13	34
Reynolds, Shane	8	9	4.47	27	27	2	0	151	165	93	75	62	116
*Richards, Dave	1	1	2.66	29	0	0	1	44	30	13	13	22	55
Sebra, Bob	0	0	0.00	1	0	0	0	2	1	0	0	0	3
Simon, Rich	4	2	2.18	56	0	0	20	70	55	23	17	30	54
*Trice, Wally	1	3	4.18	20	0	0	1	24	26	12	11	5	27
Williams, Brian	2	1	4.20	3	3	0	0	15	17	8	7	7	15
*Windes, Rodney	1	0	1.29	13	0	0	0	21	23	5	3	15	19

OSCEOLA — A

FLORIDA STATE LEAGUE

BATTING	AVG	G	AB	R	H	2B	3B	HR	RBI	BB	SO	SB
Angotti, Don, dh-c	.000	5	7	1	0	0	0	0	0	1	3	0
Ansley, Willie, dh	.087	15	46	3	4	0	0	0	3	13	18	3
Ball, Jeff, 3b	.246	117	391	53	96	15	3	5	51	49	74	20
Bell, Jim, c	.100	14	30	1	3	1	0	0	3	6	10	1
Berry, Perry, 2b	.215	94	274	39	59	8	3	0	24	37	60	5
Beuerlein, Ed, dh-c	.224	62	192	23	43	8	0	8	23	28	59	1
*Curtis, Craig, 1b-of	.207	110	323	33	67	8	7	0	20	53	89	20
Dallas, Gershon, of	.263	99	338	42	89	16	1	2	47	21	61	9
Hajek, David, of-2b	.263	63	232	35	61	9	4	0	20	23	30	8
Hunter, Brian, of	.240	118	392	51	94	15	3	1	30	45	75	32
*Johnson, Luther, of	.146	44	96	5	14	3	0	0	5	12	33	2
#Kellner, Frank, ss	.216	53	204	27	44	8	1	1	15	20	24	8
Massarelli, John, of-c	.309	51	194	27	60	9	0	1	22	16	34	18
Miller, Orlando, ss	.298	74	272	27	81	11	2	0	36	13	30	1
Mota, Gary, of	.197	22	71	10	14	2	2	0	3	8	20	4
*Olmstead, Reed, 1b	.238	49	168	10	40	12	2	1	23	17	31	0
*Prager, Howard, 1b	.279	14	43	6	12	2	2	0	7	10	10	2
Renteria, Ed, 2b-3b	.281	71	231	24	65	10	0	0	27	27	23	9
Richison, David, 3b-2b	.000	4	5	0	0	0	0	0	1	1	3	0
Rodgers, Paul, of	.216	41	139	21	30	1	0	0	4	13	27	12
Roman, Vincent, dh-of	.292	19	72	15	21	5	0	0	6	3	6	7
Scott, Kevin, c	.214	104	341	31	73	8	0	0	27	33	84	12

PITCHING	W	L	ERA	G	GS	CG	SV	IP	H	R	ER	BB	SO
Costello, Fred	1	0	7.50	5	0	0	0	6	8	5	5	3	5
Farmer, Gordon	7	5	3.63	17	16	1	0	92	81	42	37	43	68
Griffiths, Brian	4	3	1.92	18	8	0	0	61	43	18	13	17	44
*Grovom, Carl	0	1	1.51	15	3	0	0	36	24	9	6	11	35
Hyson, Cole	8	10	4.18	25	23	3	0	131	134	68	61	63	91
Johnson, Lee	4	0	2.37	34	0	0	1	65	80	27	17	23	46
Jones, Todd	4	4	4.35	14	14	0	0	72	69	38	35	35	51
Kaiser, Keith	0	5	9.72	7	7	0	0	17	15	24	18	33	13
Luckham, Ken	8	12	3.89	27	27	3	0	162	158	80	70	61	91
*Morman, Alvin	0	0	1.50	3	0	0	0	6	5	3	1	2	3
Phillips, Montie	2	5	2.09	44	0	0	11	60	47	20	14	25	65
Ponte, Ed	7	6	1.78	47	0	0	10	76	43	21	15	21	82
*Resnikoff, Rob	0	0	0.48	8	0	0	0	19	13	2	1	6	24
Sebra, Bob	1	0	2.77	5	2	0	1	13	11	4	4	5	13
Small, Mark	3	0	1.61	26	0	0	2	45	30	10	8	19	44
Wall, Donnie	6	3	2.09	12	12	4	0	77	55	22	18	11	62
Williams, Brian	6	4	2.91	15	15	0	0	90	72	41	29	40	67
*Windes, Rodney	3	5	2.21	45	0	0	8	69	44	21	17	13	63

BURLINGTON — A

MIDWEST LEAGUE

BATTING	AVG	G	AB	R	H	2B	3B	HR	RBI	BB	SO	SB
Acta, Manny, 3b-2b	.257	78	276	27	71	14	1	2	35	16	40	0
Bennington, Jeff, c	.185	36	92	7	17	5	0	1	6	7	20	0
Beurlein, Ed, c	.235	12	34	5	8	2	0	0	7	6	9	0
Burns, Mike, of	.196	16	46	6	9	3	0	2	9	2	13	1
Chavez, Raul, ss	.257	114	420	54	108	17	0	3	41	25	65	1
Christopherson, Gary, dh-3b	.230	47	161	20	37	6	0	2	21	28	28	1
*Cruz, Ruben, of	.278	114	418	49	116	15	4	8	59	26	64	4
*Davis, Nick, dh-1b	.187	55	171	26	32	6	1	4	19	32	65	1
Gilmore, Tony, c	.272	82	276	25	75	12	0	1	27	25	45	2

ORGANIZATION LEADERS

BATTING
*AVG	Dave Rohde, Tucson	.372
R	Kenny Lofton, Tucson	93
H	Kenny Lofton, Tucson	168
TB	Kenny Lofton, Tucson	227
2B	Howard Prager, Osc.-Jack.	28
3B	Kenny Lofton, Tucson	17
HR	Tom Nevers, Asheville	16
RBI	Joe Mikulik, Jack.-Tucson	94
SB	Kenny Lofton, Tucson	40

PITCHING
W	Terry Clark, Tucson	14
L	Tyrone Scott, Burlington	14
†ERA	Jim Dougherty, Asheville	1.54
G	Dean Wilkins, Tucson	65
CG	Donnie Wall, Bur.-Osc.	7
SV	Jim Dougherty, Asheville	27
IP	Donnie Wall, Bur.-Osc.	184
BB	Keith Kaiser, Osc.-Jack.	104
SO	Donnie Wall, Bur.-Osc.	164

Kenny Lofton
... 17 3B, 40 SB

Minor Leaguers Only *Minimum 250 At-Bats †Minimum 75 Innings

BATTING	AVG	G	AB	R	H	2B	3B	HR	RBI	BB	SO	SB
Hatcher, Chris, of	.233	129	497	69	116	23	5	13	65	46	180	10
Henderson, David, ss-2b	.199	75	211	27	42	7	3	3	20	30	71	9
*Lambert, Layne, 3b	.263	73	255	36	67	9	0	3	31	26	50	2
Lanfranco, Raphael, c	.210	31	100	11	21	2	0	1	11	11	27	1
Montgomery, Ray, of	.252	120	433	60	109	24	3	3	57	47	85	16
*Petagine, Roberto, 1b	.259	124	432	72	112	24	1	12	58	71	74	7
Smith, Bryan, of	.239	105	330	37	79	5	0	0	30	27	99	29
Smith, Lance, c-dh	.250	3	12	0	3	1	0	0	0	0	3	0
*Thompson, Fletcher, 2b	.271	116	428	85	116	15	3	5	33	104	115	37

PITCHING	W	L	ERA	G	GS	CG	SV	IP	H	R	ER	BB	SO
Allen, David	5	7	5.22	27	18	1	0	109	134	73	63	37	73
Anderson, Tom	1	4	6.40	6	6	1	0	32	38	27	23	14	28
*Bjornson, Craig	1	2	5.15	6	6	0	0	37	43	25	21	19	22
Dovey, Troy	7	6	3.02	25	20	0	1	116	89	51	39	74	130
Gonzales, Ben	7	7	3.18	60	1	0	7	99	85	46	35	34	81
*Gutierrez, Anthony	7	4	2.69	32	13	0	0	107	78	46	32	62	126
*Hurta, Bob	6	2	3.32	56	0	0	3	62	40	35	23	59	82
Lane, Kevin	6	3	3.39	57	0	0	4	80	73	39	30	46	72
McDowell, Mike	1	0	6.56	17	0	0	0	23	26	21	17	24	16
Nieto, Roy	0	1	3.09	22	0	0	0	44	38	22	15	23	31
Normand, Guy	0	5	4.63	9	7	0	0	47	54	35	24	20	18
*Scott, Tyrone	7	14	5.94	27	27	0	0	142	179	117	94	89	98
*Trice, Wally	4	2	0.99	35	0	0	18	46	23	7	5	9	53
Wall, Donnie	7	5	2.03	16	16	3	0	107	73	30	24	21	102
Wheeler, Ken	8	8	3.34	25	23	2	0	151	145	66	56	52	101

ASHEVILLE (A)

SOUTH ATLANTIC LEAGUE

BATTING	AVG	G	AB	R	H	2B	3B	HR	RBI	BB	SO	SB
Angotti, Don, c-3b	.111	5	9	0	1	0	0	0	0	0	0	0
Burns, Mike, 1b	.246	72	244	26	60	12	1	7	40	21	60	2
Christopherson, Gary, 1b-3b	.251	59	187	23	47	10	0	1	23	29	8	1
*Davis, Nick, 1b	.176	27	85	4	15	0	0	1	4	7	27	1
Flores, Jose, 2b-3b	.220	87	223	23	49	7	1	2	16	25	28	3
Gonzales, John, of	.185	15	27	4	5	1	0	0	2	0	8	0
Groppuso, Mike, 3b	.183	63	197	31	36	12	1	4	25	34	60	3
#Harley, Al, 2b	.237	114	346	46	82	9	2	2	21	30	86	8
Hawkins, Darnel, of	.417	5	12	0	5	0	0	0	3	2	0	0
Hurlbutt, Bob, c	.209	76	206	17	43	9	0	2	17	11	59	0
Lanfranco, Raphael, c-dh	.138	18	29	2	4	0	0	0	2	9	8	0
#Montero, Alberto, 3b	.216	48	153	13	33	8	0	2	10	14	45	2
Nevers, Tom, ss	.251	129	442	59	111	26	2	16	71	53	124	10
Roman, Vince, of-dh	.279	91	298	51	83	15	1	3	16	27	48	23
*Rumsey, Roger, of	.291	60	175	33	51	7	1	5	21	24	21	10
Smith, Lance, c	.280	104	346	34	97	20	0	4	41	30	44	1
Swinton, Jermaine, of	.219	110	338	42	74	13	2	9	41	44	149	6
Veit, Steve, 1b	.193	71	192	11	37	3	0	0	19	8	58	0
Wallace, David, of	.254	123	402	62	102	12	1	3	36	62	100	23
*White, Jimmy, of	.256	128	437	66	112	22	2	8	43	43	133	12

PITCHING	W	L	ERA	G	GS	CG	SV	IP	H	R	ER	BB	SO
Barreiro, Efrain	0	3	3.90	18	1	0	0	28	24	15	12	21	21
*Bjornson, Craig	0	2	6.19	5	1	0	0	16	17	12	11	6	11
Branconier, Paul	6	10	3.57	26	25	3	0	141	142	77	56	36	96
Brown, Duane	6	13	4.43	31	20	2	1	146	163	86	72	44	78
Dougherty, Jim	3	1	1.52	62	0	0	28	83	63	17	14	25	78
*Fidler, Andy	1	2	5.06	33	0	0	1	53	50	35	30	58	47

1992 ALMANAC • 97

PITCHING	W	L	ERA	G	GS	CG	SV	IP	H	R	ER	BB	SO
*Gobel, Donnie	3	1	7.71	15	0	0	0	21	24	21	18	12	21
Hernandez, Javier	3	8	7.97	30	11	0	1	81	113	83	72	47	48
Ketchen, Doug	10	12	4.27	27	27	2	0	152	166	99	72	62	95
Nieves, Fionel	0	2	9.82	3	3	0	0	7	6	8	8	14	4
*Powers, Steve	8	9	4.36	36	15	1	0	126	122	74	61	59	100
*Prats, Mario	4	1	4.08	33	0	0	3	46	42	24	21	19	41
Quijada, Ed	8	8	3.77	22	13	3	2	88	75	44	37	28	59
Reed, Dennis	4	2	2.73	40	0	0	0	53	36	22	16	29	40
Wilson, David	1	9	5.44	22	22	0	0	101	118	72	61	46	96

AUBURN — A

NEW YORK-PENN LEAGUE

BATTING	AVG	G	AB	R	H	2B	3B	HR	RBI	BB	SO	SB
Angotti, Don, c-1b	.192	20	52	3	10	1	0	2	7	3	11	1
Cabrera, Miguel, of	.226	35	124	10	28	2	2	0	9	5	30	6
Cacini, Ron, ss-3b	.229	62	192	15	44	13	0	1	15	25	61	10
*Durkin, Chris, of	.256	69	246	31	63	10	3	5	35	30	64	20
Hobson, Todd, of	.155	14	174	20	27	4	1	0	10	8	63	11
Linares, Mario, c	.274	51	175	19	48	4	1	3	24	13	29	1
*Martinez, Eric, dh-1b	.320	73	278	40	89	20	1	9	58	19	32	4
*McGlone, Brian, ss-3b	.241	58	187	27	45	3	0	0	16	19	44	8
#Montero, Sixto, 3b	.217	41	143	18	31	4	0	2	19	14	23	1
Mouton, James, 2b	.264	76	288	71	76	15	10	2	40	55	32	60
Murphy, Mike, c	.167	25	66	5	11	1	0	0	3	11	11	0
Richison, David, 3b	.000	3	11	2	0	0	0	0	0	0	3	0
*Schulte, Rich, of	.278	72	263	47	73	7	7	0	27	29	65	12
Thompson, Brian, of-dh	.229	51	144	26	33	3	0	0	17	28	40	7
Winslow, Bryant, 1b	.252	62	214	31	54	7	1	5	23	25	64	3

PITCHING	W	L	ERA	G	GS	CG	SV	IP	H	R	ER	BB	SO
Anderson, Tom	2	3	3.64	9	9	0	0	54	51	23	22	18	44
*Biehl, Rod	5	3	3.48	19	8	0	0	78	51	36	30	55	75
Evans, James	2	5	3.65	17	4	0	2	44	39	25	18	23	28
Gallaher, Kevin	2	5	6.94	16	8	0	0	48	59	48	37	37	25
Holliday, Brian	2	3	3.59	10	10	0	0	53	53	28	21	27	34
Lewis, Jim	3	2	3.76	7	7	0	0	38	30	20	16	14	26
*Loughlin, Mark	8	2	2.01	15	15	1	0	94	73	32	21	32	78
Martinez, Luis	2	2	6.75	13	0	0	0	33	39	32	25	19	24
*Miller, Tony	3	2	4.61	20	1	0	7	27	29	18	14	20	36
*Rose, Heath	7	4	2.72	21	8	1	1	83	83	41	25	25	45
Sewell, Joe	0	1	8.74	9	0	0	0	16	16	13	11	10	6
Waring, Jim	0	4	3.84	21	7	0	3	61	70	39	26	10	56
White, Chris	2	3	3.66	26	0	0	8	47	46	25	19	17	38

KISSIMMEE — R

GULF COAST LEAGUE

BATTING	AVG	G	AB	R	H	2B	3B	HR	RBI	BB	SO	SB
#Abreu, Bob, of	.301	56	183	21	55	7	3	0	20	17	27	10
Albaladejo, Randy, c	.170	21	53	4	9	2	0	1	8	7	15	0
Calero, Enrique, 1b	.323	46	133	12	43	4	1	0	10	10	16	0
Campos, Francisco, c	.147	21	34	4	5	1	1	0	3	6	7	1
Castillo, Rafael, of	.300	9	30	2	9	0	0	0	3	1	7	5
Cedeno, Edguardo, 2b-dh	.191	33	110	11	21	4	0	0	10	2	36	7
#Centeno, Henri, 2b	.318	31	85	12	27	4	0	0	7	5	10	4
*Colon, Dennis, 2b-1b	.238	54	193	20	46	5	2	2	28	10	28	4
Gonzalez, Jim, c	.204	34	103	9	21	3	0	0	3	7	33	3
Grapenthien, Danny, 1b	.000	2	7	1	0	0	0	0	0	1	3	0
Hawkins, Darnel, of-dh	.309	45	139	25	43	4	2	2	23	28	24	14
Jarad, Samir, 1b-c	.214	5	14	2	3	0	1	0	1	2	7	1
Lee, Angelo, of	.170	18	53	4	9	0	1	0	1	4	20	4
#Livesey, Shawn, ss	.245	46	151	20	37	2	2	0	14	20	23	13
Martinez, Ramon, of	.139	38	101	6	14	3	1	0	6	9	26	6
*McNabb, Buck, of	.293	48	174	34	51	3	3	0	9	12	33	25
Ramos, Eddy, 3b	.277	54	202	22	56	8	4	2	29	5	44	1
Rodriguez, Noel, of	.164	22	55	4	9	1	0	0	6	1	11	2
#Santana, Jose, ss	.212	23	66	8	14	0	0	0	7	0	9	6

PITCHING	W	L	ERA	G	GS	CG	SV	IP	H	R	ER	BB	SO
*Bjornson, Craig	2	0	0.00	4	3	0	0	25	12	0	0	6	24
*Blest, Ricky	0	2	7.67	16	1	0	0	27	32	26	23	22	17
Boatman, Steve	1	4	6.14	16	4	0	1	37	45	38	25	24	20
*Bottoms, Derrick	2	3	2.93	16	2	0	6	31	29	16	10	16	29
Correa, Jorge	5	3	3.48	14	11	0	0	67	59	36	26	42	56
Dault, Donnie	0	0	0.00	3	0	0	0	4	0	0	0	2	3
Fesh, Sean	0	0	2.19	6	0	0	0	12	5	4	3	11	7
McCleod, Robert	4	3	1.93	9	9	2	0	51	39	19	11	33	39
Miller, Jeff	5	2	2.49	23	4	0	4	47	50	20	13	18	51
*Morman, Alvin	1	0	2.16	11	0	0	1	17	15	7	4	5	24
*Nix, David	0	5	6.34	9	6	0	0	33	44	27	23	14	24
Smith, Chuck	4	3	3.49	15	7	1	0	59	56	36	23	37	64
Spring, Josh	1	4	4.58	16	6	0	0	53	56	40	27	29	44
*Vandemark, John	0	0	6.75	2	0	0	0	1	2	1	1	0	1
*Young, Danny	1	4	7.99	13	7	0	0	33	32	33	29	39	41

KANSAS CITY ROYALS

Managers: John Wathan, Hal McRae.
1991 Record: 82-80, .506 (6th, AL West).

BATTING	AVG	G	AB	R	H	2B	3B	HR	RBI	BB	SO	SB
#Benzinger, Todd	.294	78	293	29	86	15	3	2	40	17	46	2
Berry, Sean	.133	31	60	5	8	3	0	0	1	5	23	0
*Brett, George	.255	131	505	77	129	40	2	10	61	58	75	2
*Clark, Dave	.200	11	10	1	2	0	0	0	1	1	5	0
Cole, Stu	.143	9	7	1	1	0	0	0	0	2	2	0
*Cromartie, Warren	.313	69	131	13	41	7	2	1	20	15	18	1
*Eisenreich, Jim	.301	135	375	47	113	22	3	2	47	20	35	5
*Gibson, Kirk	.236	132	462	81	109	17	6	16	55	69	103	18
#Howard, Dave	.216	94	236	20	51	7	0	1	17	16	45	3
#Liriano, Nelson	.409	10	22	5	9	0	0	0	1	0	2	0
Macfarlane, Mike	.277	84	267	34	74	18	2	13	41	17	52	1
Martinez, Carmelo	.207	44	121	17	25	6	0	4	17	27	25	0
*Mayne, Brent	.251	85	231	22	58	8	0	3	31	23	42	2
#McRae, Brian	.261	152	629	86	164	28	9	8	64	24	99	20
Moore, Bobby	.357	18	14	3	5	1	0	0	0	1	2	3
Morman, Russ	.261	12	23	1	6	0	0	0	1	1	5	0
Pecota, Bill	.286	125	398	53	114	23	2	6	45	41	45	16
Pedre, Jorge	.263	10	19	2	5	1	1	0	3	3	5	0
*Puhl, Terry	.222	15	18	0	4	0	0	0	3	3	2	0
Pulliam, Harvey	.273	18	33	4	9	1	0	3	4	3	9	0
Seitzer, Kevin	.265	85	234	28	62	11	3	1	25	29	21	4
Shumpert, Terry	.217	144	369	45	80	16	4	5	34	30	75	17
Spehr, Tim	.189	37	74	7	14	5	0	3	14	9	18	1
#Stillwell, Kurt	.265	122	385	44	102	17	1	6	51	33	56	3
Tartabull, Danny	.316	132	484	78	153	35	3	31	100	65	121	6
Thurman, Gary	.277	80	184	24	51	9	0	2	13	11	42	15
Zuvella, Paul	.000	2	0	0	0	0	0	0	0	0	0	0

PITCHING	W	L	ERA	G	GS	CG	SV	IP	H	R	ER	BB	SO
Appier, Kevin	13	10	3.42	34	31	6	0	208	205	97	79	61	158
Aquino, Luis	8	4	3.44	38	18	1	3	157	152	67	60	47	80
Boddicker, Mike	12	12	4.08	30	29	1	0	181	188	89	82	59	79
Corbin, Archie	0	0	3.86	2	0	0	0	2	3	1	1	2	1
Crawford, Steve	3	2	5.98	33	0	0	1	47	60	31	31	18	38
*Davis, Mark	6	3	4.45	29	5	0	1	63	55	36	31	39	47
Davis, Storm	3	9	4.96	51	9	1	2	114	140	69	63	46	53
Gardner, Wes	0	0	1.59	3	0	0	0	6	5	4	1	2	3
Gordon, Tom	9	14	3.87	45	14	1	1	158	129	76	68	87	167
Gubicza, Mark	9	12	5.68	26	26	0	0	133	168	90	84	42	89
Johnston, Joel	1	0	0.40	13	0	0	0	22	9	1	1	9	21
*Magnante, Mike	0	1	2.45	38	0	0	0	55	55	19	15	23	42
Maldonado, Carlos	0	0	8.22	5	0	0	0	8	11	9	7	9	1
McGaffigan, Andy	0	0	4.50	4	0	0	0	8	14	5	4	2	3
Montgomery, Jeff	4	4	2.90	67	0	0	33	90	83	32	29	28	77
Saberhagen, Bret	13	8	3.07	28	28	7	0	196	165	76	67	45	136
*Schatzeder, Dan	0	0	9.45	8	0	0	0	7	11	9	7	7	4
Wagner, Hector	1	1	7.20	2	2	0	0	10	16	10	8	3	5

FIELDING

Catcher	PCT	G	PO	A	E
Macfarlane	.993	69	391	28	3
Mayne	.987	80	425	38	6
Pedre	.971	9	29	4	1
Spehr	.986	37	190	19	3

First Base	PCT	G	PO	A	E
Benzinger	.996	75	651	38	3
Brett	.989	10	87	5	1
*Cromartie	.996	29	215	9	1
*Eisenreich	.991	15	100	11	1
Martinez	.991	43	307	35	3
Morman	1.000	8	44	3	0
Pecota	1.000	8	39	0	0
Pedre	1.000	1	6	0	0

Second Base	PCT	G	PO	A	E
Cole	1.000	5	1	4	0
Howard	.990	26	36	60	1
Liriano	1.000	10	11	23	0
Pecota	1.000	34	46	34	0
Shumpert	.975	144	249	368	16

Third Base	PCT	G	PO	A	E
Berry	.970	30	13	52	2
Howard	.000	1	0	0	0

	PCT	G	PO	A	E
Pecota	.983	102	69	158	4
Seitzer	.940	68	45	127	11
Zuvella	.000	2	0	0	0

Shortstop	PCT	G	PO	A	E
Cole	1.000	1	1	0	0
Howard	.962	63	93	188	11
Pecota	1.000	9	8	14	0
Stillwell	.959	118	163	263	18

Outfield	PCT	G	PO	A	E
Clark	.000	1	0	0	0
*Cromartie	1.000	6	6	0	0
*Eisenreich	.973	105	143	1	4
*Gibson	.976	94	162	3	4
Howard	.000	1	0	0	0
McRae	.993	150	406	2	3
Moore	1.000	13	11	0	0
Morman	1.000	2	3	0	0
Pecota	1.000	1	1	0	0
Puhl	.000	1	0	0	0
Pulliam	.917	15	21	1	2
Tartabull	.965	124	189	4	7
Thurman	.970	72	129	2	4

Danny Tartabull erupted for his best season as a member of the Royals, hitting .316 with 31 home runs.

ROYALS FARM SYSTEM

Class	Club	League	W	L	Pct.	Manager
AAA	Omaha	American Association	73	71	.507	Sal Rende
AA	Memphis	Southern	61	83	.424	Jeff Cox
A	Baseball City	Florida State	62	69	.473	Carlos Tosca
A	Appleton	Midwest	58	81	.417	Joe Breeden
A	Eugene	Northwest	42	34	.553	Tom Poquette
Rookie	Baseball City	Gulf Coast	31	29	.517	Bob Herold

OMAHA — AAA

AMERICAN ASSOCIATION

BATTING	AVG	G	AB	R	H	2B	3B	HR	RBI	BB	SO	SB
Baxter, Jim, c	.000	3	4	0	0	0	0	0	0	0	1	0
Berry, Sean, 3b	.264	103	368	62	97	21	9	11	54	48	70	8
#Bridges-Clements, Tony, ss	.318	7	22	1	7	1	0	0	2	1	6	0
Brumfield, Jacob, of	.267	111	397	62	106	14	7	3	43	33	64	36
Burrell, Kevin, c	.227	67	211	22	48	10	1	4	17	17	43	1
*Clark, Dave, of-dh	.301	104	359	45	108	24	3	13	64	30	53	6
Cole, Stu, ss-2b	.261	120	441	64	115	13	7	3	39	42	61	11
Conine, Jeff, 1b-of	.257	51	171	23	44	9	1	3	15	26	39	0
*Dunbar, Tommy, of-dh	.258	11	31	2	8	1	0	1	3	3	4	0
Garber, Jeff, Inf	.277	34	94	12	26	3	3	1	13	6	21	0
*Hamelin, Bob, dh-1b	.189	37	127	13	24	3	1	4	19	16	32	0
*Hinzo, Tommy, 2b	.250	9	20	4	5	1	0	0	4	1	3	0
#Howard, Dave, ss-2b	.122	14	41	2	5	0	0	0	2	7	11	1
*Koslofski, Kevin, of	.298	25	94	13	28	3	2	2	19	15	19	4
Laureano, Francisco, 2b	.158	6	19	2	3	0	0	1	5	2	5	0
Leonard, Jeffrey, dh-of	.244	68	258	28	63	9	1	10	50	12	46	1
#Liriano, Nelson, 2b	.274	86	292	50	80	16	9	2	36	31	39	6
Moore, Bobby, of	.243	130	494	65	120	13	3	0	34	37	41	35
Morman, Russ, 1b	.263	88	316	46	83	15	3	7	50	43	53	10
Pedre, Jorge, c-1b	.216	31	116	12	25	4	0	1	4	4	18	2
*Piskor, Kirk, c	.500	3	8	3	4	1	0	1	4	0	0	0
Pulliam, Harvey, of	.257	104	346	35	89	18	2	6	39	31	62	2
Spehr, Tim, c	.274	72	215	27	59	14	2	6	26	25	48	3
Thomas, Andres, ss-3b	.288	19	66	6	19	5	0	2	7	3	7	0
Zuvella, Paul, ss-2b	.269	64	219	28	59	14	1	1	20	23	15	3

PITCHING	W	L	ERA	G	GS	CG	SV	IP	H	R	ER	BB	SO
*Buchanan, Bob	11	7	3.26	32	22	2	0	157	147	67	57	66	79
*Carman, Don	3	3	3.96	14	2	0	0	25	29	12	11	13	14
Centala, Scott	6	9	3.58	18	18	0	0	101	109	56	40	37	64
Clark, Dera	6	9	4.51	25	23	0	0	130	126	76	65	73	108
Cole, Victor	1	1	4.15	6	0	0	0	13	9	6	6	9	12
*Davis, Mark	4	1	2.02	6	6	0	0	36	27	11	8	9	36
Encarnacion, Luis	3	3	3.76	50	0	0	4	93	77	42	39	41	65
Everson, Greg	0	0	4.88	16	0	0	1	31	33	19	17	19	19
Gardner, Wes	3	1	4.91	9	1	0	1	18	27	11	10	5	12
Gubicza, Mark	2	1	3.31	3	3	0	0	16	20	7	6	4	12
Huismann, Mark	5	4	2.14	32	0	0	15	42	38	13	10	12	34
Johnston, Joel	4	7	5.21	47	0	0	8	74	60	43	43	42	63
LeMasters, Jim	2	7	5.42	21	12	0	0	75	88	48	45	37	45

100 • 1992 ALMANAC

PITCHING	W	L	ERA	G	GS	CG	SV	IP	H	R	ER	BB	SO
*Magnante, Mike	6	1	3.02	10	10	2	0	66	53	23	22	23	50
Maldonado, Carlos	1	1	4.28	41	1	0	9	61	67	31	29	42	46
McGaffigan, Andy	0	2	4.11	23	4	0	6	50	56	27	23	22	31
*Moeller, Dennis	7	3	3.22	14	14	0	0	78	70	36	28	40	51
Smith, Daryl	4	5	3.39	23	14	0	0	93	82	38	35	33	94
Wagner, Hector	5	6	3.44	17	14	1	0	86	88	45	33	38	36

MEMPHIS — AA

SOUTHERN LEAGUE

BATTING	AVG	G	AB	R	H	2B	3B	HR	RBI	BB	SO	SB
*Alborano, Pete, of-dh	.257	51	183	11	47	7	1	0	16	18	27	2
Baxter, Jim, c	.219	67	187	25	41	11	0	3	22	27	62	1
Bridges-Clements, Tony, ss-2b	.224	113	371	34	83	11	0	3	30	34	106	18
Davis, Doug, c-of	.169	31	89	9	15	3	0	0	4	10	24	0
Garber, Jeff, 2b-3b	.250	61	200	24	50	4	1	0	19	26	44	7
Gonzalez, David, ss	.129	23	70	9	9	1	0	0	6	8	17	1
Hiatt, Phil, 3b	.228	56	206	29	47	7	1	6	33	9	63	6
*Koslofski, Kevin, of	.324	81	287	41	93	15	3	7	39	33	56	10
#Ladnier, Deric, dh	.241	60	166	17	40	5	0	2	17	13	41	1
Laureano, Francisco, 2b	.298	99	359	58	107	17	2	3	34	61	51	12
*Long, Kevin, of	.275	106	407	60	112	18	2	3	35	45	63	27
Pedre, Jorge, c-dh	.253	100	363	43	92	28	1	9	59	24	72	1
Reese, Kyle, c-of	.208	12	24	3	5	1	0	0	1	1	9	0
Robinson, Darryl, 3b-ss	.285	99	351	42	100	16	3	2	35	17	34	0
Ryan, Colin, c	.125	5	16	0	2	0	0	0	0	4	8	0
*Toale, John, 1b	.281	69	253	41	71	14	0	8	42	29	47	3
#Tunison, Rich, 1b	.250	55	208	23	52	11	0	1	19	14	46	6
Vitiello, Joe, of	.219	36	128	15	28	4	1	0	18	23	36	0
*Walker, Bernie, of	.234	54	167	37	39	4	3	2	15	33	43	12
*Walker, Hugh, of	.231	117	407	40	94	16	6	4	43	29	107	13
Watkins, Daren, of	.153	59	177	21	27	2	1	1	8	6	57	9
#Wright, George, of-dh	.212	18	52	8	11	2	0	1	6	14	11	0

PITCHING	W	L	ERA	G	GS	CG	SV	IP	H	R	ER	BB	SO
Corbin, Archie	8	8	4.66	28	25	1	0	156	139	90	81	90	166
Cruz, Andres	1	7	6.85	11	9	0	0	47	56	39	36	13	18
Duncan, Chip	6	3	4.48	22	9	2	0	80	82	42	40	28	58
Hopper, Brad	1	1	4.05	20	1	0	4	47	52	27	21	20	24
LeMasters, Jim	2	2	3.79	12	9	1	0	57	52	26	24	26	34
*Moeller, Dennis	4	5	2.55	10	10	0	0	53	52	24	15	21	54
O'Neal, Randy	1	4	4.33	12	12	0	0	54	48	31	26	22	29
Parnell, Mark	4	5	3.04	58	0	0	17	74	60	27	25	37	67
Perez, Dario	0	1	8.53	3	2	0	0	13	15	12	12	5	12
Peters, Doug	5	8	5.34	19	16	2	0	98	113	61	58	64	50
Pichardo, Hipolito	3	11	4.27	34	11	0	0	99	116	56	47	38	75
*Pierce, Ed	5	11	3.84	31	20	2	0	136	136	73	58	61	90
Poehl, Mike	5	5	4.13	33	10	1	0	94	100	55	43	39	53
*Roberts, Pete	4	2	2.67	25	0	0	2	34	31	14	10	14	29
Shifflett, Steve	11	5	2.15	59	1	0	9	113	105	34	27	22	78
Smith, Jim	0	1	7.04	16	0	0	0	23	24	19	18	16	20
Talbert, Lou	0	2	7.62	3	3	0	0	13	21	13	11	10	3
Taylor, Terry	1	2	5.55	6	6	1	0	36	51	22	22	16	17

BASEBALL CITY — A

FLORIDA STATE LEAGUE

BATTING	AVG	G	AB	R	H	2B	3B	HR	RBI	BB	SO	SB
#Andrews, Jay, dh-of	.172	40	93	11	16	2	0	0	8	31	32	7
Caraballo, Gary, 3b	.223	54	179	28	40	9	3	3	24	22	32	4
Cole, Butch, of-dh	.292	43	137	19	40	2	1	1	15	7	18	8
Gilcrist, John, of	.242	119	425	58	103	10	7	4	50	54	78	32
Hennessey, Scott, of-dh	.230	93	265	27	61	8	0	0	29	45	35	7
Hiatt, Phil, 3b	.298	81	315	41	94	21	6	5	33	22	70	28
Jennings, Lance, c	.235	10	34	1	8	1	0	0	5	3	9	0
King, David, 1b	.125	14	24	2	3	1	0	0	1	4	10	0
#Kinyoun, Travis, c	.098	24	41	3	4	0	1	0	1	5	15	1
#Moore, Kerwin, of	.210	130	485	67	102	14	2	1	23	77	141	61
Morillo, Cesar, ss	.173	62	226	11	39	8	0	0	13	13	68	6
*Myers, Roderick, of	.182	4	11	4	2	0	0	0	0	0	5	1
*Piskor, Kirk, c	.182	4	11	4	2	0	0	0	2	1	1	0
*Russell, Fred, 2b-ss	.239	107	335	37	80	14	5	1	21	36	61	12
Ryan, Colin, c	.214	75	215	5	46	6	0	0	8	14	63	2
Schreiner, John, 1b	.203	19	59	5	12	1	1	0	7	4	20	2
Shields, Doug, of	.216	108	255	29	55	9	2	0	19	39	71	16
*Solseth, Dave, 1b	.235	121	400	42	94	13	5	4	43	45	63	9
Stewart, Andy, c-dh	.231	77	268	27	62	15	1	3	35	7	56	6
Stewart, Brady, ss	.237	42	131	14	31	7	0	1	9	11	40	2
#Vazquez, Pedro, 2b	.192	84	224	17	43	2	0	0	15	33	45	7

PITCHING	W	L	ERA	G	GS	CG	SV	IP	H	R	ER	BB	SO
Ahern, Brian	7	2	2.00	13	13	2	0	81	71	20	18	27	34
Berumen, Andres	0	5	4.14	7	7	0	0	37	34	18	17	18	24
*Campbell, Jim	2	2	3.09	11	5	0	0	35	29	14	12	11	37
Centala, Scott	1	2	5.73	3	3	0	0	11	13	9	7	8	5
Chavez, Elbio	0	0	4.40	7	0	0	0	14	6	7	7	13	7
Conner, John	3	7	6.22	15	9	0	0	51	68	43	35	29	23

ORGANIZATION LEADERS

BATTING
- ***AVG** Joe Randa, Eugene .338
- **R** Darren Burton, Appleton 78
- **H** Darren Burton, Appleton 143
- **TB** Phil Hiatt, BB City (FSL)-Mem. 216
- **2B** Two tied at 32
- **3B** Ed Gerald, Appleton 10
- **HR** Dave Clark, Omaha 13
- **RBI** Gary Caraballo, BB City (FSL)-App. 68
- **SB** Kerwin Moore, Baseball City (FSL) 61

PITCHING
- **W** Doug Harris, BB City (FSL)-App. 12
- **L** Herb Milton, Appleton 13
- **†ERA** Skip Wiley, Baseball City (FSL) 1.68
- **G** Steve Shiflett, Memphis 59
- **CG** Doug Harris, BB City (FSL)-App. 4
- **SV** Two tied at 17
- **IP** Doug Harris, BB City (FSL)-App. 161
- **BB** Archie Corbin, Memphis 90
- **SO** Archie Corbin, Memphis 166

Kerwin Moore ... 61 steals

Minor Leaguers Only   *Minimum 250 At-Bats   †Minimum 75 Innings

PITCHING	W	L	ERA	G	GS	CG	SV	IP	H	R	ER	BB	SO
*Diaz, Rafael	1	1	2.93	9	1	0	0	15	12	7	5	11	5
Dunn, Bubba	0	3	11.12	5	5	0	0	11	17	15	14	10	9
*Gordon, Anthony	1	0	1.90	19	0	0	0	24	20	11	5	24	27
Gross, John	2	7	4.50	17	16	0	0	80	73	47	40	52	55
Gutierrez, Rafael	1	0	1.50	1	1	0	0	6	5	1	1	5	4
Harris, Doug	10	6	2.47	19	18	3	0	117	92	38	32	27	84
Harvey, Greg	3	5	2.77	13	12	0	0	62	42	24	19	35	43
Hopper, Brad	0	2	1.77	19	0	0	2	36	27	8	7	14	20
Jacobs, Jake	3	2	2.75	19	5	0	0	56	52	20	17	19	35
Karchner, Matt	6	3	1.97	38	0	0	5	73	49	28	16	25	65
*Long, Tony	7	3	1.96	47	0	0	10	78	54	19	17	33	53
*McCormick, John	0	0	3.12	17	0	0	1	26	19	13	9	15	19
Pollard, Damon	1	1	4.26	13	2	0	0	25	22	14	12	22	23
Russo, Tony	2	1	1.64	15	0	0	4	22	9	5	4	9	20
Shaw, Kevin	6	12	2.88	25	24	3	0	137	144	59	44	39	55
Toth, Robert	2	3	2.83	13	10	0	0	64	53	24	20	23	42
Wiley, Skip	4	2	1.68	53	0	0	17	75	52	17	14	21	53

APPLETON   A

MIDWEST LEAGUE

BATTING	AVG	G	AB	R	H	2B	3B	HR	RBI	BB	SO	SB
#Andrews, Jay, dh-of	.194	38	103	13	20	4	0	1	13	15	21	2
*Beniquez, Juan, dh	.400	5	10	0	4	0	0	0	0	4	2	1
Burton, Darren, of	.269	134	531	78	143	32	6	2	51	45	122	38
Caraballo, Gary, 3b	.251	79	275	39	69	16	1	2	44	34	33	13
Cerda, Jose, 3b	.224	44	143	17	32	7	0	2	18	18	37	0
#Clarke, Jeff, inf	.227	81	242	25	55	7	2	0	19	19	37	5
Cole, Butch, of-dh	.237	53	190	20	45	7	0	3	24	8	27	10
Day, George, 2b-1b	.212	53	118	21	25	6	0	0	8	19	29	2
Gerald, Ed, of-dh	.244	101	348	49	85	15	10	7	46	49	107	18
Guanchez, Harry, 1b	.279	109	376	40	105	16	0	2	50	24	52	0
Harrel, Donny, dh-1b	.231	82	242	22	56	14	1	1	19	26	62	2
Jennings, Lance, c	.236	82	284	25	67	22	0	5	42	20	65	0
#Kinyoun, Travis, c	.311	25	74	12	23	3	0	2	15	10	15	0
Miranda, Giovanni, 2b	.236	122	416	57	98	11	2	0	27	33	67	28
#Morillo, Cesar, ss	.250	63	236	35	59	9	3	1	17	38	54	9
*Piskor, Kirk, c	.276	30	105	13	29	4	0	2	11	3	13	1
*Slater, Vernon, of	.125	15	32	3	4	1	0	0	0	2	16	0
*Smith, Tom, of	.267	118	431	51	115	14	7	5	57	24	141	6
Stewart, Brady, ss	.253	51	158	14	40	9	0	0	9	17	32	1
Strickland, Chad, c	.173	28	81	5	14	4	0	1	5	2	12	2
#Thomas, Keith, of	.267	74	232	32	62	10	4	7	28	12	60	21

PITCHING	W	L	ERA	G	GS	CG	SV	IP	H	R	ER	BB	SO
Ahern, Brian	2	4	4.93	10	9	1	0	49	53	29	27	24	22
*Baez, Francisco	5	3	3.31	44	0	0	2	71	74	36	26	35	59
Berumen, Andres	2	6	3.51	13	13	0	0	56	55	33	22	26	49
Bryans, Jason	1	0	5.03	18	0	0	1	34	37	21	19	20	24
Chrisman, Jim	7	5	2.55	47	0	0	4	88	61	30	25	47	90
Dunn, Bubba	4	4	3.39	14	12	0	0	80	68	43	30	49	53
Fyock, Wade	2	6	4.33	17	16	0	0	98	102	52	47	34	45
Harris, Doug	2	2	2.20	7	7	1	0	45	41	14	11	10	39
Hierholzer, David	5	7	3.83	49	0	0	14	56	52	31	24	31	47
Lee, Anthony	0	4	3.38	6	6	0	0	35	28	17	13	18	30
*Medrick, Chris	0	0	6.19	17	0	0	0	32	40	23	22	24	29
Milton, Herb	6	13	6.69	26	24	0	0	122	142	110	91	80	62
Myers, Rodney	1	1	2.60	9	4	0	0	28	22	9	8	26	29

PITCHING	W	L	ERA	G	GS	CG	SV	IP	H	R	ER	BB	SO
Perez, Dario	7	5	3.24	34	9	0	0	100	86	45	36	41	73
Pineda, Gabriel	4	7	4.91	37	6	0	3	88	98	58	48	41	72
Pollard, Damon	3	3	2.26	16	4	0	1	56	41	21	14	44	56
Rea, Shayne	7	11	5.13	27	27	1	0	151	186	108	86	69	97

EUGENE — A

NORTHWEST LEAGUE

BATTING	AVG	G	AB	R	H	2B	3B	HR	RBI	BB	SO	SB
#Andrews, Jay, of	.278	7	18	3	5	1	0	2	3	5	5	0
*Babbitt, Troy, dh-inf	.228	62	219	21	50	15	1	1	22	28	39	4
Brookens, Andy, 2b	.111	4	9	0	1	0	0	0	0	0	4	0
Brooks, Rayme, dh-c	.209	38	110	12	23	6	1	3	17	14	33	0
#Castro, Tony, of	.202	35	89	16	18	3	2	0	9	4	27	16
Haber, Dave, 2b-of	.215	48	163	23	35	4	2	1	12	20	38	12
Halter, Shane, ss	.233	64	236	41	55	9	1	1	18	49	60	12
*Hinton, Steve, 1b	.283	71	286	37	81	15	0	5	39	25	36	4
*Johnson, Mark, of	.311	50	209	46	65	9	4	8	28	26	29	31
Kaiser, Nick, 2b-ss	.238	47	172	19	41	6	0	0	17	19	31	9
Mays, Terrance, of	.252	28	107	13	27	5	1	0	8	15	19	6
Norman, Les, of	.245	30	102	14	25	4	1	2	18	9	18	2
Randa, Joe, 3b	.338	72	275	53	93	20	2	11	59	46	29	6
Sanders, Paul, c	.208	46	130	18	27	3	0	1	16	21	42	0
Servello, Dan, of	.243	53	173	29	42	10	1	6	21	32	64	5
*Slater, Vernon, of	.210	51	138	18	29	7	0	4	19	28	61	8
Strickland, Chad, c	.161	34	118	13	19	7	0	1	11	13	16	1
#Subero, Carlos, ss	.174	6	23	2	4	1	0	0	2	0	7	0
Vitiello, Joe, of-1b	.328	19	64	16	21	2	0	6	21	11	18	1

PITCHING	W	L	ERA	G	GS	CG	SV	IP	H	R	ER	BB	SO
Bailey, Mike	1	0	6.92	7	7	0	0	26	31	21	20	17	17
Bryans, Jason	2	0	0.95	7	0	0	0	19	10	3	2	4	22
*Connolly, Chris	1	2	3.71	21	0	0	2	51	40	30	21	41	45
Downs, John	3	4	4.31	15	14	0	0	65	67	34	31	33	46
Farsaci, Dave	0	1	5.65	9	0	0	0	14	16	9	9	11	7
Fyhrie, Mike	2	1	2.52	21	0	0	5	39	42	17	11	19	41
Glaser, Kris	5	2	4.39	18	6	0	1	55	50	33	27	30	55
Johnson, Joel	6	4	3.48	17	12	0	0	75	69	39	29	21	85
*Kobetitsch, Kevin	1	2	4.11	19	0	0	1	31	31	17	14	11	21
Landress, Roger	7	3	4.50	22	0	0	2	52	59	29	26	17	44
Lee, Thomas	1	3	5.09	14	7	0	0	41	33	25	23	38	30
Macias, Angel	6	1	4.66	15	15	0	0	75	81	42	39	36	53
*Medrick, John	1	0	3.18	4	0	0	1	6	7	2	2	2	5
Miceli, Danny	0	1	2.14	25	0	0	10	34	18	8	8	18	43
Smith, Jeff	3	8	3.94	15	15	0	0	78	88	46	34	21	74
Yankow, Jeff	3	2	2.73	11	0	0	0	30	26	15	9	9	13

BASEBALL CITY — R

GULF COAST LEAGUE

BATTING	AVG	G	AB	R	H	2B	3B	HR	RBI	BB	SO	SB
Brookens, Andy, 2b	.225	30	71	12	16	4	1	0	4	9	26	6
Burgos, Carlos, 1b-c	.256	47	133	18	34	8	0	0	11	18	21	0
Cerda, Jose, 2b-3b	.246	15	61	7	15	5	0	0	7	2	10	1
Deleon, Yabanne, c	.313	44	99	13	31	3	0	0	17	7	21	0
Gerald, Dwayne, ss-3b	.259	53	174	28	45	6	1	1	15	23	52	11
Gonzalez, Raul, of	.294	47	160	24	47	5	3	0	17	19	21	3
*Good, Thomathon, of	.198	36	81	11	16	0	0	0	5	9	17	5
#Indriago, Juan, 2b	.300	43	130	23	39	1	1	0	5	16	17	6
#Isava, Jesus, c-1b	.113	31	62	6	7	3	0	0	1	7	13	24	1
Long, Ryan, 3b	.311	48	177	17	55	2	2	0	20	10	20	6
Mays, Terrance, of	.312	31	77	16	24	4	2	0	16	13	14	11
*Myers, Roderick, of	.278	44	133	14	37	2	3	1	18	6	27	12
Newhouse, Andre, of	.255	44	149	31	38	4	1	3	16	27	36	8
*Ortega, Roberto, 1b	.164	33	67	8	11	4	1	0	12	8	20	0
#Subero, Carlos, ss	.262	53	183	19	48	6	4	0	24	8	36	5
Sweeney, Mike, c-dh	.216	38	102	8	22	3	0	1	11	11	9	1
Williams, Rodney, of	.211	29	57	7	12	1	0	0	4	6	20	4

PITCHING	W	L	ERA	G	GS	CG	SV	IP	H	R	ER	BB	SO
*Acevedo, Milton	2	1	3.89	16	2	0	1	37	41	20	16	8	23
Bennett, Matthew	2	5	6.20	12	10	1	0	41	53	36	28	27	30
Bevil, Brian	5	3	1.93	13	12	2	0	65	56	20	14	19	70
Bovee, Mike	3	1	2.04	11	11	0	0	62	52	19	14	12	76
Brucato, Bob	0	0	0.00	1	0	0	0	1	1	0	0	1	2
Chavez, Elbio	3	1	7.56	10	0	0	1	17	17	17	14	18	10
Gutierrez, Rafael	4	6	4.09	16	3	0	1	55	63	29	25	7	36
Hodges, Kevin	1	2	4.30	9	3	0	0	23	22	14	11	11	13
Jacobs, John	2	0	2.77	12	1	0	0	26	24	12	8	4	22
Lee, Anthony	1	1	3.48	8	4	1	0	34	30	14	13	11	30
Pruitt, Jason	2	3	3.00	10	8	1	0	36	39	23	12	27	30
Sanchez, Jose	2	3	2.45	22	0	0	8	29	22	10	8	10	24
Schaeffer, Chris	0	0	3.00	2	0	0	0	3	4	2	1	0	1
Shipley, Rich	0	0	18.00	1	0	0	0	1	3	2	2	0	1
Towns, Ryan	0	1	7.59	10	1	0	0	11	5	9	9	23	13
West, Eric	1	1	3.41	17	0	0	1	32	26	20	12	15	21
West, Paul	3	1	1.93	13	3	0	2	23	15	9	5	12	25

LOS ANGELES DODGERS

Manager: Tommy Lasorda.
1991 Record: 93-69, .574 (2nd, NL West).

BATTING	AVG	G	AB	R	H	2B	3B	HR	RBI	BB	SO	SB
*Butler, Brett	.296	161	615	112	182	13	5	2	38	108	79	38
Carter, Gary	.246	101	248	22	61	14	0	6	26	22	26	2
*Daniels, Kal	.249	137	461	54	115	15	1	17	73	63	113	6
Davis, Butch	.000	1	1	0	0	0	0	0	0	0	0	0
Gonzalez, Jose	.000	42	28	3	0	0	0	0	0	2	9	0
*Goodwin, Tom	.143	16	7	3	1	0	0	0	0	0	0	1
#Griffin, Alfredo	.243	109	350	27	85	6	2	0	27	22	49	5
*Gwynn, Chris	.252	94	139	18	35	5	1	5	22	10	23	1
Hamilton, Jeff	.223	41	94	4	21	4	0	1	14	4	21	0
*Hansen, Dave	.268	53	56	3	15	4	0	1	5	2	12	1
*Harris, Lenny	.287	145	429	59	123	16	1	3	38	37	32	12
Hernandez, Carlos	.214	15	14	1	3	1	0	0	1	0	5	1
*Javier, Stan	.205	121	176	21	36	5	3	1	11	16	36	7
Karros, Eric	.071	14	14	0	1	1	0	0	1	1	6	0
Lyons, Barry	.000	9	9	0	0	0	0	0	0	0	2	0
#Murray, Eddie	.260	153	576	69	150	23	1	19	96	55	74	10
#Offerman, Jose	.195	52	113	10	22	2	0	0	3	25	32	3
Samuel, Juan	.271	153	594	74	161	22	6	12	58	49	133	23
*Scioscia, Mike	.264	119	345	39	91	16	2	8	40	47	32	4
Sharperson, Mike	.278	105	216	24	60	11	2	2	20	25	24	1
Smith, Greg	.000	5	3	1	0	0	0	0	0	0	2	0
*Strawberry, Darryl	.265	139	505	86	134	22	4	28	99	75	125	10
#Webster, Mitch	.284	58	74	12	21	5	1	1	10	9	21	0

PITCHING	W	L	ERA	G	GS	CG	SV	IP	H	R	ER	BB	SO
Belcher, Tim	10	9	2.62	33	33	2	0	209	189	76	61	75	156
*Candelaria, John	1	1	3.74	59	0	0	2	34	31	16	14	11	38
Christopher, Mike	0	0	0.00	3	0	0	0	4	2	0	0	3	2
*Cook, Dennis	1	0	0.51	20	1	0	0	18	12	3	1	7	8
Crews, Tim	2	3	3.43	60	0	0	6	76	75	30	29	19	53
Gott, Jim	4	3	2.96	55	0	0	2	76	63	28	25	32	73
Gross, Kevin	10	11	3.58	46	10	0	3	116	123	55	46	50	95
Hartley, Mike	2	0	4.42	40	0	0	1	57	53	29	28	37	44
Hershiser, Orel	7	2	3.46	21	21	0	0	112	112	43	43	32	73
Howell, Jay	6	5	3.18	44	0	0	16	51	39	19	18	11	40
Martinez, Ramon	17	13	3.27	33	33	6	0	220	190	89	80	69	150
McDowell, Roger	6	3	2.55	33	0	0	7	42	39	12	12	16	22
Morgan, Mike	14	10	2.78	34	33	5	0	236	197	85	73	61	140
*Ojeda, Bobby	12	9	3.18	31	31	2	0	189	181	78	67	70	120
Wetteland, John	1	0	0.00	6	0	0	0	9	5	2	0	3	9
*Wilson, Steve	0	0	0.00	11	0	0	2	8	1	0	0	4	5

FIELDING

Catcher	PCT	G	PO	A	E
Carter	.988	68	355	45	5
Hernandez	.966	13	24	4	1
Lyons	1.000	6	12	1	0
Scioscia	.990	115	677	51	7

First Base	PCT	G	PO	A	E
Carter	1.000	10	47	7	0
Javier	.920	2	20	3	2
Karros	1.000	10	33	2	0
Murray	.995	149	1327	128	7
Sharperson	.983	10	46	12	1
*Webster	1.000	1	2	0	0

Second Base	PCT	G	PO	A	E
Harris	.988	27	33	49	1
Samuel	.978	152	300	442	17
Sharperson	1.000	5	5	8	0
Smith	.000	1	0	0	0

Third Base	PCT	G	PO	A	E
Hamilton	.928	33	21	43	5
Hansen	1.000	21	4	18	0
Harris	.943	113	77	155	14

	PCT	G	PO	A	E
Hernandez	.000	1	0	0	0
Murray	.000	1	0	0	0
Sharperson	.981	68	30	71	2

Shortstop	PCT	G	PO	A	E
Griffin	.961	109	186	349	22
Hamilton	.000	1	0	0	0
Hansen	1.000	1	1	1	0
Harris	.924	20	15	46	5
Offerman	.945	50	50	121	10
Sharperson	.960	16	8	16	1

Outfield	PCT	G	PO	A	E
*Butler	1.000	161	372	8	0
Daniels	.979	132	220	9	5
Gonzalez	1.000	27	20	0	0
Goodwin	1.000	5	8	0	0
*Gwynn	1.000	41	37	2	0
Harris	.000	1	0	0	0
Javier	.986	69	70	1	1
McDowell	.000	2	0	0	0
*Strawberry	.978	136	209	11	5
*Webster	.963	29	50	2	2

DODGERS FARM SYSTEM

Class	Club	League	W	L	Pct.	Manager
AAA	Albuquerque	Pacific Coast	80	58	.580	Kevin Kennedy
AA	San Antonio	Texas	61	75	.449	John Shoemaker
A	Bakersfield	California	85	51	.625	Tom Beyers
A	Vero Beach	Florida State	79	52	.603	Jerry Royster
A	Yakima	Northwest	44	32	.579	Joe Vavra
Rookie	Great Falls	Pioneer	46	24	.657	Glenn Hoffman
Rookie	Kissimmee	Gulf Coast	29	31	.483	Ivan DeJesus

ALBUQUERQUE AAA
PACIFIC COAST LEAGUE

BATTING	AVG	G	AB	R	H	2B	3B	HR	RBI	BB	SO	SB
*Bean, Billy, of	.297	103	259	35	77	22	6	2	35	23	32	7
Bournigal, Rafael, ss-2b	.293	66	215	34	63	5	5	0	29	14	13	4
Brooks, Jerry, of	.294	125	429	64	126	20	7	13	82	29	49	4
Davis, Butch, of-dh	.313	91	284	55	89	19	10	7	44	18	51	12
Ebel, Dino, 3b	.000	2	0	1	0	0	0	0	0	0	0	0
Finken, Steve, 3b	.282	11	39	8	11	2	1	0	3	3	6	0
*Goodwin, Tom, of	.273	132	509	84	139	19	4	1	45	59	83	48
Hamilton, Jeff, dh	.000	2	7	0	0	0	0	0	0	0	2	0
*Hansen, Dave, 3b	.303	68	254	42	77	11	1	5	40	49	33	4
Hatcher, Mickey, dh	.160	17	25	2	4	0	0	0	0	2	4	0
Heffernan, Bert, c	.242	67	161	17	39	10	1	0	13	22	19	1
Hernandez, Carlos, c	.345	95	345	60	119	24	2	8	44	20	44	0
Karros, Eric, 1b	.316	132	488	88	154	33	8	22	101	58	80	3
Martinez, Luis, Inf	.282	67	170	20	48	11	1	0	13	12	14	1
Mondesi, Raul, of	.333	2	9	3	3	0	0	1	0	0	0	1
#Munoz, Jose, 2b-3b	.326	101	389	49	127	18	4	0	65	20	36	15
#Offerman, Jose, ss	.298	79	289	58	86	8	4	0	29	47	58	32
Pye, Eddie, 2b	.433	12	30	4	13	1	0	1	8	4	4	1
#Rice, Lance, c	.333	1	3	0	1	1	0	0	1	0	0	0
Rodriguez, Henry, of-1b	.271	121	446	61	121	22	5	10	67	25	62	4
#Smith, Greg, 2b-ss	.217	48	161	25	35	3	2	0	17	10	30	11
*Traxler, Brian, 1b	.357	18	28	3	10	3	1	1	8	3	5	0
Young, Eric, 2b	.400	1	5	0	2	0	0	0	0	0	0	0

PITCHING	W	L	ERA	G	GS	CG	SV	IP	H	R	ER	BB	SO
Christopher, Mike	7	2	2.44	63	0	0	16	77	73	25	21	30	67
*Cook, Dennis	7	3	3.63	14	14	1	0	92	73	46	37	32	84
Hartsock, Jeff	12	6	3.80	29	26	0	0	154	153	80	65	78	123
Hershiser, Orel	0	0	0.00	1	1	0	0	5	5	0	0	0	5
Holton, Brian	7	7	3.87	29	16	0	0	107	121	58	46	19	77
James, Mike	1	3	6.60	13	8	0	0	45	51	36	33	30	39
Jones, Chris	4	1	4.97	29	1	0	0	54	68	34	30	23	43
*Lynch, David	1	3	6.63	33	0	0	0	37	51	28	27	26	29
Marquez, Isidro	0	0	0.00	1	0	0	0	1	1	0	0	1	1
Martinez, Pedro	3	3	3.66	6	6	0	0	39	28	17	16	16	35
McAndrew, Jamie	12	10	5.04	28	26	0	0	155	167	105	87	76	91
Neidlinger, Jim	7	7	4.75	23	23	3	0	131	165	81	69	39	80
Opperman, Dan	5	4	5.95	11	10	1	0	59	74	43	39	34	32
Shinall, Zak	2	0	3.07	29	0	0	0	41	48	15	14	10	22
Veres, Dave	7	6	4.47	57	3	0	5	101	89	52	50	52	81
*Walsh, Dave	0	0	1.13	14	0	0	0	8	8	4	1	5	6
*Wells, Terry	1	0	4.78	29	0	0	0	32	29	22	17	25	29
Wetteland, John	4	3	2.79	41	4	0	20	61	48	22	19	26	55

SAN ANTONIO AA
TEXAS LEAGUE

BATTING	AVG	G	AB	R	H	2B	3B	HR	RBI	BB	SO	SB
Alvarez, Jorge, 2b-3b	.298	66	225	33	67	14	2	3	23	18	32	9
Baar, Bryan, c	.224	101	348	33	78	19	0	10	51	21	92	3
Barker, Tim, ss	.292	119	401	70	117	20	4	2	46	80	61	32
Barron, Tony, of	.235	73	200	35	47	2	2	9	31	28	44	8
Bournigal, Rafael, 3b-ss	.323	16	65	6	21	2	0	0	9	2	7	2
*Brown, Adam, c-1b	.270	15	37	3	10	1	0	1	4	2	11	0
Castillo, Braulio, of	.300	87	297	49	89	19	3	8	48	32	73	22
Ebel, Dino, ss-3b	.275	20	40	3	11	3	0	0	2	9	5	1
Finken, Steve, 3b	.288	116	386	53	111	20	4	5	48	54	65	8
Gonzalez, Freddy, of-1b	.167	12	24	1	4	0	0	1	5	2	9	0
Ingram, Garey, of	.000	1	1	0	0	0	0	0	1	0	1	0
*Lewis, Alan, 3b	.109	16	46	3	5	1	0	1	5	6	14	0
Magnusson, Brett, of	.265	110	358	69	95	23	2	11	66	67	69	5
Marabell, Scott, of	.217	51	83	11	18	4	0	1	7	5	32	1
Mondesi, Raul, of	.272	53	213	32	58	10	5	5	26	8	47	7
Morrow, Chris, of	.360	24	89	13	32	6	0	2	8	4	14	1
#Munoz, Jose, of-ss	.317	31	123	25	39	6	2	0	13	12	14	4
*Peters, Rex, of	.204	39	108	19	22	2	0	1	7	16	13	0
#Rice, Lance, c	.200	78	215	23	43	8	0	3	28	31	30	2
*Traxler, Brian, 1b	.256	103	379	50	97	24	0	7	61	53	44	1
*White, Mike, of	.291	93	254	25	74	13	4	1	37	11	40	5
Young, Eric, 2b	.280	127	461	82	129	17	4	3	35	67	36	70

PITCHING	W	L	ERA	G	GS	CG	SV	IP	H	R	ER	BB	SO
Allen, Steve	1	0	4.43	12	0	0	1	20	22	10	10	10	25
Astacio, Pedro	4	11	4.78	19	19	2	0	113	142	67	60	39	62
Biberdorf, Cam	0	3	8.84	14	0	0	1	18	23	19	18	12	18
*Brosnan, Jason	0	1	17.61	2	2	0	0	8	15	15	15	11	8
Bustillos, Albert	5	5	4.65	16	14	1	0	93	113	51	48	23	47
Calhoun, Ray	0	3	6.37	21	0	0	1	30	34	26	21	18	11
Coleman, Dale	1	2	3.42	32	0	0	1	50	56	32	19	24	36
*Cook, Dennis	1	3	2.49	7	7	1	0	51	43	20	14	10	45
Hershiser, Orel	0	1	2.57	1	1	0	0	7	11	3	2	1	5
James, Mike	9	5	4.53	15	15	2	0	89	88	54	45	51	74

PITCHING	W	L	ERA	G	GS	CG	SV	IP	H	R	ER	BB	SO
*Lynch, Dave	0	1	6.75	11	0	0	1	13	17	11	10	6	10
Marquez, Isidro	4	1	2.09	34	0	0	3	47	42	16	11	19	36
Martinez, Pedro	7	5	1.76	12	12	4	0	77	57	21	15	31	74
Shinall, Zak	2	4	2.96	25	5	0	9	55	53	32	17	21	29
Springer, Dennis	10	10	4.43	30	24	2	0	165	153	96	81	91	138
Tapia, Jose	0	0	9.00	2	0	0	1	2	4	2	2	0	3
Taveras, Ramon	0	1	12.81	8	4	0	0	20	31	28	28	15	15
*Terrill, Jimmy	2	6	3.25	27	9	1	0	72	69	34	26	33	36
Treadwell, Jody	3	3	4.72	10	10	1	0	61	73	41	32	22	43
Wilkins, Mike	6	6	4.30	22	15	0	1	111	130	68	53	38	87
*Wray, James	6	4	3.48	43	0	0	1	67	58	32	26	25	56

BAKERSFIELD — A

CALIFORNIA LEAGUE

BATTING	AVG	G	AB	R	H	2B	3B	HR	RBI	BB	SO	SB
Beard, Garrett, c-1b	.276	48	152	22	42	14	0	6	30	27	30	0
*Blackwell, Eric, of	.571	4	7	2	4	1	0	1	2	0	1	0
Bohringer, Helms, inf-of	.301	38	83	16	25	1	0	0	7	11	12	1
Busch, Mike, 1b	.278	21	72	13	20	3	1	4	16	12	21	0
Cardenas, Daniel, of	.238	80	265	32	63	15	3	4	32	9	85	8
*Collier, Anthony, of	.281	129	498	75	140	24	3	7	59	42	83	14
Ebel, Dino, 3b-2b	.312	31	93	15	29	10	0	1	13	10	13	0
Galle, Mike, 3b	.300	3	10	1	3	0	0	0	3	2	4	0
Gonzalez, Freddy, 1b	.256	22	82	9	21	3	2	3	8	3	23	0
Gray, Dan, ph	.000	2	2	0	0	0	0	0	0	0	1	0
Ingram, Garey, of	.297	118	445	75	132	16	4	9	61	52	70	30
*Lewis, Alan, 3b	.259	92	343	58	89	21	2	6	64	61	50	3
Lott, Billy, of	.223	92	314	40	70	10	1	5	35	25	90	11
Lund, Ed, c	.210	66	176	26	37	8	0	2	23	26	33	1
Maurer, Ron, ss	.290	129	442	59	128	21	5	7	53	63	68	6
Mondesi, Raul, of	.283	28	106	23	30	7	2	3	13	5	21	9
Mota, Domingo, 2b	.275	104	408	75	112	20	2	8	44	44	83	37
#Peters, Rex, 1b	.297	81	276	48	82	12	4	1	50	57	42	4
*Piazza, Mike, c-1b	.277	117	448	71	124	27	2	29	80	47	83	0
Watts, Burgess, 3b	.278	16	54	7	15	3	0	1	7	1	10	0
Webb, Lonnie, 2b-dh	.291	87	340	71	99	18	3	6	36	46	76	22

PITCHING	W	L	ERA	G	GS	CG	SV	IP	H	R	ER	BB	SO
Bustillos, Albert	2	3	1.48	11	5	1	1	43	31	15	7	014	16
*Carroll, Donnie	0	1	6.16	15	0	0	1	19	24	14	13	21	22
Daspit, Jim	3	2	3.20	22	9	0	2	65	58	29	23	36	47
Delahoya, Javier	6	4	3.67	27	11	1	2	98	92	47	40	44	102
Hansell, Greg	14	5	2.87	25	25	0	0	151	142	56	48	42	132
Helmick, Tony	2	0	0.00	5	0	0	1	10	6	0	0	4	12
Hershiser, Orel	2	0	0.82	2	2	0	0	11	5	2	1	1	6
*Hoffman, Kevin	1	0	6.98	10	1	0	0	19	20	15	15	12	20
Kerr, C.J.	1	1	5.40	11	0	0	2	10	8	6	6	8	10
Martinez, Pedro	8	0	2.05	10	10	0	0	61	41	17	14	19	83
McFarlin, Terric	14	6	2.66	26	21	0	0	152	139	63	45	56	128
*Mimbs, Mark	12	6	2.22	27	25	0	0	170	134	49	42	59	164
Mintz, Steve	6	6	4.30	28	11	0	3	92	85	56	44	58	101
*O'Connor, Ben	1	1	3.70	16	0	0	2	24	28	12	10	12	26
Pascual, Jorge	0	0	20.77	5	0	0	0	4	5	12	10	12	6
Piotrowicz, Brian	2	6	2.45	33	0	0	11	59	45	26	16	18	42
Potthoff, Mike	0	1	5.40	4	2	0	0	8	14	7	5	4	7
Stryker, Ed	3	1	1.93	30	0	0	6	56	46	15	12	17	38
Tatis, Fausto	0	0	9.64	6	0	0	1	9	12	11	10	7	9
Tipton, Gordon	3	4	3.13	43	0	0	14	63	58	28	22	34	61
Treadwell, Jody	5	4	3.74	17	14	0	0	91	92	46	38	34	84

VERO BEACH — A

FLORIDA STATE LEAGUE

BATTING	AVG	G	AB	R	H	2B	3B	HR	RBI	BB	SO	SB
Ashley, Billy, dh-of	.252	61	206	18	52	11	2	7	42	7	69	9
*Blackwell, Eric, dh	.000	4	5	0	0	0	0	0	0	0	3	0
Blanco, Henry, 3b	.143	5	7	0	1	0	0	0	0	2	0	0
Bournigal, Rafael, ss-3b	.242	20	66	6	16	2	0	0	3	1	3	2
*Brown, Adam, c-dh	.284	58	183	26	52	10	1	6	35	25	29	1
*Deutsch, John, 1b	.300	123	433	59	130	24	2	12	66	46	54	5
*Doffek, Scott, dh-3b	.261	94	268	28	70	16	3	3	32	13	24	5
Ebel, Dino, ss-3b	.205	43	112	12	23	5	0	0	8	7	17	1
Gonzalez, Pete, c	.217	74	207	26	45	12	0	1	14	31	53	1
*Griffin, Marc, of	.240	115	400	69	96	15	5	0	33	55	60	42
Griffin, Tim, dh	.172	11	29	1	5	1	0	0	1	4	8	0
Howard, Matt, 2b	.261	129	441	79	115	21	3	3	39	56	48	50
Kliafas, Steve, ss	.260	31	73	11	19	1	0	0	2	5	10	1
McKamie, Sean, ss	.263	67	194	25	51	8	0	1	12	8	33	11
McMurray, Brock, of	.210	107	343	46	72	14	3	12	51	45	87	17
*Morrow, Chris, of	.304	85	273	29	83	13	5	3	29	14	32	6
O'Donnell, Steve, 3b-1b	.256	114	383	52	98	21	0	5	49	31	80	13
Ortiz, Hector, c	.228	42	123	3	28	2	0	0	8	5	8	0
Rijo, Rafael, of	.233	83	262	27	61	14	0	2	20	2	65	23
Smith, Ira, of	.324	53	176	27	57	5	3	1	24	18	30	15

ORGANIZATION LEADERS

BATTING
- *AVG Carlos Hernandez, Albuquerque . . .345
- R Eric Karros, Albuquerque 88
- H Jose Munoz, San Antonio-Alb. . . . 166
- TB Eric Karros, Albuquerque 269
- 2B Eric Karros, Albuquerque 33
- 3B Eric Karros, Albuquerque 8
- HR Mike Piazza, Bakersfield 29
- RBI Eric Karros, Albuquerque 101
- SB Eric Young, San Antonio-Alb. 70

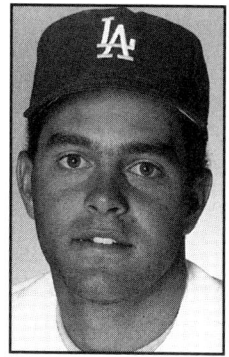

PITCHING
- W Pedro Martinez, Bak.-S.A.-Alb. . . . 18
- L Pedro Astacio, Vero Beach-S.A. . . 14
- †ERA Bill Wengert, Vero Beach 2.06
- G Mike Christopher, Albuquerque . . 63
- CG Pedro Astacio, Vero Beach-S.A. . . 5
- SV John Wetteland, Albuquerque 20
- IP Mark Mimbs, Bakersfield 170
- BB Dennis Springer, San Antonio 91
- SO Pedro Martinez, Bak.-S.A.-Alb. . . . 192

Eric Karros
. . . 269 TB, 101 RBIs

Minor Leaguers Only *Minimum 250 At-Bats †Minimum 75 Innings

BATTING	AVG	G	AB	R	H	2B	3B	HR	RBI	BB	SO	SB
Teel, Garett, c	.240	12	25	1	6	1	0	0	4	2	4	1
Williams, Brent, c	.107	13	28	1	3	2	0	0	2	0	11	0

PITCHING	W	L	ERA	G	GS	CG	SV	IP	H	R	ER	BB	SO
Astacio, Pedro	5	3	1.67	9	9	3	0	59	44	19	11	8	45
Baumann, David	0	0	3.05	12	0	0	0	21	19	8	7	10	14
Bene, Bill	1	1	4.15	31	1	0	0	52	39	37	24	65	57
Biberdorf, Cam	4	2	2.15	33	0	0	8	50	32	15	12	22	61
*Brady, Mike	3	0	2.22	37	0	0	4	53	57	14	13	23	42
Brosnan, Jason	1	2	5.70	11	9	0	0	36	34	27	23	21	25
Calhoun, Ray	6	1	2.56	27	0	0	12	32	22	10	9	13	26
Coleman, Dale	2	0	0.42	12	0	0	5	21	17	1	1	5	23
Freeman, Scott	5	10	4.30	25	25	4	0	151	154	85	72	55	102
*Hoffman, Kevin	2	1	10.80	5	0	0	0	7	9	12	8	6	9
Jones, Kiki	3	1	4.10	9	9	0	0	37	31	17	17	15	31
Mimbs, Michael	12	4	2.67	24	22	8	1	0	142	124	52	42	70	132
*Patrick, Tim	8	8	5.52	22	12	1	0	93	122	66	57	32	59
Sampson, Mike	5	8	4.99	30	10	1	2	88	78	54	49	59	56
Snedeker, Sean	7	3	2.52	17	17	2	0	96	92	28	27	17	66
Sohn, Young Chul	1	0	1.50	1	0	0	0	6	3	1	1	2	7
Taveras, Ramon	7	2	4.33	22	5	0	0	62	68	32	30	26	62
Wengert, Bill	7	6	2.06	30	13	2	3	127	100	36	29	42	114

YAKIMA — A

NORTHWEST LEAGUE

BATTING	AVG	G	AB	R	H	2B	3B	HR	RBI	BB	SO	SB
*Blackwell, Eric, of	.133	5	15	1	2	0	0	0	3	2	7	1
Boyzuick, Mike, 3b	.191	16	47	7	9	2	0	1	2	3	9	1
Demetral, Chris, 2b	.283	65	226	43	64	11	0	2	41	34	32	4
Farrish, Keoki, of	.250	54	172	37	43	10	1	7	34	18	42	2
Gray, Dan, c	.252	45	135	29	34	8	1	4	28	30	25	1
Griffin, Tim, dh	.260	51	169	35	44	11	0	2	26	35	49	2
Hollandsworth, Todd, of	.236	56	203	34	48	5	1	8	33	27	57	11
Johnson, J.J., c	.257	36	105	15	27	6	0	4	11	15	22	1
Kliafas, Steve, ss	.279	49	165	28	46	7	2	0	18	10	30	7
Meyers, Don, 3b-c	.312	50	141	20	44	11	1	2	18	14	34	1
*Pinkney, Alton, of	.285	46	137	33	39	7	2	2	18	34	44	14
#Proctor, Murph, 1b	.309	74	282	48	87	27	2	7	61	42	31	5
Richard, Ron, ss	.319	27	69	18	22	3	1	1	16	8	13	1
*Spearman, Vernon, of	.290	71	248	63	72	8	0	0	17	50	37	56
*Sweeney, Roger, dh-of	.241	11	29	3	7	1	0	0	2	1	9	1
Tramuta, Marc, ss	.242	32	66	4	16	1	0	0	9	8	21	0
#Van deBrake, Kevin, 2b	.225	30	89	10	20	5	0	1	13	5	13	1
Vorbeck, Eric, of	.240	56	167	25	40	9	1	0	15	14	43	7
Watts, Burgess, 3b	.295	42	146	20	43	8	1	0	14	7	35	8

PITCHING	W	L	ERA	G	GS	CG	SV	IP	H	R	ER	BB	SO
Baumann, David	8	3	5.23	13	12	0	0	72	89	43	42	21	68
Bennett, Doug	4	5	3.30	14	12	0	0	57	31	26	21	45	65
Boggetto, Brad	1	1	3.65	20	1	0	1	37	25	19	15	20	26
Broyles, Jason	0	0	10.80	5	0	0	0	8	13	14	10	10	3
*Carroll, Donnie	4	5	3.80	14	14	0	0	69	80	44	29	30	50
Castillo, Carlos	5	3	3.88	22	3	0	2	51	49	25	22	30	59
*Crabtree, Chris	0	2	6.23	13	0	0	0	26	32	19	18	10	35
Hamilton, Kenny	7	4	2.68	14	14	0	0	84	73	35	25	22	67
*Kerr, C.J.	0	0	1.57	13	0	0	3	23	13	4	4	17	34
Legendre, Bob	0	1	4.00	6	3	0	0	18	13	13	8	16	23
*Maldonado, Albert	3	2	2.38	17	0	0	3	45	32	14	12	12	58

1992 ALMANAC • 107

PITCHING	W	L	ERA	G	GS	CG	SV	IP	H	R	ER	BB	SO
*O'Connor, Ben	1	1	5.40	5	0	0	1	10	13	6	6	4	7
Osuna, Pedro	0	0	3.20	13	0	0	1	28	18	10	9	8	39
Sharp, Mike	2	2	2.16	26	0	0	5	42	35	17	10	14	52
*Smith, JoJo	7	3	4.92	15	15	0	0	75	73	49	41	38	56
Thomas, Carlos	2	0	3.93	16	2	0	0	34	26	18	15	33	42

GREAT FALLS — R

PIONEER LEAGUE

BATTING	AVG	G	AB	R	H	2B	3B	HR	RBI	BB	SO	SB
*Andrews, Dan, of	.000	3	6	0	0	0	0	0	0	1	0	0
Blanco, Henry, 3b-1b	.255	62	216	35	55	7	1	5	28	27	39	3
Boyzuick, Mike, 1b-3b	.203	26	64	9	13	1	2	1	3	7	10	0
Brown, Mike, c	.149	27	67	4	10	2	0	0	6	2	18	0
Castro, Juan, ss-2b	.276	60	217	36	60	4	2	1	27	33	31	7
Graves, Randall, 2b	.303	38	109	20	33	8	2	0	15	12	17	3
Huckaby, Ken, c	.258	57	213	39	55	16	0	3	37	17	38	3
*Kirkpatrick, Jay, 1b	.321	50	168	25	54	11	1	2	26	13	23	1
Landrum, Tito, of	.265	57	189	36	50	8	4	5	25	25	43	9
Mejia, Robert, 2b	.262	23	84	17	22	6	2	2	14	7	22	3
Otanez, Willis, ss-3b	.288	58	222	38	64	9	2	6	39	19	34	3
Pinkney, Alton, of	.214	6	14	1	3	0	0	0	2	6	0	1
Puchales, Javier, of-dh	.357	41	112	21	40	5	1	0	15	5	10	13
Reed, Patrick, of	.296	45	152	31	45	5	3	3	19	22	48	6
#Seals, Joe, dh-1b	.264	29	72	13	19	4	1	3	13	24	20	1
Smith, Frank, of	.264	50	178	40	47	7	3	6	37	26	57	1
Taylor, Jon, c-dh	.125	8	8	1	1	0	0	0	1	3	5	0
Williams, Leroy, 1b	.297	53	74	10	22	5	0	3	14	10	11	0
Zammarchi, Erik, of	.249	61	221	45	55	6	2	4	27	47	69	21

PITCHING	W	L	ERA	G	GS	CG	SV	IP	H	R	ER	BB	SO
*Aronetz, Cam	4	1	2.86	24	0	0	1	44	35	20	14	19	43
Botts, Jake	5	3	2.47	13	13	0	0	73	43	21	20	43	83
Broyles, Jason	2	0	4.50	17	0	0	1	24	24	13	12	16	23
Castro, Nelson	7	4	5.26	14	14	1	0	75	81	51	44	13	63
Davis, Greg	0	0	8.50	13	0	0	0	18	24	23	17	15	19
*Farnsworth, Ross	8	3	3.09	13	13	0	0	76	65	35	26	27	69
Gorecki, Rick	0	3	4.41	13	10	0	0	51	44	34	25	27	56
Jacinto, Larry	0	0	7.47	15	0	0	0	16	22	18	13	7	3
*Maldonado, Albert	0	0	1.23	4	0	0	1	7	4	1	1	0	9
Parra, Jose	4	6	6.16	14	14	1	0	64	86	58	44	18	55
Sinacori, Chris	6	1	1.57	24	0	0	7	34	22	9	6	16	35
*Strong, Stewart	0	0	3.95	19	0	0	0	27	29	13	12	13	34
*Walkden, Mike	5	1	2.77	18	6	0	0	55	45	19	17	23	61
Williams, Todd	5	2	2.72	28	0	0	8	53	50	26	16	24	59

KISSIMMEE — R

GULF COAST LEAGUE

BATTING	AVG	G	AB	R	H	2B	3B	HR	RBI	BB	SO	SB
*Dotel, Angel, of-dh	.400	41	120	24	48	9	2	0	15	26	15	6
Gonzalez, German, 1b-dh	.299	52	164	19	49	10	2	0	30	19	30	6
Hollandsworth, Todd, of	.313	6	16	1	5	0	0	0	0	0	6	0
*Jackson, Lonnie, of-dh	.228	43	114	13	26	3	2	0	7	18	37	2
Jackson, Vince, of	.288	53	208	33	60	6	3	0	23	18	48	10
#Latham, Chris, 2b-ss	.239	43	109	17	26	2	1	0	11	16	45	14
Martinez, Sandy, 2b-ss	.282	52	170	28	48	7	2	0	18	5	14	14
#Richmond, Clarence, of	.131	46	61	16	8	0	0	0	4	13	24	6
Rodriguez, Anthony, c	.157	29	51	3	8	2	0	0	2	9	20	0
Rodriguez, Felix, c	.266	43	139	15	37	8	1	2	21	6	32	1
Soares, Todd, 3b	.238	55	193	26	46	6	1	0	29	11	33	0
Stephens, Billy, 1b	.194	39	108	12	21	4	0	0	15	17	33	2
Sweeney, Robert, p-of	.333	16	3	1	1	1	0	0	0	1	1	0
*Sweeney, Roger, of	.198	30	91	10	18	3	2	0	6	6	16	2
Walton, Carlo, of-c	.200	15	30	4	6	2	0	0	6	3	9	0
Warren, Mel, of	.252	43	135	14	34	2	2	0	10	11	46	7
Williams, Brent, c	.346	13	26	5	9	2	0	0	4	3	4	1
Winicki, Dennis, ss	.267	45	146	26	39	6	1	0	10	17	20	18
Zahner, Kevin, c	.207	18	29	4	6	0	0	0	2	4	4	1
Zapata, Gus, 2b-3b	.059	10	17	2	1	0	0	0	0	5	4	2

PITCHING	W	L	ERA	G	GS	CG	SV	IP	H	R	ER	BB	SO
*Cope, Gary	1	4	6.41	15	1	0	0	27	36	27	19	11	28
Davidson, John	2	3	4.88	16	1	0	0	31	33	28	17	23	23
Fitzpatrick, Dave	1	2	2.31	16	1	0	5	23	17	6	6	8	27
Iglesias, Mike	1	1	4.70	8	6	0	0	23	26	13	12	17	17
Jones, Kiki	0	0	0.00	1	1	0	0	5	4	0	0	1	10
Lavigne, Martin	2	2	2.38	10	10	1	0	53	44	23	14	26	49
*Minear, Clint	3	3	2.90	17	1	0	1	31	25	12	10	12	20
Osuna, Pedro	0	0	0.82	8	0	0	4	11	8	5	1	0	13
Salcedo, Jose	5	2	4.33	10	9	2	0	52	63	30	25	0	28
*Smith, Kevin	1	4	4.73	10	10	0	0	40	39	26	21	25	36
Sohn, Young Chul	7	0	1.27	15	9	3	0	2	50	39	10	7	8	54
Valdez, Ismael	2	2	2.32	10	10	0	0	50	44	15	13	13	44
*Watts, Brandon	1	3	4.64	12	5	0	0	33	28	20	17	25	30
*Zerbe, Chad	0	2	2.20	16	1	0	0	33	31	19	8	15	23

MILWAUKEE BREWERS

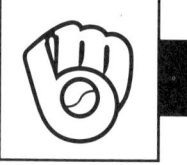

Manager: Tom Trebelhorn.
1991 Record: 83-79, .512 (4th, AL East).

BATTING	AVG	G	AB	R	H	2B	3B	HR	RBI	BB	SO	SB
Bichette, Dante	.238	134	445	53	106	18	3	15	59	22	107	14
*Brock, Greg	.283	31	60	9	17	4	0	1	6	14	9	1
*Canale, George	.176	21	34	6	6	2	0	3	10	8	6	0
*Carrillo, Matias	.000	3	0	0	0	0	0	0	0	0	0	0
Dempsey, Rick	.231	61	147	15	34	5	0	4	21	23	20	0
*Gantner, Jim	.283	140	526	63	149	27	4	2	47	27	34	4
*Hamilton, Darryl	.311	122	405	64	126	15	6	1	57	33	38	16
Maldonado, Candy	.207	34	111	11	23	6	0	5	20	13	23	1
McIntosh, Tim	.364	7	11	2	4	1	0	1	1	0	4	0
Molitor, Paul	.325	158	665	133	216	32	13	17	75	77	62	19
Olander, Jim	.000	12	9	2	0	0	0	0	0	2	5	0
Randolph, Willie	.327	124	431	60	141	14	3	0	54	75	38	4
Sheffield, Gary	.194	50	175	25	34	12	2	2	22	19	15	5
*Spiers, Bill	.283	133	414	71	117	13	6	8	54	34	55	14
*Stubbs, Franklin	.213	103	362	48	77	16	2	11	38	35	71	13
*Surhoff, B.J.	.289	143	505	57	146	19	4	5	68	26	33	5
#Sveum, Dale	.241	90	266	33	64	19	1	4	43	32	78	2
Vaughn, Greg	.244	145	542	81	132	24	5	27	98	62	125	2
Yount, Robin	.260	130	503	66	131	20	4	10	77	54	79	6

PITCHING	W	L	ERA	G	GS	CG	SV	IP	H	R	ER	BB	SO
August, Don	9	8	5.47	28	23	1	0	138	166	87	84	47	62
Austin, Jim	0	0	8.31	5	0	0	0	9	8	8	8	11	3
Bosio, Chris	14	10	3.25	32	32	5	0	205	187	80	74	58	117
*Brown, Kevin D.	2	4	5.51	15	10	0	0	64	66	39	39	34	30
Crim, Chuck	8	5	4.63	66	0	0	3	91	115	52	47	25	39
Eldred, Cal	2	0	4.50	3	3	0	0	16	20	9	8	6	10
George, Chris	0	0	3.00	2	1	0	0	6	8	2	2	0	2
Henry, Doug	2	1	1.00	32	0	0	15	36	16	4	4	14	28
*Higuera, Teddy	3	2	4.46	7	6	0	0	36	37	18	18	10	33
Holmes, Darren	1	4	4.72	40	0	0	3	76	90	43	40	27	59
Hunter, Jim	0	5	7.26	8	6	0	0	31	45	26	25	17	14
Ignasiak, Mike	2	1	5.68	4	1	0	0	13	7	8	8	8	10
Knudson, Mark	1	3	7.97	12	7	0	0	35	54	33	31	15	23
*Lee, Mark	2	5	3.86	62	0	0	1	68	72	33	29	31	43
Machado, Julio	3	3	3.45	54	0	0	3	89	65	36	34	55	98
Navarro, Jaime	15	12	3.92	34	34	10	0	234	237	117	102	73	114
Nunez, Edwin	2	1	6.04	23	0	0	8	25	28	20	17	13	24
*Plesac, Dan	2	7	4.29	45	10	0	8	92	92	49	44	39	61
Robinson, Ron	0	1	6.23	1	1	0	0	4	6	3	3	3	0
Wegman, Bill	15	7	2.84	28	28	7	0	193	176	76	61	40	89

FIELDING

Catcher	PCT	G	PO	A	E
Dempsey	.993	56	246	23	2
Surhoff	.995	127	660	68	4

First Base	PCT	G	PO	A	E
Brock	1.000	25	150	10	0
Canale	.983	19	100	16	2
Dempsey	.000	1	0	0	0
McIntosh	1.000	1	1	0	0
Molitor	.986	46	389	32	6
*Stubbs	.991	92	824	82	8

Second Base	PCT	G	PO	A	E
Gantner	.977	59	109	190	7
Randolph	.969	121	237	378	20
Surhoff	.000	1	0	0	0
Sveum	1.000	2	3	2	0

Third Base	PCT	G	PO	A	E
Bichette	.000	1	0	0	0
Gantner	.976	90	51	155	5

	PCT	G	PO	A	E
Sheffield	.922	43	29	65	8
Surhoff	1.000	5	3	3	0
Sveum	.957	38	26	62	4

Shortstop	PCT	G	PO	A	E
Spiers	.970	128	202	345	17
Sveum	.968	51	56	125	6

Outfield	PCT	G	PO	A	E
Bichette	.976	127	270	14	7
*Carrillo	.000	3	0	0	0
*Hamilton	.996	117	234	3	1
Maldonado	.976	24	41	0	1
McIntosh	.000	4	0	0	0
Olander	1.000	9	9	0	0
Spiers	.000	1	0	0	0
*Stubbs	.800	4	4	0	1
Surhoff	1.000	2	2	0	0
Vaughn	.994	135	315	5	2
Yount	.994	117	315	1	2

BREWERS FARM SYSTEM

Class	Club	League	W	L	Pct.	Manager
AAA	Denver	American Association	79	65	.549	Tony Muser
AA	El Paso	Texas	81	55	.596	Dave Huppert
A	Stockton	California	71	65	.522	Chris Bando
A	Beloit	Midwest	70	67	.511	Rob Derksen
Rookie	Helena	Pioneer	44	26	.629	Harry Dunlop
Rookie	Peoria	Arizona	34	26	.567	Wayne Krenchicki

DENVER AAA

AMERICAN ASSOCIATION

BATTING	AVG	G	AB	R	H	2B	3B	HR	RBI	BB	SO	SB
Beltre, Esteban, ss	.179	27	78	11	14	1	3	0	9	9	16	3
Brantley, Mickey, of	.301	122	478	78	144	19	5	15	78	38	45	10
*Canale, George, 1b-3b	.234	88	274	36	64	10	2	10	47	51	49	6
#Cangelosi, John, of	.294	83	303	69	89	8	3	3	25	59	29	26
*Carrillo, Matias, of	.276	120	421	56	116	18	5	8	56	32	85	10
Castillo, Carmen, dh-of	.302	92	334	41	101	19	4	14	72	17	79	2
#Castillo, Juan, 3b	.174	13	46	3	8	1	1	0	7	6	9	2
Diaz, Carlos, ph	.000	1	1	0	0	0	0	0	0	0	1	0
*Guerrero, Sandy, 3b-2b	.282	73	216	29	61	11	4	4	32	27	28	2
Kmak, Joe, c	.237	100	295	34	70	17	2	1	33	28	45	7
Knabenshue, Chris, of	.207	12	29	5	6	1	0	1	3	9	9	1
Liddell, Dave, c	.270	32	89	15	24	4	1	0	13	12	15	0
Listach, Pat, 2b-ss	.252	89	286	51	72	10	4	1	31	45	66	23
McIntosh, Tim, 1b-of	.292	122	462	69	135	19	9	18	91	37	60	2
Montoyo, Charlie, ss-2b	.239	120	394	68	94	13	1	12	45	69	50	15
*Nilsson, Dave, c-1b	.232	28	95	10	22	8	0	1	14	17	16	1
Olander, Jim, of	.325	134	498	89	162	32	10	9	78	64	83	14
Polidor, Gus, ss-3b	.272	30	103	8	28	2	1	0	5	4	8	0
Roomes, Rolando, of	.164	20	61	9	10	0	3	0	2	11	21	0
Smith, D.L., 3b-ss	.213	94	291	34	62	7	3	1	22	28	46	0
Suero, William, 2b	.386	20	70	20	27	3	2	0	15	10	8	3

PITCHING	W	L	ERA	G	GS	CG	SV	IP	H	R	ER	BB	SO
*Alba, Gibson	0	0	7.20	7	0	0	0	5	7	4	4	2	6
August, Don	1	0	0.00	1	1	0	0	5	3	0	0	0	1
Austin, Jim	6	3	2.45	20	3	0	3	44	35	12	12	24	37
*Brown, Kevin D.	4	3	4.67	12	11	1	0	62	71	36	32	34	31
Davins, Jim	1	2	8.06	25	0	0	5	22	21	20	20	10	20
Eldred, Cal	13	9	3.75	29	29	3	0	185	161	82	77	84	168
*Elvira, Narciso	0	4	5.96	18	13	1	0	80	100	62	53	40	52
Fisher, Brian	10	6	4.78	44	2	1	2	98	98	54	52	39	66
*Fortugno, Tim	0	1	3.57	26	0	0	2	35	30	15	14	20	39
George, Chris	4	5	2.33	43	1	0	4	85	74	31	22	26	65
Henry, Doug	3	2	2.18	32	0	0	14	58	47	16	14	20	47
Hernandez, Manny	1	1	0.54	5	0	0	1	17	14	3	1	4	8
*Higuera, Ted	1	0	2.08	2	2	0	0	9	6	3	2	6	6
Holmes, Darren	0	0	9.00	1	0	0	0	1	1	1	1	2	2
Hunter, Jim	7	4	3.30	14	14	0	0	87	94	38	32	27	43
Ignasiak, Mike	9	5	4.25	24	22	1	1	138	119	68	65	57	103
*Kaiser, Jeff	0	1	3.86	8	1	0	0	19	16	9	8	13	12
Kiefer, Mark	9	5	4.62	17	17	3	0	101	104	55	52	41	68
Knudson, Mark	4	4	5.40	13	10	2	1	52	73	34	31	13	28
*LaPoint, Dave	0	2	7.46	7	7	0	0	35	48	30	29	12	25
Mathews, Greg	6	3	3.86	13	9	1	0	61	62	32	26	27	25
McGaffigan, Andy	0	0	1.80	10	0	0	1	15	16	6	3	4	14
Miranda, Angel	0	1	6.17	11	0	0	2	12	10	9	8	17	14
*Puig, Ed	0	2	5.14	11	0	0	0	14	13	8	8	3	5
Sadler, Alan	0	2	11.81	2	1	0	0	5	7	7	7	5	1
Wegman, Bill	0	0	2.57	1	1	0	0	7	6	2	2	1	1

EL PASO AA

TEXAS LEAGUE

BATTING	AVG	G	AB	R	H	2B	3B	HR	RBI	BB	SO	SB
Ashley, Shon, of-dh	.308	126	493	86	152	29	5	24	100	71	110	2
Byington, John, 3b	.273	129	501	60	137	27	1	9	89	25	63	3
Cooper, Craig, 1b-dh	.299	39	147	25	44	8	1	7	33	14	15	0
*Escalera, Ruben, of	.316	114	443	101	140	26	7	6	67	61	73	9
Faulkner, Craig, c	.307	77	267	39	82	18	0	10	46	19	57	1
Finn, John, 2b	.300	63	230	48	69	12	2	2	24	16	27	8
Guerrero, Mike, 2b-ss	.205	37	117	23	24	2	0	0	13	18	16	2
Hannahs, Mitch, 2b	.244	26	86	23	21	5	1	1	9	24	19	1
Jacas, Dave, of	.264	124	511	103	135	26	9	6	53	58	86	27
Jackson, Kenny, of	.302	114	427	77	129	25	9	17	66	31	81	9
Jaha, John, 1b	.344	130	486	121	167	38	3	30	134	78	101	12
Liddell, Dave, c	.205	13	39	5	8	1	0	1	6	6	9	0
#Listach, Pat, ss-2b	.253	49	186	40	47	5	2	0	13	25	56	14
*Nilsson, Dave, c	.418	65	249	52	104	24	3	5	57	27	14	4
#Snyder, Randy, c	.208	8	24	7	5	1	0	0	1	5	5	1
Tatum, Jim, ss-dh	.320	130	493	99	158	27	8	18	128	63	79	5
#Wallace, Tim, ss-2b	.318	18	66	11	21	2	0	1	7	5	11	6

PITCHING	W	L	ERA	G	GS	CG	SV	IP	H	R	ER	BB	SO
*Alba, Gibson	1	1	11.57	3	0	0	0	2	5	3	3	4	2
Ambrose, Mark	10	6	4.26	19	19	1	0	112	120	59	53	58	81
Carter, Larry	0	0	9.00	1	1	0	0	3	5	3	3	1	1
Chapman, Mark	4	3	3.72	45	0	0	5	92	90	40	38	37	63
Czajkowski, Jim	5	2	4.94	43	0	0	11	78	100	54	43	29	69
Davino, Mike	1	1	5.61	12	1	0	2	26	36	17	16	14	13
Everson, Greg	0	0	7.36	7	0	0	0	11	18	11	9	5	3
*Fortugno, Tim	5	1	1.99	20	3	0	1	54	40	15	12	25	73
Freeland, Dean	3	1	4.29	7	5	0	1	36	37	18	17	15	24

110 • 1992 ALMANAC

Paul Molitor, in his role as a leadoff hitter, led the big leagues with 133 runs and 216 hits.

PITCHING	W	L	ERA	G	GS	CG	SV	IP	H	R	ER	BB	SO
Gordon, Don	0	0	7.98	7	0	0	0	15	20	15	13	2	7
*Green, Otis	3	3	3.18	9	9	1	0	51	35	21	18	25	49
Johnson, Chris	4	4	6.48	13	12	0	0	67	85	56	48	40	43
Kiefer, Mark	7	1	3.33	12	12	0	0	76	62	33	28	43	72
Lienhard, Steve	9	9	4.83	26	17	1	0	121	157	79	65	43	69
Mathews, Greg	0	0	6.30	2	2	0	0	10	11	9	7	6	8
*McGraw, Tom	1	1	5.80	9	7	0	0	36	43	28	23	21	28
*Miranda, Angel	4	2	2.54	38	0	0	11	74	55	27	21	41	86
Monson, Steve	3	4	5.91	17	10	1	0	64	84	49	42	28	38
Schwarz, Jeff	11	8	4.89	27	24	3	0	142	139	91	77	97	134
Smith, Mike	3	3	5.22	11	10	1	0	50	52	44	29	29	44
Sparks, Steve	1	2	9.53	4	4	0	0	17	30	22	18	9	10
Vann, Brandy	2	3	9.85	19	0	0	0	25	41	30	27	26	24
Wishnevski, Rob	4	0	3.94	7	0	0	0	16	17	8	7	6	9

STOCKTON   A

CALIFORNIA LEAGUE

BATTING	AVG	G	AB	R	H	2B	3B	HR	RBI	BB	SO	SB
#Blankenship, Shawn, ss	.286	3	7	1	2	1	0	0	0	3	0	0
Cabrera, Juan, 3b	.213	23	75	7	16	2	1	0	5	4	17	0
*Castaldo, Vince, 3b-2b	.249	131	478	80	119	28	4	13	74	80	98	25
*Clark, Tim, of	.274	125	424	51	116	19	4	9	56	57	60	9
Cole, Mark, ss-2b	.191	17	68	5	13	2	2	0	0	4	11	1
Couture, Mike, of	.195	80	185	31	36	5	1	3	12	24	75	25
Diaz, Remigio, ss-2b	.150	40	100	7	15	0	0	0	5	3	20	0
*Dodson, Bo, 1b-dh	.262	88	298	51	78	13	3	9	41	66	63	4
Finn, John, 2b-of	.256	65	223	45	57	12	1	0	25	44	28	19
Flores, Juan, c	.152	12	33	2	5	1	0	0	4	0	11	1
#Guerrero, Mike, ss-2b	.235	59	204	22	48	4	1	1	18	28	28	6
#Haugen, Troy, ss-2b	.203	65	128	25	26	0	2	0	13	40	31	9
Hood, Randy, of	.180	42	128	18	23	3	0	2	10	21	37	2
#Hosey, Dwayne, of	.272	85	356	55	97	12	7	15	62	31	58	22
Kappesser, Bob, c-2b	.213	79	202	30	43	4	3	0	15	35	38	10
*Marrero, Oreste, 1b-dh	.251	123	438	63	110	15	2	13	61	57	98	4
Marrero, Vilato, 3b-2b	.256	106	348	28	89	18	2	2	42	32	51	1
*O'Leary, Troy, of	.263	126	418	63	110	20	4	5	46	73	96	4
*Snyder, Randy, c-1b	.256	82	223	33	57	11	2	6	33	37	67	7
Weaver, Trent, ss-3b	.210	33	105	15	22	5	1	1	9	16	24	0
#Wrona, Dave, ss	.211	15	38	9	8	1	1	0	4	11	10	0

PITCHING	W	L	ERA	G	GS	CG	SV	IP	H	R	ER	BB	SO
Archer, Kurt	2	4	4.27	27	6	0	1	46	45	36	22	29	26
Berg, Rich	7	7	2.33	52	0	0	2	97	81	34	25	41	82
Cangemi, Jamie	4	7	4.31	54	6	1	7	96	98	57	46	61	78
Correa, Ramser	2	1	7.94	10	8	0	0	34	31	14	11	20	21
Dell, Tim	10	9	2.69	27	27	4	0	150	127	63	45	55	131
Drake, Sam	2	3	4.44	17	5	0	1	53	50	31	26	38	58
*Fitzgerald, Dave	0	2	8.31	4	2	0	0	9	14	11	8	6	1
*Green, Otis	9	1	1.92	12	11	2	0	75	41	18	16	33	106
Grove, Scott	0	0	5.40	7	0	0	0	7	7	4	4	5	5
Holsman, Rich	4	8	1.93	30	0	0	6	51	38	19	11	19	57
Landry, Greg	0	0	6.75	5	1	0	1	16	14	14	12	13	11
*McGraw, Tom	3	0	2.30	11	7	0	0	47	35	15	12	13	39
Mikkelsen, Linc	5	5	3.42	27	16	0	0	121	116	51	46	42	103
Monson, Steve	7	2	1.69	15	13	3	0	96	74	23	18	28	75
Sandoval, Guillermo	1	0	9.00	5	1	0	0	10	12	10	10	4	13
Smith, Mike	0	0	9.00	5	0	0	0	9	13	11	9	5	4
Sparks, Steve	9	10	3.06	24	24	8	0	180	160	70	61	98	139
*Tabaka, Jeff	0	2	5.19	4	4	0	0	17	19	11	10	16	19
Vancho, Bob	0	1	5.25	6	0	0	0	12	13	7	7	5	15

ORGANIZATION LEADERS

John Jaha
... 30 HR, 134 RBIs

BATTING
*AVG	Andy Fairman, Helena	.373
R	John Jaha, El Paso	121
H	John Jaha, El Paso	167
TB	John Jaha, El Paso	301
2B	John Jaha, El Paso	38
3B	Jim Olander, Denver	10
HR	John Jaha, El Paso	30
RBI	John Jaha, El Paso	134
SB	Tony Diggs, Beloit	52

PITCHING
W	Mark Kiefer, El Paso-Denver	16
L	Two tied at	12
†ERA	Pat Miller, Beloit	1.63
G	Jamie Cangemi, Stockton	54
CG	Steve Sparks, Stockton	8
SV	Doug Henry, Denver	14
IP	Cal Eldred, Denver	185
BB	Steve Sparks, Stockton	98
SO	Cal Eldred, Denver	168

Minor Leaguers Only *Minimum 250 At-Bats †Minimum 75 Innings

PITCHING	W	L	ERA	G	GS	CG	SV	IP	H	R	ER	BB	SO
Vann, Brandy	6	2	2.25	23	3	0	7	64	54	22	16	36	68
Vargas, Jose	0	1	7.80	6	2	0	0	15	21	14	13	3	7

BELOIT — A

MIDWEST LEAGUE

BATTING	AVG	G	AB	R	H	2B	3B	HR	RBI	BB	SO	SB
Albert, Tim, of	.274	54	168	25	46	10	1	0	19	43	42	12
*Beck, Wynn, dh-c	.270	33	100	10	27	3	0	1	12	7	12	2
*Benjamin, Bobby, of	.260	107	338	60	88	19	1	13	58	93	95	20
Cabrera, Juan, 3b-ss	.250	31	100	8	25	3	1	0	9	2	20	2
Carter, Michael, ss	.279	123	452	62	126	24	4	2	40	26	42	46
Carter, Tim, 1b-dh	.229	113	385	51	88	13	2	15	64	47	125	10
Couture, Mike, of	.333	1	3	0	1	0	0	0	0	0	0	0
Diaz, Steve, c	.216	30	74	8	16	2	0	0	11	7	23	0
#Diggs, Tony, of-3b	.270	124	448	70	121	9	8	3	32	65	76	52
*Edwards, Todd, of	.211	26	71	10	15	3	0	0	3	11	28	6
#Enriquez, Graciano, of	.215	41	107	17	23	4	0	1	13	19	39	2
Everly, David, ss	.250	2	4	1	1	1	0	0	1	2	3	1
Flores, Juan, c	.205	66	176	16	36	5	1	1	24	34	43	7
*Glenn, Leon, 1b-dh	.174	51	161	23	28	2	2	6	27	13	62	18
Harris, Mike, 1b	.214	50	145	27	31	4	2	1	12	27	30	6
Powell, Gordon, 2b-3b	.216	82	273	34	59	6	3	7	23	16	77	15
Salazar, Julian, ss-3b	.209	95	273	31	57	12	0	0	14	41	73	10
Sass, James, of	.212	23	66	5	14	3	0	0	4	9	12	3
*Singleton, Duane, of	.289	101	388	57	112	13	7	3	44	40	57	42
Smith, Ed, 3b	.261	61	218	31	57	13	2	4	37	21	41	5
Wheat, Chris, 3b-2b	.357	4	14	3	5	0	0	0	2	0	1	1
*White, Darrin, c-of	.210	96	248	34	52	12	3	1	31	57	62	22
#Wrona, Dave, 2b	.249	62	209	31	52	10	0	1	24	28	39	7

PITCHING	W	L	ERA	G	GS	CG	SV	IP	H	R	ER	BB	SO
Boze, Marshall	0	1	5.68	3	1	0	0	6	8	4	4	7	4
Brady, Mike	0	2	4.11	17	4	0	1	50	50	30	23	33	48
*Brakeley, Bill	10	6	3.78	29	20	0	2	124	118	63	52	67	116
Bush, Chuck	0	0	0.79	6	0	0	2	11	7	1	1	8	9
Carter, Larry	14	3	3.17	30	16	1	4	131	142	64	46	46	96
Drake, Sam	2	2	3.78	14	7	0	1	50	48	28	21	28	32
*Farrell, Mike	2	3	1.98	6	5	0	0	36	33	13	8	8	38
*Fitzgerald, Dave	0	3	12.46	9	0	0	0	13	23	18	18	8	9
Gamez, Francisco	9	12	3.63	25	24	1	0	146	140	76	59	57	92
Gibbs, Jim	0	0	4.50	2	0	0	0	2	3	1	1	0	3
Grove, Scott	2	2	4.78	13	1	0	0	26	30	17	14	9	13
Hauteman, Jeff	2	1	3.61	19	1	0	1	42	37	18	17	16	38
Holmes, Darren	0	0	0.00	2	0	0	2	2	0	0	0	1	6
Hooper, Mike	2	3	2.32	13	1	0	1	31	28	15	8	12	23
Hvizda, Jim	0	1	3.00	3	0	0	0	3	6	2	1	1	1
Kellogg, Geoff	8	6	4.44	27	21	3	0	134	132	76	66	56	128
*Matthews, Greg	2	1	2.06	7	7	1	0	39	28	11	9	10	45
Miller, Pat	3	4	1.63	33	1	0	9	99	70	23	18	24	64
Nunez, Edwin	0	1	4.00	5	1	0	1	9	9	5	4	0	9
Pruitt, Don	7	4	1.82	12	12	4	0	79	66	26	16	10	71
Smith, James	2	2	2.77	19	0	0	9	26	19	8	8	15	31
Smith, John	0	0	2.82	8	1	0	3	22	18	7	7	8	14
Souza, Brian	0	3	12.08	9	0	0	1	13	16	18	17	19	10
*Stephens, Mark	0	0	8.59	4	0	0	0	7	12	7	7	2	5
Vazquez, Ed	0	1	2.16	7	0	0	1	17	13	8	4	7	7
Wegman, Bill	0	2	1.64	3	3	0	0	11	11	5	2	1	12
Zimbauer, Jason	5	4	3.76	11	11	3	0	67	56	33	28	25	66

112 • 1992 ALMANAC

HELENA   R

PIONEER LEAGUE

BATTING	AVG	G	AB	R	H	2B	3B	HR	RBI	BB	SO	SB
Albert, Tim, of	.350	5	20	6	7	2	0	0	5	4	2	1
Andrea, Leroy, of-dh	.235	15	51	6	12	4	0	1	4	2	11	1
Baber, Larue, of	.277	67	249	48	69	17	2	6	41	26	54	12
Basse, Mike, of	.367	55	218	55	80	15	4	3	26	29	43	16
Cirillo, Jeff, 3b-of	.350	70	286	60	100	16	2	10	51	31	28	3
Dobrolsky, Bill, c-dh	.161	9	31	2	5	2	0	0	2	3	5	0
Everly, David, ss-3b	.163	19	43	7	7	1	0	0	1	8	18	0
*Fairman, Andy, 1b	.373	70	268	57	100	22	1	8	62	48	27	3
Ghostlaw, Derek, c-dh	.206	17	34	4	7	0	0	0	1	2	11	0
Gmitter, Joe, ss	.207	40	145	20	30	2	1	2	17	8	26	1
Hood, Randy, of-2b	.250	9	32	9	8	0	0	0	4	11	6	2
Lawn, Mike, of	.297	59	202	36	60	7	1	3	34	29	44	9
Matheny, Mike, c	.285	64	253	35	72	14	0	2	34	19	52	2
Preikszas, Dave, of-dh	.184	30	98	19	18	2	0	4	17	15	24	3
Talanoa, Scott, dh-1b	.291	37	127	24	37	10	0	6	29	29	32	1
Tucker, Rob, dh-2b	.250	2	4	0	1	0	0	0	1	0	0	0
Wheat, Chris, 2b	.262	63	244	41	64	6	4	1	21	35	26	9
Whitford, Eric, ss-2b	.281	41	128	35	36	9	0	4	21	21	27	3

PITCHING	W	L	ERA	G	GS	CG	SV	IP	H	R	ER	BB	SO
Benson, Matt	1	0	4.20	3	2	1	1	15	15	7	7	5	6
Boze, Marshall	3	3	7.07	16	8	0	0	56	59	49	44	47	64
Bush, Chuck	2	3	5.00	16	0	0	3	27	27	17	15	11	19
Criminger, John	1	0	1.93	2	0	0	0	5	4	2	1	1	5
*Dennison, Brian	6	4	4.32	13	12	1	0	73	83	45	35	25	47
*Farrell, Mike	4	0	0.84	5	3	2	0	32	17	5	3	8	22
Fetty, Pat	1	0	1.96	14	0	0	2	18	10	5	4	6	23
Fitzgerald, Dave	1	1	5.89	11	0	0	0	18	31	18	12	11	15
*Hancock, Mike	2	2	3.06	5	5	2	0	32	24	11	11	23	29
*Hauteman, Jeff	1	0	1.50	1	1	0	0	6	8	1	1	2	2
Hickox, Tommy	4	3	3.16	24	0	0	10	37	33	16	13	14	14
*Hill, Tyrone	4	2	3.15	11	11	0	0	60	43	27	21	35	76
Iwema, Todd	0	0	3.97	17	0	0	1	34	37	21	15	17	36
Lucas, Scott	0	1	5.63	5	0	0	0	8	9	8	5	5	4
*Rugg, Rusty	1	1	7.94	8	1	0	0	17	19	20	15	8	7
Souza, Brian	8	2	3.04	14	14	2	0	83	80	35	28	34	70
Winawer, Larry	5	4	3.63	13	13	4	0	92	82	44	37	22	56

PEORIA   R

ARIZONA LEAGUE

BATTING	AVG	G	AB	R	H	2B	3B	HR	RBI	BB	SO	SB
Andrea, Leroy, dh	.300	4	10	2	3	0	0	0	1	1	4	2
Bieri, Chad, 1b	.240	58	175	39	42	2	1	3	20	37	66	4
#Blankenship, Shawn, ss-3b	.209	23	67	4	14	0	0	0	5	5	6	0
Casey, Johnny, ss-2b	.253	52	186	32	47	5	2	0	29	24	26	3
Dobrolsky, Bill, dh-1b	.292	5	24	3	7	4	0	0	5	0	3	0
#Enriquez, Luis, of	.302	21	63	14	19	4	1	2	18	11	11	5
*House, Howard, of	.330	53	209	58	69	8	8	6	45	38	45	9
Imperial, Jason, 3b	.341	33	129	38	44	8	5	0	33	23	25	0
#Mendoza, Francisco, 2b	.265	51	155	29	41	3	2	0	12	18	33	8
Preikszas, Dave, of-dh	.339	16	62	12	21	2	1	2	12	6	12	4
Rodrigues, Cecil, of	.234	29	111	19	26	3	0	0	7	25	19	11
#Ross, Jackie, of-2b	.297	40	158	47	47	3	3	1	24	38	21	14
Seranni, Steve, 2b	1.000	1	2	0	2	0	0	0	0	0	0	0
Stefanski, Michael, c-of	.364	56	206	43	75	5	5	0	43	22	21	3
*Stillwell, Mark, dh-1b	.140	19	50	3	7	0	0	0	5	4	16	0
Tucker, Rob, c-of	.296	19	54	13	16	3	4	1	1	0	21	12	17	0
Valentin, Jose, 3b	.312	52	186	31	58	5	6	3	43	22	23	6
Wachter, Derek, of	.312	51	186	52	58	16	5	6	42	41	59	3

PITCHING	W	L	ERA	G	GS	CG	SV	IP	H	R	ER	BB	SO
Blair, Donnie	1	1	8.03	7	7	0	0	25	35	27	22	10	13
Browne, Byron	1	6	8.07	13	11	0	0	58	69	65	52	67	68
Christopher, Terry	0	0	4.91	2	0	0	0	4	3	2	2	3	5
Criminger, John	1	2	5.82	18	0	0	5	22	26	18	14	8	31
*Farrell, Mike	2	1	4.64	6	2	0	0	21	25	15	11	3	17
Gorrell, Rob	1	3	3.69	7	5	1	0	32	28	17	13	17	30
Guerrero, Pasquale	0	1	10.13	6	0	0	1	13	19	16	15	16	10
*Hancock, Mike	6	0	2.18	7	7	1	0	45	32	19	11	21	49
Jarvis, Rick	0	2	5.65	7	1	0	1	14	20	12	9	6	11
Ma, Young	2	0	2.22	11	0	0	1	24	18	7	6	8	11
Nicolau, Travis	2	0	7.76	13	3	0	1	31	32	31	27	40	15
*O'Laughlin, Charles	6	2	3.80	13	4	1	0	66	61	35	28	26	44
Perez, Leo	0	0	3.00	2	1	0	1	6	4	2	2	0	3
*Ramirez, Domingo	0	1	8.38	4	1	0	0	10	16	11	9	7	7
Rutter, Samuel	5	2	3.28	11	8	1	0	58	45	34	21	25	58
Trisler, John	1	1	1.26	8	0	0	1	14	10	5	2	11	10
*Vonderlieth, Scott	1	0	4.15	9	0	0	1	17	19	13	8	10	17
Wilkie, Jim	1	1	5.23	7	0	0	0	10	15	11	6	9	10
Wilstead, Judd	0	0	6.75	1	1	0	0	1	0	1	1	3	2
Zurn, Ricky	4	3	3.53	9	9	0	0	51	34	26	20	27	49

1992 ALMANAC • 113

MINNESOTA TWINS

Manager: Tom Kelly.
1991 Record: 95-67, .586 (1st, AL West).

BATTING	AVG	G	AB	R	H	2B	3B	HR	RBI	BB	SO	SB
Brown, Jarvis	.216	38	37	10	8	0	0	0	0	2	8	7
*Bush, Randy	.303	93	165	21	50	10	1	6	23	24	25	0
Castillo, Carmen	.167	9	12	0	2	0	1	0	0	0	2	0
#Davis, Chili	.277	153	534	84	148	34	1	29	93	95	117	5
Gagne, Greg	.265	139	408	52	108	23	3	8	42	26	72	11
Gladden, Dan	.247	126	461	65	114	14	9	6	52	36	60	15
Harper, Brian	.311	123	441	54	137	28	1	10	69	14	22	1
Hrbek, Kent	.284	132	462	72	131	20	1	20	89	67	48	4
Knoblauch, Chuck	.281	151	565	78	159	24	6	1	50	59	40	25
#Larkin, Gene	.286	98	255	34	73	14	1	2	19	30	21	2
Leius, Scott	.286	109	199	35	57	7	2	5	20	30	35	5
Mack, Shane	.310	143	442	79	137	27	8	18	74	34	79	13
Munoz, Pedro	.283	51	138	15	39	7	1	7	26	9	31	3
#Newman, Al	.191	118	246	25	47	5	0	0	19	23	21	4
Ortiz, Junior	.209	61	134	9	28	5	1	0	11	15	12	0
*Pagliarulo, Mike	.279	121	365	38	102	20	0	6	36	21	55	1
Puckett, Kirby	.319	152	611	92	195	29	6	15	89	31	78	11
*Sorrento, Paul	.255	26	47	6	12	2	0	4	13	4	11	0
Webster, Lenny	.294	18	34	7	10	1	0	3	8	6	10	0

PITCHING	W	L	ERA	G	GS	CG	SV	IP	H	R	ER	BB	SO
Abbott, Paul	3	1	4.75	15	3	0	0	47	38	27	25	36	43
Aguilera, Rick	4	5	2.35	63	0	0	42	69	44	20	18	30	61
*Anderson, Allan	5	11	4.96	29	22	2	0	134	148	82	74	42	51
Banks, Willie	1	1	5.71	5	3	0	0	17	21	15	11	12	16
Bedrosian, Steve	5	3	4.42	56	0	0	6	77	70	42	38	35	44
*Casian, Larry	0	0	7.36	15	0	0	0	18	28	16	15	7	6
Edens, Tom	2	2	4.09	8	6	0	0	33	34	15	15	10	19
Erickson, Scott	20	8	3.18	32	32	5	0	204	189	80	72	71	108
*Guthrie, Mark	7	5	4.32	41	12	0	2	98	116	52	47	41	72
Leach, Terry	1	2	3.61	50	0	0	0	67	62	28	27	14	32
Morris, Jack	18	12	3.43	35	35	10	0	247	226	107	94	92	163
*Neagle, Denny	0	1	4.05	7	3	0	0	20	28	9	9	7	14
Tapani, Kevin	16	9	2.99	34	34	4	0	244	225	84	81	40	135
*Wayne, Gary	1	0	5.11	8	0	0	1	12	11	7	7	4	7
*West, David	4	4	4.54	15	12	0	0	71	66	37	36	28	52
Willis, Carl	8	3	2.63	40	0	0	2	89	76	31	26	19	53

FIELDING

Catcher	PCT	G	PO	A	E
Harper	.988	119	642	33	8
Ortiz	.995	60	203	17	1
Webster	.986	17	61	10	1

First Base	PCT	G	PO	A	E
*Bush	.951	12	35	4	2
Harper	1.000	1	1	0	0
Hrbek	.994	128	1138	95	8
Larkin	.997	39	281	20	1
Newman	1.000	1	7	0	0
Sorrento	1.000	13	70	7	0

Second Base	PCT	G	PO	A	E
Knoblauch	.975	148	249	459	18
Larkin	.000	1	0	0	0
Newman	.992	35	52	76	1
Pagliarulo	.000	1	0	0	0

Third Base	PCT	G	PO	A	E
Larkin	.000	1	0	0	0
Leius	.953	79	41	100	7
Newman	.964	35	8	19	1

	PCT	G	PO	A	E
Pagliarulo	.965	118	56	248	11

Shortstop	PCT	G	PO	A	E
Gagne	.984	137	181	376	9
Knoblauch	.000	2	0	0	0
Leius	1.000	19	15	29	0
Newman	.987	55	63	90	2

Outfield	PCT	G	PO	A	E
Brown	.955	32	21	0	1
*Bush	1.000	38	50	1	0
Castillo	1.000	4	3	0	0
Davis	1.000	2	2	0	0
Gladden	.988	126	240	4	3
Harper	.000	1	0	0	0
Larkin	.967	47	58	1	2
Leius	.000	2	0	0	0
Mack	.977	140	291	6	7
Munoz	.989	44	89	3	1
Newman	.000	1	0	0	0
Puckett	.985	152	373	13	6

TWINS FARM SYSTEM

Class	Club	League	W	L	Pct.	Manager
AAA	Portland	Pacific Coast	70	68	.507	Russ Nixon
AA	Orlando	Southern	77	67	.535	Scott Ullger
A	Visalia	California	58	78	.426	Steve Liddle
A	Kenosha	Midwest	63	74	.460	Joel Lepel
Rookie	Elizabethton	Appalachian	39	29	.574	Ray Smith
Rookie	Fort Myers	Gulf Coast	27	33	.450	Dan Rohn

Rick Aguilera provided steady relief for the American League champion Minnesota Twins, saving 42 games.

PORTLAND AAA
PACIFIC COAST LEAGUE

BATTING	AVG	G	AB	R	H	2B	3B	HR	RBI	BB	SO	SB
Brito, Bernardo, dh	.259	115	428	65	111	17	2	27	83	28	110	1
Brown, Jarvis, of	.289	108	436	62	126	5	8	3	37	36	66	27
*Bruett, J.T., of	.284	99	345	51	98	6	3	0	35	40	41	21
Buckley, Troy, c	.400	3	5	2	2	0	0	0	0	0	1	0
*Hale, Chip, 2b	.241	110	352	45	85	16	3	1	37	47	22	3
*Jones, Barry, of	.251	64	211	30	53	12	3	3	28	11	32	5
Jorgensen, Terry, 3b	.298	126	456	74	136	29	0	11	59	54	41	1
*Morgan, Kenny, dh	.148	13	27	1	4	1	0	0	1	2	4	1
Munoz, Pedro, of	.316	56	212	33	67	19	2	5	28	19	42	9
Naveda, Ed, of-inf	.269	87	245	42	66	10	2	7	32	38	33	6
Reboulet, Jeff, ss	.248	134	391	50	97	27	3	3	46	57	52	5
Rodriguez, Victor, Inf	.304	83	270	36	82	17	0	6	32	20	22	0
Roomes, Rolando, of	.235	51	136	21	32	4	3	4	25	13	45	6
Sheaffer, Danny, c-1b	.303	93	330	46	100	14	2	1	43	26	35	2
Siwa, Joe, c	.000	1	3	0	0	0	0	0	0	0	1	0
*Sorrento, Paul, 1b	.308	113	409	59	126	30	2	13	79	62	65	1
Webster, Lenny, c	.252	87	325	43	82	18	0	7	34	24	32	1

PITCHING	W	L	ERA	G	GS	CG	SV	IP	H	R	ER	BB	SO
Abbott, Paul	2	3	3.89	8	8	1	0	44	36	19	19	28	40
*Anderson, Allan	4	1	3.06	5	5	2	0	32	33	15	11	7	16
Banks, Willie	9	8	4.55	25	24	1	0	146	156	81	74	76	63
*Casian, Larry	3	2	3.46	34	6	0	1	52	51	25	20	16	24
Delkus, Pete	0	0	11.25	2	0	0	0	4	7	5	5	2	0
Drummond, Tim	5	8	4.65	56	1	0	7	79	87	52	41	32	45
Edens, Tom	10	7	3.01	25	24	3	0	161	145	67	54	62	100
Garces, Rich	0	1	4.85	10	0	0	3	13	10	7	7	8	13
Mahomes, Pat	3	5	3.44	9	9	2	0	55	50	26	21	36	41
*Neagle, Denny	9	4	3.27	19	17	1	0	105	101	41	38	32	94
*Pulido, Carlos	0	0	16.20	2	0	0	0	2	4	3	3	1	2
Savage, Jack	2	4	6.56	38	1	0	1	60	77	52	44	38	45
Scott, Charles	3	6	3.83	18	11	1	0	80	75	51	34	30	59

Righthander Kevin Tapani proved to be Minnesota's most reliable starter down the stretch, posting a 16-9 record and 2.99 ERA.

PITCHING	W	L	ERA	G	GS	CG	SV	IP	H	R	ER	BB	SO
*Tsamis, George	10	8	3.27	29	27	2	0	168	183	75	61	66	71
Wassenaar, Rob	4	4	3.26	40	0	0	5	77	75	31	28	25	62
*Wayne, Gary	4	5	2.79	51	0	0	8	68	63	27	21	31	66
*West, David	1	1	6.32	4	4	0	0	16	12	11	11	12	15
Willis, Carl	1	1	1.64	3	1	0	0	11	5	4	2	0	0

ORLANDO — AA

SOUTHERN LEAGUE

BATTING	AVG	G	AB	R	H	2B	3B	HR	RBI	BB	SO	SB
Capellan, Carlos, 2b	.241	117	365	41	88	10	1	0	29	24	29	12
*Delima, Rafael, of	.249	122	394	45	98	14	4	4	46	47	56	13
Garcia, Cheo, 3b	.282	137	496	57	140	24	4	9	75	45	48	13
Gilbert, Shawn, of-ss	.257	138	529	69	136	12	5	3	38	53	71	43
Grifol, Pedro, c	.150	6	20	0	3	0	0	0	2	0	6	0
Kvasnicka, Jay, of	.271	99	292	48	79	12	2	4	27	54	40	23
*Logan, Todd, c	.184	18	38	5	7	2	0	0	3	8	9	0
Marzan, Jose, 1b	.262	84	229	29	60	13	2	2	22	28	29	2
*Masteller, Dan, 1b-of	.246	124	370	44	91	14	5	5	35	43	43	6
McCarty, David, of	.261	28	88	18	23	4	0	3	11	10	20	0
#McCreary, Bob, ss	.206	107	345	25	71	9	1	2	22	26	55	3
Morgan, Kenny, of	.239	58	184	24	44	7	2	3	17	27	35	2
*Olmstead, Reed, 1b	.196	38	107	12	21	6	0	2	11	15	28	0
*Ortiz, Ray, of-dh	.247	135	470	58	116	19	3	9	71	48	100	3
Parks, Derek, c	.215	92	256	30	55	14	0	6	31	31	65	0
Siwa, Joe, c	.191	61	157	11	30	2	0	1	14	11	25	0
Valdez, Frank, dh	.247	60	182	13	45	10	0	2	14	12	50	1

PITCHING	W	L	ERA	G	GS	CG	SV	IP	H	R	ER	BB	SO
Bangtson, Pat	12	11	3.44	26	25	3	0	162	161	79	62	42	110
Delkus, Pete	5	5	4.73	45	5	1	1	91	103	58	48	24	53
Garces, Rich	2	1	3.31	10	0	0	0	16	12	6	6	14	17
Johnson, Greg	3	2	2.40	53	0	0	25	56	40	15	15	28	61
Lind, Orlando	9	8	2.67	52	7	2	3	108	96	40	32	39	110
Mahomes, Pat	8	5	1.78	18	17	2	0	116	77	30	23	57	136
*Muh, Steve	1	4	4.78	7	3	1	0	26	27	16	14	19	17
*Newman, Alan	5	4	2.69	11	11	2	0	67	53	28	20	30	53
Richards, Rusty	6	7	3.45	19	19	0	0	112	111	48	43	37	61
Savage, Jack	2	1	1.88	6	1	0	0	14	9	3	3	5	14
Schwabe, Mike	3	2	1.77	6	6	3	0	36	24	12	7	7	34
*Stowell, Steve	2	1	2.70	50	0	0	1	50	41	17	15	24	38
Trombley, Mike	12	7	2.54	27	27	7	0	191	153	65	54	57	175
*Tsamis, George	0	0	0.00	1	1	0	0	7	3	2	0	4	5
Wassenaar, Rob	2	2	1.44	15	1	0	1	25	18	6	4	7	21
*West, David	0	0	0.00	1	1	0	0	0	0	0	0	0	0
*Wiese, Phil	6	9	4.42	21	20	1	0	112	136	64	55	48	47

VISALIA — A

CALIFORNIA LEAGUE

BATTING	AVG	G	AB	R	H	2B	3B	HR	RBI	BB	SO	SB
Brown, Matt, c	.222	61	167	16	37	2	0	1	10	17	41	1
Buckley, Troy, c-3b	.254	98	323	42	82	10	2	5	56	47	60	4
*Cohen, John, of	.244	52	180	22	44	10	0	0	6	19	40	11
Cordova, Marty, of	.212	71	189	31	40	6	1	7	19	17	46	2

116 • 1992 ALMANAC

ORGANIZATION LEADERS

BATTING
*AVG	Midre Cummings, Kenosha	.322
R	Rich Becker, Kenosha	100
H	Cheo Garcia, Orlando	140
TB	Rich Becker, Kenosha	215
2B	Rich Becker, Kenosha	38
3B	Two tied at	8
HR	Bernardo Brito, Portland	27
RBI	Paul Russo, Kenosha	100
SB	David Rivera, Kenosha	52

PITCHING
W	Two tied at	12
L	Jon Henry, Visalia	13
†ERA	Eddie Guardado, Elizabethton	1.86
G	Carlos Pulido, Visalia-Port.	59
CG	Mike Trombley, Orlando	7
SV	Greg Johnson, Orlando	25
IP	Mike Trombley, Orlando	191
BB	Pat Mahomes, Orlando-Port.	93
SO	Pat Mahomes, Orlando-Port.	177

Bernardo Brito ... 27 homers

Minor Leaguers Only *Minimum 250 At-Bats †Minimum 75 Innings

BATTING	AVG	G	AB	R	H	2B	3B	HR	RBI	BB	SO	SB
Delanuez, Rex, of	.308	111	406	78	125	23	2	11	65	84	71	39
Delarwelle, Chris, dh-of	.280	119	453	66	127	25	5	16	77	64	81	19
*Dunn, Steve, 1b	.229	125	458	64	105	16	1	13	59	58	103	9
Gavin, Tom, 3b-of	.213	43	150	16	32	3	1	5	14	15	27	3
Kappesser, Bob, c	.228	18	57	6	13	2	0	0	2	9	19	0
Lewis, Mica, of-ss	.283	115	420	69	119	18	5	11	57	60	103	38
*Logan, Todd, c	.238	51	164	17	39	4	0	4	18	28	26	1
McCarty, David, of-dh	.380	15	50	16	19	3	0	3	8	13	7	3
Meares, Pat, 2b-3b	.303	89	360	53	109	21	4	6	44	24	63	15
*Nunez, Alex, ss	.212	106	364	44	77	3	2	0	16	20	87	19
Owens, Jay, of	.245	65	233	33	57	17	1	6	33	35	70	14
Raabe, Brian, 2b	.257	85	311	36	80	3	1	1	22	40	14	15
Rumsey, Derrell, of	.236	52	144	13	34	3	1	1	16	8	32	6
Sims, Greg, of	.133	4	15	3	2	0	0	0	0	3	6	1
*Stahoviak, Scott, 3b	.278	43	158	29	44	9	1	1	25	22	28	9

PITCHING	W	L	ERA	G	GS	CG	SV	IP	H	R	ER	BB	SO
Best, Jayson	1	5	7.56	27	6	0	0	50	49	52	42	64	35
Gregory, Brad	6	2	5.17	30	1	0	0	56	73	43	32	25	39
Gustafson, Ed	8	5	4.97	33	18	0	4	130	134	93	72	86	120
Henry, Jon	8	13	4.48	28	28	4	0	173	174	103	86	60	110
Hoppe, Dennis	2	0	6.48	9	0	0	0	17	15	13	12	10	10
*Klonoski, Jason	2	0	3.04	18	0	0	1	24	23	10	8	13	17
*Lewis, Mike	3	1	2.60	14	0	0	0	66	66	27	19	26	25
Lipson, Marc	5	4	3.64	49	0	0	0	77	86	37	31	34	33
Misuraca, Mike	7	9	4.27	21	19	2	0	116	131	65	55	39	82
Musselwhite, Darren	7	8	4.03	30	17	1	0	138	163	71	62	34	67
*Nedin, Tim	1	5	3.98	12	12	1	0	63	58	38	28	31	48
*Newman, Alan	6	5	3.51	15	15	0	0	82	86	49	36	49	79
*Pulido, Carlos	1	5	2.01	57	0	0	17	81	77	34	18	23	102
Swope, Mark	0	7	5.72	13	10	0	0	61	64	59	39	25	31
White, Fred	1	9	5.80	39	0	0	10	50	54	44	32	40	42

KENOSHA A

MIDWEST LEAGUE

BATTING	AVG	G	AB	R	H	2B	3B	HR	RBI	BB	SO	SB
#Becker, Rich, of	.267	130	494	100	132	38	3	13	53	72	108	19
Blakeman, Todd, 1b	.205	113	381	27	78	14	3	1	40	30	92	2
*Brede, Brent, of	.192	53	156	12	30	3	2	0	10	16	31	4
Brown, Alvin, c-dh	.000	5	11	2	0	0	0	0	0	1	6	1
Bruno, Paul, c	.167	32	78	6	13	5	0	1	5	13	25	1
#Cummings, Midre, of	.322	106	382	59	123	20	4	4	54	22	66	28
Durant, Mike, c	.203	66	217	27	44	10	0	2	20	25	35	20
Gumpf, John, of	.208	114	366	38	76	20	3	5	27	24	116	2
#Hocking, Denny, ss	.255	125	432	72	110	17	8	2	36	77	69	22
Houk, Tom, 2b-3b	.209	101	253	16	53	10	2	2	25	39	57	3
Miller, Damian, c	.232	80	267	28	62	11	1	3	34	24	53	3
#Morse, Matt, 2b	.226	87	266	26	60	9	2	0	13	19	41	1
#Mota, Willie, dh-c	.279	94	344	23	96	18	0	2	32	8	44	3
Pfeffer, Kurt, of	.200	13	35	2	7	0	0	0	0	2	12	0
Rivera, David, ss-2b	.244	106	324	46	79	14	2	0	23	17	63	52
Rumsey, Derrell, of	.242	42	153	18	37	6	0	2	16	8	40	8
Russo, Paul, 3b	.271	125	421	60	114	20	3	20	100	64	105	4

PITCHING	W	L	ERA	G	GS	CG	SV	IP	H	R	ER	BB	SO
Abel, Jackie	1	2	4.73	20	2	1	0	40	28	25	21	27	20
Best, Jayson	0	0	2.84	11	0	0	1	19	11	10	6	10	18

PITCHING	W	L	ERA	G	GS	CG	SV	IP	H	R	ER	BB	SO
*Bigham, Dave	2	3	1.98	49	0	0	2	59	47	19	13	29	36
*Dixon, Dickie	7	7	3.59	25	25	2	0	153	161	79	61	68	86
Hoppe, Denny	2	5	1.54	38	0	0	11	47	47	15	8	18	31
*Klonoski, Jason	2	4	2.45	33	0	0	8	37	34	11	10	19	38
Kohl, Jim	3	4	3.32	28	0	0	2	41	44	27	15	10	26
Mansur, Jeff	1	2	5.46	17	1	0	1	28	34	17	17	10	25
Persing, Tim	11	9	3.43	25	25	2	0	157	125	79	60	71	84
Peterson, Bart	4	3	3.28	24	8	2	0	71	74	36	26	31	34
Ritchie, Todd	7	6	3.55	21	21	0	0	117	113	53	46	50	101
Robinson, Bob	1	1	2.13	10	0	0	2	13	15	8	3	5	7
Russo, Pat	3	0	3.51	19	0	0	3	26	28	14	10	12	21
Swope, Mark	6	3	2.69	19	7	2	1	77	76	29	23	19	59
Taylor, Kerry	7	11	3.82	26	26	2	0	132	121	74	56	84	84
Taylor, Steve	1	2	3.00	18	0	0	1	30	31	13	10	15	27
Thelen, Jeff	5	12	3.17	26	23	3	0	151	151	75	53	35	86

ELIZABETHTON R
APPALACHIAN LEAGUE

BATTING	AVG	G	AB	R	H	2B	3B	HR	RBI	BB	SO	SB
Bowden, Merritt, of	.234	49	171	24	40	7	1	4	20	18	39	5
*Brede, Brent, of	.241	68	253	24	61	13	0	3	36	30	48	13
Brown, Alvin, 1b	.203	57	172	26	35	7	2	1	11	26	65	6
Fernandez, Michael, dh-3b	.230	42	148	20	34	8	3	6	19	12	40	0
Garrow, David, inf	.161	9	31	3	5	1	0	1	2	2	12	0
Grifol, Pedro, c	.262	55	202	24	53	12	0	7	36	16	33	0
#Hawkins, Craig, 2b	.290	64	259	50	75	14	6	5	30	16	53	39
Hazlett, Steve, ss-3b	.200	64	210	50	42	11	0	4	24	63	53	13
Johnson, Greg, 3b	.229	46	170	19	39	2	0	1	14	8	29	10
*Moore, Tim, of	.264	57	197	33	52	17	1	12	37	28	57	3
#Norman, Kenny, of	.253	53	166	25	42	7	2	2	18	12	48	13
Ramirez, Francisco, c-3b	.107	28	84	4	9	1	0	0	5	1	22	0
*Shell, Scott, 1b	.040	8	25	2	1	0	0	0	1	1	9	0
Strong, Kevin, of	.154	17	39	5	6	0	0	1	6	6	14	0
Valette, Ramon, ss	.149	25	74	7	11	2	0	0	1	6	23	1

PITCHING	W	L	ERA	G	GS	CG	SV	IP	H	R	ER	BB	SO
Caridad, Ron	0	4	4.87	6	6	0	0	20	24	19	11	13	17
Carlson, Bob	3	3	2.23	27	0	0	7	44	37	13	11	8	47
Diaz, Sandy	8	3	3.38	13	10	2	0	75	61	35	28	30	92
*Guardado, Eddie	8	4	1.86	14	13	3	0	92	67	30	19	31	106
Mieses, Melanio	1	1	2.92	22	0	0	3	52	53	28	17	22	50
Miller, Shawn	1	1	6.55	4	4	1	0	22	28	16	16	8	28
Pina, Rafael	4	5	2.52	16	13	3	0	89	79	42	25	44	64
Portillo, Luis	0	0	2.31	7	0	0	0	12	9	3	3	3	9
Roberts, Brett	3	0	2.25	6	6	1	0	28	21	8	7	10	27
*Sartain, David	9	4	2.34	14	14	1	0	85	56	29	22	45	95
Schwartz, David	0	1	9.53	4	0	0	0	6	8	8	6	8	3
*Sweeney, Dennis	2	3	2.97	16	2	0	2	58	51	39	19	25	64

FORT MYERS R
GULF COAST LEAGUE

BATTING	AVG	G	AB	R	H	2B	3B	HR	RBI	BB	SO	SB
Acevedo, Jesus, dh-c	.115	12	26	2	3	1	0	0	3	3	4	1
Banks, Tony, dh-of	.228	17	57	7	13	3	0	0	1	4	16	2
#Blanco, Pedro, 2b-ss	.333	9	21	3	7	0	1	0	1	3	3	2
Canda, Chad, c	.253	29	79	14	20	6	1	2	7	7	22	0
Coakley, Derric, of-dh	.189	21	53	11	10	0	0	2	4	7	11	5
Dufault, Monty, 3b-ss	.287	29	101	14	29	7	1	0	8	7	19	5
Evans, Glenn, of-dh	.236	50	165	25	39	2	3	0	13	32	31	12
Garcia, Luis, p-2b	.250	15	4	1	1	0	0	0	1	0	3	0
Garrow, David, 3b-ss	.221	42	145	11	32	4	0	0	18	12	16	5
King, Karl, c-1b	.189	49	148	16	28	3	0	0	11	19	20	3
*Legree, Keith, ss	.297	45	165	33	49	5	5	1	17	21	38	16
Nava, Marlo, 2b	.301	56	209	30	63	14	7	2	27	7	20	7
Ogden, Jamie, 1b	.320	37	122	22	39	9	7	2	25	11	30	8
Perez, Luis, of	.271	59	188	27	51	3	0	0	16	25	38	17
Vilchez, Helimenes, 3b-1b	.189	44	127	8	24	3	1	0	7	6	41	6
#Vizcaino, Romulo, of-dh	.194	22	62	6	12	0	1	0	6	6	13	0
#Wright, Pat, of	.210	58	200	30	42	8	7	4	29	20	65	8

PITCHING	W	L	ERA	G	GS	CG	SV	IP	H	R	ER	BB	SO
Belcher, Jay	2	3	5.54	14	4	0	1	37	46	30	23	14	15
*Berson, Candy	7	3	3.03	15	8	1	0	65	54	29	23	31	41
Correa, Jose	2	2	2.59	27	0	0	6	49	39	20	14	15	53
*Foster, David	0	0	6.00	2	0	0	0	3	4	3	2	3	4
Garcia, Luis	1	2	2.86	15	6	0	1	44	35	19	14	7	41
Hawkins, Latroy	4	3	4.75	11	11	0	0	55	62	34	29	26	47
Hayes, Allen	0	2	9.82	3	2	0	0	11	13	17	12	21	15
Johnson, A.J.	1	4	2.79	19	0	0	1	48	41	23	15	19	47
Lidle, Cory	1	1	5.79	4	0	0	0	5	5	3	3	0	5
Miller, Shawn	3	3	2.59	10	9	2	0	56	54	22	16	6	33
Pfeffer, Kurt	1	0	2.70	3	0	0	0	3	4	1	1	1	4
Portillo, Luis	0	1	2.21	8	0	0	1	20	17	7	5	1	19
Radke, Brad	3	4	3.10	10	9	0	1	49	46	21	17	14	46
Stevens, Neil	2	5	3.33	12	11	0	0	49	47	28	18	29	23

MONTREAL EXPOS

Managers: Buck Rodgers, Tom Runnells.
1991 Record: 71-90, .441 (6th, NL East).

BATTING

BATTING	AVG	G	AB	R	H	2B	3B	HR	RBI	BB	SO	SB
#Barberie, Bret	.353	57	136	16	48	12	2	2	18	20	22	0
*Bullock, Eric	.222	73	72	6	16	4	0	1	6	9	13	6
Calderon, Ivan	.300	134	470	69	141	22	3	19	75	53	64	31
*DeShields, Delino	.238	151	563	83	134	15	4	10	51	95	151	56
Fitzgerald, Mike	.202	71	198	17	40	5	2	4	28	22	35	4
*Foley, Tom	.208	86	168	12	35	11	1	0	15	14	30	2
Galarraga, Andres	.219	107	375	34	82	13	2	9	33	23	86	5
Grissom, Marquis	.267	148	558	73	149	23	9	6	39	34	89	76
Hassey, Ron	.227	52	119	5	27	8	0	1	14	13	16	1
*Martinez, Dave	.295	124	396	47	117	18	5	7	42	20	54	16
Noboa, Junior	.242	67	95	5	23	3	0	1	2	1	8	2
#Owen, Spike	.255	139	424	39	108	22	8	3	26	42	61	2
Reyes, Gil	.217	83	207	11	45	9	0	0	13	19	51	2
Riesgo, Nikco	.143	4	7	1	1	0	0	0	0	0	3	1	0
Santovenia, Nelson	.250	41	96	7	24	5	0	2	14	2	18	0
*VanderWal, John	.213	21	61	4	13	4	1	1	8	1	18	0
*Walker, Larry	.290	137	487	59	141	30	2	16	64	42	102	14
Wallach, Tim	.225	151	577	60	130	22	1	13	73	50	100	2
Williams, Ken	.271	34	70	11	19	5	2	0	1	3	22	2

PITCHING

PITCHING	W	L	ERA	G	GS	CG	SV	IP	H	R	ER	BB	SO
*Barnes, Brian	5	8	4.22	28	27	1	0	160	135	82	75	84	117
Boyd, Oil Can	6	8	3.52	19	19	1	0	120	115	49	47	40	82
Burke, Tim	3	4	4.11	37	0	0	5	46	41	24	21	14	25
Darling, Ron	0	2	7.41	3	3	0	0	17	25	16	14	5	11
*Fassero, Jeff	2	5	2.44	51	0	0	8	55	39	17	15	17	42
*Frey, Steve	0	1	4.99	31	0	0	1	40	43	31	22	23	21
Gardner, Mark	9	11	3.85	27	27	0	0	168	139	78	72	75	107
*Haney, Chris	3	7	4.04	16	16	0	0	85	94	49	38	43	51
Jones, Barry	4	9	3.35	77	0	0	13	89	76	35	33	33	46
Long, Bill	0	0	10.80	3	0	0	0	2	4	2	2	4	0
Mahler, Rick	1	3	3.62	10	6	0	0	37	37	17	15	15	17
Martinez, Dennis	14	11	2.39	31	31	9	0	222	187	70	59	62	123
*Nabholz, Chris	8	7	3.63	24	24	1	0	154	134	66	62	57	99
Piatt, Doug	0	0	2.60	21	0	0	0	35	29	11	10	17	29
Rojas, Mel	3	3	3.75	37	0	0	6	48	42	21	20	13	37
*Ruskin, Scott	4	4	4.24	64	0	0	6	64	57	31	30	30	46
Sampen, Bill	9	5	4.00	43	8	0	0	92	96	49	41	46	52
Schmidt, Dave	0	1	10.38	4	0	0	0	4	9	5	5	2	3
Wainhouse, David	0	1	6.75	2	0	0	0	3	2	2	2	4	1

FIELDING

Catcher	PCT	G	PO	A	E
Fitzgerald	.994	54	306	24	2
Hassey	.989	34	172	13	2
Reyes	.975	80	375	61	11
Santovenia	.976	30	109	12	3

First Base	PCT	G	PO	A	E
Barberie	1.000	1	1	0	0
*Bullock	.933	3	11	3	1
Calderon	1.000	4	28	2	0
Fitzgerald	1.000	3	15	3	0
Foley	.994	31	148	9	1
Galarraga	.991	105	887	80	9
Noboa	1.000	1	1	0	0
Santovenia	1.000	7	31	4	0
Walker	.988	39	313	30	4

Second Base	PCT	G	PO	A	E
Barberie	1.000	10	22	25	0
DeShields	.962	148	285	405	27
Foley	1.000	2	6	8	0
Noboa	.962	6	11	14	1

Third Base	PCT	G	PO	A	E
Barberie	1.000	10	11	17	0
Foley	.857	6	1	5	1
Noboa	1.000	2	1	3	0
Wallach	.968	149	107	310	14

Shortstop	PCT	G	PO	A	E
Barberie	.931	19	19	48	5
Foley	.967	43	45	71	4
Noboa	1.000	2	0	2	0
Owen	.986	133	189	376	8

Outfield	PCT	G	PO	A	E
*Bullock	1.000	9	11	0	0
Calderon	.974	122	256	3	7
Fitzgerald	1.000	3	10	0	0
Grissom	.984	138	350	15	6
De. Martinez	.982	112	213	10	4
Noboa	1.000	7	7	0	0
Riesgo	.500	2	0	1	1
*VanderWal	1.000	17	29	0	0
Walker	.991	102	223	6	2
Williams	.957	24	42	3	2

EXPOS FARM SYSTEM

Class	Club	League	W	L	Pct.	Manager
AAA	Indianapolis	American Association	75	68	.524	Jerry Manuel, Pat Kelly
AA	Harrisburg	Eastern	87	53	.621	Mike Quade
A	West Palm Beach	Florida State	72	59	.550	Felipe Alou
A	Rockford	Midwest	76	61	.555	Pat Kelly, Rob Leary
A	Sumter	South Atlantic	64	75	.460	Lorenzo Bundy
A	Jamestown	New York-Penn	51	27	.654	Ed Creech
Rookie	Bradenton	Gulf Coast	32	28	.533	Keith Snyder

INDIANAPOLIS — AAA

AMERICAN ASSOCIATION

BATTING	AVG	G	AB	R	H	2B	3B	HR	RBI	BB	SO	SB
#Barberie, Bret, 3b-2b	.312	71	218	45	68	10	4	10	48	59	47	10
Cordero, Wil, ss	.261	98	360	48	94	16	4	11	52	26	89	9
*Davis, Mike, dh-of	.236	58	178	27	42	11	2	3	20	19	29	0
#Diaz, Alex, of-ss	.243	108	370	48	90	14	4	1	21	27	46	17
Fitzgerald, Mike, c-of	.222	10	27	5	6	1	0	1	4	6	3	0
*Goff, Jerry, c-3b	.251	57	191	32	48	10	2	9	37	22	51	2
Haney, Todd, 2b	.312	132	510	68	159	32	3	2	39	47	49	12
*Hecht, Steve, of	.243	89	210	34	51	8	2	4	26	12	51	9
Houston, Mel, of	.114	15	35	5	4	1	0	1	1	4	10	0
*Kremers, Jimmy, c-1b	.241	98	290	34	70	14	0	11	42	40	99	1
*Mack, Quinn, of	.272	120	416	35	113	20	8	5	49	12	42	4
McPhail, Marlin, 3b-of	.273	100	319	40	87	23	2	7	38	30	53	1
Munoz, Omer, ss	.283	26	92	7	26	2	0	0	12	3	13	0
Natal, Rob, c	.317	16	41	2	13	4	0	0	9	6	9	1
Noce, Doug, c	.083	9	12	0	1	0	0	0	1	0	2	0
Renteria, Rich, 3b-2b	.236	20	72	6	17	5	0	1	5	6	10	0
Santovenia, Nelson, c	.262	61	195	23	51	7	1	6	26	21	25	0
#Shines, Razor, 1b-3b	.251	136	471	61	118	28	0	7	60	65	82	2
*Stockstill, David, of	.240	19	50	9	12	3	1	3	11	5	7	0
*VanderWal, John, of	.293	133	478	84	140	36	8	15	71	79	118	8
Williams, Kenny, of	.234	18	47	7	11	3	1	2	7	5	16	1

PITCHING	W	L	ERA	G	GS	CG	SV	IP	H	R	ER	BB	SO
*Barnes, Brian	2	0	1.64	2	2	0	0	11	6	2	2	8	10
*Bearse, Kevin	0	2	3.15	12	3	0	0	34	33	16	12	10	17
Bennett, Chris	1	0	7.94	6	0	0	0	11	12	10	10	1	5
Bottenfield, Kent	8	15	4.06	29	27	5	0	166	155	97	75	61	108
Davis, Bret	1	0	4.97	7	0	0	0	13	16	11	7	3	8
Dixon, Eddie	6	7	2.91	53	8	0	5	118	120	50	38	30	63
Farmer, Howard	6	4	3.86	20	19	0	0	105	93	55	45	37	67
*Fassero, Jeff	3	0	1.47	18	0	0	4	18	11	3	3	7	12
*Frey, Steve	3	1	1.51	30	0	0	3	36	25	6	6	15	45
Gardner, Mark	2	0	3.48	6	6	0	0	31	26	13	12	16	38
Grewal, Ranbir	0	0	0.00	2	0	0	0	3	2	0	0	3	1
*Haney, Chris	1	1	4.35	2	2	0	0	10	14	10	5	6	8
Lewis, Richie	1	0	3.58	5	4	0	0	28	35	12	11	20	22
Long, Bill	1	4	5.13	10	4	0	1	33	32	20	19	14	17
*Marchok, Chris	2	2	4.13	11	3	0	0	28	24	13	13	13	10
Masters, Dave	4	6	6.04	27	9	1	1	70	82	56	47	63	64
Maysey, Matt	3	6	5.14	12	12	0	0	63	60	45	36	33	45
*Myers, Rod	0	1	3.29	2	2	0	0	14	15	5	5	5	9
*Nabholz, Chris	2	2	1.86	4	4	0	0	19	13	5	4	5	16
Piatt, Doug	6	4	3.45	44	0	0	13	47	40	24	18	27	61
Ridenour, Dana	5	3	3.12	57	0	0	6	81	69	31	28	50	92
Rojas, Mel	4	2	4.10	14	10	0	1	53	50	29	24	14	55
*Ryan, Bob	1	0	1.80	2	0	0	0	5	5	2	1	0	3
Sampen, Bill	4	0	2.04	7	7	1	0	40	33	13	9	19	41
Schmidt, Dave	0	1	3.92	13	4	0	0	21	19	13	9	8	6
Service, Scott	6	7	2.97	18	17	3	0	121	83	42	40	39	91
*Stewart, Tito	0	0	8.10	3	0	0	1	3	5	3	3	3	1
Wainhouse, David	2	0	4.08	14	0	0	1	29	28	14	13	15	13
*Winston, Darrin	1	0	1.45	27	0	0	0	31	26	10	5	21	23

HARRISBURG — AA

EASTERN LEAGUE

BATTING	AVG	G	AB	R	H	2B	3B	HR	RBI	BB	SO	SB
Cassels, Chris, of	.222	84	297	35	66	15	0	13	48	19	61	1
Cianfrocco, Archi, 1b	.316	124	456	71	144	21	10	9	77	38	112	11
*Faulk, Jim, of	.251	78	267	32	67	10	3	5	47	37	54	22
#Fulton, Greg, 3b-1b	.293	55	157	18	46	7	1	0	18	12	29	4
Hernandez, Cesar, of	.254	128	418	58	106	15	2	13	52	25	106	34
Hirsch, Chris, c-dh	.235	9	17	6	4	1	0	1	4	4	3	1
*Katzaroff, Rob, of	.290	137	558	94	162	21	2	3	50	54	61	33
*Kosco, Bryn, 3b-1b	.241	113	381	50	92	24	5	10	58	48	79	4
Lake, Ken, of	.091	9	11	1	1	0	0	0	1	0	6	0
Laker, Tim, c	.286	11	35	4	10	1	0	1	5	2	5	0
Martin, Chris, ss	.224	87	294	30	66	10	0	6	36	22	60	1
Mayo, Todd, of	.257	17	35	9	9	0	0	1	9	4	2	2
Munoz, Omer, ss-2b	.308	63	214	27	66	7	1	1	21	3	17	1
Natal, Rob, c	.256	100	336	47	86	16	3	13	53	49	90	1
*Santangelo, F.P., 2b-of	.245	132	462	78	113	12	7	5	42	74	45	21
*Siddall, Joe, c	.230	76	235	28	54	6	1	1	23	23	53	8
Stairs, Matt, 2b-3b	.333	129	505	87	168	30	10	13	78	66	47	23

PITCHING	W	L	ERA	G	GS	CG	SV	IP	H	R	ER	BB	SO
Bennett, Chris	5	6	3.16	28	9	0	1	74	82	36	26	22	35
Brennan, William	3	2	3.12	21	0	0	1	35	35	21	12	30	33
Bushing, Chris	1	0	1.04	3	1	0	0	9	3	2	1	8	8
Cornelius, Reid	2	1	2.89	3	3	1	0	19	15	6	6	5	15
Freed, Dan	11	8	4.32	26	26	0	0	162	176	84	78	41	83
Grott, Matt	2	1	4.70	10	1	0	1	15	14	8	8	8	16

PITCHING	W	L	ERA	G	GS	CG	SV	IP	H	R	ER	BB	SO
*Haney, Chris	5	3	2.16	12	12	3	0	83	65	21	20	31	68
*Harrison, Phil	7	1	2.20	23	4	0	2	57	42	16	14	28	41
*Holsman, Rich	0	0	2.84	4	0	0	0	6	8	4	2	6	7
Hurst, Jonathan	5	0	0.86	6	6	1	0	42	26	4	4	12	34
Johnson, Chris	3	2	3.34	10	10	1	0	57	59	25	21	28	42
Keliipuleole, Carl	0	1	2.84	6	0	0	0	6	6	4	2	3	5
*Kilgo, Rusty	1	0	3.51	14	0	0	1	26	24	11	10	4	20
Lewis, Richie	6	5	3.74	34	6	0	5	75	67	33	31	40	82
*Marchok, Chris	4	2	2.10	41	0	0	9	64	51	17	15	14	56
Maysey, Matt	6	5	1.89	15	15	2	0	105	90	26	22	28	86
*Pollack, Chris	11	8	2.75	26	25	3	0	157	147	59	48	68	83
Spencer, Stan	6	1	4.40	17	17	1	0	92	90	52	45	30	66
Thoden, John	0	0	2.59	5	5	0	0	31	30	9	9	3	19
Wainhouse, David	2	2	2.60	33	0	0	11	52	49	17	15	17	46
Young, Pete	7	5	2.60	54	0	0	13	90	82	28	26	24	74

WEST PALM BEACH A

FLORIDA STATE LEAGUE

BATTING	AVG	G	AB	R	H	2B	3B	HR	RBI	BB	SO	SB
#Bargas, Rob, 1b	.266	71	233	18	62	9	2	1	21	20	32	3
*Barry, Jeff, of	.211	116	437	48	92	16	3	4	31	34	68	20
Cramer, Bill, 1b-c	.211	61	147	13	31	8	0	1	12	14	34	1
Davison, Scott, ss	.168	82	250	19	42	6	4	1	24	31	66	11
#Durkin, Marty, of	.110	30	73	3	8	1	1	0	3	3	21	3
*Greene, Willie, 3b	.217	99	322	46	70	9	3	12	43	50	93	10
Hirsch, Chris, c	.176	15	34	2	6	1	0	0	2	6	7	1
*Krause, Ron, ss-2b	.199	98	302	28	60	9	8	2	25	33	94	4
Lake, Ken, of-1b	.200	76	250	27	50	7	2	7	35	23	68	7
Laker, Tim, c	.231	100	333	35	77	15	2	5	33	22	51	10
*Mayo, Todd, of	.250	80	256	46	64	5	1	0	10	44	26	23
McDonald, Chad, 3b-dh	.253	112	384	44	97	16	3	7	48	37	67	10
Noce, Doug, c-dh	.231	9	13	2	3	0	0	0	0	1	4	0
Ramirez, J.D., 2b	.235	94	328	38	77	14	0	4	30	20	39	13
Ricker, Troy, of	.222	105	293	35	65	8	0	4	21	28	81	15
Riesgo, Nikco, 1b-of	.278	5	18	4	5	1	0	1	1	4	5	0
*Sanchez, Perry, of	.119	32	84	3	10	1	0	0	7	8	12	1
Simons, Mitch, 2b-dh	.180	15	50	3	9	2	1	0	4	5	8	1
*Wilstead, Randy, 1b	.000	1	1	0	0	0	0	0	0	0	0	0
Woods, Tyrone, of	.220	96	295	34	65	15	3	5	31	28	85	4

PITCHING	W	L	ERA	G	GS	CG	SV	IP	H	R	ER	BB	SO
*Barnes, Brian	0	0	0.00	2	2	0	0	7	3	0	0	4	6
*Baxter, Bob	0	0	20.25	1	0	0	0	1	4	3	3	0	1
Bochtler, Doug	12	9	2.92	26	24	7	0	160	148	63	52	55	109
Bushing, Chris	2	1	1.94	46	0	0	9	65	41	15	14	40	68
Collins, Stacey	5	6	3.26	27	11	1	1	97	76	42	35	29	53
Cormier, Russ	3	2	3.80	5	5	0	0	24	33	16	10	6	8
Cornelius, Reid	8	3	2.39	17	17	0	0	109	79	31	29	43	81
Davis, Bret	1	3	2.27	22	0	0	8	32	25	9	8	14	31
Eddy, Jim	0	2	1.27	13	4	0	2	35	37	7	5	11	19
*Eischen, Joey	4	2	5.17	8	8	1	0	38	35	27	22	24	26
Gideon, Brett	0	0	3.60	4	1	0	0	5	8	4	2	2	4
*Kilgo, Rusty	6	3	1.58	33	1	0	5	74	56	14	13	24	47
Logan, Joe	6	12	3.18	23	22	3	0	141	117	65	50	52	90
Moya, Felix	6	2	1.94	19	15	0	0	88	73	33	19	33	57
*Polasek, John	6	4	2.29	52	0	0	3	63	47	18	16	21	36
Regira, Gary	0	1	4.61	12	1	0	0	14	13	10	7	19	14
Renko, Steve	0	1	8.00	4	3	0	0	9	14	8	8	5	4
Schmidt, Dave	1	1	3.21	9	4	0	1	14	12	9	5	0	11
Sieradzki, Al	0	0	0.00	1	0	0	0	3	2	0	0	1	2
Thoden, John	5	1	2.22	12	11	0	0	57	45	15	14	4	32
Tuss, Jeff	6	4	2.59	49	1	0	11	73	61	24	21	22	59
Wilkinson, Brian	1	1	2.70	8	1	0	0	13	10	5	4	7	10

ROCKFORD A

MIDWEST LEAGUE

BATTING	AVG	G	AB	R	H	2B	3B	HR	RBI	BB	SO	SB
Callari, Ray, ss	.188	77	213	20	40	7	0	0	15	15	26	4
Ciesla, Ted, 3b-2b	.231	106	355	58	82	13	5	7	52	48	60	3
#Durkin, Marty, of	.000	4	8	2	0	0	0	0	0	0	4	0
Fitzpatrick, Rob, c	.236	93	296	39	70	15	0	6	35	34	82	1
Friedland, Mike, 3b	.087	12	46	3	4	0	0	0	2	5	18	1
Hargis, Dan, c	.216	71	227	30	49	11	0	6	31	22	54	1
Johnson, Wayne, 2b	.223	66	166	35	37	5	1	0	9	33	45	27
Keighley, Steve, c-dh	.207	46	135	17	28	3	1	0	15	30	25	1
Malinoski, Chris, ss-2b	.264	130	455	71	120	20	0	0	55	87	79	4
Moberg, Mike, 3b-of	.224	126	464	65	104	15	4	1	61	59	74	13
Murphy, Shaun, of	.299	117	401	54	120	20	1	3	47	51	119	13
Murray, Glen, of	.236	124	479	73	113	16	14	5	60	77	136	22
Smith, Dandy, dh-1b	.227	105	374	65	85	12	3	8	44	29	81	3
Weimerskirch, Mike, of	.271	132	484	84	131	27	5	4	67	78	74	32
*Wilstead, Randy, 1b	.254	121	421	59	107	26	4	6	57	58	72	2

PITCHING	W	L	ERA	G	GS	CG	SV	IP	H	R	ER	BB	SO
Batista, Miguel	11	5	4.04	23	23	2	0	134	126	74	60	57	90

ORGANIZATION LEADERS

BATTING
*AVG	Matt Stairs, Harrisburg	.333
R	Rob Katzaroff, Harrisburg	94
H	Matt Stairs, Harrisburg	168
TB	Matt Stairs, Harrisburg	257
2B	John VanderWal, Indianapolis	36
3B	Glen Murray, Rockford	14
HR	John VanderWal, Indianapolis	15
RBI	Matt Stairs, Harrisburg	78
SB	Rondell White, Sumter	51

PITCHING
W	Three tied at	12
L	Kent Bottenfield, Indianapolis	15
†ERA	Felix Moya, West Palm Beach	1.88
G	Steve Long, Sumter	63
CG	Doug Bochtler, West Palm Beach	7
SV	Bob Baxter, Rockford	19
IP	Matt Maysey, Harr.-Ind.	168
BB	Two tied at	68
SO	Tavo Alvarez, Sumter	158

John VanderWal
... 36 2B, 15 HR

Minor Leaguers Only *Minimum 250 At-Bats †Minimum 75 Innings

PITCHING	W	L	ERA	G	GS	CG	SV	IP	H	R	ER	BB	SO
*Baxter, Bob	6	5	2.49	45	0	0	19	65	56	20	18	16	52
*Brewer, Billy	3	3	1.98	29	0	0	5	41	32	12	9	25	43
Collins, Stacey	2	0	3.04	7	2	0	0	24	25	11	8	5	10
Diaz, Ralph	4	6	3.23	38	15	1	3	120	109	51	43	43	76
Grewal, Ranbir	11	2	2.98	46	0	0	5	97	85	40	32	44	97
Howze, Ben	4	3	4.22	25	10	0	0	81	90	56	38	60	39
Jurado, Pat	0	4	3.95	21	1	0	2	41	45	23	18	17	27
Martinez, Martin	0	4	5.50	8	8	0	0	36	33	27	22	25	27
Mathile, Mike	9	3	2.47	17	17	5	0	117	100	45	32	19	66
Powell, Corey	12	8	3.16	26	26	1	0	154	133	65	54	64	120
Renko, Steve	4	5	3.18	16	11	0	0	99	95	43	35	34	102
Reyes, Rafael	0	1	5.56	3	3	0	0	11	14	8	7	2	10
*Ryan, Bobby	5	7	4.05	49	0	0	6	98	94	51	44	32	85
Whitehead, Steve	5	5	4.89	22	16	0	0	92	93	66	50	65	61

SUMTER — A

SOUTH ATLANTIC LEAGUE

BATTING	AVG	G	AB	R	H	2B	3B	HR	RBI	BB	SO	SB
*Adams, Gary, of-dh	.165	84	230	23	38	6	3	7	32	26	78	1
Andrews, Shane, 3b	.208	105	356	46	74	16	7	11	49	65	132	6
Cabrera, Jolbert, ss	.204	101	324	33	66	4	0	1	20	19	62	10
Creed, Clint, c-dh	.089	18	45	5	4	1	0	0	1	9	17	0
Hirsch, Chris, c	.119	15	42	7	5	2	0	1	5	6	14	2
*Horne, Tyrone, of	.266	118	428	69	114	20	3	10	49	42	133	23
Hymel, Gary, dh-c	.198	34	116	7	23	5	1	2	15	5	46	1
*Marabella, Tony, 2b-1b	.239	107	348	42	83	12	1	5	42	41	48	5
Noce, Doug, c-1b	.119	29	84	7	10	0	1	0	9	12	20	0
Ortega, Hector, inf-of	.266	112	365	43	97	19	2	2	36	28	78	14
Ozoria, Claudio, 2b-of	.211	91	289	43	61	6	9	6	28	26	95	18
Rodriguez, Abby, ss-2b	.212	86	189	34	40	6	1	0	13	52	49	5
Samples, Todd, of	.259	130	505	82	131	29	6	12	63	47	124	25
Santana, Raul, c	.255	98	318	35	81	15	1	5	36	38	65	0
Santiago, Gus, 1b	.108	19	65	6	7	1	0	0	1	8	32	0
*Tsitouris, Marc, 1b	.247	96	308	37	76	14	1	5	34	32	51	1
White, Rondell, of	.262	123	465	80	122	23	6	13	68	57	109	50

PITCHING	W	L	ERA	G	GS	CG	SV	IP	H	R	ER	BB	SO
Alvarez, Tavo	12	10	3.24	25	25	3	0	153	151	68	55	58	158
Aucoin, Derek	3	6	4.28	41	4	0	1	90	86	55	43	44	70
Conley, Matt	1	4	9.00	10	6	0	0	33	33	42	33	44	32
Foster, Kevin	10	4	2.74	34	11	1	1	102	62	36	31	68	111
*Gerstein, Ron	0	1	0.00	7	0	0	1	9	5	1	0	5	6
*Kotch, Darrin	6	3	3.11	44	1	0	3	75	65	33	26	47	85
Long, Steve	3	3	3.18	63	0	0	17	76	72	34	27	31	79
Martinez, Williams	7	9	3.16	39	8	0	0	108	109	53	38	39	84
Morrison, Keith	2	4	4.50	7	7	1	0	36	36	20	18	11	26
Norris, Joe	1	3	5.14	8	8	0	0	35	41	25	20	17	42
*Ortega, Oscar	0	0	0.00	1	0	0	0	1	2	2	0	2	0
Pedraza, Rodney	2	2	4.41	8	8	1	0	49	61	29	24	10	22
Perez, Carlos	2	2	2.44	16	12	0	0	74	57	29	20	32	69
*Rueter, Kirk	3	1	1.33	8	5	0	0	41	32	8	6	10	27
Sieradzki, Al	0	0	4.66	15	0	0	0	19	24	11	10	14	13
Thomas, Mike	4	1	3.59	19	0	0	5	27	25	13	12	18	30
*Vanryn, Ben	2	13	6.50	20	20	0	0	109	122	96	79	61	77
*White, Gabe	6	9	3.26	24	24	5	0	149	127	73	54	53	140
Young, Pete	0	0	9.00	1	0	0	0	1	1	1	1	1	2

JAMESTOWN A

NEW YORK-PENN LEAGUE

BATTING	AVG	G	AB	R	H	2B	3B	HR	RBI	BB	SO	SB
Allen, Matt, c	.168	40	125	16	21	0	2	3	16	20	36	4
Austin, Jim, of	.326	71	258	59	84	13	5	8	52	55	44	10
*Babki, Blake, of	.209	55	129	24	27	6	3	0	8	29	43	9
*Campbell, Scott, 3b-of	.324	69	241	53	78	7	0	0	33	56	38	6
Daniel, Mike, c	.253	66	221	37	56	9	4	7	62	51	53	2
Dennison, Scott, 2b	.100	17	40	10	4	1	0	0	6	16	6	1
Falco, Chris, 3b-2b	.230	63	230	28	53	10	3	1	24	15	39	0
Grudzielanek, Mark, ss	.262	72	275	44	72	9	3	2	32	18	43	14
Jean, Archie, of	.211	19	38	6	8	1	0	0	1	8	11	0
Jenkins, Brett, 3b-2b	.274	31	106	16	29	3	1	4	17	9	12	1
Matos, Domingo, 1b-dh	.253	68	265	27	67	11	1	8	46	12	71	1
O'Neill, Doug, of	.235	33	119	19	28	4	0	2	11	14	29	17
Owen, Tommy, c-p	.208	27	48	5	10	0	0	0	2	11	21	1
Simons, Mitch, 2b-of	.307	41	153	38	47	12	0	1	16	39	20	23
White, Derrick, 1b	.328	72	271	46	89	10	4	6	50	40	46	8
White, John, of	.242	41	124	16	30	5	2	0	9	13	38	14

PITCHING	W	L	ERA	G	GS	CG	SV	IP	H	R	ER	BB	SO
Ashley, Duane	1	2	5.67	20	1	0	1	40	44	33	25	30	29
Braunecker, Derek	4	4	5.55	20	8	1	0	71	84	54	44	31	49
Ferguson, James	0	2	6.67	13	5	0	0	30	39	30	22	25	18
*Figueroa, Matt	2	0	3.09	8	0	0	0	12	9	4	4	5	9
Haynes, Heath	10	1	2.08	29	0	0	11	56	31	15	13	18	93
*Hostetler, Jeff	3	4	6.83	14	14	0	0	54	51	49	41	64	43
*LaRosa, Mark	1	2	3.71	14	12	0	0	63	68	41	26	16	57
*Looney, Brian	7	1	1.16	11	11	2	0	62	42	12	8	28	64
Owen, Tommy	1	0	3.00	5	0	0	0	9	7	3	3	6	5
*Paxton, Darrin	5	1	2.01	13	6	0	0	58	37	13	13	27	62
Pedraza, Rodney	3	1	2.05	7	7	1	0	44	41	16	10	6	30
Sproviero, Nick	8	3	3.72	22	0	0	2	56	61	31	23	26	36
Tarutis, Pete	0	2	5.17	21	3	0	2	54	68	42	31	13	43
*Vanryn, Ben	3	3	5.01	6	6	1	0	32	37	19	18	12	23
Wynne, James	3	1	2.83	18	5	0	4	48	35	21	15	37	46

BRADENTON R

GULF COAST LEAGUE

BATTING	AVG	G	AB	R	H	2B	3B	HR	RBI	BB	SO	SB
Batista, Juan, 3b-ss	.201	51	189	19	38	7	1	2	19	11	71	9
Benitez, Yamil, of	.239	54	197	20	47	9	5	5	38	12	55	10
Caraballo, Robbie, ss-2b	.247	30	93	17	23	5	0	0	18	8	22	8
Carbajal, Nilson, c	.000	6	4	1	0	0	0	0	1	2	2	0
Dennison, Scott, ss-2b	.269	23	78	15	21	1	0	0	10	11	11	9
Farmer, Ben, 3b	.198	34	96	16	19	4	3	1	8	20	30	1
Floyd, Cliff, 1b	.262	56	214	35	56	9	3	6	30	19	37	13
Freitag, Mark, c	.179	26	78	6	14	3	0	0	4	7	12	3
Hardge, Michael, 2b	.253	60	237	45	60	18	3	3	30	23	41	20
*Heidelberg, Khary, dh-of	.234	24	77	14	18	1	0	0	10	10	19	8
#Hurtault, Roosevelt, of	.175	20	57	6	10	2	0	0	4	1	15	5
#Jones, Glen	.250	33	92	7	23	3	0	0	5	3	24	3
Lee, Charles, of-dh	.252	39	123	20	31	10	1	0	11	26	27	13
Pages, Javier, c	.243	42	140	16	34	4	1	0	15	19	39	1
Pierson, Larry, 1b-dh	.194	20	67	3	13	0	0	0	6	7	20	1
#Reyes, Glen, pr	.000	1	0	0	0	0	0	0	0	0	0	0
Robertson, Stan, of	.223	55	206	36	46	3	5	1	24	12	52	13

PITCHING	W	L	ERA	G	GS	CG	SV	IP	H	R	ER	BB	SO
Alfonseca, Tony	3	3	3.88	11	10	0	0	51	46	33	22	25	38
Clelland, Ricky	5	4	5.63	12	12	0	0	62	59	45	39	48	63
Conley, Matt	2	2	1.82	7	7	0	0	40	38	13	8	13	24
Cruz, Nelson	2	4	2.40	12	8	1	0	49	40	18	13	19	34
Easterling, Jamal	0	1	19.29	2	0	0	0	2	6	8	5	3	2
Fultz, Vince	1	1	5.95	9	1	0	1	20	27	16	13	4	12
Johnson, Barry	0	2	3.55	7	1	0	0	13	10	9	5	6	11
*Kerrigan, Mike	4	2	2.80	15	1	0	0	35	38	20	11	0	29
*McDonald, Rob	0	1	4.82	9	1	0	0	19	21	15	10	13	10
Pacheco, Alex	3	0	5.08	15	4	0	1	44	50	32	25	26	19
*Respondek, Mark	3	1	2.05	16	0	0	8	31	23	8	7	7	36
*Rueter, Kirk	1	1	0.95	5	4	0	0	19	16	5	2	4	19
Sanchez, Yonelvys	2	1	4.82	19	1	0	2	37	41	23	20	22	34
Stevens, Doug	3	2	3.00	20	0	0	4	27	29	11	9	5	19
Urbina, Ugueth	3	3	2.29	10	10	3	0	63	58	24	16	10	51

1992 ALMANAC • **123**

NEW YORK YANKEES

Manager: Stump Merrill.
1991 Record: 71-91, .438 (5th, AL East).

BATTING	AVG	G	AB	R	H	2B	3B	HR	RBI	BB	SO	SB
Barfield, Jesse	.225	84	284	37	64	12	0	17	48	36	80	1
Blowers, Mike	.200	15	35	3	7	0	0	1	1	4	3	0
Espinoza, Alvaro	.256	148	480	51	123	23	2	5	33	16	57	4
Geren, Bob	.219	64	128	7	28	3	0	2	12	9	31	0
*Hall, Mel	.285	141	492	67	140	23	2	19	80	26	40	0
Humphreys, Mike	.200	25	40	9	8	0	0	0	3	9	7	2
Kelly, Pat	.242	96	298	35	72	12	4	3	23	15	52	12
Kelly, Roberto	.267	126	486	68	130	22	2	20	69	45	77	32
Leyritz, Jim	.182	32	77	8	14	3	0	0	4	13	15	0
#Lovullo, Torey	.176	22	51	0	9	2	0	0	2	5	7	0
*Lusader, Scott	.143	11	7	2	1	0	0	0	1	1	3	0
*Maas, Kevin	.220	148	500	69	110	14	1	23	63	83	128	5
*Mattingly, Don	.288	152	587	64	169	35	0	9	68	46	42	2
Meulens, Hensley	.222	96	288	37	64	8	1	6	29	18	97	3
*Nokes, Matt	.268	135	456	52	122	20	0	24	77	25	49	3
Ramos, John	.308	10	26	4	8	1	0	0	3	1	3	0
#Rodriguez, Carlos	.189	15	37	1	7	0	0	0	2	1	2	0
Sax, Steve	.304	158	652	85	198	38	2	10	56	41	38	31
*Sheridan, Pat	.204	62	113	13	23	3	0	4	7	13	30	1
Velarde, Randy	.245	80	184	19	45	11	1	1	15	18	43	3
#Williams, Bernie	.238	85	320	43	76	19	4	3	34	48	57	10

PITCHING	W	L	ERA	G	GS	CG	SV	IP	H	R	ER	BB	SO
Cadaret, Greg	8	6	3.62	68	5	0	3	122	110	52	49	59	105
*Cary, Chuck	1	6	5.91	10	9	0	0	53	61	35	35	32	34
Chapin, Darren	0	1	5.06	3	0	0	0	5	3	3	3	6	5
Eiland, Dave	2	5	5.33	18	13	0	0	73	87	51	43	23	18
Farr, Steve	5	5	2.19	60	0	0	23	70	57	19	17	20	60
*Guetterman, Lee	3	4	3.68	64	0	0	6	88	91	42	36	25	35
Habyan, John	4	2	2.30	66	0	0	2	90	73	28	23	20	70
Hawkins, Andy	0	2	9.95	4	3	0	0	13	23	15	14	6	5
*Howe, Steve	3	1	1.68	37	0	0	3	48	39	12	9	7	34
*Johnson, Jeff	6	11	5.95	23	23	0	0	127	156	89	84	33	62
Kamieniecki, Scott	4	4	3.90	9	9	0	0	55	54	24	24	22	34
Leary, Tim	4	10	6.49	28	18	1	0	121	150	89	87	57	83
Mills, Alan	1	1	4.41	6	2	0	0	16	16	9	8	8	11
Monteleone, Rich	3	1	3.64	26	0	0	0	47	42	27	19	19	34
Perez, Pascual	2	4	3.18	14	14	0	0	74	68	26	26	24	41
Plunk, Eric	2	5	4.76	43	8	0	0	112	128	69	59	62	103
Sanderson, Scott	16	10	3.81	34	34	2	0	208	200	95	88	29	130
Taylor, Wade	7	12	6.27	23	22	0	0	116	144	85	81	53	72
Witt, Mike	0	1	10.13	2	2	0	0	5	8	7	6	1	0

FIELDING

Catcher	PCT	G	PO	A	E
Geren	.989	63	255	18	3
Leyritz	1.000	5	24	0	0
Nokes	.992	130	690	48	6
Ramos	1.000	5	23	1	0

First Base	PCT	G	PO	A	E
Leyritz	1.000	3	5	0	0
*Maas	.983	36	317	23	6
*Mattingly	.996	127	1119	77	5
Meulens	.973	7	35	1	1

Second Base	PCT	G	PO	A	E
P. Kelly	.976	19	35	47	2
Rodriguez	1.000	3	0	1	0
Sax	.990	149	274	444	7

Third Base	PCT	G	PO	A	E
Blowers	.870	14	4	16	3
Espinoza	1.000	2	2	3	0
Humphreys	.900	6	1	8	1

	PCT	G	PO	A	E
P. Kelly	.926	80	43	157	16
Leyritz	.909	18	9	21	3
Lovullo	.940	22	14	33	3
Sax	.824	5	3	11	3
Velarde	.935	50	31	85	8

Shortstop	PCT	G	PO	A	E
Espinoza	.969	147	223	437	21
Rodriguez	.957	11	11	33	2
Velarde	.931	31	32	63	7

Outfield	PCT	G	PO	A	E
Barfield	1.000	81	178	10	0
*Hall	.987	120	221	8	3
Humphreys	1.000	9	9	0	0
R. Kelly	.986	125	268	8	4
*Lusader	1.000	4	3	0	0
Meulens	.967	73	144	4	5
Sheridan	1.000	34	46	3	0
Williams	.979	85	230	3	5

YANKEES FARM SYSTEM

Class	Club	League	W	L	Pct.	Manager
AAA	Columbus	International	85	59	.590	Rick Down
AA	Albany-Colonie	Eastern	76	64	.543	Dan Radison
A	Prince William	Carolina	71	68	.511	Mike Hart
A	Fort Lauderdale	Florida State	59	69	.461	Glenn Sherlock
A	Greensboro	South Atlantic	73	68	.518	Trey Hillman
A	Oneonta	New York-Penn	42	35	.545	Jack Gillis
Rookie	Tampa	Gulf Coast	27	32	.458	Ken Dominguez

Roberto Kelly, left, led the Yankees in stolen bases (32), while Mel Hall was tops with 80 RBIs.

COLUMBUS — AAA

INTERNATIONAL LEAGUE

BATTING	AVG	G	AB	R	H	2B	3B	HR	RBI	BB	SO	SB
*Hughes, Keith, of-1b	.271	130	424	64	115	18	8	8	66	60	74	6
Humphreys, Mike, of-3b	.283	117	413	71	117	23	5	9	53	63	62	34
Kelly, Pat, 2b	.336	31	116	27	39	9	2	3	19	9	16	8
Knoblauh, Jay, of	.309	31	94	16	29	4	1	3	19	7	18	2
Leyritz, Jim, c	.267	79	270	50	72	24	1	11	48	38	50	1
#Lovullo, Torey, 3b-1b	.271	106	395	74	107	24	5	10	75	59	54	4
*Lusader, Scott, of	.282	76	284	48	80	13	6	7	32	27	55	7
*Maas, Jason, dh-of	.352	30	71	16	25	6	1	1	6	12	15	6
Ramos, John, c	.308	104	377	52	116	18	3	10	63	56	54	1
#Rodriguez, Carlos, ss	.255	73	212	32	54	9	3	0	21	42	13	1
Sax, Dave, 1b-c	.285	99	270	45	77	19	2	8	54	51	39	1
*Sheridan, Pat, of	.271	21	70	15	19	3	2	2	12	10	26	2
*Skeels, Andy, c	.140	14	43	0	6	1	1	0	5	2	10	0
*Snider, Van, 1b-of	.267	66	247	28	66	17	1	9	44	21	54	4
Sparks, Don, 1b-3b	.257	52	152	11	39	6	2	0	25	12	27	0
Stankiewicz, Andy, 2b-ss	.272	125	372	47	101	12	4	1	41	29	46	29
#Walewander, Jim, ss-3b	.225	126	408	81	92	11	3	3	38	69	66	54
#Williams, Bernie, of	.294	78	306	52	90	14	6	8	37	38	43	9
Williams, Gerald, of	.258	61	198	20	51	8	3	2	27	16	39	9

PITCHING	W	L	ERA	G	GS	CG	SV	IP	H	R	ER	BB	SO
*Adkins, Steve	4	5	5.60	14	13	3	0	80	75	59	50	57	52
Bond, Daven	4	8	5.70	32	9	0	1	85	103	61	54	41	52
*Cary, Chuck	5	3	5.72	8	8	0	0	46	44	31	29	26	27
Chapin, Darrin	10	3	1.95	55	0	0	12	78	54	23	17	40	69
Clayton, Royal	11	7	3.84	32	19	1	0	150	152	76	64	53	100
Cook, Andy	5	5	3.52	13	13	2	0	79	63	34	31	38	40
Draper, Mike	1	3	3.77	4	4	2	0	29	36	21	12	5	13
Eiland, Dave	6	1	2.40	9	9	2	0	60	54	22	16	7	18
*Garcia, Victor	0	1	3.86	5	5	0	0	28	20	16	12	20	11
*Howe, Steve	2	1	0.00	12	0	0	5	16	11	1	0	8	13
Hutton, Mark	1	0	1.50	1	1	0	0	6	3	2	1	5	5
*Johnson, Jeff	4	0	2.61	10	10	0	0	62	58	27	18	25	40
Kamieniecki, Scott	6	3	2.36	11	11	3	0	76	61	25	20	20	58
Mills, Alan	7	5	4.43	38	15	0	8	114	109	65	56	75	77
*Mmahat, Kevin	3	3	3.58	12	11	2	0	65	54	26	26	34	59
Monteleone, Rich	3	2	2.12	32	0	0	17	47	36	15	11	7	52
Munoz, Roberto	0	1	24.00	1	1	0	0	3	8	8	8	3	2
Newell, Tom	0	0	23.63	2	0	0	0	3	5	8	7	6	2
*Pena, Hipolito	1	0	8.38	6	0	0	0	10	11	9	9	9	7
*Rosario, Dave	4	0	2.11	29	0	0	2	47	30	11	11	20	34
*Rub, Jerry	3	2	3.44	44	0	0	1	52	42	22	20	30	51
Seiler, Keith	0	0	3.86	2	0	0	0	2	3	1	1	1	1
Sellers, Jeff	0	1	4.84	6	4	0	0	22	17	14	12	17	11
Stanford, Don	3	3	4.01	15	1	0	0	34	30	15	15	15	14
Taylor, Wade	4	1	3.54	9	9	3	0	61	59	27	24	22	36
Witt, Mike	0	0	9.00	1	1	0	0	4	7	4	4	3	5

ALBANY — AA

EASTERN LEAGUE

BATTING	AVG	G	AB	R	H	2B	3B	HR	RBI	BB	SO	SB
Ausmus, Brad, c	.266	67	229	36	61	9	2	1	29	27	36	14
Barnwell, Richard, of	.263	5	19	4	5	0	0	0	0	1	6	2
Blackwell, Juan, 2b	.195	21	41	6	8	2	0	0	1	2	15	0
Davis, Russ, 3b	.218	135	473	57	103	23	3	8	58	50	102	3
#DeJardin, Bobby, 2b-ss	.295	129	482	74	142	21	0	2	53	62	55	18
Johnson, Brian, c-1b	.000	2	8	0	0	0	0	0	0	0	2	0
Knoblauh, Jay, of-dh	.284	97	335	52	95	16	2	11	50	42	69	16
Livesey, Jeff, c	.230	23	61	5	14	1	0	2	6	0	14	0

BATTING	AVG	G	AB	R	H	2B	3B	HR	RBI	BB	SO	SB
Masse, Billy, of	.295	108	356	67	105	17	2	11	61	74	60	10
*Phillips, Vince, of	.274	130	482	71	132	26	1	8	85	58	64	12
Quintell, John, c-dh	.107	10	28	0	3	0	0	0	0	1	12	0
Silvestri, Dave, ss	.262	140	512	97	134	31	8	19	83	83	126	20
*Skeels, Andy, c	.254	65	197	25	50	9	0	2	26	33	31	0
#Snow, J.T., 1b	.279	132	477	78	133	33	3	13	76	67	78	5
*Toale, John, c	.000	2	2	0	0	0	0	0	0	1	0	0
Vargas, Hector, dh-2b	.278	106	345	49	96	16	3	1	39	42	65	23
*Viera, John, of	.266	88	308	52	82	11	4	5	40	40	64	12
*Wardlow, Joey, 2b	.133	5	15	1	2	1	0	0	1	4	4	0
Williams, Gerald, of	.286	45	175	28	50	15	0	5	32	18	26	18

PITCHING	W	L	ERA	G	GS	CG	SV	IP	H	R	ER	BB	SO
Batchelor, Richard	0	0	45.00	1	0	0	0	1	5	5	5	1	0
Blueberg, Jim	3	2	3.18	8	8	0	0	45	43	22	16	11	21
Cook, Andy	6	3	3.95	14	14	1	0	82	94	46	36	27	46
Draper, Mike	10	6	3.29	36	14	1	2	131	125	58	48	47	71
*Garcia, Victor	5	5	3.85	18	18	1	0	110	94	53	47	61	80
*Gardella, Mike	4	5	3.82	53	0	0	11	78	70	37	33	55	76
Hartzog, Cullen	6	6	5.80	18	18	0	0	90	100	63	58	55	64
*Holcomb, Scott	4	1	1.41	26	0	0	1	32	20	5	5	22	28
Manon, Ramon	0	2	7.56	3	3	0	0	17	17	14	14	9	14
Marris, Mark	2	2	4.35	8	4	0	1	31	35	15	15	9	17
Martel, Ed	13	6	2.81	25	24	3	0	163	129	67	51	55	141
Militello, Sam	2	2	2.35	7	7	0	0	46	40	14	12	19	55
Newell, Tom	1	0	4.73	8	0	0	1	13	14	15	7	12	13
*Nielsen, Jerry	0	1	5.63	6	0	0	0	8	9	6	5	8	5
Perez, Pascual	0	0	1.69	2	2	0	0	5	5	1	1	1	6
Popplewell, Tom	4	10	4.40	52	4	0	3	86	81	56	42	83	63
*Rub, Jerry	1	0	2.45	10	0	0	0	11	7	7	3	7	7
Smith, Willie	7	7	4.15	21	21	3	0	108	99	65	50	72	104
Springer, Russ	1	0	1.80	2	2	0	0	15	9	4	3	6	16
Stanford, Don	5	3	4.50	40	0	0	0	68	68	42	34	31	42
Stanford, Larry	2	3	1.89	52	0	0	24	62	41	18	13	36	61
Witt, Mike	0	0	9.00	1	1	0	0	2	2	2	2	2	2

PRINCE WILLIAM — A

CAROLINA LEAGUE

BATTING	AVG	G	AB	R	H	2B	3B	HR	RBI	BB	SO	SB
Ausmus, Brad, c	.304	63	230	28	70	14	3	2	30	24	37	17
*Carpenter, Bubba, of	.280	69	236	33	66	10	3	6	34	40	50	4
Eenhoorn, Robert, ss	.241	20	108	15	26	6	1	1	12	13	21	0
Erickson, Greg, ss	.204	47	152	14	31	5	2	0	9	22	32	2
Figga, Michael, c	.195	55	174	15	34	6	0	3	17	19	51	2
*Fox, Andy, 3b	.230	126	417	60	96	22	2	10	46	81	104	15
Garland, Tim, of	.150	27	80	4	12	1	1	0	7	7	22	3
#Hankins, Mike, ss-2b	.263	132	475	72	125	15	2	0	37	74	70	11
Hernandez, Kiki, c	.267	7	30	4	8	2	0	1	5	3	4	0
*Jarvis, John, dh-c	.165	30	91	6	15	5	1	0	7	9	39	0
*Jimenez, Ramon, 1b	.254	102	350	38	89	13	2	2	41	45	98	2
Leon, Johnny, 1b-dh	.228	51	162	18	37	6	1	4	14	10	39	0
Livesey, Jeff, c	.247	20	73	8	18	5	0	2	9	3	13	0
Obando, Sherman, dh-of	.264	42	140	25	37	11	1	7	31	19	28	0
#Oster, Paul, of-1b	.256	106	398	44	102	23	1	4	62	26	72	12
Pineda, Jose, c	.105	13	38	2	4	0	0	0	2	16	0	
*Robertson, Jason, of	.264	131	515	67	136	21	6	3	54	53	138	32
Sanchez, Daniel, 2b	.138	33	80	6	11	2	2	0	8	4	23	1
#Strickland, Ricky, of	.206	88	296	42	61	12	1	0	14	65	64	22
*Viera, John, of	.200	48	165	35	33	4	4	4	17	27	41	13
*Wardlow, Joe, 2b-3b	.223	88	283	30	63	9	3	2	34	38	63	0

PITCHING	W	L	ERA	G	GS	CG	SV	IP	H	R	ER	BB	SO
Gilbert, Brent	4	8	4.60	31	9	0	0	78	95	48	40	35	36
Haller, Jim	4	5	1.95	46	2	0	2	74	68	35	16	41	61
*Hitchcock, Sterling	7	7	2.64	19	19	2	0	119	111	49	35	26	101
Hodges, Darren	6	8	2.66	26	25	2	0	166	133	60	49	66	153
Hoffman, Jeff	12	5	2.87	34	14	1	3	141	120	55	45	39	87
*Holcomb, Scott	1	0	1.20	10	0	0	0	15	7	2	2	3	18
Johnston, Dan	1	7	3.50	33	8	1	3	82	69	36	32	42	46
Militello, Sam	12	2	1.22	16	16	1	0	103	65	19	14	27	113
Ohlms, Mark	2	4	2.65	47	0	0	26	51	44	22	15	28	55
*Ojala, Kirt	8	7	2.53	25	23	1	0	157	120	52	44	61	112
Prybylinski, Bruce	4	2	3.00	8	8	1	0	48	42	18	16	6	43
Ralph, Curtis	5	7	3.31	47	0	0	6	65	51	28	24	22	61
Rhodes, Ricky	3	4	5.45	15	14	0	0	68	69	44	41	40	52
*Tucker, Steve	2	2	7.88	21	1	0	0	40	52	40	35	32	41

FORT LAUDERDALE — A

FLORIDA STATE LEAGUE

BATTING	AVG	G	AB	R	H	2B	3B	HR	RBI	BB	SO	SB
Barnwell, Richard, of	.292	86	298	50	87	15	3	5	37	43	76	31
Blackwell, Juan, dh-ss	.171	27	82	8	14	2	0	0	7	8	24	0
#Carvajal, Jovino, of	.231	117	416	49	96	6	9	1	29	28	84	33
Demerson, Tim, of	.280	42	125	18	35	3	0	0	8	13	24	12

ORGANIZATION LEADERS

J.T. Snow
. . . 33 doubles

BATTING
*AVG	Kiki Hernandez, Greensboro	.332
R	Two tied at	97
H	Bobby DeJardin, Albany	142
TB	Dave Silvestri, Albany	238
2B	J.T. Snow, Albany	33
3B	Two tied at	9
HR	Dave Silvestri, Albany	19
RBI	Vince Phillips, Albany	85
SB	Jim Walewander, Columbus	54

PITCHING
W	Sam Militello, P.W.-Albany	14
L	Two tied at	12
†ERA	Sam Militello, P.W.-Albany	1.57
G	Darrin Chapin, Columbus	55
CG	Two tied at	6
SV	Mark Ohlms, Prince William	26
IP	Ron Frazier, Greensboro	169
BB	Tom Popplewell, Albany	83
SO	Sam Militello, P.W.-Albany	168

Minor Leaguers Only   *Minimum 250 At-Bats   †Minimum 75 Innings

	AVG	G	AB	R	H	2B	3B	HR	RBI	BB	SO	SB
Garland, Tim, of	.240	44	129	11	31	4	1	0	12	7	37	7
*Howell, Dave, 1b	.276	122	427	50	118	20	1	2	31	47	65	9
Johnson, Brian, c	.239	113	394	35	94	19	0	1	44	34	67	4
Jordan, Kevin, 2b	.272	121	448	61	122	25	5	4	53	37	66	14
*Leach, Jalal, of	.254	124	468	48	119	13	9	2	42	44	122	28
*Lohry, Adin, dh	.167	30	90	6	15	5	0	0	8	11	33	0
McMullan, Kevin, dh-c	.252	32	103	8	26	5	0	4	17	9	23	1
#Noriega, Rey, 3b	.249	126	429	67	107	19	7	14	68	78	134	12
Pineda, Jose, dh-c	.143	4	7	0	1	0	0	0	0	0	3	1
Rodriguez, Andres, ss	.207	86	256	26	53	6	0	0	16	23	47	12
#Strickland, Rick, of	.222	9	27	4	6	0	0	0	3	5	6	1
#Van Scoyoc, Aaron, ss-2b	.228	79	250	12	57	9	0	0	14	16	41	3
Walker, Larry, c-dh	.127	48	150	15	19	1	0	4	17	18	35	0

PITCHING	W	L	ERA	G	GS	CG	SV	IP	H	R	ER	BB	SO
Batchelor, Richard	4	7	2.76	50	0	0	25	62	55	28	19	22	58
*Canestro, Art	0	0	3.98	21	2	0	1	41	42	21	18	16	27
Gogolewski, Doug	0	1	3.00	1	1	0	0	3	3	1	1	1	5
Greer, Ken	4	3	4.24	31	1	0	0	57	49	31	27	22	46
Hutton, Mark	5	8	2.45	24	24	3	0	147	98	54	40	65	117
*Malone, Todd	1	1	3.00	6	2	0	0	21	17	10	7	13	20
Manon, Ramon	10	8	2.59	26	18	5	1	135	99	45	39	51	74
Marris, Mark	4	6	4.83	24	8	0	0	50	63	33	27	27	24
Munoz, Roberto	5	8	2.33	19	19	4	0	108	91	45	28	40	53
*Nielsen, Gerald	3	3	2.78	42	0	0	4	65	50	29	20	31	66
Polak, Rich	5	4	3.67	40	0	0	2	54	50	24	22	23	50
Prybylinski, Bruce	3	3	2.30	13	1	0	0	31	22	8	8	4	35
*Rumer, Tim	10	7	2.89	24	23	3	0	149	125	59	48	49	112
Springer, Russ	5	9	3.49	25	25	2	0	152	118	68	59	62	139
Wiley, Jim	0	0	6.04	4	4	0	0	22	27	15	15	8	15

GREENSBORO — A

SOUTH ATLANTIC LEAGUE

BATTING	AVG	G	AB	R	H	2B	3B	HR	RBI	BB	SO	SB
Cooper, Tim, 3b-ss	.242	85	252	40	61	15	2	0	26	43	63	11
*Deller, Bob, of-dh	.252	84	254	44	64	10	1	0	19	58	51	15
Demerson, Tim, of	.000	2	2	1	0	0	0	0	0	0	0	0
#Everett, Carl, of	.271	123	468	96	127	18	0	4	40	57	122	28
Gallardo, Luis, dh-c	.247	114	392	54	97	20	2	13	77	54	99	9
Gilliam, Sean, of	.262	128	485	54	127	28	3	11	68	18	111	20
Hernandez, Kiki, c	.332	108	385	54	128	29	2	15	78	64	50	3
Hill, Lew, of	.228	125	426	69	97	17	3	6	46	67	112	36
Lantrip, Rick, ss	.213	96	315	35	67	12	2	7	35	43	118	5
McMullen, Ah-1b	.260	23	73	10	19	3	0	0	5	11	22	2
Romano, Scott, 3b	.218	92	307	35	67	13	2	1	28	45	70	14
Salcedo, Edwin, c	.184	33	98	9	18	3	0	1	10	4	40	2
Sanchez, Daniel, ss-2b	.169	30	89	7	15	3	0	0	6	2	15	7
#Scott, Phil, ss-2b	.133	20	45	3	6	1	0	0	3	7	6	0
*Turner, Brian, 1b	.268	123	425	58	114	18	1	8	63	59	93	10
Turrentine, Rich, 2b	.204	130	393	48	80	13	3	1	30	54	163	19
#Vanscoyoc, Aaron, 2b-ss	.310	17	58	8	18	2	0	0	4	4	10	0

PITCHING	W	L	ERA	G	GS	CG	SV	IP	H	R	ER	BB	SO
*Dunbar, Matt	2	2	2.17	25	2	1	1	46	36	14	11	15	41
Faw, Brian	11	7	3.35	26	26	6	0	166	148	75	62	56	123
Frazier, Ron	12	6	2.40	25	25	3	0	169	142	65	45	42	127
*Hines, Richard	8	9	3.19	26	26	6	0	155	147	76	55	68	126
*Malone, Todd	2	0	2.01	25	0	0	3	45	22	10	10	34	62

1992 ALMANAC • 127

PITCHING	W	L	ERA	G	GS	CG	SV	IP	H	R	ER	BB	SO
Morphy, Pat	4	8	4.00	43	4	0	1	83	79	52	37	48	72
Perez, Cesar	1	1	2.65	30	0	0	1	37	26	17	11	20	48
*Quirico, Rafael	12	8	2.26	26	26	1	0	155	103	59	39	80	162
Rivera, Mariano	4	9	2.75	29	15	1	0	115	103	48	35	36	123
*Seiler, Keith	7	5	2.78	52	0	0	1	3	68	61	36	21	27	64
Siberz, Bo	6	5	4.60	42	0	0	16	47	55	27	24	33	55
Smith, Shad	4	8	4.05	38	17	1	1	120	130	67	54	43	68

ONEONTA (A)

NEW YORK-PENN LEAGUE

BATTING	AVG	G	AB	R	H	2B	3B	HR	RBI	BB	SO	SB
*Albrecht, Andy, of	.208	61	192	37	40	6	4	2	16	40	42	6
*Anderson, Steve, 2b-ss	.351	47	114	24	40	3	3	1	19	19	21	3
Burnett, Roger, ss	.276	62	232	36	64	6	2	4	28	17	39	3
*Flannelly, Tim, 3b	.272	65	268	46	73	19	3	6	46	19	41	1
Hubbard, Mark, of	.237	73	278	45	66	13	1	1	26	51	71	4
Livesey, Steve, 3b-dh	.143	39	119	14	17	2	0	3	15	6	43	1
Matouzas, Jeff, c	.286	3	7	1	2	0	0	0	0	0	2	0
Mouton, Lyle, of	.309	70	272	53	84	11	2	7	41	31	38	14
*Phillips, Steve, of	.260	62	215	41	56	12	7	6	43	46	67	8
#Posada, Jorge, 2b-c	.235	71	217	34	51	5	5	4	33	51	51	6
Quintell, John, c	.250	22	48	4	12	3	0	0	4	13	1
*Seefried, Tate, 1b	.246	73	264	40	65	19	0	7	51	32	65	12
Spencer, Shane, dh-of	.245	18	53	10	13	2	1	0	3	10	9	2
Wilson, Tom, c	.243	70	243	38	59	12	2	4	42	34	72	4

PITCHING	W	L	ERA	G	GS	CG	SV	IP	H	R	ER	BB	SO
Burbank, Dennis	4	2	4.14	23	0	0	1	50	62	29	23	11	32
Coleman, John	2	3	2.91	18	5	0	1	53	44	22	17	30	36
Croghan, Andy	5	4	5.63	14	14	0	0	78	92	59	49	28	54
Floren, Whitney	0	0	4.82	4	2	0	0	9	5	7	5	13	8
*Garagozzo, Keith	4	2	4.40	15	15	0	0	76	66	50	37	62	55
Gully, Scott	3	3	4.53	26	0	0	4	44	46	28	22	14	38
Inman, Bert	5	3	4.08	15	15	0	0	90	75	56	41	41	42
Laviano, Frank	5	3	4.65	19	3	2	0	62	56	36	32	31	31
Long, Joe	0	1	12.00	1	1	0	0	3	9	8	4	1	0
Munda, Steve	1	1	3.90	16	0	0	0	32	37	19	14	15	14
*Pettitte, Andy	2	2	2.18	6	6	1	0	33	33	18	8	16	32
Santiago, Sandi	2	1	3.38	8	0	0	1	11	9	5	4	5	5
Short, Ben	2	4	3.79	33	0	0	14	36	41	24	15	11	44
*Sullivan, Grant	6	6	4.29	15	14	0	0	94	92	56	45	38	45
*Thibert, John	1	0	27.00	3	1	0	0	3	9	11	10	6	2

TAMPA (R)

GULF COAST LEAGUE

BATTING	AVG	G	AB	R	H	2B	3B	HR	RBI	BB	SO	SB
Albornoz, Rodolfo, ss-3b	.195	31	82	7	16	2	0	0	6	10	15	0
#Cumberbatch, Abdiel, of	.288	59	229	44	66	8	0	0	10	37	60	45
Eenhoorn, Robert, ss	.350	13	40	6	14	4	1	1	7	3	8	1
Garcia, Jose, 2b	.222	21	45	6	10	4	1	0	12	0	4	3
#Gipner, Marc, c-dh	.153	39	131	6	20	1	0	0	12	12	23	1
Hansen, Elston, 3b	.327	57	208	45	68	9	3	4	37	43	35	4
Heaps, Chris, 2b	.264	42	148	16	39	6	0	0	11	11	29	18
Knowles, Eric, ss-2b	.194	49	186	26	36	1	0	0	10	20	54	11
*Ledee, Ricardo, of	.267	47	165	22	44	6	2	0	18	22	40	3
*Lewis, Brian, of	.257	50	179	15	46	4	1	1	18	13	29	1
Lohry, Adin, dh	.240	8	25	4	6	2	0	0	8	6	5	4
Motuzas, Jeff, c	.193	39	145	17	28	8	1	1	17	13	44	6
Obando, Sherman, dh	.294	4	17	3	5	2	0	0	1	1	2	0
Pineda, Jose, p	.063	9	16	1	1	0	0	0	2	2	8	0
*Reyes, Angel, of	.143	10	14	1	2	0	0	0	1	1	3	0
*Ruoff, Matt, 1b	.153	32	98	17	15	3	0	0	12	26	30	1
Salcedo, Edwin, 1b	.200	3	5	1	1	0	0	0	1	4	0	1	0
Spencer, Shane, of	.306	41	160	25	49	7	0	0	30	14	19	9
*Wuerch, Jason, 1b	.333	38	150	24	50	8	0	0	18	9	23	2

PITCHING	W	L	ERA	G	GS	CG	SV	IP	H	R	ER	BB	SO
*Carter, Tom	0	0	4.09	7	3	0	0	11	7	5	5	4	11
Cindrich, Jeff	4	5	3.95	13	9	1	0	57	61	34	25	21	55
Ferguson, Shane	2	1	2.11	14	1	0	2	21	26	10	5	6	30
Gogolewski, Doug	2	1	2.37	6	3	0	0	19	11	7	5	5	21
*Kindell, Scott	0	4	3.67	21	4	0	4	42	53	28	17	10	27
Long, Joe	3	2	2.61	8	6	0	0	38	39	23	11	7	27
Parra, Luis	0	0	1.57	15	0	0	1	23	20	10	4	4	14
Paulino, Angel	4	1	1.54	19	0	0	2	41	38	14	7	10	32
Perez, Albert	1	1	5.16	20	0	0	1	30	40	26	17	11	20
*Pettitte, Andy	4	1	0.98	6	6	0	0	37	16	6	4	8	51
Ramirez, Luis	1	2	6.55	17	1	0	0	22	27	20	16	8	21
Regalado, Victor	1	2	3.12	13	0	0	0	26	28	10	9	8	20
Santaella, Alex	0	2	5.35	14	6	0	0	39	33	28	23	30	25
Santiago, Sandi	0	0	0.00	1	0	0	0	2	2	0	0	0	0
Smith, Sean	2	4	3.02	11	11	2	0	63	58	33	21	20	31
Sutherland, John	0	2	5.87	4	1	0	0	8	5	6	5	3	6
Thibert, John	3	2	0.91	8	6	0	0	40	29	13	4	11	40
Wiley, Jim	0	2	3.52	3	3	0	0	8	11	7	3	0	9

NEW YORK METS

Manager: Bud Harrelson, Mike Cubbage.
1991 Record: 77-84, .475 (5th, NL East).

BATTING	AVG	G	AB	R	H	2B	3B	HR	RBI	BB	SO	SB
*Boston, Daryl	.275	137	255	40	70	16	4	4	21	30	42	15
Brooks, Hubie	.238	103	357	48	85	11	1	16	50	44	62	3
#Carr, Chuck	.182	12	11	1	2	0	0	0	1	0	2	1
Carreon, Mark	.260	106	254	18	66	6	0	4	21	12	26	2
Cerone, Rick	.273	90	227	18	62	13	0	2	16	30	24	1
#Coleman, Vince	.255	72	278	45	71	7	5	1	17	39	47	37
*Donnels, Chris	.225	37	89	7	20	2	0	0	5	14	19	1
Elster, Kevin	.241	115	348	33	84	16	2	6	36	40	53	2
*Gardner, Jeff	.162	13	37	3	6	0	0	0	1	4	6	0
#Herr, Tommy	.194	70	155	17	30	7	0	1	14	32	21	7
Hundley, Todd	.133	21	60	5	8	0	0	1	7	6	14	0
#Jefferies, Gregg	.272	136	486	59	132	19	2	9	62	47	38	26
#Johnson, Howard	.259	156	564	108	146	34	4	38	117	78	120	30
Magadan, Dave	.258	124	418	58	108	23	0	4	51	83	50	1
#McDaniel, Terry	.207	23	29	3	6	1	0	0	2	1	11	2
McReynolds, Kevin	.259	143	522	65	135	32	1	16	74	49	46	6
Miller, Keith	.280	98	275	41	77	22	1	4	23	23	44	14
O'Brien, Charlie	.185	69	168	16	31	6	0	2	14	17	25	0
*Sasser, Mackey	.272	96	228	18	62	14	2	5	35	9	19	0
*Templeton, Garry	.228	80	219	20	50	9	1	2	20	9	29	3
Teufel, Tim	.118	20	34	2	4	0	0	1	2	2	8	1
*Torve, Kelvin	.000	10	8	0	0	0	0	0	0	0	1	0

PITCHING	W	L	ERA	G	GS	CG	SV	IP	H	R	ER	BB	SO
*Beatty, Blaine	0	0	2.79	5	0	0	0	10	9	3	3	4	7
Bross, Terry	0	0	1.80	8	0	0	0	10	7	2	2	3	5
Burke, Tim	3	3	2.75	35	0	0	1	56	55	22	17	12	34
*Castillo, Tony	1	0	1.90	10	0	0	0	24	27	7	5	6	10
Cone, David	14	14	3.29	34	34	5	0	233	204	95	85	73	241
Darling, Ron	5	6	3.87	17	17	0	0	102	96	50	44	28	58
Fernandez, Sid	1	3	2.86	8	8	0	0	44	36	18	14	9	31
*Franco, John	5	9	2.93	52	0	0	30	55	61	27	18	18	45
Gooden, Dwight	13	7	3.60	27	27	3	0	190	185	80	76	56	150
Innis, Jeff	0	2	2.66	69	0	0	0	85	66	30	25	23	47
Pena, Alejandro	6	1	2.71	44	0	0	4	63	63	20	19	19	49
*Sauveur, Rich	0	0	10.80	6	0	0	0	3	7	4	4	2	4
*Schourek, Pete	5	4	4.27	35	8	1	2	86	82	48	41	43	67
*Simons, Doug	2	3	5.19	42	1	0	1	61	55	40	35	19	38
Valera, Julio	0	0	0.00	2	0	0	0	2	1	0	0	4	3
*Viola, Frank	13	15	3.97	35	35	3	0	231	259	112	102	54	132
Whitehurst, Wally	7	12	4.19	36	20	0	1	133	142	67	62	25	87
Young, Anthony	2	5	3.10	10	8	0	0	49	48	20	17	12	20

FIELDING

Catcher	PCT	G	PO	A	E
Cerone	.987	81	424	36	6
Hundley	1.000	20	85	11	0
O'Brien	.991	67	396	37	4
Sasser	.994	43	165	13	1

First Base	PCT	G	PO	A	E
Donnels	1.000	15	123	12	0
Magadan	.996	122	1035	90	5
Sasser	.988	10	80	5	1
Teufel	1.000	6	47	2	0
Torve	1.000	1	0	2	0

Second Base	PCT	G	PO	A	E
Gardner	1.000	3	4	9	0
Herr	1.000	57	100	121	0
Jefferies	.982	77	144	177	6
Miller	.972	60	129	148	8
Teufel	1.000	1	1	2	0

Third Base	PCT	G	PO	A	E
Donnels	.938	11	8	22	2
Jefferies	.916	51	26	94	11
Johnson	.927	104	55	173	18

	PCT	G	PO	A	E
Miller	1.000	2	2	1	0
Templeton	1.000	2	2	8	0
Teufel	1.000	5	1	5	0

Shortstop	PCT	G	PO	A	E
Elster	.970	107	149	299	14
Gardner	.818	8	7	20	6
Johnson	.924	28	45	88	11
Miller	.667	2	1	3	2
Templeton	.963	40	53	104	6

Outfield	PCT	G	PO	A	E
*Boston	.981	115	156	2	3
Brooks	.972	100	166	6	5
Carr	1.000	9	9	0	0
*Carreon	.971	77	96	4	3
Coleman	.979	70	132	5	3
Johnson	.970	30	61	3	2
McDaniel	1.000	14	18	0	0
McReynolds	.993	141	281	9	2
Miller	1.000	28	33	2	0
Sasser	.967	21	26	3	1
Templeton	.000	2	0	0	0

METS FARM SYSTEM

Class	Club	League	W	L	Pct.	Manager
AAA	Tidewater	International	77	65	.542	Steve Swisher
AA	Williamsport	Eastern	60	79	.432	Clint Hurdle
A	St. Lucie	Florida State	72	59	.550	John Tamargo
A	Columbia	South Atlantic	86	54	.614	Tim Blackwell
A	Pittsfield	New York-Penn	51	26	.662	Jim Thrift

ORGANIZATION LEADERS

BATTING
*AVG	Ricardo Otero, King-Pitt	.340
R	Butch Huskey, Columbia	88
H	Jay Davis, Columbia	152
TB	Butch Huskey, Columbia	256
2B	Two tied at	29
3B	D.J. Dozier, Will.-Tide	11
HR	Jeromy Burnitz, Williamsport	31
RBI	Butch Huskey, Columbia	99
SB	Pat Howell, St.L.-Will.	64

PITCHING
W	Jose Martinez, Columbia	20
L	Three tied at	12
†ERA	Jose Martinez, Columbia	1.49
G	Julian Vasquez, St. Lucie	56
CG	Julian Vasquez, St. Lucie	9
SV	Julian Vasquez, St. Lucie	25
IP	Jose Martinez, Columbia	193
BB	Juan Castillo, Columbia	89
SO	Jose Martinez, Columbia	158

D.J. Dozier
...11 triples

Minor Leaguers Only   *Minimum 250 At-Bats   †Minimum 75 Innings

Class	Club	League	W	L	Pct.	Manager
Rookie	Kingsport	Appalachian	36	31	.537	Andre David
Rookie	Sarasota	Gulf Coast	24	35	.407	Junior Roman

TIDEWATER   AAA
INTERNATIONAL LEAGUE

BATTING	AVG	G	AB	R	H	2B	3B	HR	RBI	BB	SO	SB
Baez, Kevin, ss	.171	65	210	18	36	8	0	0	13	12	32	0
Bogar, Tim, ss-2b	.257	65	218	23	56	11	0	1	23	20	35	1
#Carr, Chuck, of	.195	64	246	34	48	6	1	1	11	18	37	27
*Donnels, Chris, 3b-2b	.303	84	287	45	87	19	2	8	56	62	56	1
Dozier, D.J., of	.269	43	171	19	46	7	5	1	22	13	41	8
*Gardner, Jeff, 2b-ss	.292	136	504	73	147	23	4	1	56	84	48	6
Gonzalez, Javier, c	.333	1	3	0	1	0	0	0	0	0	1	0
Hansen, Terrel, of	.272	107	368	54	100	20	2	12	62	40	82	0
#Hundley, Todd, c	.273	125	454	62	124	24	4	14	66	51	95	1
Jimenez, Al, 1b	.208	114	331	36	69	9	1	4	32	41	60	0
*Leiper, Tim, 3b-of	.252	93	282	33	71	11	1	2	30	35	32	0
#May, Lee, of	.257	29	113	16	29	6	5	0	8	9	42	5
#McDaniel, Terry, of	.248	118	399	63	99	23	6	9	42	50	117	18
Mercado, Orlando, c	.270	55	159	13	43	12	0	4	26	11	28	0
Pedrique, Al, 3b-ss	.269	79	182	24	49	6	0	0	12	23	19	2
Roseboro, Jaime, of	.294	89	279	34	82	12	0	2	29	28	36	0
*Torve, Kelvin, 1b-dh	.274	103	336	57	92	20	2	9	49	62	58	4

PITCHING	W	L	ERA	G	GS	CG	SV	IP	H	R	ER	BB	SO
*Beatty, Blaine	12	9	4.11	28	28	3	0	175	192	86	80	43	74
Bross, Terry	2	0	4.36	27	0	0	2	33	31	21	16	32	23
Cinnella, Doug	2	2	2.51	12	2	0	0	29	26	17	8	15	15
Dewey, Mark	12	3	3.34	48	0	0	9	65	61	30	24	36	38
*Fernandez, Sid	1	0	1.15	3	3	0	0	16	9	2	2	6	22
Hernandez, Manny	1	2	8.03	3	3	0	0	12	17	11	11	8	4
*Hillman, Eric	5	12	4.01	27	27	2	0	162	184	89	72	58	91
Kline, Doug	2	0	0.00	2	0	0	0	5	0	0	0	2	5
Moore, Brad	8	5	3.33	50	0	0	13	78	73	36	29	45	53
Plummer, Dale	4	3	3.99	46	4	0	3	97	95	49	43	32	33
*Sauveur, Rich	2	2	2.38	42	0	0	6	45	31	14	12	23	49
Schatzeder, Dan	0	0	7.36	9	1	0	0	15	22	13	12	13	10
*Schourek, Pete	1	1	2.52	4	4	0	0	25	18	7	7	10	17
Soff, Ray	8	7	3.52	28	18	3	0	138	118	56	54	48	84
Trautwein, Dave	0	0	6.35	12	0	0	1	17	22	12	12	13	5
Valera, Julio	10	10	3.83	26	26	3	0	176	152	79	75	70	117
Young, Anthony	7	9	3.73	25	25	3	0	164	172	74	68	67	93

WILLIAMSPORT   AA
EASTERN LEAGUE

BATTING	AVG	G	AB	R	H	2B	3B	HR	RBI	BB	SO	SB
#Allison, Tom, Inf	.225	31	89	13	20	4	1	0	9	11	19	2
Bogar, Tim, 3b-2b	.251	63	243	33	61	12	2	2	25	20	44	13
*Burnitz, Jeromy, of	.225	135	457	80	103	16	10	31	85	104	127	31
*Cortes, Hernan, 1b	.214	21	42	2	9	0	0	0	2	8	12	0
*Davis, Steve, of	.138	42	87	11	12	4	0	0	6	17	26	3
Dellicarri, Joe, 3b-1b	.242	80	215	30	52	10	2	5	23	22	36	7
*Dozier, D.J., of	.278	74	259	49	72	11	6	8	30	39	88	25
Gonzalez, Javier, c	.153	48	150	7	23	7	0	4	14	12	45	1
Hernandez, Rudy, 2b	.217	117	346	38	75	9	0	0	22	67	69	25
*Howard, Tim, 3b	.257	68	245	23	63	7	6	1	16	14	21	7

130 • 1992 ALMANAC

BATTING	AVG	G	AB	R	H	2B	3B	HR	RBI	BB	SO	SB
#Howell, Pat, of	.281	70	274	43	77	5	1	1	26	21	50	27
#May, Lee, of	.203	86	296	29	60	9	5	1	19	27	94	19
McBride, Loy, of-dh	.216	100	283	23	61	13	0	4	30	32	51	7
Navarro, Tito, ss	.288	128	482	69	139	9	4	2	42	73	63	42
Williams, Paul, 1b	.259	133	463	62	120	29	1	8	72	69	75	0
#Zinter, Alan, c	.220	124	422	44	93	13	6	9	54	59	106	3

PITCHING	W	L	ERA	G	GS	CG	SV	IP	H	R	ER	BB	SO
Bross, Terry	2	0	2.49	20	0	0	5	25	13	12	7	11	27
Cinnella, Doug	3	5	3.71	28	6	0	2	78	92	41	32	38	45
*Douma, Todd	2	4	4.33	10	10	1	0	60	78	34	29	17	42
*Fernandez, Sid	0	0	0.00	1	1	0	0	6	3	0	0	1	5
*Hill, Chris	3	3	4.69	27	12	1	1	88	115	59	46	40	42
Johnstone, John	7	9	3.97	27	27	2	0	165	159	94	73	79	100
Kline, Doug	2	5	2.47	50	2	0	3	91	77	35	25	37	76
Nivens, Toby	10	11	4.19	28	25	2	0	144	156	85	67	63	72
Proctor, Dave	0	2	2.59	9	9	0	0	42	38	20	12	28	24
Rogers, Bryan	6	8	4.72	41	0	0	15	61	73	33	32	18	33
Sieradzki, Al	0	1	9.00	1	1	0	0	7	8	7	7	5	1
Sommer, David	4	7	4.37	22	20	0	0	111	114	75	54	72	83
Talamantez, Greg	3	2	4.76	32	1	0	0	59	65	38	31	38	47
Telgheder, Dave	13	11	3.60	28	26	1	0	168	185	81	67	33	90
Trautwein, David	3	9	6.79	42	0	0	3	58	75	47	44	23	21
Vargas, Jose	2	1	3.80	16	0	0	2	21	19	11	9	13	10
Vasquez, Aguedo	0	1	3.97	11	0	0	0	7	9	7	3	7	5

ST. LUCIE — A

FLORIDA STATE LEAGUE

BATTING	AVG	G	AB	R	H	2B	3B	HR	RBI	BB	SO	SB
#Allison, Tom, ss-of	.162	22	74	7	12	1	0	0	7	9	24	8
#Butterfield, Chris, 3b	.225	121	426	41	96	24	7	3	40	53	87	8
Cameron, Stanton, of	.185	83	232	25	43	7	0	2	26	46	82	2
Carroll, Kevin, c	.116	35	95	7	11	2	0	1	7	8	39	0
Davis, Brian, of	.222	22	45	4	10	0	1	0	5	8	18	7
Diaz, Alberto, 2b-ss	.217	108	391	43	85	8	4	0	26	39	57	21
#Farmer, Randy, ss	.250	1	4	0	1	0	0	0	0	0	0	0
Fordyce, Brook, c	.239	115	406	42	97	19	3	7	55	37	50	4
Harris, James, 1b	.243	101	321	35	78	10	0	6	28	36	33	0
Henderson, Derek, ss	.241	83	282	31	68	10	4	0	15	20	51	2
*Hoffner, Jamie, dh-1b	.256	101	348	32	89	19	2	2	34	19	39	6
Howard, Tim, of-2b	.260	60	235	20	61	6	3	5	37	14	16	7
#Howell, Pat, of	.220	62	246	36	54	8	2	0	10	14	47	37
Morrisette, James, of-3b	.255	65	243	30	62	9	0	2	29	19	51	6
Pride, Curtis, of	.260	116	392	57	102	21	7	9	37	43	94	24
Saunders, Doug, 2b-3b	.235	70	230	19	54	9	2	2	18	25	43	5
Thomas, Mark, of	.218	84	275	34	60	14	1	9	28	31	99	13

PITCHING	W	L	ERA	G	GS	CG	SV	IP	H	R	ER	BB	SO
Brady, Mike	0	0	7.00	3	0	0	0	9	14	7	7	3	8
Dorn, Chris	6	7	2.87	48	6	1	2	110	91	44	35	29	82
Douma, Todd	8	3	2.27	17	13	3	0	99	83	30	25	16	84
*Fernandez, Sid	0	0	0.00	1	1	0	0	3	1	0	0	1	6
Freitas, Mike	0	1	2.53	5	0	0	0	11	11	4	3	1	6
Harriger, Denny	6	1	2.27	14	11	2	0	71	67	20	18	12	37
*Hill, Chris	4	0	1.13	6	4	0	0	32	18	6	4	4	24
*Langbehn, Greg	10	12	2.52	27	27	1	0	175	149	53	49	44	106
McCann, Joe	2	3	4.14	34	5	0	0	76	81	40	35	25	33
Proctor, Dave	2	0	1.52	6	6	0	0	30	16	6	5	22	19
Reich, Andy	5	5	2.67	54	0	0	10	104	86	35	31	40	76
Sample, Deron	1	2	6.38	13	0	0	1	18	25	14	13	11	11
Vasquez, Julian	3	2	0.28	56	0	0	25	64	35	6	2	39	56
Vazquez, Ed	0	0	0.00	1	0	0	0	1	1	1	0	0	1
Vitko, Joe	11	8	2.24	22	22	5	0	140	102	40	35	39	105
Walker, Pete	10	12	3.21	26	25	1	0	151	145	77	54	52	95
Wegmann, Tom	4	3	2.51	13	11	0	1	61	46	19	17	14	69

COLUMBIA — A

SOUTH ATLANTIC LEAGUE

BATTING	AVG	G	AB	R	H	2B	3B	HR	RBI	BB	SO	SB
#Allison, Tom, Inf	.322	43	121	26	39	10	2	1	10	17	24	9
Castillo, Alberto, c	.277	90	267	35	74	20	3	3	47	43	44	6
*Davis, Jay, of	.297	132	511	79	152	29	6	0	63	30	72	25
Dunn, Brian, dh-c	.238	46	143	18	34	5	0	1	13	15	28	5
Fully, Ed, of	.277	122	448	69	124	27	5	5	56	40	71	17
Garcia, Omar, 1b	.251	108	394	63	99	11	4	4	50	31	56	12
Guzik, Robbie, p-of	.116	38	43	2	5	1	0	0	1	7	19	1
Huskey, Butch, 3b	.287	134	492	88	141	27	5	26	99	54	89	22
#King, Jason, ss	.267	108	277	47	74	10	0	0	21	73	37	12
Ledesma, Aaron, ss	.339	33	115	19	39	8	0	1	14	8	16	3
McClinton, Tim, of	.249	133	474	73	118	24	4	14	91	57	119	17
#Millan, Bernie, 1b-3b	.285	60	179	21	51	4	1	0	21	9	27	2
Mompres, Danilo, ss	.194	10	31	2	6	0	0	0	3	3	15	0
#Perozo, Ender, of-dh	.186	95	296	32	55	6	2	3	18	37	77	6
Rudolph, Mason, c	.228	64	219	18	50	11	1	2	20	11	61	4
*Vina, Fernando, 2b	.271	129	498	77	135	23	6	6	50	46	27	42

1992 ALMANAC • 131

PITCHING	W	L	ERA	G	GS	CG	SV	IP	H	R	ER	BB	SO
Benson, Nate	3	2	2.28	25	1	0	1	59	49	19	15	38	38
Bristow, Rich	2	0	3.21	29	2	0	1	48	41	26	17	38	36
Butler, Chris	1	2	10.50	5	3	0	0	12	10	15	14	19	7
Carpentier, Rob	7	3	4.06	28	8	0	3	93	102	49	42	24	58
Castillo, Juan	12	9	3.82	28	27	3	0	158	148	82	67	89	144
*Crawford, Joe	0	0	0.00	3	0	0	0	3	0	0	0	0	6
Engle, Tom	3	2	3.23	7	5	0	0	31	22	13	11	17	32
*Fidler, Andy	0	0	0.00	4	0	0	1	7	3	3	0	7	9
*Fiegel, Todd	0	1	6.00	2	1	0	1	9	7	6	6	6	11
Freitas, Mike	5	8	3.31	25	12	4	1	114	115	48	42	31	111
Guzik, Robbie	0	4	3.02	20	13	0	1	86	74	35	29	23	45
Harriger, Denny	2	0	0.00	2	2	1	0	11	5	0	0	2	13
Jones, Bobby	3	1	1.85	5	5	0	0	24	20	5	5	3	35
Martinez, Jose	20	4	1.49	26	26	9	0	193	162	51	32	30	158
Rees, Rob	6	8	3.08	20	19	2	0	114	108	55	39	44	95
Sample, Deron	4	2	1.16	12	1	0	3	23	14	9	3	9	28
Sieradzki, Al	0	2	9.00	9	0	0	1	8	14	12	8	9	6
*Thomas, Mike	4	2	2.41	30	0	0	15	41	28	15	11	30	59
Thomas, Steve	9	4	4.01	37	9	0	5	110	92	55	49	51	116
Wegmann, Tom	5	0	0.56	7	6	1	0	48	21	7	3	9	69

PITTSFIELD — A

NEW YORK-PENN LEAGUE

BATTING	AVG	G	AB	R	H	2B	3B	HR	RBI	BB	SO	SB
Arredondo, Joe, 3b	.256	42	117	23	30	7	0	0	19	21	13	1
Beals, Greg, c	.212	39	132	22	28	4	0	1	14	24	16	2
*Curtis, Randy, of	.289	75	298	72	86	12	1	2	33	60	63	26
Dunn, Brian, c	.231	4	13	1	3	0	0	0	0	1	2	1
#Franklin, Micah, 2b	.287	26	94	17	27	4	2	0	14	21	20	12
Garcia, Guillermo, 2b	.274	45	157	23	43	13	2	0	24	15	38	4
*Jacobs, Frank, 1b	.233	74	287	51	67	12	5	9	50	46	56	5
Koehler, Bart, 1b	.224	16	49	7	11	2	0	0	4	4	23	0
#Millan, Bernie, dh	.194	20	62	5	12	0	0	0	11	2	6	0
Mompres, Danilo, ss	.265	75	272	46	72	14	2	1	31	38	62	15
*Nace, Todd, of	.259	23	54	9	14	2	0	0	4	14	12	0
*Otero, Ricardo, of-dh	.292	6	24	4	7	0	0	0	2	2	1	4
*Robinson, Dwight, 3b	.214	54	159	18	34	4	2	0	16	36	41	1
*Sandy, Tim, of	.282	72	259	56	73	13	2	0	24	59	39	10
*Sciortino, Mike, dh-1b	.250	54	196	23	49	10	2	0	26	13	38	1
#Tijerina, Tony, c	.243	44	144	16	35	5	1	0	17	15	13	2
Tolliver, Jerome, of	.272	73	268	41	73	6	3	6	52	33	59	7
*Veras, Quilvio, 2b-ss	.267	5	15	3	4	0	1	0	2	5	1	2

PITCHING	W	L	ERA	G	GS	CG	SV	IP	H	R	ER	BB	SO
Anaya, Mike	5	4	2.79	12	12	3	0	81	73	35	25	28	40
Carrasco, Hector	0	1	5.40	12	1	0	1	23	25	17	14	21	20
*George, Chris	6	3	3.22	14	14	3	0	78	66	39	28	32	55
Lehnerz, Mike	0	0	16.20	3	0	0	0	3	7	6	6	18	5
*Lindsay, Darian	7	2	3.00	25	0	0	4	39	31	16	13	14	34
Manfred, Jim	6	4	4.18	26	0	0	4	52	50	33	24	37	39
Reichenbach, Eric	3	3	4.26	15	15	1	0	80	78	43	38	33	35
Scheffler, Jim	5	2	2.68	22	0	0	3	57	48	23	17	24	51
Schorr, Brad	2	0	1.98	2	2	0	0	14	13	4	3	5	3
*Shanahan, Chris	10	2	2.92	15	15	1	0	102	96	39	33	31	57
*Smith, Ottis	7	2	2.61	15	15	3	0	103	88	49	30	42	79
Vanrynbach, Cap	0	3	4.53	17	3	0	1	54	59	37	27	31	35

KINGSPORT — R

APPALACHIAN LEAGUE

BATTING	AVG	G	AB	R	H	2B	3B	HR	RBI	BB	SO	SB
Casanova, Raul, c	.056	5	18	0	1	0	0	0	0	1	10	0
*Daubach, Brian, 1b	.240	65	217	30	52	9	1	7	42	33	64	1
Davis, Darwin, 3b	.194	53	186	17	36	8	2	1	17	14	47	8
Diaz, Cesar, c	.232	38	125	11	29	6	0	1	15	7	37	0
#Farmer, Randy, ss	.230	57	209	24	48	10	0	2	25	10	27	13
Garcia, Guillermo, ss	.242	14	33	9	8	1	1	0	2	4	4	0
Hernandez, Rafael, 3b-2b	.213	47	150	11	32	6	0	0	10	12	40	1
Luciano, Suliban, of-dh	.203	53	172	23	35	7	1	4	14	6	42	3
Meyer, Paul, dh-1b	.152	14	33	3	5	0	0	0	2	3	12	0
Moreno, Juan, of	.291	23	86	11	25	1	3	2	16	4	22	3
#Otero, Ricardo, of	.345	66	235	47	81	16	3	7	52	35	32	12
Patrizi, Mike, c	.194	32	103	14	20	2	0	1	6	7	18	2
*Quillin, Ty, of	.191	63	204	25	39	8	2	2	22	30	60	5
Rossler, Brett, dh-3b	.050	9	20	0	1	0	0	0	1	1	10	0
*Smith, Demond, of-dh	.250	35	116	28	29	3	4	1	12	12	24	16
#Veras, Quilvio, 2b	.336	64	226	54	76	11	4	1	16	36	28	38

PITCHING	W	L	ERA	G	GS	CG	SV	IP	H	R	ER	BB	SO
Corbell, Eric	1	4	6.37	16	4	0	0	41	42	37	29	25	27
*Cotner, Andy	1	0	0.96	3	1	0	2	9	7	1	1	1	10
*Crawford, Joe	0	0	1.11	19	0	0	11	32	16	5	4	8	43
Fiegel, Todd	5	4	2.04	11	11	2	0	66	45	20	15	25	90
Fitzgerald, Dave	1	0	2.76	7	1	0	0	16	13	8	5	7	9
Henderson, Jeff	3	2	4.38	10	4	0	0	37	32	23	18	23	28

Top Mets catching prospect Todd Hundley put the finishing touch on his game at Tidewater, hitting .273 with 14 homers.

PITCHING	W	L	ERA	G	GS	CG	SV	IP	H	R	ER	BB	SO
Hokhanson, Mark	1	4	5.17	17	0	0	4	38	37	28	22	20	29
Jacome, Jason	5	4	1.63	12	7	3	2	55	35	18	10	13	48
*Perpetuo, Nelson	0	2	9.00	6	0	0	1	7	11	7	7	1	8
Ramirez, Hector	8	2	2.54	14	13	1	0	85	83	39	24	28	64
Schorr, Brad	5	6	3.14	11	11	3	0	72	53	40	25	16	69
Seymour, Steve	3	1	2.42	8	7	1	0	45	42	18	12	15	28
Watson, Shaun	3	2	3.88	8	8	0	0	46	50	21	20	9	30

SARASOTA R
GULF COAST LEAGUE

BATTING	AVG	G	AB	R	H	2B	3B	HR	RBI	BB	SO	SB
Alfonzo, Ed, 2b-ss	.331	54	175	29	58	8	4	0	27	34	12	6
Beltre, Eddy, ss	.210	40	119	12	25	8	2	0	14	14	22	0
Bull, Bert, of	.167	43	138	12	23	2	0	0	8	11	29	5
Casanova, Raul, c	.243	32	111	19	27	4	2	0	9	12	22	3
*Kiraly, Jeff, 1b	.233	40	129	13	30	6	0	0	10	11	36	0
Meyer, Paul, 1b	.161	15	56	5	9	3	1	0	4	3	11	1
Moreno, Juan, of	.200	31	100	14	20	3	2	0	6	8	40	11
Osentowski, Jared, 3b	.250	51	168	14	42	2	1	0	19	16	36	5
Rossler, Brett, dh-c	.176	15	51	9	9	2	1	0	6	2	12	1
Shirley, Al, of	.176	51	187	21	33	3	1	3	13	14	62	17
Steele, Steve, c	.110	28	82	7	9	0	0	0	2	8	19	0
*Tosar, Miguel, 2b-dh	.210	40	119	18	25	5	1	0	9	21	21	7
White, Don, of	.240	54	196	32	47	10	2	0	12	24	37	30
#Williams, Terrell, ss	.180	53	145	8	18	2	1	1	12	9	34	4
*Young, Tyson, dh-of	.125	27	80	9	10	3	1	0	5	12	34	0

PITCHING	W	L	ERA	G	GS	CG	SV	IP	H	R	ER	BB	SO
Belmonte, Pedro	4	6	4.42	14	12	4	0	73	73	42	36	23	56
Collier, Ervin	2	3	2.38	14	6	2	0	57	57	20	15	13	26
Finney, Tom	2	6	2.93	16	1	1	3	43	43	19	14	12	41
Hernandez, Hermes	0	3	1.72	6	0	0	0	16	21	11	3	5	11
Hiljus, Erik	2	3	4.26	9	9	1	0	38	31	27	18	37	38
*Jones, Clifford	0	3	3.09	14	4	0	2	35	31	19	12	8	34
Kroon, Marc	2	3	4.53	12	10	1	0	48	39	33	24	22	39
McCready, James	6	4	3.24	16	6	2	1	78	69	36	28	18	59
*Swanson, Dave	4	3	2.64	11	10	2	0	65	58	28	19	24	52
*Teske, David	0	1	7.80	9	0	0	3	15	26	18	13	7	9
Williams, Scotty	2	0	3.43	11	2	0	1	21	19	22	8	18	17

OAKLAND ATHLETICS

Manager: Tony La Russa.
1991 Record: 84-78, .519 (4th, AL West).

BATTING	AVG	G	AB	R	H	2B	3B	HR	RBI	BB	SO	SB
Afenir, Troy	.091	5	11	0	1	0	0	0	0	0	2	0
*Baines, Harold	.295	141	488	76	144	25	1	20	90	72	67	0
Blankenship, Lance	.249	90	185	33	46	8	0	3	21	23	42	12
Bordick, Mike	.238	90	235	21	56	5	1	0	21	14	37	3
Brosius, Scott	.235	36	68	9	16	5	0	2	4	3	11	3
Canseco, Jose	.266	154	572	115	152	32	1	44	122	78	152	26
Gallego, Mike	.247	159	482	67	119	15	4	12	49	67	84	6
Hemond, Scott	.217	23	23	4	5	0	0	0	0	1	7	1
Henderson, Dave	.276	150	572	86	158	33	0	25	85	58	113	6
Henderson, Rickey	.268	134	470	105	126	17	1	18	57	98	73	58
*Howitt, Dann	.167	21	42	5	7	1	0	1	3	1	12	0
Jacoby, Brook	.213	56	188	14	40	12	0	0	20	11	22	2
*Jennings, Doug	.111	8	9	0	1	0	0	0	0	0	2	0
Komminsk, Brad	.120	24	25	1	3	1	0	0	2	2	9	1
Lansford, Carney	.063	5	16	0	1	0	0	0	0	1	0	2	0
Law, Vance	.209	74	134	11	28	7	1	0	9	18	27	0
Manrique, Fred	.143	9	21	2	3	0	0	0	0	0	2	1	0
McGwire, Mark	.201	154	483	62	97	22	0	22	75	93	116	2
*Quirk, Jamie	.261	76	203	16	53	4	0	1	17	16	28	0
*Riles, Ernest	.214	108	281	30	60	8	4	5	32	31	42	3
Steinbach, Terry	.274	129	456	50	125	31	1	6	67	22	70	2
#Weiss, Walt	.226	40	133	15	30	6	1	0	13	12	14	6
#Wilson, Willie	.238	113	294	38	70	14	4	0	28	18	43	20
*Witmeyer, Ron	.053	11	19	0	1	0	0	0	0	0	5	0

PITCHING	W	L	ERA	G	GS	CG	SV	IP	H	R	ER	BB	SO
*Allison, Dana	1	1	7.36	11	0	0	0	11	16	9	9	5	4
Briscoe, John	0	0	7.07	11	0	0	0	14	12	11	11	10	9
Burns, Todd	1	0	3.38	9	0	0	0	13	10	5	5	8	3
Campbell, Kevin	1	0	2.74	14	0	0	0	23	13	7	7	14	16
Chitren, Steve	1	4	4.33	56	0	0	4	60	59	31	29	32	47
Darling, Ron	3	7	4.08	12	12	0	0	75	64	34	34	38	60
Dressendorfer, Kirk	3	3	5.45	7	7	0	0	35	33	28	21	21	17
Eckersley, Dennis	5	4	2.96	67	0	0	43	76	60	26	25	9	87
*Guzman, Johnny	1	0	9.00	5	0	0	0	5	11	5	5	2	3
Harris, Reggie	0	0	12.00	2	0	0	0	3	5	4	4	3	2
Hawkins, Andy	4	4	4.79	15	14	1	0	77	68	41	41	36	40
*Honeycutt, Rick	2	4	3.58	43	0	0	0	38	37	16	15	20	26
*Klink, Joe	10	3	4.35	62	0	0	2	62	60	30	30	21	34
Moore, Mike	17	8	2.96	33	33	3	0	210	176	75	69	105	153
Nelson, Gene	1	5	6.84	44	0	0	0	49	60	38	37	23	23
Show, Eric	1	2	5.92	23	5	0	0	52	62	36	34	17	20
Slusarski, Joe	5	7	5.27	20	19	1	0	109	121	69	64	52	60
Stewart, Dave	11	11	5.18	35	35	2	0	226	245	135	130	105	144
Van Poppel, Todd	0	0	9.64	1	1	0	0	5	7	5	5	2	6
Walton, Bruce	1	0	6.23	12	0	0	0	13	11	9	9	5	6
Welch, Bob	12	13	4.58	35	35	7	0	220	220	124	112	91	101
*Young, Curt	4	2	5.00	41	1	0	0	68	74	38	38	34	27

FIELDING

Catcher	PCT	G	PO	A	E
Afenir	1.000	4	18	1	0
Hemond	.947	8	17	1	1
Quirk	.982	54	293	32	6
Steinbach	.980	117	594	48	13

First Base	PCT	G	PO	A	E
Howitt	1.000	1	8	0	0
Jacoby	1.000	3	25	3	0
Law	1.000	1	2	0	0
McGwire	.997	152	1192	101	4
Quirk	1.000	8	44	6	0
Riles	1.000	5	32	5	0
Steinbach	.962	9	45	5	2
*Witmeyer	1.000	8	32	3	0

Second Base	PCT	G	PO	A	E
Blankenship	.983	45	72	101	3
Bordick	.929	5	9	4	1
Brosius	1.000	18	4	5	0
Gallego	.989	135	242	370	7
Hemond	1.000	7	7	12	0
Henderson	.000	1	0	0	0
Manrique	1.000	2	3	6	0
Riles	1.000	7	10	12	0

Third Base	PCT	G	PO	A	E
Blankenship	1.000	14	7	21	0
Bordick	.000	1	0	0	0
Brosius	1.000	7	3	10	0

	PCT	G	PO	A	E
Hemond	1.000	2	3	0	0
Jacoby	.982	52	38	72	2
Lansford	1.000	4	0	3	0
Law	.951	67	36	62	5
Quirk	.000	1	0	0	0
Riles	.939	69	54	101	10

Shortstop	PCT	G	PO	A	E
Bordick	.972	84	137	209	10
Gallego	.959	55	40	76	5
Hemond	1.000	1	0	1	0
Law	1.000	3	1	4	0
Manrique	.955	7	7	14	1
Riles	.977	20	17	25	1
Weiss	.970	40	64	99	5

Outfield	PCT	G	PO	A	E
*Baines	.923	12	11	1	1
Blankenship	1.000	28	44	0	0
Brosius	1.000	13	24	1	0
Canseco	.965	131	245	5	9
D. Henderson	.997	140	362	10	1
*R. Henderson	.970	119	249	10	8
Howitt	1.000	20	28	0	0
*Jennings	1.000	6	8	0	0
Komminsk	1.000	22	18	1	0
Law	.000	3	0	0	0
Wilson	.984	87	177	2	3

With a 17-8 record and 2.96 ERA, Mike Moore was Oakland's best starting pitcher in 1991.

ATHLETICS FARM SYSTEM

Class	Club	League	W	L	Pct.	Manager
AAA	Tacoma	Pacific Coast	63	73	.463	Jeff Newman
AA	Huntsville	Southern	61	83	.424	Casey Parsons
A	Modesto	California	68	68	.500	Ted Kubiak
A	Madison	Midwest	77	61	.558	Gary Jones
A	Southern Oregon	Northwest	40	36	.526	Grady Fuson
Rookie	Scottsdale	Arizona	39	21	.650	Dickie Scott

TACOMA AAA

PACIFIC COAST LEAGUE

BATTING	AVG	G	AB	R	H	2B	3B	HR	RBI	BB	SO	SB
Afenir, Troy, c	.244	80	262	35	64	12	3	10	38	22	59	0
Blankenship, Lance, ss-2b	.294	30	109	19	32	7	0	1	11	22	27	9
Bordick, Mike, ss	.272	26	81	15	22	4	1	2	14	17	10	0
Brito, Jorge, c	.233	22	73	6	17	2	0	1	3	4	20	0
Brosius, Scott, 3b	.286	65	245	28	70	16	3	8	31	18	29	4
Coachman, Pete, 2b-of	.271	97	306	64	83	16	1	2	36	49	42	16
Correia, Ron, 3b-2b	.250	17	56	9	14	0	0	1	7	4	6	0
#Fox, Eric, of	.270	127	522	85	141	24	8	4	52	57	82	17
Garrison, Webster, ss-2b	.215	75	237	28	51	11	2	2	28	26	34	4
Hemond, Scott, 2b-c	.272	92	327	50	89	19	5	3	31	39	69	11
*Howitt, Dann, of-1b	.267	122	449	58	120	28	6	14	73	49	92	6
*Jennings, Doug, of	.268	95	332	43	89	17	2	3	44	47	65	5
Komminsk, Brad, of	.293	74	270	38	79	15	4	5	43	29	49	11
Lansford, Carney, 3b-dh	.304	8	23	1	7	1	1	0	1	2	1	0
Law, Vance, 3b	.200	18	65	7	13	1	0	0	6	12	12	0
Manrique, Fred, 3b-ss	.268	12	41	6	11	0	0	1	4	3	9	0
*Neel, Troy, of	.237	18	59	7	14	3	1	0	7	7	14	0
Polidor, Gus, ss	.297	53	182	22	54	8	4	0	14	12	15	0
Sammons, Lee, of	.200	2	5	1	1	0	0	0	0	1	1	0
#Simmons, Nelson, dh-of	.272	118	427	48	116	18	2	8	67	48	56	0
Tejada, Wil, c	.186	22	59	7	11	1	2	0	6	6	11	0
*Waggoner, James, pr	.000	1	0	0	0	0	0	0	0	0	0	0
*Witmeyer, Ron, 1b	.262	122	431	64	113	18	4	15	80	57	59	2

PITCHING	W	L	ERA	G	GS	CG	SV	IP	H	R	ER	BB	SO
*Allison, Dana	3	1	4.37	18	0	0	0	23	25	12	11	11	13
Briscoe, John	3	5	3.66	22	9	0	1	76	73	35	31	44	66
Burns, Todd	0	2	5.33	13	0	0	2	25	30	16	15	7	24
Campbell, Kevin	9	2	1.80	35	0	0	2	75	53	18	15	35	56
Dressendorfer, Kirk	1	3	10.88	8	7	0	0	24	31	29	29	20	19
Eskew, Dan	0	3	9.91	7	5	0	0	26	46	29	29	19	23
Garcia, Apolinar	0	4	10.92	7	5	0	0	30	49	45	36	20	12
*Guzman, Johnny	2	5	6.78	17	13	0	0	80	113	74	60	51	40
Harris, Reggie	5	4	4.99	16	15	0	0	83	83	55	46	58	72

PITCHING	W	L	ERA	G	GS	CG	SV	IP	H	R	ER	BB	SO
*McCoy, Tim	0	1	7.36	4	0	0	0	7	8	6	6	9	5
Mielke, Gary	1	0	5.93	10	0	0	0	14	14	9	9	6	6
*Musselman, Jeff	5	9	5.79	25	24	2	0	138	176	100	89	69	81
Parker, Clay	7	6	3.67	25	20	3	0	132	123	65	54	44	78
Pico, Jeff	4	8	3.00	45	0	0	4	75	82	28	25	29	50
Schock, Will	6	7	5.74	16	15	0	0	89	102	60	57	30	41
Show, Eric	3	2	2.68	8	8	1	0	36	15	12	9	27	
Slusarski, Joe	4	2	2.72	7	7	0	0	46	42	20	14	10	25
Strebeck, Ricky	0	0	6.43	5	0	0	0	7	7	5	5	10	3
Walton, Bruce	1	1	1.35	38	0	0	20	47	39	11	7	5	49
Weber, Weston	2	0	1.99	15	0	0	1	32	28	14	7	7	15
*Wernig, Pat	7	8	4.91	39	8	1	2	99	99	59	54	51	48

HUNTSVILLE AA

SOUTHERN LEAGUE

BATTING	AVG	G	AB	R	H	2B	3B	HR	RBI	BB	SO	SB
Abbott, Kurt, ss	.253	53	182	18	46	6	1	0	11	17	39	6
Armas, Marcos, 1b-of	.226	81	305	40	69	16	1	8	53	18	89	2
Bafia, Bob, 3b	.255	14	51	4	13	4	0	0	8	6	9	0
Booker, Eric, of	.257	30	113	12	29	6	0	0	17	15	20	0
Borrelli, Dean, c	.190	64	184	9	35	4	1	0	7	15	45	1
Brito, Jorge, c	.202	65	203	26	41	11	0	1	23	28	50	0
Buccheri, James, of	.212	100	340	48	72	15	0	0	22	71	60	35
Carcione, Tom, c	.122	17	49	6	6	0	1	0	4	8	17	0
Chimelis, Joel, 2b-3b	.214	68	238	26	51	10	2	1	16	18	30	4
Conte, Mike, of	.228	104	359	36	82	10	0	5	30	25	58	8
Cooley, Fred, dh-1b	.125	13	40	3	5	1	0	0	6	3	10	0
Correia, Rod, 2b-ss	.221	87	290	25	64	10	1	1	22	31	50	2
#Dattola, Kevin, of	.235	77	285	38	67	13	2	0	18	35	58	15
Garrison, Webster, 2b-ss	.264	31	110	18	29	9	0	2	10	16	21	5
#Hosey, Dwayne, of	.245	28	102	16	25	6	0	1	7	9	15	5
Matos, Francisco, ss	.194	55	191	18	37	1	2	0	19	17	28	12
*Neel, Troy, dh-1b	.277	110	364	64	101	21	0	23	68	82	75	1
Paquette, Craig, 3b-dh	.262	102	378	50	99	18	1	8	60	28	87	0
*Shockey, Scott, 1b	.240	70	229	26	55	9	1	4	31	40	54	1
Tejada, Wil, c	.200	6	20	2	4	0	0	0	3	1	4	1
#Tinsley, Lee, of	.224	92	303	47	68	7	6	2	24	52	97	36
#Vice, Darryl, 2b-3b	.244	97	287	46	70	11	1	0	28	63	60	3

PITCHING	W	L	ERA	G	GS	CG	SV	IP	H	R	ER	BB	SO
Briscoe, John	2	0	0.00	4	0	0	0	4	1	2	0	2	6
Cormier, Russ	3	4	5.64	17	9	1	0	67	75	52	42	31	29
Erwin, Scott	1	4	3.63	19	0	0	2	22	15	10	9	17	30
Eskew, Dan	1	3	3.92	6	4	0	0	39	37	20	17	17	29
Garcia, Apolinar	6	3	3.18	13	13	3	0	79	76	36	28	22	40
*Grott, Matt	2	9	5.15	42	0	0	3	58	65	40	33	37	65
*Guzman, Johnny	2	1	3.48	7	7	0	0	44	46	17	17	25	23
*Kuhn, Chad	1	1	5.96	43	0	0	0	51	50	38	34	40	49
Latter, Dave	6	4	4.06	58	1	0	1	89	69	43	40	51	81
Mielke, Gary	0	0	1.93	6	0	0	0	5	4	2	1	3	4
*Mohler, Mike	4	2	3.57	8	8	0	0	53	55	22	21	20	27
*Osteen, Gavin	13	9	3.54	28	28	2	0	173	176	82	68	65	105
Peek, Tim	2	4	3.26	56	0	0	26	66	65	31	24	15	52
Peters, Don	4	11	5.00	33	20	0	0	126	131	89	70	70	59
Phoenix, Steve	0	0	6.00	2	0	0	0	3	7	3	2	1	3
Revenig, Todd	1	2	0.98	12	0	0	2	18	11	3	2	4	10
Van Poppel, Todd	6	13	3.47	24	24	1	0	132	118	69	51	90	115
Weber, Weston	2	3	2.17	34	0	0	3	54	57	23	13	18	26
*Zancanaro, David	5	10	3.38	29	28	0	0	165	151	87	62	92	104

MODESTO A

CALIFORNIA LEAGUE

BATTING	AVG	G	AB	R	H	2B	3B	HR	RBI	BB	SO	SB
Abbott, Kurt, ss	.255	58	216	36	55	8	2	3	25	29	55	6
Armas, Marco, 1b-of	.279	36	140	21	39	7	0	8	33	10	41	0
Booker, Eric, of	.288	74	271	59	78	20	3	2	44	63	52	6
Conte, Mike, of	.375	11	40	5	15	4	1	0	7	3	7	3
Cooley, Fred, dh-1b	.286	60	238	35	68	8	0	10	51	22	45	0
Correia, Ron, 3b-2b	.263	5	19	8	5	0	0	0	3	2	1	1
Cruz, Fausto, ss-2b	.207	18	58	9	12	1	0	0	0	8	13	1
#Dattola, Kevin, of	.293	63	256	43	75	19	2	3	39	42	53	29
*Fletcher, Rob, 2b	.237	58	198	30	47	10	5	1	15	22	24	11
Hart, Chris, of	.250	37	88	9	22	3	1	0	13	8	22	2
*Helfand, Eric, c	.256	67	242	35	62	15	1	7	38	37	56	0
Keathley, Don, c-p	.000	4	2	0	0	0	0	0	0	0	2	0
Martinez, Manny, of	.271	125	502	73	136	32	3	3	55	34	80	26
Matos, Francisco, ss	.280	50	189	32	53	4	0	1	22	30	24	19
Mercedes, Henry, c-3b	.258	116	388	55	100	17	3	4	61	68	110	5
Messerly, Mike, 1b	.259	103	355	50	92	23	0	8	63	59	90	5
Osinski, Glenn, 2b-3b	.268	111	373	67	100	20	2	13	69	59	77	4
Parker, Brad, 3b	.239	25	88	15	21	2	0	3	8	11	19	1
Salazar, Carlos, 3b-c	.262	30	103	10	27	4	1	4	22	4	28	1
Simmons, Enoch, of-1b	.242	130	443	81	107	13	3	2	38	92	98	28
*Waggoner, James, 3b-ss	.224	86	241	34	54	4	2	2	19	70	66	3

ORGANIZATION LEADERS

BATTING
*AVG	Bob Carlsen, Madison	.311
R	Lee Sammons, Mad.-Tacoma	105
H	Eric Fox, Tacoma	141
TB	Troy Neel, Hunt.-Tacoma	210
2B	Manny Martinez, Modesto	32
3B	Eric Fox, Tacoma	8
HR	Troy Neel, Hunt.-Tacoma	23
RBI	Marco Armas, Mod.-Hunt.	86
SB	Lee Sammons, Mad.-Tacoma	54

PITCHING
W	Two tied at	13
L	Todd Van Poppel, Huntsville	13
†ERA	Kevin Campbell, Tacoma	1.80
G	Tim Peek, Huntsville	56
CG	Three tied at	3
SV	Tim Peek, Huntsville	26
IP	Gavin Osteen, Huntsville	173
BB	Dave Zancanaro, Huntsville	92
SO	Mike Mohler, Hunt.-Mod.	125

Todd Van Poppel
... 13 losses

Minor Leaguers Only *Minimum 250 At-Bats †Minimum 75 Innings

BATTING	AVG	G	AB	R	H	2B	3B	HR	RBI	BB	SO	SB
*Walker, Dane, of	.273	22	66	11	18	2	1	0	5	14	9	2
Weaver, Trent, dh-3b	.276	27	87	5	24	4	0	1	8	11	24	2

PITCHING	W	L	ERA	G	GS	CG	SV	IP	H	R	ER	BB	SO
Brock, Russ	1	2	4.00	4	4	0	0	27	25	15	12	6	12
Burns, Todd	1	0	10.50	2	1	0	0	6	9	7	7	3	8
Cormier, Russ	4	2	3.75	6	5	0	0	36	38	18	15	11	17
Erwin, Scott	1	0	2.70	11	0	0	2	13	7	4	4	6	22
Fermin, Ramon	1	0	4.38	3	2	0	0	12	16	7	6	3	5
Garland, Chaon	8	9	4.32	27	24	1	1	156	159	88	75	61	117
Hokuf, Ken	3	4	4.17	28	0	0	7	45	38	24	21	25	43
*Honeycutt, Rick	0	0	0.00	3	3	0	0	5	4	1	0	1	5
Keathley, Don	0	0	7.71	2	0	0	0	2	4	4	2	0	0
*Klink, Joe	0	0	3.60	3	3	0	0	5	4	2	2	1	1
Kracl, Darin	2	6	6.14	11	11	0	0	59	76	46	40	38	36
Lardizabal, Ruben	4	10	6.45	33	18	0	0	135	159	115	97	91	65
*Love, Will	2	1	5.18	24	0	0	1	42	44	28	24	28	39
Mejia, Delfino	2	2	2.51	18	0	0	1	32	35	14	9	21	20
Miller, Rick	1	2	4.20	11	0	0	0	15	22	11	7	10	10
Miller, Russ	0	0	19.50	3	0	0	0	6	14	13	13	5	0
*Mohler, Mike	9	4	2.86	21	20	1	0	123	106	48	39	45	98
Patrick, Bronswell	12	12	3.24	28	26	3	0	170	158	77	61	60	95
Phoenix, Steve	5	2	3.74	27	3	1	2	84	87	44	35	33	63
Rose, Scott	3	3	4.39	13	13	0	0	68	66	45	33	38	31
Show, Eric	0	1	16.88	1	1	0	0	3	6	6	5	1	1
Smith, Todd	4	4	2.97	33	0	0	4	61	41	25	20	42	88
Strebeck, Ricky	2	1	1.83	32	0	0	17	44	28	10	9	37	35
Sudbury, Craig	3	2	5.32	17	2	0	1	44	45	28	26	24	28

MADISON A

MIDWEST LEAGUE

BATTING	AVG	G	AB	R	H	2B	3B	HR	RBI	BB	SO	SB
*Carlsen, Bob, 2b	.311	92	299	57	93	23	1	1	54	67	38	5
#Gates, Brent, ss-3b	.333	4	12	4	4	2	0	0	1	3	2	1
*Hendley, Brett, dh-c	.246	126	406	58	100	24	2	7	58	104	125	9
*Henry, Scott, 3b-1b	.289	105	322	49	93	16	1	1	51	76	51	1
*Hernandez, Carlos, ss	.221	121	375	59	83	14	3	2	46	59	98	23
Lanfranco, Luis, 3b	.259	101	336	41	87	15	3	0	43	33	78	7
Lydy, Scott, of	.259	127	464	64	120	26	2	12	69	66	109	24
Mercado, Rafael, 1b	.242	123	446	52	108	15	3	5	53	23	92	3
Molina, Islay, c	.282	95	316	35	89	16	1	3	45	15	38	6
#Picketts, Bill, 2b-ss	.253	99	312	41	79	11	2	0	29	47	44	3
#Reid, Greg, of	.205	97	308	47	63	15	2	5	30	66	91	13
Sammons, Lee, of	.288	122	459	104	132	12	3	0	43	90	80	54
#Thomas, Keith, of	.205	13	44	4	9	1	0	0	4	3	11	3
Young, Ernie, of	.254	114	362	75	92	19	2	15	71	58	115	20

PITCHING	W	L	ERA	G	GS	CG	SV	IP	H	R	ER	BB	SO
Brimhall, Brad	9	7	5.70	28	17	0	0	103	101	77	65	71	89
Connolly, Craig	2	1	4.34	15	3	0	1	37	39	19	18	11	49
Dillon, Jim	3	2	1.69	28	1	0	7	64	47	15	12	29	64
Grimes, Mike	6	3	4.43	25	6	0	4	81	84	48	40	25	75
Gulledge, Hugh	3	7	4.70	39	0	0	6	77	67	52	40	54	67
*Honeycutt, Rick	0	1	18.00	1	1	0	0	1	4	2	2	0	2
*Johns, Doug	12	6	3.23	38	14	1	2	128	108	59	46	54	104
Kimball, Ricky	0	0	4.50	2	0	0	0	2	3	1	1	1	2
*McCarty, Scott	4	5	2.58	19	14	1	0	77	49	30	22	52	74
Mejia, Delfino	1	0	0.00	3	0	0	1	5	3	1	0	6	4

1992 ALMANAC • 137

PITCHING	W	L	ERA	G	GS	CG	SV	IP	H	R	ER	BB	SO
Mejia, Leandro	2	1	4.04	10	9	1	0	36	39	21	16	15	17
Myers, Eric	5	8	4.60	37	8	0	4	106	112	68	54	30	84
Phoenix, Steve	3	0	2.95	7	2	0	2	21	26	8	7	10	19
Revenig, Todd	1	0	0.94	26	0	0	13	29	13	6	3	10	27
Ross, Gary	0	1	14.09	10	0	0	0	5	25	28	24	16	15
Russell, Todd	5	0	5.36	20	1	0	0	45	60	39	27	30	24
*Shaw, Curtis	7	5	2.60	20	20	1	0	100	82	45	29	79	87
Smith, Tim	0	1	9.82	1	1	0	0	4	7	4	4	2	4
Sturtze, Tanyon	10	5	3.09	27	27	0	0	163	136	77	56	58	88
Sudbury, Craig	4	8	4.44	15	14	0	0	79	86	51	39	41	46

SOUTHERN OREGON — A
NORTHWEST LEAGUE

BATTING	AVG	G	AB	R	H	2B	3B	HR	RBI	BB	SO	SB
#Cabrera, Juan, dh	.051	13	39	5	2	0	0	1	2	7	10	2
Cookson, Brent, of	.000	6	9	0	0	0	0	0	0	0	7	0
Endebrock, Kurt, 2b-1b	.147	50	136	17	20	4	0	0	7	33	28	3
#Francisco, Vicente, 2b-ss	.289	15	38	8	11	1	0	0	3	7	11	0
Frick, Tod, c	.125	7	16	0	2	0	0	0	1	1	1	0
#Gates, Brent, ss-2b	.288	58	219	41	63	11	0	3	26	30	33	8
Gubanich, Creighton, c	.227	43	132	23	30	7	2	4	18	19	33	0
Hart, Chris, of	.143	9	21	3	3	1	0	0	1	1	5	0
Hust, Gary, of	.276	64	246	42	68	5	5	10	49	24	94	8
Kennedy, Mike, c	.294	33	102	11	30	5	0	0	17	9	18	0
Mashore, Damon, of	.273	73	264	48	72	17	6	6	31	34	94	15
*Neill, Mike, of	.350	63	240	42	84	14	0	5	42	35	54	9
Norton, Rick, 3b	.267	62	187	29	50	8	0	4	28	34	57	1
Sheldon, Scott, 2b-3b	.253	65	229	34	58	10	3	0	24	23	44	9
Thomsen, Chris, 1b	.223	62	184	23	41	5	1	2	22	16	60	2
*Williams, George, 3b-c	.236	55	174	24	41	10	0	2	24	38	36	9
Wolfe, Joel, of	.303	59	251	49	76	17	3	2	34	25	28	19
Wood, Jason, ss-2b	.310	44	142	30	44	3	4	3	23	28	30	5

PITCHING	W	L	ERA	G	GS	CG	SV	IP	H	R	ER	BB	SO
Brock, Russ	4	0	3.12	8	8	1	0	43	37	19	15	12	48
*Doyle, Tim	0	0	0.00	1	1	0	0	3	0	0	0	1	2
Evans, Mike	1	3	7.16	13	0	0	0	28	31	28	22	19	22
Ingram, Todd	6	5	3.43	17	12	1	1	81	72	39	31	39	64
Jensen, Jeff	0	0	5.79	5	0	0	0	5	2	3	3	7	3
Jiminez, Miguel	0	2	3.12	10	9	0	0	35	22	21	12	34	39
Kimball, Ricky	1	2	2.97	27	0	0	11	33	26	18	11	14	44
Misa, Joe	5	4	4.95	19	7	0	1	73	65	42	40	35	63
Morillo, Santiago	1	2	6.16	12	3	0	0	31	40	25	21	13	20
*Nerat, Dan	7	2	4.54	24	0	0	2	38	36	27	19	25	31
Scharff, Tony	3	4	2.84	20	1	0	1	51	38	21	16	22	49
Smith, Tim	5	2	3.23	14	13	1	0	75	78	52	27	17	79
Stowell, Brad	0	1	3.00	3	0	0	0	6	7	4	2	0	0
Thees, Mike	3	5	5.10	21	2	0	2	55	68	36	31	27	23
*Vizzini, Dan	2	2	2.57	14	9	0	0	56	44	17	16	28	54
*Wojciechowski, Steve	2	5	3.76	16	11	0	0	67	74	45	28	29	50

SCOTTSDALE — R
ARIZONA LEAGUE

BATTING	AVG	G	AB	R	H	2B	3B	HR	RBI	BB	SO	SB
Aracena, Luinis, of	.335	56	212	58	71	6	6	0	24	41	40	12
Bailey, Reggie, dh-1b	.212	13	33	7	7	3	0	1	3	5	9	0
Buckler, Mark, 3b-of	.213	43	122	18	26	0	0	0	13	16	25	5
Cabrera, Juan, dh	.340	41	156	41	53	5	2	3	40	13	23	20
Cookson, Brent, of	.000	1	1	0	0	0	0	0	0	0	1	0
Cruz, Fausto, ss	.278	52	180	38	50	2	1	2	36	32	23	3
#Dilone, Juan, 3b-of	.222	48	153	26	34	2	0	0	21	37	45	5
Francisco, David, of	.236	56	208	34	49	7	4	1	34	24	29	14
#Francisco, Vicente, 2b	.202	33	119	18	24	3	1	1	9	13	26	2
*Leary, Rob, 1b	.324	59	213	42	69	11	1	2	44	51	21	2
Mendez, Ricardo, 2b-3b	.253	50	170	43	43	9	0	2	24	28	29	3
Moncion, Manuel, c	.232	35	112	11	26	7	1	0	16	7	30	3
*Scott, Sean, of	.263	36	99	21	26	4	1	0	19	26	27	2
Smith, Brandon, c	.198	36	111	16	22	3	0	1	10	16	24	1
*Walker, Dane, of	.373	29	118	37	44	3	0	2	22	24	11	12

PITCHING	W	L	ERA	G	GS	CG	SV	IP	H	R	ER	BB	SO
Acre, Mark	2	0	2.70	6	0	0	0	10	10	3	3	6	6
Fermin, Ramon	3	0	2.13	7	3	1	0	25	20	6	6	4	11
*Fults, Tony	1	2	5.85	11	6	0	0	32	29	28	21	41	30
*Lara, Nelson	5	1	3.79	14	10	0	0	55	52	31	23	26	31
Light, Jeff	0	0	2.25	2	0	0	2	4	3	1	1	0	1
Mejia, Delfino	2	1	2.45	4	4	0	0	22	19	11	6	8	17
Morgan, Charlie	0	0	7.88	6	0	0	0	8	8	7	7	11	3
Pierce, Rob	2	2	5.60	20	2	0	2	53	59	48	33	30	34
Rossiter, Mike	3	4	3.99	10	9	0	0	38	43	24	17	22	35
Sawyer, Zach	3	0	7.20	10	1	0	1	25	29	24	20	13	18
Shoemaker, Steve	2	1	3.94	8	5	0	0	30	31	16	13	15	21
*Smock, Greg	1	1	5.25	15	1	0	0	24	16	15	14	17	25
Stowell, Brad	3	2	3.55	12	7	0	1	46	36	24	18	18	43
Sutch, Rick	3	2	5.31	21	2	0	6	39	43	29	23	14	31

PHILADELPHIA PHILLIES

Managers: Nick Leyva, Jim Fregosi.
1991 Record: 78-84, .481 (4th, NL East).

BATTING	AVG	G	AB	R	H	2B	3B	HR	RBI	BB	SO	SB
#Backman, Wally	.243	94	185	20	45	12	0	0	15	30	30	3
Batiste, Kim	.222	10	27	2	6	0	0	0	1	1	8	0
*Booker, Rod	.226	28	53	3	12	1	0	0	7	1	7	0
Campusano, Sil	.114	15	35	2	4	0	0	1	2	1	10	0
Castillo, Braulio	.173	28	52	3	9	3	0	0	2	1	15	1
Chamberlain, Wes	.240	101	383	51	92	16	3	13	50	31	73	9
*Daulton, Darren	.196	89	285	36	56	12	0	12	42	41	66	5
*Dykstra, Lenny	.297	63	246	48	73	13	5	3	12	37	20	24
*Fletcher, Darrin	.228	46	136	5	31	8	0	1	12	5	15	0
Hayes, Charlie	.230	142	460	34	106	23	1	12	53	16	75	3
*Hayes, Von	.225	77	284	43	64	15	1	0	21	31	42	9
#Hollins, Dave	.298	56	151	18	45	10	2	6	21	17	26	1
*Jones, Ron	.154	28	26	0	4	2	0	0	3	2	9	0
Jordan, Ricky	.272	101	301	38	82	21	3	9	49	14	49	0
*Kruk, John	.294	152	538	84	158	27	6	21	92	67	100	7
Lake, Steve	.228	58	158	12	36	4	1	1	11	2	26	0
Lindeman, Jim	.337	65	95	13	32	5	0	0	12	13	14	0
Lindsey, Doug	.000	1	3	0	0	0	0	0	0	0	2	0
*Morandini, Mickey	.249	98	325	38	81	11	4	1	20	29	45	13
*Morris, John	.220	85	127	15	28	2	1	1	6	12	25	2
Murphy, Dale	.252	153	544	66	137	33	1	18	81	48	93	1
Ready, Randy	.249	76	205	32	51	10	1	1	20	47	25	2
Schu, Rick	.091	17	22	1	2	0	0	0	2	1	7	0
Thon, Dickie	.252	146	539	44	136	18	4	9	44	25	84	11

PITCHING	W	L	ERA	G	GS	CG	SV	IP	H	R	ER	BB	SO
Akerfelds, Darrel	2	1	5.26	30	0	0	0	50	49	30	29	27	31
Ashby, Andy	1	5	6.00	8	8	0	0	42	41	28	28	19	26
Boever, Joe	3	5	3.84	68	0	0	0	98	90	45	42	54	89
Brantley, Cliff	2	2	3.41	6	5	0	0	32	26	12	12	19	25
Carreno, Amalio	0	0	16.20	3	0	0	0	3	5	6	6	7	1
*Combs, Pat	2	6	4.90	14	13	1	0	64	64	41	35	43	41
Cox, Danny	4	6	4.57	23	17	0	0	102	98	57	52	39	46
DeJesus, Jose	10	9	3.42	31	29	3	1	182	147	74	69	128	118
Greene, Tommy	13	7	3.38	36	27	3	0	208	177	85	78	66	154
Grimsley, Jason	1	7	4.87	12	12	0	0	61	54	34	33	41	42
Hartley, Mike	2	1	3.76	18	0	0	1	26	21	11	11	10	19
*LaPoint, Dave	0	1	16.20	2	2	0	0	5	10	10	9	6	3
Mauser, Tim	0	0	7.59	3	0	0	0	11	18	10	9	3	6
McDowell, Roger	3	6	3.20	38	0	0	9	59	61	28	21	22	28
*Mulholland, Terry	16	13	3.61	34	34	8	0	232	231	100	93	49	142
*Ritchie, Wally	1	2	2.50	39	0	0	0	50	44	17	14	17	26
Ruffin, Bruce	4	7	3.78	31	15	1	0	119	125	52	50	38	85
*Searcy, Steve	2	1	4.15	18	0	0	0	30	29	16	14	21	14
*Williams, Mitch	12	5	2.34	69	0	0	30	88	56	24	23	62	84

FIELDING

Catcher	PCT	G	PO	A	E
Daulton	.985	88	493	33	8
Fletcher	.992	45	242	22	2
Lake	.993	58	277	25	2
Lindsey	1.000	1	8	0	0

First Base	PCT	G	PO	A	E
Hollins	.979	6	42	4	1
Jordan	.987	72	626	37	9
*Kruk	.997	102	736	49	2
Lindeman	1.000	1	4	0	0
Schu	1.000	1	13	1	0

Second Base	PCT	G	PO	A	E
Backman	.981	36	50	52	2
Morandini	.986	97	183	254	6
Ready	.989	66	127	145	3

Third Base	PCT	G	PO	A	E
Backman	.939	20	4	27	2
Booker	1.000	3	1	4	0

	PCT	G	PO	A	E
C. Hayes	.958	138	85	237	14
Hollins	.922	36	25	58	7
Schu	.667	3	2	0	1

Shortstop	PCT	G	PO	A	E
Batiste	.969	7	9	22	1
Booker	1.000	20	16	29	0
C. Hayes	.857	2	3	3	1
Thon	.969	146	234	412	21

Outfield	PCT	G	PO	A	E
Campusano	1.000	15	27	1	0
Castillo	.977	26	40	2	1
Chamberlain	.985	98	199	4	3
*Dykstra	.977	63	167	3	4
V. Hayes	.990	72	202	3	2
*Kruk	.992	52	113	4	1
Lindeman	1.000	30	31	1	0
*Morris	.974	57	73	1	2
Murphy	.983	147	287	6	5

PHILLIES FARM SYSTEM

Class	Club	League	W	L	Pct.	Manager
AAA	Scranton/Wilkes-Barre	International	65	78	.455	Bill Dancy
AA	Reading	Eastern	72	68	.514	Don McCormack
A	Clearwater	Florida State	81	49	.623	Lee Elia
A	Spartanburg	South Atlantic	70	70	.500	Mel Roberts
A	Batavia	New York-Penn	38	40	.487	Ramon Aviles
Rookie	Martinsville	Appalachian	27	41	.397	Roly DeArmas

First baseman-outfielder John Kruk topped Phillies players in home runs (21) and RBIs (92).

SCRANTON/WILKES-BARRE — AAA

INTERNATIONAL LEAGUE

BATTING	AVG	G	AB	R	H	2B	3B	HR	RBI	BB	SO	SB
Agostinelli, Sal, c	.167	14	18	0	3	0	0	0	0	1	4	0
Alexander, Gary, 1b	.239	79	209	31	50	9	0	17	48	17	50	1
Batiste, Kim, ss	.292	122	462	54	135	25	6	1	41	11	72	18
Campusano, Sil, of	.262	94	305	44	80	12	1	8	47	23	63	9
Castillo, Braulio, of	.350	16	60	14	21	9	1	0	15	6	7	2
Chamberlain, Wes, of	.257	39	144	12	37	7	2	2	20	8	13	7
*Daulton, Darren, c	.222	2	9	1	2	0	0	1	1	0	0	0
*Fletcher, Darrin, c	.284	90	306	39	87	13	1	8	50	23	29	1
Garces, Jesus, 2b-3b	.125	3	8	0	1	0	0	0	0	0	1	0
*Grotewold, Jeff, 1b-c	.257	87	276	33	71	13	5	5	38	25	61	0
*Hayes, Von, of	.250	2	8	2	2	1	0	0	0	2	3	0
#Hollins, Dave, 3b	.264	72	231	37	61	11	6	8	35	43	43	4
*Jones, Ron, of-dh	.253	48	150	17	38	7	0	4	26	19	20	3
*Knabenshue, Chris, of	.200	17	35	3	7	2	0	0	8	10	12	1
Legg, Greg, 3b-2b	.290	111	352	58	102	15	4	3	41	44	33	3
Lindeman, Jim, of-dh	.275	11	40	7	11	1	1	2	7	5	6	0
*Longmire, Tony, of	.261	36	111	11	29	3	2	0	9	8	20	4
*Meadows, Louie, of	.210	73	186	23	39	9	3	4	16	27	40	2
Morandini, Mickey, 2b	.261	12	46	7	12	4	0	1	9	5	6	2
#Peguero, Julio, of	.273	133	506	71	138	20	9	2	39	40	69	21
Rayford, Floyd, dh-c	.357	5	14	5	5	2	0	0	5	1	4	0
Scarsone, Steve, 2b	.274	111	405	52	111	20	6	6	38	19	81	10
Schu, Rick, 1b-3b	.321	106	355	69	114	30	5	14	57	50	38	7
Tremblay, Gary, c	.245	53	147	18	36	7	0	3	16	15	25	1
Wade, Scott, of	.262	112	309	48	81	14	7	9	43	32	70	4
#Waller, Casey, 3b-dh	.071	4	14	1	1	0	0	0	0	0	2	0

PITCHING	W	L	ERA	G	GS	CG	SV	IP	H	R	ER	BB	SO
Akerfelds, Darrel	3	3	6.32	11	11	0	0	53	52	37	37	39	36
Ashby, Andy	11	11	3.46	26	26	6	0	161	144	78	62	60	113
Ayrault, Bob	8	5	4.83	68	0	0	3	99	91	58	53	47	103
Baller, Jay	4	4	4.98	61	1	0	17	72	84	43	40	33	79
Bearse, Kevin	1	1	5.79	6	5	0	0	23	30	18	15	12	14
Brantley, Cliff	2	4	3.80	8	8	0	0	47	44	26	20	25	28
*Burgos, John	1	3	2.95	24	6	1	0	64	54	25	21	29	32
Carreno, Amalio	4	8	5.33	33	8	1	0	81	88	51	48	26	52
*Combs, Pat	2	2	6.67	6	6	1	0	27	39	23	20	16	14
Cox, Danny	1	0	3.00	1	1	0	0	6	5	2	2	2	3
*Elli, Rocky	1	0	4.26	18	0	0	0	19	23	13	9	20	13
Grimsley, Jason	2	3	4.35	9	9	0	0	52	48	28	25	37	43
Howell, Ken	2	0	5.11	6	6	0	0	25	30	15	14	16	20
Malone, Chuck	0	3	17.31	5	5	0	0	13	16	27	25	32	9
Mauser, Tim	6	11	3.72	26	18	1	1	128	119	66	53	55	75

PITCHING	W	L	ERA	G	GS	CG	SV	IP	H	R	ER	BB	SO
Ontiveros, Steve	2	1	2.90	7	7	0	0	31	29	11	10	10	21
*Perry, Pat	2	4	3.98	36	1	0	4	54	60	26	24	21	36
*Ritchie, Wally	1	0	2.42	7	2	0	2	26	17	8	7	7	25
*Ruffin, Bruce	4	5	4.66	13	13	1	0	75	82	43	39	41	50
*Searage, Ray	1	0	5.79	3	0	0	0	5	5	4	3	2	3
*Sims, Mark	4	3	3.05	45	0	0	2	65	61	32	22	33	38
Wilson, Gary	3	7	4.92	40	10	0	0	104	121	65	57	45	46

READING — AA

EASTERN LEAGUE

BATTING	AVG	G	AB	R	H	2B	3B	HR	RBI	BB	SO	SB
Agostinelli, Sal, c	.200	12	35	4	7	1	0	0	3	3	7	0
Austin, Pat, 2b-3b	.289	91	329	57	95	21	1	4	39	41	47	21
Brown, Dana, of-dh	.244	88	271	39	66	5	2	2	25	28	51	24
*Daulton, Darren, c	.250	1	4	0	1	0	0	0	0	0	1	0
*Dostal, Bruce, of	.313	96	364	68	114	11	5	5	34	58	55	38
Lindsey, Doug, c	.259	94	313	26	81	13	0	1	34	21	49	1
#Longmire, Tony, of	.288	85	323	43	93	22	1	9	56	32	45	10
Marsh, Tom, of	.263	67	236	27	62	12	5	7	35	11	47	8
Millette, Joe, ss	.246	115	353	52	87	9	4	3	28	36	54	9
Riesgo, Nikco, of-1b	.258	98	356	61	92	18	2	14	66	48	71	8
#Robertson, Rod, 2b-ss	.245	117	416	52	102	19	0	9	51	33	74	20
#Rosado, Ed, c	.200	45	125	17	25	5	0	0	10	12	25	5
#Ryan, Sean, 1b	.241	123	439	54	106	22	0	8	70	53	64	0
Scarsone, Steve, 2b	.306	15	49	6	15	0	0	3	3	4	15	2
Trevino, Tony, 3b-1b	.253	43	83	10	21	6	1	0	12	6	23	1
#Waller, Casey, 3b	.261	118	402	64	105	25	1	12	52	54	47	2
Williams, Cary, of	.278	116	421	55	117	21	3	6	62	27	69	12

PITCHING	W	L	ERA	G	GS	CG	SV	IP	H	R	ER	BB	SO
Backs, Jason	3	5	7.36	19	13	0	0	70	101	66	57	40	36
Borland, Toby	8	3	2.70	59	0	0	24	77	68	31	23	56	72
Brantley, Cliff	4	3	1.94	11	11	2	0	70	50	17	15	25	51
Brink, Brad	2	2	3.71	5	5	0	0	34	32	14	14	6	27
*Burgos, John	2	0	4.70	15	0	0	0	23	27	13	12	13	10
*Carter, Andy	11	5	4.84	20	20	1	0	102	86	57	55	57	64
*DiMichele, Frank	0	2	6.61	22	0	0	2	31	39	26	23	9	21
Dunnum, Rick	6	5	4.58	55	6	1	0	108	112	66	55	64	63
*Elli, Rocky	5	7	3.15	16	14	1	0	74	65	33	26	33	48
Fletcher, Paul	7	9	3.58	21	19	3	0	121	111	56	48	56	90
*Gaddy, Bob	1	1	4.71	10	2	0	0	21	20	12	11	15	16
Gray, Elliott	0	2	5.16	7	7	0	0	30	35	22	17	26	18
Holdridge, David	0	2	5.47	7	7	0	0	26	26	24	16	34	19
*Limbach, Chris	0	2	5.68	18	0	0	3	19	20	13	12	6	17
Lindsey, Darrell	3	1	6.68	17	0	0	1	32	41	24	24	15	23
*Sims, Mark	1	2	2.52	14	0	0	0	25	23	7	7	5	20
Stevens, Matt	5	1	3.57	25	0	0	2	40	35	16	16	11	31
*Tabaka, Jeff	4	8	5.07	21	20	1	0	108	117	65	61	78	68
Wells, Bob	1	0	3.60	1	1	0	0	5	4	2	2	1	3
Wiegandt, Scott	2	3	2.67	48	0	0	1	81	66	26	24	40	50
Williams, Mike	7	5	3.69	16	15	2	0	102	93	44	42	36	51

CLEARWATER — A

FLORIDA STATE LEAGUE

BATTING	AVG	G	AB	R	H	2B	3B	HR	RBI	BB	SO	SB
Agostinelli, Sal, c	.250	32	80	9	20	2	0	0	8	16	10	1
Avent, Steve, c	.500	4	2	0	1	0	0	0	0	0	1	0
Brady, Pat, 3b-dh	.247	117	369	52	91	18	9	4	52	41	63	3
*Current, Matt, c	.271	22	59	5	16	3	0	0	7	6	9	0
Escobar, John, 3b-2b	.265	84	245	15	65	11	0	2	27	17	39	2
Garces, Jesus, 2b	.100	7	10	0	1	0	0	0	2	1	2	0
#Hartwig, Rob, dh	.270	20	37	4	10	2	1	0	2	3	6	2
Henderson, Ramon, c	.000	1	0	0	0	0	0	0	0	0	0	0
Hyde, Mickey, of-dh	.242	92	277	26	67	9	1	6	34	14	48	1
*Jones, Ron, dh-of	.158	12	38	8	6	4	0	1	6	13	8	2
Lieberthal, Mike, c	.288	16	52	7	15	2	0	0	7	3	12	0
*Lockett, Ron, 1b	.266	128	459	81	122	13	6	10	71	70	109	10
Millette, Joe, ss	.255	18	55	6	14	2	0	0	0	6	7	6	1
*Neitzel, R.A., 2b	.260	104	335	68	87	6	2	1	25	72	51	32
Nuneviller, Tom, of	.283	124	446	77	126	31	5	2	54	48	52	16
Parker, Stacy, dh-of	.176	10	17	2	3	0	0	0	1	1	5	2
Paulsen, Troy, ss	.288	122	441	62	127	21	3	1	47	31	45	2
*Taylor, Sam, of	.259	115	367	51	95	20	7	8	73	55	52	3
Tejada, Francisco, c	.500	1	4	0	2	1	0	0	2	0	1	0
Tewell, Terrance, c	.210	81	248	32	52	9	0	7	39	17	63	0
Trevino, Tony, 3b	.280	26	93	13	26	3	0	2	17	10	15	0
*Urbon, Joe, of	.210	28	81	8	17	3	0	0	8	14	23	0
Vargas, Julio, c-dh	.222	4	9	0	2	0	0	0	0	0	3	0
#Ventress, Leroy, of	.240	122	417	70	100	12	5	1	40	62	69	35

PITCHING	W	L	ERA	G	GS	CG	SV	IP	H	R	ER	BB	SO
*Adamson, Joel	2	1	3.03	5	5	0	0	30	28	12	10	7	20
Brink, Brad	2	0	0.69	2	2	0	0	13	6	1	1	3	10
Cox, Danny	3	0	0.00	3	3	0	0	18	4	0	0	4	15
Elliott, Donnie	8	5	2.78	18	18	1	0	107	78	34	33	51	103

ORGANIZATION LEADERS

BATTING
*AVG	Rick Schu, Scranton	.321
R	Ron Lockett, Clearwater	81
H	Julio Peguero, Scranton	138
TB	Rick Schu, Scranton	196
2B	Tom Nuneviller, Clearwater	31
3B	Two tied at	9
HR	Gary Alexander, Scranton	17
RBI	Michael Farmer, Spartanburg	77
SB	Bruce Dostal, Reading	38

PITCHING
W	Mike Williams, Clear.-Reading	14
L	Two tied at	11
†ERA	Craig Holman, Batavia	1.93
G	Bob Ayrault, Scranton	68
CG	Andy Ashby, Scranton	6
SV	Toby Borland, Reading	24
IP	Mike Williams, Clear.-Reading	195
BB	Donnie Elliott, Spar.-Clear.	87
SO	Donnie Elliott, Spar.-Clear.	184

Andy Ashby
... Leader, complete games

Minor Leaguers Only   *Minimum 250 At-Bats   †Minimum 75 Innings

PITCHING	W	L	ERA	G	GS	CG	SV	IP	H	R	ER	BB	SO
Fletcher, Paul	0	1	1.23	14	4	0	1	29	22	6	4	8	27
*Gaddy, Bob	4	1	2.24	34	0	0	1	52	48	19	13	22	34
Goedhart, Darrell	10	8	4.21	25	23	1	0	118	136	65	55	44	86
Gray, Elliott	10	4	2.45	20	20	0	0	117	98	47	32	38	99
Green, Tyler	2	0	1.38	2	2	0	0	13	3	2	2	8	20
Holdridge, David	0	0	7.56	15	0	0	1	25	34	23	21	21	23
Hurst, Charles	3	0	3.30	22	1	0	0	44	52	20	16	7	31
*Langley, Lee	1	1	3.16	18	0	0	1	26	19	10	9	13	30
*Limbach, Chris	5	4	2.05	39	0	0	6	48	27	13	11	14	54
Lindsey, Darrell	1	2	3.03	6	6	0	0	30	30	12	10	9	19
Malone, Chuck	3	5	6.85	10	10	0	0	45	50	41	34	41	29
*Munoz, J.J.	0	0	0.00	2	0	0	0	1	0	0	0	0	4
Parris, Steve	7	5	3.39	43	6	0	1	93	101	43	35	25	59
Stevens, Matt	0	3	0.91	38	0	0	17	40	16	7	4	18	49
Sullivan, Mike	6	3	2.61	36	7	0	11	76	58	29	22	36	64
Wells, Bob	7	2	3.11	24	9	1	0	75	63	27	26	19	66
*Wiegandt, Scott	0	1	3.48	11	0	0	1	10	14	7	4	3	11
Williams, Michael	7	3	1.74	14	14	2	0	93	65	23	18	14	76

SPARTANBURG A

SOUTH ATLANTIC LEAGUE

BATTING	AVG	G	AB	R	H	2B	3B	HR	RBI	BB	SO	SB
Avent, Steve, c	.400	2	5	2	2	0	1	0	1	1	2	0
Bennett, Al, of	.234	117	414	52	97	20	3	6	47	26	116	11
#Bieser, Steve, of-c	.244	60	168	25	41	6	0	0	13	31	35	17
Eason, Tommy, c	.279	27	86	10	24	9	0	1	10	6	7	1
Farmer, Michael, of	.238	132	483	65	115	16	5	12	77	32	130	33
*Geisler, Phil, 1b	.163	36	129	19	21	3	0	1	9	8	14	36	0
Grissom, Antonio, of	.172	33	93	12	16	0	0	0	3	19	22	13
#Hartwig, Robert, dh-of	.244	37	131	13	32	8	0	0	17	24	19	6
Jackson, Jeff, of	.225	121	440	73	99	18	1	5	33	52	123	29
Judson, Erik, 3b-dh	.209	82	234	36	49	12	1	1	24	28	76	10
Lieberthal, Mike, c	.305	72	243	34	74	17	0	0	31	23	25	1
Meyer, Rick, 3b	.241	80	266	23	64	11	2	3	33	23	62	1
Perez, Eulogio, ss	.209	14	43	5	9	0	1	0	5	1	7	0
Rusk, Troy, ss	.284	19	67	9	19	5	0	2	11	7	16	0
*Savage, Jim, ss	.246	37	118	14	29	5	1	0	13	18	13	3
*Sirak, Ken, ss-3b	.255	80	251	25	64	14	1	3	31	15	41	0
Steffens, Mark, 1b-of	.226	133	438	50	99	18	3	1	38	38	103	10
Stocker, Kevin, ss	.220	70	250	26	55	11	1	0	20	31	37	15
Tejada, Francisco, c	.206	36	97	12	20	3	0	1	8	12	25	0
Thomas, Corey, 2b	.249	136	450	58	112	16	2	10	48	54	97	20

PITCHING	W	L	ERA	G	GS	CG	SV	IP	H	R	ER	BB	SO
*Adamson, Joel	4	4	2.56	14	14	1	0	81	72	29	23	22	84
Allen, Ronnie	2	0	3.21	2	2	2	0	14	14	5	5	4	7
Bottalica, Ricky	2	0	0.00	2	2	0	0	15	4	0	0	2	11
Brink, Brad	2	1	1.65	3	3	1	0	16	15	3	3	5	16
*Carlton, Scott	0	0	10.80	6	0	0	0	10	10	16	12	11	10
DeSantis, Dom	0	2	1.23	3	3	0	0	22	15	3	3	3	18
Domecq, Ray	2	6	3.00	40	1	0	13	57	38	23	19	42	45
Elliott, Donnie	3	4	4.24	10	10	0	0	51	42	37	24	36	81
Gilmore, Joel	1	0	0.00	2	1	0	0	7	3	0	0	2	8
Goergen, Todd	7	8	3.38	24	23	3	0	149	145	68	56	37	94
Grace, Mike	3	1	1.89	6	6	0	0	33	24	7	7	9	23
Hassinger, Brad	8	8	3.20	21	21	4	0	124	121	54	44	31	87

PITCHING	W	L	ERA	G	GS	CG	SV	IP	H	R	ER	BB	SO
Hill, Eric	7	10	3.15	27	21	2	0	143	126	64	50	48	143
Hurst, Charlie	2	2	2.39	12	0	0	1	26	20	7	7	6	30
*Juhl, Mike	3	2	2.92	25	0	0	1	49	43	23	16	7	45
Manicchia, Bryan	0	0	4.94	12	0	0	1	31	28	17	17	12	34
*Munoz, J.J.	8	6	3.58	20	20	2	0	116	112	55	46	51	103
*Owens, Mike	3	1	2.04	16	4	0	3	40	28	17	9	24	29
Patterson, Jeff	9	8	4.42	35	10	2	9	114	103	60	56	41	114
Randall, Mark	4	7	3.65	43	0	0	5	69	68	35	28	21	71

BATAVIA — A

NEW YORK-PENN LEAGUE

BATTING	AVG	G	AB	R	H	2B	3B	HR	RBI	BB	SO	SB
Billeci, Craig, 1b-dh	.267	68	247	37	66	14	1	11	45	16	46	2
#Brito, Luis, ss	.316	22	76	13	24	2	1	0	10	6	8	9
Cheek, Pat, 3b-2b	.212	55	165	23	35	6	1	4	24	13	33	2
Cruz, J.J., of	.217	25	83	14	18	6	0	1	6	13	16	1
Eason, Tommy, c	.314	15	51	8	16	3	0	1	4	8	2	1
Edwards, Jerome, of	.273	67	242	37	66	9	1	2	25	29	42	23
*Foster, Lamar, 1b	.236	49	127	17	30	7	1	3	13	18	30	5
Garces, Jesus, 2b	.251	55	179	30	45	4	1	0	19	28	11	9
Grissom, Antonio, of	.230	60	209	38	48	5	6	3	22	24	40	23
Hayden, David, ss	.222	50	158	16	35	2	0	0	9	13	24	3
Medina, Facaner, of	.222	56	180	21	40	3	4	0	16	4	23	20
Nash, Rob, dh	.245	31	98	13	24	3	0	1	14	12	16	2
Pena, Porfirio, c	.194	23	72	8	14	4	1	2	9	3	24	0
Ruth, Pat, c-dh	.216	15	51	9	11	1	0	0	3	4	17	3
Schall, Gene, dh-1b	.341	13	44	5	15	1	0	2	8	3	16	0
Smolen, Bruce, 3b-2b	.214	69	234	26	50	5	2	0	22	24	39	4
*Tokheim, David, of	.323	40	158	28	51	12	3	2	21	9	20	6
Vargas, Julio, c	.190	34	100	11	19	7	0	0	14	15	32	3
Vilet, Tom, of	.149	38	101	12	15	2	1	0	10	8	25	8

PITCHING	W	L	ERA	G	GS	CG	SV	IP	H	R	ER	BB	SO
Allen, Ronnie	3	3	3.13	8	7	0	0	46	33	18	16	7	39
Anderson, Chad	3	3	3.51	11	8	1	0	49	56	23	19	16	34
Blazier, Ron	7	5	4.60	24	8	0	2	72	81	40	37	17	77
Bojcun, Pat	3	6	5.81	20	8	0	3	70	83	60	45	33	53
Brown, Greg	1	4	5.33	16	7	0	1	51	47	35	30	30	33
Grace, Mike	1	2	1.39	6	6	0	0	32	20	9	5	14	36
Green, Tyler	1	0	1.20	3	3	0	0	15	7	2	2	6	19
Holman, Craig	6	2	1.93	15	12	0	0	79	67	27	17	22	53
Manicchia, Bryan	2	3	1.46	33	0	0	10	55	36	20	9	15	41
*Nevill, Glenn	6	7	4.33	29	1	0	4	73	67	41	35	39	59
Sobocinski, Eric	0	0	7.58	13	1	0	0	30	26	36	25	26	30
*Whisenant, Matt	2	1	2.45	11	10	0	0	48	31	19	13	42	55
*Whisonant, John	3	4	4.21	23	7	0	1	62	58	39	29	32	66

MARTINSVILLE — R

APPALACHIAN LEAGUE

BATTING	AVG	G	AB	R	H	2B	3B	HR	RBI	BB	SO	SB
Bell, Brent, 1b-dh	.143	17	35	4	5	0	0	0	1	1	15	0
Bennett, Gary, c	.235	41	136	15	32	7	0	1	16	17	26	0
#Brito, Luis, ss	.268	31	123	17	33	5	0	0	9	5	21	5
Cherry, Lamar, 3b	.275	58	204	36	56	10	1	10	32	33	68	7
*DelosSantos, Reynaldo, of	.236	54	178	24	42	1	4	1	20	21	42	10
*Geisler, Phil, 1b	.325	32	114	22	37	5	0	1	18	23	25	1
Hardy, Carlton, 3b-dh	.133	36	105	13	14	6	0	0	9	11	35	2
Hopp, Dean, c	.196	20	56	9	11	1	0	1	5	5	16	0
#Jelinek, Joe, 2b	.169	47	177	22	30	2	2	0	14	27	44	7
#Johnson, Wayne, of	.245	31	94	16	23	7	0	0	9	14	26	4
*Larson, Danny, of	.287	56	188	26	54	9	3	4	28	16	45	6
Mallee, John, ss	.237	39	135	15	32	8	0	0	14	19	25	5
Mauldin, Eric, of	.218	40	101	16	22	5	0	0	9	15	34	4
*Murphy, Mike, of	.218	44	156	15	34	3	0	0	7	11	40	9
Pena, Porfirio, c	.152	9	33	3	5	1	0	0	1	2	11	0
Ruth, Pat, of-dh	.268	36	127	16	34	7	1	2	15	14	46	4
*Sallee, Andrew, 1b	.235	56	187	24	44	9	0	4	27	18	33	0
Urbanek, Jason, 2b	.218	27	87	6	19	1	0	2	11	10	33	0

PITCHING	W	L	ERA	G	GS	CG	SV	IP	H	R	ER	BB	SO
Alexis, Juan	1	1	6.91	11	0	0	0	27	37	24	21	8	16
Anderson, Chad	1	2	2.91	5	5	0	0	34	28	12	11	2	30
Boldt, Sean	0	0	4.15	6	0	0	0	9	9	5	4	2	10
Bottalica, Ricky	3	2	4.09	7	6	2	0	33	32	20	15	13	38
Brown, Dan	3	0	1.72	25	0	0	10	37	23	7	7	10	38
*Coleman, Scott	3	8	5.05	16	12	0	0	73	92	51	41	23	44
DeSantis, Dom	6	6	2.19	12	12	0	0	78	64	34	19	14	55
Edwards, Samuel	0	4	4.98	10	1	0	0	22	22	17	12	10	11
Gilmore, Joel	4	3	1.53	11	9	0	0	59	45	16	10	14	51
*McIntyre, Joe	2	3	3.45	13	1	0	0	31	22	13	12	20	32
Mejia, Fernando	1	1	3.53	21	0	0	0	51	53	31	20	17	40
Mitchell, Robert	0	6	5.51	13	10	0	0	49	52	38	30	24	34
Page, Thane	1	4	5.67	16	6	0	0	46	52	37	29	22	49
Salamon, John	2	1	4.30	6	6	0	0	29	31	18	14	20	19

PITTSBURGH PIRATES

Manager: Jim Leyland.
1991 Record: 98-64, .605 (1st, NL East).

BATTING	AVG	G	AB	R	H	2B	3B	HR	RBI	BB	SO	SB
Banister, Jeff	1.000	1	1	0	1	0	0	0	0	0	0	0
Bell, Jay	.270	157	608	96	164	32	8	16	67	52	99	10
*Bonds, Barry	.292	153	510	95	149	28	5	25	116	107	73	43
#Bonilla, Bobby	.302	157	577	102	174	44	6	18	100	90	67	2
Buechele, Steve	.246	31	114	16	28	5	1	4	19	10	28	0
#Bullett, Scott	.000	11	4	2	0	0	0	0	0	0	3	1
#Espy, Cecil	.244	43	82	7	20	4	0	1	11	5	17	4
Garcia, Carlos	.250	11	24	2	6	0	2	0	1	1	8	0
Gonzalez, Jose	.100	16	20	2	2	0	0	1	3	0	6	0
King, Jeff	.239	33	109	16	26	1	1	4	18	14	15	3
*LaValliere, Mike	.289	108	336	25	97	11	2	3	41	33	27	2
Lind, Jose	.265	150	502	53	133	16	6	3	54	30	56	7
Martinez, Carmelo	.250	11	16	1	4	0	0	0	0	1	2	0
McClendon, Lloyd	.288	85	163	24	47	7	0	7	24	18	23	2
#Merced, Orlando	.275	120	411	83	113	17	2	10	50	64	81	8
Prince, Tom	.265	26	34	4	9	3	0	1	2	7	3	0
Redfield, Joe	.111	11	18	1	2	0	0	0	4	1	0	0
Redus, Gary	.246	98	252	45	62	12	2	7	24	28	39	17
Richardson, Jeff	.250	6	4	0	1	0	0	0	0	0	3	0
*Schulz, Jeff	.000	3	3	0	0	0	0	0	0	0	2	0
Slaught, Don	.295	77	220	19	65	17	1	1	29	21	32	1
*Van Slyke, Andy	.265	138	491	87	130	24	7	17	83	71	85	10
*Varsho, Gary	.273	99	187	23	51	11	2	4	23	19	34	9
#Webster, Mitch	.175	36	97	9	17	3	4	1	9	9	31	0
Wehner, John	.340	37	106	15	36	7	0	0	7	7	17	3
#Wilkerson, Curtis	.188	85	191	20	36	9	1	2	18	15	40	2

PITCHING	W	L	ERA	G	GS	CG	SV	IP	H	R	ER	BB	SO
Belinda, Stan	7	5	3.45	60	0	0	16	78	50	30	30	35	71
Drabek, Doug	15	14	3.07	35	35	5	0	235	245	92	80	62	142
Fajardo, Hector	0	0	9.95	2	2	0	0	6	10	7	7	7	8
*Heaton, Neal	3	3	4.33	42	1	0	0	69	72	37	33	21	34
Huismann, Mark	0	0	7.20	5	0	0	0	5	7	6	4	2	5
*Kipper, Bob	2	2	4.65	52	0	0	4	60	66	34	31	22	38
Landrum, Bill	4	4	3.18	61	0	0	17	76	76	32	27	19	45
Mason, Roger	3	2	3.03	24	0	0	3	30	21	11	10	6	21
Miller, Paul	0	0	5.40	1	1	0	0	5	4	3	3	2	3
Palacios, Vicente	6	3	3.75	36	7	1	3	82	69	34	34	38	64
*Patterson, Bob	4	3	4.11	54	1	0	2	66	67	32	30	15	57
Reed, Rick	0	0	10.38	1	1	0	0	4	8	6	5	1	2
*Rodriguez, Rosario	1	1	4.11	18	0	0	6	15	14	7	7	8	10
*Smiley, John	20	8	3.08	33	32	2	0	208	194	78	71	44	129
*Smith, Zane	16	10	3.20	35	35	6	0	228	234	95	81	29	120
*Tomlin, Randy	8	7	2.98	31	27	4	0	175	170	75	58	54	104
Walk, Bob	9	2	3.60	25	20	0	0	115	104	53	46	35	67

FIELDING

Catcher	PCT	G	PO	A	E
LaValliere	.998	105	565	46	1
McClendon	1.000	2	5	0	0
Prince	.984	19	52	9	1
Slaught	.987	69	338	31	5

First Base	PCT	G	PO	A	E
Bonilla	1.000	4	28	2	0
Martinez	.945	8	51	1	3
McClendon	.986	22	132	10	2
Merced	.988	105	911	60	12
Prince	1.000	1	1	0	0
Redus	.990	47	377	25	4
Varsho	1.000	3	11	0	0

Second Base	PCT	G	PO	A	E
Garcia	1.000	1	2	0	0
Lind	.989	149	349	438	9
Wilkerson	.992	30	50	80	1

Third Base	PCT	G	PO	A	E
Bonilla	.932	67	43	134	13
Buechele	.956	31	22	64	4
Garcia	1.000	2	4	5	0
King	.975	33	15	62	2

	PCT	G	PO	A	E
Redfield	.917	9	4	7	1
Richardson	.000	3	0	0	0
Slaught	.000	1	0	0	0
Wehner	.936	36	23	65	6
Wilkerson	.974	14	14	24	1

Shortstop	PCT	G	PO	A	E
Bell	.968	156	239	491	24
Garcia	.947	9	5	13	1
Richardson	1.000	2	0	1	0
Wilkerson	1.000	15	9	20	0

Outfield	PCT	G	PO	A	E
*Bonds	.991	150	312	13	3
Bonilla	.989	104	176	8	2
*Bullett	1.000	3	2	0	0
Espy	.966	35	54	3	2
Gonzalez	1.000	14	18	1	0
McClendon	.966	32	26	2	1
Merced	1.000	7	5	0	0
Redus	.931	33	26	1	2
Van Slyke	.996	135	273	8	1
Varsho	.989	54	84	2	1
*Webster	.963	29	50	2	2

PIRATES FARM SYSTEM

Class	Club	League	W	L	Pct.	Manager
AAA	Buffalo	American Association	81	62	.566	Terry Collins
AA	Carolina	Southern	66	76	.465	Marc Bombard
A	Salem	Carolina	63	77	.450	Stan Cliburn
A	Augusta	South Atlantic	68	74	.479	Don Werner
A	Welland	New York-Penn	30	47	.390	Lee Driggers
Rookie	Bradenton	Gulf Coast	30	29	.508	Woody Huyke

BUFFALO — AAA
AMERICAN ASSOCIATION

BATTING	AVG	G	AB	R	H	2B	3B	HR	RBI	BB	SO	SB
Banister, Jeff, c	.244	79	234	23	57	7	1	2	21	28	57	1
Dorsett, Brian, 1b-c	.272	29	103	17	28	6	0	2	18	8	19	0
Dulin, Tim, 2b	.071	14	28	4	2	0	0	1	1	2	10	0
*Dunbar, Tommy, of	.105	19	38	4	4	0	0	0	1	1	5	0
#Edge, Greg, 2b-ss	.235	12	17	2	4	0	0	0	2	0	3	1
*Espy, Cecil, of	.312	102	398	69	124	27	10	2	43	36	65	22
*Gainey, Ty, of	.357	9	14	3	5	1	0	0	5	4	2	2
Garcia, Carlos, ss	.266	127	463	62	123	21	6	7	60	33	78	30
*Hines, Tim, c	.333	17	33	4	11	2	1	0	7	1	5	0
King, Jeff, 3b	.222	9	18	3	4	1	1	0	2	6	3	1
Little, Scott, of	.242	62	165	22	40	5	3	0	18	28	28	3
Magrann, Tom, c	.273	8	11	0	3	0	0	0	0	6	1	0
#Merced, Orlando, 1b	.167	3	12	1	2	0	0	0	0	1	4	1
Meyer, Joey, 1b	.250	75	292	27	73	13	2	6	35	15	58	0
*Miller, Keith, of-2b	.261	133	441	63	115	27	7	9	68	70	71	9
Moreno, Armando, 2b-3b	.226	96	221	39	50	11	2	5	30	30	40	2
#Moses, John, of	.273	3	11	2	3	0	0	0	0	1	1	2
Prince, Tom, c	.208	80	221	29	46	8	3	6	32	37	31	3
Redfield, Joe, 3b	.275	105	356	60	98	21	6	7	50	54	50	21
Richardson, Jeff, 2b-ss	.258	62	186	21	48	16	2	1	24	18	29	5
*Schulz, Jeff, of	.300	122	437	55	131	20	4	2	54	42	41	7
*Sparks, Greg, 1b	.180	55	128	13	23	7	0	3	16	12	31	1
Tubbs, Greg, of	.273	121	373	71	102	18	11	3	34	48	62	34
Wehner, John, 3b	.304	31	112	18	34	9	2	1	15	14	12	6
Young, Kevin, 3b-1b	.222	4	9	1	2	1	0	0	2	0	0	1
Zambrano, Eddie, of	.340	48	144	19	49	8	5	3	35	17	25	1

PITCHING	W	L	ERA	G	GS	CG	SV	IP	H	R	ER	BB	SO
Ausanio, Joe	2	2	3.86	22	0	0	3	30	33	17	13	19	26
Blankenship, Kevin	8	9	4.30	27	21	2	0	126	127	63	60	61	77
Clary, Marty	3	0	3.90	7	5	1	0	30	31	13	13	10	14
Cole, Victor	1	2	3.75	19	1	0	0	24	23	11	10	20	24
Fajardo, Hector	1	0	0.96	8	0	0	1	9	6	1	1	3	12
Fireovid, Steve	9	8	2.90	34	18	1	3	130	127	51	42	43	72
*Hamilton, Carl	4	3	4.92	18	10	1	1	68	77	39	37	24	29
Huismann, Mark	1	1	4.78	13	1	0	2	26	32	15	14	6	17
Mason, Roger	9	5	3.08	34	15	2	0	123	115	47	42	44	80
Meeks, Tim	4	8	5.86	33	18	2	1	143	146	72	93	31	66
Miller, Paul	5	2	1.48	10	10	2	0	67	41	17	11	29	30
Minor, Blas	2	2	5.75	17	3	0	0	36	46	27	23	15	25
Neely, Jeff	2	5	4.63	42	0	0	7	58	67	32	30	27	45
Palacios, Vicente	0	0	1.42	3	0	0	2	6	7	1	1	2	8
Reed, Rick	14	4	2.15	25	25	5	0	168	151	45	40	26	102
*Rodriguez, Rosario	4	3	3.00	48	0	0	8	51	38	22	17	31	43
Roesler, Mike	5	4	3.56	33	0	0	8	48	46	19	19	21	34
Tracy, Jim	2	2	5.17	11	8	0	0	47	61	27	27	10	20
Wakefield, Tim	0	1	11.57	1	1	0	0	5	8	6	6	1	4
York, Mike	5	1	2.91	7	7	1	0	43	58	17	14	23	22

CAROLINA — AA
SOUTHERN LEAGUE

BATTING	AVG	G	AB	R	H	2B	3B	HR	RBI	BB	SO	SB
Antigua, Felix, c	.091	3	11	1	1	0	0	0	0	0	2	0
#Crowley, Terry, 2b-dh	.264	132	469	60	124	15	5	7	45	44	55	5
#Edge, Greg, ss-2b	.220	103	350	43	77	10	2	1	22	36	22	13
Estep, Chris, of	.243	97	300	34	73	17	2	4	34	33	111	4
Green, Tom, of	.198	64	197	15	39	10	1	2	16	16	52	0
*Hines, Tim, c	.204	34	98	8	20	2	0	1	7	6	21	0
Huyler, Mike, ss	.210	81	229	22	48	4	4	0	28	15	46	4
List, Paul, of	.150	7	20	1	3	0	1	0	2	0	6	0
Magrann, Tom, c	.222	5	18	1	4	0	0	0	2	1	2	0
Osik, Keith, c	.302	17	43	9	13	3	1	0	5	5	5	0
Pennye, Darwin, of	.257	122	455	53	117	20	7	5	43	23	85	19
Pennyfeather, William, of	.275	42	149	13	41	5	0	0	9	7	17	3
Ratliff, Daryl, of	.215	24	93	10	20	3	0	0	9	6	18	8
#Romero, Mandy, c	.217	98	323	29	70	12	0	3	31	45	53	1
Schreiber, Bruce, 2b-3b	.243	108	325	25	79	11	1	1	22	21	64	4
Shelton, Ben, 1b	.231	55	169	19	39	8	3	1	19	29	57	2
*Sparks, Greg, 1b	.273	69	220	19	60	10	0	5	35	39	55	0
Torres, Jessie, c-1b	.067	14	30	3	2	0	0	0	1	10	12	0

BATTING	AVG	G	AB	R	H	2B	3B	HR	RBI	BB	SO	SB
Wehner, John, 3b-1b	.265	61	234	30	62	5	1	3	21	24	32	17
#Yacopino, Ed, of	.224	42	147	19	33	2	1	0	14	21	26	3
Young, Kevin, 3b-1b	.342	75	263	36	90	19	6	3	33	15	38	9
Zambrano, Eddie, of	.253	83	269	28	68	17	3	3	39	22	56	4

PITCHING	W	L	ERA	G	GS	CG	SV	IP	H	R	ER	BB	SO
Adams, Steve	2	2	3.92	8	1	0	3	21	25	11	9	6	10
Ausanio, Joe	0	0	0.00	3	0	0	2	3	0	0	0	0	2
Buckholz, Steve	7	10	4.66	21	21	3	0	133	135	74	69	53	85
Cole, Victor	0	2	1.91	20	0	0	12	28	13	8	6	19	32
*Cooke, Stephen	3	3	2.26	9	9	1	0	56	39	21	14	19	46
Duncan, Chip	0	0	9.00	6	0	0	1	8	17	8	8	4	2
Fajardo, Hector	3	4	4.13	10	10	1	0	61	55	32	28	24	53
Fansler, Stan	6	6	3.50	19	17	0	0	90	77	42	35	28	78
*Hamilton, Carl	3	4	3.47	10	10	1	0	62	58	27	24	21	46
*Hancock, Lee	4	7	3.77	37	11	0	4	98	93	48	41	42	66
Miller, Paul	7	2	2.42	15	15	1	0	89	69	29	24	35	69
Minor, Blas	0	0	2.84	3	2	0	0	13	9	4	4	7	18
Murphy, Pete	6	9	3.41	32	7	1	0	98	96	44	37	35	49
Neely, Jeff	0	0	6.75	5	0	0	0	4	5	4	3	4	5
Roesler, Mike	2	4	4.91	20	0	0	6	26	20	15	14	15	31
Tafoya, Dennis	1	3	1.99	40	0	0	6	63	51	17	14	22	35
Tellers, Dave	0	2	4.73	11	0	0	1	13	18	8	7	6	9
Tracy, Jim	6	3	2.45	16	12	2	1	88	80	30	24	21	72
Wakefield, Tim	15	8	2.90	26	25	8	0	183	155	68	59	51	123
Walk, Bob	0	1	1.80	1	1	0	0	5	5	1	1	2	3
Webb, Ben	1	6	3.15	37	1	0	3	69	61	35	24	30	38

SALEM A

CAROLINA LEAGUE

BATTING	AVG	G	AB	R	H	2B	3B	HR	RBI	BB	SO	SB
Aude, Rich, 1b-3b	.265	103	366	45	97	12	2	3	43	27	72	4
#Bailey, Rob, 3b-2b	.235	75	213	30	50	7	0	2	19	23	69	15
*Brewington, Mike, dh-of	.164	28	61	6	10	1	0	0	9	11	18	3
*Bullett, Scott, of	.333	39	156	22	52	7	5	2	15	8	29	15
*Davis, Brad, c	.278	9	18	2	5	2	0	0	3	1	4	0
DelosSantos, Alberto, of	.279	125	480	59	134	17	7	9	56	15	66	24
Edge, Tim, c	.225	96	298	36	67	16	2	6	30	44	67	4
*Johnson, Mark, 1b	.252	37	103	12	26	2	0	2	13	18	25	0
List, Paul, dh-of	.318	94	336	60	107	22	5	10	46	39	74	12
Manahan, Austin, 2b	.211	113	369	58	78	15	1	9	35	47	127	17
Osik, Keith, c-3b	.270	87	300	31	81	12	1	6	35	38	48	2
Pennyfeather, William, of	.266	81	319	35	85	17	3	8	46	8	52	11
*Polewski, Steve, 2b-ss	.178	31	73	8	13	2	1	0	5	2	20	0
Ratliff, Daryl, of	.293	88	352	60	103	8	4	2	23	27	43	35
Rodriguez, Roman, ss	.224	133	451	62	101	10	0	4	59	63	92	9
Shelton, Ben, 1b	.261	65	203	37	53	10	2	14	56	45	65	4
Torres, Jessie, c	.375	4	8	1	3	0	0	0	1	2	2	0
*Trusky, Ken, of	.278	94	317	37	88	13	2	9	38	28	67	12
Young, Kevin, 3b	.313	56	201	38	63	12	4	6	28	20	34	3

PITCHING	W	L	ERA	G	GS	CG	SV	IP	H	R	ER	BB	SO
Arvesen, Scott	5	10	4.68	19	19	4	0	119	141	75	62	35	73
*Bird, Dave	10	9	4.17	35	15	1	1	132	151	75	61	44	111
Buckholz, Steve	2	2	2.67	5	5	0	0	34	23	14	10	11	28
Carlson, Lynn	1	1	3.67	6	6	0	0	34	31	18	14	17	23
*Cooke, Stephen	1	0	4.85	2	2	0	0	13	14	8	7	2	5
Fajardo, Hector	0	1	2.35	1	1	1	0	8	4	3	2	1	7
Futrell, Mark	1	1	3.98	10	0	0	1	20	22	9	9	12	17
Hope, John	2	2	6.18	6	5	0	0	28	38	20	19	4	18
McDowell, Tim	3	7	5.56	23	14	3	0	104	127	74	64	41	71
Parkinson, Eric	9	10	4.74	29	11	1	1	106	104	67	56	45	87
*Robertson, Rich	2	4	4.93	12	11	0	0	46	34	32	25	42	32
Rychel, Kevin	1	7	6.02	11	11	0	0	49	48	44	33	27	34
*Shouse, Brian	2	1	2.94	17	0	0	3	34	35	12	11	15	25
Tellers, Dave	6	4	1.38	40	0	0	10	72	54	16	11	20	61
*Underwood, Bobby	0	3	5.20	15	8	0	0	45	46	28	26	27	32
Wagner, Paul	11	8	3.12	25	25	5	0	159	124	70	55	60	113
Watson, Dave	0	1	11.05	9	0	0	0	15	26	18	18	11	11
*Way, Ron	1	3	4.26	25	1	1	1	57	68	34	27	25	44
White, Rick	2	3	4.66	13	5	1	1	46	41	27	24	9	36
Zimmerman, Mike	4	2	4.37	49	1	0	9	70	51	47	34	72	63

AUGUSTA A

SOUTH ATLANTIC LEAGUE

BATTING	AVG	G	AB	R	H	2B	3B	HR	RBI	BB	SO	SB
*Arace, Pascuale, of-dh	.258	105	387	58	100	8	10	9	49	29	56	19
*Brown, A.B., of	.241	65	216	18	52	9	1	0	21	30	48	9
*Brown, Mike, 1b	.232	94	314	24	73	13	4	3	34	47	79	12
*Bullett, Scott, of	.284	95	384	61	109	22	6	1	36	27	79	48
Campusano, Genaro, dh-1b	.240	82	296	38	71	15	0	13	47	28	133	4
#Cintron, Miguel, 3b	.241	61	195	26	47	8	0	1	9	22	45	6
*Davis, Brad, c	.500	1	2	1	1	0	0	1	2	1	0	0
Green, Tom, of	.349	41	129	30	45	13	4	2	24	20	24	3

ORGANIZATION LEADERS

BATTING
*AVG	Kevin Young, Salem-Carolina	.328
R	Scott Bullett, Aug.-Salem	83
H	Scott Bullett, Aug.-Salem	161
TB	Kevin Young, Salem-Carolina	233
2B	Kevin Young, Salem-Carolina	31
3B	Two tied at	11
HR	Ben Shelton, Salem-Carolina	15
RBI	Ben Shelton, Salem-Carolina	75
SB	Scott Bullett, Aug.-Salem	63

PITCHING
W	Tim Wakefield, Carolina	15
L	Two tied at	12
†ERA	Dave Tellers, Salem-Carolina	1.92
G	Mike Roesler, Car.-Buffalo	53
CG	Tim Wakefield, Carolina	8
SV	Mike Roesler, Car.-Buffalo	14
IP	Tim Wakefield, Carolina	183
BB	Troy Hooper, Augusta	80
SO	Hector Fajardo, 4 teams	151

Scott Bullett
... 83 R, 161 H

Minor Leaguers Only *Minimum 250 At-Bats †Minimum 75 Innings

BATTING	AVG	G	AB	R	H	2B	3B	HR	RBI	BB	SO	SB
Hanel, Marcus, c	.165	104	364	33	60	10	1	1	29	17	87	10
Hinson, Dean, c	.179	13	39	3	7	0	0	0	2	1	17	0
*Johnson, Mark, 1b	.259	49	139	23	36	7	4	2	25	29	15	4
List, Paul, of	.273	12	33	7	9	3	0	1	10	7	10	1
Maguire, Kevin, c	.091	4	11	0	1	0	0	0	0	0	5	0
Martinez, Ramon, ss	.255	106	345	51	88	7	2	0	13	10	82	35
Neff, Marty, of	.160	27	106	8	17	6	0	4	17	2	34	3
#Polewski, Steve, 2b-3b	.281	49	167	25	47	4	4	1	15	19	34	12
Rodriguez, Hector, 3b-ss	.215	112	353	40	76	13	2	3	30	39	102	13
Ronca, Joe, of	.234	105	381	35	89	13	4	1	49	21	81	14
Schaefer, Cory, of	.260	44	146	19	38	4	3	1	11	11	26	7
*Schroeder, Todd, 1b-of	.297	26	91	12	27	5	0	0	10	10	20	0
*Schulte, John, of-2b	.215	35	107	15	23	4	2	1	9	22	23	10
Sondrini, Joe, 2b	.306	106	376	66	115	23	4	1	45	53	71	14
Torres, Jessie, c	.250	23	72	7	18	3	1	0	12	14	16	0

PITCHING	W	L	ERA	G	GS	CG	SV	IP	H	R	ER	BB	SO
Arvesen, Scott	2	2	2.82	8	8	0	0	45	46	25	14	20	33
Bullard, Jason	2	2	3.51	21	0	0	7	26	21	13	10	15	29
Carlson, Lynn	5	4	2.44	12	12	0	0	66	44	22	18	31	58
*Cooke, Stephen	5	4	2.82	11	11	1	0	61	50	28	19	35	52
*Danner, Deon	1	2	3.55	5	5	0	0	33	33	24	13	22	17
Douris, John	0	3	8.74	12	2	0	0	23	34	22	22	9	14
Fajardo, Hector	4	3	2.69	11	11	1	0	60	44	26	18	24	79
Futrell, Mark	5	2	2.92	41	0	0	4	77	65	31	25	23	55
*Gobel, Donnie	3	1	3.26	30	0	0	1	39	36	16	14	29	37
Hooper, Troy	3	5	3.50	34	13	0	0	103	85	54	40	80	90
Hope, John	4	2	3.50	7	7	0	0	46	29	20	18	19	31
Hunter, Bobby	9	3	4.08	31	8	0	1	82	71	47	37	50	54
Jones, Dan	1	3	4.15	6	6	1	0	39	44	24	18	11	25
*Latham, John	1	2	15.52	27	1	0	0	24	29	48	42	69	16
Lyle, Jeff	0	0	5.02	5	0	0	0	14	13	11	8	9	8
Miller, Kurt	6	7	2.50	21	21	2	0	115	89	49	32	57	103
Mooney, Troy	3	6	4.18	32	11	1	2	95	85	56	44	60	51
Redmond, Andre	0	1	10.13	7	0	0	0	8	9	11	9	13	8
*Robertson, Rich	4	7	4.99	13	12	1	0	74	73	52	41	51	62
*Ruebel, Matt	3	4	3.83	8	8	2	0	47	43	26	20	25	35
Rychel, Kevin	1	3	5.57	8	6	1	0	32	30	24	20	24	26
*Shouse, Brian	2	3	3.19	26	0	0	8	31	22	13	11	9	32
Sparks, Shane	0	1	5.87	6	0	0	0	8	8	6	5	8	6
White, Rick	4	4	3.00	34	0	0	6	63	68	26	21	18	52

WELLAND — A

NEW YORK-PENN LEAGUE

BATTING	AVG	G	AB	R	H	2B	3B	HR	RBI	BB	SO	SB
*Bonifay, Ken, 1b	.236	37	140	17	33	5	3	2	13	11	38	2
*Cardona, James, dh-of	.229	41	131	15	30	4	1	0	9	12	19	1
Colon, Angel, ss-2b	.238	30	126	12	30	3	2	0	5	5	39	7
*Conger, Jeff, of	.272	32	81	15	22	2	2	1	7	7	31	5
Encarnacion, Angelo, c	.254	50	181	21	46	3	2	0	15	5	27	4
Farrell, Jon, of-c	.253	69	241	37	61	20	3	8	35	31	71	9
Garvey, Don, 2b-ss	.229	50	157	26	36	8	0	1	19	16	19	3
Hinson, Dean, c-dh	.150	7	20	4	3	1	0	0	4	5	9	0
House, Mitch, dh-3b	.173	57	191	23	33	3	1	4	19	26	55	1
Krevokuch, Jim, 2b-3b	.226	58	195	22	44	8	0	2	17	27	30	8
#Leatherman, Jeff, 3b-1b	.271	55	170	19	46	6	0	0	13	38	31	2

1992 ALMANAC • **147**

BATTING	AVG	G	AB	R	H	2B	3B	HR	RBI	BB	SO	SB
#Leavell, Barry, of	.122	15	49	3	6	1	0	0	4	1	12	0
#Marx, Tim, c	.128	15	47	2	6	1	0	2	4	2	5	0
McLin, Joe, 1b-dh	.243	12	37	1	9	2	0	1	10	3	12	1
#Mitchell, Antonio, of	.270	59	211	30	57	9	0	10	38	17	62	7
Neff, Marty, of	.312	27	109	19	34	5	2	5	16	2	17	2
Ragland, Trace, of	.211	33	95	5	20	5	1	0	7	3	22	2
*Schroeder, Todd, 1b-of	.259	26	85	11	22	5	1	1	12	12	13	3
Shotton, Craig, of	.182	45	121	11	22	1	2	3	15	14	39	4
Tooch, Chuck, ss	.294	11	34	5	10	2	0	0	6	4	2	1
*Womack, Anthony, ss-2b	.277	45	166	30	46	3	0	1	8	17	39	26

PITCHING	W	L	ERA	G	GS	CG	SV	IP	H	R	ER	BB	SO
Bradley, David	0	1	6.28	5	3	0	0	14	17	11	10	13	8
Bullard, Jason	0	0	0.00	6	0	0	4	7	4	0	0	4	7
*Christiansen, Jason	0	1	2.53	8	1	0	0	21	15	9	6	12	17
Coombs, Glenn	0	7	7.71	13	12	0	0	44	37	54	38	62	43
*Danner, Deon	2	2	2.96	9	9	0	0	49	44	22	16	17	24
DelosSantos, Mariano	1	3	5.51	8	6	0	0	33	41	24	20	21	22
Douris, John	4	1	2.97	11	3	0	1	39	36	19	13	15	37
Evans, Sean	1	1	4.42	10	6	0	0	39	42	26	19	20	32
Harrah, Doug	3	3	3.06	11	7	0	0	47	51	22	16	10	48
Hope, John	2	0	0.53	3	3	0	0	17	12	1	1	3	15
Jones, Dan	2	2	4.95	9	6	0	0	36	47	31	20	17	25
*Maguire, Michael	5	9	4.14	26	6	0	0	41	43	24	19	22	27
*Martin, Jim	2	1	3.66	14	0	0	0	32	32	18	13	23	26
McCurry, Jeff	2	1	0.57	9	0	0	0	16	11	4	1	10	18
Pisciotta, Marc	1	1	0.26	24	0	0	8	34	16	4	1	20	47
*Ramirez, Roberto	2	6	4.12	16	12	0	1	74	66	43	34	35	71
Roeder, Steve	1	2	2.14	24	1	0	2	46	29	24	11	38	16
*Ruebel, Matt	1	1	1.95	6	6	0	0	28	16	9	6	11	27
Sparks, Shane	0	2	6.39	13	0	0	2	13	17	9	9	16	13
*Teich, Michael	1	3	4.61	19	2	0	1	41	44	25	21	27	40

BRADENTON R

GULF COAST LEAGUE

BATTING	AVG	G	AB	R	H	2B	3B	HR	RBI	BB	SO	SB
*Alicea, Ivan, of-dh	.303	41	145	24	44	11	0	0	17	10	19	11
Bogan, Victor, of	.160	28	81	5	13	0	0	0	2	2	20	2
*Bonifay, Ken, 1b-dh	.344	20	64	13	22	1	0	1	9	14	8	5
Calder, Joe, 1b-dh	.301	54	196	28	59	15	1	6	45	10	37	4
Colon, Angel, 2b-ss	.289	32	114	23	33	3	0	0	11	5	21	14
*Conger, Jeff, of	.324	15	37	5	12	0	0	0	4	4	8	8
Cunningham, O'Brien, of	.253	34	87	8	22	9	0	0	7	3	23	0
Diaz, Alejandro, 1b	.140	24	57	8	8	2	0	0	4	8	21	0
Ducksworth, Ron, ss-dh	.200	3	10	2	2	0	0	0	0	0	5	2
#Earl, Clyde, 2b-ss	.233	26	73	11	17	1	0	0	6	8	14	9
Edmondson, Chris, 3b	.254	42	138	19	35	5	0	1	14	21	24	1
Espinosa, Ramon, of	.234	19	64	7	15	2	0	0	5	2	7	3
*Gainey, Ty, dh	.500	3	8	2	4	0	0	0	1	1	2	3
Johnston, Tom, ss	.208	8	24	3	5	1	0	0	5	3	4	2
Maguire, Kevin, c	.222	12	27	0	6	1	0	0	2	4	6	0
#Maize, Dave, c	.318	32	107	13	34	3	2	0	14	12	20	6
#Martinez, Javier, 3b-2b	.306	41	98	16	30	2	0	0	8	7	13	16
#Payne, Jacob, c	.134	23	67	4	9	0	0	0	3	3	11	0
*Peppers, Cedrick, of	.316	25	76	9	24	0	2	0	5	3	10	7
Ponder, Marcus, of	.275	43	142	20	39	6	1	0	14	13	22	32
Reyes, Tito, of	.226	35	93	14	21	1	1	0	12	5	13	3
*Santana, Francisco, ss	.275	32	120	15	33	3	0	0	10	5	12	13
#Tena, Dario, c	.224	15	49	6	11	0	0	0	4	6	9	4
Zapata, Ramon, 2b-ss	.308	23	78	23	24	4	1	0	7	18	5	11

PITCHING	W	L	ERA	G	GS	CG	SV	IP	H	R	ER	BB	SO
Bonilla, Miguel	1	2	4.41	16	2	0	4	35	31	21	17	12	26
Carter, John	5	4	3.29	10	9	0	0	41	42	20	15	13	28
*Christiansen, Jason	0	0	0.00	6	0	0	1	8	4	0	0	1	8
DelosSantos, Mariano	3	2	1.35	9	5	0	1	33	23	5	5	5	50
Doorneweerd, David	3	1	1.81	10	10	0	0	45	34	12	9	7	55
Fairfax, Ken	3	5	4.15	11	11	1	0	48	58	37	22	18	19
Garcia-Luna, Francisco	0	1	3.16	12	0	0	0	26	24	15	9	11	16
Gernand, Daniel	0	1	9.00	6	0	0	0	6	8	6	6	5	1
Harrah, Doug	1	2	2.25	5	1	0	0	12	8	4	3	6	10
*Knapp, Gene	1	0	2.93	15	0	0	7	28	20	10	9	7	18
Loaiza, Esteban	5	1	2.26	11	11	1	0	52	48	17	13	14	41
McCurry, Jeff	1	0	2.57	6	1	0	0	14	19	10	4	4	8
Perez, Gil	0	2	4.61	9	0	0	0	14	18	7	7	7	14
Pike, Dave	1	0	4.66	15	1	0	0	29	21	17	15	15	26
*Pontbriant, Matt	2	5	3.57	14	8	1	2	53	62	27	21	14	41
Rosario, Francisco	1	1	4.10	16	0	0	0	26	30	20	12	9	9
*Taylor, Michael	0	0	2.25	3	0	0	0	4	2	1	1	2	2
Thompson, Garrett	2	1	5.06	18	0	0	0	27	21	17	15	14	24
*Valdes, Ramon	0	1	32.40	2	0	0	0	2	8	6	6	2	1

ST. LOUIS CARDINALS

Manager: Joe Torre.
1991 Record: 84-78, .519 (2nd, NL East).

BATTING	AVG	G	AB	R	H	2B	3B	HR	RBI	BB	SO	SB
#Alicea, Luis	.191	56	68	5	13	3	0	0	0	8	19	0
*Brewer, Rod	.077	19	13	0	1	0	0	0	1	0	5	0
*Gedman, Rich	.106	46	94	7	10	1	0	3	8	4	15	0
Gilkey, Bernard	.216	81	268	28	58	7	2	5	20	39	33	14
Guerrero, Pedro	.272	115	427	41	116	12	1	8	70	37	46	4
Hudler, Rex	.227	101	207	21	47	10	2	1	15	10	29	12
*Jones, Tim	.167	16	24	1	4	2	0	0	2	2	6	0
#Jose, Felix	.305	154	568	69	173	40	6	8	77	50	113	20
*Lankford, Ray	.251	151	566	83	142	23	15	9	69	41	114	44
#Oquendo, Jose	.240	127	366	37	88	11	4	1	26	67	48	1
Pagnozzi, Tom	.264	140	459	38	121	24	5	2	57	36	63	9
#Pena, Geronimo	.243	104	185	38	45	8	3	5	17	18	45	15
*Perry, Gerald	.240	109	242	29	58	8	4	6	36	22	34	15
Royer, Stan	.286	9	21	1	6	1	0	0	1	1	2	0
#Smith, Ozzie	.285	150	550	96	157	30	3	3	50	83	36	35
Stephens, Ray	.286	6	7	0	2	0	0	0	0	1	3	0
*Thompson, Milt	.307	115	326	55	100	16	5	6	34	32	53	16
Wilson, Craig	.171	60	82	5	14	2	0	0	13	6	10	0
Zeile, Todd	.280	155	565	76	158	36	3	11	81	62	94	17

PITCHING	W	L	ERA	G	GS	CG	SV	IP	H	R	ER	BB	SO
*Agosto, Juan	5	3	4.81	72	0	0	2	86	92	52	46	39	34
Carpenter, Cris	10	4	4.23	59	0	0	0	66	53	31	31	20	47
Clark, Mark	1	1	4.03	7	2	0	0	22	17	10	10	11	13
*Cormier, Rheal	4	5	4.12	11	10	2	0	68	74	35	31	8	38
DeLeon, Jose	5	9	2.71	28	28	1	0	163	144	57	49	61	118
Fraser, Willie	3	3	4.93	35	0	0	0	49	44	28	27	21	25
Grater, Mark	0	0	0.00	3	0	0	0	3	5	0	0	2	0
Hill, Ken	11	10	3.57	30	30	0	0	181	147	76	72	67	121
*McClure, Bob	1	1	3.13	32	0	0	0	23	24	8	8	8	15
*Moyer, Jamie	0	5	5.74	8	7	0	0	31	38	21	20	16	20
Olivares, Omar	11	7	3.71	28	24	0	1	167	148	72	69	61	91
Perez, Mike	0	2	5.82	14	0	0	0	17	19	11	11	7	7
*Sherrill, Tim	0	0	8.16	10	0	0	0	14	20	13	13	3	4
Smith, Bryn	12	9	3.85	31	31	3	0	199	188	95	85	45	94
Smith, Lee	6	3	2.34	67	0	0	47	73	70	19	19	13	67
Terry, Scott	4	4	2.80	65	0	0	1	80	76	31	25	32	52
Tewksbury, Bob	11	12	3.25	30	30	3	0	191	206	86	69	38	75

FIELDING

Catcher	PCT	G	PO	A	E
Gedman	.976	43	192	13	5
Pagnozzi	.991	139	673	81	7
Stephens	1.000	6	16	2	0

First Base	PCT	G	PO	A	E
*Brewer	1.000	15	27	3	0
Guerrero	.985	112	953	66	16
Hudler	1.000	12	30	0	0
Oquendo	1.000	3	3	0	0
Pagnozzi	1.000	3	9	0	0
Perry	.989	61	407	28	5
Wilson	1.000	4	14	1	0

Second Base	PCT	G	PO	A	E
Alicea	1.000	11	17	22	0
Hudler	1.000	5	3	2	0
Jones	1.000	4	0	3	0
Oquendo	.988	118	244	346	7
Pena	.976	83	95	146	6
Wilson	1.000	3	0	2	0

Third Base	PCT	G	PO	A	E
Alicea	1.000	2	1	0	0
Royer	1.000	5	5	4	0
Wilson	.905	12	8	11	2
Zeile	.943	154	124	290	25

Shortstop	PCT	G	PO	A	E
Alicea	1.000	1	1	1	0
Jones	1.000	14	5	13	0
Oquendo	.961	22	27	22	2
O. Smith	.987	150	244	387	8

Outfield	PCT	G	PO	A	E
*Brewer	.750	3	3	0	1
Gilkey	.994	74	164	6	1
Hudler	.981	58	97	4	2
Jose	.990	153	268	15	3
*Lankford	.984	149	367	7	6
Pena	1.000	4	6	0	0
Perry	1.000	5	6	1	0
Thompson	.991	91	207	8	2
Wilson	1.000	5	8	0	0

CARDINALS FARM SYSTEM

Class	Club	League	W	L	Pct.	Manager
AAA	Louisville	American Association	51	92	.357	Mark DeJohn
AA	Arkansas	Texas	49	87	.360	Joe Pettini
A	St. Petersburg	Florida State	47	84	.359	Dave Bialas
A	Springfield	Midwest	58	79	.423	Mike Ramsey
A	Savannah	South Atlantic	61	77	.442	Larry Milbourne
A	Hamilton	New York-Penn	35	42	.455	Rick Colbert
Rookie	Johnson City	Appalachian	40	26	.606	Chris Maloney
Rookie	Peoria	Arizona	29	30	.492	Keith Champion

Cardinals sophomore Todd Zeile made a successful conversion from catcher to third base in 1991, hitting .280 in the process.

LOUISVILLE — AAA

AMERICAN ASSOCIATION

BATTING	AVG	G	AB	R	H	2B	3B	HR	RBI	BB	SO	SB
#Alicea, Luis, 2b	.393	31	112	26	44	6	3	4	16	14	8	5
*Brewer, Rod, 1b-of	.225	104	382	39	86	21	1	8	52	35	57	4
#Carmona, Greg, ss	.175	56	143	16	25	2	1	2	10	13	25	7
*Castaneda, Nick, 1b-dh	.271	49	140	24	38	11	1	3	18	28	38	0
Christian, Rick, of	.118	16	17	2	2	1	0	0	1	2	8	0
#Crosby, Todd, 2b	.211	96	227	26	48	5	2	0	15	55	56	1
*Fernandez, Joey, 1b	.237	104	316	40	75	14	2	11	31	57	63	3
Figueroa, Bien, ss-2b	.204	97	269	18	55	9	2	0	14	20	27	1
*Fulton, Ed, c	.197	45	132	10	26	8	0	0	15	15	35	0
Gilkey, Bernard, of	.146	11	41	5	6	2	0	0	2	6	10	1
Guerrero, Pedro, 1b	.455	3	11	2	5	0	0	1	2	0	0	0
*Jones, Tim, ss-2b	.255	86	306	34	78	9	1	5	29	36	59	19
Jordan, Brian, of	.264	61	212	35	56	11	4	4	24	17	41	10
*Maclin, Lonnie, of	.287	84	327	35	94	12	2	4	37	16	50	19
Magallanes, Willie, of	.224	41	116	10	26	4	1	1	6	10	39	0
Martinez, Julian, of	.226	135	402	52	91	21	3	10	40	63	84	8
*Mendez, Jesus, of-1b	.268	98	213	15	57	8	2	1	18	8	18	1
Nichols, Scott, c	.222	28	54	9	12	1	1	3	8	12	14	1
Nieto, Tom, c	.263	19	57	5	15	3	0	1	4	5	10	0
Nunez, Mauricio, of	.261	6	23	1	6	1	0	0	3	3	7	0
Prybylinski, Don, c	.254	24	67	6	17	4	0	0	4	7	13	0
Ross, Mike, of-2b	.211	67	251	21	53	9	1	4	20	13	45	1
Royer, Stan, 3b	.254	138	523	48	133	30	6	14	74	43	126	1
Stephens, Ray, c	.279	60	165	16	46	7	0	7	28	24	39	0
Thomas, Orlando, c	.273	4	11	1	3	0	0	0	0	3	7	0

PITCHING	W	L	ERA	G	GS	CG	SV	IP	H	R	ER	BB	SO
Baker, Ernie	0	0	2.25	2	0	0	0	4	4	1	1	1	3
Clark, Mark	3	2	2.98	7	6	1	0	45	43	17	15	15	29
*Clarke, Stan	5	7	4.60	20	20	2	0	121	130	71	62	52	74
Clary, Marty	2	8	4.48	33	7	0	1	70	77	40	35	26	28
Compres, Fidel	0	2	3.07	10	0	0	0	15	22	5	5	8	7
*Cormier, Rheal	7	9	4.23	21	21	3	0	128	140	64	60	31	74
*Corona, John	0	1	5.40	12	0	0	0	17	18	12	10	11	19
Davidson, Bob	3	5	4.29	51	9	0	0	107	134	58	51	34	61
*DiPino, Frank	0	0	36.00	2	0	0	0	1	2	4	4	3	0
Grater, Mark	3	5	2.02	58	0	0	12	80	68	20	18	33	53
Hill, Ken	0	0	0.00	1	1	0	0	1	0	0	0	0	2
Hinkle, Mike	1	2	4.65	6	6	0	0	31	42	17	16	10	15
Loynd, Mike	3	6	5.09	9	8	0	0	46	43	30	26	15	36
*Milchin, Mike	5	9	5.07	18	18	2	0	94	132	64	53	40	47
*Moyer, Jamie	5	10	3.80	20	20	1	0	126	125	64	53	43	69

150 • 1992 ALMANAC

PITCHING	W	L	ERA	G	GS	CG	SV	IP	H	R	ER	BB	SO
Nipper, Al	0	3	5.72	5	5	0	0	28	36	18	18	9	10
Olivares, Omar	1	2	3.47	6	6	0	0	36	39	15	14	16	27
Osteen, Dave	1	5	6.41	29	5	0	0	59	74	49	42	31	25
Perez, Mike	3	5	6.13	37	0	0	4	47	54	38	32	25	39
Picota, Len	3	6	5.83	28	11	0	0	88	112	62	57	51	42
*Richardson, Dave	1	0	7.15	13	0	0	1	23	29	18	18	16	8
*Sherrill, Tim	5	5	3.13	42	0	0	10	60	56	21	21	26	38
*Walter, Gene	0	0	0.00	4	0	0	0	6	2	0	0	2	4
Worrell, Todd	0	0	18.00	3	0	0	0	3	4	6	6	3	4

ARKANSAS AA
TEXAS LEAGUE

BATTING	AVG	G	AB	R	H	2B	3B	HR	RBI	BB	SO	SB
Abreu, Frank, 3b-ss	.238	89	256	24	61	12	1	1	20	47	66	5
Brannon, Cliff, of	.281	119	399	46	112	26	1	4	44	30	94	11
#Carmona, Greg, ss	.182	13	33	1	6	0	0	0	1	5	9	0
Christian, Rick, of	.238	88	282	29	67	13	3	0	21	29	81	12
Cromer, Tripp, ss	.229	73	227	28	52	12	1	1	18	15	37	0
Fanning, Steve, 2b	.241	60	162	19	39	7	0	1	15	29	45	3
*Federico, Joe, 1b	.209	48	110	12	23	7	1	1	13	13	38	0
*Fernandez, Joey, 1b	.217	14	46	9	10	3	0	2	8	8	5	0
*Fernandez, Jose, c	.228	93	281	46	64	14	1	12	27	62	86	0
Fiore, Mike, of-3b	.263	123	453	60	119	31	4	8	50	44	55	7
*Martinez, Luis, of-dh	.271	93	280	28	76	17	2	2	32	32	32	6
Melvin, Scott, 3b	.288	34	52	3	15	0	0	1	7	3	18	0
Prybylinski, Don, c	.185	48	119	13	22	8	0	0	13	8	28	0
Redman, Tim, c	.341	22	44	3	15	2	0	0	1	4	9	0
Ross, Mike, 3b-2b	.247	68	255	31	63	18	0	7	28	14	39	2
Sellick, John, 1b	.245	116	387	57	95	18	2	18	63	43	109	3
#Shireman, Jeff, 2b-ss	.242	117	368	49	89	12	1	1	28	48	63	5
White, Charlie, of	.237	107	329	33	78	16	3	2	30	33	62	11

PITCHING	W	L	ERA	G	GS	CG	SV	IP	H	R	ER	BB	SO
*Cassidy, David	2	2	7.62	6	6	0	0	28	44	26	24	15	15
Clark, Mark	5	5	4.00	15	15	4	0	92	99	50	41	30	76
Compres, Fidel	4	2	3.94	27	0	0	9	32	37	17	14	12	18
*Corona, John	0	2	4.45	27	0	0	0	30	26	15	15	21	23
Ericks, John	5	14	4.77	25	25	1	0	140	138	94	74	84	103
Faccio, Luis	7	8	3.76	20	16	0	1	105	102	50	44	39	74
*Gonzales, Todd	0	1	3.86	3	1	0	0	9	6	4	4	10	5
Kisten, Dale	1	5	6.57	36	0	0	1	49	66	39	36	40	41
*Lepley, John	1	2	4.41	16	0	0	0	16	17	8	8	14	7
Majer, Steffen	4	6	4.44	34	12	1	0	97	91	59	48	57	72
Milchin, Mike	3	2	3.06	6	6	1	0	35	27	13	12	8	38
*Osborne, Donovan	8	12	3.63	26	26	3	0	166	178	82	67	43	130
Ozuna, Gabe	0	2	6.08	17	0	0	2	24	26	20	16	15	25
Plemel, Lee	1	3	3.30	53	1	1	3	85	87	41	31	25	57
*Richardson, Dave	1	2	2.51	12	0	0	2	14	14	5	4	3	12
Salvior, Troy	0	2	6.27	13	0	0	4	19	24	18	13	10	13
Stone, Brian	0	1	7.11	2	2	0	0	6	9	6	5	6	6
Weese, Dean	0	1	9.61	14	0	0	0	20	27	23	21	14	15
Wiseman, Denny	6	15	4.16	26	26	2	0	149	167	86	69	35	72

ST. PETERSBURG A
FLORIDA STATE LEAGUE

BATTING	AVG	G	AB	R	H	2B	3B	HR	RBI	BB	SO	SB
Beanblossom, Brad, 2b-ss	.254	125	508	57	129	28	3	2	30	45	62	10
#Campas, Mike, 3b	.245	35	94	10	23	0	0	1	8	20	15	2
Cromer, Tripp, ss	.204	43	137	11	28	3	1	0	10	9	17	0
Ellis, Paul, c	.204	119	402	26	82	11	0	6	42	52	34	0
Fanning, Steve, 3b	.222	53	189	19	42	7	1	2	14	29	27	1
*Federico, Joe, 1b-dh	.250	11	28	6	7	2	0	1	3	5	8	0
Gale, Bill, of	.222	24	18	7	4	0	0	0	1	2	8	2
Gonzales, Rich, dh-of	.204	34	98	5	20	6	0	0	2	7	26	0
Hamlin, Jonas, 1b	.210	121	442	36	93	23	4	4	45	24	107	1
Herrera, Ezequiel, of	.243	121	465	31	113	11	5	0	28	16	72	1
Langiotti, Fred, c	.197	31	61	6	12	3	0	0	2	4	8	0
*Lewis, Anthony, of	.230	124	435	40	100	17	7	6	43	50	101	5
MacArthur, Mark, 2b	.167	4	6	0	1	0	0	0	0	0	2	0
Nunez, Mauricio, dh	.250	16	56	2	14	3	0	0	6	2	10	2
Ochs, Tony, 3b-of	.241	84	257	21	62	5	0	0	13	40	52	8
Pimentel, Wander, ss	.142	80	261	14	37	7	0	0	7	8	56	1
Savinon, Odalis, of-dh	.272	28	92	11	25	4	1	0	7	12	18	1
Tahan, Kevin, dh-1b	.130	13	46	4	6	0	0	0	1	4	10	0
*Thomas, John, c	.298	116	433	52	129	14	10	3	46	36	71	9
Thomas, Orlando, c-1b	.353	8	17	5	6	0	0	0	2	4	5	0
Torres, Gilberto, dh-of	.252	39	111	5	28	3	0	0	6	9	20	1
Trujillo, Jose, 3b-2b	.231	34	117	13	27	4	0	1	11	18	9	3
Vargas, Victor, 3b-2b	.107	12	28	0	3	0	0	0	1	3	8	1

PITCHING	W	L	ERA	G	GS	CG	SV	IP	H	R	ER	BB	SO
Baker, Ernie	0	4	4.34	38	1	1	0	66	66	36	32	30	31
*Baker, Scott	3	9	4.42	19	16	1	0	94	98	47	46	42	50
*Cassidy, David	3	9	3.05	21	21	2	0	133	131	51	45	18	73
*Corona, John	2	1	2.89	15	0	0	0	19	17	8	6	8	12

PITCHING	W	L	ERA	G	GS	CG	SV	IP	H	R	ER	BB	SO
*Dixon, Steve	5	4	3.78	53	0	0	1	64	54	32	27	24	54
Faccio, Luis	3	5	3.04	8	8	1	0	53	44	21	18	15	40
Gorton, Chris	2	4	3.07	53	0	0	1	73	71	32	25	24	58
Green, Daryl	5	10	4.63	26	23	2	0	128	138	75	66	43	92
Hinkle, Mike	0	1	3.60	1	1	0	0	5	7	3	2	0	2
Lata, Tim	0	1	2.93	10	0	0	0	15	15	5	5	11	10
*Nielsen, Kevin	0	1	5.06	1	1	0	0	5	7	5	3	2	4
Ozuna, Gabe	2	3	0.82	31	0	0	13	44	27	9	4	12	44
Salvior, Troy	2	3	2.58	38	0	0	9	52	39	20	15	18	41
Shackle, Rick	8	9	2.65	21	21	2	0	129	125	44	38	36	94
Smith, Mark	2	4	4.52	20	7	0	0	64	61	37	32	19	69
*Urbani, Tom	8	7	2.35	19	19	2	0	119	109	39	31	25	64
*Weber, Ron	2	9	5.38	18	13	0	0	75	84	50	45	40	38

SPRINGFIELD   A

MIDWEST LEAGUE

BATTING	AVG	G	AB	R	H	2B	3B	HR	RBI	BB	SO	SB
#Andujar, Juan, ss	.180	27	100	14	18	3	2	0	6	3	23	7
#Aversa, Joe, ss-2b	.234	78	184	19	43	2	0	1	14	43	37	5
Banton, Scott, of	.167	82	186	27	31	2	3	3	13	43	41	6
*Beasley, Andy, c	.284	100	338	40	96	15	1	12	60	45	82	1
Calzado, Johnny, 1b-of	.236	111	394	36	93	14	0	10	45	28	119	3
Coleman, Paul, of	.185	45	178	9	33	5	1	2	14	1	49	0
*Dempsey, John, c	.180	36	100	3	18	1	1	1	7	5	20	0
#Donald, Tremayne, of	.250	77	292	36	73	8	1	0	22	34	45	38
Duran, Ignacio, 3b	.233	118	443	53	103	12	2	11	42	18	124	3
*Fayne, Jeff, of-of	.245	78	241	23	59	12	0	1	24	31	56	5
Gale, Bill, of-dh	.250	6	16	1	4	1	0	0	1	1	8	0
Holbert, Aaron, ss	.223	59	215	22	48	5	1	1	24	15	28	5
Ozuna, Mateo, 2b	.252	115	437	69	110	11	4	3	35	46	39	78
*Rodriguez, Ahmed, 3b-2b	.231	57	169	18	39	6	1	2	24	6	51	1
*Rodriguez, Beto, 1b	.283	79	244	34	69	6	0	6	18	54	52	0
Savinon, Odalis, of	.249	59	205	23	51	5	0	1	9	15	44	7
Tahan, Kevin, 1b-dh	.263	97	323	43	85	22	4	7	48	49	50	2
Thomas, Orlando, c	.095	9	21	3	2	0	0	0	4	2	8	0
Vargas, Victor, 3b-2b	.108	15	37	2	4	2	0	0	2	3	7	0
*Velez, Jose, of	.241	116	410	46	99	10	3	0	35	15	49	10

PITCHING	W	L	ERA	G	GS	CG	SV	IP	H	R	ER	BB	SO
Anderson, Paul	9	14	3.71	27	27	5	0	175	171	98	72	38	109
Arias, Jose	0	4	8.36	7	5	0	0	28	35	28	26	17	14
Barreiro, Fernando	0	0	4.26	6	0	0	0	13	14	8	6	11	10
*Botkin, Alan	5	6	3.27	39	3	0	0	63	53	31	23	29	52
Bowlan, Mark	6	11	4.49	28	20	2	0	134	136	75	67	62	97
Cimorelli, Frank	8	14	3.38	29	29	3	0	192	202	94	72	51	98
Eaton, Dann	2	1	6.11	23	2	0	0	53	59	50	36	39	53
Espinal, Willie	2	3	5.24	39	0	0	0	57	57	44	33	55	38
Fletcher, Dennis	3	6	3.95	56	0	0	2	73	76	34	32	21	99
Hammond, Allan	1	1	11.70	3	2	0	0	10	13	13	13	7	4
Keller, Clyde	5	0	0.75	45	0	0	32	60	30	6	5	18	76
Lata, Tim	0	3	11.21	5	1	0	0	18	31	28	22	12	8
Lucchetti, Larry	1	4	7.55	11	10	0	0	48	55	47	40	46	25
*Nielsen, Kevin	10	9	3.11	26	26	3	0	171	152	76	59	47	142
*Norris, David	2	0	4.03	12	0	0	0	22	19	19	10	21	6
*Romanoli, Paul	1	1	1.78	16	0	0	0	30	24	10	6	12	37
*Urbani, Tom	3	2	2.08	8	8	0	0	48	45	20	11	6	42

SAVANNAH   A

SOUTH ATLANTIC LEAGUE

BATTING	AVG	G	AB	R	H	2B	3B	HR	RBI	BB	SO	SB
#Andujar, Juan, ss	.213	100	320	40	68	9	5	3	29	28	80	27
Ballara, Juan, c	.000	3	7	0	0	0	0	0	0	0	3	0
Battle, Allen, of	.243	48	169	28	41	7	1	0	20	27	34	12
*Bradshaw, Terry, of	.237	132	443	91	105	17	1	7	42	99	118	65
Bruce, Andy, 3b	.184	20	76	6	14	4	0	1	6	4	27	0
#Campas, Mike, 3b-2b	.206	54	180	32	37	9	0	1	22	34	44	2
#Ealy, Tracey, of	.224	112	380	48	85	11	2	1	28	48	85	31
Einhorn, Scott, dh-1b	.216	67	194	29	42	9	2	4	24	18	47	3
Eldridge, Rod, 1b	.237	126	451	53	107	29	0	9	64	38	83	3
Gonzales, Rich, of-dh	.242	64	240	34	58	10	1	4	37	26	40	5
Jackson, Miccal, 2b	.214	65	173	22	37	6	0	1	18	36	40	8
Jenkins, Anthony, of-dh	.233	51	150	25	35	5	1	4	15	32	60	9
*Jordan, Tim, of	.195	74	210	19	41	4	0	2	22	22	43	4
Landinez, Carlos, 2b-3b	.148	46	128	19	19	1	0	0	7	19	40	7
*Mabry, John, of	.233	22	86	10	20	6	1	0	8	7	12	1
MacArthur, Mark, 3b	.160	59	187	20	30	7	0	0	12	17	53	12
Page, Sean, 1b-of	.123	26	73	4	9	3	0	1	3	5	28	0
Perez, Jesus, ss-2b	.098	25	51	4	5	1	0	0	2	8	13	0
Pimentel, Wander, ss	.278	27	90	10	25	5	1	0	8	7	15	1
*Ronan, Marc, c	.236	108	343	39	81	10	1	0	45	38	54	11
#Silver, Roy, dh	.167	23	60	5	10	1	0	1	12	5	3	1
Spivey, Jim, c	.178	28	73	6	13	1	0	0	3	7	30	0
*Taylor, Mark, c	.240	44	96	14	23	6	1	1	14	18	24	0
Trujillo, Jose, 2b	.288	65	222	31	64	10	0	2	35	56	20	14

ORGANIZATION LEADERS

BATTING
*AVG	John O'Brien, Hamilton	.308
R	Terry Bradshaw, Savannah	90
H	Stan Royer, Louisville	133
TB	Stan Royer, Louisville	216
2B	Mike Fiore, Arkansas	31
3B	John Thomas, St. Petersburg	10
HR	John Sellick, Arkansas	18
RBI	Stan Royer, Louisville	74
SB	Mateo Ozuna, Springfield	78

PITCHING
W	Tom Urbani, Spring.-St. Pete	11
L	Denny Wiseman, Arkansas	15
†ERA	Mark Grater, Louisville	2.02
G	Roy Bailey, Savannah	73
CG	Three tied at	5
SV	Clyde Keller, Springfield	32
IP	Frank Cimorelli, Springfield	192
BB	John Ericks, Arkansas	84
SO	Kevin Nielsen, St. Petersburg	146

Stan Royer
... 133 H, 74 RBIs

Minor Leaguers Only   *Minimum 250 At-Bats   †Minimum 75 Innings

PITCHING	W	L	ERA	G	GS	CG	SV	IP	H	R	ER	BB	SO
Bailey, Roy	8	2	2.49	73	0	0	0	87	65	28	24	33	78
*Baker, Scott	2	3	2.89	8	8	0	0	47	42	27	15	25	41
*Creek, Doug	2	1	4.45	5	5	0	0	28	24	14	14	17	32
*Eversgerd, Bryan	1	5	3.47	72	0	0	1	93	71	43	36	34	97
*Fusco, Tom	4	1	4.60	33	1	0	1	59	44	37	30	49	56
Gaston, Russ	2	3	4.91	9	8	0	0	37	42	20	20	17	19
Glover, Greg	1	3	7.56	8	5	0	0	25	29	28	21	20	25
Hammond, Allan	4	8	5.21	13	13	0	0	66	63	42	38	50	52
Jolley, Mike	5	5	4.87	23	11	0	0	81	101	63	44	32	48
Kelly, John	6	5	1.38	56	0	0	30	59	43	14	9	16	62
*Kinney, Tom	5	8	3.99	17	17	2	0	106	120	61	47	29	55
Lata, Tim	1	0	3.00	1	1	0	0	6	3	2	2	1	7
Lopez, Jose	2	6	4.16	21	13	0	0	76	85	57	35	29	38
McGarity, Jeremy	7	12	3.44	27	27	5	0	175	144	80	67	75	100
Speek, Frank	0	4	2.42	48	2	0	0	78	57	31	21	37	78
*Spiller, Derron	8	7	4.32	18	18	1	0	106	102	62	51	32	77
Tomso, Matt	0	1	2.45	5	0	0	0	7	3	2	2	3	3
*Watson, Allen	1	1	3.95	3	3	0	0	14	16	7	6	8	12
*Weber, Ron	2	2	5.83	7	6	0	0	29	37	24	19	15	25

HAMILTON A

NEW YORK-PENN LEAGUE

BATTING	AVG	G	AB	R	H	2B	3B	HR	RBI	BB	SO	SB
Black, Keith, 2b-ss	.243	51	136	15	33	5	1	1	10	15	28	8
Blanton, Garrett, of	.283	20	60	12	17	3	0	1	9	13	16	1
Bohrofen, Brent, of	.215	51	149	14	32	11	0	2	18	11	41	5
Cantu, Mike, dh-1b	.307	68	225	25	69	19	0	7	51	29	52	2
Cholowsky, Dan, 2b-3b	.232	20	69	9	16	1	1	1	6	9	17	6
Davenport, Jim, of	.178	35	90	14	16	5	1	1	6	9	39	2
DiFelice, Mike, c	.210	43	157	10	33	5	0	4	15	9	40	1
#Ellsworth, Ben, 2b	.202	43	119	10	24	5	1	0	8	11	20	2
French, Ron, of	.188	51	138	23	26	7	0	1	8	21	41	14
Mabry, John, of	.310	49	187	25	58	11	0	1	31	17	18	9
Mediavilla, Rick, of	.222	58	225	34	50	14	2	2	21	19	27	15
*Meza, Larry, 3b	.228	75	281	46	64	6	2	0	26	33	35	12
O'Brien, John, 1b	.308	77	286	44	88	23	1	10	44	34	64	3
*Taylor, Gary, of	.240	45	100	21	24	3	0	0	14	32	18	2
*Turvey, Joe, c	.174	38	132	12	23	1	1	0	14	11	36	1
Warner, Ron, ss	.301	71	219	31	66	11	3	1	20	28	43	9

PITCHING	W	L	ERA	G	GS	CG	SV	IP	H	R	ER	BB	SO
Arias, Jose	0	2	2.45	2	2	0	0	11	11	5	3	3	7
Badorek, Mike	2	5	2.70	13	11	1	0	63	56	33	19	30	48
*Beltran, Rigo	5	2	2.63	21	4	0	0	48	41	17	14	19	69
Boone, Antonio	1	0	4.50	20	1	0	0	22	16	13	11	14	12
Brumley, Duff	2	6	3.64	15	15	0	0	89	90	49	36	24	80
Castaldo, Joe	1	2	7.13	17	1	0	0	24	31	26	19	15	11
*Creek, Doug	3	2	5.12	9	9	5	0	1	39	39	22	22	18	45
Degrasse, Tim	0	2	2.93	17	2	0	0	28	33	19	9	11	17
Frascatore, John	2	7	9.20	30	1	0	1	30	44	38	31	22	18
Hisey, Jason	4	4	3.74	26	0	0	8	34	32	22	14	6	46
Longaker, Scott	0	2	3.76	18	0	0	0	26	26	17	11	10	23
*Lucero, Kevin	1	0	3.79	31	0	0	4	36	28	19	15	18	46
Pasquale, Jeff	1	0	0.79	9	0	0	2	11	8	2	1	6	10
*Simmons, Scott	6	4	2.59	15	14	0	0	90	82	34	26	25	78
Tanderys, Jeff	6	3	3.16	16	13	0	0	77	61	36	27	36	43
*Watson, Allen	1	1	2.52	8	8	0	0	39	22	15	11	17	46

JOHNSON CITY   R
APPALACHIAN LEAGUE

BATTING	AVG	G	AB	R	H	2B	3B	HR	RBI	BB	SO	SB
Battle, Allen, of	.387	17	62	26	24	6	1	0	7	14	6	7
Borzello, Mike, c	.333	3	3	0	1	1	0	0	0	0	1	0
Bruce, Andy, 3b-dh	.283	50	198	34	56	21	0	0	9	42	13	50
#Colon, Hector, of	.241	39	54	9	13	0	0	0	3	13	16	1
#Deak, Darrel, 2b	.302	66	215	43	65	23	2	9	33	42	44	1
*Dempsey, John, c	.234	49	145	13	34	8	0	0	18	13	36	0
*Dudek, Steve, dh	.167	36	72	9	12	3	1	0	8	14	17	1
Eicher, Mike, of-dh	.273	8	22	5	6	1	0	0	1	4	4	1
#Feoli, Mike, of	.154	7	13	2	2	0	0	0	1	0	3	0
Gilligan, Lawrence, ss	.253	47	87	15	22	4	3	1	9	7	14	2
Jackson, Miccal, 2b-dh	.158	10	19	2	3	0	0	0	1	5	0
*Jones, Keith, of	.281	66	228	43	64	13	2	3	31	29	35	21
*Jordan, Tim, of	.000	8	13	1	0	0	0	0	0	3	3	0
*McKinnon, Tom, p-dh	.167	7	6	0	1	1	0	0	0	0	4	0
Merritt, Joseph, c	.250	5	8	2	2	0	0	0	0	1	3	0
Milne, Blaine, c	.263	10	19	2	5	1	0	0	3	1	2	0
Murray, Pat, 1b	.120	30	50	8	6	1	0	1	3	8	22	1
*Radziewicz, Doug, 1b	.289	62	201	31	58	15	2	4	28	25	18	1
Shabazz, Basil, of	.205	40	117	18	24	3	0	0	11	15	38	4
*Stovall, Darond, of	.142	48	134	16	19	2	2	0	5	23	63	9
Ugueto, Jesus, ss	.187	55	166	16	31	8	0	1	22	14	45	0
*Vlasis, Chris, of	.267	48	116	26	31	4	2	2	11	22	26	8
*Williams, Eddie, c	.314	18	51	7	16	3	1	2	10	14	15	3
#Young, Dmitri, 3b	.256	37	129	22	33	10	0	2	22	21	28	2

PITCHING	W	L	ERA	G	GS	CG	SV	IP	H	R	ER	BB	SO
Arias, Jose	4	3	3.55	8	8	3	0	58	48	28	23	13	61
Avram, Brian	4	0	5.04	18	0	0	0	30	29	22	17	15	25
Barber, Brian	4	6	5.40	14	13	0	0	73	62	48	44	38	84
Chasin, Dave	2	3	2.93	16	0	0	0	28	17	11	9	10	26
Cochran, Jim	1	0	3.00	15	0	0	2	24	17	9	8	6	32
Gaston, Russ	1	4	4.29	8	6	1	0	36	33	22	17	15	35
Glover, Greg	2	0	5.03	4	4	0	0	20	21	11	11	9	25
Gonzalez, Cecilio	6	3	4.41	12	12	2	0	69	72	41	34	16	50
Hurst, Bill	0	0	10.80	2	0	0	0	2	0	2	2	2	2
Jeffcoat, Mike	0	0	6.75	2	0	0	0	1	2	1	1	1	2
Jones, Steve	3	4	1.47	24	5	1	2	61	42	16	10	16	61
Lucchetti, Larry	3	0	1.09	4	4	0	0	25	11	4	3	10	22
McKinnon, Tom	0	0	3.52	5	2	0	0	8	2	3	3	9	3
Rodriguez, Manuel	1	0	4.19	13	0	0	0	19	19	11	9	6	7
*Romanoli, Paul	2	0	0.77	8	0	0	0	12	7	1	1	4	19
Santos, Jerry	2	0	2.23	24	0	0	14	32	25	8	8	5	55
Slininger, Dennis	4	3	3.25	13	12	0	0	64	47	28	23	37	49
*Tranbarger, Mark	1	0	2.25	4	0	0	0	8	11	7	2	0	6

PEORIA   R
ARIZONA LEAGUE

BATTING	AVG	G	AB	R	H	2B	3B	HR	RBI	BB	SO	SB
Ballara, Juan, c	.216	53	185	25	40	7	5	3	26	20	61	1
Borzello, Mike, 3b-c	.222	9	18	3	4	2	0	0	2	2	2	0
Callicot, Chris, ss-2b	.209	41	115	19	24	2	1	1	12	11	30	4
Cerio, Steve, c-inf	.359	56	223	44	80	16	1	9	48	28	32	4
Eicher, Mike, of	.295	48	183	33	54	5	6	2	31	24	26	0
Henry, Antoine, of	.263	42	160	40	42	5	0	0	15	33	33	12
Llanos, Victor, dh-3b	.250	42	168	24	42	14	0	0	23	13	46	0
#Mota, Santo, ss	.238	26	101	16	24	3	1	0	10	11	17	12
Robinson, Alan, of	.246	50	138	30	34	2	2	0	15	26	26	14
*Slattery, Don, of-3b	.244	53	172	28	42	7	2	1	20	42	27	2
Strehlow, Robert, of	.200	29	60	7	12	1	0	1	5	8	20	1
Sumner, Chad, 3b-ss	.281	38	146	23	41	5	3	2	26	18	25	2
Ugueto, Hector, 2b	.207	54	179	30	37	6	1	0	13	29	49	4
*Underwood, Curt, 1b	.301	52	183	28	55	9	0	8	35	21	28	0
Walton, Shelby, of	.250	4	12	1	3	0	0	0	2	1	4	0

PITCHING	W	L	ERA	G	GS	CG	SV	IP	H	R	ER	BB	SO
*Balke, Peter	0	2	17.05	5	0	0	0	6	10	12	12	14	5
Busby, Mike	4	3	3.51	11	11	0	0	59	67	35	23	29	71
Davis, Clint	3	3	5.74	21	0	0	0	27	35	23	17	12	25
Davis, Ray	2	3	6.75	11	10	0	0	55	71	47	41	24	31
Dillman, Jeff	1	1	6.18	15	1	0	0	28	44	25	19	6	28
Guyton, Duffy	0	1	8.89	13	0	0	0	26	28	26	12	12
Jeffcoat, Mike	2	2	6.08	21	0	0	1	27	24	21	18	8	32
Koneman, Troy	1	2	4.97	28	0	0	16	29	32	20	16	14	32
Lindauer, Dirk	3	1	4.33	19	1	0	0	35	33	18	17	24	36
Marchesi, Jim	4	3	4.22	12	12	0	0	64	89	45	30	18	49
McKinnon, Tom	0	0	19.13	3	3	0	0	8	9	20	17	16	5
Miller, Eric	2	1	1.96	15	1	0	0	23	23	7	5	7	27
Smith, Chad	3	2	3.72	14	10	0	0	68	67	39	28	11	54
Spencer, Charles	1	5	9.44	10	10	0	0	41	45	48	43	48	32
*Tranbargar, Mark	3	0	1.23	23	0	0	0	29	22	5	4	4	37

SAN DIEGO PADRES

Manager: Greg Riddoch.
1991 Record: 84-78, .519 (3rd, NL West).

BATTING	AVG	G	AB	R	H	2B	3B	HR	RBI	BB	SO	SB
Abner, Shawn	.165	53	115	15	19	4	1	1	5	7	25	0
*Aldrete, Mike	.000	12	15	2	0	0	0	0	1	3	4	0
*Azocar, Oscar	.246	38	57	5	14	2	0	0	9	1	9	2
Barrett, Marty	.188	12	16	1	3	1	0	1	3	0	3	0
Bilardello, Dann	.269	15	26	4	7	2	1	0	5	3	4	0
Clark, Jerald	.228	118	369	26	84	16	0	10	47	31	90	2
Coolbaugh, Scott	.217	60	180	12	39	8	1	2	15	19	45	0
Dorsett, Brian	.083	11	12	0	1	0	0	0	1	0	3	0
Faries, Paul	.177	57	130	13	23	3	1	0	7	14	21	3
#Fernandez, Tony	.272	145	558	81	152	27	5	4	38	55	74	23
*Gwynn, Tony	.317	134	530	69	168	27	11	4	62	34	19	8
#Howard, Tom	.249	106	281	30	70	12	3	4	22	24	57	10
*Howell, Jack	.206	58	160	24	33	3	1	6	16	18	33	0
Jackson, Darrin	.262	122	359	51	94	12	1	21	49	27	66	5
*Lampkin, Tom	.190	38	58	4	11	3	1	0	3	3	9	0
*McGriff, Fred	.278	153	528	84	147	19	1	31	106	105	135	4
#Mota, Jose	.222	17	36	4	8	0	0	0	2	2	7	0
Presley, Jim	.136	20	59	3	8	0	0	1	5	4	16	0
#Roberts, Bip	.281	117	424	66	119	13	3	3	32	37	71	26
Santiago, Benito	.267	152	580	60	155	22	3	17	87	23	114	8
#Shipley, Craig	.275	37	91	6	25	3	0	1	6	2	14	0
*Stephenson, Phil	.286	11	7	0	2	0	0	0	0	2	3	0
#Templeton, Garry	.193	32	57	5	11	1	1	1	6	1	9	0
Teufel, Tim	.228	97	307	39	70	16	0	11	42	49	69	8
Vatcher, Jim	.200	17	20	3	4	0	0	0	2	4	6	1
Ward, Kevin	.243	44	107	13	26	7	2	2	8	9	27	1

PITCHING	W	L	ERA	G	GS	CG	SV	IP	H	R	ER	BB	SO
Andersen, Larry	3	4	2.30	38	0	0	13	47	39	13	12	13	40
Benes, Andy	15	11	3.03	33	33	4	0	223	194	76	75	59	167
Bones, Ricky	4	6	4.83	11	11	0	0	54	57	33	29	18	31
*Clements, Pat	1	0	3.77	12	0	0	0	14	13	8	6	9	8
Costello, John	1	0	3.09	27	0	0	0	35	37	15	12	17	24
Gardner, Wes	0	1	7.08	14	0	0	1	20	27	16	16	12	9
*Hammaker, Atlee	0	1	5.79	11	1	0	0	5	8	7	3	3	1
Harris, Greg W.	9	5	2.23	20	20	3	0	133	116	42	33	27	95
Hernandez, Jeremy	0	0	0.00	9	0	0	2	14	8	1	0	5	9
*Hurst, Bruce	15	8	3.29	31	31	4	0	222	201	89	81	59	141
*Lefferts, Craig	1	6	3.91	54	0	0	23	69	74	35	30	14	48
Lewis, Jim	0	0	4.15	12	0	0	0	13	14	7	6	11	10
*Lilliquist, Derek	0	2	8.79	6	2	0	0	14	25	14	14	4	7
Maddux, Mike	7	2	2.46	64	1	0	5	99	78	30	27	27	57
Melendez, Jose	8	5	3.27	31	9	0	3	94	77	35	34	24	60
*Nolte, Eric	3	2	11.05	6	6	0	0	22	37	27	27	10	15
Peterson, Adam	3	4	4.45	13	11	0	0	55	50	33	27	28	37
*Rasmussen, Dennis	6	13	3.74	24	24	1	0	147	155	74	61	49	75
*Rodriguez, Rich	3	1	3.26	64	1	0	0	80	66	31	29	44	40
*Rosenberg, Steve	1	1	6.94	10	0	0	0	12	11	9	9	5	6
Scott, Tim	0	0	9.00	2	0	0	0	1	2	2	1	0	1
Whitson, Ed	4	6	5.03	13	12	2	0	79	93	47	44	17	40

FIELDING

Catcher	PCT	G	PO	A	E
Bilardello	1.000	13	59	6	0
Lampkin	1.000	11	49	5	0
Santiago	.985	151	830	100	14

First Base	PCT	G	PO	A	E
*Azocar	1.000	1	5	0	0
Clark	.989	16	85	5	1
Dorsett	1.000	2	4	1	0
*McGriff	.990	153	1370	87	14

Second Base	PCT	G	PO	A	E
Barrett	1.000	2	7	4	0
Faries	.988	36	67	92	2
Mota	.962	13	24	27	2
Roberts	.978	68	128	185	7
Shipley	.982	14	18	36	1
Teufel	.987	65	101	122	3

Third Base	PCT	G	PO	A	E
Barrett	1.000	2	0	2	0
Coolbaugh	.952	54	32	108	7
Faries	1.000	12	5	13	0
Howell	.985	54	33	98	2

	PCT	G	PO	A	E
Presley	.923	16	13	23	3
Templeton	.950	15	2	17	1
Teufel	.944	48	28	74	6

Shortstop	PCT	G	PO	A	E
Faries	1.000	8	8	12	0
Fernandez	.972	145	247	440	20
Mota	.750	3	1	2	1
Shipley	.902	19	21	34	6
Templeton	1.000	1	1	0	0

Outfield	PCT	G	PO	A	E
Abner	1.000	39	86	1	0
*Aldrete	1.000	5	7	1	0
*Azocar	.875	13	14	0	2
Clark	.994	96	160	5	1
*Gwynn	.990	134	291	8	3
Howard	.995	86	182	4	1
Jackson	.992	98	243	2	2
Roberts	.974	46	111	0	3
Santiago	.000	1	0	0	0
Vatcher	.900	11	8	1	1
Ward	.982	33	54	0	1

PADRES FARM SYSTEM

Class	Club	League	W	L	Pct.	Manager
AAA	Las Vegas	Pacific Coast	65	75	.464	Jim Riggleman
AA	Wichita	Texas	71	64	.526	Steve Lubratich
A	High Desert	California	73	63	.537	Bruce Bochy
A	Waterloo	Midwest	75	63	.543	Bryan Little
A	Charleston, S.C.	South Atlantic	69	72	.489	Dave Trembley
A	Spokane	Northwest	24	52	.316	Gene Glynn
Rookie	Scottsdale	Arizona	31	29	.517	Ken Berry

LAS VEGAS — AAA

PACIFIC COAST LEAGUE

BATTING	AVG	G	AB	R	H	2B	3B	HR	RBI	BB	SO	SB
*Azocar, Oscar, of-1b	.296	107	361	51	107	23	3	7	50	21	26	4
Barrett, Marty, 2b	.319	14	47	5	15	4	1	0	4	11	3	0
Bilardello, Dann, c-3b	.314	44	140	17	44	13	1	4	29	9	19	2
Coolbaugh, Scott, 3b	.287	60	209	29	60	9	2	7	29	34	53	2
Diaz, Edgar, ss-2b	.232	24	56	6	13	0	1	0	4	5	4	1
Dorsett, Brian, c-1b	.307	62	215	36	66	13	1	13	38	17	43	0
Faries, Paul, ss	.307	20	75	16	23	2	1	1	12	12	5	7
Hawks, Larry, of	.500	1	4	0	2	0	0	0	0	2	0	0
*Higgins, Kevin, Inf-of	.288	130	403	53	116	12	4	3	45	47	38	2
Hillemann, Charlie, of	.283	15	46	5	13	1	0	3	5	2	9	0
#Howard, Thomas, of	.309	25	94	22	29	3	1	2	16	10	16	11
Jelic, Chris, of-1b	.275	49	91	23	25	5	1	3	23	26	17	1
*Kelley, Dean, 2b	.253	84	221	33	56	13	3	1	24	17	47	6
*Lampkin, Tom, c	.317	45	164	25	52	11	1	2	29	10	19	2
McWilliam, Tim, of	.200	2	5	1	1	0	0	0	0	0	0	0
#Mota, Jose, 2b-ss	.289	107	377	56	109	10	2	1	37	54	48	15
Romero, Ed, ss	.284	28	74	16	21	4	0	1	14	13	9	1
#Shipley, Craig, ss	.300	65	230	27	69	9	5	5	34	10	32	2
Staton, Dave, 1b-3b	.267	107	375	61	100	19	1	22	74	44	89	1
Stephenson, Phil, dh	.222	7	18	1	4	0	1	0	0	5	1	0
Taylor, Will, of	.259	125	468	82	121	11	5	4	33	56	101	62
Vatcher, Jim, of	.266	117	395	67	105	28	6	17	67	53	76	4
Walters, Dan, c	.317	96	293	39	93	22	0	4	44	22	35	0
Ward, Kevin, of	.322	83	276	51	89	17	6	6	43	58	53	10

PITCHING	W	L	ERA	G	GS	CG	SV	IP	H	R	ER	BB	SO
Bones, Ricky	8	6	4.22	23	23	1	0	136	155	90	64	43	95
*Clements, Pat	0	0	6.75	11	0	0	0	12	15	9	9	5	4
Costello, John	1	2	2.15	17	0	0	3	29	31	16	7	7	24
Gilmore, Terry	2	7	6.90	26	10	0	0	73	128	66	56	17	52
*Hammaker, Atlee	0	0	6.46	3	3	0	0	15	21	11	11	3	9
Harris, Greg	1	2	7.40	4	4	0	0	21	24	20	17	8	16
Hernandez, Jeremy	4	8	4.74	56	0	0	13	68	76	36	36	25	67
*Lambert, Reese	1	0	3.86	11	2	0	0	28	24	12	12	12	21
Lewis, Jim	6	3	3.38	48	0	0	3	85	93	41	32	34	76
*Lilliquist, Derek	4	6	5.38	33	14	0	2	105	142	79	63	33	89
McCament, Randy	2	1	6.85	30	0	0	0	47	61	42	36	19	15
Melendez, Jose	7	0	3.99	9	8	1	0	59	54	27	26	11	45
Peterson, Adam	2	2	4.50	8	8	0	0	42	41	25	21	20	37
*Price, Joe	2	1	2.19	26	0	0	1	25	16	9	6	15	24
*Rasmussen, Dennis	1	3	5.47	5	5	1	0	26	23	18	16	15	12
*Rosenberg, Steve	2	4	7.54	36	8	0	0	68	95	62	57	20	61
Sager, A.J.	7	5	4.71	18	18	3	0	109	127	63	57	20	61
Scott, Tim	8	8	5.19	41	11	0	0	111	133	78	64	39	74
Smithberg, Roger	3	7	6.61	17	15	1	0	79	112	65	58	33	34
Valdez, Rafael	0	2	5.94	5	5	0	0	17	22	13	11	16	9
Wood, Brian	3	8	5.74	47	6	0	2	69	73	48	44	39	68

WICHITA — AA

TEXAS LEAGUE

BATTING	AVG	G	AB	R	H	2B	3B	HR	RBI	BB	SO	SB
Basso, Mike, c	.242	51	165	17	40	10	0	3	26	22	33	0
*Cisarik, Brian, of-1b	.284	115	384	68	109	24	3	5	52	66	65	27
Conley, Greg, c	.308	22	65	7	20	3	0	1	10	4	17	2
*David, Greg, c-3b	.255	90	306	42	78	11	0	6	46	41	42	5
#Harris, Vince, of	.286	112	381	78	109	12	1	0	39	63	45	48
Hillemann, Charles, of	.268	84	291	45	78	19	1	7	44	29	83	9
Kuld, Pete, c	.206	29	97	6	20	2	0	2	8	6	21	1
#Lopez, Luis, 2b	.268	125	452	43	121	17	1	1	41	18	70	6
McWilliam, Tim, of-dh	.296	94	307	49	91	20	1	7	56	34	45	1
Redington, Tom, 3b	.284	116	394	54	112	23	0	5	57	67	66	2
*Sherman, Darrell, of	.295	131	502	93	148	17	3	3	48	74	28	43
*Stephenson, Phil, dh	.471	12	34	4	16	5	0	0	8	6	2	0
#Valentin, Jose, ss	.251	129	447	73	112	22	5	17	68	55	115	8
*Velasquez, Guillermo, 1b	.295	130	501	72	148	26	3	21	100	48	75	4
*Wallace, Tim, 2b-ss	.238	35	101	5	24	5	0	1	9	8	17	1

PITCHING	W	L	ERA	G	GS	CG	SV	IP	H	R	ER	BB	SO
Brocail, Doug	10	7	3.87	34	16	3	6	146	147	77	63	43	108
*Bryand, Renay	3	2	3.09	37	1	0	1	55	53	23	19	14	34

PITCHING	W	L	ERA	G	GS	CG	SV	IP	H	R	ER	BB	SO
Chavez, Rafael	3	0	5.20	38	0	0	3	71	80	54	41	41	49
Cunningham, Everett	0	2	8.17	16	0	0	0	25	31	27	23	13	23
Davis, Rick	5	6	3.98	50	0	0	13	72	82	36	32	19	57
*Galindez, Luis	2	8	6.41	17	17	0	0	86	116	73	61	43	43
Gilmore, Terry	1	2	6.04	9	2	0	0	25	28	19	17	7	18
Hammaker, Atlee	0	1	3.52	5	0	0	0	8	10	3	3	0	9
Haslock, Chris	0	0	6.62	10	1	0	0	18	21	19	13	13	9
Hilton, Howard	3	1	4.78	26	0	0	3	38	37	26	20	11	22
*Knox, Kerry	4	4	4.91	28	15	1	0	114	133	72	62	36	51
Lewis, Jim	0	0	0.00	2	0	0	1	3	4	2	0	4	3
*Martinez, Pedro	11	10	5.23	26	26	3	0	157	169	99	91	57	95
Reichle, Darrin	4	3	5.02	14	14	0	0	57	63	37	32	27	32
Sager, A.J.	4	3	4.13	10	10	1	0	65	69	35	30	16	31
Seminara, Frank	15	10	3.38	27	27	6	0	176	173	76	66	68	107
Smithberg, Roger	2	3	4.79	7	7	0	0	41	49	28	22	16	23
*Stewart, Tito	0	0	3.38	7	0	0	0	8	10	3	3	1	1
Wood, Brian	4	2	2.30	11	0	0	2	16	12	5	4	7	20

HIGH DESERT — A
CALIFORNIA LEAGUE

BATTING	AVG	G	AB	R	H	2B	3B	HR	RBI	BB	SO	SB
Abercrombie, John, c-of	.247	82	235	38	58	9	5	1	28	19	50	2
#Bethea, Steve, 3b-ss	.277	80	206	43	57	8	2	1	33	37	44	9
Conley, Greg, c	.182	33	99	9	18	3	0	0	7	12	29	2
Faries, Paul, Inf	.310	10	42	6	13	2	2	0	5	2	3	1
*Farmer, Reggie, of	.274	76	175	40	48	12	1	5	31	27	48	3
Gainer, Jay, 1b	.263	127	499	83	131	17	0	32	120	52	105	4
#Gieseke, Mark, 1b-dh	.313	92	297	59	93	18	3	9	54	45	52	5
*Gonzalez, Paul, 3b	.267	103	371	61	99	31	3	14	64	47	85	2
Holbert, Ray, ss	.264	122	386	76	102	14	2	4	51	56	83	19
Lutticken, Bob, c	.000	4	7	1	0	0	0	0	1	1	1	0
Martin, Steve, of	.268	98	343	82	92	13	6	7	58	59	77	42
Mieske, Matt, of	.341	133	492	108	168	36	6	15	119	94	82	39
*Noland, J.D., of	.277	128	495	114	137	23	12	4	67	78	96	81
*Sanchez, Ozzie, dh-of	.244	95	312	47	76	13	0	14	55	46	70	4
*Verstandig, Mark, c	.240	68	171	26	41	4	0	1	17	15	35	3
Witkowski, Matt, 2b	.266	129	485	80	129	17	8	6	56	60	81	24

PITCHING	W	L	ERA	G	GS	CG	SV	IP	H	R	ER	BB	SO
*Bryand, Renay	3	1	3.86	10	0	0	0	12	12	6	5	4	13
Deville, Dan	1	4	5.63	38	1	0	0	70	76	61	44	49	49
Estrada, Jay	2	1	4.62	21	0	0	0	37	44	22	19	11	27
Fredrickson, Scott	4	1	2.31	23	0	0	7	35	31	15	9	18	26
*Galindez, Luis	4	3	3.88	11	10	0	0	58	53	29	25	28	54
*Hammaker, Atlee	0	0	2.25	2	2	0	0	8	9	3	2	3	3
Haslock, Chris	1	1	4.71	20	0	0	0	36	36	25	19	18	20
Lebron, Jose	0	3	9.78	5	4	0	0	19	27	26	21	16	14
Lifgren, Kelly	5	7	4.36	33	10	0	0	99	101	63	48	55	87
McKeon, Brian	11	9	5.15	28	26	0	0	159	197	107	91	67	123
*Reed, Billy	0	0	5.76	21	0	0	1	48	34	29	31	33	21
Sanders, Scott	9	6	3.66	21	21	4	0	133	114	72	54	72	93
Silcox, Rusty	5	1	5.24	18	16	0	0	81	92	58	47	45	67
Smithberg, Roger	1	1	1.50	3	3	0	0	18	12	6	3	6	11
Soltero, Saul	2	2	2.64	34	0	0	4	58	46	23	17	22	53
Thomas, Royal	8	13	4.70	27	27	4	0	155	178	108	81	61	99
Wilkinson, Brian	6	2	5.60	20	5	0	0	48	33	28	35	39	
Worrell, Tim	5	2	4.24	11	11	2	0	64	65	32	30	33	70
Zinter, Ed	6	6	5.49	50	0	0	18	59	55	48	36	53	72

WATERLOO — A
MIDWEST LEAGUE

BATTING	AVG	G	AB	R	H	2B	3B	HR	RBI	BB	SO	SB
*Arredondo, Roberto, 1b	.313	83	300	39	94	17	2	1	36	14	53	0
Bish, Brent, 2b-3b	.294	99	333	55	98	12	5	2	39	37	68	14
Bruno, Julio, ss	.231	86	277	34	64	10	3	1	25	29	78	11
*Edwards, Mel, 3b	.075	24	53	2	4	1	0	0	3	3	10	0
Elliott, Jim, 1b	.153	22	59	10	9	1	0	0	0	14	23	0
Farlow, Kevin, ss-1b	.230	115	383	42	88	18	3	0	46	61	69	11
#Gash, Darius, of	.307	130	501	84	154	27	2	5	60	57	112	31
*Gill, Steve, of	.258	116	383	54	99	18	8	6	48	39	86	20
Hawks, Larry, c-dh	.216	20	37	4	8	1	0	0	2	5	14	0
Henderson, Lee, c	.213	61	169	6	36	4	0	0	14	14	53	0
#Kuehl, John, dh-1b	.255	62	220	36	56	10	2	7	37	16	51	2
Lopez, Pedro, c	.284	102	342	49	97	12	1	8	57	47	66	3
Meury, Bill, 2b-ss	.211	121	360	46	76	12	2	0	24	40	81	1
Pueschner, Craig, of	.230	108	348	50	80	13	0	11	52	35	100	10
Pugh, Scotty, 1b	.255	38	145	16	37	5	0	0	14	10	21	1
Rivell, Bob, 2b	.278	20	54	6	15	5	0	0	7	7	8	1
Spann, Tookie, of	.306	49	157	25	48	9	0	5	29	35	41	7
Stephens, Reggie, of	.164	34	67	10	11	1	0	0	3	7	18	11
West, Jim, c	.214	5	14	0	3	0	0	0	0	1	2	0
*Whalen, Shawn, of-dh	.229	99	306	39	70	16	4	8	52	33	72	0

PITCHING	W	L	ERA	G	GS	CG	SV	IP	H	R	ER	BB	SO
*Altaffer, Todd	1	3	4.19	18	0	0	0	19	24	11	9	14	22
Banks, Lance	4	3	5.00	39	2	0	2	77	89	52	43	44	47

ORGANIZATION LEADERS

Frank Seminara
. . . 15 wins

Minor Leaguers Only *Minimum 250 At-Bats †Minimum 75 Innings

BATTING
*AVG	Matt Mieske, High Desert	.341
R	J.D. Noland, High Desert	114
H	Matt Mieske, High Desert	168
TB	Matt Mieske, High Desert	261
2B	Matt Mieske, High Desert	36
3B	J.D. Noland, High Desert	12
HR	Jay Gainer, High Desert	32
RBI	Jay Gainer, High Desert	120
SB	J.D. Noland, High Desert	81

PITCHING
W	Frank Seminara, Wichita	15
L	Robbie Beckett, Charleston	14
†ERA	Lance Painter, Waterloo	2.30
G	Brian Wood, Wichita-L.V.	58
CG	Lance Painter, Waterloo	7
SV	Mark Ettles, Char.-Waterloo	20
IP	Linty Ingram, Char.-Waterloo	184
BB	Robbie Beckett, Charleston	117
SO	Lance Painter, Waterloo	201

PITCHING	W	L	ERA	G	GS	CG	SV	IP	H	R	ER	BB	SO
Bensching, Bruce	3	8	2.44	54	0	0	12	66	53	26	18	33	85
Devore, Ted	6	4	3.08	21	21	1	0	123	113	53	42	73	111
Ettles, Mark	1	2	2.25	14	0	0	8	16	6	5	4	6	24
Florie, Bryce	7	6	3.92	23	23	2	0	133	119	66	58	79	90
Fredrickson, Scott	3	5	1.17	26	0	0	6	38	24	9	5	15	40
Hays, Rob	2	2	4.22	40	1	0	0	70	58	40	33	45	43
Ingram, Linty	8	4	2.41	16	16	3	0	116	100	39	31	21	91
Lebron, Jose	4	3	4.60	13	12	0	0	63	59	36	32	33	38
*Mortensen, Tony	5	2	3.10	19	6	0	2	52	38	23	18	30	53
*Painter, Lance	14	8	2.30	28	28	7	0	200	162	64	51	57	201
Sanders, Scott	3	0	0.68	4	4	0	0	26	17	2	2	6	18
Thibault, Ryan	4	6	5.17	42	4	0	1	71	64	44	41	59	76
Wilkinson, Brian	2	3	1.43	7	7	1	0	38	27	12	6	16	22
Worrell, Tim	8	4	3.34	14	14	3	0	86	70	36	32	33	83

CHARLESTON A

SOUTH ATLANTIC LEAGUE

BATTING	AVG	G	AB	R	H	2B	3B	HR	RBI	BB	SO	SB
*Adams, Dave, 1b-3b	.236	96	276	26	65	5	2	0	42	48	40	7
Ayala, Adan, c	.181	71	204	21	37	4	2	5	23	23	54	1
*Beck, Brian, of	.202	109	352	46	71	12	2	14	56	45	99	7
Bish, Brent, ss-2b	.311	20	61	10	19	2	0	0	5	8	10	3
Bream, Scott, ss	.137	53	175	17	24	2	1	0	7	19	61	10
Bullock, Craig, 3b	.234	121	418	55	98	25	3	8	50	57	122	2
*Doyle, Tom, 1b-dh	.229	62	179	22	41	13	0	3	23	16	36	3
Edwards, Mel, dh	.219	14	32	6	7	2	0	1	3	1	8	1
Elliott, Jim, 1b	.268	24	71	12	19	2	1	4	13	9	31	2
#Hall, Billy, 2b	.301	72	279	41	84	6	5	2	28	34	54	25
*Martinez, Pablo, ss-2b	.267	121	442	63	118	17	6	3	36	42	64	39
#Mateo, Jose, 2b	.091	12	11	3	1	0	1	0	4	4	2	1
*McDavid, Ray, of	.247	127	425	93	105	16	9	10	45	106	119	60
*McKoy, Keith, of-dh	.256	89	289	49	74	11	3	1	30	40	73	31
Mulligan, Sean, c	.260	60	215	24	56	9	3	4	30	17	56	4
Nash, John, of	.202	44	119	12	24	5	0	1	8	12	30	1
Ostermeyer, Bill, 1b-dh	.280	57	186	30	52	9	4	10	38	39	52	0
*Pearce, Jeff, of	.277	117	415	63	115	25	4	7	65	40	100	24
Rivell, Bob, 2b-3b	.261	52	157	30	41	11	0	4	18	21	29	4
Spann, Tookie, of	.172	33	93	12	16	2	1	1	6	24	25	4
Thurston, Jerrey, c	.102	42	137	5	14	2	0	0	4	9	50	1
Vazquez, Pedro, ss	.173	15	52	7	9	0	0	0	1	7	17	2

PITCHING	W	L	ERA	G	GS	CG	SV	IP	H	R	ER	BB	SO
*Beckett, Robbie	2	14	8.23	28	26	1	0	109	115	111	100	117	96
Bradley, Mike	0	1	7.50	2	2	0	0	6	10	7	5	3	3
*Brown, Jeff	13	8	2.45	28	25	4	1	165	134	55	45	45	152
*Cairncross, Cameron	8	5	3.56	24	24	2	0	131	111	72	52	74	102
Carlson, Lynn	1	1	4.07	5	5	0	0	24	20	12	11	17	28
Devore, Ted	2	3	6.10	12	4	0	1	31	32	22	21	10	21
Ettles, Mark	2	1	2.36	29	0	0	12	46	36	15	12	12	59
Eubanks, Craig	1	6	4.78	30	0	0	4	49	55	29	26	28	34
*Garside, Russ	3	4	3.17	19	7	0	0	60	59	32	21	25	21
Hoeme, Steve	7	1	3.45	31	1	0	2	63	54	30	24	39	51
Ingram, Linty	5	6	3.42	12	10	2	0	68	70	37	26	17	45
*Ivie, Ryan	5	5	3.44	37	12	1	2	105	106	53	40	40	56
Johnson, Ken	3	4	6.44	36	4	0	2	81	77	67	58	73	66
Newton, Steve	2	0	5.11	9	0	0	3	12	13	7	7	4	10
Overholser, Drew	2	1	5.45	21	1	0	6	38	42	26	23	29	21

158 • 1992 ALMANAC

PITCHING	W	L	ERA	G	GS	CG	SV	IP	H	R	ER	BB	SO
Richmond, Ryan	0	0	8.38	8	0	0	1	10	15	11	9	7	7
Thompson, Charlie	3	6	5.81	34	4	0	0	67	68	51	43	47	47
*Waldron, Joe	10	6	3.60	38	16	0	5	147	135	72	59	59	139

SPOKANE — A

NORTHWEST LEAGUE

BATTING	AVG	G	AB	R	H	2B	3B	HR	RBI	BB	SO	SB
Anthony, Mark, of	.278	64	212	24	59	4	4	1	26	32	61	24
*Biancamano, John, 3b	.188	27	69	8	13	2	1	2	10	14	33	0
Bream, Scott, ss	.214	68	262	37	56	4	5	0	26	25	57	16
*Edwards, Mel, 3b	.238	6	21	7	5	1	1	0	4	5	5	0
Frias, Joe, 3b-2b	.144	50	153	15	22	5	0	0	8	14	34	4
Hall, Tim, dh-c	.252	41	135	15	34	5	0	2	21	13	37	1
Hawks, Larry, 3b-1b	.238	27	101	8	24	4	0	2	16	9	20	1
Johnson, Kevin, c-dh	.159	15	44	3	7	3	0	0	2	0	10	0
Lebak, David, of	.299	50	167	41	50	8	0	3	26	19	38	21
Moody, Kyle, 2b-ss	.260	72	265	45	69	13	2	0	27	41	43	14
*Mowry, David, 1b	.232	39	142	16	33	7	0	2	22	23	37	3
Nash, Richey, of-dh	.316	5	19	5	6	0	1	0	1	2	5	1
*Pugh, Scotty, 1b	.317	36	139	20	44	8	0	3	20	14	11	1
Robertson, Shawn, of	.284	60	208	44	59	14	0	4	38	48	49	25
#Rountree, Jerrold, of	.200	54	160	22	32	4	0	0	16	23	47	16
#Stephens, Reggie, dh-of	.194	34	67	8	13	1	0	0	6	11	26	0
Thurston, Jerrey, c	.214	60	201	26	43	9	0	1	20	20	61	2
Vaughn, Derek, of	.271	49	192	21	52	5	2	1	17	15	47	15

PITCHING	W	L	ERA	G	GS	CG	SV	IP	H	R	ER	BB	SO
*Benhardt, Chris	3	3	3.73	27	0	0	5	41	45	22	17	25	34
Campbell, Jim	1	2	5.73	22	5	0	1	55	69	43	35	18	30
Ciocca, Eric	0	3	3.79	21	0	0	4	38	40	18	16	19	33
*Corbitt, Cord	1	2	4.13	13	0	0	1	24	17	14	11	30	19
Davila, Jose	2	3	8.06	26	1	0	0	45	54	43	40	26	28
Eggleston, Scott	3	7	4.48	18	12	1	1	66	72	45	33	32	38
Grohs, Mike	2	4	5.89	12	11	0	0	66	84	52	43	38	31
*Grygiel, Joe	2	6	4.67	22	7	0	0	71	71	46	37	32	55
Hanson, Craig	1	3	6.49	13	10	1	0	61	76	56	44	32	39
*Long, Joey	1	9	6.99	13	11	0	0	57	78	57	44	39	40
Overholser, Drew	1	1	1.69	7	0	0	1	21	18	11	4	11	19
Ploeger, Tim	4	7	6.14	18	9	1	0	63	69	51	43	46	57
Samboy, Alvaro	3	2	5.96	15	10	0	0	54	66	43	36	26	44
Santiago, Jenny	0	0	7.71	2	0	0	0	2	4	4	2	1	1
Vazquez, Archie	0	0	13.50	1	0	0	0	1	2	2	2	3	0

SCOTTSDALE — R

ARIZONA LEAGUE

BATTING	AVG	G	AB	R	H	2B	3B	HR	RBI	BB	SO	SB
Bush, Homer, 3b	.323	32	127	16	41	3	2	0	16	4	33	11
#Carion, German, 2b	.275	33	120	17	33	2	0	0	13	9	14	6
#Cora, Manuel, ss-3b	.347	49	199	38	69	8	5	0	32	17	27	12
*Creer, Jerry, 2b-dh	.310	10	29	9	9	2	0	0	0	7	10	8
Cruz, Juan, of	.265	38	136	23	36	3	2	6	21	3	30	15
DeJesus, Anito, c-dh	.355	23	93	18	33	2	2	2	11	4	5	0
Delacruz, Marcelino, 2b-3b	.212	19	66	13	14	1	1	0	11	5	15	1
Goins, Tim, c-1b	.271	43	133	18	36	2	0	0	13	9	20	5
Greene, Charlie, c-1b	.284	49	183	27	52	15	1	5	38	16	26	6
Matos, Alberto, of	.245	31	98	21	24	3	1	1	11	6	29	3
*Mowry, David, 1b	.364	26	99	23	36	7	0	5	25	20	13	8
*Perez, Ralph, of	.274	44	164	34	45	5	1	0	23	23	28	5
Perez, Susano, of	.217	20	69	10	15	1	3	1	10	8	23	2
Rivera, Alex, of	.194	12	31	11	6	0	1	0	6	6	8	1
Roberts, John, 2b-3b	.297	42	148	30	44	8	4	2	23	25	36	19
Stewart, Reggie, ss	.313	41	112	26	35	4	0	0	14	12	27	11
*Thompson, Paul, dh-1b	.183	31	93	16	17	2	1	5	18	22	47	1
Vazquez, Pedro, ss	.288	20	73	15	21	3	0	0	9	5	14	6
Wyatt, Dwight, of	.178	22	73	21	13	0	0	0	8	11	14	8

PITCHING	W	L	ERA	G	GS	CG	SV	IP	H	R	ER	BB	SO
Anthony, Greg	1	1	1.65	7	7	0	0	27	17	8	5	17	22
Barnes, Jon	2	5	5.19	11	11	1	0	52	52	37	30	25	42
Burns, Jerry	4	3	4.88	12	12	0	0	66	73	45	36	26	44
Compton, Robert	1	1	6.05	12	0	0	1	19	23	20	13	11	26
D'Amato, Brian	1	2	7.77	13	0	0	4	24	35	24	21	17	15
Diaz, Luis	5	1	3.04	18	0	0	5	47	39	23	16	16	33
Fjeld, Randy	6	3	5.33	16	5	0	0	51	56	42	30	30	37
Hollinger, Adrian	1	1	12.75	8	0	0	0	12	21	20	17	16	14
Loiselle, Richard	2	3	3.52	12	12	0	0	61	72	40	24	26	47
Narcisse, Tyrone	2	3	7.47	11	10	0	0	37	43	41	31	37	23
Santiago, Jenny	2	1	8.91	15	0	0	1	33	39	36	33	19	33
*Spears, Chris	3	3	2.61	18	1	0	4	41	40	19	12	16	38
Vazquez, Archie	1	1	2.48	17	1	0	1	40	39	20	11	25	31

SAN FRANCISCO GIANTS

Manager: Roger Craig.
1991 Record: 75-87, .463 (4th, NL West).

BATTING	AVG	G	AB	R	H	2B	3B	HR	RBI	BB	SO	SB
Anderson, Dave	.248	100	226	24	56	5	2	2	13	12	35	2
#Bass, Kevin	.233	124	361	43	84	10	4	10	40	36	56	7
Benjamin, Mike	.123	54	106	12	13	3	0	2	8	7	26	3
*Clark, Will	.301	148	565	84	170	32	7	29	116	51	91	4
Clayton, Royce	.115	9	26	0	3	1	0	0	2	1	6	0
Coles, Darnell	.214	11	14	1	3	0	0	0	0	0	2	0
Decker, Steve	.206	79	233	11	48	7	1	5	24	16	44	0
#Felder, Mike	.264	132	348	51	92	10	6	0	18	30	31	21
#Herr, Tommy	.250	32	60	6	15	1	1	0	7	13	7	2
*Kennedy, Terry	.234	69	171	12	40	7	1	3	13	11	31	0
*Kingery, Mike	.182	91	110	13	20	2	2	0	8	15	21	1
*Leonard, Mark	.240	64	129	14	31	7	1	2	14	12	25	0
Lewis, Darren	.248	72	222	41	55	5	3	1	15	36	30	13
Litton, Greg	.181	59	127	13	23	7	1	1	15	11	25	0
Manwaring, Kirt	.225	67	178	16	40	9	0	0	19	9	22	1
#McGee, Willie	.312	131	497	67	155	30	3	4	43	34	74	17
Mitchell, Kevin	.256	113	371	52	95	13	1	27	69	43	57	2
Parker, Rick	.071	13	14	0	1	0	0	0	1	1	5	0
Perezchica, Tony	.229	23	48	2	11	4	1	0	3	2	12	0
Thompson, Robby	.262	144	492	74	129	24	5	19	48	63	95	14
#Uribe, Jose	.221	90	231	23	51	8	4	1	12	20	33	3
Williams, Matt	.268	157	589	72	158	24	5	34	98	33	128	5
*Wood, Ted	.120	10	25	0	3	0	0	0	1	2	11	0

PITCHING	W	L	ERA	G	GS	CG	SV	IP	H	R	ER	BB	SO
Beck, Rod	1	1	3.78	31	0	0	1	52	53	22	22	13	38
*Black, Bud	12	16	3.99	34	34	3	0	214	201	104	95	71	104
Brantley, Jeff	5	2	2.45	67	0	0	15	95	78	27	26	52	81
Burkett, John	12	11	4.18	36	34	3	0	207	223	103	96	60	131
Downs, Kelly	10	4	4.19	45	11	0	0	112	99	59	52	53	62
Garrelts, Scott	1	1	6.41	8	3	0	0	25	25	14	14	9	8
*Gunderson, Eric	0	0	5.40	2	0	0	1	3	6	4	2	1	2
Heredia, Gil	0	2	3.82	7	4	0	0	33	27	14	14	7	13
*Hickerson, Bryan	2	2	3.60	17	6	0	0	50	53	20	20	17	43
LaCoss, Mike	1	5	7.23	18	5	0	0	47	61	39	38	24	30
McClellan, Paul	3	6	4.56	13	12	1	0	71	68	41	36	25	44
Oliveras, Francisco	6	6	3.86	55	1	0	3	79	69	36	34	22	48
*Remlinger, Mike	2	1	4.37	8	6	1	0	35	36	17	17	20	19
Reuschel, Rick	0	2	4.22	4	1	0	0	11	17	5	5	7	4
*Righetti, Dave	2	7	3.39	61	0	0	24	72	64	29	27	28	51
Robinson, Don	5	9	4.38	34	16	0	1	121	123	64	59	50	78
Segura, Jose	0	1	4.41	11	0	0	0	16	20	11	8	5	10
*Wilson, Trevor	13	11	3.56	44	29	2	0	202	173	87	80	77	139

FIELDING

Catcher	PCT	G	PO	A	E
Decker	.984	78	385	41	7
Kennedy	.978	58	237	36	6
Litton	1.000	1	3	0	0
Manwaring	.988	67	315	28	4

First Base	PCT	G	PO	A	E
Anderson	1.000	16	85	9	0
*Clark	.997	144	1273	110	4
Coles	1.000	1	4	0	0
Kennedy	1.000	2	3	0	0
*Kingery	1.000	6	21	2	0
Litton	.989	15	75	11	1
Mitchell	.000	1	0	0	0

Second Base	PCT	G	PO	A	E
Anderson	1.000	6	6	3	0
Felder	1.000	1	0	2	0
Herr	1.000	15	14	27	0
Litton	1.000	15	29	24	0
Perezchica	1.000	6	6	7	0
Thompson	.985	144	320	402	11

Third Base	PCT	G	PO	A	E
Anderson	.842	11	8	8	3
Benjamin	.000	1	0	0	0
Felder	.857	3	1	5	1

	PCT	G	PO	A	E
Herr	1.000	3	2	3	0
Litton	.958	1	5	18	1
Williams	.964	155	131	293	16

Shortstop	PCT	G	PO	A	E
Anderson	.956	63	68	107	8
Benjamin	.984	51	64	123	3
Clayton	.880	8	16	6	3
Litton	1.000	9	7	12	0
Perezchica	.947	13	14	22	2
Uribe	.966	87	98	218	11
Williams	1.000	4	3	2	0

Outfield	PCT	G	PO	A	E
Bass	.977	101	159	9	4
Coles	.000	3	0	0	0
Felder	.985	107	192	3	3
Herr	.000	1	0	0	0
*Kingery	.975	38	39	0	1
Leonard	1.000	34	41	0	0
Lewis	1.000	68	159	2	0
Litton	1.000	6	2	0	0
McGee	.978	128	259	6	6
Mitchell	.970	100	188	6	6
Parker	1.000	4	5	0	0
*Wood	.909	8	10	0	1

Will Clark, left, and Matt Williams proved to be an effective 1-2 punch for the Giants, driving in 214 runs.

GIANTS FARM SYSTEM

Class	Club	League	W	L	Pct.	Manager
AAA	Phoenix	Pacific Coast	68	70	.493	Duane Espy
AA	Shreveport	Texas	86	50	.632	Bill Evers
A	San Jose	California	92	44	.676	Ron Wotus
A	Clinton	Midwest	81	58	.583	Jack Mull
A	Everett	Northwest	37	39	.487	Rob Ellis, Mike Bubalo
Rookie	Scottsdale	Arizona	14	46	.233	Nelson Rood

PHOENIX AAA

PACIFIC COAST LEAGUE

BATTING	AVG	G	AB	R	H	2B	3B	HR	RBI	BB	SO	SB
*Aldrete, Rich, 1b	.302	82	215	29	65	10	0	0	18	19	33	0
#Bailey, Mark, c	.301	63	186	33	56	16	1	6	36	30	39	1
#Bass, Kevin, of	.317	10	41	8	13	3	1	2	7	2	4	1
Benjamin, Mike, ss	.204	64	226	34	46	13	2	6	31	20	67	3
#Carter, Jeff, 2b-of	.272	92	246	47	67	5	2	2	24	34	51	11
Colbert, Craig, c-3b	.246	42	142	9	35	6	2	2	13	11	38	0
Coles, Darnell, 3b-of	.290	83	328	43	95	23	2	6	65	27	43	0
Decker, Steve, c	.252	31	111	20	28	5	1	6	14	13	29	0
Fernandez, Danny, c	.000	4	3	0	0	0	0	0	0	0	0	0
Johnson, Erik, ss-2b	.324	16	34	6	11	1	1	0	4	3	5	0
#Kingery, Mike, of	.341	13	44	8	15	3	0	1	13	6	6	0
*Leonard, Mark, of	.253	41	146	27	37	7	0	8	25	21	29	1
Lewis, Darren, of	.340	81	315	63	107	12	10	2	52	41	36	32
Litton, Greg, ss-3b	.407	8	27	9	11	1	0	4	9	8	5	0
Manwaring, Kirt, c	.222	24	81	8	18	0	0	4	14	8	15	0
#McGee, Willie, of	.500	4	10	4	5	1	0	0	1	3	1	2
*McNamara, Jim, c	.170	17	53	3	9	1	0	0	2	6	12	0
Noce, Paul, Inf	.143	16	21	3	3	0	0	0	2	1	4	1
Parker, Rick, of-ss	.300	85	297	41	89	10	9	6	41	26	35	16
Patterson, Dave, 3b-1b	.314	54	169	23	53	8	2	2	22	25	19	5
Perezchica, Tony, 3b-2b	.293	51	191	41	56	10	4	8	34	18	43	1
*Phelps, Ken, 1b-dh	.318	7	22	1	7	1	0	0	3	2	1	0
*Ritchie, Gregg, of	.287	67	157	23	45	8	0	0	16	19	29	13
#Santana, Andres, 2b-ss	.316	113	456	84	144	7	5	1	35	36	46	45
Uribe, Jose, ss	.341	11	41	7	14	1	1	0	4	1	2	0
Wilson, Jim, 1b-dh	.300	116	433	62	130	30	0	21	78	45	89	5
*Wood, Ted, of	.311	137	512	90	159	38	6	11	109	86	96	12

PITCHING	W	L	ERA	G	GS	CG	SV	IP	H	R	ER	BB	SO
Ard, Johnny	3	5	5.78	10	10	1	0	62	76	42	40	33	30
Beck, Rod	4	3	2.02	23	5	3	6	71	56	18	16	13	35
Dewey, Mark	1	2	3.97	10	0	0	4	11	16	7	5	7	4
*Gunderson, Eric	7	6	6.14	40	14	0	3	107	153	85	73	44	53
Heredia, Gil	9	11	2.82	33	15	5	1	140	155	60	44	28	75
*Hickerson, Bryan	1	1	3.80	12	0	0	2	21	29	10	9	5	21
*Hickey, Kevin	0	0	20.65	5	0	0	0	6	18	13	13	1	5
Masters, Dave	1	2	6.46	8	4	0	0	31	34	24	22	17	28
McClellan, Paul	2	2	2.82	5	5	2	0	38	27	12	12	21	18
McMurtry, Craig	10	6	4.38	27	15	1	0	113	117	70	55	44	67
*Novoa, Rafael	6	6	5.96	17	17	0	0	94	135	83	62	37	46
Oliveras, Francisco	2	0	2.45	3	3	1	0	18	18	5	5	7	12
Prentice, Tony	0	0	3.00	1	0	0	0	3	3	1	1	1	2
Rambo, Dan	4	4	4.61	32	0	0	14	18	87	7	46	12	61
Reed, Steve	2	3	4.31	41	0	0	6	56	62	33	27	12	46
*Remlinger, Mike	5	5	6.38	19	19	1	0	109	134	86	77	59	68
Rodriguez, Rick	0	0	4.91	3	0	0	0	4	2	4	2	4	4

1992 ALMANAC • 161

PITCHING	W	L	ERA	G	GS	CG	SV	IP	H	R	ER	BB	SO
Segura, Jose	5	5	3.43	32	0	0	4	39	46	15	15	17	21
Tate, Stuart	0	0	4.50	8	0	0	0	18	20	10	9	11	6
*Thurmond, Mark	0	3	3.42	26	0	0	2	24	29	17	9	12	15
Veres, Randy	3	0	3.56	19	1	0	1	43	42	26	17	14	41
*Williams, Jimmy	7	9	5.96	30	28	3	0	160	192	120	106	93	69

SHREVEPORT AA

TEXAS LEAGUE

BATTING	AVG	G	AB	R	H	2B	3B	HR	RBI	BB	SO	SB
*Carey, Frank, 2b-3b	.000	5	5	0	0	0	0	0	0	0	4	0
Clayton, Royce, ss	.280	126	485	84	136	22	8	5	68	61	104	36
Cooper, Jamie, of	.230	105	374	57	86	9	2	2	25	34	109	25
Davenport, Adell, 1b-3b	.230	59	165	19	38	3	0	7	24	14	44	0
Ealy, Tom, of	.201	85	199	29	40	5	4	3	21	32	45	1
Fernandez, Dan, c	.250	7	12	3	3	0	0	0	1	6	3	0
Guerrero, Juan, 3b-of	.334	128	479	78	160	40	2	19	94	46	86	14
Hosey, Steve, of	.293	126	409	79	120	21	5	17	74	56	88	25
Johnson, Erik, 3b	.219	58	146	27	32	7	0	2	20	16	20	6
Kasper, Kevin, 2b	.250	33	72	13	18	2	0	1	5	6	12	2
*Lewis, Dan, 1b	.291	118	422	66	123	30	1	13	90	50	76	6
*McNamara, Jim, c	.275	39	109	13	30	8	2	2	20	21	11	2
Patteison, Dave, 3b-1b	.350	61	177	35	62	15	0	2	29	44	16	3
#Patterson, John, 2b	.295	117	464	81	137	31	13	4	56	30	63	41
Smiley, Reuben, of	.230	104	318	57	73	8	4	5	31	55	59	36
Tucker, Scooter, c	.284	110	352	49	100	29	1	4	49	48	57	3
*Weber, Pete, of	.250	38	116	21	29	8	0	0	7	17	26	6

PITCHING	W	L	ERA	G	GS	CG	SV	IP	H	R	ER	BB	SO
Ard, Johnny	9	3	2.74	13	13	4	0	89	77	31	27	36	58
Carter, Larry	9	8	2.95	24	24	1	0	149	124	61	49	51	133
*Hickerson, Bryan	3	4	3.00	23	0	0	2	39	36	15	13	14	41
Hostetler, Tom	4	1	3.55	9	9	0	0	46	39	19	18	20	33
McClellan, Paul	11	1	2.82	14	14	1	0	96	75	33	30	30	63
Meier, Kevin	9	6	5.04	33	18	2	0	136	157	86	76	38	79
Myers, Jim	6	4	2.48	62	0	0	24	76	71	22	21	30	51
*Peltzer, Kurt	0	1	8.53	5	0	0	0	6	13	9	6	7	1
*Pena, Jim	7	4	4.77	45	3	1	2	83	84	56	44	41	51
Perez, Vlad	1	1	3.35	27	0	0	1	43	40	16	16	19	22
Rambo, Dan	12	6	3.67	26	21	1	0	147	146	71	60	43	103
Rapp, Pat	6	2	2.69	10	10	1	0	60	52	23	18	22	46
Reed, Steve	2	0	0.83	15	0	0	7	22	17	2	2	3	26
*Rogers, Kevin	4	6	3.36	22	22	2	0	118	124	63	44	54	108
Taylor, Rob	3	3	4.14	39	2	0	2	67	62	33	31	30	68

SAN JOSE A

CALIFORNIA LEAGUE

BATTING	AVG	G	AB	R	H	2B	3B	HR	RBI	BB	SO	SB
#Bass, Kevin, of	.105	5	19	1	2	2	0	0	1	2	3	2
Bellinger, Clay, ss	.258	105	368	65	95	29	2	8	62	53	88	13
*Bonner, Jeff, of	.217	83	226	39	49	5	4	1	21	46	28	13
Calcagno, Dan, c	.000	4	10	1	0	0	0	0	0	1	2	0
*Carey, Frank, 2b	.279	99	333	59	93	20	5	4	39	48	82	12
Chimelis, Joel, 3b-2b	.246	42	126	19	31	5	1	0	14	16	22	9
Crowe, Ron, of-1b	.290	106	369	50	107	19	3	3	58	46	47	6
Davenport, Adell, 3b	.289	67	242	34	70	16	0	6	42	40	61	1
Fernandez, Dan, c	.244	37	90	14	22	5	1	0	11	29	26	0
*Jackson, John, of	.295	14	44	8	13	0	2	0	3	8	5	1
*James, Joey, 1b	.267	126	479	68	128	27	3	8	75	55	85	1
Kasper, Kevin, 2b	.267	22	45	11	12	3	0	0	7	11	10	3
Manwaring, Kirt, c	.000	1	3	1	0	0	0	0	0	1	1	0
*McFarlin, Jason, of	.233	103	407	65	95	10	5	2	33	47	72	46
Miller, Roger, c	.274	108	369	59	101	19	1	9	59	52	38	4
*Pattin, Jon, c-1b	.269	36	78	10	21	0	0	0	11	13	16	0
Reid, Derek, of	.269	121	454	72	122	23	6	4	65	37	91	27
Rolen, Steve, 3b-of	.255	102	321	56	82	13	8	5	49	45	86	16
Spires, Tony, ss-2b	.213	77	230	30	49	5	0	0	18	25	44	7
#Uribe, Jose, ss	.111	3	9	0	1	0	0	0	1	1	2	0
*Weber, Pete, of	.284	71	271	56	77	16	3	3	40	58	63	18
Williams, Eddie, of	.260	25	77	8	20	2	2	0	11	13	13	0

PITCHING	W	L	ERA	G	GS	CG	SV	IP	H	R	ER	BB	SO
*Aleys, Max	5	1	2.28	37	1	0	1	79	55	21	20	44	55
Benavides, Al	5	2	1.30	30	0	0	0	35	23	7	5	16	21
Callahan, Steve	5	5	2.09	41	0	0	1	60	53	22	14	31	61
Dour, Brian	1	0	1.96	4	3	0	0	18	16	6	4	4	12
*Hancock, Chris	4	3	2.03	9	9	0	0	53	42	16	12	33	59
Hanselman, Carl	13	7	3.80	25	24	5	0	156	152	71	66	66	88
*Herring, Vince	11	9	3.61	39	9	0	2	102	76	49	41	69	93
Huisman, Rich	16	4	1.83	26	26	7	0	182	126	45	37	73	216
McGehee, Kevin	13	6	2.33	26	26	2	0	174	129	58	45	87	171
*Ortiz, Angel	3	2	4.89	31	3	0	1	57	48	34	31	44	60
Pena, Pedro	4	4	3.26	16	14	1	1	88	71	41	32	38	88
Rapp, Pat	7	5	2.50	16	15	1	0	90	88	41	25	37	73
Sharko, Gary	2	0	1.32	54	0	0	31	68	61	14	10	18	39

162 • 1992 ALMANAC

ORGANIZATION LEADERS

BATTING
*AVG	Darren Lewis, Phoenix	.340
R	Ted Wood, Phoenix	90
H	Juan Guerrero, Shreveport	160
TB	Juan Guerrero, Shreveport	261
2B	Juan Guerrero, Shreveport	40
3B	John Patterson, Shreveport	13
HR	Jim Wilson, Phoenix	21
RBI	Ted Wood, Phoenix	109
SB	Jason McFarlin, San Jose	46

PITCHING
W	Three tied at	16
L	Gil Heredia, Phoenix	11
†ERA	Salomon Torres, Clinton	1.41
G	Jim Myers, Shreveport	62
CG	Salomon Torres, Clinton	8
SV	Rod Huffman, Clinton	35
IP	Salomon Torres, Clinton	210
BB	Jimmy Williams, Phoenix	93
SO	Rich Huisman, San Jose	216

Ted Wood
... 109 RBIs

Minor Leaguers Only *Minimum 250 At-Bats †Minimum 75 Innings

PITCHING	W	L	ERA	G	GS	CG	SV	IP	H	R	ER	BB	SO
Taylor, Rob	0	1	5.06	9	0	0	4	11	14	6	6	4	13
Whatley, Fred	1	0	1.80	9	0	0	0	10	9	4	2	5	7
*Whitaker, Steve	2	1	3.38	6	6	0	0	29	25	15	11	25	21

CLINTON — A

MIDWEST LEAGUE

BATTING	AVG	G	AB	R	H	2B	3B	HR	RBI	BB	SO	SB
*Borgogno, Mate, 2b-dh	.226	36	93	10	21	3	1	0	4	10	13	1
Calcagno, Dan, c	.277	24	47	7	13	3	0	0	5	12	9	0
#Casper, Tim, 2b	.257	10	35	5	9	0	0	0	3	6	6	3
Christopherson, Eric, c	.270	110	345	45	93	18	0	5	58	68	53	10
Davis, Courtney, of	.196	56	143	22	28	4	1	2	12	23	49	11
#Davis, Matt, ss-2b	.269	121	398	62	107	26	4	6	64	71	49	3
Dotolo, Chris, ss	.125	3	8	2	1	0	0	0	1	0	2	0
Duncan, Andres, ss	.222	109	347	49	77	6	5	1	24	31	106	36
Faneyte, Rikkert, of	.255	107	384	73	98	14	7	6	52	61	106	18
Frias, Pedro, 2b-dh	.262	61	233	38	61	5	6	0	24	26	45	31
Grahovac, Mike, c-1b	.206	26	68	7	14	2	0	1	4	4	19	1
Hart, Shelby, of-1b	.222	52	162	15	36	8	0	0	12	8	40	4
Hyzdu, Adam, of	.234	124	410	47	96	13	5	5	50	64	131	6
Kasper, Kevin, 2b-3b	.269	21	78	10	21	4	0	0	6	9	8	0
#Lak, Carlos, 2b	.181	45	149	19	27	5	1	1	8	7	39	6
#McGonnigal, Brett, of	.211	35	109	18	23	3	1	1	7	14	35	2
Mejias, Teodulo, c-dh	.194	49	134	13	26	3	1	0	9	6	41	0
*Miller, Barry, 1b	.244	117	397	43	97	19	2	5	51	53	66	1
NesSmith, John, c-dh	.286	9	28	6	8	1	0	1	7	2	13	0
Ramirez, Roberto, c	.182	17	55	4	10	0	1	0	5	2	18	0
*Rumsey, Dan, dh-of	.175	25	80	4	14	4	0	1	11	9	17	1
Ward, Ricky, 3b	.278	126	442	64	123	22	1	11	64	58	68	13
Young, Jason, of	.235	93	311	32	73	13	4	4	32	26	78	8

PITCHING	W	L	ERA	G	GS	CG	SV	IP	H	R	ER	BB	SO
Brummett, Greg	10	5	2.72	16	16	5	0	112	91	39	34	32	74
Carlson, Dan	16	7	3.08	27	27	5	0	181	149	69	62	76	164
Flanagan, Dan	4	6	2.09	44	0	0	3	69	49	20	16	35	57
*Henrikson, Dan	12	8	2.56	29	26	3	0	162	141	61	46	68	150
Huffman, Rod	1	6	2.15	50	0	0	35	50	37	22	12	21	54
McLeod, Brian	2	4	5.89	15	6	0	0	37	37	30	24	25	19
*Myers, Mike	5	3	2.62	11	11	1	0	65	61	23	19	18	59
*Peltzer, Kurt	3	3	4.07	27	0	0	2	42	38	21	19	17	33
Reyes, Jose	1	2	4.42	30	1	1	1	59	57	33	29	34	52
*Rosselli, Joey	8	7	3.10	22	22	2	0	154	144	70	53	49	127
Torres, Salomon	16	5	1.41	28	28	8	0	210	148	48	33	47	214
*Yockey, Mark	3	2	2.89	36	2	0	1	65	60	29	21	27	72

EVERETT — A

NORTHWEST LEAGUE

BATTING	AVG	G	AB	R	H	2B	3B	HR	RBI	BB	SO	SB
Bellomo, Kevin, of	.243	38	107	13	26	3	0	0	8	13	29	0
*Brewer, Matt, of	.347	68	239	48	83	21	1	10	48	35	38	4
Calcagno, Dan, c	.167	4	6	0	1	0	0	0	0	0	0	0
#Casper, Tim, 2b	.170	25	53	7	9	1	0	0	4	8	8	0
Charles, Frank, c-1b	.318	62	239	31	76	17	1	9	49	21	55	1
Dana, Derek, c-1b	.310	46	129	17	40	12	0	1	12	5	29	2
Feist, Ken, of	.236	48	123	20	29	4	0	0	12	10	31	6
Flores, Tim, 2b	.249	59	193	33	48	8	4	0	25	12	33	7

BATTING	AVG	G	AB	R	H	2B	3B	HR	RBI	BB	SO	SB
Frias, Pedro, ss-3b	.250	3	12	2	3	0	1	0	1	0	3	2
*Henderson, Ken, of	.159	38	88	10	14	2	0	1	11	8	32	1
Jackson, Ray, of	.257	66	241	43	62	11	4	0	20	30	54	22
Jones, Dax, of	.306	53	180	42	55	5	6	5	29	27	26	15
#McGonnigal, Brett, of-dh	.156	15	45	4	7	0	0	0	2	6	11	2
Montgomery, Don, 1b-dh	.240	61	196	16	47	15	0	4	36	31	53	0
Ramirez, Roberto, 1b	.229	53	153	20	35	10	2	1	10	19	51	7
Rodriguez, Al, ss	.248	34	101	14	25	2	0	0	3	13	10	1
Swank, Randy, ss-3b	.255	61	200	28	51	14	0	0	16	17	31	6
Thielen, D.J., 3b	.228	65	237	35	54	8	3	6	31	17	86	7
Valencia, Max, 3b	.167	9	12	0	2	1	0	0	1	3	5	0

PITCHING	W	L	ERA	G	GS	CG	SV	IP	H	R	ER	BB	SO
Adams, Mike	0	1	6.75	3	0	0	0	4	5	3	3	1	3
Ayres, Lenny	8	5	2.85	16	16	1	0	98	85	46	31	46	74
*Carrico, John	0	2	4.74	8	4	0	0	25	34	21	13	15	14
*Grundt, Ken	4	5	2.33	29	0	0	4	54	55	27	14	16	58
Henrichs, Shawn	0	2	8.01	8	7	0	0	30	31	33	27	23	22
Hyde, Rich	3	3	4.42	26	0	0	7	37	37	20	18	8	25
Juelsgaard, Jarod	3	5	4.33	20	6	0	3	62	61	36	30	27	46
Luther, Tim	1	3	6.46	8	3	0	0	24	26	23	17	10	16
McLeod, Brian	0	2	7.44	11	5	0	0	33	38	37	27	34	27
Pote, Louis	2	0	2.51	5	4	0	0	29	24	8	8	7	26
Prentice, Tony	0	1	2.38	17	0	0	3	23	13	10	6	17	18
Stonecipher, Eric	2	1	2.37	10	1	0	1	19	12	7	5	9	26
Vanderweele, Doug	6	4	1.97	15	15	0	0	87	73	42	19	35	65
Vanlandingham, Billy	8	4	4.09	15	15	0	0	77	58	43	35	79	86
*Wanke, Chuck	0	1	5.16	13	0	0	0	23	18	19	13	17	25
Wittcke, Darren	0	0	4.38	20	0	0	1	37	47	21	18	16	39

SCOTTSDALE R

ARIZONA LEAGUE

BATTING	AVG	G	AB	R	H	2B	3B	HR	RBI	BB	SO	SB
*Alimena, Charlie, 1b	.251	50	179	19	45	10	2	2	33	21	44	5
Benschoter, Adam, 3b-2b	.295	51	183	41	54	11	4	1	26	34	28	12
Blomeyer, Mike, of	.205	30	88	5	18	1	1	0	6	12	32	4
Bolivar, Rico, of-1b	.129	26	85	3	11	2	1	0	7	0	33	0
#Casper, Tim, 2b	.286	11	42	6	12	3	0	0	2	3	7	6
Dotolo, Chris, ss-2b	.179	13	39	5	7	1	0	0	6	7	12	3
Foster, Ron, 3b	.226	35	124	15	28	8	0	1	13	16	33	4
Frazier, Julian, of	.176	32	85	9	15	0	0	0	3	17	35	5
Helms, Mike, 2b	.333	1	3	0	1	0	0	0	1	1	1	0
#Jensen, Marcus, c	.284	48	155	28	44	8	3	2	30	34	22	4
Jones, Butter, of	.259	39	139	24	36	7	2	1	16	15	30	6
*Keene, Andre, dh-1b	.348	48	138	30	48	11	2	1	30	33	25	12
Pantoja, Thor, of	.248	36	117	14	29	3	0	1	10	12	32	4
Ramirez, Hiram, c	.167	26	48	5	8	1	0	0	4	5	17	0
Rivera, Bolivar, ss	.239	50	180	33	43	2	2	0	10	21	42	23
Salazar, Elias, 2b-ss	.119	22	67	9	8	2	0	0	5	5	26	0
Sievers, Jason, c	.247	29	73	10	18	4	0	0	14	16	14	1
Thomas, Juan, of	.000	1	3	0	0	0	0	0	0	0	1	0
Valencia, Max, 2b-ss	.209	26	86	10	18	1	0	0	5	23	19	1
#Vega, Julio, of	.257	37	113	14	29	4	0	0	16	15	20	2
Williams, Thurman, of	.111	14	27	0	3	0	0	0	1	10	22	1

PITCHING	W	L	ERA	G	GS	CG	SV	IP	H	R	ER	BB	SO
Brown, Kevin	0	3	9.20	7	2	0	0	15	28	22	15	7	7
Collins, Doug	0	1	11.63	13	2	0	0	22	27	34	28	28	13
Gambs, Chris	1	5	8.37	13	8	0	0	47	65	51	44	34	36
Gomez, Marcial	1	6	10.45	9	6	0	0	31	53	37	36	19	16
*Guigni, Ramon	0	2	12.71	7	1	0	0	11	19	19	16	9	6
Henrichs, Shawn	0	0	6.48	5	0	0	1	8	11	6	6	10	8
Hernandez, Charlie	3	3	2.37	16	4	0	0	49	44	16	13	25	26
Israel, Kurtis	1	2	5.03	16	1	0	2	34	42	24	19	20	24
*Locklear, Jeff	2	3	4.13	17	0	0	0	28	34	21	13	22	19
Martin, Jeff	1	4	5.67	12	10	0	1	54	58	40	34	22	42
*Myers, Mike	0	1	12.00	1	0	0	0	3	5	5	4	2	2
Perez, Hector	0	3	4.01	10	2	0	1	25	28	17	11	4	21
Peysar, Charles	0	1	9.24	14	0	0	0	25	30	26	33	19
Pote, Louis	2	3	2.55	8	8	0	0	42	38	23	12	19	41
Stroth, Scott	0	5	4.81	14	5	0	0	43	48	28	23	27	29
Towns, Vince	1	1	7.08	12	5	0	0	20	34	24	16	16	10
Valdez, Carlos	2	3	5.68	13	10	0	0	63	73	48	40	32	48

SEATTLE MARINERS

Manager: Jim Lefebvre.
1991 Record: 83-79, .512 (5th, AL West).

BATTING	AVG	G	AB	R	H	2B	3B	HR	RBI	BB	SO	SB
Amaral, Rich	.063	14	16	2	1	0	0	0	0	1	5	0
*Bradley, Scott	.203	83	172	10	35	7	0	0	11	19	19	0
*Briley, Greg	.260	139	381	39	99	17	3	2	26	27	51	23
Buhner, Jay	.244	137	406	64	99	14	4	27	77	53	117	0
#Cochrane, Dave	.247	65	178	16	44	13	0	2	22	9	38	0
Cotto, Henry	.305	66	177	35	54	6	2	6	23	10	27	16
Davis, Alvin	.221	145	462	39	102	15	1	12	69	56	78	0
*Griffey, Ken Jr.	.327	154	548	76	179	42	1	22	100	71	82	18
*Griffey, Ken Sr.	.282	30	85	10	24	7	0	1	9	13	13	0
Howard, Chris	.167	9	6	1	1	1	0	0	0	1	2	0
Jones, Tracy	.251	79	175	30	44	8	1	3	24	18	22	2
Lennon, Pat	.125	9	8	2	1	1	0	0	1	3	1	0
Martinez, Edgar	.307	150	544	98	167	35	1	14	52	84	72	0
*Martinez, Tino	.205	36	112	11	23	2	0	4	9	11	24	0
*O'Brien, Pete	.248	152	560	58	139	29	3	17	88	44	61	0
Powell, Alonzo	.216	57	111	16	24	6	1	3	12	11	24	0
#Reynolds, Harold	.254	161	631	95	160	34	6	3	57	72	63	28
Schaefer, Jeff	.250	84	164	19	41	7	1	1	11	5	25	3
Sinatro, Matt	.250	5	8	1	2	0	0	0	1	1	1	0
Valle, Dave	.194	132	324	38	63	8	1	8	32	34	49	0
#Vizquel, Omar	.230	142	426	42	98	16	4	1	41	45	37	7

PITCHING	W	L	ERA	G	GS	CG	SV	IP	H	R	ER	BB	SO
Bankhead, Scott	3	6	4.90	17	9	0	0	61	73	35	33	21	28
Burba, Dave	2	2	3.68	22	2	0	1	37	34	16	15	14	16
*Comstock, Keith	0	0	54.00	1	0	0	0	2	2	2	1	0
DeLucia, Rich	12	13	5.09	32	31	0	0	182	176	107	103	78	98
*Fleming, Dave	1	0	6.62	9	3	0	0	18	19	13	13	3	11
Hanson, Erik	8	8	3.81	27	27	2	0	175	182	82	74	56	143
Harris, Gene	0	0	4.05	8	0	0	0	13	15	8	6	10	6
Holman, Brian	13	14	3.69	30	30	5	0	195	199	86	80	77	108
Jackson, Mike	7	7	3.25	72	0	0	14	89	64	35	32	34	74
*Johnson, Randy	13	10	3.98	33	33	2	0	201	151	96	89	152	228
Jones, Calvin	2	2	2.53	27	0	0	2	46	33	14	13	29	42
*Krueger, Bill	11	8	3.60	35	25	1	0	175	194	82	70	60	91
*Murphy, Rob	0	1	3.00	57	0	0	4	48	47	17	16	19	34
Rice, Pat	1	1	3.00	7	2	0	0	21	18	10	7	10	12
Schooler, Mike	3	3	3.67	34	0	0	7	34	25	14	14	10	31
*Swan, Russ	6	2	3.43	63	0	0	2	79	81	35	30	28	33
Swift, Bill	1	2	1.99	71	0	0	17	90	74	22	20	26	48

FIELDING

Catcher	PCT	G	PO	A	E
Bradley	.993	65	285	16	2
Cochrane	.981	19	42	10	1
Howard	1.000	9	13	2	0
Sinatro	1.000	5	18	3	0
Valle	.992	129	669	52	6

First Base	PCT	G	PO	A	E
Amaral	1.000	1	6	1	0
Bradley	.750	1	3	0	1
Cochrane	1.000	4	21	1	0
Davis	1.000	14	116	7	0
T. Martinez	.993	29	249	22	2
*O'Brien	.997	132	1047	86	3
Powell	1.000	7	18	2	0
Valle	1.000	2	7	0	0

Second Base	PCT	G	PO	A	E
Amaral	1.000	5	4	11	0
Briley	.000	1	0	0	0
Reynolds	.978	159	348	463	18
Schaefer	1.000	11	10	13	0
Vizquel	.000	1	0	0	0

Third Base	PCT	G	PO	A	E
Amaral	1.000	2	0	1	0
Bradley	.667	4	0	2	1
Briley	.000	1	0	0	0
Cochrane	.833	13	11	14	5
E. Martinez	.962	144	84	299	15
Schaefer	.960	30	4	20	1

Shortstop	PCT	G	PO	A	E
Amaral	.750	2	3	3	2
Schaefer	.968	46	65	87	5
Vizquel	.980	138	224	422	13

Outfield	PCT	G	PO	A	E
Briley	.980	125	187	5	4
Buhner	.981	131	244	15	5
Cochrane	.969	26	31	0	1
Cotto	.981	56	104	2	2
*Griffey Jr.	.989	152	360	15	4
*Griffey Sr.	1.000	26	31	0	0
T. Jones	1.000	36	49	0	0
Lennon	1.000	1	2	0	0
*O'Brien	.905	13	18	1	2
Powell	.960	40	48	0	2

MARINERS FARM SYSTEM

Class	Club	League	W	L	Pct.	Manager
AAA	Calgary	Pacific Coast	72	64	.529	Keith Bodie
AA	Jacksonville	Southern	74	69	.517	Jim Nettles
A	San Bernardino	California	54	82	.397	Tommy Jones
A	Peninsula	Carolina	46	93	.331	Steve Smith
A	Bellingham	Northwest	37	39	.487	Dave Myers
Rookie	Tempe	Arizona	33	27	.550	Myron Pines

1992 ALMANAC • 165

CALGARY AAA
PACIFIC COAST LEAGUE

BATTING	AVG	G	AB	R	H	2B	3B	HR	RBI	BB	SO	SB
Amaral, Rich, ss-2b	.346	86	347	79	120	26	2	3	36	53	37	30
Blowers, Mike, 3b	.289	90	329	56	95	20	2	9	59	40	74	3
*Bowie, Jim, 1b	.340	14	50	9	17	3	0	1	7	2	8	0
*Brundage, Dave, of	.310	105	365	75	113	23	3	3	32	70	66	7
#Cochrane, Dave, c-2b	.321	47	190	25	61	11	0	3	37	8	36	2
Cockrell, Alan, of	.290	117	435	77	126	26	2	11	81	45	74	7
Hood, Dennis, of	.178	102	314	52	56	9	2	11	42	34	97	18
Howard, Chris, c	.246	82	293	32	72	12	1	8	36	16	56	1
Jackson, Chuck, 2b-3b	.285	121	488	80	139	28	5	15	85	37	53	2
King, Bryan, ss	.571	2	7	3	4	2	0	0	1	3	2	0
Lennon, Pat, of-dh	.329	112	416	75	137	29	5	15	74	46	68	12
Letterio, Shane, 2b	.174	17	46	6	8	2	0	0	2	8	9	0
Martinez, Tino, 1b	.326	122	442	94	144	34	5	18	86	82	44	3
Powell, Alonzo, of	.375	53	192	45	72	18	7	7	43	31	33	2
Sinatro, Matt, c	.260	40	131	13	34	8	0	3	19	16	20	1
Smith, Jack, ss	.272	63	202	26	55	14	1	9	41	25	43	2
Springer, Steve, 2b-3b	.257	109	412	62	106	25	2	17	70	28	76	8

PITCHING	W	L	ERA	G	GS	CG	SV	IP	H	R	ER	BB	SO
Balabon, Rick	6	6	6.41	17	15	0	0	87	109	71	62	43	42
Bankhead, Scott	0	0	1.04	5	0	0	1	9	7	1	1	1	10
*Barton, Shawn	2	0	2.61	17	0	0	1	31	25	11	9	8	22
Burba, Dave	6	4	3.53	23	9	0	4	71	82	35	28	27	42
Comstock, Keith	3	1	3.28	15	0	0	2	36	25	16	13	16	38
Cook, Mike	2	4	9.68	10	6	0	0	31	45	35	33	24	18
Eave, Gary	3	6	5.52	21	17	0	0	93	120	71	57	50	39
*Fleming, Dave	2	0	1.13	3	2	1	0	16	11	2	2	3	16
*Givens, Brian	1	0	4.91	3	3	0	0	15	16	8	8	6	2
Hanson, Erik	0	0	1.50	1	1	0	0	6	1	1	1	2	5
Harris, Gene	4	0	3.34	25	0	0	4	35	37	16	13	11	23
*Helton, Keith	4	7	6.46	30	13	1	0	110	148	86	79	51	54
Jones, Calvin	1	1	3.91	20	0	0	7	23	19	12	10	19	25
Kramer, Randy	4	4	5.86	16	11	0	0	66	87	57	43	25	24
*Lovelace, Vance	0	2	7.58	13	0	0	0	19	21	18	16	22	6
Meyer, Brian	2	3	4.01	18	0	0	1	34	39	18	15	10	10
Mitchell, John	0	2	7.88	2	2	0	0	8	17	10	7	2	1
Nelson, Jeff	3	4	3.90	28	0	0	7	32	39	19	14	15	26
*Powell, Dennis	9	8	4.15	27	26	5	0	174	200	90	80	59	96
Rice, Pat	13	4	5.03	21	21	1	0	122	138	70	68	37	59
*Richards, Dave	0	2	7.63	10	0	0	0	15	27	14	13	13	13
Rojas, Ricky	0	0	9.10	16	5	0	0	30	54	31	30	14	19
Salkeld, Roger	2	1	5.12	4	4	0	0	19	18	16	11	13	21
*Vandeberg, Ed	5	3	4.26	47	1	0	0	70	71	35	33	24	37
*Vosberg, Ed	0	2	7.23	16	0	0	2	24	38	26	19	12	15

JACKSONVILLE AA
SOUTHERN LEAGUE

BATTING	AVG	G	AB	R	H	2B	3B	HR	RBI	BB	SO	SB
Arguelles, Fernando, c	.196	50	138	8	27	1	0	0	10	7	38	1
#Bolick, Frank, 3b	.254	136	468	69	119	19	0	16	73	84	115	5
Boone, Bret, 2b-ss	.255	139	475	64	121	18	1	19	75	72	123	9
Bowie, Jim, 1b	.310	123	448	51	139	25	0	10	67	36	67	3
Campanis, Jim, c	.248	118	387	36	96	10	0	15	49	37	64	0
Gonzalez, Ruben, dh-1b	.237	94	308	27	73	14	0	4	41	37	53	0
Holley, Bobby, of-ss	.282	32	103	20	29	6	2	2	17	17	17	0
King, Bryan, ss	.080	13	25	2	2	0	0	0	0	4	6	1
Manahan, Anthony, ss	.254	113	410	67	104	23	2	7	45	54	81	11
Maynard, Tow, of	.259	58	216	32	56	5	3	0	13	20	51	30
*McDonald, Mike, of	.232	35	112	16	26	9	0	0	11	13	19	2
#Merchant, Mark, of	.282	51	156	22	44	10	0	5	17	21	38	3
Newfield, Marc, of-1b	.231	6	26	4	6	3	0	0	2	0	8	0
Pennington, Ken, of	.244	91	320	32	78	14	2	6	29	27	57	3
Pezzoni, Ron, of-dh	.318	7	22	3	7	0	0	0	2	1	3	0
Santana, Ruben, dh-2b	.200	5	15	2	3	0	0	1	3	1	3	0
Smith, Jack, ss-3b	.212	38	104	17	22	2	1	3	11	7	22	1
Stargell, Tim, of	.185	62	200	22	37	6	1	3	13	14	35	8
Turang, Brian, of-2b	.215	41	130	14	28	6	2	0	7	13	33	6
*Wetherby, Jeff, of	.288	76	264	39	76	15	2	7	36	35	44	6
#Williams, Ted, of	.219	70	269	47	59	10	3	4	16	21	73	34

PITCHING	W	L	ERA	G	GS	CG	SV	IP	H	R	ER	BB	SO
Balabon, Rick	5	1	3.09	10	10	0	0	64	60	31	22	26	42
*Barton, Shawn	3	3	3.12	14	4	1	0	35	36	16	12	8	24
Blueberg, Jim	3	5	2.72	14	13	2	0	89	75	36	27	23	67
*Czarkowski, Mark	4	9	5.31	20	13	1	0	85	107	58	50	26	46
Eave, Gary	2	1	1.69	5	5	1	0	27	15	6	5	10	18
Evans, Dave	5	9	5.21	21	20	1	0	116	118	74	67	49	76
*Figueroa, Fernando	6	3	2.53	41	2	0	5	64	57	22	18	24	55
*Fleming, Dave	10	6	2.64	21	20	6	0	140	129	50	41	25	109
Garcia, Marcos	3	2	4.35	6	6	0	0	41	40	20	20	16	42
Nelson, Jeff	4	0	1.27	21	0	0	12	28	23	5	4	9	34
Newlin, Jim	6	5	2.25	47	0	0	12	64	58	24	16	29	48

166 • 1992 ALMANAC

Seattle's Ken Griffey Jr., 21, hit at a better than .400 clip in the second half to finish with a .327 average.

PITCHING	W	L	ERA	G	GS	CG	SV	IP	H	R	ER	BB	SO
Pitz, Mike	1	5	3.98	36	6	0	1	86	87	44	38	22	67
*Richards, Dave	3	0	1.57	10	0	0	0	23	12	4	4	9	22
Rojas, Ricky	1	3	5.87	15	0	0	1	23	29	15	15	4	15
Salkeld, Roger	8	8	3.05	23	23	5	0	154	131	56	52	55	159
Schooler, Mike	1	1	5.56	11	2	0	0	11	13	9	7	3	12
Wiggs, Johnny	1	0	4.05	6	0	0	0	13	14	6	6	2	14
Woodson, Kerry	4	6	3.06	13	13	2	0	79	73	35	27	39	50
Zarranz, Fernando	2	0	2.09	24	0	0	4	43	29	10	10	11	42
Zavaras, Clint	2	2	4.60	6	6	0	0	31	36	18	16	10	21

SAN BERNARDINO A

CALIFORNIA LEAGUE

BATTING	AVG	G	AB	R	H	2B	3B	HR	RBI	BB	SO	SB
Bryant, Craig, ss	.309	25	81	12	25	7	0	2	10	6	18	3
Clayton, Craig, 3b	.333	20	75	8	25	3	0	3	9	8	11	3
*Hunter, Greg, 1b-3b	.242	129	413	65	100	12	0	2	32	74	61	22
*Keitges, Jeff, 1b	.209	59	191	15	40	9	0	5	33	24	41	0
King, Bryan, ss	.171	50	105	13	18	4	1	0	12	26	20	10
Klavitter, Clay, c	.176	25	51	4	9	2	0	0	4	4	12	0
Kluge, Matt, c	.236	28	72	4	17	0	0	1	13	2	24	0
Magallanes, Bobby, 3b	.225	83	271	40	61	13	0	7	31	30	64	7
Maynard, Tow, of	.290	70	245	45	71	9	1	1	16	32	61	57
#Murray, Steve, dh-2b	.000	5	11	0	0	0	0	0	0	3	2	0
Nava, Lipso, ss-3b	.271	86	258	19	70	5	0	2	33	20	43	5
Newfield, Marc, of-1b	.300	125	440	64	132	22	3	11	68	59	90	12
Pirkl, Greg, c-1b	.314	63	239	32	75	13	1	14	53	12	43	4
Raasch, Glen, c	.000	2	4	0	0	0	0	0	0	0	3	0
Santana, Ruben, 2b-ss	.302	108	394	55	119	16	4	3	43	26	74	34
*Stephens, Brian, of-dh	.226	56	190	21	43	5	1	8	26	15	44	6
Sutherland, Alex, c	.404	14	47	8	19	5	1	4	21	3	14	0
Tavarez, Jesus, of	.283	124	466	80	132	11	3	5	41	39	78	69
Thomas, Delvin, of-2b	.229	124	389	64	89	16	2	13	43	50	101	24
Turang, Brian, 2b-of	.180	34	100	9	18	2	1	0	4	15	31	6
Vranjes, Sam, c	.216	70	199	14	43	7	0	5	22	11	50	3
Young, Derrick, of	.264	109	330	35	87	11	3	2	19	34	65	13

PITCHING	W	L	ERA	G	GS	CG	SV	IP	H	R	ER	BB	SO
Bankhead, Scott	0	1	5.06	2	2	0	0	5	4	4	3	2	4
Borski, Jeff	2	0	6.00	4	3	0	0	21	16	14	14	18	20
*Cummings, John	4	10	4.06	29	20	0	1	124	129	79	56	61	120
Darwin, Jeff	3	9	6.20	16	14	0	0	74	80	53	51	31	58
*Fitzer, Doug	3	0	5.56	30	0	0	1	55	59	39	34	30	52
*Flynt, Bill	1	0	4.50	22	0	0	0	38	46	27	19	25	40
Garcia, Marcos	7	10	3.46	20	20	4	0	130	97	57	50	62	123
*Givens, Brian	1	0	1.80	1	1	0	0	5	4	2	1	1	4
Gutierrez, Jim	4	4	6.53	17	14	1	0	83	100	65	60	37	66
*Hampton, Mike	1	7	5.25	18	15	1	0	74	71	58	43	47	57
*Holsman, Rich	0	1	7.45	4	2	0	0	10	12	10	8	8	11
*Jones, Dennis	0	0	0.00	1	0	0	0	0	0	0	0	0	0
Kent, Troy	7	13	3.24	62	0	0	15	89	87	57	32	38	69
Knackert, Brent	0	0	2.08	2	2	0	0	4	3	1	1	3	7

ORGANIZATION LEADERS

Bret Boone
...19 homers
Minor Leaguers Only

BATTING
*AVG	Rich Amaral, Calgary	.346
R	Tino Martinez, Calgary	94
H	Jim Bowie, Jack.-Calgary	156
TB	Tino Martinez, Calgary	242
2B	Tino Martinez, Calgary	34
3B	Alonzo Powell, Calgary	7
HR	Bret Boone, Jacksonville	19
RBI	Greg Pirkl, San Bern.-Pen.	94
SB	Tow Maynard, San Bern.-Jack.	88

PITCHING
W	Pat Rice, Calgary	13
L	Scott Schanz, Peninsula	17
†ERA	Dave Fleming, Jack.-Calgary	2.48
G	Two tied at	62
CG	Dave Fleming, Jack.-Calgary	7
SV	Jeff Nelson, Jack.-Calgary	19
IP	Dennis Powell, Calgary	174
BB	Jim Converse, Peninsula	97
SO	Roger Salkeld, Jack.-Calgary	180

*Minimum 250 At-Bats †Minimum 75 Innings

PITCHING	W	L	ERA	G	GS	CG	SV	IP	H	R	ER	BB	SO
Loe, Darin	0	1	7.30	9	0	0	1	12	13	12	10	9	4
*McDonald, David	2	3	5.33	43	2	0	2	78	92	50	46	34	56
Mecir, Jim	3	5	4.22	14	12	0	1	70	72	40	33	37	48
Pena, Antonio	0	0	0.00	3	0	0	0	5	4	0	0	4	3
Pitcher, Scott	2	4	6.82	20	3	0	3	32	36	29	24	16	26
Rees, Sean	3	3	3.18	11	9	1	0	62	47	27	22	28	50
*Rivas, Oscar	7	5	4.17	62	0	0	3	95	87	55	44	40	71
Rosenbalm, Marc	0	0	4.35	9	0	0	0	10	14	9	5	4	4
Wiley, Chuck	0	1	4.58	12	0	0	2	18	18	13	9	12	15
Woodson, Kerry	2	0	1.95	5	5	0	0	28	33	13	6	16	14
Youngblood, Todd	1	0	7.15	4	1	0	0	11	15	10	9	8	12
Zarranz, Fernando	0	2	3.57	11	0	0	0	23	21	12	9	14	18
Zavaras, Clint	1	3	3.79	11	11	0	0	40	35	25	17	37	38

PENINSULA A

CAROLINA LEAGUE

BATTING	AVG	G	AB	R	H	2B	3B	HR	RBI	BB	SO	SB
Bosarge, Scott, c	.187	28	75	9	14	4	0	0	6	9	20	0
Bragg, Darren, of	.224	69	237	42	53	14	0	3	29	66	72	21
Brakebill, Mark, 3b-1b	.155	38	116	14	18	1	0	2	9	11	35	5
Bryant, Craig, ss	.267	29	86	9	23	1	0	0	10	6	9	1
Bullock, Renaldo, of	.340	14	47	4	16	0	0	1	2	2	13	5
Cudjo, Lavell, of	.246	60	171	22	42	8	1	1	17	19	59	2
Del Pozo, Roberto, of-dh	.237	61	215	24	51	7	1	2	19	17	53	3
Fermaint, Mike, 2b	.171	36	105	14	18	2	0	0	8	17	29	3
Halland, Jon, 2b-3b	.122	16	49	2	6	1	1	0	2	0	21	1
Holley, Bobby, ss-1b	.279	87	294	45	82	10	2	10	37	60	43	7
Kluge, Matt, c-of	.155	18	58	3	9	2	0	0	3	1	24	0
Kounas, Tony, 1b-c	.269	109	387	46	104	18	1	7	47	40	42	3
Letterio, Shane, 3b-ss	.266	70	267	36	71	12	0	6	25	27	31	3
Magallanes, Bobby, 3b	.200	41	150	11	30	4	0	4	16	14	30	1
#Merchant, Mark, of	.252	78	270	31	68	8	1	6	34	51	70	11
Morales, Jorge, c-dh	.264	25	72	6	19	1	0	0	7	7	13	0
Pezzoni, Ron, of	.289	106	405	57	117	8	3	5	43	44	54	21
Pirkl, Greg, c-1b	.264	64	239	20	63	16	0	6	41	9	42	0
Powell, L.V., of-dh	.116	13	43	4	5	1	0	0	1	4	19	3
Raasch, Glen, c	.118	20	68	1	8	3	0	0	2	4	20	0
Rodarte, Paul, 2b-ss	.222	65	216	19	48	4	1	0	13	32	56	5
Romay, Willie, of	.178	41	118	10	21	2	0	0	5	17	46	3
*Saetre, Damon, 1b	.282	90	277	37	78	16	1	1	19	44	34	7
Seda, Israel, ss-2b	.208	115	356	43	74	17	2	9	33	39	81	4
*Thomas, Kelvin, of	.160	51	162	14	26	5	1	4	15	11	44	3

PITCHING	W	L	ERA	G	GS	CG	SV	IP	H	R	ER	BB	SO
Converse, Jim	6	15	4.97	26	26	1	0	138	143	90	76	97	137
*Czarkowski, Mark	1	2	3.46	6	6	0	0	26	32	15	10	6	12
*Furcal, Manuel	4	8	5.98	29	14	1	0	90	121	68	60	23	62
Holman, Brad	6	6	3.22	47	0	0	10	78	70	34	28	33	71
*King, Kevin	6	7	4.37	17	17	2	0	93	99	55	45	38	59
*Kostich, Bill	5	5	5.64	33	8	1	1	83	97	63	52	34	55
Lodding, Rich	0	1	4.99	28	1	0	0	49	52	37	27	46	31
Perkins, Paul	8	13	5.23	26	24	2	0	145	149	103	84	68	86
Pitcher, Scott	3	8	4.65	17	17	1	0	81	100	58	42	50	67
Schanz, Scott	2	17	5.15	27	20	2	0	122	136	85	70	78	59
Tegtmeier, Doug	3	3	5.35	50	1	0	1	77	95	64	46	30	56
*Urso, Sal	0	3	3.06	46	0	0	8	62	74	36	21	30	44
Wiggs, Johnny	6	5	3.19	39	5	3	2	110	94	43	39	42	77

168 • 1992 ALMANAC

BELLINGHAM   A

NORTHWEST LEAGUE

BATTING	AVG	G	AB	R	H	2B	3B	HR	RBI	BB	SO	SB
Adams, Tommy, of	.260	46	150	27	39	12	0	3	18	34	40	7
Barlow, Clem, of	.157	42	115	14	18	1	1	0	2	18	52	5
Bond, Michael, ss	.185	51	157	16	29	0	1	0	8	15	46	9
Bosarge, Scott, c	.259	9	27	4	7	1	1	0	2	1	4	0
Boudreau, Tommy, of	.160	49	144	11	23	5	0	0	11	23	29	1
Clayton, Craig, 3b	.264	43	159	16	42	10	0	3	22	15	30	0
Diaz, Eddy, 2b	.276	61	246	48	68	14	1	3	23	24	33	9
Erhard, Barney, ss-2b	.204	43	142	20	29	4	0	3	12	25	48	9
*Fernandez, Julio, of	.190	51	158	17	30	5	0	0	11	26	38	7
Halland, Jon, 3b-2b	.231	60	216	18	50	6	1	4	24	4	65	5
Klavitter, Clay, c	.206	33	107	10	22	6	0	1	13	11	29	0
Morales, Jorge, c	.212	22	66	3	14	0	0	1	3	6	9	1
Smith, Bubba, 1b	.261	66	253	28	66	14	2	10	43	13	47	0
#Speakman, Willie, c	.167	38	102	5	17	3	0	1	6	13	34	1
Terrell, Jim, of	.286	65	248	26	71	6	3	3	22	15	42	2
Twitty, Sean, of-dh	.209	27	91	11	19	0	3	0	12	13	20	18
Walles, Todd, dh-1b	.211	45	133	14	28	2	0	2	18	20	48	1
Wilder, Willie, of	.182	4	11	0	2	1	0	0	1	0	4	1

PITCHING	W	L	ERA	G	GS	CG	SV	IP	H	R	ER	BB	SO
*Anderson, Doug	1	0	4.43	17	0	0	0	22	23	15	11	17	20
Bankhead, Scott	1	0	0.00	1	0	0	0	4	1	0	0	1	8
Borski, Jeff	4	1	0.90	8	7	0	0	50	36	9	5	11	32
*Estes, Shawn	1	3	6.88	9	9	0	0	34	27	33	26	55	35
Foreman, Toby	0	1	7.52	17	0	0	0	26	32	29	22	31	20
*Hampton, Mike	5	2	1.58	9	9	0	0	57	32	15	10	26	65
Lisiecki, David	0	1	2.16	21	0	0	7	33	18	11	8	23	63
Mountain, Joe	1	1	7.07	8	0	0	1	14	13	11	11	14	6
O'Donnell, Erik	5	4	3.46	15	13	1	0	68	70	36	26	15	43
Polanco, Giovanni	2	4	5.24	21	3	0	2	46	40	29	27	37	52
Reyan, Julio	0	1	5.79	4	0	0	0	9	9	6	6	4	9
Rosenbalm, Marc	2	3	2.23	23	0	0	4	40	32	17	10	14	40
Russell, Lagrande	6	7	2.93	15	15	0	0	95	85	48	31	43	77
Weinbaum, Peter	0	1	0.00	1	0	0	0	1	1	0	0	0	0
Wiley, Chuck	2	2	3.30	5	5	0	0	30	29	18	11	9	28
Winzer, Kenny	0	1	13.50	2	0	0	0	2	4	3	3	3	4
Witte, Trey	2	2	2.20	27	0	0	8	45	27	12	11	31	44
Youngblood, Todd	5	5	2.75	15	15	0	0	95	82	41	29	40	84

TEMPE   R

ARIZONA LEAGUE

BATTING	AVG	G	AB	R	H	2B	3B	HR	RBI	BB	SO	SB
Alcantara, Milciades, ss-3b	.192	36	99	16	19	0	0	0	8	22	35	4
Bonnici, Jim, 1b-c	.331	51	178	36	59	2	4	0	38	44	31	8
Brannon, Paul, dh	.182	3	11	1	2	0	1	0	1	0	2	0
Bullock, Renaldo, of	.363	29	102	35	37	2	2	1	17	14	17	35
Carty, Rico, 1b-dh	.362	16	47	4	17	2	1	0	9	5	2	0
Cruz, Javier, 2b-3b	.279	41	129	21	36	4	0	1	24	16	16	9
Deleon, Jose, 3b	.268	24	71	12	19	1	1	0	9	5	11	0
Furtado, Tim, c-1b	.381	37	113	27	43	5	1	0	16	21	9	3
Griffey, Craig, of	.253	45	150	36	38	1	1	0	20	28	35	11
*Lawson, David, 1b-of	.283	46	145	29	41	9	3	2	20	37	56	12
Martinez, Eduardo, 3b	.247	31	93	10	23	3	0	0	8	11	24	3
#Melendez, J.C., of	.276	44	134	24	37	9	1	0	24	14	20	4
Moncion, Pedro, 2b	.230	34	87	17	20	1	0	0	10	18	17	2
Powell, L.V., of-dh	.300	36	120	22	36	6	3	0	20	13	28	20
Ramos, Martin, of	.200	11	30	6	6	0	0	1	3	1	10	0
#Relaford, Desi, ss-2b	.270	46	163	36	44	7	3	0	18	22	24	17
*Robertson, Tommy, of	.331	34	142	28	47	3	5	2	30	10	11	8
Sosa, Francisco, of	.280	34	118	18	33	6	1	0	21	7	20	8
Thomas, Byron, of	.246	40	134	24	33	3	1	0	17	16	31	12
Velverde, Osvaldo, of	.318	7	22	1	7	0	0	0	2	0	2	0

PITCHING	W	L	ERA	G	GS	CG	SV	IP	H	R	ER	BB	SO
Dixon, Scottie	0	0	2.57	5	0	0	0	7	7	2	2	4	4
Ebert, Scott	0	1	8.04	12	0	0	0	16	11	15	14	17	9
*Gargagliano, Dion	1	0	8.22	20	1	0	0	23	28	27	21	23	28
Glinatsis, George	10	2	2.19	12	12	0	0	74	63	35	18	32	80
*Hartman, Kelly	0	0	7.31	15	0	0	0	16	23	15	13	19	15
Jenkins, Kevin	1	1	9.90	9	1	0	0	10	18	14	11	11	7
Lowe, Derek	5	3	2.41	12	12	0	0	58	26	19	21	60	64
Mantei, Matthew	1	4	6.69	17	5	0	0	40	54	40	30	28	29
Paulino, Angel	3	3	3.60	14	12	0	0	65	65	35	26	29	41
Pena, Antonio	0	1	0.00	2	0	0	0	4	4	0	0	2	0
Scales, Stan	0	0	4.50	5	0	0	0	6	7	5	3	4	4
Smith, Ryan	4	6	4.56	13	13	2	0	75	87	59	38	42	51
Soto, Luis	3	2	3.75	28	0	0	6	74	41	22	15	16	24
Sullivan, Dan	4	1	4.36	25	1	0	4	43	56	39	21	28	30
Sylve, Bernard	1	2	4.00	9	3	0	0	18	17	14	8	11	14
*Vandermark, John	0	0	40.50	1	0	0	0	1	2	6	6	5	0
Vargas, Carlos	2	1	1.64	16	0	0	4	22	21	7	4	8	15
Winzer, Kenny	0	0	0.00	1	0	0	0	0	0	0	0	0	0

TEXAS RANGERS

Manager: Bobby Valentine.
1991 Record: 85-77, .525 (3rd, AL West).

BATTING	AVG	G	AB	R	H	2B	3B	HR	RBI	BB	SO	SB
Buechele, Steve	.267	121	416	58	111	17	2	18	66	39	69	0
Capra, Nick	.000	2	0	1	0	0	0	0	0	1	0	0
#Daugherty, Jack	.194	58	144	8	28	3	2	1	11	16	23	1
Diaz, Mario	.264	96	182	24	48	7	0	1	22	15	18	0
Downing, Brian	.278	123	407	76	113	17	2	17	49	58	70	1
Fariss, Monty	.258	19	31	6	8	1	0	1	6	7	11	0
Franco, Julio	.341	146	589	108	201	27	3	15	78	65	78	36
Gonzalez, Juan	.264	142	545	78	144	34	1	27	102	42	118	4
Green, Gary	.150	8	20	0	3	1	0	0	1	1	6	0
Harris, Donald	.375	18	8	4	3	0	0	1	2	1	3	1
Hernandez, Jose	.184	45	58	8	18	2	1	0	4	3	31	0
*Huson, Jeff	.213	119	268	36	57	8	3	2	26	39	32	8
#Kreuter, Chad	.000	3	4	0	0	0	0	0	0	0	1	0
*Maurer, Rob	.063	13	16	0	1	1	0	0	2	2	6	0
*Palmeiro, Rafael	.322	159	631	115	203	49	3	26	88	68	72	4
Palmer, Dean	.187	81	268	38	50	9	2	15	37	32	98	0
Parent, Mark	.000	3	1	0	0	0	0	0	0	0	1	0
Petralli, Geno	.271	87	199	21	54	8	1	2	20	21	25	2
#Pettis, Gary	.216	137	282	37	61	7	5	0	19	54	91	29
*Reimer, Kevin	.269	136	394	46	106	22	0	20	69	33	93	0
Rodriguez, Ivan	.264	88	280	24	74	16	0	3	27	5	42	0
Russell, John	.111	22	27	3	3	0	0	0	1	1	7	0
Scruggs, Tony	.000	5	6	1	0	0	0	0	0	0	1	0
#Sierra, Ruben	.307	161	661	110	203	44	5	25	116	56	91	16
Stanley, Mike	.249	95	181	25	45	13	1	3	25	34	44	0
*Walling, Denny	.249	24	44	1	4	1	0	0	2	3	8	0

PITCHING	W	L	ERA	G	GS	CG	SV	IP	H	R	ER	BB	SO
Alexander, Gerald	5	3	5.24	30	9	0	0	89	93	56	52	48	50
Arnsberg, Brad	0	1	8.38	9	0	0	0	10	10	9	9	5	8
*Barfield, John	4	4	4.54	28	9	0	0	83	96	51	42	22	27
Bitker, Joe	1	0	6.75	9	0	0	0	15	17	11	11	8	16
*Bohanon, Brian	4	3	4.84	11	11	0	0	61	66	35	33	23	34
Boyd, Oil Can	2	7	6.68	12	12	0	0	62	81	47	46	17	33
Brown, Kevin	9	12	4.40	33	33	0	0	211	233	116	103	90	96
Chiamparino, Scott	1	0	4.03	5	5	0	0	22	26	11	10	12	8
Fajardo, Hector	0	2	5.68	4	3	0	0	19	25	13	12	4	15
Gossage, Goose	4	2	3.57	44	0	0	1	40	33	16	16	16	28
Guzman, Jose	13	7	3.08	25	25	5	0	170	152	67	58	84	125
*Jeffcoat, Mike	3	4	3.63	70	0	0	1	80	104	46	41	25	43
Manuel, Barry	1	0	1.13	8	0	0	0	16	7	2	2	6	7
Mathews, Terry	4	0	3.61	34	2	0	1	57	54	24	23	18	51
*Nolte, Eric	0	0	3.38	3	0	0	0	3	3	1	1	3	1
Petkovsek, Mark	0	1	14.46	4	1	0	0	9	21	16	15	4	6
*Poole, Jim	0	0	4.50	5	0	0	1	6	10	4	3	3	4
*Rogers, Kenny	10	10	5.42	63	9	0	5	110	121	80	66	61	73
Rosenthal, Wayne	1	4	5.25	36	0	0	1	70	72	43	41	36	61
Russell, Jeff	6	4	3.29	68	0	0	30	79	71	36	29	26	52
Ryan, Nolan	12	6	2.91	27	27	2	0	173	102	58	56	72	203
Schiraldi, Calvin	0	1	11.57	3	0	0	0	5	5	6	6	5	1
Witt, Bobby	3	7	6.09	17	16	1	0	89	84	66	60	74	82

FIELDING

Catcher	PCT	G	PO	A	E
Kreuter	1.000	1	5	0	0
Parent	1.000	3	5	0	0
Petralli	.972	66	293	20	9
Rodriguez	.983	88	517	62	10
Jo. Russell	1.000	5	20	0	0
Stanley	.980	58	239	10	5
First Base	PCT	G	PO	A	E
*Daugherty	1.000	11	68	3	0
*Maurer	1.000	4	7	3	0
*Palmeiro	.992	157	1305	96	12
Stanley	1.000	12	48	6	0
Second Base	PCT	G	PO	A	E
Buechele	1.000	13	12	35	0
Diaz	1.000	20	22	26	0
Fariss	1.000	4	4	9	0
Franco	.979	146	293	373	14
Huson	1.000	2	0	2	0
Third Base	PCT	G	PO	A	E
Buechele	.991	111	87	239	3
Diaz	1.000	8	3	7	0
Hernandez	1.000	1	1	1	0
Huson	.000	1	0	0	0
Palmer	.943	50	27	73	6

	PCT	G	PO	A	E
Petralli	.750	7	1	5	2
Stanley	.833	6	1	4	1
Walling	.950	14	6	13	1
Shortstop	PCT	G	PO	A	E
Buechele	1.000	4	0	1	0
Diaz	.962	65	68	110	7
Green	.968	8	10	20	1
Hernandez	.975	44	48	110	4
Huson	.965	116	142	267	15
Outfield	PCT	G	PO	A	E
Capra	1.000	2	4	0	0
*Daugherty	.981	37	52	1	1
Fariss	1.000	8	21	0	0
Gonzalez	.981	136	310	6	6
Harris	1.000	12	7	0	0
Palmer	.935	29	42	1	3
Pettis	.977	126	248	4	6
Reimer	.948	64	110	0	6
Jo. Russell	1.000	8	4	0	0
Scruggs	1.000	5	5	0	0
Sierra	.979	161	305	15	7
Stanley	.000	1	0	0	0
Walling	1.000	5	4	0	0

Rangers' Puerto Rican connection Ruben Sierra, left, and Juan Gonzalez combined to drive in 218 runs.

RANGERS FARM SYSTEM

Class	Club	League	W	L	Pct.	Manager
AAA	Oklahoma City	American Association	52	92	.361	Tommy Thompson
AA	Tulsa	Texas	58	78	.426	Bobby Jones
A	Charlotte	Florida State	62	70	.470	Bob Molinaro
A	Gastonia	South Atlantic	69	73	.486	Bump Wills
Rookie	Butte	Pioneer	29	41	.414	Dick Egan
Rookie	Charlotte	Gulf Coast	30	29	.508	Chino Cadahia

OKLAHOMA CITY — AAA

AMERICAN ASSOCIATION

BATTING	AVG	G	AB	R	H	2B	3B	HR	RBI	BB	SO	SB
Balboni, Steve, dh-1b	.269	83	301	44	81	15	1	20	63	33	74	0
Belcher, Kevin, of	.210	52	205	23	43	6	2	2	15	26	49	7
Berger, Mike, of-c	.315	67	213	27	67	15	3	3	31	36	50	2
#Burgos, Paco, ss	.192	9	26	3	5	0	0	0	1	2	3	0
Capra, Nick, of	.272	127	485	74	132	33	4	5	39	87	58	27
#Daugherty, Jack, of-dh	.143	22	77	4	11	2	0	0	4	8	14	1
Fariss, Monty, 2b	.271	137	494	84	134	31	9	13	73	91	143	5
Garner, Darrin, ss	.273	5	11	3	3	0	1	0	1	2	0	0
Green, Gary, ss	.218	100	308	36	67	4	2	3	30	35	57	1
Haselman, Bill, c	.256	126	442	57	113	22	2	9	60	61	89	10
Hernandez, Jose, ss	.304	14	46	6	14	1	1	1	3	4	10	0
*Huson, Jeff, ss	.500	2	6	0	3	1	0	0	2	0	1	0
Kreuter, Chad, c	.271	24	70	14	19	6	0	1	12	18	16	2
*Maurer, Rob, 1b	.301	132	459	76	138	41	3	20	77	96	135	2
Millay, Gar, of	.233	93	257	38	60	12	1	6	27	58	48	1
Moore, Balvino, of	.220	37	123	16	27	11	0	5	16	20	30	0
Palmer, Dean, 3b	.299	60	234	45	70	11	2	22	59	20	61	4
Parent, Mark, c-dh	.250	5	8	0	2	0	0	0	1	0	1	0
*Peltier, Dan, of	.229	94	345	38	79	16	4	3	32	43	71	6
*Petralli, Geno, dh-c	.267	4	15	1	4	1	0	0	2	2	1	0
Postier, Paul, 3b-ss	.242	70	219	22	53	4	0	1	20	13	43	1
Presley, Jim, 3b	.271	51	207	30	56	10	2	6	29	16	64	1
Scruggs, Tony, of	.203	53	182	19	37	4	0	3	21	20	41	4
*Walling, Denny, dh	.500	3	10	0	5	1	0	0	3	1	2	0

PITCHING	W	L	ERA	G	GS	CG	SV	IP	H	R	ER	BB	SO
Alexander, Gerald	1	1	4.22	2	2	0	0	11	10	5	5	4	10
Arnsberg, Brad	1	0	1.69	9	0	0	1	11	3	2	2	3	10
Bautista, Jose	0	3	5.29	11	3	0	0	32	38	19	19	6	22
Bitker, Joe	0	5	4.00	23	0	0	7	27	30	16	12	9	33
*Bohanon, Brian	0	4	2.91	7	7	0	0	46	49	19	15	15	37
*Boone, Dan	5	7	4.28	24	16	3	0	116	131	61	55	36	67
Bronkey, Jeff	1	0	10.80	7	0	0	0	10	16	13	12	4	7
Campbell, Mike	0	0	13.50	1	1	0	0	3	5	5	5	1	3
Gossage, Goose	0	0	18.00	2	0	0	0	2	2	4	4	1	3
Guzman, Jose	1	1	3.92	3	3	0	0	21	18	9	9	4	18
*Hall, Drew	1	2	7.03	15	1	0	0	24	28	22	19	17	15
*Hayward, Ray	3	3	4.88	19	3	0	1	48	59	32	26	21	27
Laskey, Bill	3	5	4.40	31	0	0	2	47	50	29	23	30	33
Mathews, Terry	5	6	3.49	18	13	1	1	95	98	39	37	34	63
Menendez, Tony	5	5	5.20	21	19	0	0	116	107	70	67	62	82
Mielke, Gary	2	1	9.74	10	0	0	0	20	34	23	22	6	14
Murphy, Dan	0	1	81.00	2	1	0	0	1	7	13	9	5	1
*Nolte, Eric	1	3	5.91	25	9	0	1	56	74	39	37	31	40
Pavlik, Roger	0	5	5.19	8	7	0	0	26	19	21	15	26	43
*Peters, Steve	3	3	5.57	24	0	0	0	32	43	21	20	19	27
Petkovsek, Mark	9	8	4.93	25	24	3	0	150	162	89	82	38	67
*Poole, Jim	0	0	0.00	10	0	0	3	12	4	0	0	1	14

1992 ALMANAC • 171

PITCHING	W	L	ERA	G	GS	CG	SV	IP	H	R	ER	BB	SO
Rosenthal, Wayne	3	2	4.03	32	0	0	5	51	52	24	23	22	59
Schiraldi, Calvin	1	2	5.64	18	0	0	1	30	32	19	19	23	24
Schmidt, Dave	0	2	1.65	11	0	0	1	16	20	4	3	9	10
*Smith, Dan	4	17	5.52	28	27	3	0	152	195	114	93	75	85
Thompson, Rich	0	2	6.51	16	0	0	0	28	47	26	20	11	16
*Wells, Terry	1	3	7.15	12	6	0	0	34	40	34	27	33	29
Witt, Bobby	1	1	1.13	2	2	0	0	8	3	1	1	8	12

TULSA — AA

TEXAS LEAGUE

BATTING	AVG	G	AB	R	H	2B	3B	HR	RBI	BB	SO	SB
Belcher, Kevin, of	.250	24	84	16	21	5	1	3	17	20	20	2
Berger, Mike, c	.185	9	27	2	5	1	0	0	2	3	7	1
#Burgos, Paco, 3b-ss	.222	63	216	15	48	5	1	1	16	7	25	0
Burton, Mike, 1b	.241	106	361	43	87	18	2	7	49	56	88	0
#Colon, Cris, ss	.392	26	102	20	40	6	2	3	28	4	11	0
Frye, Jeff, 2b	.302	131	503	92	152	32	11	4	41	71	60	15
Garman, Pat, dh-3b	.224	28	98	9	22	6	0	2	16	10	21	0
Green, David, dh-of	.285	59	200	22	57	16	0	4	32	16	27	2
*Greer, Rusty, of	.297	20	64	12	19	3	2	3	12	17	6	2
Harris, Donald, of	.227	130	450	47	102	17	8	11	53	26	118	9
Hernandez, Jose, ss	.239	91	301	36	72	17	4	1	20	26	75	4
Iavarone, Greg, c	.148	12	27	2	4	0	0	0	1	3	8	0
#Kreuter, Chad, c	.234	42	128	23	30	5	1	2	10	29	23	1
Kuld, Pete, c	.215	33	121	14	26	4	0	4	11	4	45	1
McCoy, Trey, dh-1b	.241	44	137	21	33	7	0	10	32	33	26	0
Morris, Rod, of	.269	103	383	44	103	17	8	0	35	28	60	9
Rodriguez, Ivan, c	.274	50	175	16	48	7	2	3	28	6	27	1
Rohrmeier, Dan, of	.292	121	418	67	122	20	2	5	62	60	57	3
Sable, Luke, 3b	.289	95	339	32	98	12	7	0	33	25	53	9
Samson, Fred, 3b-of	.208	69	207	31	43	12	1	2	15	25	63	2
Wrona, Rick, c-of	.159	27	82	4	13	0	1	3	7	5	18	0

PITCHING	W	L	ERA	G	GS	CG	SV	IP	H	R	ER	BB	SO
*Bohanon, Brian	0	1	2.31	2	2	0	0	12	9	8	3	11	6
Bronkey, Jeff	0	0	9.39	4	0	0	0	8	11	9	8	5	5
Brown, Rob	7	6	3.29	43	4	1	4	118	130	59	43	39	86
Campbell, Mike	5	7	5.23	23	15	3	1	108	104	68	63	51	90
Cunningham, Everett	0	3	6.97	21	1	0	0	41	46	38	32	20	25
*Felix, Nick	0	0	6.65	11	0	0	0	22	22	17	16	10	16
Gies, Chris	2	2	4.82	8	7	0	0	37	51	29	20	13	25
*Gore, Bryan	7	8	4.28	27	12	0	2	107	122	66	51	33	60
*Hayward, Ray	0	3	3.45	8	3	1	0	28	33	16	14	13	21
Hurst, Jon	2	1	2.16	5	2	1	1	25	18	6	6	6	17
Manuel, Barry	2	7	3.29	56	0	0	25	68	63	29	25	34	45
*McCray, Eric	4	3	4.65	21	2	0	0	41	32	23	21	32	31
Menendez, Tony	3	0	1.29	3	2	0	0	14	9	2	2	4	14
Nen, Robb	0	2	5.79	6	6	0	0	28	24	21	18	20	23
Perez, David	5	14	4.22	25	24	4	0	147	130	76	69	69	97
Reed, Bobby	4	4	2.55	12	11	2	1	67	62	24	19	22	33
*Romero, Brian	6	5	4.98	23	14	2	0	94	92	61	52	52	79
Rowley, Steve	2	4	6.02	10	8	0	0	43	48	32	29	27	24
*Shaw, Cedric	9	8	4.06	26	23	1	0	142	142	76	64	66	111
Shiflett, Chris	0	0	5.59	4	0	0	0	10	7	7	6	5	5

CHARLOTTE — A

FLORIDA STATE LEAGUE

BATTING	AVG	G	AB	R	H	2B	3B	HR	RBI	BB	SO	SB
Clinton, Jim, ss-1b	.193	86	244	19	47	12	1	1	17	16	63	16
#Colon, Cris, ss	.313	66	249	33	78	9	5	3	27	9	44	4
Evangelista, George, 3b-2b	.227	14	22	1	5	0	0	0	2	1	9	1
Garner, Darrin, 2b	.229	68	188	37	43	6	0	0	19	40	30	11
*Greer, Rusty, of	.294	111	388	52	114	25	1	5	48	66	48	12
*Guggiana, Todd, 1b	.295	36	132	14	39	7	2	2	18	19	21	9
Hodge, Lee, 2b	.000	1	0	0	0	0	0	0	0	0	0	0
*Hulse, David, of	.277	88	310	41	86	4	5	0	17	36	74	44
Kennedy, Jim, c	.103	23	68	5	7	3	0	0	4	5	11	0
*Marshall, Randy, 1b	.223	77	242	24	54	10	1	0	35	38	57	1
Morrow, Timmie, of	.251	119	463	65	116	24	8	5	59	33	123	33
Newkirk, Craig, 2b-3b	.233	109	343	33	80	18	0	1	21	61	71	4
Niethammer, Darren, c-dh	.228	98	325	36	74	10	1	6	38	35	66	12
Oliva, Jose, 3b	.240	108	383	55	92	17	4	14	59	44	108	9
Powell, Ken, of	.237	120	389	40	92	9	9	1	44	52	102	19
Reyes, Victor, c	.250	6	8	0	2	0	0	0	0	0	3	0
Shave, Jon, ss-2b	.228	56	189	17	43	4	1	1	20	18	31	7
Tannahill, Kevin, c	.135	15	37	2	5	0	0	0	1	1	12	1
Texidor, Jose, of	.282	13	39	8	11	1	1	0	3	2	6	1
Winford, Barry, c	.216	69	227	33	49	5	1	3	16	29	45	15

PITCHING	W	L	ERA	G	GS	CG	SV	IP	H	R	ER	BB	SO
Alberro, Jose	0	1	9.53	5	0	0	0	6	8	7	7	5	3
Arner, Mike	8	8	3.17	24	24	2	0	145	112	57	51	44	96
Bickhardt, Eric	5	5	3.56	54	0	0	6	94	90	41	37	40	69
*Bohanon, Brian	1	0	3.86	2	2	0	0	12	6	5	5	4	6
Buckley, Travis	8	9	3.23	28	21	3	1	128	115	58	46	67	131

172 • 1992 ALMANAC

ORGANIZATION LEADERS

BATTING
*AVG	Cris Colon, Char.-Tulsa	.336
R	Jeff Frye, Tulsa	92
H	Jeff Frye, Tulsa	152
TB	Rob Maurer, Oklahoma City	245
2B	Rob Maurer, Oklahoma City	41
3B	Jeff Frye, Tulsa	11
HR	Dean Palmer, Oklahoma City	22
RBI	Rob Maurer, Oklahoma City	77
SB	David Hulse, Charlotte	44

PITCHING
W	Two tied at	12
L	Dan Smith, Oklahoma City	17
†ERA	Tony Bouton, Gastonia	2.08
G	Barry Manuel, Tulsa	56
CG	Chris Gies, Gastonia-Tulsa	5
SV	Matt Whiteside, Gastonia	29
IP	Chris Gies, Gastonia-Tulsa	175
BB	Terry Burrows, Gastonia	78
SO	Terry Burrows, Gastonia	151

Rob Maurer
. . . 41 2B, 77 RBIs

Minor Leaguers Only *Minimum 250 At-Bats †Minimum 75 Innings

PITCHING	W	L	ERA	G	GS	CG	SV	IP	H	R	ER	BB	SO
*Eischen, Joey	4	10	3.41	18	18	1	0	108	99	59	41	55	80
*Felix, Nick	3	8	3.09	29	17	1	0	128	118	54	44	41	119
Goetz, Barry	3	1	2.41	46	0	0	12	56	56	24	15	24	42
Maldonado, Johnny	2	3	1.98	46	0	0	14	50	47	14	11	16	40
*McCray, Eric	0	1	5.79	2	2	0	0	9	11	8	6	6	7
*Oliver, Darren	0	1	4.50	2	2	0	0	8	6	4	4	3	12
*Quero, Juan	7	7	2.88	34	10	0	1	84	88	35	27	31	57
Randle, Carl	3	8	3.89	29	19	0	0	125	116	74	54	57	77
Rowley, Steve	7	1	2.82	8	8	1	0	45	38	15	14	32	28
Spencer, Kyle	4	4	4.66	38	2	0	0	66	59	36	34	30	49
*Steiner, Brian	2	2	3.45	30	0	0	0	29	22	12	11	23	28
Washington, Tyrone	5	0	3.51	12	7	1	0	51	45	29	20	20	27

GASTONIA A

SOUTH ATLANTIC LEAGUE

BATTING	AVG	G	AB	R	H	2B	3B	HR	RBI	BB	SO	SB
Blevins, Greg, c-dh	.213	105	324	34	69	16	0	6	44	37	78	2
Bogues, Muggsy, 2b	.000	1	2	0	0	0	0	0	0	0	2	0
Castellano, Miguel, 1b-3b	.233	114	360	34	84	9	0	3	33	31	46	2
#Crespo, Mike, c	.180	44	133	16	24	10	0	2	15	11	34	0
Hanlon, Lawrence, ss	.244	71	225	25	55	11	1	0	13	36	45	16
Hernandez, Tom, c	.206	58	160	11	33	8	0	1	11	6	28	0
Hodge, Lee, 2b	.185	55	178	12	33	3	0	3	20	10	40	2
Holland, Sid, of	.243	138	482	64	117	19	9	10	59	71	142	8
*Laake, Peter, 1b	.218	94	266	48	58	11	0	3	24	52	74	2
#Lowery, David, 3b	.294	133	507	55	149	15	4	9	49	57	66	32
Luce, Roger, c	.262	33	107	17	28	9	2	2	16	7	31	2
*Marshall, Randy, 1b-dh	.225	40	111	15	25	3	0	2	10	15	25	0
*Matachun, Paul, 2b-ss	.245	106	261	38	64	11	1	1	28	43	52	4
Matos, Malvin, of	.212	105	330	33	70	17	3	7	27	18	112	13
*Murray, Keith, of	.243	104	338	38	82	8	6	7	44	28	90	18
#Penn, Shannon, 2b	.217	48	129	22	28	5	0	0	6	11	30	7
*Posey, Marty, of	.247	128	421	63	104	22	3	11	60	63	99	4
Shave, Jon, ss	.291	55	213	29	62	11	0	2	24	20	26	11

PITCHING	W	L	ERA	G	GS	CG	SV	IP	H	R	ER	BB	SO
Bouton, Tony	9	6	2.08	51	0	0	2	91	79	39	21	39	93
*Buchheit, Scott	0	1	8.10	2	0	0	0	3	7	4	3	3	4
*Burrows, Terry	12	8	4.45	27	26	0	0	148	108	79	73	78	151
Cardona, Jose	0	1	1.65	8	0	0	1	16	10	4	3	8	18
Curry, Dell	0	1	3.00	1	1	0	0	3	3	1	1	1	4
Dreyer, Steve	7	10	2.33	25	25	3	0	162	137	51	42	62	122
*Erickson, Scott	1	0	6.04	14	0	0	0	22	21	22	15	20	14
Geeve, Dave	6	4	4.31	14	14	1	0	79	74	40	38	20	69
*Giberti, Dave	1	2	4.24	9	2	0	0	17	17	9	8	8	17
Gies, Chris	10	3	2.54	19	19	5	0	138	122	44	39	20	124
Henson, Micky	3	4	4.35	8	8	0	0	39	38	27	19	26	20
*Hurst, James	3	3	2.26	11	8	0	0	52	41	18	13	14	44
Kunz, Devin	1	3	2.95	20	3	0	2	43	40	17	14	16	42
Madrigal, Victor	0	6	5.36	10	10	0	0	47	47	32	28	32	40
McGough, Keith	2	3	7.98	16	0	0	0	29	39	28	26	19	14
Migliozzi, Tom	2	2	3.69	20	0	0	0	32	23	15	13	24	37
Ringkamp, Mark	0	3	2.97	17	3	0	1	36	36	21	12	10	20
Sadecki, Steve	4	4	3.46	16	16	1	0	78	70	34	30	43	67
Vlcek, Jim	1	2	4.50	29	0	0	2	42	33	24	21	25	43
Washington, Tyrone	4	2	2.72	11	7	1	2	53	49	16	16	13	40
Wells, Tim	0	4	4.66	13	6	0	2	19	16	13	10	15	14
Whiteside, Matt	3	1	2.15	48	0	0	29	63	43	19	15	21	71

1992 ALMANAC • **173**

BUTTE   R

PIONEER LEAGUE

BATTING

BATTING	AVG	G	AB	R	H	2B	3B	HR	RBI	BB	SO	SB
#Crespo, Mike, c-of	.292	33	113	26	33	8	3	7	29	13	21	3
Edwards, Mike, 3b	.312	66	218	56	68	11	1	10	42	38	45	9
#Gates, Todd, dh-2b	.220	44	123	28	27	0	1	0	6	13	44	19
Gil, Benji, ss	.287	32	129	25	37	4	3	2	15	14	36	9
*Koehler, James, 1b	.261	56	180	34	47	13	1	6	38	26	32	8
Lowery, Terrell, of	.299	54	214	38	64	10	7	3	33	29	44	23
McCune, Rob, 2b	.182	28	55	9	10	2	0	0	4	8	7	0
#Parra, Franklin, ss-2b	.253	61	221	27	56	10	2	4	29	7	61	9
Poyner, Pat, 1b	.143	20	42	3	6	2	0	0	9	6	17	0
Roberts, Bryan, of-c	.274	52	190	32	52	7	4	5	29	10	52	3
*Sisk, Kevin, Inf	.295	51	193	35	57	5	0	2	37	23	20	5
*Sullivan, Charlie, 2b-3b	.216	47	125	27	27	6	1	1	17	24	41	7
Texidor, Jose, of	.377	37	130	26	49	6	1	3	23	9	23	5
Vargas, Eric, c	.167	32	60	3	10	4	0	0	5	13	23	0
Williams, Lanny, c-of	.269	62	186	38	50	12	2	6	37	15	61	11
*Wiseman, Greg, of-1b	.242	60	198	28	48	9	0	3	21	10	46	10

PITCHING	W	L	ERA	G	GS	CG	SV	IP	H	R	ER	BB	SO
Ayala, Jason	0	2	4.35	20	2	0	0	31	38	23	15	25	21
Berthau, Terrell	3	7	5.21	21	8	1	4	66	75	44	38	19	34
*Brownholtz, Joe	4	2	3.72	9	8	1	1	46	43	26	19	15	42
*Buchheit, Scott	0	0	3.60	3	0	0	0	5	3	4	2	3	5
Curtis, Chris	0	2	9.95	6	3	0	0	13	27	23	14	4	7
Dalzochio, Paul	1	0	8.62	11	0	0	0	16	26	17	15	6	8
Davis, Marty	1	5	8.72	8	6	0	0	32	46	37	31	23	22
*Giberti, Dave	5	1	4.44	17	6	0	2	49	59	37	24	22	39
Henson, Micky	0	3	10.80	5	5	0	0	18	34	32	22	18	13
Kennedy, Shawn	4	3	3.50	11	3	1	1	36	43	16	14	7	26
Lacy, Kerry	2	1	5.59	24	2	0	1	48	47	34	30	36	45
Madrigal, Victor	0	1	8.77	6	5	0	0	26	35	29	25	13	17
*Magee, Bo	2	7	4.80	14	14	0	0	69	76	45	37	57	51
McGough, Keith	0	1	9.30	10	0	0	0	20	38	26	21	13	15
*Paramo, Paul	0	0	5.68	14	0	0	0	13	24	11	8	7	11
Schuermann, Lance	4	4	4.53	30	0	0	4	44	45	29	22	34	46
Stuart, Brad	0	0	6.91	13	0	0	0	27	39	31	21	12	21
Underhill, Pat	3	2	6.65	9	8	1	0	46	61	42	34	15	40
Watson, Andy	0	0	0.00	1	0	0	0	1	0	1	0	0	4

CHARLOTTE   R

GULF COAST LEAGUE

BATTING	AVG	G	AB	R	H	2B	3B	HR	RBI	BB	SO	SB
Awkard, Herman, of-3b	.227	38	128	16	29	5	0	3	18	2	35	7
#Bethke, Jamie, c	.141	20	64	5	9	2	0	0	4	4	13	1
*Burton, Steve, 1b	.295	50	176	18	52	12	4	0	24	12	24	1
Evangelista, George, 3b	.283	33	120	26	34	8	3	3	12	24	12	14
*Haughney, Trevor, of	.254	50	197	30	50	6	3	1	18	18	36	23
Kennedy, Darryl, c-dh	.111	5	18	4	2	1	0	0	1	1	1	0
*Lindsay, Jon, c	.195	17	41	5	8	1	1	0	3	8	11	0
Maple, Marcus, of	.182	14	33	4	6	0	0	0	3	3	12	1
McCollough, Mike, of	.211	52	185	27	39	10	2	3	17	11	48	11
Nalepka, Keith, dh-1b	.283	48	166	23	47	13	0	3	31	19	28	2
Oliva, Jose, 3b	.091	3	11	0	1	1	0	0	1	2	3	0
Pitts, Jon, c	.063	7	16	1	1	1	0	0	2	1	3	0
Soto, Miguel, c-3b	.273	45	154	12	42	8	2	0	20	8	21	1
Strovink, Eric, of	.266	44	158	11	42	10	4	1	18	4	36	1
Tolentino, Reynaldo, 2b	.283	52	187	24	53	5	5	1	13	12	47	11
Troncoso, Roberto, ss-2b	.213	42	136	13	29	3	0	0	5	6	19	2
*Wilson, Desi, dh-of	.160	8	25	1	4	2	0	0	7	3	2	0
Woodall, Kevin, ss-3b	.215	39	130	13	28	2	2	0	2	4	19	4

PITCHING	W	L	ERA	G	GS	CG	SV	IP	H	R	ER	BB	SO
Alberro, Jose	2	0	1.48	19	0	0	6	30	17	6	5	9	40
Andrews, Dave	0	0	6.75	4	0	0	0	4	6	3	3	2	1
Carew, Jeff	1	2	3.00	9	1	0	0	18	16	11	6	7	11
Chavarria, David	0	6	4.25	8	7	0	0	30	35	19	14	11	26
Curtis, Chris	4	0	2.06	7	7	0	0	35	27	9	8	9	23
Davis, Marty	3	0	1.30	5	5	0	0	28	17	4	4	4	22
*Gandolph, Dave	0	3	9.58	7	1	0	0	10	11	12	11	10	9
Gerhart, Bert	2	4	1.94	10	8	0	0	42	31	14	9	13	22
*Henderson, Daryl	2	0	0.84	17	0	0	8	32	18	8	3	12	49
Henson, Micky	1	1	18.00	2	0	0	0	5	14	11	10	2	5
Heredia, Wilson	2	4	2.14	17	0	0	4	34	25	18	8	20	25
Madrigal, Victor	3	0	2.27	10	4	0	0	32	27	11	8	15	22
*O'Brien, Mark	1	2	2.97	9	9	0	0	39	28	15	13	14	42
*Paramo, Paul	1	2	1.33	7	0	0	0	20	17	5	3	10	23
Patterson, Danny	5	3	3.24	11	9	0	0	50	43	21	18	12	46
Seaton, Billy	1	0	3.05	14	3	0	0	41	24	15	14	9	27
Ubiera, Miguel	1	2	3.90	13	3	0	0	28	31	18	12	18	19
Underhill, Patrick	1	0	1.00	4	1	0	1	9	4	2	1	4	11
Vallot, Joey	0	0	23.14	1	1	0	0	2	7	6	6	3	2
Vaughn, Heath	0	0	3.38	10	0	0	2	19	10	10	7	7	20

TORONTO BLUE JAYS

Manager: Cito Gaston.
1991 Record: 91-71, .562 (1st, AL East).

BATTING	AVG	G	AB	R	H	2B	3B	HR	RBI	BB	SO	SB
#Alomar, Roberto	.295	161	637	88	188	41	11	9	69	57	86	53
Bell, Derek	.143	18	28	5	4	0	0	0	1	6	5	3
Borders, Pat	.244	105	291	22	71	17	0	5	36	11	45	0
Carter, Joe	.273	162	638	89	174	42	3	33	108	49	112	20
*Ducey, Rob	.235	39	68	8	16	2	2	1	4	6	26	2
*Giannelli, Ray	.167	9	24	2	4	1	0	0	0	5	9	1
Gonzales, Rene	.195	71	118	16	23	3	0	1	6	12	22	0
Gruber, Kelly	.252	113	429	58	108	18	2	20	65	31	70	12
Hill, Glenallen	.253	35	99	14	25	5	2	3	11	7	24	2
Knorr, Randy	.000	3	1	0	0	0	0	0	0	1	1	0
#Lee, Manuel	.234	138	445	41	104	18	3	0	29	24	107	7
Maldonado, Candy	.277	52	177	26	49	9	0	7	28	23	53	3
*Mulliniks, Rance	.250	97	240	27	60	12	1	2	24	44	44	0
Myers, Greg	.262	107	309	25	81	22	0	8	36	21	45	0
*Olerud, John	.256	139	454	64	116	30	1	17	68	68	84	0
*Parker, Dave	.333	13	36	2	12	4	0	0	3	4	7	0
Snyder, Cory	.143	21	49	4	7	0	1	0	6	3	19	0
Sprague, Ed	.275	61	160	17	44	7	0	4	20	19	43	0
Tabler, Pat	.216	82	185	20	40	5	1	1	21	29	21	0
#Ward, Turner	.308	8	13	1	4	0	0	0	2	1	2	0
#White, Devon	.282	156	642	110	181	40	10	17	60	55	135	33
#Whiten, Mark	.221	46	149	12	33	4	3	2	19	11	35	0
Williams, Ken	.207	13	29	5	6	2	0	1	3	4	5	1
#Wilson, Mookie	.241	86	241	26	58	12	4	2	28	8	35	11
Zosky, Eddie	.148	18	27	2	4	1	1	0	2	0	8	0

PITCHING	W	L	ERA	G	GS	CG	SV	IP	H	R	ER	BB	SO
Acker, Jim	3	5	5.20	54	4	0	1	88	77	53	51	36	44
*Boucher, Denis	0	3	4.58	7	7	0	0	35	39	20	18	16	16
Candiotti, Tom	6	7	2.98	19	19	3	0	130	114	47	43	45	81
*Dayley, Ken	0	0	6.23	8	0	0	0	4	7	3	3	5	3
Fraser, Willie	0	2	6.15	13	1	0	0	26	33	20	18	11	12
Guzman, Juan	10	3	2.99	23	23	1	0	139	98	53	46	66	123
Henke, Tom	0	2	2.32	49	0	0	32	50	33	13	13	11	53
Hentgen, Pat	0	0	2.45	3	1	0	0	7	5	2	2	3	3
*Horsman, Vince	0	0	0.00	4	0	0	0	4	2	0	0	3	2
*Key, Jimmy	16	12	3.05	33	33	2	0	209	207	84	71	44	125
*Leiter, Al	0	0	27.00	3	0	0	0	2	3	5	5	5	1
*MacDonald, Bob	3	3	2.85	45	0	0	0	54	51	19	17	25	24
Stieb, Dave	4	3	3.17	9	9	1	0	60	52	22	21	23	29
Stottlemyre, Todd	15	8	3.78	34	34	1	0	219	194	97	92	75	116
Timlin, Mike	11	6	3.16	63	3	0	3	108	94	43	38	50	85
Ward, Duane	7	6	2.77	81	0	0	23	107	80	36	33	33	132
Weathers, Dave	1	0	4.91	15	0	0	0	15	15	9	8	17	13
*Wells, David	15	10	3.72	40	28	2	1	198	188	88	82	49	106
Weston, Mickey	0	0	0.00	2	0	0	0	2	1	0	0	1	1
Wills, Frank	0	1	16.62	4	0	0	0	4	8	8	8	5	2

FIELDING

Catcher	PCT	G	PO	A	E
Borders	.993	102	505	48	4
Knorr	1.000	3	6	1	0
Myers	.979	104	484	37	11
Sprague	.714	2	5	0	2

First Base	PCT	G	PO	A	E
Gonzales	1.000	2	4	0	0
*Olerud	.996	135	1121	77	5
Snyder	1.000	4	26	2	0
Sprague	1.000	22	143	11	0
Tabler	.985	20	182	14	3

Second Base	PCT	G	PO	A	E
Alomar	.981	160	333	448	15
Gonzales	1.000	11	4	13	0

Third Base	PCT	G	PO	A	E
Giannelli	.923	9	0	12	1
Gonzales	.923	26	7	41	4
Gruber	.962	111	97	232	13
Mulliniks	1.000	5	2	3	0

	PCT	G	PO	A	E
Snyder	.875	3	0	7	1
Sprague	.870	35	19	61	12

Shortstop	PCT	G	PO	A	E
Gonzales	.973	36	46	64	3
Lee	.967	138	194	358	19
Zosky	1.000	18	12	26	0

Outfield	PCT	G	PO	A	E
Bell	.889	13	16	0	2
Carter	.974	151	283	13	8
Ducey	.892	24	32	1	4
Hill	.967	13	29	0	1
Maldonado	.990	52	98	2	1
Snyder	1.000	14	12	1	0
Tabler	1.000	1	1	0	0
Ward	1.000	6	5	0	0
White	.998	156	439	8	1
Whiten	1.000	42	90	2	0
Williams	1.000	9	16	1	0
Wilson	.973	41	71	2	2

BLUE JAYS FARM SYSTEM

Class	Club	League	W	L	Pct.	Manager
AAA	Syracuse	International	73	71	.507	Bob Bailor
AA	Knoxville	Southern	67	77	.465	John Stearns

Outfielder Joe Carter was a welcome addition to the Blue Jays lineup, leading the team with 33 homers and 108 RBIs.

Class	Club	League	W	L	Pct.	Manager
A	Dunedin	Florida State	59	72	.450	Dennis Holmberg
A	Myrtle Beach	South Atlantic	60	79	.432	Garth Iorg
A	St. Catharines	New York-Penn	35	42	.455	Doug Ault
Rookie	Medicine Hat	Pioneer	24	45	.348	J.J. Cannon
Rookie	Charlotte	Gulf Coast	31	28	.525	Omar Malave

SYRACUSE   AAA

INTERNATIONAL LEAGUE

BATTING	AVG	G	AB	R	H	2B	3B	HR	RBI	BB	SO	SB
Bell, Derek, of	.346	119	457	89	158	22	12	13	93	57	69	27
*Delgado, Carlos, c	.000	1	3	0	0	0	0	0	0	0	2	0
*Ducey, Rob, of	.293	72	266	53	78	10	3	8	40	51	58	5
*Fields, Bruce, dh-of	.270	42	148	19	40	5	0	2	13	17	22	1
#Jeltz, Steve, of-2b	.167	7	18	1	3	1	0	0	2	2	2	0
*Jeter, Shawn, of	.264	70	242	36	64	15	1	3	26	15	55	5
Knorr, Randy, c	.260	91	342	29	89	20	0	5	44	23	58	1
*Maksudian, Mike, c-1b	.330	31	97	13	32	6	3	1	13	10	17	0
Martinez, Domingo, 1b	.313	126	467	61	146	16	2	17	83	41	107	6
#McDougal, Julius, 2b-ss	.253	59	182	26	46	9	3	1	11	18	42	1
Montalvo, Rob, ss	.000	1	3	0	0	0	0	0	0	0	0	0
*Pederson, Stu, of-dh	.263	108	373	49	98	20	2	8	54	66	68	3
Perez, Robert, of	.200	4	20	2	4	1	0	0	1	0	2	0
*Pevey, Marty, c-of	.280	55	193	24	54	8	2	3	23	20	41	1
Quinlan, Tom, 3b	.240	132	466	56	112	24	6	10	49	72	163	9
Schunk, Jerry, Inf-of	.248	92	327	34	81	9	0	5	29	8	26	0
#Scott, Shawn, of	.231	12	39	4	9	0	1	0	3	5	10	0
Snyder, Cory, of	.269	17	67	11	18	3	0	6	17	4	16	0
Sprague, Ed, c	.364	23	88	24	32	8	0	5	25	10	21	2
Suero, William, 2b	.198	98	393	49	78	18	1	1	28	38	51	17
#Ward, Turner, of	.330	59	218	40	72	11	3	7	32	47	22	9
Williams, Kenny, of	.333	15	54	14	18	1	0	7	19	6	12	6
Zosky, Eddie, ss	.264	119	511	69	135	18	4	6	39	35	82	9

PITCHING	W	L	ERA	G	GS	CG	SV	IP	H	R	ER	BB	SO
Bair, Doug	0	0	2.08	8	0	0	0	13	16	7	3	2	16
Blohm, Pete	2	5	4.71	37	7	0	2	99	96	53	52	43	45
*Boucher, Denis	2	1	3.18	8	8	1	0	57	57	24	20	19	28
*Dayley, Ken	0	1	9.64	10	0	0	1	14	26	16	15	11	13
Fraser, Willie	0	1	3.68	7	0	0	1	15	12	7	6	6	12
Gordon, Don	2	2	1.69	26	0	0	1	48	48	11	9	9	29
Guzman, Juan	4	5	4.03	12	11	0	0	67	46	39	30	42	67
Hentgen, Pat	8	9	4.47	31	28	1	0	171	146	91	85	90	155
*Hernandez, Guillermo	1	1	4.22	8	0	0	0	11	10	5	5	4	9
Linton, Doug	10	12	5.01	30	26	3	0	162	181	108	90	56	93
*MacDonald, Bob	1	0	4.50	7	0	0	1	6	5	3	3	5	8
*Manzanillo, Ravelo	3	0	3.42	12	0	0	1	24	26	10	9	14	20
Sanchez, Alex	1	4	10.29	14	5	0	1	28	33	33	32	35	12
*Shea, John	12	10	4.55	35	24	3	2	172	198	104	87	78	76

PITCHING	W	L	ERA	G	GS	CG	SV	IP	H	R	ER	BB	SO
*Valdez, Efrain	3	2	5.36	21	1	0	0	44	50	27	26	25	30
Wapnick, Steve	6	3	2.76	53	0	0	20	72	68	23	22	25	58
Weston, Mickey	12	6	3.74	27	25	3	0	166	193	85	69	36	60
Williams, Woody	3	4	4.12	31	0	0	6	55	52	27	25	27	37
Wills, Frank	3	5	4.84	22	9	0	1	61	71	35	33	21	38

KNOXVILLE — AA

SOUTHERN LEAGUE

BATTING	AVG	G	AB	R	H	2B	3B	HR	RBI	BB	SO	SB
#Cedeno, Domingo, ss	.223	100	336	39	75	7	6	1	26	29	81	11
DelaRosa, Juan, of	.215	122	382	37	82	11	1	4	33	17	94	17
Deloach, Bobby, of	.266	116	364	42	97	16	4	5	37	25	61	12
*Giannelli, Ray, 3b	.276	112	362	53	100	14	3	7	37	64	66	8
Infante, Alexis, 3b	.227	9	22	3	5	1	0	0	1	0	3	1
Kent, Jeff, 2b	.256	139	445	68	114	34	1	12	61	80	104	25
Knorr, Randy, c	.176	24	74	7	13	4	0	0	4	10	18	2
*Maksudian, Mike, c-dh	.255	71	231	32	59	12	3	5	35	37	43	2
Montalvo, Rob, ss-3b	.161	15	31	3	5	1	0	0	9	7	7	0
Monzon, Jose, c	.267	44	116	12	31	5	0	0	11	13	23	1
Nunez, Bernie, of-1b	.197	82	234	16	46	11	1	4	24	11	71	4
*O'Halloran, Greg, c-1b	.254	110	350	37	89	13	8	8	53	27	46	11
Rodgers, Paul, of	.193	43	114	15	22	3	2	0	4	16	23	11
Taylor, Mike, ss-3b	.165	78	139	16	23	3	1	0	10	18	39	9
Thompson, Ryan, of	.241	114	403	48	97	14	3	8	40	26	88	17
Townley, Jason, dh-c	.197	81	213	12	42	8	0	0	13	31	57	0
Yan, Julian, 1b	.280	103	350	45	98	16	3	16	61	23	108	2
Young, Mark, of-3b	.233	109	317	43	74	10	3	1	21	53	80	24

PITCHING	W	L	ERA	G	GS	CG	SV	IP	H	R	ER	BB	SO
Blohm, Pete	0	1	1.69	3	0	0	0	11	7	2	2	4	6
Brown, Daren	0	1	10.80	3	0	0	0	3	6	4	4	1	2
*Cromwell, Nate	2	9	4.95	16	16	0	0	80	73	53	44	53	61
Cross, Jesse	10	9	2.83	31	26	4	1	172	141	72	54	71	128
Hall, Darren	5	3	2.60	42	0	0	2	69	56	23	20	27	78
*Horsman, Vince	4	1	2.34	42	0	0	3	81	79	23	21	19	80
Jones, Chris	2	2	2.22	12	3	0	0	28	20	7	7	22	20
Kizziah, Daren	4	2	0.89	11	2	1	1	30	26	11	3	11	19
*Lloyd, Graeme	0	0	0.00	2	0	0	0	2	1	0	0	1	2
Ogliaruso, Mike	2	1	3.69	7	6	2	0	39	31	18	16	18	24
Rogers, Jimmy	7	11	3.31	28	27	4	0	168	140	70	62	90	122
Sanchez, Alex	4	2	3.07	14	11	0	0	59	43	26	20	36	38
Thompson, Rich	0	3	3.55	10	0	0	3	13	13	7	5	2	11
Trlicek, Rick	2	5	2.45	41	0	0	16	51	36	26	14	22	55
*Ward, Anthony	6	10	3.73	31	18	1	0	128	122	64	53	53	110
Weathers, Dave	10	7	2.45	24	22	5	0	139	121	51	38	49	114
Williams, Woody	3	2	3.59	18	1	0	3	43	42	18	17	11	47
Wishnevski, Rob	6	8	2.94	31	10	0	3	101	78	46	33	53	58

DUNEDIN — A

FLORIDA STATE LEAGUE

BATTING	AVG	G	AB	R	H	2B	3B	HR	RBI	BB	SO	SB
*Abare, Bill, 1b	.180	117	350	24	63	19	3	5	31	45	127	0
Brooks, Eric, c	.180	47	133	7	24	3	0	0	11	18	37	1
Cruz, Nandi, ss	.224	64	219	15	49	6	1	0	18	10	42	3
#Garcia, Anastacio, c	.122	25	74	3	9	0	0	1	5	5	20	0
*Harmes, Kris, c-1b	.250	16	44	4	11	3	0	0	3	9	7	2
Hodge, Tim, of	.203	97	301	38	61	17	1	4	31	45	86	3
*Holtzclaw, Shawn, of	.245	90	277	26	68	16	1	2	30	41	52	2
Martinez, Angel, c	.184	12	38	3	7	1	0	0	3	7	7	0
Martinez, Hector, c	.083	6	12	1	1	0	1	0	0	2	3	0
Mengel, Brad, 2b-3b	.239	114	393	49	94	19	3	1	32	26	62	10
Miller, Scott, 2b	.353	12	34	2	12	3	0	0	1	3	7	0
Montalvo, Rob, ss-2b	.230	86	291	21	67	3	1	0	21	21	54	4
Monzon, Jose, c	.215	46	144	14	31	6	0	3	17	17	31	2
*O'Halloran, Greg, dh-c	.284	20	74	7	21	3	1	0	4	7	8	1
Parese, Bill, 2b	.178	66	180	26	32	3	1	1	13	25	37	6
Perez, Robert, of	.302	127	480	50	145	28	6	4	50	22	72	8
#Scott, Shawn, of	.236	91	322	46	76	4	5	0	12	39	42	19
Tollison, David, 3b	.241	113	373	37	90	14	3	2	37	38	70	3
*Wilson, Nigel, of	.301	119	455	64	137	18	13	12	55	29	99	27

PITCHING	W	L	ERA	G	GS	CG	SV	IP	H	R	ER	BB	SO
Brow, Scott	3	7	4.78	15	12	0	0	70	73	50	37	28	31
Brown, Daren	6	5	4.52	28	5	0	1	82	69	46	41	34	66
Brown, Tim	8	3	2.49	31	14	2	1	123	113	44	34	37	87
*Dayley, Ken	0	0	0.00	3	2	0	0	6	1	0	0	2	2
Duey, Kyle	1	3	2.87	9	0	0	0	16	19	10	5	12	8
Ganote, Joe	2	1	3.08	4	4	1	0	26	26	10	9	9	13
Hotchkiss, Tom	0	2	2.14	15	0	0	0	34	25	16	8	21	13
*Kistaitis, Dale	0	0	0.00	1	0	0	0	3	0	0	0	2	1
Kizziah, Daren	3	6	2.39	34	0	0	3	60	52	28	16	38	47
*Leiter, Al	0	0	1.86	4	3	0	0	10	5	2	2	6	8
*Lloyd, Graeme	2	5	2.24	50	0	0	24	60	54	17	15	25	39
Martin, Gregg	1	0	1.13	13	0	0	5	16	7	2	2	10	19
Menhart, Paul	10	6	2.66	20	20	3	0	128	114	42	38	34	114

ORGANIZATION LEADERS

BATTING
*AVG	Derek Bell, Syracuse	.346
R	Derek Bell, Syracuse	89
H	Derek Bell, Syracuse	158
TB	Howard Battle, Myrtle Beach	248
2B	Jeff Kent, Knoxville	34
3B	Nigel Wilson, Dunedin	13
HR	Howard Battle, Myrtle Beach	20
RBI	Derek Bell, Syracuse	93
SB	Ernesto Rodriguez, Myrtle Beach	40

PITCHING
W	Three tied at	12
L	Two tied at	13
†ERA	Giovanni Carrera, St. Cath.	1.61
G	Huck Flener, Myrtle Beach	55
CG	Two tied at	5
SV	Graeme Lloyd, Dunedin	24
IP	Three tied at	172
BB	Marcus Moore, Dunedin	99
SO	Pat Hentgen, Syracuse	155

Howard Battle
... 248 TB, 20 HR

Minor Leaguers Only   *Minimum 250 At-Bats   Minimum 75 Innings

PITCHING	W	L	ERA	G	GS	CG	SV	IP	H	R	ER	BB	SO
Moore, Marcus	6	13	3.70	27	25	2	0	161	139	78	66	99	115
Ogliaruso, Mike	6	10	3.36	22	22	1	0	129	114	64	48	74	86
Small, Aaron	8	7	2.73	24	23	1	0	148	129	51	45	42	92
Wanish, John	3	4	3.02	36	1	1	1	80	70	29	27	29	61

MYRTLE BEACH   A

SOUTH ATLANTIC LEAGUE

BATTING	AVG	G	AB	R	H	2B	3B	HR	RBI	BB	SO	SB
Ambrosio, Ciro, ss	.167	5	6	0	1	0	0	0	0	0	3	0
Battle, Howard, 3b	.279	138	520	82	145	33	4	20	87	48	87	15
*Bowers, Brent, of	.256	120	402	53	103	8	4	2	44	31	77	35
Carlton, Drew, 1b	.184	52	87	7	16	4	3	0	6	16	31	1
Choate, Mark, ss-2b	.183	71	164	25	30	5	0	2	12	16	34	7
*Delgado, Carlos, c-dh	.286	132	441	72	126	18	2	18	70	75	97	9
#Dotel, Mariano, ss	.205	125	327	42	67	7	0	0	20	43	90	7
*Holifield, Rick, of	.219	114	324	37	71	15	5	1	25	34	94	16
*Hyers, Tim, 1b	.204	132	398	31	81	8	0	3	37	27	52	6
Jaime, Juan, c	.217	28	69	4	15	1	0	0	6	8	9	3
Loeb, Marc, dh-c	.213	97	300	32	64	16	0	10	49	49	79	3
Miller, Scott, dh-2b	.229	38	83	13	19	6	0	1	15	23	13	8
Reams, Ron, of	.249	126	446	54	111	23	2	3	31	14	81	30
Roberts, Lonell, of	.222	110	388	39	86	7	2	2	27	27	84	35
#Rodriguez, Ernesto, 2b	.263	124	415	72	109	19	10	2	31	69	115	42

PITCHING	W	L	ERA	G	GS	CG	SV	IP	H	R	ER	BB	SO
*Aylmer, Bob	1	1	3.52	15	0	0	0	23	25	11	9	12	15
Bicknell, Greg	3	5	4.43	27	4	0	1	61	68	45	30	20	60
Burrell, Scott	1	0	2.00	5	5	0	0	27	18	6	6	13	31
Duey, Kyle	6	5	3.27	38	1	0	5	83	77	42	30	31	84
*Flener, Huck	6	4	1.82	55	0	0	13	79	58	28	16	41	107
Ganote, Joe	8	6	3.42	20	20	3	0	118	104	61	45	46	127
Garcia, Rafael	4	12	4.02	39	13	0	1	123	124	80	55	75	94
*Jordan, Ricardo	9	8	2.74	29	23	1	0	145	101	58	44	79	152
Karsay, Steve	4	9	3.58	20	20	1	0	111	96	58	44	48	100
Kistaitis, Dale	1	3	4.73	19	2	0	0	32	33	23	17	21	27
Lugo, Angel	1	2	4.01	12	0	0	1	25	23	14	11	8	12
Mandia, Sam	1	3	3.86	22	0	0	5	33	25	21	14	16	37
*Singer, Tom	3	8	4.04	27	24	0	0	138	126	81	62	81	131
Steed, Rick	12	13	4.03	28	27	4	0	172	161	96	77	62	122

ST. CATHARINES   A

NEW YORK-PENN LEAGUE

BATTING	AVG	G	AB	R	H	2B	3B	HR	RBI	BB	SO	SB
Adriana, Sharnol, ss	.206	51	170	27	35	8	0	5	20	26	33	9
Benbow, Louis, ss-of	.177	54	147	13	26	0	0	0	4	18	39	6
*Butler, Robert, of	.338	76	311	71	105	16	5	7	45	20	21	33
Campbell, Keiver, of	.228	39	127	19	29	5	1	0	16	21	37	14
Coolbaugh, Mike, 1b-2b	.230	71	256	28	59	13	2	3	25	17	40	4
*Harmes, Kris, c-dh	.194	69	232	32	45	16	0	6	31	39	39	6
Heble, Kurt, p-dh	.172	55	128	19	22	6	0	6	18	20	44	0
Herrera, Jose, of	.333	3	9	3	3	1	0	0	2	1	2	0
Hines, Keith, of	.237	73	249	36	59	13	2	3	31	21	52	16
Lis, Joe, 2b	.291	66	206	36	60	12	1	5	22	19	41	4
Morland, Mike, c	.262	46	145	10	38	8	1	2	21	22	31	0
*Quinlan, Craig, dh-c	.130	23	54	4	7	1	0	3	4	8	26	1
Septimo, Felix, of	.283	14	46	3	13	1	0	0	6	0	12	1

178 • 1992 ALMANAC

BATTING	AVG	G	AB	R	H	2B	3B	HR	RBI	BB	SO	SB
#Tavarez, Hector, of	1.000	1	1	0	1	0	0	0	0	0	0	0
*Weinke, Chris, 3b	.239	75	272	31	65	9	1	3	40	41	61	12
*Yorro, Jacinto, of	.097	44	113	12	11	2	0	0	4	12	27	1

PITCHING	W	L	ERA	G	GS	CG	SV	IP	H	R	ER	BB	SO
*Barton, Paul	1	4	5.93	20	0	0	0	27	30	20	18	18	18
Burrell, Scott	0	2	1.50	2	2	0	0	6	3	3	1	3	5
Carrara, Giovanni	5	2	1.61	15	13	2	0	90	66	26	16	21	83
Ford, Alan	0	0	4.50	1	1	0	0	4	5	3	2	2	0
*Gray, Dennis	4	4	3.74	15	14	0	0	77	63	42	32	54	78
Heble, Kurt	4	4	1.00	18	0	0	3	27	23	10	3	9	23
Kotes, Chris	6	5	2.28	16	16	1	0	87	74	34	22	37	94
Lindsay, Tim	7	3	3.01	16	11	1	0	90	73	44	30	27	65
*Lopez, Freddy	0	0	0.00	1	0	0	0	1	0	0	0	1	1
Lugo, Angel	2	3	4.71	17	0	0	4	29	39	22	15	11	27
Manuare, Jose	0	0	0.00	2	0	0	1	3	4	0	0	1	4
Miller, Gary	0	1	7.20	14	1	0	0	25	36	21	20	21	18
Nolan, Darin	0	6	6.99	25	0	0	8	37	48	36	29	8	19
O'Connor, Jim	0	3	5.66	19	1	1	1	48	51	36	30	19	41
*Spoljaric, Paul	0	2	4.82	4	4	0	0	19	21	14	10	9	21
*Weber, Ben	6	3	3.24	16	14	0	0	97	105	43	35	24	60

MEDICINE HAT — R

PIONEER LEAGUE

BATTING	AVG	G	AB	R	H	2B	3B	HR	RBI	BB	SO	SB
Alvarez, Enenegildo, of	.163	34	86	7	14	2	0	0	3	6	26	3
*Boston, D.J., 1b	.280	59	207	34	58	12	0	1	25	33	33	4
Briggs, Stoney, of	.297	64	236	45	70	8	0	8	29	18	62	9
Crespo, Felipe, 2b	.310	49	184	40	57	11	4	4	31	25	31	6
Daniels, Lee, of	.247	61	219	43	54	4	1	2	22	34	65	18
*Herrera, Jose, of	.245	40	143	21	35	5	1	1	11	6	38	6
*Langowski, Ted, dh-1b	.285	37	123	17	35	9	0	1	26	24	16	1
Lombardi, John, c	.254	21	59	11	15	4	1	0	9	5	11	2
Lutz, Brent, c	.270	41	115	23	31	4	2	3	23	21	34	6
Martinez, Angel, c	.173	34	98	8	17	1	0	2	16	12	29	0
*Ramos, Jairo, of	.267	35	116	15	31	7	0	0	10	8	11	8
Rosario, Gabriel, ss-2b	.250	49	164	23	41	3	1	0	21	16	33	7
#Tavarez, Hector, ss	.291	46	158	22	46	6	1	0	15	21	26	10
*Tsoukalas, John, 3b	.285	64	242	35	69	11	0	2	39	24	21	4
*Wilke, Matt, 3b-ss	.159	34	113	7	18	2	0	1	15	8	37	2

PITCHING	W	L	ERA	G	GS	CG	SV	IP	H	R	ER	BB	SO
*Baptist, Travis	4	4	4.11	14	14	1	0	85	100	52	39	22	48
Cardona, Isbel	0	1	9.42	9	0	0	1	14	18	17	15	15	14
Darley, Ned	2	6	5.33	11	9	0	0	51	59	37	30	27	35
*Dolson, Andrew	1	6	5.50	13	9	0	0	56	73	42	34	24	30
Ermis, Chris	1	8	5.25	17	8	1	0	60	68	49	35	34	35
Ford, Alan	1	2	5.31	15	2	0	2	39	42	29	23	17	19
*Lopez, Freddy	1	0	8.34	11	1	0	0	23	28	21	19	19	14
Manuare, Jose	2	2	4.46	19	0	0	4	40	38	30	20	20	40
*Montoya, Albert	5	7	4.04	15	14	5	1	82	94	46	37	21	56
O'Halloran, Mike	1	3	6.98	13	0	0	1	19	25	21	15	13	14
Robinson, Ken	0	1	3.86	6	2	0	0	12	12	8	5	5	18
*Sinclair, Steve	0	1	6.75	12	0	0	0	15	17	15	11	11	14
*Taylor, Michael	6	4	3.11	14	10	2	0	75	70	37	26	34	58

CHARLOTTE — R

GULF COAST LEAGUE

BATTING	AVG	G	AB	R	H	2B	3B	HR	RBI	BB	SO	SB
*Butler, Rich, of	.263	59	213	30	56	6	7	0	13	17	45	10
Carlsen, Mike, 2b-dh	.198	26	91	7	18	0	0	2	15	4	18	1
Cradle, Rickey, of	.214	44	131	16	28	4	3	1	6	24	37	4
Gonzalez, Alex, ss	.209	53	191	29	40	5	4	0	10	12	41	7
Griffin, Ryan, of	.135	42	126	9	17	1	0	0	8	6	37	1
Henry, Santiago, 2b	.207	55	213	22	44	10	3	0	14	11	40	7
Martinez, Hector, c	.257	38	136	15	35	7	1	2	12	6	14	4
Polis, Pete, c-1b	.169	26	83	11	14	3	1	1	4	8	22	3
*Salvadore, Diego, 1b	.237	58	211	20	50	11	3	1	23	18	44	3
Santiago, Carlos, of	.142	40	113	6	16	6	2	0	11	12	35	3
Stynes, Chris, 3b	.306	57	219	29	67	15	1	4	39	9	39	10
Thacker, Pat, dh-c	.233	27	73	9	17	2	2	1	11	14	22	0
#Valera, Roberto, dh-ss	.196	30	97	10	19	3	1	0	7	8	27	4

PITCHING	W	L	ERA	G	GS	CG	SV	IP	H	R	ER	BB	SO
Adkins, Rob	1	2	1.82	24	0	0	10	35	19	9	7	29	52
Beltran, Alonso	2	0	1.91	14	3	0	3	33	26	9	7	7	30
Burley, Travis	0	2	5.3	3	2	0	0	13	12	8	8	9	10
Doman, Roger	2	2	4.83	13	10	0	0	50	52	29	27	17	28
*Jeffery, Scott	4	5	4.02	18	2	0	1	54	52	31	24	12	31
Leystra, Jeff	4	2	4.28	15	3	1	0	40	51	25	19	13	36
Mallory, Trevor	2	1	2.01	5	5	1	0	22	24	6	5	4	16
Meinershagen, Adam	3	2	3.51	11	8	0	0	41	39	28	16	19	21
Muir, Harry	3	5	2.23	17	14	0	0	85	73	29	21	15	54
*Patterson, Rob	5	2	2.76	20	0	0	0	42	44	22	13	15	34
Pearlman, David	3	3	2.25	12	6	1	1	44	31	16	11	24	38
Perez, Jose	2	2	2.38	7	7	1	0	32	36	16	11	9	25

THE MINOR LEAGUES

TRIPLE-A LEAGUES
American Association 190
International League 194
Pacific Coast League 198

DOUBLE-A LEAGUES
Eastern League 202
Southern League 206
Texas League 210

CLASS A LEAGUES
California League 214
Carolina League 218
Florida State League 222
Midwest League 226
South Atlantic League 230

SHORT-SEASON CLASS A
New York-Penn League 234
Northwest League .238

ROOKIE LEAGUES
Appalachian League 242
Pioneer League 245
Arizona League 248
Gulf Coast League .250
Dominican Summer League 252

MINOR LEAGUES 1991 IN REVIEW

Record-setting Season Begins On Ominous Note

By DEAN GYORGY

In 1991, more than 26 million fans discovered baseball's essence at their local minor league ballpark. Providing quality family entertainment, as well as pride and cohesiveness to communities across North America, the game continued to flourish.

But as the year began, minor league baseball was almost pulled up by the grassroots.

The Professional Baseball Agreement, the document which binds the major and minor leagues, was set to expire in January. In the months leading up to that deadline, demands and accusations were made on both sides.

With minor league franchises selling for millions of dollars, the major leagues perceived the minors as wildly profitable at the majors' expense. They wanted the financial burden of player development spread more equitably. The minors felt the majors' demands were unfounded and excessive.

Sal Artiaga
... Outgoing commissioner

Battle lines were drawn. Bitterness and hostility spread throughout the industry. Each side staged their own Winter Meetings, and Major League Baseball threatened to place entire farm systems in spring training complexes in Florida and Arizona.

ORGANIZATION STANDINGS

	— 1991 — W	L	Pct.	1990 Pct.	1989 Pct.	1988 Pct.
Los Angeles (7)	424	323	.568	.592	.545	.581
Atlanta (7)	429	333	.563	.504	.513	.484
Milwaukee (6)	379	304	.555	.551	.531	.553
Montreal (7)	457	371	.552	.536	.536	.551
San Francisco (6)	378	307	.552	.502	.482	.526
Mets (7)	406	349	.538	.554	.524	.514
Cleveland (6)	376	327	.535	.541	.538	.534
California (6)	355	324	.523	.507	.468	.458
Yankees (7)	433	395	.523	.515	.559	.512
Baltimore (6)	354	331	.517	.507	.468	.515
Philadelphia (6)	353	346	.505	.428	.452	.443
Oakland (6)	348	342	.504	.510	.504	.443
Cubs (6)	357	354	.502	.518	.482	.477
White Sox (6)	339	344	.496	.491	.582	.527
San Diego (7)	408	415	.494	.437	.504	.548
Houston (7)	400	415	.491	.481	.454	.506
Cincinnati (6)	345	357	.491	.552	.512	.540
Minnesota (6)	334	349	.489	.543	.528	.529
Pittsburgh (6)	338	365	.481	.485	.490	.500
Kansas City (6)	327	367	.471	.480	.507	.532
Detroit (6)	323	369	.467	.506	.498	.517
Boston (6)	316	371	.460	.428	.433	.396
Seattle (6)	316	374	.458	.479	.496	.466
Toronto (7)	349	414	.457	.479	.464	.468
Texas (6)	300	383	.439	.529	.541	.491
St. Louis (8)	370	517	.417	.461	.516	.508

Number of farm teams in parentheses

1992 ALMANAC • **181**

PLAYER OF THE YEAR:
TORONTO'S BELL

Derek Bell boils it all down to one word. Patience.

The Toronto Blue Jays outfielder dominated the International League in 1991, hitting .346 with 13 homers and 93 RBIs for Triple-A Syracuse. He was selected Baseball America's Minor League Player of the Year.

In his second year at Triple-A, Bell, 22, learned patience came in pretty handy at the plate. Not only did he add 85 points to his batting average, but he more than doubled his walk total of 1990.

But perhaps the more important lesson came in waiting his turn. The Blue Jays have been knee deep in talented young outfielders in recent years. When two of those, Glenallen Hill and Mark Whiten, were traded to Cleveland for pitcher Tom Candiotti, Bell was called to Toronto in late June. He struggled, and when veteran Cory Snyder was obtained, Bell was sent back to Syracuse.

But he kept his focus and made August his most productive month of the year. He returned to Toronto in September.

Derek Bell

Baseball America's Minor League Players of the Year
- **1981**—Mike Marshall, 1b, Albuquerque (Dodgers)
- **1982**—Ron Kittle, of, Edmonton (White Sox)
- **1983**—Dwight Gooden, rhp, Lynchburg (Mets)
- **1984**—Mike Bielecki, rhp, Hawaii (PIrates)
- **1985**—Jose Canseco, of, Huntsville/Tacoma (Athletics)
- **1986**—Gregg Jefferies, ss, Columbia/Lynchburg (Mets)
- **1987**—Gregg Jefferies, ss-3b, Jackson/Tidewater (Mets)
- **1988**—Tom Gordon, rhp, Appleton/Memphis/Omaha (Royals)
- **1989**—Sandy Alomar Jr., c, Las Vegas (Padres)
- **1990**—Frank Thomas, 1b, Birmingham (White Sox)
- **1991**—Derek Bell, of, Syracuse (Blue Jays)

MANAGER OF THE YEAR:
PAWTUCKET'S HOBSON

Butch Hobson played football at the University of Alabama for legendary coach Bear Bryant in the early 1970s. He still carries Bryant's influence with him today.

Hobson, 40, is a teacher, listener, motivator and disciplinarian. Those attributes contributed to Triple-A Pawtucket's 18½ game turnaround over 1990, the club's first championship since 1977, and Hobson's recognition as Baseball America's Minor League Manager of the Year.

The Red Sox obviously saw the same qualities. Just as Baseball America's issue proclaiming Hobson the winner was hitting the newsstands, Boston announced it had fired Joe Morgan and replaced him with Hobson.

Butch Hobson

Hobson, who played with the Red Sox from 1975-80, started his managerial career in the Mets' organization in 1987. After two seasons at Class A Columbia, Hobson returned to the Red Sox as manager at Double-A New Britain. It was his first season at the Triple-A level.

The more stalwart minor league operators began talking of independent baseball and a third major league.

Whether the major leagues had the right to wipe away the current system, devised in the early 1960s when the minor leagues were failing, certainly would have been tested in court, if not Congress. But it didn't get that far. A new PBA, which has a maximum life of seven years, was hammered out and ratified by both parties on Dec. 13, 1990.

On the field, the game remained the same. Fans enjoyed the progress of young talent in pursuit of their major league dreams. But in front offices, there were some significant changes.

- In 1991, the National Association of Professional Baseball Leagues, the minors, paid Major League Baseball a lump sum of $750,000. The payments jump to a guaranteed $1.5 million in 1992, $1.75 million in '93 and $2 million in '94. Starting in 1992, each club will contribute based on a percentage of its ticket revenues. The formula begins at five percent, and as revenues go up, the percentage goes down.

- The major league clubs now pay all salaries and meal money for players and umpires, and buy all equipment. In the past, Triple-A clubs kicked in $200 a month for salary. Equipment, meal money and umpire-development costs were shared at all levels.

- Triple-A clubs must pay travel costs for a maximum of 29 people on each road trip, up from 20. At Double-A, it went from 19 to 27. At Class A and below, it went from 18 to 26. In 1993, minor league clubs will be responsible for a travelling party of 30 at all levels.

Television rights payments to the minor leagues were eliminated. The major leagues now administer all player contracts, so the $35-per-transaction fee previously paid to the National Association was also cut out. And looming on the horizon for minor league operators is a lengthy list of facility standards, to which all ballparks must conform by April 1994.

While the real financial fallout of the new PBA may not be felt for years to come, it was clear that the baseball business became more expensive in 1991.

"I think there was a misconception that this was going to reduce our costs," said Bill Murray, director of operations for Major League Baseball and a key player in the negotiations. "It has not reduced it. It has increased our cost and it has increased the cost of minor league operators, but I think that was to be expected.

"We are both paying for benefits that are going to players and umpires. It was a sharing of those costs."

In any case, the minor leagues took a different direction. It became harder to turn a profit, and franchise values stabilized. The days of speculating on minor league teams, buying low and selling high, are over.

Sal Artiaga, president of the National Association since 1988, announced during the summer he would not seek reelection. While he said he holds no animosity over the bitter negotiations, he said one reason for leaving is the job he was hired to do no longer existed.

Candidates for the position began emerging in the fall, and a new presidential election was slated for the 1991 Winter Meetings in Miami.

Triple-A Twister

The Triple-A Alliance, a four-year experiment between the American Association and the International League, was voted out of existence in July. The Alliance featured joint leadership under commissioner Randy Mobley, interleague play and the Triple-A Classic playoff series.

At July's Triple-A all-star game in Louisville, the two leagues met to decide the future of the Alliance. While the Association voted unanimously to continue the relationship, the IL decided against it, citing increased travel costs under the new PBA and the desire for more games with interleague rivals.

The issue was opened again during the September Triple-A meetings in Palm Springs, Calif. The Association proposed creating one 16-team league, but IL owners had no interest in the idea. After the breakup, Mobley remained with the IL, which left the Association looking for a new president.

The biggest news to come out of the Palm Springs meetings

CLASSIFICATION ALL-STARS
Selected by Baseball America

CLASS AAA
C—Todd Hundley, Tidewater (International).

1B—Tino Martinez, Calgary (Pacific Coast). **2B**—Todd Haney, Indianapolis (American Association). **3B**—Dean Palmer, Oklahoma City (American Association). **SS**—Andujar Cedeno, Tucson (Pacific Coast).

OF—Derek Bell, Syracuse (International); Kenny Lofton, Tucson (Pacific Coast); Jim Olander, Denver (American Association).

DH—Eric Karros, Albuquerque (Pacific Coast).

P—Kyle Abbott, Edmonton (Pacific Coast); Cal Eldred, Denver (American Association); Mike Mussina, Rochester (International); Rick Reed, Buffalo (American Association); Bruce Walton, Tacoma (Pacific Coast).

Player of the Year—Derek Bell, Syracuse (International).
Manager of the Year—Butch Hobson, Pawtucket (International).

CLASS AA
C—Dave Nilsson, El Paso (Texas).

1B—John Jaha, El Paso (Texas); Ryan Klesko, Greenville (Southern). **2B**—Matt Stairs, Harrisburg (Eastern). **3B**—Jim Thome, Canton (Eastern). **SS**—Royce Clayton, Shreveport (Texas).

OF—Jeromy Burnitz, Williamsport (Eastern); Keith Mitchell, Greenville (Southern); Reggie Sanders, Chattanooga (Southern).

DH—Mark Howie, Midland (Texas).

P—Wilson Alvarez, Birmingham (Southern); Pat Mahomes, Orlando (Southern); Paul McClellan, Shreveport (Texas); Arthur Rhodes, Hagerstown (Eastern); Mark Wohlers, Greenville (Southern).

Player of the Year—John Jaha, El Paso (Texas).
Manager of the Year—Chris Chambliss, Greenville (Southern).

CLASS A
C—Mike Piazza, Bakersfield (California).

1B—Jay Gainer, High Desert (California). **2B**—Matt Howard, Vero Beach (Florida State). **3B**—Pete Castellano, Winston-Salem (Carolina). **SS**—Chipper Jones, Macon (South Atlantic).

OF—Jeff McNeely, Lynchburg (Carolina); Matt Mieske, High Desert (California); Nigel Wilson, Dunedin (Florida State).

DH—Kiki Hernandez, Greensboro (South Atlantic).

P—Rich Huisman, San Jose (California); Jose Martinez, Columbia (South Atlantic); Sam Militello, Prince William (Carolina); Mike Soper, Kinston (Carolina); Salomon Torres, Clinton (Midwest).

Player of the Year—Matt Mieske, High Desert (California).
Manager of the Year—Ron Wotus, San Jose (California).

SHORT-SEASON
C—Frank Charles, Everett (Northwest).

1B—Murph Proctor, Yakima (Northwest). **2B**—Rick Juday, Erie (New York-Penn). **3B**—Joe Randa, Eugene (Northwest). **SS**—Tony Graffagnino, Idaho Falls (Pioneer).

OF—Robert Butler, St. Catharines (New York-Penn); Rick Hirtensteiner, Salt Lake City (Pioneer); Manny Ramirez, Burlington (Appalachian).

DH—Andy Fairman, Helena (Pioneer).

P—Heath Haynes, Jamestown (New York-Penn); Brian Looney, Jamestown (New York-Penn); Mark Loughlin, Auburn (New York-Penn); Troy Percival, Boise (Northwest); Brad Woodall, Idaho Falls (Pioneer).

Player of the Year—Manny Ramirez, Burlington (Appalachian).
Manager of the Year—Ed Creech, Jamestown (New York-Penn).

Chito: .322, 20 HR    **Domingo:** .313-17-83

THE YEAR OF MARTINEZ

It was a great year to be named Martinez in 1991. More than 10 players with that surname enjoyed great seasons in the minor leagues.

Pedro: 18 wins    **Tino:** .326-18-86

were the recommendations of the Triple-A expansion and realignment committee. In 1990, when Major League Baseball announced the National League would expand by two teams in '93, the search was on for their corresponding Triple-A affiliates. Eighteen cities originally applied. The list was cut to nine, then five, and in the end, Charlotte and Ottawa, Ontario, came out on top.

Charlotte had to work out an indemnity payment with the Double-A Southern League, a potential sticking point that could have made the move financially unfeasible. Finally, an agreement was reached in which the Knights could buy their way out of the league for a reported $1.1 million. The cost of the Triple-A expansion clubs is $4.7 million.

Charlotte had been one of the biggest draws in Double-A. In 1991 the club eclipsed 300,000 in attendance. Ottawa was an open territory, but secure stadium financing and 6,200 pledges for season tickets made a strong statement.

In which league those teams would be placed, and where the Denver Zephyrs, displaced by major league expansion, would go, were hot topics as the year came to a close.

BRAVES: Organization of Year

No matter how you chop it, 1991 was the year of the tomahawkin' Atlanta Braves.

At the major league level, the Braves effected the greatest one-year turnaround in baseball history by going from the team with the worst record in the majors in 1990 to a 10th-inning loss in Game 7 of the World Series. Their unexpected success galvanized an entire city.

But success in 1991 went beyond the tangible results achieved on the field. The appointment of John Schuerholz as general manager and Chuck LaMar as caretaker of the Braves minor league and scouting departments breathed new life into the entire organization. Braves farm clubs won at a .563 clip—second best in the game. Their 59 point improvement over 1990 also was second best.

And in pitcher Mark Wohlers, first baseman Ryan Klesko and shortstop Chipper Jones, the Braves showcased some of the top prospects in the game.

Recognizing the dramatic organization-wide turnaround the Braves experienced in 1991, Baseball America cited the Braves as its Organization of the Year.

Baseball America's Organization of the Year

1982—Oakland A's	**1987**—Milwaukee Brewers
1983—New York Mets	**1988**—Montreal Expos
1984—New York Mets	**1989**—Texas Rangers
1985—Milwaukee Brewers	**1990**—Montreal Expos
1986—Milwaukee Brewers	**1991**—Atlanta Braves

Bob Freitas Awards

The Baseball America/Bob Freitas Awards were launched in 1989 to recognize long-term success enjoyed by minor league clubs. Recipients have demonstrated consistently high standards, both in the ballpark and in the front office.

One team is selected annually at each classification. Buffalo, which drew a million fans in 1991 for the fourth consecutive year, was the winner at Triple-A. Other winners: Reading (Class AA), Asheville (Class A), Spokane (short season).

The award honors Freitas, a long-time minor league operator who died in 1989.

Triple-A: Buffalo (American Association).
1990—Pawtucket (International).
1989—Columbus (International).

Double-A: Reading (Eastern).
1990—Arkansas (Texas).
1989—El Paso (Texas).

Class A: Asheville (South Atlantic).
1990—San Jose (California).
1989—Durham (Carolina).

Short-Season: Spokane (Northwest).
1990—Salt Lake City (Pioneer).
1989—Eugene (Northwest).

Seasons To Remember

Winning 20 games in the minor leagues is a rare and difficult feat. At least it used to be.

Before 1990, it hadn't been done since 1986. But both the Tigers' Randy Marshall and the Twins' Denny Neagle did it in 1990. In 1991, the honor went solely to the Mets' Jose Martinez.

Martinez, 20, spent the entire season with Class A Columbia. The righthander with the wicked changeup went 20-4, 1.49. He struck out 158 and walked 30 in 193 innings.

Another Martinez with a sparkling season on the mound was 20-year-old Pedro, the younger brother of Los Angeles Dodgers righthander Ramon Martinez.

Pedro, from the Dominican Republic, began his first full season in the United States at Class A Bakersfield, and quickly established himself as the top prospect in the California League. He went 8-0, 2.05 with 83 strikeouts in 61 innings. He moved on to Double-A San Antonio, and eventually to Triple-A Albuquerque. Overall, Martinez went 18-8, 2.28.

Also spending his first season in the States was the Giants' Salomon Torres. The 19-year-old righthander spent all year with Class A Clinton, where he went 16-5, 1.41 and was named the Midwest League's top prospect. He led the minor leagues in ERA and was second in strikeouts with 214.

Trying the mound for the first time was 27-year-old lefthander Otis Green of the Brewers. Green spent the previous seven years as an outfielder-first baseman, reaching Triple-A with the Blue Jays, Expos and Giants. Signed by the Brewers as a six-year free agent, Green decided to give pitching a try. It was a good decision. He was untouchable at Class A Stockton, was moved to Double-A El Paso and finished with a 12-4 record. He led the minor leagues by allowing only a .172 average by opponents.

On the offensive side, gaudy numbers seemed to come in pairs.

Double-A El Paso first baseman John Jaha, recovering from knee surgery which caused him to miss most of 1990, rebounded to hit .344 with 30 home runs and a minor league-high 134 RBIs. The 25-year-old Jaha, in his seventh pro season, was protected on the Brewers' 40-man roster after the season.

Diablos teammate Dave Nilsson led the minor leagues in hitting at .366. The catcher and native Australian was hitting .418 at El Paso when he was promoted to Triple-A Denver at midseason, and his average slipped against stiffer competition. Nilsson was expected to make his major league debut in September, but a problem with his non-throwing shoulder prompted an early end to his season.

Class A High Desert also had a powerful duo. Outfielder Jay Gainer led the California League in RBIs with 120, and led the minors in home runs with 32. Teammate Matt Mieske led the Cal League in hitting at .341.

Williamsport's Jeromy Burnitz, the New York Mets' first-round pick in 1990, became the first player in Eastern League history to hit at least 30 home runs and steal 30 bases in the same season.

■ Other full-season department leaders:

Kinston reliever Mike Soper tied a minor league record with 41 saves ... Mo Sanford, who spent time with Double-A Chattanooga and Triple-A Nashville before getting called to Cincinnati, led minor league starters in strikeouts per nine innings at 11.3 ... Independent Miami's Tom Michno led in innings pitched (216) and complete games (13) ... San Jose's Rich Huisman led in strikeouts with 216 ... Midland infielder Mark Howie collected 188 hits ... Tow Maynard stole 87 bases, while splitting the season between Class A San Bernardino and Class AA Jacksonville ... Both Augusta (South Atlantic) and Modesto (California) won 16 straight. Peninsula (Carolina) lost 22 in a row ... Phoenix second baseman Andres Santana hit safely in 27 straight games, the longest hitting streak of the season ... Spartanburg's Donnie Elliot struck out 17 batters in 7 2/3 innings in a South Atlantic League game against Sumter May 25.

Around The Minors

The National Association drew 26,594,358 fans in 1991, the seventh highest of all time and the most since 1950. Twelve of 16 leagues broke attendance records, as did 48 of 152 clubs ... The city of Buffalo was snubbed in the major league expansion race, but the city still tightly embraced the Bisons. Buffalo drew more than a million for the fourth straight year. In the days following the major league announcement, the club

TRIPLE-A ALL-STAR GAME

Tucson third baseman Gary Cooper drove in two runs with an eighth-inning double, leading the National League all-stars past the American League, 6-5, in the fourth Triple-A All-Star Game. The game was played at Louisville's Cardinal Stadium. The NL took a 3-1 edge in the series.

National League 6, American League 5

AL	AB	R	H	BI	BB	SO	NL	AB	R	H	BI	BB	SO
Amaro lf	3	0	0	0	0	0	Lofton cf	4	1	1	0	0	1
Humphreys cf	1	1	0	0	0	0	Sanchez ss	2	0	1	0	0	0
Livingstone 3b	3	0	0	0	0	0	Cedeno ss	2	1	1	1	0	0
S. Cooper ph-3b	1	0	1	1	0	0	Vanderwal rf	2	0	0	0	1	0
Martinez 1b	2	0	0	0	1	0	Brooks ph-rf	1	1	0	0	0	0
Maurer pr-1b	1	0	0	0	0	0	Lee 1b	1	0	0	1	1	1
Medina dh	3	0	0	0	1	0	McGinnis 1b	1	1	0	0	1	1
Stevens rf	4	1	0	0	0	1	Lewis lf	2	1	1	0	0	0
McIntosh c	2	1	1	0	0	0	Ward lf	2	1	1	2	0	0
Spehr c	1	0	0	0	0	0	Donnels 3b	2	0	0	0	0	1
Tackett ph-c	1	1	1	0	0	0	G. Cooper 3b	2	0	1	2	0	0
Olander cf	2	1	2	1	0	0	Scarsone dh	4	0	3	1	0	0
Plantier lf	2	0	1	1	0	0	Hundley c	2	0	0	0	0	1
Fariss 2b	2	0	1	1	0	0	Stephens c	1	0	0	0	0	0
Curtis 2b	1	0	0	0	0	0	Santana 2b	2	0	1	0	0	0
Zosky ss	4	0	0	1	0	1	Gardner 2b	1	0	0	0	0	0
TOTALS	33	5	7	5	2	2	**TOTALS**	31	6	11	6	3	6

```
American League ................................. 030  000  011—5
National League ................................. 010  001  04x—6
```

E—None. DP—AL 2. LOB—AL 5, NL 4. 2B—S. Cooper, Sanchez, Lewis, G. Cooper, Scarsone. HR—Cedeno. SB—Lofton. S—Curtis.

AL	IP	H	R	ER	BB	SO	NL	IP	H	R	ER	BB	SO
Neagle	3	4	1	1	0	3	Reed	2	3	3	3	1	0
Campbell	1	0	0	0	1	1	Sherrill	1	0	0	0	0	0
Irvine	1	2	0	0	0	0	Mason	2	1	0	0	0	0
Wayne	1	1	1	1	0	0	Ridenour	2	0	0	0	1	2
Edens L	1⅔	3	4	4	2	2	Reynoso W	1	1	1	1	0	0
Henry	⅓	1	0	0	0	0	Christopher S	1	2	1	1	0	0

HBP—Humphreys (by Reynoso). T—2:40. A—20,725.

DOUBLE-A ALL-STAR GAME

Led by Midland infielder Mark Howie's four RBIs, the American League defeated the National League 8-2 in the first-ever Double-A All-Star Game. The event drew a disappointing 4,022 fans to Huntsville's Joe W. Davis Stadium.

American League 8, National League 2

NL	AB	R	H	BI	BB	SO	AL	AB	R	H	BI	BB	SO
Clayton ss	4	0	1	0	0	0	Silvestri ss	4	1	2	0	1	1
Cisarik rf	3	0	0	0	0	2	Boone 2b	5	1	1	1	0	2
Bryant rf	1	0	0	0	0	1	Thome 3b	3	3	3	0	0	0
Mikulik cf	4	0	0	0	0	1	Garcia 3b	1	0	0	0	1	1
Burnitz dh	4	1	1	1	0	0	Jaha 1b	2	1	2	1	0	0
Guerrero 3b-lf	4	1	0	0	2	0	Garner 1b	2	0	0	0	1	0
Paulino 1b	3	0	1	0	1	1	Howie dh	3	1	2	4	0	0
Dozier lf	1	0	0	0	1	0	Jackson rf-lf	4	0	1	1	0	0
Young 3b	1	0	1	1	0	0	Rohrmeier lf	3	1	1	0	0	2
Robertson 2b	2	0	1	0	0	1	Epley rf	1	0	1	0	0	0
Patterson 2b	2	0	1	0	0	1	Campanis c	2	0	0	1	1	1
Baar c	2	0	0	0	0	1	Faulkner c	1	0	0	0	1	0
Deak c	1	0	1	0	0	0	Frazier cf	3	0	0	1	0	1
TOTALS	32	2	7	2	2	10	**TOTALS**	34	8	13	8	4	8

```
National League ................................. 000  000  101—2
American League ................................. 311  012  00x—8
```

E—Cisarik 2, Baar, Frazier. DP—AL 1. LOB—NL 6, AL 8. 2B—Robertson, Boone, Thome. 3B—Rohrmeier. HR—Burnitz, Howie. SB—Silvestri 2, Jackson. SF—Young, Howie, Frazier.

NL	IP	H	R	ER	BB	SO	AL	IP	H	R	ER	BB	SO
Wendell L	1	3	3	3	0	0	Rhodes	1	1	0	0	0	1
Clark	1	2	1	1	0	2	Mahomes W	2	0	0	0	1	2
Juden	2	3	1	1	1	2	Mutis	1	0	0	0	0	1
Sanford	1	3	1	1	1	2	Salkeld	2	1	0	0	1	3
Gardner	1	1	2	2	2	0	Peek	1	3	1	1	0	0
Miller	1	1	0	0	0	1	Hoy	⅔	0	1	1	0	1
Rogers	⅔	0	0	0	0	0	Shiflett	⅔	1	1	0	0	0
Borland	⅓	0	0	0	0	0	Stanford	⅔	1	0	0	0	1

WP—Miller. T—2:24. A—4,022.

Buffalo's Pilot Field drew a million fans for the fourth year in a row in 1991, despite the city losing its bid for a major league expansion team.

took out a full page ad in the Buffalo News which pictured president Bob Rich and executive vice president Mindy Rich in a packed grandstand. "We don't need the National League to tell us what kind of fans we have in Buffalo," it said . . . The Riverside franchise in the California League left for greener pastures in Adelanto, Calif., and became the High Desert Mavericks. With a new $6.5 million stadium, the Mavericks set a league attendance record at 204,638 . . . The Southern League's Columbus Mudcats left for Zebulon, N.C., and were dubbed the Carolina Mudcats. Five County Stadium ran into construction delays, and the club didn't move in until July 3. For the first three months of the season, the Mudcats played down the road in Wilson, N.C . . . The Orioles' affiliate in the Midwest League moved from Wausau, Wis. into a new stadium in Kane County, Ill. . . . Two expansion teams joined the South Atlantic League: Sumter (Expos) and Columbus (Indians). Sumter played host to a Braves affiliate in 1990, but that club moved to Macon, Ga. . . . There were 34 no-hitters thrown in 1991, up from 28 in 1990. Vero Beach righthander Sean Snedeker pitched the only perfect game, a seven-inning victory over St. Lucie . . . Commissioner Fay Vincent banned chewing tobacco in the Northwest, Pioneer, Appalachian and Gulf Coast leagues . . . Greenville reliever Mark Wohlers began the year by securing 13 saves in 13 chances on his way to a season total of 32. He ended the year with the surprising Atlanta Braves . . . Vancouver outfielder Rodney McCray made all the highlight films when he chased a deep fly ball right through an outfield fence. He wasn't physically injured, but as his batting average began to plummet, he said, "I don't know if I broke my concentration or not." . . . President George Bush visited Frederick's Harry Grove Stadium in July and watched a game between the Keys and the Durham Bulls . . . Frederick righthander Erik Schullstrom no-hit Kinston July 3. In the first inning of his next start, the Salem Buccaneers greeted him with four straight home runs, tying an Organized Baseball record . . . Kevin and David Stavely became the first Canadian brothers to umpire a pro game, when they served on the same crew in the New York-Penn League.

AMERICAN ASSOCIATION

Denver Plans To Exit Triple-A With A Bang

By GEORGE RORRER

Saying hello when it's almost time to say goodbye, the Denver Zephyrs had one of their best American Association seasons in 1991.

So did the Association as a whole, smashing the all-time minor-league attendance record it had set in 1990. In 1991, the Association's eight teams drew 4,231,691 to their regular-season and playoff games. That broke the record of 4,061,717, set in 1990 when the Association shattered the 4 million barrier for the first time.

Buffalo led with a regular-season total of 1,188,972, topping a million for a record fourth straight year and breaking its own minor-league record. Denver and Iowa set club attendance highs with 550,135 and 308,814, respectively.

In June, Denver and Miami were selected to be National League expansion cities for 1993, so the Zephyrs will waft their way elsewhere soon. But they made 1991 a year to remember.

Denver's Jim Olander
. . . MVP, batting champ

They won their city's seventh Association championship and capped it by beating powerful Columbus of the International League in five games in the Triple-A Classic. That gave the Association a four-year sweep of the event.

Many post-season honors went to Denver.

The Zephyrs' skipper, Tony Muser, was named the Association's manager of the year.

Their center fielder, Jim Olander, won the batting championship with a .325 average and was named the league's Most Valuable Player. He later earned his first promotion to the big leagues after 11 years in the minors.

Denver's rookie catcher, Joe Kmak, was named MVP of the 3-2 Association championship series victory over Buffalo, batting .389 and throwing out four of the five Bisons who tried to steal.

Rookie righthander Mark Kiefer was named MVP of the Triple-A Classic for pitching an opening-game victory and going eight strong innings in the 11-inning, 5-4 clincher at Columbus.

LEAGUE CHAMPIONS
Last 25 Years

1967-68—Did Not Operate
1969—Omaha
1970—Omaha
1971—Denver
1972—Evansville
1973—Tulsa
1974—Tulsa
1975—Evansville
1976—Denver
1977—Denver
1978—Omaha
1979—Evansville
1980—Springfield
1981—Denver
1982—Indianapolis
1983—Denver
1984—Louisville
1985—Louisville
1986—Indianapolis
1987—Indianapolis
1988—Indianapolis
1989—Indianapolis
1990—Omaha
1991—Denver

Playoff champions where applicable

Alliance Disbands

Denver's Classic triumph came against a background of discord which ended the four-year run of the Triple-A Alliance.

On July 9, the eve of the Triple-A All-Star Game in Louisville, the IL voted to withdraw from the Alliance. A post-season appeal by the Association to form a 16-team league was also rejected by the IL.

On the field during the regular season, the IL dominated with a 139-99 record in interleague play. The Association enjoyed an edge in two of the three previous seasons.

Denver didn't clinch the Western Division championship until the final day of the season, when it beat Oklahoma City 7-2 and second-place Iowa lost at Omaha 9-4. Iowa, shooting for its first west title as a Chicago Cubs farm club, was in first place all but eight days during the season and led by as many as 10 games on June 21.

Oklahoma City's Dean Palmer left the league in June, but still led with 22 homers.

Buffalo won the first two games of the best-of-5 series from Denver, behind Rick Reed and Steve Fireovid, who finished 1-2 in the ERA race. Denver took game three, then in pivotal game four Denver's Greg Mathews took a 9-0 lead and a no-hitter to the ninth only for the Bisons to score eight times in the inning. Their amazing comeback ended with Kmak blocking the plate and tagging out Greg Edge for the third out after taking Charlie Montoyo's relay of Mickey Brantley's throw from left field.

1991 FINAL STANDINGS

EAST	W	L	PCT	GB	Manager
Buffalo (Pirates)	81	62	.566	—	Terry Collins
Indianapolis (Expos)	75	68	.524	6	Jerry Manuel, Pat Kelly
Nashville (Reds)	65	78	.455	16	Pete Mackanin
Louisville (Cardinals)	51	92	.357	30	Mark DeJohn
WEST	**W**	**L**	**PCT**	**GB**	
Denver (Brewers)	79	65	.549	—	Tony Muser
Iowa (Cubs)	78	66	.542	1	Jim Essian, Mick Kelleher
Omaha (Royals)	73	71	.507	6	Sal Rende
Oklahoma City (Rangers)	52	92	.361	27	Tommy Thompson

PLAYOFFS: Denver defeated Buffalo 3-2 in best-of-5 final for league championship; Denver defeated Columbus (International) 4-1 in best-of-7 Triple-A Classic.

REGULAR-SEASON ATTENDANCE: Buffalo—1,188,972; Louisville—565,716; Denver—550,135; Nashville—454,575; Indianapolis—348,089; Oklahoma City—347,427; Omaha—329,797; Iowa—308,814.

The deciding game matched the league's two winningest pitchers, but Denver won 12-3 behind 13-game winner Cal Eldred after Reed (14-4) had to leave in the first inning with lower back spasms.

A Pitchers Year

Olander's .325 batting average was the second-lowest to lead the Association since Gene Locklear of Indianapolis also hit .325 in 1972.

Dean Palmer gave Oklahoma City its second straight home run champion, following Juan Gonzalez's 29 in 1990. Palmer hit 22 even though the Texas Rangers called him up in late June. It was the league's lowest winning total since Elmer Miller hit 15 for St. Paul in 1919.

At the other end of the spectrum, Louisville and Oklahoma City sustained the most losses by any Association club since the league resumed play in 1969 after a six-year hiatus—92.

Oklahoma City's Rob Maurer led the Association in total bases, doubles and walks.

1991 BATTING, PITCHING STATISTICS

CLUB BATTING

	AVG	G	AB	R	H	2B	3B	HR	BB	SO	SB
Denver	.271	144	4826	735	1309	203	63	99	573	768	127
Iowa	.267	144	4803	674	1281	249	48	86	513	795	93
Indianapolis	.261	143	4755	631	1242	252	42	99	500	923	77
Buffalo	.260	143	4637	643	1204	232	66	60	517	783	153
Omaha	.259	144	4729	627	1225	212	55	82	456	761	129
Oklahoma City	.258	144	4743	660	1223	248	37	122	692	1060	74
Nashville	.248	143	4695	525	1163	177	40	84	434	851	84
Louisville	.241	143	4666	514	1123	203	34	85	517	939	82

CLUB PITCHING

	ERA	G	CG	SHO	SV	IP	H	R	ER	BB	SO
Buffalo	3.53	143	17	16	36	1240	1222	546	486	446	750
Indianapolis	3.65	143	10	9	36	1246	1136	616	505	549	956
Nashville	3.77	143	11	14	35	1246	1132	614	522	561	886
Omaha	3.80	144	5	5	44	1247	1206	611	527	565	871

TOP PROSPECTS

1991 ALL-STAR TEAM
C—Tim Spehr, Omaha.
1B—Rob Maurer, Oklahoma City. **2B**—Todd Haney, Indianapolis. **3B**—Dean Palmer, Oklahoma City. **SS**—Rey Sanchez, Iowa.
OF—Mickey Brantley, Denver; Jim Olander, Denver; John VanderWal, Indianapolis.
DH—Terry Lee, Nashville.
LHP—Bob Buchanan, Omaha. **RHP**—Rick Reed, Buffalo.

Most Valuable Player—Jim Olander, Denver.
Most Valuable Pitcher—Rick Reed, Buffalo.
Rookie of the Year—Rob Maurer, Oklahoma City.
Manager of the Year—Tony Muser, Denver.

Lance Dickson
. . . No. 2 prospect

TOP 10 PROSPECTS
(Selected by league managers for Baseball America)
1. Dean Palmer, 3b, Oklahoma City. 2. Lance Dickson, lhp, Iowa. 3. Wil Cordero, ss, Indianapolis. 4. Cal Eldred, rhp, Denver. 5. Rey Sanchez, ss, Iowa. 6. Rob Maurer, 1b, Oklahoma City. 7. Carlos Garcia, ss, Buffalo. 8. John VanderWal, of, Indianapolis. 9. Bret Barberie, 3b, Indianapolis. 10. Rheal Cormier, lhp, Louisville.

DEPARTMENT LEADERS

BATTING

R	Jim Olander, Denver	89
H	Jim Olander, Denver	162
TB	Rob Maurer, Oklahoma City	245
2B	Rob Maurer, Oklahoma City	41
3B	Two tied at	11
HR	Dean Palmer, Oklahoma City	22
RBI	Tim McIntosh, Denver	91
SH	Bobby Moore, Omaha	13
SF	Three tied at	8
BB	Rob Maurer, Oklahoma City	96
IBB	Doug Strange, Iowa	9
HBP	Two tied at	15
SO	Monty Fariss, Oklahoma City	143
SB	Jacob Brumfield, Omaha	36
CS	Jacob Brumfield, Omaha	17
OB%	Rob Maurer, Oklahoma City	.420
SL%	Rob Maurer, Oklahoma City	.534

Rick Reed
... ERA leader

PITCHING

G	Laddie Renfroe, Iowa	63
GS	Cal Eldred, Denver	29
CG	Two tied at	5
ShO	Rheal Cormier, Louisville	3
Sv	Laddie Renfroe, Iowa	18
W	Rick Reed, Buffalo	14
L	Dan Smith, Oklahoma City	17
IP	Cal Eldred, Denver	185
H	Dan Smith, Oklahoma City	195
R	Dan Smith, Oklahoma City	114
ER	Dan Smith, Oklahoma City	93
HR	Jamie Moyer, Louisville	16
BB	Jose Nunez, Iowa	87
HB	Cal Eldred, Denver	12
SO	Cal Eldred, Denver	168
WP	Dera Clark, Omaha	17
Bk	Jose Nunez, Iowa	6

Cal Eldred
... 168 strikeouts

	ERA	G	CG	SHO	SV	IP	H	R	ER	BB	SO
Denver	4.13	144	13	6	36	1254	1239	638	576	533	888
Iowa	4.20	144	13	7	38	1276	1238	678	596	562	896
Louisville	4.50	143	9	12	28	1240	1390	697	620	502	714
Oklahoma City	4.98	144	10	6	22	1236	1387	779	684	559	875

INDIVIDUAL BATTING LEADERS
(Minimum 389 Plate Appearances)

	AVG	G	AB	R	H	2B	3B	HR	RBI	BB	SO	SB
Olander, Jim, Denver	.325	134	498	89	162	32	10	9	78	64	83	14
Haney, Todd, Indianapolis	.312	132	510	68	159	32	3	2	39	47	49	12
#Espy, Cecil, Buffalo	.312	102	398	69	124	27	10	2	43	36	65	22
Lee, Terry, Nashville	.304	126	437	70	133	21	4	15	67	62	80	12
Brantley, Mickey, Denver	.301	122	478	78	144	18	5	15	78	38	45	10
*Clark, Dave, Omaha	.301	104	359	45	108	24	3	13	64	30	53	6
*Maurer, Rob, Okla. City	.301	132	459	76	138	41	3	20	77	96	134	2
*Schulz, Jeff, Buffalo	.300	122	437	55	131	20	4	2	54	42	41	7
*VanderWal, John, Ind.	.293	133	478	84	140	36	8	15	71	79	118	4
#Strange, Doug, Iowa	.293	131	509	76	149	35	5	8	56	49	75	10

INDIVIDUAL PITCHING LEADERS
(Minimum 115 Innings)

	W	L	ERA	G	GS	CG	SV	IP	H	R	ER	BB	SO
Reed, Rick, Buffalo	14	4	2.15	25	25	5	0	168	151	45	40	26	102
Fireovid, Steve, Buffalo	9	8	2.90	34	18	1	3	130	127	51	42	43	72
Dixon, Eddie, Indianapolis	6	7	2.91	53	8	0	5	118	120	50	38	30	63
Service, Scott, Indianapolis	6	7	2.97	18	17	3	0	121	83	42	40	39	91
Mason, Roger, Buffalo	9	5	3.08	34	15	2	0	123	115	47	42	44	80
*Buchanan, Bob, Omaha	11	7	3.26	32	22	2	0	157	147	67	57	66	79
Eldred, Cal, Denver	13	9	3.75	29	29	3	0	185	161	82	77	84	168
*Moyer, Jamie, Louisville	5	10	3.80	20	20	1	0	126	125	64	53	43	69
Pugh, Tim, Nashville	7	11	3.81	23	23	3	0	149	130	68	63	56	89
Meeks, Tim, Buffalo	4	8	3.89	36	18	2	1	143	146	72	62	31	66

Cumulative Statistics, Multi-team Players

BATTING	AVG	G	AB	R	H	2B	3B	HR	RBI	BB	SO	SB
*Dunbar, Tommy, Omaha-Buff	.174	30	69	6	12	1	0	1	4	4	9	0

PITCHING	W	L	ERA	G	GS	CG	SV	IP	H	R	ER	BB	SO
Clary, Marty, Lou-Buff	5	8	4.31	40	12	1	1	100	108	53	48	36	42
Cole, Victor, Omaha-Buff	2	3	3.89	25	1	0	0	37	32	17	16	29	35
*Hall, Drew, Nash-OKC	1	3	6.75	23	1	0	0	32	34	28	24	27	17
Huismann, Mark, Buff-Omaha	6	5	3.16	45	1	0	17	68	70	28	24	18	50
*LaPoint, Dave, Den-Iowa	3	2	6.47	33	8	0	1	65	85	56	47	25	42
McGaffigan, Andy, Omaha-Den	0	2	3.58	33	4	0	7	65	72	33	26	26	45
Schmidt, Dave, Ind-OKC	0	3	2.92	24	4	0	1	37	39	17	12	17	19

1992 ALMANAC • **193**

INTERNATIONAL LEAGUE

Unappreciated Columbus Clips Wings Of IL Foes

By TIM PEARRELL

On the field, the International League belonged to the Columbus Clippers and Pawtucket Red Sox in 1991. Off the field, the IL had an off-and-on affair with the Triple-A Alliance.

The Alliance—which joined the IL and American Association in marriage for four seasons—ended in divorce when IL general managers voted 5-3 at the Triple-A All-Star Game in Louisville to sever the relationship in 1992 because of travel costs.

In late September, the Alliance was thinking again about going back to the altar. Scranton/Wilkes-Barre general manager Bill Terlecky, who earlier voted to end the Alliance, was forced to change his vote by the Lackawanna County Multi-Purpose Stadium Authority, the entity which operates the Red Barons. Stadium authority officials said they were reacting to the public's wish.

Syracuse's Derek Bell
... IL MVP, batting champ

With a 4-4 tie, the tie-breaking vote was left in the hands of IL president Randy Mobley, who doubled as Alliance commissioner. Mobley voted in favor of rescinding the previous vote. IL representatives, given a second chance to retain the Alliance, voted 4-3 against with one abstention, killing the last hope of retaining the 16-team association.

Mobley said he wasn't "playing a lobbying role in either direction" and wanted the clubs to work the issue out among themselves. He also was concerned how it would affect minor-league expansion in 1993, when either the IL or American Association would add two new clubs.

LEAGUE CHAMPIONS

Last 25 Years

1967—Toledo
1968—Jacksonville
1969—Syracuse
1970—Syracuse
1971—Rochester
1972—Tidewater
1973—Pawtucket
1974—Rochester
1975—Tidewater
1976—Syracuse
1977—Charleston
1978—Richmond
1979—Columbus
1980—Columbus
1981—Columbus
1982—Richmond
1983—Tidewater
1984—Pawtucket
1985—Tidewater
1986—Richmond
1987—Columbus
1988—Rochester
1989—Richmond
1990—Rochester
1991—Columbus
Playoff champions where applicable

IL Falls Again

The Alliance was good to the IL in 1991. The IL posted a 139-99 mark against the American Association, but that success wasn't enough to help IL champ Columbus against Denver in the Triple-A Classic.

The Zephyrs beat the Clippers 4-1 to keep the American Association's dominance of the postseason event intact. The AA has won all four Triple-A Classics.

Columbus, managed by Rick Down, led wire-to-wire while running away with the Western Division title for the second straight year. The Clippers survived injuries, defections and call-

194 • 1992 ALMANAC

Mo Vaughn, left, and Phil Plantier packed a 1-2 home run punch for Pawtucket before being promoted to Boston.

ups to fashion the third-best record in club history (85-59) and finish seven games ahead of Tidewater. Columbus ended the season with just 10 players who were on the Opening Day roster.

Despite the fine season, the Clippers did not have a player selected to the all-star team, which was voted on by players, coaches, managers, media and front-office personnel. "You just can't argue with a bunch of dumb people," said Down.

There was no argument with the talent first-year Pawtucket manager Butch Hobson put on the field. The Red Sox trotted out three of the league's top prospects—outfielder Phil Plantier, first baseman Mo Vaughn and third baseman Scott Cooper—finished 3½ games ahead of Rochester in the Eastern Division, and made it to the playoffs for the first time since 1987.

Pawtucket's run ended in the Governors' Cup finals, with Columbus sweeping the championship series 3-0. The Clippers scored nine runs in the first inning of game one—Jim Walewander had a double, stolen base and three-run home run to spark the inning—and outscored Pawtucket 25-7 in the three games. Columbus third baseman Jim Leyritz went 5-for-12.

1991 FINAL STANDINGS

EAST	W	L	PCT	GB	Manager
Pawtucket (Red Sox)	79	64	.552	—	Butch Hobson
Rochester (Orioles)	76	68	.528	3½	Greg Biagini
Syracuse (Blue Jays)	73	71	.507	6½	Bob Bailor
Scranton/Wilkes-Barre (Phillies)	65	78	.455	14	Bill Dancy
WEST	**W**	**L**	**PCT**	**GB**	
Columbus (Yankees)	85	59	.590	—	Rick Down
Tidewater (Mets)	77	65	.542	7	Steve Swisher
Toledo (Tigers)	74	70	.514	11	Joe Sparks
Richmond (Braves)	65	79	.451	20	Phil Niekro

PLAYOFFS: Columbus defeated Pawtucket 3-0 in best-of-5 final for league championship; Denver (American Association) defeated Columbus 4-1 in best-of-7 Triple-A Classic.

REGULAR-SEASON ATTENDANCE: Columbus—570,605; Scranton/Wilkes-Barre—535,725; Richmond—434,994; Pawtucket—349,338; Rochester—345,167; Syracuse—307,993; Toledo—217,662; Tidewater—196,998.

New Attendance Mark

The success the Clippers and Red Sox enjoyed on the field was reflected at the gate. Columbus drew more than a half-million fans for the 13th straight season. Pawtucket shattered its club mark by more than 50,000.

Overall, the league established a new attendance mark of 2,926,031 during the regular season.

IL fans saw three new managers: Richmond's Phil Niekro, Toledo's Joe Sparks and Hobson. Niekro, managing for the first time, finished in last place in the West with a 65-79 record. Sparks, returning to Toledo, injected some excitement back into the franchise. The Mud Hens finished 74-70 and drew more than 200,000 fans for the first time in 10 years.

Syracuse oufielder Derek Bell, voted the league's top prospect in a Baseball America poll of managers, survived a late charge by Rochester's Luis Mercedes to win the batting title with a .346 average. Mercedes, vying for his third straight batting crown, finished at .334 after being suspended by the league for the final few games. Mercedes' IL season ended after he hit Syracuse third baseman Tom Quinlan in the face with his batting helmet. Mercedes also was suspended by parent Baltimore earlier in the season.

Bell won the RBI crown with 93. Pawtucket's Rick Lancellotti, the active minor-league career home run hitter, won the homer title with 21.

Richmond's Armando Reynoso
. . . Led IL with a 2.61 ERA.

DEPARTMENT LEADERS

Rick Lancellotti
. . . HR leader

Pat Hentgen
. . . 155 K's

BATTING
R	Derek Bell, Syracuse	89
H	Derek Bell, Syracuse	158
TB	Derek Bell, Syracuse	243
2B	Rick Schu, Scranton	30
3B	Two tied at	12
HR	Rick Lancellotti, Pawtucket	21
RBI	Derek Bell, Syracuse	93
SH	Johnny Paredes, Toledo	16
SF	John Ramos, Columbus	9
BB	Jeff Gardner, Tidewater	84
IBB	Scott Cooper, Pawtucket	11
HBP	Terrel Hansen, Tidewater	20
SO	Tom Quinlan, Syracuse	163
SB	Jim Walewander, Columbus	54
CS	Jim Walewander, Columbus	19
OB%	Luis Mercedes, Rochester	.435
SL%	Rick Schu, Scranton	.552

PITCHING
G	Bob Ayrault, Scranton	68
GS	Three tied at	28
CG	Two tied at	6
ShO	Three tied at	3
Sv	Steve Wapnick, Syracuse	20
W	Six tied at	12
L	Paul Marak, Richmond	13
IP	Julio Valera, Tidewater	176
H	Paul Marak, Richmond	220
R	Paul Marak, Richmond	123
ER	Paul Marak, Richmond	112
HR	Doug Linton, Syracuse	21
BB	Pat Hentgen, Syracuse	90
HB	Three tied at	10
SO	Pat Hentgen, Syracuse	155
WP	Two tied at	14
Bk	Armando Reynoso, Richmond	6

TOP PROSPECTS

1991 ALL-STAR TEAM
C—Todd Hundley, Tidewater.
1B—Domingo Martinez, Syracuse. **2B**—Jeff Gardner, Tidewater. **3B**—Scott Cooper, Pawtucket. **SS**—Eddie Zosky, Syracuse.
OF—Derek Bell, Syracuse; Luis Mercedes, Rochester; Phil Plantier, Pawtucket.
DH—Mitch Lyden, Toledo.
SP—Mike Mussina, Rochester. **RP**—Daryl Irvine, Pawtucket.

Most Valuable Player—Derek Bell, Syracuse. **Most Valuable Pitcher**—Mike Mussina, Rochester. **Rookie of the Year**—Luis Mercedes, Rochester. **Manager of the Year**—Butch Hobson, Pawtucket.

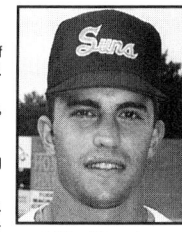

Mike Mussina . . . Top pitcher

TOP 10 PROSPECTS
(Selected by league managers for Baseball America)
1. Derek Bell, of, Syracuse. 2. Phil Plantier, of, Pawtucket. 3. Mike Mussina, rhp, Rochester. 4. Todd Hundley, c, Tidewater. 5. Maurice Vaughn, 1b, Pawtucket. 6. Mark Wohlers, rhp, Richmond. 7. Eddie Zosky, ss, Syracuse. 8. Bernie Williams, of, Columbus. 9. Andy Ashby, rhp, Scranton. 10. Scott Cooper, 3b, Pawtucket.

1991 BATTING, PITCHING STATISTICS

CLUB BATTING

	AVG	G	AB	R	H	2B	3B	HR	BB	SO	SB
Syracuse	.275	144	4974	703	1367	225	43	108	545	946	102
Columbus	.274	144	4722	749	1295	239	59	95	621	761	178
Rochester	.273	144	4766	710	1302	209	39	99	619	845	123
Scranton/Wilkes-Barre	.269	143	4799	666	1290	238	59	99	442	797	100
Toledo	.266	144	4764	668	1265	235	37	82	479	777	138
Richmond	.258	144	4862	604	1252	221	33	80	477	880	72
Pawtucket	.257	143	4711	699	1213	251	29	153	648	811	62
Tidewater	.256	144	4687	613	1201	219	33	68	562	861	73

CLUB PITCHING

	ERA	G	CG	SHO	SV	IP	H	R	ER	BB	SO
Columbus	3.76	144	18	9	46	1264	1149	624	528	588	850
Tidewater	3.79	142	14	13	34	1253	1227	600	521	521	734
Richmond	3.93	144	9	10	34	1277	1273	628	558	513	850
Toledo	3.95	144	12	11	36	1259	1218	646	553	565	899
Rochester	4.13	144	17	9	34	1247	1311	658	573	463	902
Pawtucket	4.23	143	11	5	49	1253	1246	677	589	509	827
Syracuse	4.35	144	11	2	37	1286	1336	709	622	548	807
Scranton/Wilkes-Barre	4.41	143	11	10	29	1233	1245	700	604	609	853

INDIVIDUAL BATTING LEADERS
(Minimum 389 Plate Appearances)

	AVG	G	AB	R	H	2B	3B	HR	RBI	BB	SO	SB
Bell, Derek, Syracuse	.346	119	457	89	158	22	12	13	93	57	69	27
Mercedes, Luis, Rochester	.334	102	374	68	125	14	5	2	36	65	63	23
Schu, Rick, Scranton	.321	106	355	69	114	30	5	14	57	50	38	7
Martinez, Domingo, Syracuse	.313	126	467	61	146	16	2	17	83	41	107	5
Ramos, John, Columbus	.308	104	377	52	116	18	3	10	63	56	54	1
Rosario, Victor, Toledo	.300	116	423	59	127	21	12	1	48	21	87	12
Batiste, Kim, Scranton	.292	122	462	54	135	25	6	1	41	11	72	18
*Gardner, Jeff, Tidewater	.292	136	504	73	147	23	4	1	56	84	48	6
Legg, Greg, Scranton	.290	111	352	58	102	15	4	3	41	44	33	3
Shields, Tommy, Rochester	.289	116	412	69	119	18	3	6	52	32	73	16

INDIVIDUAL PITCHING LEADERS
(Minimum 115 Innings)

	W	L	ERA	G	GS	CG	SV	IP	H	R	ER	BB	SO
Reynoso, Armando, Richmond	10	6	2.61	22	19	3	0	131	117	44	38	39	97
Mussina, Mike, Rochester	10	4	2.87	19	19	3	0	122	108	42	39	31	107
*Castillo, Tony, Richmond	5	6	2.90	23	17	0	0	118	89	47	38	32	78
Meacham, Rusty, Toledo	9	7	3.09	26	17	3	2	125	117	53	43	40	70
Ritz, Kevin, Toledo	8	7	3.28	20	19	3	0	126	116	50	46	60	105
Ashby, Andy, Scranton	11	11	3.46	26	26	6	0	161	144	78	62	60	113
Soff, Ray, Tidewater	8	7	3.52	28	18	3	0	138	118	56	54	48	84
Hetzel, Eric, Pawtucket	9	5	3.57	19	19	0	0	116	110	60	46	58	83
Mauser, Tim, Scranton	6	11	3.72	26	18	1	1	128	119	66	53	55	75
Young, Anthony, Tidewater	7	9	3.73	25	25	3	0	164	172	74	68	67	93

Cumulative Statistics, Multi-team Players

BATTING	AVG	G	AB	R	H	2B	3B	HR	RBI	BB	SO	SB
*Fields, Bruce, Rich-Syr	.251	79	259	28	65	10	0	2	21	26	36	1
#Jeltz, Steve, Roch-Syr	.188	71	224	26	42	6	3	1	26	41	34	5
Rosario, Victor, Rich-Tol	.295	56	217	31	64	12	6	1	22	7	43	8

PITCHING	W	L	ERA	G	GS	CG	SV	IP	H	R	ER	BB	SO
Bair, Doug, Tol-Syr	0	1	2.50	13	0	0	0	18	21	10	5	7	21

PACIFIC COAST LEAGUE

Tucson Rallies To Win First Title In 22 Years

By MIKE KLIS

It was a strange year in Tucson.

The Toros won. Won it all.

While the Tucson Toros had been Pacific Coast League members since 1969, the franchise was not exactly known for its winning tradition. Only twice did the it reach the PCL playoffs. Each time, it was eliminated in the first round.

That all changed in 1991. The Toros, under the guidance of 59-year-old manager Bob Skinner, won the PCL championship by defeating Calgary 3-2 in the final series. The Toros rallied to win the final three games at home.

The veteran Skinner inspired a team that was well-mixed with young athletes who could run, sage veterans who could compete, a strong bullpen and just enough starting pitching.

Not one Toros player finished among the PCL's top 10 hitters or pitchers. No one came close to winning the home run or RBI titles. The Toros' 71 home runs were one away from the league's bottom. They struck out 905 times, 72 more than the league runner-up. Tucson's parent club, the Houston Astros, was the National League's worst club, which contributed to continuous player shuffling between Houston and Tucson.

Kenny Lofton
. . . Tucson sparkplug

Yet, somehow, the Toros meshed. They cruised to the PCL Southern Division first-half title after posting a 45-25 mark. Then came a slew of callups and the Toros were only 34-36 in the second half, nine games behind the first-place Colorado Springs Sky Sox, who behind slugger Luis Medina (.324-27-98) made the playoffs for the third straight year.

And for the third straight year, the Sky Sox were eliminated in the first round, losing to Tucson, 3 games to 1.

Calgary Rallies In North

In the Northern Division, the Portland Beavers, backed by the PCL's best pitching staff, which included Tom Edens (10-7, 3.01), Denny Neagle (9-4, 3.27) and George Tsamis (10-8, 3.27), won the first-half title with a 36-32 mark. The Calgary Cannons, only 27-40 in the first-half, got new life in the second, behind standout first baseman Tino Martinez (.326-18-86), and won the second-

LEAGUE CHAMPIONS
Last 25 Years
1967—San Diego
1968—Tulsa
1969—Tacoma
1970—Spokane
1971—Salt Lake City
1972—Albuquerque
1973—Spokane
1974—Spokane
1975—Hawaii
1976—Hawaii
1977—Phoenix
1978—*Tacoma
       *Albuquerque
1979—Salt Lake City
1980—Albuquerque
1981—Albuquerque
1982—Albuquerque
1983—Portland
1984—Edmonton
1985—Vancouver
1986—Las Vegas
1987—Albuquerque
1988—Las Vegas
1989—Vancouver
1990—Albuquerque
1991—Tucson
*co-champions
Playoff champions where applicable

198 • 1992 ALMANAC

half title with a 45-24 mark.

Martinez, selected the league's Most Valuable Player, enjoyed a near-identical season to 1990, when he hit .320 with 20 homers and 93 RBIs for Calgary. A crowded first base picture in Seattle forced him back to Triple-A for another season.

The Cannons swept Portland, 3-0, in the Northern Division playoffs then won the first two games in the championship series at home against the Toros. The final three games, however, were played in Tucson and the Toros won them all.

Calgary's Tino Martinez ... PCL MVP

Ironically, the team with the best overall record—the defending champion Albuquerque Dukes, with an 80-58 mark—did not make the playoffs.

Tucson may not have had any offensive leaders but it did have one star: Kenny Lofton. The former basketball standout at the University of Arizona showed the people in his college hometown that he's made a successful transition to baseball. Lofton hit leadoff and played center field for the Toros. He hit .312 with 50 RBIs, 40 stolen bases and a league-high 17 triples.

1991 FINAL STANDINGS

FIRST HALF

NORTH	W	L	PCT	GB
Portland	36	32	.529	—
Edmonton	33	33	.500	2
Tacoma	33	37	.471	4
Calgary	27	40	.403	8½
Vancouver	27	42	.391	9½

SOUTH	W	L	PCT	GB
Tucson	45	25	.643	—
Phoenix	39	30	.565	5½
Albuquerque	38	30	.559	6
Las Vegas	36	34	.514	9
Colorado Springs	30	41	.423	15½

SECOND HALF

NORTH	W	L	PCT	GB
Calgary	45	24	.652	—
Edmonton	37	33	.529	8½
Portland	34	36	.486	11½
Tacoma	30	36	.455	13½
Vancouver	22	44	.333	21½

SOUTH	W	L	PCT	GB
Colorado Springs	42	26	.618	—
Albuquerque	42	28	.600	1
Tucson	34	36	.486	9
Phoenix	29	40	.420	13½
Las Vegas	29	41	.414	14

OVERALL

	W	L	PCT	GB	Manager
Albuquerque (Dodgers)	80	58	.580	—	Kevin Kennedy
Tucson (Astros)	79	61	.564	2	Bob Skinner
Calgary (Mariners)	72	64	.529	7	Keith Bodie
Colorado Springs (Indians)	72	67	.518	8½	Charlie Manuel
Edmonton (Angels)	70	66	.515	9	Max Oliveras
Portland (Twins)	70	68	.507	10	Russ Nixon
Phoenix (Giants)	68	70	.493	12	Duane Espy
Las Vegas (Padres)	65	75	.464	16	Jim Riggleman
Tacoma (Athletics)	63	73	.463	16	Jeff Newman
Vancouver (White Sox)	49	86	.363	29½	Marv Foley, Rick Renick

PLAYOFFS: Calgary defeated Portland 3-0 and Tucson defeated Colorado Springs 3-1 in best-of-5 semifinals; Tucson defeated Calgary 3-2 in best-of-5 final for league championship.

REGULAR-SEASON ATTENDANCE: Albuquerque—340,685; Las Vegas—330,699; Calgary—325,965; Tucson—317,347; Tacoma—293,418; Vancouver—288,978; Edmonton—252,813; Phoenix—247,791; Portland—181,116; Colorado Springs—174,731.

TOP PROSPECTS

1991 ALL-STAR TEAM
C—Carlos Hernandez, Albuquerque.
1B—Tino Martinez, Calgary. **2B**—Andres Santana, Phoenix. **3B**—Gary Cooper, Tucson.
SS—Andujar Cedeno, Tucson.
OF—Kenny Lofton, Tucson; Ruben Amaro, Edmonton; Geronimo Berroa, Colorado Springs.
DH—Luis Medina, Colorado Springs.
LHP—Kyle Abbott, Edmonton. **RHP**—Tom Edens, Portland. **RP**—Dean Wilkins, Tucson.
Most Valuable Player—Tino Martinez, Calgary.
Manager of the Year—Bob Skinner, Tucson.

Andujar Cedeno
. . . All-star SS

TOP 10 PROSPECTS
(Selected by league managers for Baseball America)
1. Kenny Lofton, of, Tucson. 2. Andujar Cedeno, ss, Tucson. 3. Jose Offerman, ss, Albuquerque. 4. Tino Martinez, 1b, Calgary. 5. Darren Lewis, of, Phoenix. 6. Mark Lewis, ss, Colorado Springs. 7. Kyle Abbott, lhp, Edmonton. 8. Lee Stevens, 1b, Edmonton. 9. Dave Hansen, 3b, Albuquerque. 10. Carlos Hernandez, c, Albuquerque.

In separate Baseball America polls, PCL managers voted Lofton the league's most exciting player and No. 1 major league prospect. The switch-hitting, lefthanded throwing Lofton also was voted the championship series' most valuable player.

Amaral Claims Batting Title

Lofton and Martinez aside, the PCL was dominated by veterans in 1991. Calgary's Rich Amaral fought off Albuquerque catcher Carlos Hernandez for the league batting title. Amaral, who earned a September trip to the big leagues after nine minor league seasons, hit .346. Hernandez batted .345 but wound up one at-bat short of qualifying when he was called up to Los Angeles two days before the end of the PCL regular season.

Portland's Bernardo Brito, the PCL's home-run champion in 1990, and Medina, who won the crown in 1988, shared the title, each hitting 27.

Easily the league's most tough-luck pitcher was Phoenix' Gil Heredia, who finished with a 9-11 record despite a league-best 2.82 ERA.

Phoenix had three young stars in Darren Lewis, Andres Santana and Ted Wood. Lewis hit .340 and stole 32 bases before he was called up to San Francisco. Santana hit .316 and stole 45 bases. Wood, who batted third behind Santana and Lewis, won the RBI crown with 109.

Edmonton's Kyle Abbott, yet another impressive lefthanded starting pitcher in the California organization, tied veteran Terry Clark of Tucson with a league-high 14 wins.

1991 BATTING, PITCHING STATISTICS

CLUB BATTING

	AVG	G	AB	R	H	2B	3B	HR	BB	SO	SB
Colorado Springs	.298	139	4704	780	1400	269	48	119	492	759	68
Albuquerque	.294	138	4678	730	1375	237	63	70	427	654	153
Tucson	.292	140	4809	762	1406	258	59	71	511	905	122
Calgary	.292	136	4659	808	1359	291	37	133	544	796	98
Phoenix	.289	138	4673	747	1351	226	50	99	519	833	151
Edmonton	.286	136	4498	735	1286	262	42	103	503	740	185
Las Vegas	.285	140	4809	738	1370	239	46	107	541	804	133
Portland	.277	138	4581	660	1267	225	33	91	478	644	89
Tacoma	.266	136	4561	641	1211	221	49	80	531	762	85
Vancouver	.261	135	4493	562	1173	197	34	60	457	764	101

CLUB PITCHING

	ERA	G	CG	SHO	SV	IP	H	R	ER	BB	SO
Portland	3.81	138	13	13	27	1179	1180	597	499	507	756
Albuquerque	4.26	138	5	3	43	1201	1256	668	569	524	879
Tucson	4.34	140	8	11	37	1236	1399	716	596	526	873
Colorado Springs	4.49	139	13	5	33	1170	1262	690	584	478	744
Edmonton	4.72	136	16	9	34	1158	1311	699	607	440	747
Tacoma	4.73	136	7	10	32	1177	1274	718	619	560	757
Phoenix	4.75	138	17	6	29	1186	1388	755	626	490	678
Vancouver	4.88	135	13	7	26	1158	1262	720	628	529	659

	ERA	G	CG	SHO	SV	IP	H	R	ER	BB	SO
Calgary	5.08	136	8	2	29	1178	1399	770	665	507	674
Las Vegas	5.15	140	7	4	24	1228	1467	830	703	442	894

INDIVIDUAL BATTING LEADERS
(Minimum 378 Plate Appearances)

	AVG	G	AB	R	H	2B	3B	HR	RBI	BB	SO	SB
Amaral, Rich, Calgary	.346	86	347	79	120	26	2	3	36	53	37	30
Lennon, Pat, Calgary	.329	112	416	75	137	29	5	15	74	46	68	12
#Munoz, Jose, Albuquerque	.326	101	389	49	127	18	4	0	65	20	36	15
#Amaro, Ruben, Edmonton	.326	121	472	95	154	42	6	3	42	63	48	36
*Martinez, Tino, Calgary	.326	122	442	94	144	34	5	18	86	82	44	3
Medina, Luis, Colo. Springs	.324	117	450	81	146	28	6	27	98	47	100	0
Berroa, Geronimo, Colo. Springs	.322	125	478	81	154	31	7	18	91	35	88	2
#Santana, Andres, Phoenix	.316	113	456	84	144	7	5	1	35	36	65	45
Karros, Eric, Albuquerque	.316	132	488	88	154	33	8	22	101	58	80	3
Curtis, Chad, Edmonton	.316	115	431	81	136	28	7	9	61	51	56	46

INDIVIDUAL PITCHING LEADERS
(Minimum 112 Innings)

	W	L	ERA	G	GS	CG	SV	IP	H	R	ER	BB	SO
Heredia, Gil, Phoenix	9	11	2.82	33	15	5	1	140	155	60	44	28	75
Edens, Tom, Portland	10	7	3.01	25	24	3	0	161	145	67	54	62	100
*Tsamis, George, Portland	10	8	3.27	29	27	2	0	168	183	75	61	66	71
*Drees, Tom, Vancouver	8	8	3.52	22	22	3	0	143	130	70	56	62	89
Parker, Clay, Tacoma	7	6	3.67	25	20	3	0	132	123	65	54	44	78
Hartsock, Jeff, Albuquerque	12	6	3.80	29	26	0	0	154	153	80	65	78	123
Bittiger, Jeff, Colo. Springs	9	12	3.90	27	27	2	0	148	158	89	64	83	93
Abbott, Kyle, Edmonton	14	10	3.99	27	27	4	0	180	173	84	80	46	120
Valdez, Sergio, Colo. Springs	4	12	4.11	26	15	4	0	131	139	67	60	27	71
*Powell, Dennis, Calgary	9	8	4.15	27	26	5	0	174	200	90	80	59	96

Cumulative Statistics, Multi-team Players

BATTING	AVG	G	AB	R	H	2B	3B	HR	RBI	BB	SO	SB
*Jones, Barry, CS-Port	.264	92	296	42	78	17	4	5	40	17	42	9
*Nelson, Rob, Van-Tuc	.249	111	361	40	90	17	2	16	62	49	112	1

PITCHING	W	L	ERA	G	GS	CG	SV	IP	H	R	ER	BB	SO
*Hall, Grady, Van-CS	1	5	5.57	22	10	0	1	73	97	54	45	45	37
*Vosberg, Ed, Edm-Cal	0	3	6.87	28	0	0	2	38	57	36	29	17	29

DEPARTMENT LEADERS

Rich Amaral
... Top hitter

Luis Medina
... Leading slugger

BATTING
R	Ruben Amaro, Edmonton	95
H	Kenny Lofton, Tucson	168
TB	Eric Karros, Albuquerque	269
2B	Ruben Amaro, Edmonton	42
3B	Kenny Lofton, Tucson	17
HR	Two tied at	27
RBI	Ted Wood, Phoenix	109
SH	Jeff Reboulet, Portland	17
SF	Chris Cron, Edmonton	11
BB	Ted Wood, Phoenix	86
IBB	Two tied at	8
HBP	Doug Jennings, Tacoma	11
SO	Two tied at	112
SB	Will Taylor, Las Vegas	62
CS	Kenny Lofton, Tucson	23
OB%	Rich Amaral, Calgary	.433
SL%	Luis Medina, Colo. Springs	.593

PITCHING
G	Dean Wilkins, Tucson	65
GS	Jimmy Williams, Phoenix	28
CG	Three tied at	5
ShO	Tom Drees, Vancouver	3
Sv	Three tied at	20
W	Two tied at	14
L	Three tied at	12
IP	Kyle Abbott, Edmonton	180
H	Dennis Powell, Calgary	200
R	Jimmy Williams, Phoenix	120
ER	Jimmy Williams, Phoenix	106
HR	Kyle Abbott, Edmonton	22
BB	Jimmy Williams, Phoenix	93
HB	Jerry Kutzler, Vancouver	9
SO	Jeff Hartsock, Albuquerque	123
WP	Willie Banks, Portland	14
Bk	Johnny Guzman, Tacoma	6

EASTERN LEAGUE

Fast-finishing Albany Saves Best For Last

By BILL PALMER

After staggering at a .500 clip through the final two months of the 1991 season, the Albany-Colonie Yankees didn't appear ready for post-season play.

But when things were settled, there were the Yankees, third-place finishers during the 140-game season, celebrating their third Eastern League playoff championship in four years.

It wasn't the Yankees success that was surprising. They had been among the top offensive clubs in the league all season. Rather, it was their abrupt elimination of second-place Hagerstown and then regular-season champion Harrisburg—eliminations fueled by strong pitching. The Yankees won six straight playoff games, allowing just nine runs.

Albany's Dave Silvestri
. . . Offensive stalwart

Righthander Ed Martel, who won two playoff games, tied for the league lead with 13 wins, while leading the league with 141 strikeouts. Russ Springer and Sam Militello, who joined the team late in the season, also won two playoff games apiece.

The Yankees had plenty of offense all year. All-star shortstop Dave Silvestri was among the league's top five in eight offensive categories, swatting 19 homers and driving in 83 runs, two shy of the league lead. That honor was shared by Yankees teammate Vince Phillips. Silvestri drove in nine runs in the playoffs while Phillips hit .533.

LEAGUE CHAMPIONS
Last 25 Years
1967—Binghamton
1968—Reading
1969—York
1970—Waterbury
1971—Elmira
1972—West Haven
1973—Reading
1974—Thetford Mines
1975—Bristol
1976—West Haven
1977—West Haven
1978—Bristol
1979—West Haven
1980—Holyoke
1981—Bristol
1982—West Haven
1983—New Britain
1984—Vermont
1985—Vermont
1986—Vermont
1987—Harrisburg
1988—Albany
1989—Albany
1990—London
1991—Albany
Playoff champions where applicable

Expos Put Winner In Harrisburg

Harrisburg, in its first year as a Montreal Expos affiliate, was the dominant team during the regular season. The Senators took over first place for good in early July and secured their lock on the top spot by winning 38 of their final 54 games.

They led the league in team ERA. Chris Pollack finished second at 2.75 ERA, but the real testament to the team's strength was in the number of quality pitchers promoted during the season. The group included Chris Haney and reliever Dave Wainhouse, who both made the jump to the National League.

Offensively, MVP Matt Stairs, a Canadian, led the league with a .333 batting average while hitting 30 doubles, 10 triples and 13 homers.

In addition to Stairs and Silvestri, there were several other

Canadian Matt Stairs led Harrisburg, a Montreal farm club, to the Eastern League's best record, by hitting a league-best .333.

impressive young hitters who played in the Eastern League in 1991.

Canton-Akron third baseman Jim Thome was leading the league with a .337 batting average when he was promoted to Triple-A in early July. The league's managers thought so highly of Thome that they still voted him to the league's all-star team and named him the top major league prospect in the league.

Burnitz: First 30-30 Player

For powerful offensive production, no one in the league matched Williamsport rightfielder Jeromy Burnitz. In his first full season out of Oklahoma State, the Mets' 1990 first-round

1991 FINAL STANDINGS

	W	L	PCT	GB	Manager
Harrisburg (Expos)	87	53	.621	—	Mike Quade
Hagerstown (Orioles)	81	59	.579	6	Jerry Narron
Albany-Colonie (Yankees)	76	64	.543	11	Dan Radison
Canton-Akron (Indians)	75	65	.536	12	Ken Bolek
Reading (Phillies)	72	68	.514	15	Don McCormack
London (Tigers)	61	78	.439	25½	Gene Roof
Williamsport (Mets)	60	79	.432	26½	Clint Hurdle
New Britain (Red Sox)	47	93	.336	40	Gary Allenson

PLAYOFFS: Harrisburg defeated Canton 3-1 and Albany defeated Hagerstown 3-0 in best-of-5 semifinals; Albany defeated Harrisburg 3-0 in best-of-5 final for league championship.

REGULAR-SEASON ATTENDANCE: Reading—250,610; Harrisburg—233,423; Canton—218,397; Hagerstown—193,753; Albany—171,466; London—150,435; New Britain—146,632; Williamsport—96,711.

TOP PROSPECTS

1991 ALL-STAR TEAM
C—Rob Natal, Harrisburg.
1B—J.T. Snow, Albany. **2B**—Rodney Lofton, Hagerstown. **3B**—Jim Thome, Canton. **SS**—Dave Silvestri, Albany. **Util Inf**—Matt Stairs, Harrisburg.
OF—Rob Katzaroff, Harrisburg; Bruce Dostal, Reading; Jeromy Burnitz, Williamsport.
DH—Carlos Martinez, Canton.
LHP—Arthur Lee Rhodes, Hagerstown. **RHP**—Ed Martel, Albany. **RP**—Larry Stanford, Albany.
Most Valuable Player—Matt Stairs, Harrisburg. **Pitcher of the Year**—Arthur Lee Rhodes, Hagerstown. **Manager of the Year**—Mike Quade, Harrisburg.

Jim Thome
... Top prospect

TOP 10 PROSPECTS
(Selected by league managers for Baseball America)
1. Jim Thome, 3b, Canton. **2.** Arthur Lee Rhodes, lhp, Hagerstown. **3.** Jeromy Burnitz, of, Williamsport. **4.** Rico Brogna, 1b, London. **5.** Chris Haney, lhp, Harrisburg. **6.** Dave Silvestri, ss, Albany. **7.** Tony Longmire, of, Reading. **8.** Ed Martel, rhp, Albany. **9.** Matt Stairs, 2b, Harrisburg. **10.** David Wainhouse, rhp, Harrisburg.

draft choice became the league's first ever 30-30 man by hitting 31 homers and stealing the same number of bases. He also drew 85 walks and hit 10 triples, but hit only .225.

For one game, no one was better than London outfielder Steve Pegues, who cracked seven hits in eight at-bats in an April 24 extra-inning win over Williamsport. Other impressive one-game efforts were turned in by Stairs, who hit for the cycle on Aug. 23, and Harrisburg catcher Rob Natal, who produced the league's lone three-homer game on April 11.

The league ERA crown went to Canton lefty Jeff Mutis (1.80), but the most physically impressive pitcher was Hagerstown's Arthur Rhodes. The hard-throwing lefty fanned 115 in 106 innings, going 7-4 with a 2.70 ERA in 19 starts before a late-season promotion to Baltimore.

The ultimate pitching performance of the season was turned in by New Britain's Brian Conroy, who pitched a no-hitter May 22 against Reading.

The league set an attendance record for the third consecutive season, drawing more than 1.45 million fans. Reading led the way as a franchise record 250,610 fans paid their way into Municipal Memorial Stadium for 66 home dates. Harrisburg

Jeromy Burnitz
... First 30-30 player

and last-place New Britain also established records at the turnstiles.

Williamsport was the lone team to draw less than 100,000 as the franchise completed its stay in Pennsylvania. The team will be moving to Binghamton, N.Y. for the 1992 season with the parent Mets helping to finance the construction of a new stadium.

1991 BATTING, PITCHING STATISTICS

CLUB BATTING

	AVG	G	AB	R	H	2B	3B	HR	BB	SO	SB
Hagerstown	.271	140	4738	704	1284	225	41	52	618	913	165
Harrisburg	.267	140	4759	682	1273	196	45	94	493	853	167
Albany	.267	140	4551	703	1215	231	28	88	608	833	153
Reading	.260	140	4595	639	1196	210	25	83	469	773	158
Canton-Akron	.253	140	4519	556	1145	207	34	55	471	798	131
London	.251	139	4480	542	1123	163	23	80	515	826	98

DEPARTMENT LEADERS

BATTING

R	Dave Silvestri, Albany	97
H	Matt Stairs, Harrisburg	168
TB	Matt Stairs, Harrisburg	257
2B	Ken Shamburg, Hagerstown	36
3B	Three tied at	3
HR	Jeromy Burnitz, Williamsport	31
RBI	Two tied at	85
SH	F.P. Santangelo, Harrisburg	13
SF	Two tied at	10
BB	Jeromy Burnitz, Williamsport	104
IBB	Two tied at	8
HBP	Archi Cianfrocco, Harrisburg	9
SO	Tim Holland, Hagerstown	142
SB	Rodney Lofton, Hagerstown	56
CS	Dana Brown, Reading	20
OB%	Billy Masse, Albany	.418
SL%	Matt Stairs, Harrisburg	.509

Vince Phillips
...85 RBIs

PITCHING

G	Toby Borland, Reading	59
GS	Two tied at	27
CG	Jeff Mutis, Canton	7
ShO	Jeff Mutis, Canton	4
Sv	Two tied at	24
W	Two tied at	13
L	Al Sanders, New Britain	15
IP	Jeff Mutis, Canton	170
H	Randy Marshall, London	186
R	Al Sanders, New Britain	101
ER	Al Sanders, New Britain	87
HR	Al Sanders, New Britain	16
BB	Stacey Burdick, Hagerstown	100
HB	Tom Kane, New Britain	11
SO	Ed Martel, Albany	141
WP	Jerry DiPoto, Canton	15
Bk	Seven tied at	3

Ed Martel
...SO leader

	AVG	G	AB	R	H	2B	3B	HR	BB	SO	SB
Williamsport	.238	139	4432	561	1053	159	45	76	599	956	212
New Britain	.234	140	4481	439	1049	181	21	41	530	851	101

CLUB PITCHING

	ERA	G	CG	SHO	SV	IP	H	R	ER	BB	SO
Harrisburg	2.97	140	13	16	44	1257	1161	483	415	452	916
Canton-Akron	3.15	140	17	14	38	1207	1066	528	423	499	854
Hagerstown	3.28	140	7	10	39	1231	1119	554	449	543	929
Albany	3.73	140	9	11	43	1205	1107	615	500	639	960
Williamsport	4.06	139	7	12	32	1197	1281	679	540	523	724
London	4.16	139	6	9	29	1194	1234	664	552	499	832
Reading	4.18	140	11	9	33	1203	1175	636	559	628	799
New Britain	4.19	140	9	10	23	1200	1195	667	559	520	789

INDIVIDUAL BATTING LEADERS
(Minimum 378 Plate Appearances)

	AVG	G	AB	R	H	2B	3B	HR	RBI	BB	SO	SB
Stairs, Matt, Harrisburg	.333	129	505	87	168	30	10	13	78	66	47	23
Cianfrocco, Archi, Harrisburg	.316	124	456	71	144	21	10	9	77	38	112	11
*Dostal, Bruce, Reading	.313	96	364	68	114	11	5	5	34	58	55	38
Masse, Billy, Albany	.295	108	356	67	105	17	2	11	61	74	60	10
#DeJardin, Bobby, Albany	.295	129	482	74	142	21	0	2	53	62	55	18
*Katzaroff, Rob, Harrisburg	.290	137	558	94	162	21	2	3	50	54	61	33
Navarro, Tito, Will	.288	128	482	69	139	9	4	2	42	73	63	42
Lofton, Rodney, Hagerstown	.284	118	437	78	124	6	5	1	33	48	74	56
Knoblauh, Jay, Albany	.284	97	335	52	95	16	2	11	50	42	69	16
Lehman, Mike, Hagerstown	.281	97	331	42	93	24	1	3	46	45	69	2

INDIVIDUAL PITCHING LEADERS
(Minimum 112 Innings)

	W	L	ERA	G	GS	CG	SV	IP	H	R	ER	BB	SO
*Mutis, Jeff, Canton	11	5	1.80	25	24	7	0	170	138	42	34	51	89
*Pollack, Chris, Harrisburg	11	8	2.75	26	25	3	0	157	147	59	48	68	83
Martel, Ed, Albany	13	6	2.81	25	24	3	0	163	129	57	51	55	141
Burdick, Stacey, Hagerstown	11	4	2.99	26	21	0	0	136	99	67	45	100	102
*Leinen, Pat, Hagerstown	10	6	3.03	23	21	2	0	149	143	63	50	33	63
Draper, Mike, Albany	10	6	3.29	36	14	1	2	131	125	58	48	47	71
Fletcher, Paul, Reading	7	9	3.51	21	19	3	0	121	111	56	47	56	90
Telgheder, Dave, Will	13	11	3.60	28	26	1	0	168	185	81	67	33	90
Willis, Marty, London	5	12	3.64	31	23	0	0	156	154	70	63	69	98
DiPoto, Jerry, Canton	6	11	3.81	28	26	2	0	156	143	83	66	74	97

Cumulative Statistics, Multi-team Players

BATTING	AVG	G	AB	R	H	2B	3B	HR	RBI	BB	SO	SB
Rodriguez, Ruben, Lon-NB	.270	37	100	11	27	5	0	3	9	8	19	1

SOUTHERN LEAGUE

Greenville Wins Awards; Orlando Claims Title

By RUBIN GRANT

In many respects, the 1991 Southern League season was the "Year of the Braves," as in Greenville Braves.

Greenville had the league's best record (88-56) and the Braves swept the league's three major awards, the first time one team accomplished that in the same season.

First baseman Ryan Klesko (.291-14-67) was voted league MVP, reliever Mark Wohlers (0-0, 0.57 ERA, 21 saves) was named most outstanding pitcher, despite being in the league only the first half of the season, and Chris Chambliss was named manager of the year.

In a poll of managers, Greenville had three of the league's top 10 prospects: Wohlers, Klesko and outfielder Keith Mitchell. A fourth, shortstop Vinny Castilla, barely missed making the list.

But in the playoffs, the Orlando SunRays burned the Braves and went on to capture their first league championship since 1981. Orlando swept Greenville in three games in the Eastern Division playoff series.

Greenville's Ryan Klesko ... SL MVP

SunRays' pitchers allowed Greenville only three runs in the series with ace righthander Mike Trombley pitching a four-hit shutout in game two.

In the championship series, Orlando beat Birmingham in four games, posting three one-run victories. The final two came in dramatic fashion. The SunRays, who lost to Memphis in the 1990 championship series, rallied from a 6-0 deficit in game three to win 8-7. In the clincher, Jay Kvasnicka singled in the winning run with one out in the bottom of the ninth to give Orlando a 6-5 victory.

And You Call Those No-hitters?

A year after a record five no-hitters were thrown in the league, only two were tossed in '91. Neither one was exactly a gem.

Birmingham's trio of Jose Ventura, Chris Howard and John Hudek combined to no-hit Charlotte 4-1 April 18. Ventura tied a league record by hitting four batters in the game, and Hudek, who got the final out, said he didn't know it was a no-hitter because so many baserunners were on in the early innings. "I figured someone had to get a hit," he said.

LEAGUE CHAMPIONS

Last 25 Years

- 1967—Birmingham
- 1968—Asheville
- 1969—Charlotte
- 1970—Columbus
- 1971—Did Not Operate
- 1972—Montgomery
- 1973—Montgomery
- 1974—Knoxville
- 1975—Montgomery
- 1976—Montgomery
- 1977—Montgomery
- 1978—Knoxville
- 1979—Nashville
- 1980—Charlotte
- 1981—Orlando
- 1982—Nashville
- 1983—Birmingham
- 1984—Charlotte
- 1985—Huntsville
- 1986—Columbus
- 1987—Birmingham
- 1988—Chattanooga
- 1989—Birmingham
- 1990—Memphis
- 1991—Orlando

Playoff champions where applicable

On Aug. 8, Orlando's Trombley no-hit Knoxville 3-0 in the first game of a doubleheader at Knoxville. When the game was over, no one realized Trombley had a gem because in the bottom of the fifth inning Knoxville's Juan DelaRosa was credited with a hit. He reached on a chopper between the mound and third when Orlando first baseman Jose Marzan dropped the throw from Trombley.

Between games, however, Knoxville official scorer Jeff Burke checked with first base umpire Chuck Clabough who said DelaRosa would have been out if Marzan had held the ball. Burke changed the hit to an error and Trombley got his no-hitter.

Greenville's Mark Wohlers
. . . Closer deluxe

Other pitching leaders in a league dominated by pitching were Greenville's Napoleon Robinson in wins (16) and Orlando's Pat Mahomes in ERA (1.78). Meanwhile, 19-year-old phenom Todd Van Poppel (6-13, 3.47) struggled in his first full season of professional baseball while pitching for the Huntsville Stars.

Elvin, Elvin

Charlotte first baseman Elvin Paulino became the first player since Memphis' Matt Winters in 1988 to lead the league in both home runs and RBIs. Paulino had 24 home runs, one more than Huntsville's Troy Neel, and 81 RBIs. His 81 RBIs were

1991 FINAL STANDINGS

FIRST HALF

EAST	W	L	PCT	GB
Greenville	47	22	.681	—
Jacksonville	41	31	.569	7½
Carolina	38	34	.528	10½
Charlotte	35	37	.486	13½
Orlando	33	36	.478	14

WEST	W	L	PCT	GB
Birmingham	45	25	.643	—
Chattanooga	34	33	.507	9½
Huntsville	28	44	.389	18
Knoxville	25	42	.373	18½
Memphis	23	45	.338	21

SECOND HALF

EAST	W	L	PCT	GB
Orlando	44	31	.587	—
Greenville	41	34	.547	3
Charlotte	39	33	.547	3½
Jacksonville	33	38	.465	9
Carolina	29	41	.414	12½

WEST	W	L	PCT	GB
Knoxville	42	35	.545	—
Memphis	38	38	.500	3½
Chattanooga	38	39	.494	4
Huntsville	33	39	.458	6½
Birmingham	32	41	.438	8

OVERALL

	W	L	PCT	GB	Manager
Greenville (Braves)	88	56	.611	—	Chris Chambliss
Birmingham (White Sox)	77	66	.538	10½	Tony Franklin
Orlando (Twins)	77	67	.535	11	Scott Ullger
Jacksonville (Mariners)	74	69	.517	13½	Jim Nettles
Charlotte (Cubs)	74	70	.514	14	Jay Loviglio
Chattanooga (Reds)	72	72	.500	16	Jim Tracy
Carolina (Pirates)	67	75	.472	20	Marc Bombard
Knoxville (Blue Jays)	67	77	.465	21	John Stearns
Memphis (Royals)	61	83	.424	27	Jeff Cox
Huntsville (Athletics)	61	83	.424	27	Casey Parsons

PLAYOFFS: Orlando defeated Greenville 3-0 and Birmingham defeated Knoxville 3-1 in best-of-5 semifinals; Orlando defeated Birmingham 3-1 in best-of-5 final for league championship.

REGULAR-SEASON ATTENDANCE: Charlotte—313,791; Birmingham—313,412; Jacksonville—231,139; Huntsville—224,208; Greenville—222,038; Carolina—218,054; Chattanooga—186,285; Memphis—185,409; Knoxville—123,361; Orlando—110,131.

TOP PROSPECTS

1991 ALL-STAR TEAM
C—Jim Campanis, Jacksonville.
1B—Elvin Paulino, Charlotte. **2B**—Bret Boone, Jacksonville. **3B**—Cheo Garcia, Orlando. **SS**—Alex Arias, Charlotte. **Util Inf**—Vinny Castilla, Greenville.
OF—Reggie Sanders, Chattanooga; Fernando Ramsey, Charlotte; Keith Mitchell, Greenville; Kevin Koslofski, Memphis.
DH—Troy Neel, Huntsville.
LHP—Wilson Alvarez, Birmingham. **RHP**—Pat Mahomes, Orlando.

Most Valuable Player—Ryan Klesko, Greenville. **Outstanding Pitcher**—Mark Wohlers, Greenville. **Manager of the Year**—Chris Chambliss, Greenville.

Reggie Sanders
... No. 2 prospect

TOP 10 PROSPECTS
(Selected by league managers for Baseball America)
1. Mark Wohlers, rhp, Greenville. 2. Reggie Sanders, of, Chattanooga. 3. Ryan Klesko, 1b, Greenville. 4. Wilson Alvarez, lhp, Birmingham. 5. Todd Van Poppel, rhp, Huntsville. 6. Roger Salkeld, rhp, Jacksonville. 7. Pat Mahomes, rhp, Orlando. 8. Keith Mitchell, of, Greenville. 9. Dan Wilson, c, Chattanooga. 10. Mo Sanford, rhp, Chattanooga.

---

the lowest total for an RBI champion since 1976 when Jim Obradovich of Orlando led the league with 68, the all-time low for a league RBI champion.

Also, '91 batting champion Jim Bowie of Jacksonville was the only one of the official qualifiers above .300 with a .310 average.

Bo Jackson returned home to the Birmingham-area on a rehabilitation assignment from the Chicago White Sox. In four days of playing for the Barons, Jackson, who played for Memphis in 1986, packed nearly 38,000 fans into the seats of Hoover Metropolitan Stadium.

On his first night, Birmingham drew a crowd of 11,859, the second largest at the four-year-old ballpark. Bo's appearance helped Birmingham go over the 300,000 mark in attendance for the first time since 1950.

Charlotte also attracted more than 300,000 fans as the league surpassed the two million mark in attendance for the first time in its history.

The new Carolina franchise, which played more than half the season in Wilson, N.C. before moving into its new park, Five County Stadium in Zebulon, N.C., in July, was one of the four other teams that went over 200,000 in attendance.

Off the field, two teams, Birmingham and Charlotte, were among the five finalists for Triple-A expansion franchises.

Birmingham and Charlotte's bid to go Triple-A resulted in an ugly squabble over indemnification. The issue was finally settled when the two teams agreed to pay the league $1.1 million in territorial rights fees should they land a Triple-A franchise.

1991 BATTING, PITCHING STATISTICS

CLUB BATTING

	AVG	G	AB	R	H	2B	3B	HR	BB	SO	SB
Chattanooga	.261	144	4599	575	1201	211	48	72	420	894	104
Jacksonville	.251	143	4600	594	1153	196	19	102	522	950	122
Memphis	.249	144	4675	590	1165	197	25	55	483	1023	129
Greenville	.248	144	4568	608	1131	232	31	85	526	872	111
Charlotte	.245	144	4651	582	1140	189	15	82	448	924	145
Orlando	.245	144	4522	529	1107	172	29	55	482	709	121
Carolina	.242	142	4510	486	1090	175	37	39	427	869	96
Knoxville	.239	144	4483	529	1072	183	34	71	487	1012	157
Birmingham	.238	143	4608	583	1097	179	47	75	624	978	99
Huntsville	.231	144	4623	576	1068	188	20	56	598	976	137

CLUB PITCHING

	ERA	G	CG	SHO	SV	IP	H	R	ER	BB	SO
Birmingham	2.93	143	20	16	32	1236	1049	534	403	493	885
Greenville	3.02	144	9	13	52	1239	1144	503	415	462	997

	ERA	G	CG	SHO	SV	IP	H	R	ER	BB	SO
Orlando	3.04	144	22	14	31	1193	1068	494	403	442	955
Knoxville	3.07	144	17	18	32	1222	1043	525	417	548	972
Carolina	3.31	142	18	14	39	1211	1081	526	445	444	879
Jacksonville	3.38	143	19	15	35	1219	1145	539	457	400	965
Charlotte	3.75	144	25	16	24	1243	1150	598	518	523	847
Chattanooga	3.81	144	19	14	41	1204	1076	595	509	567	957
Huntsville	3.85	144	7	8	35	1251	1213	671	535	622	859
Memphis	4.21	144	10	6	32	1208	1255	667	574	516	891

INDIVIDUAL BATTING LEADERS
(Minimum 389 Plate Appearances)

	AVG	G	AB	R	H	2B	3B	HR	RBI	BB	SO	SB
*Bowie, Jim, Jacksonville	.310	128	448	51	139	25	0	10	67	36	67	3
Laureano, Francisco, Memphis	.298	99	359	58	107	17	2	3	34	61	51	12
*Tedder, Scott, Birmingham	.294	95	337	34	99	14	3	0	32	51	38	5
*Klesko, Ryan, Greenville	.291	126	419	64	122	22	3	14	67	75	60	14
Garcia, Cheo, Orlando	.282	137	496	57	140	24	4	9	75	45	48	13
*Ross, Sean, Greenville	.282	113	429	52	121	28	3	8	40	24	96	20
Colvard, Benny, Chattanooga	.281	124	463	62	130	23	8	17	68	17	111	11
*Neel, Troy, Huntsville	.277	110	364	64	101	21	0	23	68	82	75	1
*Giannelli, Ray, Knoxville	.276	112	362	53	100	14	3	7	37	64	66	8
Ramsey, Fernando, Charlotte	.276	139	547	78	151	18	6	6	49	36	89	37

INDIVIDUAL PITCHING LEADERS
(Minimum 115 Innings)

	W	L	ERA	G	GS	CG	SV	IP	H	R	ER	BB	SO
Mahomes, Pat, Orlando	8	5	1.78	18	17	2	0	116	77	30	23	57	136
*Alvarez, Wilson, Birmingham	10	6	1.83	23	23	3	0	152	109	46	31	74	165
Robinson, Napoleon, Greenville	16	6	2.27	29	28	0	0	175	172	61	44	48	107
Weathers, Dave, Knoxville	10	7	2.45	24	22	5	0	139	121	51	38	49	114
Trombley, Mike, Orlando	12	7	2.54	27	27	7	0	191	153	65	54	57	175
Wendell, Turk, Greenville	11	6	3.56	25	20	1	0	148	130	47	42	51	122
*Fleming, Dave, Jacksonville	10	6	2.64	21	20	6	0	140	129	50	41	25	109
Cross, Jesse, Knoxville	10	9	2.83	31	26	4	1	172	141	72	54	71	128
Wakefield, Tim, Carolina	15	8	2.90	26	25	8	0	183	155	68	59	51	120
Salles, John, Charlotte	10	7	3.00	22	22	4	0	150	141	59	50	37	74

Cumulative Statistics, Multi-team Players

BATTING	AVG	G	AB	R	H	2B	3B	HR	RBI	BB	SO	SB
*Walker, Bernie, Chat-Mem	.232	62	185	38	43	4	4	2	18	36	46	12

PITCHING	W	L	ERA	G	GS	CG	SV	IP	H	R	ER	BB	SO
Duncan, Chip, Car-Mem	6	3	4.79	28	9	2	1	88	99	50	47	32	67
*Muh, Steve, Orl-Char	1	1	4.74	28	3	1	0	49	48	28	26	31	35

DEPARTMENT LEADERS

Elvin Paulino
... 24 HRs, 81 RBIs

Pat Mahomes
... ERA leader

BATTING
R	Ron Coomer, Birmingham	81
H	Fernando Ramsey, Charlotte	151
TB	Benny Colvard, Chattanooga	221
2B	Jeff Kent, Knoxville	34
3B	Three tied at	8
HR	Elvin Paulino, Charlotte	24
RBI	Elvin Paulino, Charlotte	81
SH	Domingo Cedeno, Knoxville	12
SF	Ron Coomer, Birmingham	8
BB	Frank Bolick, Jacksonville	84
IBB	Troy Neel, Huntsville	18
HBP	Rusty Crockett, Charlotte	19
SO	Kevin Roberson, Charlotte	125
SB	Shawn Gilbert, Orlando	43
CS	Three tied at	17
OB%	Troy Neel, Huntsville	.410
SL%	Troy Neel, Huntsville	.525

PITCHING
G	Two tied at	59
GS	Three tied at	28
CG	Two tied at	8
ShO	Three tied at	3.
Sv	Tim Peek, Huntsville	26
W	Napoleon Robinson, Greenville	16
L	Todd Van Poppel, Huntsville	13
IP	Mike Trombley, Orlando	191
H	Gavin Osteen, Huntsville	176
R	Mike Anderson, Chattanooga	94
ER	Archie Corbin, Memphis	81
HR	Henry Gomez, Charlotte	19
BB	John Gardner, Charlotte	97
HB	Jose Ventura, Birmingham	12
SO	Mike Trombley, Orlando	175
WP	Steve Buckholz, Carolina	20
Bk	Two tied at	5

1992 ALMANAC • 209

TEXAS LEAGUE

Eventful '91 Season Had Something For Everyone

By DAVID LANIER

The 1991 Texas League season saw the Shreveport Captains claim their second straight championship, the return of two Cy Young Award winners, a .400 hitter and dusty league records tied or broken. Yes sir, the '91 season was as fresh and entertaining as as any before for the 95-year-old league.

Led by the likes of Tulsa catcher Ivan Rodriguez (Texas) and Shreveport pitcher Paul McClellan (San Francisco), several Texas Leaguers made their mark for major league teams before summer's end.

Midland, getting an explosive season from veteran minor leaguer Mark Howie (.364-18-123), captured its first half-season title since 1982, while Arkansas came in last in both halves in the Eastern Division for the second straight year.

Midland's Mark Howie 364-18-123

Jackson's first year as a Houston affiliate was all wet, as it rained on 36 of 68 home dates. Altogether, eight Jackson home dates were washed out.

El Paso scored runs in bunches. Slugging first baseman John Jaha hit .344 with 134 RBIs, while catcher David Nilsson, an Australian native, was hitting a league-leading .418 when he was promoted to Triple-A.

San Antonio dropped its first 10 games and never really recovered. Wichita's Kerry Knox threw one of the league's two no-hitters. Three Tulsa pitchers—Cedric Shaw, Barry Manuel and Everett Cunningham—combined for the other, the first at Tulsa's Drillers Stadium. Injuries would later hit Tulsa, taking three starters and two relievers less than two months into the season.

Captains Sailed Along

Shreveport used superb pitching to shut down hard-hitting El Paso and claim its second straight Texas League championship.

The Caps came back from a 2-1 deficit with three straight wins at home for the repeat. Against an El Paso team that hit .303 overall and averaged almost seven runs a game, Captains pitchers gave up only one run and 12 hits in three games at Shreveport.

Johnny Ard, who began the year at Triple-A and was demoted when McClellan (11-1) went up, was the winner in the deciding

LEAGUE CHAMPIONS
Last 25 Years

- 1967—Albuquerque
- 1968—El Paso
- 1969—Memphis
- 1970—Albuquerque
- 1971—Did Not Operate
- 1972—El Paso
- 1973—Memphis
- 1974—Victoria
- 1975—*Lafayette
  *Midland
- 1976—Amarillo
- 1977—Arkansas
- 1978—El Paso
- 1979—Arkansas
- 1980—Arkansas
- 1981—Jackson
- 1982—Tulsa
- 1983—Beaumont
- 1984—Jackson
- 1985—Jackson
- 1986—El Paso
- 1987—Wichita
- 1988—Tulsa
- 1989—Arkansas
- 1990—Shreveport
- 1991—Shreveport

*co-champions
Playoff champions where applicable

1991 FINAL STANDINGS

FIRST HALF

EAST	W	L	PCT	GB
Shreveport	45	23	.662	—
Jackson	32	34	.485	12
Tulsa	24	43	.358	20½
Arkansas	23	42	.354	20½

WEST	W	L	PCT	GB
El Paso	45	23	.662	—
Wichita	39	29	.574	6
San Antonio	31	37	.456	14
Midland	30	38	.441	15

SECOND HALF

EAST	W	L	PCT	GB
Shreveport	41	27	.603	—
Jackson	38	32	.543	4
Tulsa	34	35	.493	7½
Arkansas	26	45	.366	16½

WEST	W	L	PCT	GB
Midland	37	30	.552	—
El Paso	36	32	.529	1½
Wichita	32	35	.478	5
San Antonio	30	38	.441	7½

OVERALL

	W	L	PCT	GB	Manager
Shreveport (Giants)	86	50	.632	—	Bill Evers
El Paso (Brewers)	81	55	.596	5	Dave Huppert
Wichita (Padres)	71	64	.526	14½	Steve Lubratich
Jackson (Astros)	70	66	.515	16	Rick Sweet
Midland (Angels)	67	68	.496	18½	Don Long
San Antonio (Dodgers)	61	75	.449	25	John Shoemaker
Tulsa (Rangers)	58	78	.426	28	Bobby Jones
Arkansas (Cardinals)	49	87	.360	37	Joe Pettini

PLAYOFFS: El Paso defeated Midland 2-0 in best-of-3 semifinal; Shreveport defeated El Paso 4-2 in best-of-7 final for league championship.

REGULAR-SEASON ATTENDANCE: El Paso—273,438; Arkansas—265,268; Tulsa—260,864; Shreveport—206,540; Wichita—200,217; San Antonio—185,336; Midland—180,616; Jackson—114,660.

game for Shreveport. He stopped the Diablos 5-1 as Juan Guerrero belted a two-run homer to erase a 1-0 deficit. Dan Rambo and Larry Carter, the league ERA leader, pitched shutouts in the other two Shreveport wins.

Shreveport was the first team to claim two straight titles since Jackson in 1984-85, and the eighth team to win two straight titles in league history.

"The talent was never questioned," Shreveport catcher and team veteran Jim McNamara said. "We knew in spring training this was a great team. But even I questioned the character. We were so good we coasted at times. But (with another title) we showed our character."

El Paso slugger John Jaha hit .344 and led the minor leagues with 134 RBIs.

Shreveport won both halves of the East Division race for an automatic trip to the championship series. El Paso beat Midland to represent the West.

Cy Young Fever

Former Cy Young Award winners Fernando Valenzuela (1981) and Orel Hershiser (1988) raised a ruckus with appearances for Midland and San Antonio. Valenzuela, sent to Double-A to get in shape after signing with California as a free agent, attracted more than 18,000 fans in two May starts with Midland at Jackson and Little Rock. Valenzuela's appearance in Little Rock forced Arkansas officials to rope off the foul territories and warning track to accommodate a record 12,246 fans.

Hershiser, in rehabilitation with San Antonio, lured 5,286 fans to 3,500-seat V.J. Keefe Stadium.

In the season's wildest game, Midland held off El Paso 20-18 July 18 in El Paso in the longest nine-inning game in Texas League history—4 hours, 17 minutes. The old mark was 4:15 with Wichita at Midland in 1990. The game included 45 hits off nine pitchers.

El Paso catcher Dave Nilsson was hitting .418 when promoted to Triple-A Denver.

Arkansas scored 12 runs in the first inning of its home opener against Jackson April 22, matching an 84-year-old Texas League record.

The East Division all-stars dumped the West, 8-0, in the 53rd Texas League all-star game July 22 at El Paso. Tulsa's Jeff Frye cracked four hits and drove in two runs to earn MVP honors.

El Paso drew a Texas League and franchise record 273,438 fans. Midland (180,616) and Tulsa (260,864) also set club attendance records.

DEPARTMENT LEADERS

Eric Young
...71 steals

Frank Seminara
...15 wins

BATTING
R	John Jaha, El Paso	121
H	Mark Howie, Midland	188
TB	John Jaha, El Paso	301
2B	Juan Guerrero, Shreveport	40
3B	Kevin Flora, Midland	15
HR	John Jaha, El Paso	30
RBI	John Jaha, El Paso	134
SH	Jamie Cooper, Shreveport	11
SF	Jim Tatum, El Paso	20
BB	Tim Salmon, Midland	89
IBB	Reuben Smiley, Shreveport	9
HBP	Jim Tatum, El Paso	15
SO	Tim Salmon, Midland	166
SB	Eric Young, San Antonio	71
CS	Eric Young, San Antonio	26
OB%	John Jaha, El Paso	.438
SL%	John Jaha, El Paso	.619

PITCHING
G	Jim Myers, Shreveport	62
GS	Three tied at	27
CG	Frank Seminara, Wichita	6
ShO	Three tied at	3
Sv	Barry Manuel, Tulsa	25
W	Frank Seminara, Wichita	15
L	Dennis Wiseman, Arkansas	15
IP	Frank Seminara, Wichita	176
H	Todd James, Midland	186
R	Todd James, Midland	104
ER	Pedro Martinez, Wichita	91
HR	Pedro Martinez, Wichita	21
BB	Kevin Coffman, Jackson	101
HB	Three tied at	9
SO	Dennis Springer, San Antonio	138
WP	Kevin Coffman, Jackson	30
Bk	Cedric Shaw, Tulsa	9

TOP PROSPECTS

1991 ALL-STAR TEAM

C—David Nilsson, El Paso; Ivan Rodriguez, Tulsa.
1B—John Jaha, El Paso. **2B**—John Patterson, Shreveport. **3B**—Juan Guerrero, Shreveport. **SS**—Royce Clayton, Shreveport.
OF—Shon Ashley, El Paso; Ruben Escalera, El Paso; Steve Hosey, Shreveport.
Util—Jim Tatum, El Paso. **DH**—Mark Howie, Midland.
P—Frank Seminara, Wichita; Don Vidmar, Midland; Paul McClellan, Shreveport; Chris Gardner, Jackson; Larry Carter, Shreveport.

Most Valuable Player—John Jaha, El Paso.
Pitcher of the Year—Paul McClellan, Shreveport.
Manager of the Year—Don Long, Midland.

Ivan Rodriguez
. . . Premier prospect

TOP 10 PROSPECTS
(Selected by league managers for Baseball America)

1. Ivan Rodriguez, c, Tulsa. **2.** Royce Clayton, ss, Shreveport. **3.** Raul Mondesi, of, San Antonio. **4.** David Nilsson, c, El Paso. **5.** Pedro Martinez, rhp, San Antonio. **6.** Paul McClellan, rhp, Shreveport. **7.** Donovan Osborne, lhp, Arkansas. **8.** John Patterson, 2b, Shreveport. **9.** Braulio Castillo, of, San Antonio. **10.** John Jaha, 1b, El Paso.

1991 BATTING, PITCHING STATISTICS

CLUB BATTING

	AVG	G	AB	R	H	2B	3B	HR	BB	SO	SB
El Paso	.303	136	4765	920	1443	276	51	137	546	822	104
Midland	.289	136	4633	813	1338	235	46	100	552	821	163
Wichita	.272	136	4559	659	1240	212	18	78	547	751	155
Shreveport	.272	136	4478	725	1216	242	42	86	562	881	206
San Antonio	.264	137	4486	643	1184	219	33	75	531	802	183
Tulsa	.259	136	4424	568	1145	210	53	68	474	839	61
Jackson	.254	137	4394	621	1114	204	41	56	523	933	170
Arkansas	.244	136	4257	502	1040	222	20	61	471	909	63

CLUB PITCHING

	ERA	G	CG	SHO	SV	IP	H	R	ER	BB	SO
Shreveport	3.48	136	13	13	38	1177	1117	540	455	438	883
Jackson	4.00	137	7	8	32	1164	1039	643	518	679	947
San Antonio	4.26	137	14	12	20	1169	1234	677	553	500	858
Tulsa	4.41	136	15	6	35	1163	1161	676	570	547	821
Arkansas	4.42	136	13	5	22	1122	1191	661	551	486	805
Wichita	4.57	136	14	9	29	1187	1289	725	603	444	747
El Paso	4.70	136	8	4	32	1179	1283	732	616	604	950
Midland	4.90	136	11	3	29	1170	1406	797	637	508	747

INDIVIDUAL BATTING LEADERS
(Minimum 367 Plate Appearances)

	AVG	G	AB	R	H	2B	3B	HR	RBI	BB	SO	SB
Howie, Mark, Midland	.364	130	516	101	188	32	2	18	123	56	49	7
Jaha, John, El Paso	.344	130	486	121	167	38	3	30	134	78	101	12
Guerrero, Juan, Shreveport	.334	128	479	78	160	40	2	19	94	46	86	14
Tatum, Jim, El Paso	.320	130	493	99	158	27	8	18	128	63	79	5
*Escalera, Ruben, El Paso	.316	114	443	101	140	26	7	6	67	61	73	9
#Williams, Reggie, Midland	.310	83	319	77	99	12	3	1	30	62	67	21
Ashley, Shon, El Paso	.308	126	493	86	152	29	5	24	100	71	110	2
*Prager, Howard, Jackson	.305	109	357	57	109	26	2	11	65	52	75	9
Frye, Jeff, Tulsa	.302	131	503	92	152	32	11	4	41	71	60	15
Jackson, Kenny, El Paso	.302	114	427	77	129	25	9	17	66	31	81	9

INDIVIDUAL PITCHING LEADERS
(Minimum 109 Innings)

	W	L	ERA	G	GS	CG	SV	IP	H	R	ER	BB	SO
Carter, Larry, Shreveport	9	8	2.95	24	24	1	0	149	124	61	49	51	133
Gardner, Chris, Jackson	13	5	3.15	22	22	1	0	131	116	57	46	75	72
Vidmar, Don, Midland	13	5	3.16	22	22	0	145	168	67	51	47	64
Brown, Rob, Tulsa	7	6	3.29	43	4	1	4	118	130	59	43	39	86
*Rogers, Kevin, Shreveport	4	6	3.36	22	22	2	0	118	124	63	44	54	108
Seminara, Frank, Wichita	15	10	3.38	27	27	6	0	176	173	86	66	68	107
*Osborne, Donovan, Arkansas	8	12	3.63	26	26	3	0	166	178	82	67	43	130
Rambo, Dan, Shreveport	12	6	3.67	26	21	1	0	147	146	71	60	43	103
Brocail, Doug, Wichita	10	7	3.87	34	16	3	6	146	147	77	63	43	108
*Shaw, Cedric, Tulsa	9	4	4.06	26	23	1	0	142	142	76	64	66	111

Cumulative Statistics, Multi-team Players

BATTING	AVG	G	AB	R	H	2B	3B	HR	RBI	BB	SO	SB
Kuld, Pete, Wich-Tulsa	.211	62	218	20	46	6	0	6	19	10	66	2
#Wallace, Tim, Wich-ElP	.269	53	167	20	45	2	0	1	16	13	18	7

PITCHING	W	L	ERA	G	GS	CG	SV	IP	H	R	ER	BB	SO
Cunningham, Everett, Tulsa-Wich	0	5	7.43	37	1	0	0	67	77	65	55	41	48
Freeland, Dean, Jack-ElP	3	2	4.76	8	6	0	1	40	46	23	21	17	25

CALIFORNIA LEAGUE

First-year Mavericks Score A Big High

By MAUREEN DELANY

In less than one year, the High Desert Mavericks became a smashing success in the California League.

It took six months for the city of Adelanto, a small town located 40 miles north of San Bernardino in the Mojave Desert, to persuade the Riverside Red Wave to relocate and build $6 million Mavericks Stadium. Then the city watched in sellout crowds as the Mavericks won the Cal League title in their first season.

High Desert, an affiliate of the San Diego Padres, swept Bakersfield in the Southern Divison playoffs and then defeated Stockton, 3-2, to win the league championship.

The Mavericks also won at the box office, breaking the league's attendance record with 204,438 fans. San Bernardino had set the previous record in 1990.

On the field, High Desert won the Southern Division second-half title and cruised through the divisional series. The Mavericks got some power from unexpected sources, as Mat Witkowski, J.D. Noland and Mark Gieseke each hit a two-run homer off ace Bakersfield righthander Greg Hansell in game two of the Southern Division series.

High Desert's Matt Mieske
... Batting champ

"We were real focused (against Bakersfield)," Noland said. "We went out, we were real loose, you didn't see any pressure. During the year, we were overly aggressive against them. (In the playoffs,) we were patient, getting good counts."

High Desert fell behind in the championship series, 2-1, but the Mavericks scored four runs in the top of the ninth in game four to beat Stockton, 6-5, and tie the series. High Desert then took advantage of a two-run error in the deciding game to defeat the Ports, 5-3.

San Jose had the best record of any team in the minor leagues (92-44), but couldn't get past Stockton in the playoffs for the fourth time in four years. Stockton struggled against the Giants in the regular season, but found life against San Jose in the playoffs, winning three of four games.

Stockton finished the second half with a 29-39 record, 18 games behind first-place San Jose.

"We played good fundamental baseball (in the playoffs)," Stockton manager Chris Bando said. "We executed well, had

LEAGUE CHAMPIONS

Last 25 Years

1967—San Jose
1968—Fresno
1969—Stockton
1970—Bakersfield
1971—Visalia
1972—Modesto
1973—Lodi
1974—Fresno
1975—Reno
1976—Reno
1977—Lodi
1978—Visalia
1979—San Jose
1980—Stockton
1981—Lodi
1982—Modesto
1983—Redwood
1984—Modesto
1985—Fresno
1986—Stockton
1987—Fresno
1988—Riverside
1989—Bakersfield
1990—Stockton
1991—High Desert

Playoff champions where applicable

good defense and timely hitting. We outplayed them all four games. The team was real hungry to beat them."

Mieske, Gainer Produce Again

One reason for High Desert's success in the post-season was that the team remained relatively intact. While other teams promoted their top players, San Diego's Double-A and Triple-A teams had no room to spare.

So first baseman Jay Gainer, outfielders Matt Mieske, Steve Martin and J.D. Noland, shortstop Ray Holbert and the others who had good years for High Desert, remained in Adelanto. The Mavericks' biggest loss was closer Ed Zinter, who saved 18 games.

"That's probably been to my advantage, they haven't broken us up," High Desert manager Bruce Bochy said. "There wasn't any place to move them. They sent up a few of our guys, our pitchers."

Gainer and Mieske combined to win the Triple Crown for the second straight season. They did it in their rookie year of pro ball in 1990 at Spokane (Northwest). In 1991, Mieske won the batting title with a .341 average, edging veteran Salinas first baseman Jim Eppard (.339). Gainer drilled 32 home runs and drove in 120 runs to lead the league in those categories.

Mieske was named the league's MVP.

High Desert's Jay Gainer . . . 32 HRs, 120 RBIs

1991 FINAL STANDINGS

FIRST HALF

NORTH	W	L	PCT	GB
San Jose	45	23	.662	—
Stockton	42	26	.618	3
Modesto	35	33	.515	10
Reno	31	37	.456	14
Salinas	23	45	.338	22

SOUTH	W	L	PCT	GB
Bakersfield	45	23	.662	—
Palm Springs	36	32	.529	9
High Desert	31	37	.456	14
San Bernardino	28	40	.412	17
Visalia	24	44	.353	21

SECOND HALF

NORTH	W	L	PCT	GB
San Jose	47	21	.691	—
Modesto	33	35	.485	14
Salinas	32	36	.471	15
Stockton	29	39	.426	18
Reno	28	40	.412	19

SOUTH	W	L	PCT	GB
High Desert	42	26	.618	—
Bakersfield	40	28	.588	2
Visalia	34	34	.500	8
Palm Springs	29	39	.426	13
San Bernardino	26	42	.382	16

OVERALL

	W	L	PCT	GB	Manager
San Jose (Giants)	92	44	.676	—	Ron Wotus
Bakersfield (Dodgers)	85	51	.625	7	Tom Beyers
High Desert (Padres)	73	63	.537	19	Bruce Bochy
Stockton (Brewers)	71	65	.522	21	Chris Bando
Modesto (Athletics)	68	68	.500	24	Ted Kubiak
Palm Springs (Angels)	65	71	.478	27	Nate Oliver
Reno (Independent)	59	77	.434	33	Mal Fichman
Visalia (Twins)	58	78	.426	34	Steve Liddle
Salinas (Independent)	55	81	.404	37	Hide Koga
San Bernardino (Mariners)	54	82	.397	38	Tommy Jones

PLAYOFFS: Stockton defeated San Jose 3-1 and High Desert defeated Bakersfield 3-0 in best-of-5 semifinals; High Desert defeated Stockton 3-2 in best-of-5 final for league championship.

REGULAR-SEASON ATTENDANCE: High Desert—204,438; San Bernardino—187,895; Bakersfield—147,655; San Jose—123,905; Stockton—90,126; Modesto—77,287; Reno—76,045; Visalia—67,386; Salinas—66,079; Palm Springs—64,871.

TOP PROSPECTS

1991 ALL-STAR TEAM
C—Mike Piazza, Bakersfield.
1B—Jay Gainer, High Desert. **2B**—Frank Carey, San Jose. **3B**—Jim Bishop, Salinas. **SS**—Ron Maurer, Bakersfield.
OF—Matt Mieske, High Desert; Marc Newfield, San Bernardino; J.D. Noland, High Desert.
DH—Chris Delarwelle, Visalia.
P—Rich Huisman, San Jose; Greg Hansell, Bakersfield; Gary Sharko, San Jose; Timber Mead, Reno.

Most Valuable Player—Matt Mieske, High Desert. **Pitcher of the Year**—Rich Huisman, San Jose. **Rookie of the Year**—Matt Mieske, High Desert. **Manager of the Year**—Ron Wotus, San Jose.

Pedro Martinez
... Top prospect

TOP 10 PROSPECTS
(Selected by league managers for Baseball America)
1. Pedro Martinez, rhp, Bakersfield. 2. Marc Newfield, of, San Bernardino. 3. Rich Huisman, rhp, San Jose. 4. Greg Hansell, rhp, Bakersfield. 5. Matt Mieske, of, High Desert. 6. Bo Dodson, 1b, Stockton. 7. David McCarty, of, Visalia. 8. Terric McFarlin, rhp, Bakersfield. 9. Kevin McGehee, rhp, San Jose. 10. Henry Mercedes, c, Modesto.

Huisman Dominant Pitcher

Neither San Jose nor Bakersfield made it past the first round of the playoffs, but both produced outstanding pitching staffs.

San Jose led the league with a 2.67 ERA. Rich Huisman, the league's pitcher of the year, shut down hitters with his fastball and split-finger. The 22-year-old righthander started the season 2-2, but finished 16-4 with a 1.83 ERA. He led the minor leagues with 216 strikeouts, and pitched 36 consecutive scoreless innings, four shy of the league record.

San Jose closer Gary Sharko set a league record with 31 saves.

Bakersfield was second with a 3.12 ERA. The Dodgers featured an excellent rotation of Pedro Martinez (8-0, 2.05), Greg Hansell (14-5, 2.87), Terric McFarlin (14-6, 2.66) and Mark Mimbs (12-6, 2.22).

The league broke the one million mark in total attendance for the first time ever. Led by High Desert and San Bernardino (which drew 187,895 fans), the league finished with an attendance of 1,105,687.

1991 BATTING, PITCHING STATISTICS

CLUB BATTING

	AVG	G	AB	R	H	2B	3B	HR	BB	SO	SB
Bakersfield	.274	136	4616	738	1265	234	34	103	543	899	148
High Desert	.273	136	4616	873	1262	220	50	113	690	941	240
Modesto	.263	136	4603	723	1210	221	29	75	698	996	155
Reno	.262	136	4626	627	1210	197	39	63	561	941	68
San Bernardino	.261	136	4571	607	1193	172	21	88	493	950	278
San Jose	.260	136	4570	726	1190	210	47	53	627	885	179
Visalia	.257	136	4602	654	1185	178	27	91	583	924	209
Salinas	.252	136	4541	587	1145	190	30	60	521	950	131
Palm Springs	.252	136	4473	586	1125	180	36	64	579	971	122
Stockton	.243	136	4480	639	1090	176	41	79	663	926	149

CLUB PITCHING

	ERA	G	CG	SHO	SV	IP	H	R	ER	BB	SO
San Jose	2.67	136	16	18	41	1218	988	450	361	596	1080
Bakersfield	3.12	136	2	12	45	1216	1083	528	421	514	1137
Stockton	3.24	136	18	16	25	1209	1072	544	436	575	1065
Palm Springs	3.70	136	14	10	27	1194	1126	647	491	630	832
Modesto	4.29	136	6	6	36	1195	1195	689	569	596	841
Visalia	4.32	136	8	4	32	1195	1255	739	573	559	841
High Desert	4.53	136	10	7	30	1193	1245	772	601	631	942
San Bernardino	4.54	136	7	3	29	1201	1201	766	606	628	994
Salinas	4.87	136	21	5	25	1194	1352	784	646	570	801
Reno	5.13	136	15	7	31	1186	1358	841	676	659	850

INDIVIDUAL BATTING LEADERS
(Minimum 367 Plate Appearances)

	AVG	G	AB	R	H	2B	3B	HR	RBI	BB	SO	SB
Mieske, Matt, High Desert	.341	133	492	108	168	36	6	15	119	94	82	39
*Eppard, Jim, Salinas	.339	89	313	55	106	27	2	3	43	62	24	12

216 • 1992 ALMANAC

	AVG	G	AB	R	H	2B	3B	HR	RBI	BB	SO	SB
Delanuez, Rex, Visalia	.308	111	406	78	125	23	2	11	65	84	71	39
Meares, Pat, Visalia	.303	89	360	53	109	21	4	6	44	24	63	15
Santana, Ruben, San Bern ...	.302	108	394	55	119	16	4	3	43	26	74	34
Mifune, Hideyuki, Salinas	.300	132	493	85	148	17	1	6	49	53	69	30
Newfield, Marc, San Bern	.300	125	440	64	132	22	3	11	68	59	90	12
Ingram, Garey, Bakersfield ...	.297	118	445	75	132	16	4	9	61	52	70	30
Webb, Lonnie, Bakersfield ...	.291	87	340	71	99	18	2	6	36	46	76	22
#Krumback, Mark, Reno	.291	128	537	80	156	12	5	3	30	54	82	18

INDIVIDUAL PITCHING LEADERS
(Minimum 109 Innings)

	W	L	ERA	G	GS	CG	SV	IP	H	R	ER	BB	SO
Huisman, Rich, San Jose	16	4	1.83	26	26	7	0	182	126	45	37	73	216
*Mimbs, Mark, Bakersfield	12	6	2.22	27	25	0	0	170	134	49	42	59	164
McGehee, Kevin, San Jose	13	6	2.33	26	26	2	0	174	129	58	45	87	171
McFarlin, Terric, Bakersfield ..	14	6	2.66	26	21	0	0	152	139	63	45	56	128
Dell, Tim, Stockton	10	9	2.69	27	27	4	0	150	137	63	45	55	131
*Mohler, Mike, Modesto	9	4	2.86	21	20	1	0	123	106	48	39	45	98
Hansell, Greg, Bakersfield	14	5	2.87	25	25	0	0	151	142	56	48	42	132
Sparks, Steve, Stockton	9	10	3.06	24	24	8	0	180	160	70	61	98	139
Patrick, Bronswell, Modesto ..	12	12	3.24	28	26	3	0	170	158	77	61	60	95
Mead, Timber, Reno	13	7	3.36	24	24	8	0	177	178	79	66	61	137

Cumulative Statistics, Multi-team Players

BATTING	AVG	G	AB	R	H	2B	3B	HR	RBI	BB	SO	SB
Cole, Mark, Reno-Stock	.254	99	354	36	90	16	4	0	29	36	51	10
Kappesser, Bob, Vis-Stock ...	.216	97	259	36	56	6	3	0	17	44	57	10
Rabb, John, Reno-Sal	.273	37	132	27	36	6	0	6	17	22	32	3
*Stephens, Brian, Reno-SB ...	.270	110	363	42	98	18	1	9	53	31	85	6
Weaver, Trent, Mod-Stock ...	.240	60	192	20	46	9	1	2	17	27	48	3

PITCHING	W	L	ERA	G	GS	CG	SV	IP	H	R	ER	BB	SO
*Fitzgerald, Dave, Stock-Sal ...	4	6	4.96	16	13	3	0	82	80	57	45	49	50
Grove, Scott, Stock-Reno	0	2	6.75	9	1	0	0	13	16	12	10	11	6
*Holsman, Rich, SB-Stock	4	9	2.95	34	2	0	6	61	50	29	20	27	68
Kracl, Darin, Reno-Mod	3	8	5.68	16	16	0	0	89	111	63	56	53	53
*Stewart, John, Reno-Sal	3	5	3.10	36	0	0	2	52	46	25	18	23	53
Vargas, Jose, Stock-Reno	1	1	6.03	15	3	0	0	37	48	30	25	12	21

DEPARTMENT LEADERS

J.D. Noland
... 81 steals

Gary Sharko
... 31 saves

BATTING
R	J.D. Noland, High Desert	114
H	Matt Mieske, High Desert	168
TB	Matt Mieske, High Desert	261
2B	Matt Mieske, High Desert	36
3B	J.D. Noland, High Desert	12
HR	Jay Gainer, High Desert	32
RBI	Jay Gainer, High Desert	120
SH	Hideyuki Mifune, Salinas	16
SF	Jay Gainer, High Desert	16
BB	Matt Mieske, High Desert	94
IBB	Jim Eppard, Salinas	14
HBP	2 tied at	14
SO	J.R. Phillips, Palm Springs	144
SB	J.D. Noland, High Desert	81
CS	J.D. Noland, High Desert	23
OB%	Matt Mieske, High Desert	.456
SL%	Mike Piazza, Bakersfield	.540

PITCHING
G	Francisco Alcantara, Reno	64
GS	Jon Henry, Visalia	28
CG	2 tied at	8
ShO	Rich Huisman, San Jose	4
Sv	Gary Sharko, San Jose	31
W	Rich Huisman, San Jose	16
L	Four tied at	13
IP	Rich Huisman, San Jose	182
H	Brian McKeon, High Desert	197
R	Ruben Lardizabal, Modesto	115
ER	Ruben Lardizabal, Modesto	96
HR	Ed Gustafson, Visalia	17
BB	Two tied at	98
HB	Two tied at	14
SO	Rich Huisman, San Jose	216
WP	Ed Gustafson, Visalia	28
Bk	Sean Rees, San Bernardino	6

CAROLINA LEAGUE

Kinston's Five-Year Plan Right On Schedule

By DEAN GYORGY

Since the Cleveland Indians hung their Class A shingle outside Kinston's Grainger Stadium in 1987, the club has looked down on the rest of the Carolina League.

In five seasons, Kinston has captured four Southern Division titles and two CL championships. The Indians were the best team in the league in 1991, posting an overall record of 89-49, winning both halves of the season and sweeping Lynchburg in the best-of-5 championship series.

On the field, the headline-grabber was reliever Mike Soper. The 24-year-old right-hander recorded 41 saves, equalling the minor league record set by Mike Perez of Springfield (Midwest) in 1987. Soper, a 37th-round draft pick out of the University of Alabama in 1989, had a 2.47 ERA and allowed 59 hits in 73 innings.

Kinston's Mike Soper
. . . Record 41 saves

He's not that big, doesn't throw that hard and may never blow away big league hitters, but in 1991, he was untouchable.

Soper was just part of the pitching arsenal enjoyed by manager of the year Brian Graham, in his second year at the Kinston helm. Curtis Leskanic overcame arm trouble in 1990 and went 15-8 to tie Winston-Salem's Ryan Hawblitzel for the league lead in wins.

The Indians' offensive attack was led by outfielders Brian Giles, whose .310 average placed him third in the batting race, and Tracy Sanders, a 58th-round pick in 1990 who hit .266 with a league-leading 18 homers.

Mark Of Distinction

At the other end of the championship spectrum were the Peninsula Pilots. The Pilots were by far the CL's worst team, finishing the year at 46-93. But the long season was made longer as the Pilots limped toward the finish line, losing 22 games in a row. The streak broke the league record of 19 straight, set by the 1950 Fayetteville Athletics.

"This thing has been wearing on me," manager Steve Smith said after the 20th loss. "This is as frustrated as I've ever been."

The Pilots' suffering finally came to an end on the last day of the season, when they defeated Kinston 5-1.

It wasn't a simple case of no talent for the Seattle affiliate. It was just overmatched. The Mariners' two full-season Class

LEAGUE CHAMPIONS

Last 25 Years

- 1967—Durham
- 1968—High Pt.-Thom.
- 1969—Raleigh-Durham
- 1970—Winston-Salem
- 1971—Peninsula
- 1972—Salem
- 1973—Winston-Salem
- 1974—Salem
- 1975—Rocky Mount
- 1976—Winston-Salem
- 1977—Peninsula
- 1978—Lynchburg
- 1979—Winston-Salem
- 1980—Peninsula
- 1981—Hagerstown
- 1982—Alexandria
- 1983—Lynchburg
- 1984—Lynchburg
- 1985—Winston-Salem
- 1986—Winston-Salem
- 1987—Salem
- 1988—Kinston
- 1989—Prince William
- 1990—Frederick
- 1991—Kinston

Playoff champions where applicable

1991 FINAL STANDINGS

FIRST HALF

NORTH	W	L	PCT	GB
Prince William	38	32	.543	—
Lynchburg	30	39	.435	7½
Salem	30	40	.429	8
Frederick	26	44	.371	12

SOUTH	W	L	PCT	GB
Kinston	45	23	.662	—
Winston-Salem	43	27	.614	3
Durham	38	29	.567	6½
Peninsula	27	43	.386	19

SECOND HALF

NORTH	W	L	PCT	GB
Lynchburg	37	33	.529	—
Prince William	33	36	.478	3½
Salem	33	37	.471	4
Frederick	32	38	.457	5

SOUTH	W	L	PCT	GB
Kinston	44	26	.629	—
Durham	41	29	.586	3
Winston-Salem	40	30	.571	4
Peninsula	19	50	.275	24½

OVERALL

	W	L	PCT	GB	Manager
Kinston (Indians)	89	49	.645	—	Brian Graham
Winston-Salem (Cubs)	83	57	.593	7	Brad Mills
Durham (Braves)	79	58	.577	9½	Grady Little
Prince William (Yankees)	71	68	.511	18½	Mike Hart
Lynchburg (Red Sox)	67	72	.482	22½	Buddy Bailey
Salem (Pirates)	63	77	.450	27	Stan Cilburn
Frederick (Orioles)	58	82	.414	32	Wally Moon
Peninsula (Mariners)	46	93	.331	43½	Steve Smith

PLAYOFFS: Lynchburg defeated Prince William 2-0 in best-of-3 semifinal; Kinston defeated Lynchburg 3-0 in best-of-5 final for league championship.

REGULAR-SEASON ATTENDANCE: Frederick—318,354; Durham—301,240; Prince William—208,166; Salem—131,582; Winston-Salem—111,333; Kinston—100,857; Lynchburg—88,897; Peninsula—41,131.

A clubs were in the California and Carolina leagues, the two toughest in the classification. The Peninsula roster was filled with players making their full-season debuts and competing against clubs with considerably more experience.

The Pilots took some solace in knowing they didn't even come close to the all-time minor league losing streak. That dubious honor is held by the 1923 Muskogee, Okla., entry in the Southwestern League. That club lost the season's final 38 games.

Not only did the Pilots have a dreadful season on the field, they had one at the gate, as well. Peninsula drew about 600 fans per game to Municipal Field.

The rest of the league fared extremely well though, and for the fourth straight year, the all-time Class A attendance mark was set by a CL franchise. But it wasn't the Durham Bulls, who had led the league in attendance every year since 1985.

The Frederick Keys drew 318,354 fans to two-year old Harry Grove Stadium, breaking the 300,499 set by Durham in 1990. Durham also broke its old record, drawing 301,240. Salem and Winston-Salem also topped their 1990 attendance totals.

Lynchburg's Jeff McNeely
. . . Bat champ, top prospect

Carolina On My Mind

Prince William righthander Sam Militello won his first four starts of the year, and didn't allow an earned run in 29 innings. He finished the year at a gaudy 12-2, 1.22 . . . Kinston's Oscar Munoz no-hit Prince William May 26. He struck out 12 . . . John O'Donoghue's pitching coach in Frederick was his father and former big leaguer of the same name . . . Winston-Salem's

Ryan Hawblitzel was one of only a handful of teenagers on Opening Day rosters. The righthander blazed through the league at 15-2, 2.28 ... In the first inning of his professional debut, Kinston's Paul Byrd gave up his first run on a base hit and three straight balks ... Frederick righthander Erik Schullstrom no-hit Kinston on July 3. In his next start, Salem greeted him with an Organized Baseball record-tying four straight home runs in the first inning ... Winston-Salem righthander Steve Trachsel threw a seven-inning no-hitter against Peninsula July 12 ... First-round draft picks Mike Kelly (Braves) and Mark Smith (Orioles) made their debuts in the CL with Durham and Frederick, respectively ... Durham second baseman Ramon Caraballo hit four home runs in five games, after hitting none in his first 89 ... Peninsula committed six errors in one inning of a 12-5 loss to Frederick ... Winston-Salem's Pete Castellano was voted the CL MVP. He played solid defense at both shortstop and third base and hit .303 with a league best 88 RBIs ... Lynchburg outfielder Jeff McNeely, despite missing 30 games with injuries, won the batting title at .322. He also stole 38 bases and was named by managers the league's top prospect.

Winston-Salem third baseman Pete Castellano led the CL with 88 RBIs.

DEPARTMENT LEADERS

Tracy Sanders
... 18 homers

Ryan Hawblitzel
... 15-game winner

BATTING
R	Two tied at	81
H	Manny Alexander, Frederick	143
TB	Jerrone Williams, Winston-Salem	213
2B	Boo Moore, Lynchburg	30
3B	Jerrone Williams, Winston-Salem	11
HR	Tracy Sanders, Kinston	18
RBI	Pete Castellano, Winston-Salem	88
SH	Scott Bethea, Lynchburg	12
SF	Two tied at	10
BB	Tracy Sanders, Kinston	83
IBB	Two tied at	6
HBP	Wilie Tatum, Lynchburg	12
SO	Jerrone Williams, Winston-Salem	146
SB	Ramon Caraballo, Durham	53
CS	Ramon Caraballo, Durham	23
OB%	Jeff McNeely, Lynchburg	.436
SL%	Mel Wearing, Frederick	.421

PITCHING
G	Mike Soper, Kinston	62
GS	Chuck Ricci, Frederick	29
CG	Tim Smith, Lynchburg	8
ShO	Five tied at	2
Sv	Mike Soper, Kinston	41
W	Two tied at	15
L	Scott Schanz, Peninsula	17
IP	Tim Smith, Lynchburg	175
H	Ed Riley, Lynchburg	169
R	Paul Perkins, Peninsula	103
ER	Paul Perkins, Peninsula	84
HR	Eric Parkinson, Salem	17
BB	Shawn Bryant, Kinston	106
HB	Mike Zimmerman, Salem	14
SO	Curtis Leskanic, Kinston	163
WP	Mike Zimmerman, Salem	20
Bk	Paul Byrd, Kinston	7

TOP PROSPECTS

1991 ALL-STAR TEAM

C—Javy Lopez, Durham. **1B**—Willie Tatum, Lynchburg. **2B**—Miguel Flores, Kinston. **3B**—Pete Castellano, Winston-Salem. **SS**—Manny Alexander, Frederick. **Util Inf**—Ramon Caraballo, Durham.

OF—Jeff McNeely, Lynchburg; Tracy Sanders, Kinston; Brian Giles, Kinston. **Util OF**—John Jensen, Winston-Salem.

DH—Chris Ebright, Winston-Salem.

SP—Sam Militello, Prince William. **RP**—Mike Soper, Kinston.

Most Valuable Player—Pete Castellano, Winston-Salem. **Pitcher of the Year**—Sam Militello, Prince William. **Manager of the Year**—Brian Graham, Kinston.

Sam Militello
. . . Top pitcher

TOP 10 PROSPECTS
(Selected by league managers for Baseball America)

1. Jeff McNeely, of, Lynchburg. **2.** Pete Castellano, 3b, Winston-Salem. **3.** Mike Kelly, of, Durham. **4.** Manny Alexander, ss, Frederick. **5.** Tracy Sanders, of, Kinston. **6.** Ryan Hawblitzel, rhp, Winston-Salem. **7.** Brad Ausmus, c, Prince William. **8.** Sam Militello, rhp, Prince William. **9.** Jim Converse, rhp, Peninsula. **10.** Jason Robertson, of, Prince William.

1991 BATTING, PITCHING STATISTICS

CLUB BATTING

	AVG	G	AB	R	H	2B	3B	HR	BB	SO	SB
Salem	.263	140	4624	634	1216	185	39	92	466	974	170
Winston-Salem	.257	140	4501	666	1158	218	34	94	591	1004	110
Kinston	.257	138	4513	629	1158	180	35	60	539	837	132
Frederick	.253	140	4692	603	1189	195	31	68	483	844	193
Lynchburg	.250	139	4497	560	1123	195	25	59	527	967	114
Durham	.243	137	4346	587	1055	164	31	95	457	901	194
Prince William	.239	139	4493	556	1074	192	36	51	584	1005	136
Peninsula	.237	139	4484	523	1064	165	15	67	551	961	112

CLUB PITCHING

	ERA	G	CG	SHO	SV	IP	H	R	ER	BB	SO
Durham	2.91	137	13	18	38	1180	1076	473	381	435	946
Prince William	3.01	139	9	7	40	1210	1049	514	405	470	979
Kinston	3.10	138	7	14	51	1216	1056	544	419	601	1043
Lynchburg	3.38	139	13	11	31	1192	1170	575	448	385	864
Winston-Salem	3.53	140	16	6	40	1187	1087	561	466	564	900
Frederick	3.60	140	7	9	33	1213	1148	639	485	642	1050
Salem	4.30	140	17	6	27	1190	1182	696	568	520	891
Peninsula	4.67	139	13	4	22	1160	1269	756	602	581	820

INDIVIDUAL BATTING LEADERS
(Minimum 378 Plate Appearances)

	AVG	G	AB	R	H	2B	3B	HR	RBI	BB	SO	SB
McNeely, Jeff, Lynchburg	.322	106	382	58	123	16	5	4	38	74	74	38
List, Paul, Salem	.318	94	336	60	107	22	5	10	46	39	74	12
*Giles, Brian, Kinston	.310	125	394	71	122	14	0	4	47	68	70	19
Castellano, Pedro, W-S	.303	129	459	59	139	25	3	10	87	72	97	11
Ratliff, Daryl, Salem	.293	88	352	60	103	8	4	2	23	27	43	35
Pezzoni, Ron, Peninsula	.289	106	405	57	117	8	3	5	43	44	54	21
#Tatum, Willie, Lynchburg	.287	126	421	54	121	25	4	8	54	61	89	15
*Ebright, Chris, Winston-Salem	.280	121	415	66	116	21	2	13	57	56	72	13
DelosSantos, Alberto, Salem	.279	125	480	59	134	17	7	9	56	15	66	24
*Easley, Mike, Kinston	.277	109	386	64	107	20	5	0	43	57	65	6

INDIVIDUAL PITCHING LEADERS
(Minimum 112 Innings)

	W	L	ERA	G	GS	CG	SV	IP	H	R	ER	BB	SO
Smith, Tim, Lynchburg	12	9	2.16	25	25	8	0	175	149	60	42	34	103
Hawblitzel, Ryan, W-S	15	2	2.42	20	20	5	0	134	110	40	36	47	103
Allen, Chad, Kinston	9	8	2.48	26	25	2	0	153	146	58	42	51	82
*Ojala, Kirt, Prince William	8	7	2.53	25	23	1	0	157	120	52	44	61	112
Bradford, Troy, W-S	9	5	2.59	19	19	4	0	118	103	8	4	2	23	27	43 35
*Hitchcock, Sterling, PW	7	7	2.64	19	19	2	0	119	111	35	35	26	101
Hodges, Darren, PW	6	8	2.66	26	25	2	0	166	133	60	49	66	153
Leskanic, Curtis, Kinston	15	5	2.79	28	28	0	0	174	143	63	54	91	163
Hoffman, Jeff, Prince William	12	5	2.87	34	14	1	3	141	120	55	45	39	87
*O'Donoghue, John, Frederick	7	8	2.90	22	21	2	0	134	131	55	43	50	128

1992 ALMANAC • **221**

FLORIDA STATE LEAGUE

Expos Sneak In Through Back Door To Win Title

By DAVID JONES

The West Palm Beach Expos had just one batter with more than 350 at-bats who hit over .250 in 1991. The team batting average: .218, the second-worst in the Florida State League.

At the same time, the pitching staff posted a 2.70 ERA—the FSL's second-best. Remember the cliche, pitching and defense wins games?

Proponents of the theory can point to the Expos, who edged into the playoffs as a wild card entry then proceeded to win six out of seven games to win the franchise's second league crown, the first since 1974.

West Palm Beach pitchers allowed just seven runs in their last five games in the playoffs, including two shutouts. The Expos took two of three games from defending league champion Vero Beach, the first half champion in the Eastern Division, then swept Lakeland and Clearwater to claim the crown. Vero Beach had won as a wild-card team in 1990.

Sarasota's Scott Cepicky
. . . FSL MVP

Clearwater reached the championship series by sweeping St. Lucie, the second half champ in the Eastern Division, in the other semifinal.

In the title series, West Palm Beach won the finale 8-0, as Felix Moya, Stacy Collins and Bob Baxter combined on a shutout. Shortstop Ron Krause and second baseman J.D. Ramirez drove in six runs between them. The victory gave long-time minor league manager Felipe Alou his first FSL title as a manager.

Cepicky Named MVP

The University of Wisconsin dropped its baseball program in 1991 but the Badgers' legacy lives on in the name of Chicago White Sox prospect Scott Cepicky.

One of the last players to play at the school, Cepicky earned league MVP honors by hitting .290 with eight home runs and a league-leading 76 RBIs for Sarasota.

Ironically, the 6-foot-4 first baseman was an all-Big Ten punter in college. Chicago first baseman Frank Thomas also played football in college and, of course, Bo Jackson, who spent a weekend in Sarasota on his comeback attempt, is known as a two-sport star.

Another ex-footballer bound for Chicago stardom?

LEAGUE CHAMPIONS

Last 25 Years

1967—St. Petersburg
1968—Orlando
1969—Miami
1970—Miami
1971—Miami
1972—Miami
1973—St. Petersburg
1974—W. Palm Beach
1975—St. Petersburg
1976—Lakeland
1977—Lakeland
1978—Miami
1979—Winter Haven
1980—Ft. Lauderdale
1981—Daytona Beach
1982—Ft. Lauderdale
1983—Vero Beach
1984—Ft. Lauderdale
1985—Ft. Myers
1986—St. Petersburg
1987—Ft. Lauderdale
1988—St. Lucie
1989—Charlotte
1990—Vero Beach
1991—W. Palm Beach

Playoff champions where applicable

"You can really see him come into his own here," Sarasota manager Rick Patterson said.

In Clearwater, it took Phils' GM John Timberlake about 15 minutes to run through the number of records broken in Clearwater in 1991. The biggest accomplishment of all was when the Phils reached the playoffs for the first time since joining the league in 1985.

"They've never had a winner here and it's nice to—for the fans, as well as yourself," Clearwater pitcher Matt Stevens said.

The Grand Finale?

Lakeland also enjoyed that championship feeling by winning both halves in the Central Division. John Lipon, who picked up the 2,100th managing victory of his minor league career, hinted that the '91 season might have been his last, but later he agreed to return for one more year.

Lipon was in his 29th year in pro ball.

The FSL all-star game was held in Vero Beach and dominated by Dodgers players in the National League's 9-2 win. Outfielder Marc Griffin had four hits, drove in three runs and scored three while second baseman Matt Howard drove in two runs. The

1991 FINAL STANDINGS

FIRST HALF

EAST	W	L	PCT	GB
Vero Beach	42	23	.646	—
Miami	35	29	.547	6½
Fort Lauderdale	32	30	.516	8½
West Palm Beach	33	31	.516	8½
St. Lucie	31	35	.470	11½

CENTRAL	W	L	PCT	GB
Lakeland	36	27	.571	—
Osceola	31	33	.484	5½
Baseball City	27	39	.409	10½
Winter Haven	20	44	.313	16½

WEST	W	L	PCT	GB
Clearwater	42	23	.646	—
Sarasota	38	29	.567	5
Charlotte	33	34	.493	10
Dunedin	29	36	.446	13
St. Petersburg	24	40	.375	17½

SECOND HALF

EAST	W	L	PCT	GB
St. Lucie	41	24	.631	—
West Palm Beach	39	28	.582	3
Vero Beach	37	29	.561	4½
Miami	28	38	.424	13½
Fort Lauderdale	27	39	.409	14½

CENTRAL	W	L	PCT	GB
Lakeland	36	29	.554	—
Baseball City	35	30	.538	1
Osceola	33	30	.524	2
Winter Haven	23	41	.359	12½

WEST	W	L	PCT	GB
Clearwater	39	26	.600	—
Sarasota	37	27	.578	1½
Dunedin	30	36	.455	9½
Charlotte	29	36	.446	10
St. Petersburg	23	44	.343	17

OVERALL

	W	L	PCT	GB	Manager
Clearwater (Phillies)	81	49	.623	—	Lee Elia
Vero Beach (Dodgers)	79	52	.603	2½	Jerry Royster
Sarasota (White Sox)	75	56	.573	6½	Rick Patterson
Lakeland (Tigers)	72	56	.563	8	John Lipon
St. Lucie (Mets)	72	59	.550	9½	John Tamargo
West Palm Beach (Expos)	72	59	.550	9½	Felipe Alou
Osceola (Astros)	64	63	.504	15½	Sal Butera
Miami (Independent)	63	67	.485	18	Fredi Gonzalez
Baseball City (Royals)	62	69	.473	19½	Carlos Tosca
Charlotte (Rangers)	62	70	.470	20	Bobby Molinaro
Fort Lauderdale (Yankees)	59	69	.461	21	Glenn Sherlock
Dunedin (Blue Jays)	59	72	.450	22½	Dennis Holmberg
St. Petersburg (Cardinals)	47	84	.359	34½	Dave Bialas
Winter Haven (Red Sox)	43	85	.336	37	Mike Verdi

PLAYOFFS: West Palm Beach defeated Vero Beach 2-1 and St. Lucie defeated Sarasota 2-1 in best-of-3 quarterfinals; West Palm Beach defeated Lakeland 2-0 and Clearwater defeated St. Lucie 2-0 in best-of-3 semifinals; West Palm Beach defeated Clearwater 2-0 in best-of-3 final for league championship.

REGULAR-SEASON ATTENDANCE: St. Petersburg—155,946; West Palm Beach—105,787; Charlotte—97,399; Vero Beach—95,900; Sarasota—84,951; Clearwater—82,631; St. Lucie—79,961; Dunedin—67,040; Miami—56,557; Lakeland—51,464; Ft. Lauderdale—51,362; Osceola—48,341; Baseball City—21,174; Winter Haven—20,323.

TOP PROSPECTS

1991 ALL-STAR TEAM
C—Brook Fordyce, St. Lucie; Miah Bradbury, Miami.
1B—Scott Cepicky, Sarasota. **2B**—Matt Howard, Vero Beach. **3B**—Rey Noriega, Fort Lauderdale. **SS**—Troy Paulsen, Clearwater. **Util Inf**—Mike Lansing, Miami.
OF—Robert Perez, Dunedin; Nigel Wilson, Dunedin; Rusty Greer, Charlotte. **Util OF**—John Thomas, St. Petersburg.
DH—John Deutsch, Vero Beach.
LHP—Todd Douma, St. Lucie; Michael Mimbs, Vero Beach. **RHP**—Tom Michno, Miami; Elliott Gray, Clearwater. **RP**—Richard Batchelor, Fort Lauderdale; Julian Vasquez, St. Lucie.

Phil Hiatt
... Top prospect

Most Valuable Player—Scott Cepicky, Sarasota. **Manager of the Year**—Lee Elia, Clearwater.

TOP 10 PROSPECTS
(Selected by league managers for Baseball America)
1. Phil Hiatt, 3b, Baseball City. 2. Nigel Wilson, of, Dunedin. 3. Johnny Ruffin, rhp, Sarasota. 4. Robert Perez, of, Dunedin. 5. Rey Noriega, 3b, Fort Lauderdale. 6. Julian Vasquez, rhp, St. Lucie. 7. Pat Howell, of, St. Lucie. 8. Scott Hatteberg, c, Winter Haven. 9. Brook Fordyce, c, St. Lucie. 10. Willie Greene, 3b, West Palm Beach.

winning pitcher was Vero Beach hurler Michael Mimbs.

A total of 42,773 fans attended Opening Day games, shattering the old mark of 35,963. Charlotte and West Palm both topped 6,000 as the Sunshine State fans caught big league expansion fever. The 14 FSL clubs drew 1,021,393 fans to break the previous year's record of 989,575.

Miami was granted one of two National League expansion franchises for 1993, meaning that the Miami and possibly Fort Lauderdale franchises will be relocated.

Robert Perez edged out Dunedin teammate Nigel Wilson for the league batting crown, hitting .302. Wilson, a Canadian, hit .301. Vero Beach first baseman John Deutsch of Vero Beach (.300) was the only other batter over the magic mark.

Sarasota lefthander Fred Dabney no-hit Baseball City Aug. 3, but his effort was overshadowed Aug. 28 by Vero Beach righthander Sean Snedeker, who saved his best for last, throwing a seven-inning perfect game against St. Lucie, three days before the end of the regular season.

1991 BATTING, PITCHING STATISTICS

CLUB BATTING

	AVG	G	AB	R	H	2B	3B	HR	BB	SO	SB
Clearwater	.257	130	4141	596	1065	172	39	45	501	692	110
Vero Beach	.256	132	4238	546	1083	198	27	56	377	708	203
Lakeland	.251	128	4165	541	1046	153	50	47	496	781	120
Sarasota	.251	131	4214	557	1058	195	35	39	508	832	154
Charlotte	.244	132	4246	515	1037	164	40	42	505	924	199
Ft. Lauderdale	.244	128	4099	468	1000	152	35	37	421	887	168
Osceola	.239	127	4061	484	970	151	30	19	449	804	174
Dunedin	.238	131	4195	438	998	166	40	35	409	863	91
Miami	.238	131	4259	491	1013	169	35	48	428	911	194
St. Lucie	.232	131	4245	463	983	167	36	48	421	830	150
St. Petersburg	.230	131	4301	381	991	151	32	26	399	746	48
Baseball City	.227	131	4135	446	938	143	34	20	473	934	211
West Palm Beach	.218	131	4103	448	893	143	33	54	411	861	136
Winter Haven	.217	128	3871	401	841	139	20	23	482	918	127

CLUB PITCHING

	ERA	G	CG	SHO	SV	IP	H	R	ER	BB	SO
St. Lucie	2.58	131	17	39	1156	971	404	331	352	816	
West Palm Beach	2.70	131	12	13	40	1125	941	420	338	416	771
Sarasota	2.89	131	20	15	39	1156	979	476	371	489	874
Baseball City	2.95	131	8	8	39	1135	963	461	372	490	742
Clearwater	2.95	130	6	18	40	1105	957	443	362	410	927
Miami	3.03	131	23	11	27	1135	1017	476	382	412	856
Osceola	3.03	127	11	14	32	1096	932	455	369	431	867
Dunedin	3.07	131	11	12	35	1150	1010	492	392	503	799
Ft. Lauderdale	3.10	128	17	14	33	1101	910	472	379	434	842
Lakeland	3.36	128	6	10	34	1117	1007	502	417	414	806

	ERA	G	CG	SHO	SV	IP	H	R	ER	BB	SO
Charlotte	3.38	132	9	9	34	1146	1038	538	430	505	875
Vero Beach	3.41	132	14	11	34	1134	1045	514	430	491	931
St. Petersburg	3.47	131	11	11	24	1142	1096	516	441	370	777
Winter Haven	4.18	128	18	8	19	1073	1050	606	499	563	808

INDIVIDUAL BATTING LEADERS
(Minimum 367 Plate Appearances)

	AVG	G	AB	R	H	2B	3B	HR	RBI	BB	SO	SB
Perez, Robert, Dunedin	.302	127	480	50	145	28	6	4	50	22	72	8
*Wilson, Nigel, Dunedin	.301	119	455	64	137	18	13	12	55	29	99	27
*Deutsch, John, Vero Beach	.300	123	433	59	130	24	2	12	66	46	54	5
*Thomas, John, St. Petersburg	.298	116	433	52	129	14	10	3	46	36	71	9
*Greer, Rusty, Charlotte	.294	111	388	52	114	25	1	5	48	66	48	12
*Cepicky, Scott, Sarasota	.290	124	442	62	128	33	4	8	76	62	99	13
Paulsen, Troy, Clearwater	.288	122	441	62	127	21	3	1	47	31	45	2
Lansing, Mike, Miami	.286	104	384	54	110	20	7	6	55	40	75	29
Nuneviller, Tom, Clearwater	.284	124	446	77	126	31	5	2	54	45	52	16
*Cornelius, Brian, Lakeland	.279	121	438	57	122	16	9	6	59	45	67	4

INDIVIDUAL PITCHING LEADERS
(Minimum 109 Innings)

	W	L	ERA	G	GS	CG	SV	IP	H	R	ER	BB	SO
Wengert, Bill, Vero Beach	7	6	2.06	30	13	2	3	127	100	36	29	42	114
Vitko, Joe, St. Lucie	11	8	2.24	22	22	5	0	140	102	40	35	39	105
Keyser, Brian, Sarasota	6	7	2.30	27	14	2	2	129	110	40	33	45	64
*Urbani, Tom, St. Petersburg	8	7	2.35	19	19	2	0	119	109	39	31	25	64
Cornelius, Reid, WPB	8	3	2.39	17	17	0	0	109	79	31	29	43	81
Michno, Tom, Miami	11	15	2.42	29	29	13	0	216	175	77	58	66	190
Hutton, Mark, Ft. Lauderdale	5	8	2.45	24	24	3	0	147	98	54	40	65	117
Gray, Elliott, Clearwater	10	4	2.45	20	20	1	0	117	98	47	32	38	99
Harris, Doug, Baseball City	10	6	2.47	19	18	4	0	117	92	38	32	27	84
Brown, Tim, Dunedin	8	3	2.49	31	14	2	1	123	113	44	34	37	87

Cumulative Statistics, Multi-team Players

BATTING	AVG	G	AB	R	H	2B	3B	HR	RBI	BB	SO	SB
Bradish, Mike, Miami-Sar	.258	70	190	19	49	12	1	1	18	30	50	2
*Castleberry, Kevin, Mia-Sar	.263	114	410	82	108	18	5	4	43	63	63	31
MacArthur, Mark, StP-Miami	.203	48	158	14	32	3	0	2	7	10	46	9
Morrisette, James, Miami-StL	.244	107	390	49	95	18	0	4	44	33	81	14

PITCHING	W	L	ERA	G	GS	CG	SV	IP	H	R	ER	BB	SO
*Eischen, Joey, Char-WPB	8	12	3.80	26	2	1	0	147	133	86	62	79	106
*Langley, Lee, Miami-Clear	5	4	3.73	41	0	0	5	60	52	28	25	27	72

DEPARTMENT LEADERS

BATTING
R	Kevin Castleberry, Miami-Sar.	82
H	Robert Perez, Dunedin	145
TB	Nigel Wilson, Dunedin	217
2B	Scott Cepicky, Sarasota	33
3B	Nigel Wilson, Dunedin	13
HR	Two tied at	14
RBI	Scott Cepicky, Sarasota	76
SH	Robert Montalvo, Dunedin	21
SF	Sam Taylor, Clearwater	10
BB	Rey Noriega, Ft. Lauderdale	78
IBB	Scott Cepicky, Sarasota	11
HBP	Bob Lukachyk, Sarasota	15
SO	Kerwin Moore, Baseball City	141
SB	Kerwin Moore, Baseball City	61
CS	Matt Howard, Vero Beach	18
OB%	Rusty Greer, Charlotte	.395
SL%	Nigel Wilson, Dunedin	.477

Nigel Wilson
... 217 TB, 13 3B

PITCHING
G	Jeff Braley, Lakeland	61
GS	Tom Michno, Miami	29
CG	Tom Michno, Miami	13
ShO	Three tied at	3
Sv	Two tied at	25
W	Two tied at	12
L	Tom Michno, Miami	15
IP	Tom Michno, Miami	216
H	Tom Michno, Miami	175
R	Joey Eischen, Charlotte-WPB	86
ER	Brian Young, Winter Haven	77
HR	Tom Michno, Miami	12
BB	Marcus Moore, Dunedin	99
HB	Carl Randle, Charlotte	14
SO	Tom Michno, Miami	190
WP	Dan Kite, Winter Haven	24
Bk	Mark Mitchelson, Winter Haven	10

Tom Michno
... Miami workhorse

MIDWEST LEAGUE

Torres Steers Clinton To First Pennant Since '63

By CURT RALLO

Midwest League clubs faced the heat in 1991 against Clinton. Manager Jack Mull's Giants used his pitching staff to strongarm the competition and capture Clinton's first Midwest League crown since 1963.

Ace righthander Salomon Torres led the Giants' march to the title. Playing his first season in the United States, Torres won a pitchers version of the triple crown to earn Most Valuable Player honors. He led the league with 16 wins, a 1.41 ERA and 214 strikeouts. Torres was the dominant pitcher in the Dominican Summer League in 1990.

Another Clinton pitcher, Dan Carlson, also won 16 games. The Giants' 2.75 team ERA was easily the league's best.

Mull saw his Giants catch fire in the last weeks of the Southern Division's second half to burn the competition. As late as August, the Giants were five games behind Waterloo, but when the season ended the Giants owned the division crown and a ticket to the playoffs.

Clinton's Salomon Torres . . . 16 wins, 1.41

Clinton won 17 of its last 20 games to overcome Waterloo, which got off to a 16-2 start. The Giants then swept first-half division champion Burlington in two straight games. They took out Madison in the championship series in three straight games.

Torres, striking out 10 and walking one, dominated game two against Madison. In the deciding game, Joey Rosselli and ace closer Rod Huffman combined to blank the Muskies 4-0. Huffman earned his 37th save of the season, including playoffs.

Attendance Records Fall

Four Midwest League clubs attracted more than 200,000 fans, enabling the league to draw a record 1,816,898 fans in 1991. One of the four, Kane County, was located in Wausau, Wis., in 1990 and the move to a Chicago suburban area was met with outstanding support.

A Baltimore Orioles farm club, Kane County celebrated a rise from last place in the first half to first place in the second half in the Northern Division. The Cougars drew more than 240,000 fans to its state-of-the-art stadium, which is built on a landfill as part of a land reclamation project.

Quad City led the league with 242,322 fans. South Bend attracted 221,071 fans and Peoria drew 212,159.

LEAGUE CHAMPIONS
Last 25 Years
1967—Appleton
1968—Quad City
1969—Appleton
1970—Quincy
1971—Quad City
1972—Appleton
1973—Wis. Rapids
1974—Danville
1975—Waterloo
1976—Waterloo
1977—Burlington
1978—Appleton
1979—Quad City
1980—Waterloo
1981—Wausau
1982—Appleton
1983—Appleton
1984—Appleton
1985—Kenosha
1986—Waterloo
1987—Kenosha
1988—Cedar Rapids
1989—South Bend
1990—Quad City
1991—Clinton
Playoff champions where applicable

1991 FINAL STANDINGS

FIRST HALF

NORTH	W	L	PCT	GB
Madison	39	29	.574	—
Rockford	37	31	.544	2
Beloit	34	35	.493	5½
Appleton	33	36	.478	6½
Kenosha	32	37	.464	7½
South Bend	31	39	.443	9
Kane County	26	40	.394	12

SOUTH	W	L	PCT	GB
Burlington	41	26	.612	—
Quad City	39	28	.582	2
Clinton	38	31	.551	4
Cedar Rapids	37	33	.529	5½
Waterloo	34	34	.500	7½
Peoria	29	40	.420	13
Springfield	28	39	.418	13

SECOND HALF

NORTH	W	L	PCT	GB
Kane County	42	27	.609	—
Rockford	39	30	.565	3
South Bend	38	31	.551	4
Madison	38	32	.543	4½
Beloit	36	32	.529	5½
Kenosha	31	37	.456	10½
Appleton	25	45	.357	17½

SOUTH	W	L	PCT	GB
Clinton	43	27	.614	—
Waterloo	41	29	.586	2
Quad City	35	35	.500	8
Peoria	33	36	.478	9½
Springfield	30	40	.429	13
Cedar Rapids	29	41	.414	14
Burlington	26	44	.371	17

OVERALL

	W	L	PCT	GB	Manager
Clinton (Giants)	81	58	.583	—	Jack Mull
Madison (Athletics)	77	61	.558	3½	Gary Jones
Rockford (Expos)	76	61	.555	4	Pat Kelly, Rob Leary
Waterloo (Padres)	75	63	.543	5½	Bryan Little
Quad City (Angels)	74	63	.540	6	Mitch Seoane
Beloit (Brewers)	70	67	.511	10	Rob Derksen
Kane County (Orioles)	68	67	.504	11	Bob Miscik
South Bend (White Sox)	69	70	.496	12	Tommy Thompson
Burlington (Astros)	67	70	.489	13	Tim Tolman
Cedar Rapids (Reds)	66	74	.471	15½	Frank Funk
Kenosha (Twins)	63	74	.460	18	Joel Lepel
Peoria (Cubs)	62	76	.449	18½	Bill Hayes
Springfield (Cardinals)	58	79	.423	22	Mike Ramsey
Appleton	58	81	.417	23	Joe Breeden

PLAYOFFS: Madison defeated Kane County 2-0 and Clinton defeated Burlington 2-0 in best-of-3 semifinals; Clinton defeated Madison 3-0 in best-of-3 final for league championship.

REGULAR-SEASON ATTENDANCE: Quad City—242,322; Kane County—240,290; South Bend—221,071; Peoria—212,159; Springfield—175,017; Cedar Rapids—132,820; Madison—92,663; Clinton—83,943; Burlington—81,811; Beloit—77,487; Appleton—72,601; Rockford—66,524; Kenosha—59,331; Waterloo—58,859.

On the field, Kenosha outfielder Midre Cummings put together a tremendous surge in the last month of the season to claim the batting crown with a .322 average. He was one of only four .300 hitters.

Cummings, a centerfielder drafted in the first round by Minnesota in 1990, went 5-for-5 with eight RBIs on the next-to-last day of the season to put nine points on his batting average and overtake South Bend's Brandon Wilson. Wilson didn't have a chance to challenge Cummings, since he had been promoted to Double-A Birmingham before the season ended.

Cummings had a 16-game hitting streak in August, in which he was 33-of-64 at one point.

Kenosha's Midre Cummings
. . . Batting champion

Burlington did some streaking of its own in Houston's first

season of affiliation in the Midwest League. The Astros won a club record 13 games in a row.

On the hill, Geoff Kellogg of Beloit and Doug Johns of Madison pitched the only no-hitters in the Midwest League in 1991.

No Decision In All-Star Game

Cedar Rapids celebrated 100 years of baseball by hosting the Midwest League all-star game. Burlington's Chris Hatcher, who starred at the University of Iowa, about 20 minutes from the Cedar Rapids ballpark, treated the partisan Hawkeye fans to two mammoth homers as he easily won MVP honors.

Nobody won the game, though. It was called after 10 innings with the score 6-6, when both sides ran out of pitching. The North was warming up its pitching coach, and the South was warming up a catcher who had already been in the game, hoping to invoke a 're-entry' rule.

League president George Spelius decided not to risk injury to prospects and ended the game in a tie.

1991 BATTING, PITCHING STATISTICS

CLUB BATTING

	AVG	G	AB	R	H	2B	3B	HR	BB	SO	SB
Madison	.258	138	4463	690	1152	209	25	51	710	974	172
Kane County	.256	136	4548	618	1163	210	32	42	440	867	63
Waterloo	.254	138	4511	607	1148	192	32	54	504	1026	123
Quad City	.249	137	4593	635	1143	236	36	65	615	949	118
Appleton	.249	139	4627	571	1150	211	36	43	422	1004	159
Burlington	.248	137	4592	616	1138	190	21	63	519	1033	121
South Bend	.245	139	4546	567	1113	190	38	31	499	1033	224
Beloit	.244	137	4422	616	1080	171	37	59	608	1003	299
Peoria	.244	138	4581	577	1116	225	20	76	516	955	91
Kenosha	.243	138	4580	562	1114	215	33	57	461	963	173
Clinton	.241	139	4456	596	1076	177	40	50	570	1011	153
Rockford	.241	137	4524	648	1090	190	38	46	612	949	127
Springfield	.238	137	4533	521	1078	142	24	60	457	932	171
Cedar Rapids	.232	140	4546	584	1053	179	21	63	576	951	159

DEPARTMENT LEADERS

BATTING

R	Lee Sammons, Madison	104
H	Darius Cash, Waterloo	154
TB	Rich Becker, Kenosha	215
2B	Rich Becker, Kenosha	38
3B	Glen Murray, Rockford	14
HR	Paul Russo, Kenosha	20
RBI	Paul Russo, Kenosha	100
SH	Kevin Coughlin, South Bend	19
SF	Paul Russo, Kenosha	10
BB	Brett Hendley, Madison	104
IBB	Randy Wilstead, Rockford	11
HBP	Mike Weimerskirch, Rockford	19
SO	Chris Hatcher, Burlington	180
SB	Mateo Ozuna, Springfield	78
CS	Mateo Ozuna, Springfield	24
OB%	Bob Carlsen, Madison	.431
SL%	Jeff Kipila, Quad City	.496

Paul Russo
... 20 homers

PITCHING

G	Ben Gonzales, Burlington	60
GS	Frank Cimorelli, Springfield	29
CG	Salomon Torres, Clinton	8
ShO	Lance Painter, Waterloo	4
Sv	Rod Huffman, Clinton	35
W	Two tied at	16
L	Four tied at	14
IP	Salomon Torres, Clinton	211
H	Frank Cimorelli, Springfield	203
R	Tyrone Scott, Burlington	117
ER	Tyrone Scott, Burlington	94
HR	Leonard Griffen, Cedar Rapids	15
BB	Jason Bere, South Bend	100
HB	Mark Borcherding, Cedar Rapids	13
SO	Salomon Torres, Clinton	214
WP	Anthony Gutierrez, Burlington	22
Bk	Ken Krahenbuhl, Peoria	11

Chris Hatcher
... Fanned 180 times

TOP PROSPECTS

1991 ALL-STAR TEAM
C—Eric Christopherson, Clinton.
1B—Roberto Arredondo, Waterloo. **2B**—Fletcher Thompson, Burlington. **3B**—Paul Russo, Kenosha. **SS**—Brandon Wilson, South Bend.
OF—Darius Gash, Waterloo; Phil Dauphin, Peoria; Chris Hatcher, Burlington.
DH—Jeff Kiplia, Quad City.
LHP—Lance Painter, Waterloo. **RHP**—Salomon Torres, Clinton. **LHRP**—Wally Trice, Burlington.
RHRP—Rod Huffman, Clinton.

Most Valuable Player—Salomon Torres, Clinton. **Manager of the Year**—Gary Jones, Madison.

Eric Christopherson ... No. 2 prospect

TOP 10 PROSPECTS
(Selected by league managers for Baseball America)
1. Salomon Torres, rhp, Clinton. **2.** Eric Christopherson, c, Clinton. **3.** Midre Cummings, of, Kenosha. **4.** Glen Murray, of, Rockford. **5.** Rogelio Nunez, c, South Bend. **6.** Todd Ritchie, rhp, Kenosha. **7.** Chris Hatcher, of, Burlington. **8.** Garrett Anderson, of, Quad City. **9.** Duane Singleton, of, Beloit. **10.** Earl Cunningham, of, Peoria.

CLUB PITCHING

	ERA	G	CG	SHO	SV	IP	H	R	ER	BB	SO
Clinton	2.74	139	25	17	42	1209	1013	465	368	449	1076
South Bend	3.18	139	7	17	38	1228	1005	576	434	638	1061
Waterloo	3.19	138	17	17	31	1197	1024	518	424	565	1045
Kenosha	3.29	138	14	8	32	1197	1142	584	438	514	783
Beloit	3.44	137	13	6	38	1200	1123	577	459	478	987
Rockford	3.50	137	10	14	40	1208	1130	592	470	508	905
Kane County	3.52	136	9	10	33	1188	1107	565	465	538	1014
Cedar Rapids	3.54	140	19	14	27	1219	1122	593	480	493	903
Quad City	3.71	137	9	6	35	1209	1134	601	499	504	1131
Burlington	3.75	137	7	6	32	1202	1119	640	501	583	1060
Madison	3.83	138	4	11	40	1181	1101	654	502	596	945
Springfield	3.96	137	13	6	34	1199	1178	683	527	494	913
Peoria	4.00	138	11	4	29	1203	1225	678	534	530	947
Appleton	4.14	139	3	7	25	1195	1191	682	550	619	880

INDIVIDUAL BATTING LEADERS
(Minimum 378 Plate Appearances)

	AVG	G	AB	R	H	2B	3B	HR	RBI	BB	SO	SB
#Cummings, Midre, Kenosha	.322	106	382	59	123	20	4	4	54	22	66	28
Wilson, Brandon, South Bend	.313	125	463	75	145	18	6	2	49	61	70	41
#Gash, Darius, Waterloo	.307	130	501	84	154	27	2	5	60	57	112	31
*Coughlin, Kevin, South Bend	.304	131	431	60	131	12	2	0	38	62	67	19
Murphy, Shaun, Rockford	.299	117	401	54	120	20	1	3	47	51	119	13
*Dauphin, Phil, Peoria	.296	120	426	74	126	27	5	11	49	72	66	15
Bish, Brent, Waterloo	.294	99	333	55	98	12	5	2	39	37	68	14
*Henry, Scott, Madison	.289	105	322	49	93	16	1	1	51	76	51	1
*Singleton, Duane, Beloit	.289	101	388	57	112	13	7	3	44	40	57	42
Sammons, Lee, Madison	.288	122	459	104	132	12	3	0	43	90	80	54

INDIVIDUAL PITCHING LEADERS
(Minimum 112 Innings)

	W	L	ERA	G	GS	CG	SV	IP	H	R	ER	BB	SO
Torres, Salomon, Clinton	16	5	1.41	28	28	8	0	210	148	48	33	47	214
*Painter, Lance, Waterloo	14	8	2.30	28	28	7	0	200	162	64	51	57	201
Ingram, Linty, Waterloo	8	4	2.41	16	16	3	0	116	100	39	31	21	91
Mathile, Mike, Rockford	9	3	2.47	17	17	5	0	117	100	45	32	19	66
*Henrikson, Dan, Clinton	12	8	2.56	29	26	3	0	162	141	61	46	68	150
Satre, Jason, Cedar Rapids	8	8	2.58	21	20	4	1	133	101	48	38	67	130
Brummett, Greg, Clinton	10	5	2.72	16	16	5	0	112	91	39	34	32	74
*Tolar, Kevin, South Bend	8	5	2.83	30	19	0	1	115	87	54	36	85	87
Bere, Jason, South Bend	9	12	2.87	27	27	2	0	163	116	66	52	100	158
Dovey, Troy, Burlington	7	6	3.02	25	20	0	0	116	88	51	39	74	130

Cumulative Statistics, Multi-team Players

BATTING	AVG	G	AB	R	H	2B	3B	HR	RBI	BB	SO	SB
#Thomas, Keith, Mad-App	.257	87	276	36	71	11	4	7	32	15	71	24

PITCHING	W	L	ERA	G	GS	CG	SV	IP	H	R	ER	BB	SO
*Altaffer, Todd, SB-Wat	2	5	3.65	39	1	0	2	57	57	29	23	30	54
Hooper, Mike, Bel-SB	2	4	2.44	24	1	0	1	44	40	19	12	20	36

SOUTH ATLANTIC LEAGUE

White Stands Atop Long List Of SAL Prospects

By GENE SAPAKOFF

Sumter center fielder Rondell White was voted the top major league prospect in the South Atlantic League in 1991 in a Baseball America poll of managers, and the No. 1 status had extra sparkle in 1991.

Veteran SAL observers—ranging from Commissioner For Life John Henry Moss to kids with baseball cards and ballpoint pens—doubted if there ever was as much promise in a group of SAL prospects.

White, 19, hit .260 with 12 home runs, 67 RBIs and 51 stolen bases but, more impressively, wowed 'em with his flashes of bat speed and range.

Besides White, 13 other first-round draft picks played in the SAL in 1991, including Macon shortstop Chipper Jones (.323-15-98), Greensboro center fielder Carl Everett (.271-4-40) and Asheville shortstop Tom Nevers (.252-16-71). Jones was the No. 1 overall pick in the 1990 draft.

Sumter's Rondell White
. . . Top prospect

And yet with all of the bonus bankers, it only made sense that the league's leading hitter was Columbus outfielder Kyle Washington, a free agent originally drafted by the New York Mets, released, and then signed by Cleveland. Washington hit .343.

Greensboro catcher Kiki Hernandez (.332-15-78), a fourth-year pro, flirted with a triple crown before his home run production fell off. Columbia third baseman Butch Huskey (.287-26-99) led the SAL in homers and RBIs.

This Time, Columbia Wins

The 1990 Columbia Mets probably had the SAL's best overall talent (Tito Navarro, Brook Fordyce, Tim Howard, Pat Howell) and absolutely had the league's best overall record (83-60). But those Mets fizzled in the Southern Division playoffs and Charleston, W.Va., won its first SAL title.

There was no denying Columbia in 1991. The Mets (86-64 in 1991) rolled through the postseason undefeated, sweeping Macon in the Southern Division playoffs and Charleston, which had the league's best overall record, in the championship series.

Jose Martinez, only the second 20-game winner in SAL history, set a pitcher's tone with a 2-1 victory in game one of the title

LEAGUE CHAMPIONS
Last 25 Years
1967—Spartanburg
1968—Greenwood
1969—Greenwood
1970—Greenville
1971—Greenwood
1972—Spartanburg
1973—Spartanburg
1974—Gastonia
1975—Spartanburg
1976—Greenwood
1977—Gastonia
1978—Greenwood
1979—Greenwood
1980—Greensboro
1981—Greensboro
1982—Greensboro
1983—Gastonia
1984—Asheville
1985—Florence
1986—Columbia
1987—Myrtle Beach
1988—Spartanburg
1989—Augusta
1990—Charleston, WV
1991—Columbia
Playoff champions where applicable

series. Columbia won the other two games 1-0, on Bobby Jones' one-hitter, and 3-2.

"Coming out of spring training, we knew we were going to hit," Columbia manager Tim Blackwell said. "But our outfield was very young. We really didn't know what to expect. But this team exceeded all our expectations."

Charleston, led by righthanded pitcher John Roper (14-9, 2.31), who led the league with 189 strikeouts, won Northern Division titles in each half.

Boosted by two extra franchises, the SAL drew 1,329,065 fans to shatter the previous attendance record of 1,100,014 set in 1990. Greensboro (191,048) led the league, but Charleston, W.Va. (185,389), Asheville (117,625) and Macon (107,059) each set club records.

Professional baseball returned to Macon for the first time since 1987. It helped at the gate that Atlanta, home of the parent club, is just two hours up I-85, and that Macon roommates Chipper Jones and Tyler Houston—first-round picks in 1989 and 1990—are two of the Braves' top prospects.

Anything For A Win

The Charleston, S.C., Rainbows managed a 4-0 victory at Greensboro in June, which was remarkable considering many Rainbows' players and manager Dave Trembley were suffering from a case of food poisoning. Bill Ostermeyer was not among

1991 FINAL STANDINGS

FIRST HALF

NORTH	W	L	PCT	GB
Charleston, W.Va.	46	26	.639	—
Greensboro	42	30	.583	4
Gastonia	32	40	.444	14
Fayetteville	30	38	.441	14
Spartanburg	30	40	.429	15
Sumter	30	42	.417	16
Asheville	24	45	.348	21½

SOUTH	W	L	PCT	GB
Columbia	47	24	.662	—
Macon	42	28	.600	4½
Augusta	41	31	.569	6½
Columbus	40	31	.563	7
Charleston, S.C.	34	38	.472	13½
Myrtle Beach	31	38	.449	15
Savannah	26	44	.371	20½

SECOND HALF

NORTH	W	L	PCT	GB
Charleston, W.Va.	46	24	.657	—
Spartanburg	40	30	.571	6
Gastonia	37	33	.529	9
Sumter	34	33	.507	10½
Greensboro	31	38	.449	14½
Asheville	31	38	.449	14½
Fayetteville	28	41	.406	17½

SOUTH	W	L	PCT	GB
Macon	41	30	.577	—
Columbia	39	30	.565	1
Savannah	35	33	.515	4½
Charleston, S.C.	35	34	.507	5
Columbus	33	38	.465	8
Myrtle Beach	29	41	.414	11½
Augusta	27	43	.386	13½

OVERALL

	W	L	PCT	GB	Manager
Charleston, W.Va. (Reds)	92	50	.648	—	Dave Miley
Columbia (Mets)	86	54	.614	5	Tim Blackwell
Macon (Braves)	83	58	.589	8½	Roy Majtyka
Greensboro (Yankees)	73	68	.518	18½	Trey Hillman
Columbus (Indians)	73	69	.514	19	Mike Brown
Spartanburg (Phillies)	70	70	.500	21	Mel Roberts
Charleston, S.C. (Padres)	69	72	.489	22½	Dave Trembley
Gastonia (Rangers)	69	73	.486	23	Bump Willis
Augusta (Pirates)	68	74	.479	24	Don Werner
Sumter (Expos)	64	75	.460	26½	Lorenzo Bundy
Savannah (Cardinals)	61	77	.442	29	Larry Milbourne
Myrtle Beach (Blue Jays)	60	79	.432	30½	Garth Iorg
Fayetteville (Tigers)	58	79	.423	31½	Gerry Groninger
Asheville (Astros)	55	83	.399	35	Frank Cacciatore

PLAYOFFS: Columbia defeated Macon 2-0 in best-of-3 semifinal; Columbia defeated Charleston, W.Va., 3-0 in best-of-5 final for league championship.

REGULAR-SEASON ATTENDANCE: Greensboro, 191,048; Charleston, W.Va.—185,389; Charleston, S.C.—119,080; Asheville—117,625; Macon—107,059; Augusta—100,141; Savannah—99,399; Columbus—96,736; Fayetteville—88,380; Columbia—79,564; Myrtle Beach—62,885; Spartanburg—54,489; Sumter—45,639; Gastonia—44,060.

TOP PROSPECTS

1991 ALL-STAR TEAM
C—Kiki Hernandez, Greensboro.
1B—Tom Raffo, Charleston, W. Va. **2B**—Joe Sondrini, Augusta. **3B**—Butch Huskey, Columbia. **SS**—Chipper Jones, Macon. **Util Inf**—Howard Battle, Myrtle Beach.
OF—Kyle Washington, Columbus; Steve Gibralter, Charleston, W. Va.; Rondell White, Sumter. **Util OF**—Troy Hughes, Macon.
DH—Kiki Hernandez, Greensboro.
LHP—Rafael Quirico, Greensboro. **RHP**—Jose Martinez, Columbia.

Most Valuable Player—Kiki Hernandez, Greensboro. **Most Outstanding Pitcher**—Jose Martinez, Columbia. **Manager of the Year**—Dave Miley, Charleston, W. Va.

Chipper Jones
. . . All-star SS

TOP 10 PROSPECTS
(Selected by league managers for Baseball America)
1. Rondell White, of, Sumter. 2. Chipper Jones, ss, Macon. 3. Carlos Delgado, c, Myrtle Beach. 4. Carl Everett, of, Greensboro. 5. Butch Huskey, 3b, Columbia. 6. John Roper, rhp, Charleston, W. Va. 7. Kurt Miller, rhp, Augusta. 8. Tom Nevers, ss, Asheville. 9. Tavo Alvarez, rhp, Sumter. 10. Jose Martinez, rhp, Columbia.

---

seven Charleston starters too sick to play, but battling sudden indigestion, darted off the War Memorial Stadium field and into the home clubhouse—because it was closest—and threw up.

The Rainbows were struck by illness only several hours after a team breakfast at general manager Kevin Carpenter's parents' home in Greensboro.

"My mother would never poison the team," Carpenter said. "However, if that's what it takes to get a W, I'm all for it."

Dell Curry and Mugsy Bogues of the NBA's Charlotte Hornets pitched and played second base, respectively, for the Gastonia Rangers. Curry, drafted by the Baltimore Orioles in the 14th round in 1985 while at Virginia Tech, might be a prospect. Mugsy you can have.

The Rangers and Hornets are owned jointly by Charlotte businessman George Shinn.

Asheville bid goodbye to quaint McCormick Field, built in 1924 and included in the film "Bull Durham." The ballpark was razed after the season. A new version will be built on the same site.

1991 BATTING, PITCHING STATISTICS

CLUB BATTING

	AVG	G	AB	R	H	2B	3B	HR	BB	SO	SB
Columbia	.265	140	4508	669	1196	216	41	66	481	782	183
Columbus	.254	142	4666	727	1186	219	52	94	658	968	217
Charleston, W.Va.	.250	142	4554	601	1139	208	37	63	523	832	97
Greensboro	.247	141	4468	625	1105	205	21	67	590	1145	180
Augusta	.247	142	4653	600	1149	190	52	46	459	1087	214
Macon	.243	141	4505	722	1096	201	45	73	534	923	264
Asheville	.241	138	4348	549	1047	192	14	69	474	1068	107
Myrtle Beach	.239	139	4370	563	1044	170	32	63	480	946	217
Gastonia	.239	142	4547	554	1085	188	29	69	516	1020	123
Charleston, S.C.	.238	141	4589	647	1090	180	47	78	622	1133	232
Spartanburg	.236	141	4406	563	1041	192	22	46	455	992	170
Fayetteville	.235	138	4352	530	1024	147	23	47	534	970	149
Sumter	.230	139	4478	599	1032	179	42	80	513	1153	160
Savannah	.220	138	4402	589	969	171	17	42	599	996	216

CLUB PITCHING

	ERA	G	CG	SHO	SV	IP	H	R	ER	BB	SO
Charleston, W.Va.	2.92	142	16	17	42	1222	1028	471	396	521	1079
Columbia	3.00	140	20	16	33	1199	1045	514	399	483	1079
Greensboro	3.01	141	19	15	26	1207	1052	546	404	502	1071
Spartanburg	3.29	141	17	12	34	1169	1033	525	427	415	1054
Macon	3.31	141	19	22	36	1201	1025	577	442	437	885
Gastonia	3.44	142	11	15	41	1215	1057	561	464	517	1070
Myrtle Beach	3.53	139	11	8	27	1169	1041	628	460	553	1099
Sumter	3.76	139	11	8	28	1190	1111	629	497	566	1073
Savannah	3.82	138	8	6	32	1184	1099	650	503	525	908

	ERA	G	CG	SHO	SV	IP	H	R	ER	BB	SO
Augusta	3.85	142	10	18	29	1215	1074	675	519	716	982
Columbus	4.05	142	10	9	31	1222	1161	710	550	555	1053
Fayetteville	4.11	138	5	3	29	1164	1162	654	532	496	867
Charleston, S.C.	4.32	141	10	8	39	1213	1154	709	582	646	960
Asheville	4.42	138	11	8	36	1143	1161	689	561	506	835

INDIVIDUAL BATTING LEADERS
(Minimum 389 Plate Appearances)

	AVG	G	AB	R	H	2B	3B	HR	RBI	BB	SO	SB
Washington, Kyle, Columbus	.343	118	432	85	148	31	12	8	58	68	101	51
Hernandez, Kiki, Greensboro	.332	108	385	54	128	29	2	15	78	64	50	2
#Jones, Chipper, Macon	.326	136	473	104	154	24	11	15	98	69	70	40
Sondrini, Joe, Augusta	.306	106	376	66	115	23	4	1	45	53	71	14
Pough, Clyde, Columbus	.304	115	414	77	126	35	3	11	73	62	62	11
Hughes, Troy, Macon	.300	112	404	69	121	32	2	9	80	36	75	23
*Davis, Jay, Columbia	.297	132	511	79	152	29	8	0	63	30	72	25
#Lowery, David, Gastonia	.294	133	507	55	149	15	4	9	49	57	66	32
#Hardtke, Jason, Columbus	.290	139	534	104	155	26	8	12	81	75	48	23
Huskey, Butch, Columbia	.287	134	492	88	141	27	5	26	99	54	89	22

INDIVIDUAL PITCHING LEADERS
(Minimum 115 Innings)

	W	L	ERA	G	GS	CG	SV	IP	H	R	ER	BB	SO
Martinez, Jose, Columbia	20	4	1.49	26	26	9	0	193	162	51	32	30	158
Roa, Joe, Macon	13	8	2.17	30	18	4	1	141	106	46	34	33	96
*Quirico, Rafael, Greensboro	12	8	2.26	26	26	1	0	155	103	59	39	80	162
Roper, John, Charleston, W.Va.	14	9	2.27	27	27	5	0	187	135	59	47	67	189
Dreyer, Steve, Gastonia	7	10	2.33	25	25	3	0	162	137	51	42	62	122
Frazier, Ron, Greensboro	12	6	2.40	25	25	3	0	169	142	65	45	42	127
*Brown, Jeff, Charleston, S.C.	13	8	2.45	28	25	4	1	165	134	55	45	45	152
Miller, Kurt, Augusta	6	7	2.50	21	21	2	0	115	89	47	32	57	103
Gies, Chris, Gastonia	10	3	2.54	19	19	5	0	138	122	44	39	20	124
*Jordan, Ricardo, Myrtle Beach	9	8	2.74	29	23	3	1	145	101	58	44	79	152

Cumulative Statistics, Multi-team Players

PITCHING	W	L	ERA	G	GS	CG	SV	IP	H	R	ER	BB	SO
Carlson, Lynn, Aug-Char, S.C.	6	5	2.88	17	17	0	0	91	64	34	29	48	86
*Fidler, Andy, Columbia-Ash	1	2	4.48	37	0	0	2	60	53	38	30	64	56
*Gobel, Donnie, Aug-Ash	6	2	4.83	45	0	0	1	60	60	37	32	41	58
Morrison, Keith, Macon-Sum	6	7	3.66	15	15	2	0	79	77	43	32	18	51
Sieradski, Al, Sum-Columbia	0	2	5.93	24	0	0	1	27	38	23	18	23	19
*Thomas, Mike, Columbia-Sum	8	3	3.03	49	0	0	20	68	53	28	23	48	89

DEPARTMENT LEADERS

BATTING
- **R** Two tied at 104
- **H** Jason Hardtke, Columbus 155
- **TB** Butch Huskey, Columbia 256
- **2B** Steve Gibralter, Charleston, W.Va. 36
- **3B** Kyle Washington, Columbus 12
- **HR** Butch Huskey, Columbia 26
- **RBI** Butch Huskey, Columbia 99
- **SH** Mariano Dotel, Myrtle Beach 17
- **SF** Two tied at 10
- **BB** Ray McDavid, Charleston, S.C. .. 106
- **IBB** Marty Posey, Gastonia 7
- **HBP** Carl Everett, Greensboro 23
- **SO** Jermaine Swinton, Asheville ... 149
- **SB** Terry Bradshaw, Savannah 64
- **CS** Two tied at 22
- **OB%** Kiki Hernandez, Greensboro ... .431
- **SL%** Kiki Hernandez, Greensboro ... .530

PITCHING
- **G** Roy Bailey, Savannah 73
- **GS** Seven tied at 27
- **CG** Jose Martinez, Columbia 9
- **ShO** Two tied at 3
- **Sv** John Kelly, Savannah 30
- **W** Jose Martinez, Columbia 20
- **L** Robbie Beckett, Charleston, S.C. 14
- **IP** Jose Martinez, Columbia 193
- **H** Greg Coppeta, Fayetteville 184
- **R** Two tied at 111
- **ER** Robbie Beckett, Charleston, S.C. 100
- **HR** Tom Singer, Myrtle Beach 15
- **BB** Robbie Beckett, Charleston, S.C. 117
- **HB** Two tied at 13
- **SO** John Roper, Charleston, W.Va. .. 189
- **WP** Bill Johnson, Charleston, S.C. . 26
- **Bk** Rafael Quirico, Greensboro 9

Butch Huskey
... 26 HRs, 99 RBIs

Kiki Hernandez
... On-base leader

NEW YORK-PENN LEAGUE

Given New Life, Creech Leads Expos To Title

By PETER CONRADI

After the Jamestown Expos won their second New York-Penn League championship in three years, manager Ed Creech quipped that it took him only one season to get from the outhouse to the penthouse.

In reality, it was no joke.

Creech, a man who doesn't dismiss the importance of winning even in a developmental league, was clearly happy to erase the frustrating memories of 1990 when he guided co-op Gate City to a horrendous 15-55 season, worst in the Pioneer League.

"It matters to me if my teams win or lose," said Creech after the Expos had swept the Elmira Pioneers in the best-of-3 NYP final. "Sure, you want to develop players, but I don't believe in developing them in a losing atmosphere. That doesn't do them any good . . . and it doesn't do the manager much good, either.

"Now I've been at the bottom and at the top. I don't have to tell you which feels nicer."

Elmira's Frank Rodriguez . . . No. 1 prospect

The Expos could hardly be considered surprise champions. With a lineup that featured eight of Montreal's top 10 draft picks—all big-time college players—they dominated the NYP all season, especially on offense.

The Expos, playing in the tougher Stedler Division, went 51-27, hit .266 as a team and had three players among the top five batting leaders.

"We had some awfully good, young players," said a more serious Creech, downplaying his own role in Jamestown's success. "We knew before the season even began that we were going to be one of the best teams with the bat."

First baseman Derrick White, a University of Oklahoma product, led the way with a .328 average, followed closely by ex-Arizona State outfielder Jim Austin (.326) and third baseman-outfielder Scott Campbell (.324), also from Oklahoma. Catcher Mike Daniel, who hit .253, led the NYP with 62 RBIs. Daniel, from Oklahoma State, led the college ranks in RBIs in 1990 and 1991.

"Our concern, like everyone else's, I suppose, was the pitching," Creech said. "We had some good arms, but you just never know how it's going to develop. Fortunately it came together very well."

Brian Looney, a former hockey player from Boston College,

LEAGUE CHAMPIONS
Last 25 Years

1967—Auburn
1968—Oneonta
1969—Oneonta
1970—Auburn
1971—Oneonta
1972—Niagara Falls
1973—Auburn
1974—Oneonta
1975—Newark
1976—Elmira
1977—Oneonta
1978—Geneva
1979—Oneonta
1980—Oneonta
1981—Oneonta
1982—Niagara Falls
1983—Utica
1984—Little Falls
1985—Oneonta
1986—St. Catharines
1987—Geneva
1988—Oneonta
1989—Jamestown
1990—Oneonta
1991—Jamestown
Playoff champions where applicable

234 • 1992 ALMANAC

emerged as Jamestown's best starter, and the most consistent in the NYP. He went 7-1 with a league-low 1.16 ERA. Reliever Heath Haynes, undrafted out of Western Kentucky, had a league-high 10 victories, 11 saves and 2.08 ERA. He also saved both games in Jamestown's sweep of Elmira.

Pittsfield finished the regular season with the league's best winning percentage (.662), but fell in the first round of the playoffs to Elmira.

Rodriguez In League By Himself

Elmira's Frank Rodriguez, Boston's top pick in the 1990 draft, stole the show when it came to rating the league's individual talent.

Rodriguez played shortstop and played it well despite objections from Red Sox officials who preferred that he use his powerful arm from the pitcher's mound. He was selected the league's top prospect in a Baseball America survey of NYP managers.

St. Catharines outfielder Robert Butler hit .337 and impressed NYP managers.

"Nothing against the rest of the players in this league, but as far as I'm concerned it was Rodriguez and then everyone else," said Pittsfield skipper Jim Thrift. "There is no better player at any position. He'll be playing shortstop in the major leagues in one year. You won't find an arm anywhere with a better combination of strength and accuracy."

1991 FINAL STANDINGS

McNAMARA EAST	W	L	PCT	GB	Manager
Pittsfield (Mets)	51	26	.662	—	Jim Thrift
Oneonta (Yankees)	42	35	.545	9	Jack Gillis
Utica (White Sox)	39	37	.513	11½	Mike Gellinger
Watertown (Indians)	27	50	.351	24	Gary Tuck
McNAMARA WEST	**W**	**L**	**PCT**	**GB**	**Manager**
Elmira (Red Sox)	47	30	.610	—	Dave Holt
Auburn (Astros)	38	39	.494	9	Steve Dillard
Batavia (Phillies)	38	40	.487	9½	Ramon Aviles
Geneva (Cubs)	35	43	.449	12½	Greg Mahlberg
STEDLER	**W**	**L**	**PCT**	**GB**	**Manager**
Jamestown (Expos)	51	27	.654	—	Ed Creech
Erie (Independent)	37	41	.474	14	Barry Moss
Niagara Falls (Tigers)	36	42	.462	15	Gary Calhoun
St. Catharines (Blue Jays)	35	42	.455	15½	Doug Ault
Hamilton (Cardinals)	35	42	.455	15½	Rick Colbert
Welland (Pirates)	30	47	.390	20½	Lee Driggers

PLAYOFFS: Jamestown defeated Erie 1-0 and Pittsfield defeated Elmira 1-0 in sudden-death semifinals; Jamestown defeated Pittsfield 2-0 in best-of-3 final for league championship.

REGULAR-SEASON ATTENDANCE: Elmira—79,414; Erie—70,546; Utica—70,150; Hamilton—69,872; Pittsfield—62,525; Niagara Falls—62,157; Watertown—58,394; Auburn—58,233; Oneonta—52,657; Batavia—43,247; Jamestown—40,276; Welland—37,476; Geneva—35,676; St. Catharines—35,562.

TOP PROSPECTS

1991 ALL-STAR TEAM
C—Mike Daniel, Jamestown; Jim Robinson, Geneva.
1B—Derrick White, Jamestown. **2B**—Rick Juday, Erie. **3B**—Rob Grable, Niagara Falls. **SS**—Frank Rodriguez, Elmira. **Util Inf**—Tim Flannelly, Oneonta.
OF—Robert Butler, St. Catharines; Lyle Mouton, Oneonta; Jim Austin, Jamestown; John Mabry, Hamilton.
DH—Eric Martinez, Auburn.
LHP—Mark Loughlin, Auburn; Brian Looney, Jamestown. **RHP**—Chris Davis, Elmira; Heath Haynes, Jamestown.

Rookie of the Year—Robert Butler, St. Catharines. **Manager of the Year**—Ed Creech, Jamestown.

Doug Glanville ... No. 2 prospect

TOP 10 PROSPECTS
(Selected by league managers for Baseball America)
1. Frank Rodriguez, ss, Elmira. **2.** Doug Glanville, of, Geneva. **3.** Robert Butler, of, St. Catharines. **4.** Allen Watson, lhp, Hamilton. **5.** Brian Looney, lhp, Jamestown. **6.** Derrick White, 1b, Jamestown. **7.** Lyle Mouton, of, Oneonta. **8.** Jon Farrell, of-c, Welland. **9.** Tim Flannelly, 3b, Oneonta. **10.** John Mabry, of, Hamilton.

The player who surprised most managers was St. Catharines outfielder Robert Butler, a speedy free agent signed by Toronto off of the Canadian national team. Butler got the nod as the third best prospect in the league after hitting .338, losing the batting title by .0001 to Erie's Rick Juday.

Juday, undrafted out of Michigan State, signed with the Sailors as a free agent. He didn't convince many people he was big league material despite his impressive average.

Expansion Delayed

With the National League adding expansion teams in Denver and Miami in 1993, expansion is almost certain to come to the New York-Penn League in 1992. Expansion plans, however, were still up in the air as the 1991 season drew to a close.

In the running for franchises: Niagara Falls, Ontario; Glens Falls, N.Y.; Ithaca, N.Y.; and Waterbury, Conn.

A stumbling block to expansion is Erie. In all likelihood, the NYP will probably have to find a player development contract for that city—and that won't be easy.

Two organizations (Baltimore and St. Louis) have deserted Erie in the past five years because of poor conditions at Ainsworth Field. No major league team is likely to come back to Erie until the stadium situation improves, or the club moves to a city which can provide adequate facilities.

1991 BATTING, PITCHING STATISTICS

CLUB BATTING

	AVG	G	AB	R	H	2B	3B	HR	BB	SO	SB
Jamestown	.266	78	2644	444	703	101	28	42	406	551	111
Pittsfield	.257	77	2600	437	668	108	23	19	409	503	93
Oneonta	.254	77	2541	426	646	113	30	46	364	583	65
Niagara Falls	.249	78	2557	377	636	109	14	27	367	541	77
Hamilton	.248	77	2573	345	639	130	13	32	301	535	92
Erie	.248	78	2700	400	669	138	12	60	322	632	83
Auburn	.247	77	2557	365	632	94	26	29	284	572	144
Elmira	.246	77	2559	359	629	115	19	59	296	557	77
Batavia	.242	78	2575	366	622	96	23	32	250	464	122
Welland	.238	77	2587	328	616	97	20	41	258	592	88
Utica	.237	76	2462	358	583	93	33	14	315	564	108
St. Catharines	.234	77	2465	344	578	111	13	43	307	483	107
Geneva	.234	78	2612	336	612	103	12	35	295	511	61
Watertown	.228	77	2553	297	583	94	14	30	301	604	99

CLUB PITCHING

	ERA	G	CG	SHO	SV	IP	H	R	ER	BB	SO
Elmira	3.09	77	5	5	24	682	577	314	234	259	579
Utica	3.37	76	6	5	17	652	579	341	244	301	545
Pittsfield	3.38	77	10	5	13	686	627	342	258	316	453
St. Catharines	3.53	77	6	5	17	668	641	354	262	267	561

	ERA	G	CG	SHO	SV	IP	H	R	ER	BB	SO
Hamilton	3.62	77	1	2	16	669	620	367	269	274	599
Geneva	3.64	78	7	4	12	692	693	355	280	236	530
Welland	3.69	77	0	5	19	673	621	382	276	396	602
Batavia	3.69	78	1	9	21	682	612	369	280	300	596
Auburn	3.82	77	2	4	22	674	641	382	286	311	515
Niagara Falls	3.83	78	2	7	17	662	612	376	282	343	537
Watertown	3.87	77	5	3	13	670	613	368	288	398	551
Jamestown	3.95	78	5	4	20	691	660	390	303	347	607
Erie	4.25	78	7	1	16	695	644	414	328	405	579
Oneonta	4.35	77	5	3	21	674	628	426	326	322	438

INDIVIDUAL BATTING LEADERS
(Minimum 211 Plate Appearances)

	AVG	G	AB	R	H	2B	3B	HR	RBI	BB	SO	SB
Juday, Rick, Erie	.338	74	302	59	102	19	0	8	45	39	48	7
*Butler, Robert, St. Catharines	.338	76	311	71	105	16	5	7	45	20	21	33
White, Derrick, Jamestown	.328	72	271	46	89	10	4	6	50	40	46	8
Austin, Jim, Jamestown	.326	71	258	59	84	13	5	8	52	55	44	10
*Campbell, Scott, Jamestown	.324	69	241	53	78	7	0	0	33	56	38	6
*Martinez, Eric, Auburn	.320	73	278	40	89	20	1	9	58	19	32	4
Mouton, Lyle, Oneonta	.309	70	272	53	84	11	2	7	41	31	38	14
O'Brien, John, Hamilton	.308	77	286	44	88	23	1	10	44	34	64	3
Cantu, Mike, Hamilton	.307	68	225	25	69	19	0	7	51	29	52	2
Grable, Rob, Niagara Falls	.303	73	251	48	76	18	2	7	48	47	55	2

INDIVIDUAL PITCHING LEADERS
(Minimum 62 Innings)

	W	L	ERA	G	GS	CG	SV	IP	H	R	ER	BB	SO
*Looney, Brian, Jamestown	7	1	1.16	11	11	2	0	62	42	12	8	28	64
Call, Mike, Utica	6	1	1.26	12	9	2	0	72	61	20	10	15	55
*Thomas, Larry, Utica	1	3	1.47	11	10	2	0	73	55	22	12	25	61
Carrara, Giovanni, St. Cath	5	2	1.61	15	13	2	0	90	66	26	16	21	83
Holman, Craig, Batavia	6	2	1.93	15	12	0	0	79	67	27	17	22	53
*Loughlin, Mark, Auburn	8	2	2.01	15	15	1	0	94	73	32	21	32	78
Davis, Chris, Elmira	9	3	2.19	18	16	0	1	99	91	35	24	23	65
*Henry, Jimmy, Niagara Falls	8	4	2.22	15	15	2	0	97	73	34	24	54	79
Kotes, Chris, St. Catharines	6	5	2.28	16	16	1	0	87	74	34	22	37	94
Henkel, Robert, Elmira	6	3	2.34	18	11	0	2	77	58	34	20	33	87

Cumulative Statistics, Multi-team Players

BATTING	AVG	G	AB	R	H	2B	3B	HR	RBI	BB	SO	SB
#Franklin, Micah, Pitt-Erie	.259	65	247	45	64	8	2	2	22	46	55	16

DEPARTMENT LEADERS

Rick Juday
... Leading hitter

James Mouton
... 60 steals

BATTING
R	Randy Curtis, Pittsfield	72
H	Robert Butler, St. Catharines	105
TB	Robert Butler, St. Catharines	152
2B	John O'Brien, Hamilton	23
3B	James Mouton, Auburn	10
HR	Two tied at	12
RBI	Mike Daniel, Jamestown	62
SH	Two tied at	9
SF	Tate Seefried, Oneonta	8
BB	Randy Curtis, Pittsfield	60
IBB	Three tied at	5
HBP	Kelvin Thomas, Erie	9
SO	Domingo Matos, Jamestown	72
SB	James Mouton, Auburn	60
CS	James Mouton, Auburn	18
OB%	Scott Campbell, Jamestown	.449
SL%	Jim Austin, Jamestown	.508

PITCHING
G	Two tied at	33
GS	Three tied at	16
CG	Four tied at	3
ShO	Three tied at	2
Sv	Cory Bailey, Elmira	15
W	Two tied at	10
L	Two tied at	9
IP	Ottis Smith, Pittsfield	103
H	Two tied at	105
R	Robert Ellis, Utica	66
ER	Andy Croghan, Oneonta	49
HR	Two tied at	12
BB	Joe Andrzejewski, Erie	65
HB	Glenn Coombs, Welland	13
SO	Mike Lynch, Erie	102
WP	Glenn Coombs, Erie	25
Bk	Rigo Beltran, Hamilton	12

NORTHWEST LEAGUE

Oops! Spokane Falls As Boise Wins Title

By GENE WARNICK

When the Northwest League's 1991 media guide came out at the start of the season, there was one noticeable mistake: the Spokane Indians were listed as 1991 champions. Of course, the season had yet to be played.

Considering Spokane had won four consecutive NWL titles and league publicist Janice Leip is a front-office employee of the Indians, it was viewed as an honest mistake.

But it did turn out to be a mistake.

The Indians finished with a 24-52 record, worst in the league, as the Boise Hawks rolled to their first NWL title.

The Hawks were led by the NWL's top pitching staff (3.21 ERA). Three of Boise's starters finished among the league leaders in ERA and the Hawks' bullpen was extraordinary.

Boise's Julian Heredia ... 8-1, 1.05

Middle reliever Julian Heredia, a 21-year-old in his third season of professional ball, changed his delivery from overhand to sidearm and dominated the league. He finished 8-1, sharing the NWL lead in victories and leading the circuit in ERA (1.05) and strikeouts (99).

Closer Troy Percival, who was converted from a catcher during the off-season, used his 95 mph fastball to lead the league with 12 saves. Percival was 2-0 with a 1.41 ERA. He struck out 63 and walked just 18 in 38 innings.

Late Surge Lifts Boise

With eight days left in the regular season, the Hawks returned home from 12 games in 13 days on the road. They were tied for first in the Southern Division with the Eugene Emeralds.

Things weren't looking especially good for the Hawks as top draft choices Eduardo Perez and Chris Pritchett combined to hit just .118 (6-for-51) on the 12-game trip, and the Emeralds were in Boise to open a six-game series. Six days later, the Hawks had a six-game lead as they swept the series with the Emeralds.

With a division title attained, the Hawks then swept the best-of-3 championship series from Yakima, defeating the Bears 7-1 in the opener in Yakima and 7-3 the next night in Boise.

"Our guys played perfect baseball," Boise manager Tom

LEAGUE CHAMPIONS

Last 25 Years
1967—Medford
1968—Tri-Cities
1969—Rogue Valley
1970—Lewiston
1971—Tri-Cities
1972—Lewiston
1973—Walla Walla
1974—Eugene
1975—Eugene
1976—Walla Walla
1977—Bellingham
1978—Grays Harbor
1979—Central Oregon
1980—*Bellingham
         *Eugene
1981—Medford
1982—Salem
1983—Medford
1984—Tri-Cities
1985—Everett
1986—Bellingham
1987—Spokane
1988—Spokane
1989—Spokane
1990—Spokane
1991—Boise

*co-champions
Playoff champions where applicable

Boise reliever Troy Percival, a converted catcher, used his 95 mph fastball to strike out 63 in 38 innings.

Kotchman said of his team's 10-game winning streak to close the season. "We got good pitching, good defense and timely hitting."

The Bears made it to the championship series on the strength of their league-leading .271 team batting average.

Yakima leadoff hitter Vernon Spearman finished among the league leaders with a .290 average and led the NWL with 56 stolen bases, 25 more than anyone else. First baseman Murph Proctor led the circuit with 61 RBIs.

The Bears opened a comfortable lead in the NWL's Northern Division early in the season and were never seriously threatened, finishing seven games ahead of Bellingham and Everett.

1991 FINAL STANDINGS

NORTH	W	L	PCT	GB	Manager
Yakima (Dodgers)	44	32	.579	—	Joe Vavra
Everett (Giants)	37	38	.493	6½	Rob Ellis, Mike Bubalo
Bellingham (Mariners)	36	39	.480	7½	Dave Myers
Spokane (Padres)	24	52	.316	20	Gene Glynn
SOUTH	**W**	**L**	**PCT**	**GB**	**Manager**
Boise (Angels)	50	26	.618	—	Tom Kotchman
Eugene (Royals)	42	34	.553	8	Tom Poquette
Southern Oregon (Athletics)	40	36	.526	10	Grady Fuson
Bend (Independent)	30	46	.395	20	Bill Stein

PLAYOFFS: Boise defeated Yakima 2-0 in best-of-3 final for league championship.

REGULAR-SEASON ATTENDANCE: Boise—132,611; Spokane—130,111; Eugene—130,039; Everett—89,906; Yakima—81,835; Southern Oregon—70,164; Bellingham—60,484; Bend—47,018.

Randa Misses Triple Crown

Eugene third baseman Joe Randa was selected the league's MVP after making a run at the triple crown. Randa finished third in the NWL in batting (.338) and was second in the league in home runs (11) and RBIs (59). Eugene's Tom Poquette was named manager of the year.

Southern Oregon outfielder Mike Neill went 2-for-3 on the last day of the season to edge Everett's Matt Brewer for the batting title. Neill finished at .350, Brewer at .347. Bend's Leon Glenn, a former triple crown winner in the Arizona League, led the NWL with 15 home runs.

Off the field, it was another banner year for the league, as seven of the eight teams reported attendance increases from the previous season.

The only team which had an attendance drop was Spokane, which had a 9-29 record at home and was one rainout shy of bettering the previous season's total. The Indians did attract 130,111 fans, second best in the league, and had three sellouts of 8,314 at the Interstate Fairgrounds Stadium.

Bellingham, Boise, Everett and Yakima all set season attendance records. In addition, Bellingham, Everett and Yakima set single-game records.

Southern Oregon's Mike Neill
. . . .350 average wins crown

DEPARTMENT LEADERS

Murph Proctor
. . . 61 RBIs

Leon Glenn
. . . 15 homers

BATTING

R	Vernon Spearman, Yakima	63
H	Joe Randa, Eugene	93
TB	Joe Randa, Eugene	150
2B	Murph Proctor, Yakima	25
3B	Two tied at	6
HR	Leon Glenn, Bend	15
RBI	Murph Proctor, Yakima	61
SH	Vernon Spearman, Yakima	7
SF	Craig Clayton, Bellingham	7
BB	Mark Sweeney, Boise	51
IBB	Murph Proctor, Yakima	7
HBP	Ray Jackson, Everett	12
SO	Leon Glenn, Bend	96
SB	Vernon Spearman, Yakima	56
CS	Tony Pritchett, Bend	13
OB%	Joe Randa, Eugene	.438
SL%	Matt Brewer, Everett	.569

PITCHING

G	Ken Grundt, Everett	29
GS	Lenny Ayres, Everett	16
CG	Ten tied at	1
ShO	Three tied at	1
Sv	Troy Percival, Boise	12
W	Five tied at	8
L	Joey Long, Spokane	9
IP	Lenny Ayres, Everett	98
H	Mike Boker, Bend	93
R	Mark Finney, Bend	62
ER	Mark Finney, Bend	46
HR	David Baumann, Yakima	11
BB	Bill Vanlandingham, Everett	79
HB	Mike Grohs, Spokane	15
SO	Julian Heredia, Boise	99
WP	Bill Vanlandingham, Everett	25
Bk	Shawn Estes, Bellingham	10

TOP PROSPECTS

1991 ALL-STAR TEAM
C—Frank Charles, Everett.
1B—Murph Proctor, Yakima. **2B**—Eddy Diaz, Bellingham. **3B**—Joe Randa, Eugene. **SS**—Brent Gates, Southern Oregon.
OF—Mike Neill, Southern Oregon; Matt Brewer, Everett; Mark Johnson, Eugene.
DH—Leon Glenn, Bend.
LHP—Mike Hampton, Bellingham. **RHP**—Julian Heredia, Boise. **LHRP**—Ken Grundt, Everett. **RHRP**—Troy Percival, Boise.

Most Valuable Player—Joe Randa, Eugene.
Manager of the Year—Tom Poquette, Eugene.

Joe Randa
... MVP

TOP 10 PROSPECTS
(Selected by league managers for Baseball America)
1. Troy Percival, rhp, Boise. 2. Joe Randa, 3b, Eugene. 3. Shawn Estes, lhp, Bellingham. 4. Brent Gates, ss, Southern Oregon. 5. Mike Neill, of, Southern Oregon. 6. Eduardo Perez, of, Boise. 7. Mike Hampton, lhp, Bellingham. 8. Gary Hust, of, Southern Oregon. 9. Todd Hollandsworth, of, Yakima. 10. Bill Vanlandingham, rhp, Everett.

1991 BATTING, PITCHING STATISTICS

CLUB BATTING

	AVG	G	AB	R	H	2B	3B	HR	BB	SO	SB
Yakima	.271	76	2611	473	707	134	13	43	362	551	117
Southern Oregon	.264	76	2629	429	695	118	24	42	364	643	90
Everett	.261	76	2554	383	667	134	22	37	275	586	83
Boise	.254	76	2615	436	664	115	15	33	402	507	70
Eugene	.250	76	2641	394	661	127	16	52	365	576	117
Bend	.243	76	2505	386	609	115	22	29	324	602	104
Spokane	.243	76	2557	365	621	97	16	21	330	624	144
Bellingham	.227	76	2526	288	574	93	10	37	276	619	76

CLUB PITCHING

	ERA	G	CG	SHO	SV	IP	H	R	ER	BB	SO
Boise	3.21	76	2	5	21	692	610	315	247	276	681
Bellingham	3.30	76	1	7	22	673	562	334	247	374	630
Yakima	3.81	76	0	4	20	677	615	356	287	330	684
Everett	3.86	76	1	3	19	660	617	396	283	360	570
Southern Oregon	3.89	76	3	4	18	681	640	397	294	322	592
Eugene	3.95	76	0	3	22	690	668	370	303	328	605
Bend	4.69	76	0	1	20	653	718	478	340	338	477
Spokane	5.50	76	3	0	13	667	768	508	408	370	469

INDIVIDUAL BATTING LEADERS
(Minimum 205 Plate Appearances)

	AVG	G	AB	R	H	2B	3B	HR	RBI	BB	SO	SB
*Neill, Mike, So. Oregon	.350	63	240	42	84	14	0	5	42	35	54	9
*Brewer, Matt, Everett	.347	68	239	48	83	21	1	10	48	35	38	4
Randa, Joe, Eugene	.338	72	275	53	93	20	2	11	59	46	29	6
Charles, Frank, Everett	.318	62	239	31	76	17	1	9	49	21	55	1
Turner, Ryan, Bend	.315	65	241	37	76	16	1	3	43	32	48	2
*Johnson, Mark, Eugene	.311	50	209	46	65	9	4	8	28	26	29	31
#Proctor, Murph, Yakima	.309	74	282	48	87	27	2	7	61	42	31	5
Jones, Dax, Everett	.306	53	180	42	55	5	6	5	29	27	26	15
Wolfe, Joel, So. Oregon	.303	59	251	49	76	17	3	2	34	25	28	19
*Spearman, Vernon, Yakima	.290	71	248	63	72	8	0	0	17	50	37	56

INDIVIDUAL PITCHING LEADERS
(Minimum 61 Innings)

	W	L	ERA	G	GS	CG	SV	IP	H	R	ER	BB	SO
Heredia, Julian, Boise	8	1	1.05	25	0	0	5	77	42	17	9	16	99
Vanderweele, Doug, Everett	6	4	1.97	15	15	0	0	87	73	42	19	35	65
Hamilton, Kenny, Yakima	7	4	2.68	14	14	0	0	84	73	35	25	22	67
Youngblood, Todd, Bell	5	5	2.75	15	15	0	0	95	82	41	29	40	84
Ayres, Lenny, Everett	8	5	2.85	16	16	1	0	98	85	46	31	46	74
Russell, Lagrande, Bell	6	7	2.93	15	15	0	0	95	85	48	31	43	77
Purdy, Shawn, Boise	8	4	3.01	15	15	1	0	96	87	37	32	27	78
Keling, Korey, Boise	6	2	3.04	15	14	0	1	83	71	31	28	30	96
Smith, Tim, So. Oregon	5	2	3.23	14	13	1	0	75	78	52	27	17	79
Ratekin, Mark, Boise	2	5	3.34	14	13	1	0	70	59	31	26	22	49

APPALACHIAN LEAGUE

Ramirez Shines On Field; Pulaski Wins Pennant

By ALAN SCHWARZ

At least the playoffs got back to how they used to be in the Appalachian League in 1991. After one year of determining its champion by the regular season standings, the league restaged a best-of-3 playoff and the Pulaski Braves came out on top.

Led by all-star first baseman Lance Marks, who hit .281 with 12 homers in the regular season, Pulaski swept Burlington to win the championship for the first time since 1986. Righthander Kevin Lomon won the final game after a superb season in which he went 6-0 with a 0.61 ERA. A late sign, he fell 10 innings short of qualifying for the league ERA title.

The Braves ran away with the Southern Division title with a league-best 45-23 record, finishing four games ahead of Johnson City.

Burlington's Manny Ramirez
. . . Impressive debut

Despite losing the series, Burlington boasted the best player in the league in outfielder Manny Ramirez. After being selected in the first round (13th overall) in the June draft, Ramirez led the league in all the triple-crown categories until the final weeks of the season. He won the home run (19) and RBI (63) titles, but finished third in the batting race behind Kingsport's Ricky Otero (.345) and Quilvio Veras (.336).

Ramirez, the league MVP, also was named the league's top prospect almost unanimously in a survey of managers. Otero finished third.

Johnson City had the most intriuging team in the league after its parent club, the St. Louis Cardinals, made six of the first 46 picks in the draft. The roster was highlighted by two first-round picks, third baseman Dmitri Young (No. 4 overall) and righthander Brian Barber (No. 22). Young, after batting .256 with two homers and 22 RBIs, was named the No. 2 prospect in the league at age 17. Barber suffered through a rough start but finished 4-6, 5.40 and rounded out the prospects' Top 10.

But it didn't stop there. Catcher Eddie Williams, a second-round pick in June, missed most of the season with a thumb injury but still impressed managers enough to be named the No. 4 prospect after batting .314. And outfielder Basil Shabazz, despite low numbers, displayed his phenomenal athletic ability. The 1991 third-rounder, considered the best athlete in the draft, was an all-state football player and basketball and track star

LEAGUE CHAMPIONS
Last 25 Years
1967—Bluefield
1968—Marion
1969—Pulaski
1970—Bluefield
1971—Bluefield
1972—Bristol
1973—Kingsport
1974—Bristol
1975—Johnson City
1976—Johnson City
1977—Kingsport
1978—Elizabethton
1979—Paintsville
1980—Paintsville
1981—Paintsville
1982—Bluefield
1983—Paintsville
1984—Elizabethton
1985—Bristol
1986—Pulaski
1987—Burlington
1988—Kingsport
1989—Elizabethton
1990—Elizabethton
1991—Pulaski
Playoff champions where applicable

1991 FINAL STANDINGS

NORTH	W	L	PCT	GB	Manager
Burlington (Indians)	40	27	.597	—	Dave Keller
Bluefield (Orioles)	36	31	.537	4	Gus Gil
Martinsville (Phillies)	27	41	.397	13½	Roly DeArmas
Princeton (Reds)	24	40	.375	14½	Sam Mejias
Huntington (Cubs)	25	42	.373	15	Steve Roadcap
SOUTH	**W**	**L**	**PCT**	**GB**	**Manager**
Pulaski (Braves)	45	23	.662	—	Randy Ingle
Johnson City (Cardinals)	40	26	.606	4	Chris Maloney
Elizabethton (Twins)	39	29	.574	6	Ray Smith
Kingsport (Mets)	36	31	.537	8½	Andre David
Bristol (Tigers)	22	44	.333	22	Juan Lopez

PLAYOFFS: Pulaski defeated Burlington 2-0 in best-of-3 final for league championship.

REGULAR-SEASON ATTENDANCE: Martinsville—72,703; Huntington—59,860; Burlington—57,613; Bluefield—55,373; Kingsport—31,721; Johnson City—31,442; Bristol—26,901; Princeton—25,203; Pulaski—24,656; Elizabethton—18,115.

TOP PROSPECTS

1991 ALL-STAR TEAM

C—Pedro Grifol, Elizabethton.
1B—Lance Marks, Pulaski. **2B**—Quilvio Veras, Kingsport. **3B**—Andy Bruce, Johnson City. **SS**—Manny Jiminez, Pulaski. **Util Inf**—Ken Arnold, Huntington.
OF—Ricky Otero, Kingsport; Manny Ramirez, Burlington; Clayton Byrne, Bluefield. **Util OF**—Don Robinson, Pulaski.
DH—Tom Mezzanotte, Bristol.
LHP—David Sartain, Elizabethton. **RHP**—Kevin Lomon, Pulaski. **RP**—Chris Lemp, Bluefield.

Most Valuable Player—Manny Ramirez, Burlington. **Manager of the Year**—Ray Smith, Elizabethton.

Andy Bruce
... All-star 3B

TOP 10 PROSPECTS

(Selected by league managers for Baseball America)
1. Manny Ramirez, of, Burlington. 2. Dmitri Young, 3b, Johnson City. 3. Ricky Otero, of, Kingsport. 4. Eddie Williams, c, Johnson City. 5. Calvin Reese, ss, Princeton. 6. David Sartain, lhp, Elizabethton. 7. Don Robinson, of, Pulaski. 8. Pedro Grifol, c, Elizabethton. 9. Lance Marks, 1b, Pulaski. 10. Brian Barber, rhp, Johnson City.

at Pine Bluff (Ark.) High.

The Princeton club, which in 1990 had been a co-op franchise with mostly Philadelphia Phillies supplied players, finished 24-40 in its first season of being affiliated with the Cincinnati Reds.

1991 BATTING, PITCHING STATISTICS

CLUB BATTING

	AVG	G	AB	R	H	2B	3B	HR	BB	SO	SB
Pulaski	.255	68	2281	352	582	107	19	31	244	573	134
Bluefield	.254	67	2198	329	559	99	14	37	240	518	78
Johnson City	.249	66	2147	352	534	128	16	34	297	498	64
Kingsport	.242	67	2135	307	517	88	21	29	215	478	101
Martinsville	.236	68	2236	299	527	87	11	26	261	584	64
Burlington	.234	67	2230	332	521	88	20	48	302	514	75
Elizabethton	.229	68	2201	316	505	102	15	47	245	545	107
Princeton	.221	64	2128	238	470	71	21	17	193	520	53
Huntington	.218	67	2224	248	485	65	17	18	233	567	85
Bristol	.208	66	2056	225	427	63	10	27	256	639	84

CLUB PITCHING

	ERA	G	CG	SHO	SV	IP	H	R	ER	BB	SO
Elizabethton	2.84	68	11	4	12	583	494	270	184	245	602
Bluefield	3.12	67	2	4	22	581	516	272	201	247	587
Kingsport	3.12	67	11	0	20	555	468	265	192	191	486
Pulaski	3.20	68	4	8	20	597	446	266	212	319	628
Burlington	3.30	67	2	6	19	600	515	279	220	242	605
Johnson City	3.55	66	7	6	18	570	465	273	225	212	564
Princeton	3.79	64	8	5	12	560	494	321	236	290	509

DEPARTMENT LEADERS

Ricky Otero
... Top hitter

David Sartain
... 9 wins

BATTING
R	Quilvio Veras, Kingsport	54
H	Ricardo Otero, Kingsport	81
TB	Manny Ramirez, Burlington	146
2B	Darrel Deak, Johnson City	23
3B	Manny Jiminez, Pulaski	7
HR	Manny Ramirez, Burlington	19
RBI	Manny Ramirez, Burlington	63
SH	Two tied at	7
SF	Ricardo Otero, Kingsport	6
BB	Steve Hazlett, Elizabethton	63
IBB	Three tied at	5
HBP	Two tied at	12
SO	Andre Johnson, Pulaski	69
SB	Two tied at	38
CS	Clayton Byrne, Bluefield	17
OB%	Eric Alexander, Bluefield	.446
SL%	Manny Ramirez, Burlington	.679

PITCHING
G	Two tied at	26
GS	Two tied at	14
CG	Adrian Sanchez, Huntington	5
ShO	Fifteen tied at	1
Sv	Jerry Santos, Johnson City	13
W	David Sartain, Elizabethton	9
L	Terry Adams, Huntington	9
IP	Adrian Sanchez, Huntington	105
H	Adrian Sanchez, Huntington	95
R	Terry Adams, Huntington	56
ER	Brian Barber, Johnson City	44
HR	Five tied at	7
BB	Eric Lairsey, Pulaski	64
HB	Todd Fiegel, Kingsport	12
SO	Eddie Guardado, Elizabethton	106
WP	Armando Morales, Princeton	13
Bk	Rafael Pina, Elizabethton	10

	ERA	G	CG	ShO	SV	IP	H	R	ER	BB	SO
Martinsville	3.81	68	2	6	10	578	562	323	245	199	467
Huntington	3.86	67	9	3	13	597	620	366	256	244	468
Bristol	4.33	66	1	2	14	561	547	363	270	297	520

INDIVIDUAL BATTING LEADERS
(Minimum 184 Plate Appearances)

	AVG	G	AB	R	H	2B	3B	HR	RBI	BB	SO	SB
#Otero, Ricardo, Kingsport	.345	66	235	47	81	16	3	7	52	35	32	12
#Veras, Quilvio, Kingsport	.336	64	226	54	76	11	4	1	16	36	28	38
Ramirez, Manny, Burlington	.326	59	215	44	70	11	4	19	63	34	41	7
Byrne, Clayton, Bluefield	.321	54	221	39	71	9	4	3	25	18	38	8
#Mezzanotte, Tom, Bristol	.304	56	168	23	51	10	0	6	25	17	24	1
#Deak, Darrel, Johnson City	.302	66	215	43	65	23	2	9	33	42	44	1
#Hawkins, Craig, Elizabethton	.290	64	259	50	75	14	6	5	30	16	53	39
*Maxwell, Pat, Bristol	.289	45	166	41	48	8	4	1	12	26	15	7
*Radziewicz, Doug, JC	.289	62	201	31	58	15	2	4	28	25	18	1
*Larson, Danny, Martinsville	.287	56	188	26	54	9	3	2	28	16	45	6

INDIVIDUAL PITCHING LEADERS
(Minimum 54 Innings)

	W	L	ERA	G	GS	CG	SV	IP	H	R	ER	BB	SO
Jones, Steve, Johnson City	3	4	1.47	24	5	1	2	61	42	16	10	16	61
Gilmore, Joel, Martinsville	4	3	1.53	11	9	0	0	59	45	16	10	14	51
*Jacome, Jason, Kingsport	5	4	1.63	12	7	3	2	55	35	18	10	13	48
*Guardado, Eddie, Eliz	8	4	1.86	14	13	3	0	92	67	30	19	31	106
*Krivda, Rick, Bluefield	7	1	1.88	15	8	0	1	67	48	20	14	24	79
*Fiegel, Todd, Kingsport	5	4	2.04	11	11	2	0	66	45	20	15	25	90
DeSantis, Dom, Martinsville	6	6	2.19	12	12	0	0	78	64	34	19	14	55
*Coulter, Chris, Bristol	4	4	2.30	12	7	0	1	63	49	16	16	18	49
*Sartain, David, Elizabethton	9	4	2.34	14	14	1	0	85	56	29	22	45	95
Jarvis, Kevin, Princeton	5	6	2.42	13	13	4	0	86	73	34	23	29	79

Cumulative Statistics, Multi-team Players

PITCHING	W	L	ERA	G	GS	CG	SV	IP	H	R	ER	BB	SO
*Perpetuo, Nelson, Bris-King	0	5	6.86	14	0	0	1	21	29	18	16	6	17

244 • 1992 ALMANAC

PIONEER LEAGUE

Salt Lake Turns Tables On Arch-Rival Dodgers

By ALLAN SIMPSON

One of the best—and most bitter—rivalries in the minor leagues again took center stage in the Pioneer League in 1991, as Salt Lake City and Great Falls met for the league title for the second straight year.

This time, Salt Lake won, beating the three-time defending champion Dodgers 2-1 in an abbreviated three-game series.

Between them, the two teams have won the last seven Pioneer League championships. Salt Lake, which has operated successfully without a player development contract, won from 1985-87, before Great Falls began its own three-year hold. The Dodgers beat the Trappers in three straight games in 1990.

In 1991, the league's championship series was mysteriously reduced to a best-of-3 format, reportedly at the behest of the Los Angeles Dodgers. That set off the usual war of words between the two foes.

Rick Hirtensteiner
. . . Second chance

"I think it had something to do with the depth of our pitching staff," zinged Van Schley, the Trappers director of player personnel.

The Trappers won the deciding game of the series, 2-1, as catcher David Rolls stroked a two-out, two-run double in the seventh inning to break a scoreless tie. Reliever John Gilligan, the league's ERA leader, squashed a ninth-inning rally by striking out Frank Smith to end the game.

A team built from castoffs and free agents bypassed in the draft, the Trappers played at a .700 clip in 1991, marking the fifth straight year the league champion had won at least 70 percent of its games. The team's top player was outfielder Rick Hirtensteiner, 23, who joined the Trappers after being released by California.

Hirtensteiner hit .356 and led the league in a number of offensive categories. He was also the team's inspirational leader.

"I really don't know why (the Angels) released him," said Trappers manager Nick Belmonte. "As a hitter he can drive the ball and he probably hits the ball hard in 70 or 80 percent of his at-bats. Defensively, he gets to everything in center field. What I see and what I hope younger players see is his work ethic. They'll see that it can pay off."

Hirtensteiner and Gilligan were among five players sold to the Montreal Expos immediately after the season.

LEAGUE CHAMPIONS

Last 25 Years

1967—Ogden
1968—Ogden
1969—Ogden
1970—Idaho Falls
1971—Great Falls
1972—Billings
1973—Billings
1974—Idaho Falls
1975—Great Falls
1976—Great Falls
1977—Lethbridge
1978—Billings
1979—Lethbridge
1980—Lethbridge
1981—Butte
1982—Medicine Hat
1983—Billings
1984—Helena
1985—Salt Lake City
1986—Salt Lake City
1987—Salt Lake City
1988—Great Falls
1989—Great Falls
1990—Great Falls
1991—Salt Lake City
Playoff champions where applicable

1991 FINAL STANDINGS

NORTH	W	L	PCT	GB	Manager
Great Falls (Dodgers)	46	24	.657	—	Glenn Hoffman
Helena (Brewers)	44	26	.629	2	Harry Dunlop
Billings (Reds)	25	44	.362	20½	P.J. Carey
Medicine Hat (Blue Jays)	24	45	.348	21½	J.J. Cannon

SOUTH	W	L	PCT	GB	Manager
Salt Lake (Independent)	49	21	.700	—	Nick Belmonte
Idaho Falls (Braves)	39	30	.565	9½	Steve Curry
Butte (Rangers)	29	41	.414	20	Dick Egan
Pocatello (Independent)	21	46	.313	26½	Rich Morales

PLAYOFFS: Salt Lake City defeated Great Falls 2-1 to win best-of-3 final for league championship.

REGULAR-SEASON ATTENDANCE: Salt Lake City—200,599; Billings—80,242; Great Falls—79,176; Idaho Falls—71,292; Helena—31,187; Butte—29,684; Pocatello—25,468; Medicine Hat—14,722.

Salt Lake also enjoyed another banner year at the box office. For the third year in a row, Salt Lake established an attendance record for short-season clubs. The club drew 200,599, breaking its record of 192,366 set in 1990.

Great Falls was not the dominant team it had been in the recent past and that stemmed in large part because of the new Professional Baseball Agreement which limited the number of college-aged players that teams in Rookie leagues were permitted to dress. Salt Lake, as an independent, was exempt from the ruling and fielded an older team.

The Dodgers still had four of the league's 10 best prospects, as determined by a poll of managers.

Two first-round draft picks played in the league in 1991: Helena lefthander Tyrone Hill, who struck out 76 in 60 innings, and Butte shortstop Benji Gil. Hill was voted the league's top prospect.

DEPARTMENT LEADERS

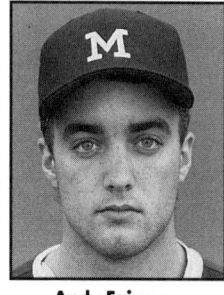

Andy Fairman
...Leading hitter

BATTING
R	Rick Hirtensteiner, Salt Lake	77
H	Rick Hirtensteiner, Salt Lake	105
TB	Rick Hirtensteiner, Salt Lake	166
2B	Benny Castillo, Salt Lake	29
3B	Rick Hirtensteiner, Salt Lake	8
HR	Rick Hirtensteiner, Salt Lake	11
RBI	Rick Hirtensteiner, Salt Lake	71
SH	Scott Snead, Billings	5
SF	David Rolls, Salt Lake	6
BB	Two tied at	48
IBB	Benny Castillo, Salt Lake	4
HBP	Lanny Williams, Butte	12
SO	Erik Zammarchi, Great Falls	69
SB	Terry Robinson, Pocatello	31
CS	Terrell Lowery, Butte	12
OB%	Andy Fairman, Helena	.463
SL%	Rick Hirtensteiner, Salt Lake	.563

Brad Woodall
...11 saves

PITCHING
G	Lance Schuermann, Butte	30
GS	Kevin McDonald, Salt Lake	15
CG	Albert Montoya, Medicine Hat	5
ShO	Kevin McDonald, Salt Lake	3
Sv	Brad Woodall, Idaho Falls	11
W	Three tied at	8
L	Chris Ermis, Medicine Hat	8
IP	Larry Winawer, Helena	92
H	Jayson Meyer, Pocatello	104
R	Three tied at	63
ER	Steve Patterson, Pocatello	58
HR	Jayson Meyer, Pocatello	10
BB	Scott Dodd, Billings	64
HB	Rob Callistro, Pocatello	10
SO	Mark Stephens, Salt Lake	89
WP	Chris Ermis, Medicine Hat	16
Bk	Derek Atwood, Pocatello	12

TOP PROSPECTS

1991 ALL-STAR TEAM
C—Ken Huckaby, Great Falls.
1B—Andy Fairman, Helena. **2B**—Dario Paulino, Idaho Falls. **3B**—Jeff Cirillo, Helena. **SS**—Tony Graffagnino, Idaho Falls.
OF—Rick Hirtensteiner, Salt Lake; Kevin Grijak, Idaho Falls; Terrell Lowery, Butte.
DH—D.J. Boston, Medicine Hat.
P—Jake Botts, Great Falls; Tyrone Hill, Helena; Brad Woodall, Idaho Falls.

Manager of the Year— P.J. Carey, Billings.

TOP 10 PROSPECTS
(Selected by managers for Baseball America)

Tyrone Hill . . . No. 1 prospect

1. Tyrone Hill, lhp, Helena. 2. Terrell Lowery, of, Butte. 3. Henry Blanco, 3b, Great Falls. 4. Willie Otanez, ss, Great Falls. 5. Benji Gil, ss, Butte. 6. Johnny Walker, of, Idaho Falls. 7. Robert Mejia, 2b, Great Falls. 8. Michael Taylor, lhp, Medicine Hat. 9. Rick Gorecki, rhp, Great Falls. 10. LaRue Baber, of, Helena.

1991 BATTING, PITCHING STATISTICS

CLUB BATTING

	AVG	G	AB	R	H	2B	3B	HR	BB	SO	SB
Idaho Falls	.304	69	2477	483	752	127	19	59	281	468	89
Salt Lake	.302	70	2419	507	731	124	29	34	368	436	91
Helena	.293	70	2433	464	713	129	15	50	320	436	66
Pocatello	.279	67	2257	338	629	93	23	18	210	523	111
Great Falls	.272	70	2386	421	648	104	26	44	306	495	75
Butte	.269	70	2379	435	641	109	26	52	258	574	121
Medicine Hat	.261	69	2263	351	591	89	11	25	261	473	86
Billings	.236	69	2294	307	541	96	12	34	239	530	82

CLUB PITCHING

	ERA	G	CG	SHO	SV	IP	H	R	ER	BB	SO
Salt Lake	3.68	70	8	6	19	611	631	323	250	189	532
Great Falls	3.89	70	2	6	18	618	568	347	267	261	612
Helena	3.92	70	12	4	17	613	581	331	267	274	491
Billings	4.59	69	5	3	13	594	601	400	303	288	405
Medicine Hat	4.89	69	9	3	9	573	650	411	311	262	397
Idaho Falls	5.51	69	0	1	17	612	740	487	375	271	574
Butte	5.77	70	4	1	13	607	762	513	389	331	468
Pocatello	6.30	67	2	2	12	571	713	494	400	317	456

INDIVIDUAL BATTING LEADERS
(Minimum 189 Plate Appearances)

	AVG	G	AB	R	H	2B	3B	HR	RBI	BB	SO	SB
*Fairman, Andy, Helena	.373	70	268	57	100	22	1	8	62	48	27	3
Paulino, Dario, Idaho Falls	.371	64	240	39	89	12	1	1	38	18	39	3
Basse, Mike, Helena	.367	55	218	55	80	15	4	3	26	29	43	16
Wong, Kevin, Pocatello	.365	56	203	35	74	13	2	1	41	19	27	7
*Hirtensteiner, Rick, SLC	.356	70	295	77	105	12	8	11	71	36	45	20
Cirillo, Jeff, Helena	.350	70	286	60	100	16	2	10	51	31	28	3
Garrigan, Pat, Pocatello	.348	50	178	33	62	10	4	1	33	20	30	5
Graffagnino, Anthony, IF	.347	66	274	53	95	16	4	4	56	27	37	19
*Grijak, Kevin, Idaho Falls	.337	52	202	33	68	9	1	10	58	16	15	4
*Therrien, Dominic, IF	.327	53	223	48	73	15	0	6	37	21	38	10

INDIVIDUAL PITCHING LEADERS
(Minimum 56 Innings)

	W	L	ERA	G	GS	CG	SV	IP	H	R	ER	BB	SO
Gilligan, John, SLC	6	1	1.71	25	0	0	6	63	46	15	12	13	78
*Stephens, Mark, SLC	6	3	2.43	18	8	4	0	78	51	30	21	20	89
Botts, Jake, Great Falls	5	3	2.47	13	13	0	0	73	43	21	20	43	83
Souza, Brian, Helena	8	2	3.04	14	14	2	0	83	80	35	28	34	70
McDonald, Kevin, SLC	7	1	3.05	15	15	3	0	83	84	36	28	32	85
*Farnsworth, Ross, Great Falls	8	3	3.09	13	13	0	0	76	65	35	26	27	69
*Taylor, Michael, Medicine Hat	6	4	3.11	14	10	2	0	75	70	37	26	34	58
*Hill, Tyrone, Helena	4	2	3.15	11	11	0	0	60	43	27	21	35	76
McClain, Charles, Billings	5	7	3.38	15	12	2	0	80	63	47	30	51	62
Reeves, Dru, Billings	4	3	3.47	12	11	2	0	62	61	42	24	31	33

Cumulative Statistics, Multi-team Players

BATTING

	AVG	G	AB	R	H	2B	3B	HR	RBI	BB	SO	SB
Andrea, Leroy, Poc-Hel	.215	43	144	23	31	7	0	6	24	13	34	4

ARIZONA LEAGUE

New Age Limit Helps A's Dethrone Brewers

By ALLAN SIMPSON

For the first time since the league's inception in 1988, the Arizona League had a champion other than the Brewers in 1991. The Athletics finished on top, five games ahead of the second-place Brewers.

In the three previous years, the Brewers had sent an older and more experienced team to the complex-based league, but the new Professional Baseball Agreement, which limited to six the number of players 19 and older teams were permitted to use, adversely affected the Brewers.

Two obscure products from the college ranks dominated the league in 1991.

Cardinals handyman Steve Cerio, a 42nd-round draft pick who played every position but second base and pitcher, led the league in hits (80), total bases (125), home runs (9) and RBIs (47). He was second in the batting race, at .359.

Mariners righthander George Glinatsis, a 32nd-round pick, led the league in wins (10), ERA (2.19) and strikeouts (80).

The league added a new club in 1991, the Giants, whose .233 winning percentage was the poorest in professional baseball.

TOP PROSPECTS

1991 ALL-STAR TEAM
C—Jim Bonnici, Mariners. **1B**—David Mowry, Padres. **2B**—Lino Connell, Angels. **3B**—Jason Imperial, Brewers. **SS**—Manuel Cora, Padres. **OF**—Howard House, Brewers; Dennis McCaffery, Angels; Luinis Aracena, Athletics. **DH**—Steve Cerio, Cardinals. **LHP**—Mike Hancock, Brewers. **RHP**—George Glinatsis, Mariners. **LHRP**—Charles O'Laughlin, Brewers. **RHRP**—Troy Koneman, Cardinals.

Most Valuable Player—Howard House, Brewers. **Manager of the Year**—Dickie Scott, Athletics.

George Glinatsis
... ERA leader

TOP 5 PROSPECTS
(Selected by league managers for Baseball America)
1. Manuel Cora, ss-3b, Padres. 2. Fausto Cruz, ss, Athletics. 3. Marcus Jensen, c, Giants. 4. Mike Hancock, lhp, Brewers. 5. Mike Rossiter, rhp, Athletics.

DEPARTMENT LEADERS

BATTING			PITCHING		
R	Luinis Aracena, Athletics	58	G	Two tied at	28
H	Steve Cerio, Cardinals	80	GS	Ryan Smith, Mariners	13
TB	Steve Cerio, Cardinals	125	CG	Ryan Smith, Mariners	2
2B	Two tied at	16	ShO	None	
3B	Lino Connell, Angels	10	Sv	Troy Koneman, Cardinals	16
HR	Steve Cerio, Cardinals	9	W	George Glinatsis, Mariners	10
RBI	Steve Cerio, Cardinals	47	L	Four tied at	6
SH	Two tied at	6	IP	Ryan Smith, Mariners	75
SF	Two tied at	7	H	Jim Marchesi, Cardinals	89
BB	Rob Leary, Athletics	51	R	Byron Browne, Brewers	65
IBB	Three tied at	3	ER	Byron Browne, Brewers	52
HBP	Alan Robinson, Cardinals	8	HR	Six tied at	4
SO	Chad Bieri, Brewers	66	BB	Byron Browne, Brewers	67
SB	Renaldo Bullock, Mariners	35	HB	Ryan Smith, Mariners	11
CS	Bolivar Rivera, Giants	11	SO	George Glinatsis, Mariners	80
OB%	Jim Bonnici, Mariners	.468	WP	George Glinatsis, Mariners	17
SL%	Steve Cerio, Cardinals	.563	Bk	Two tied at	8

1991 FINAL STANDINGS

	W	L	PCT	GB	Manager
Athletics	39	21	.650	—	Dickie Scott
Brewers	34	26	.567	5	Wayne Krenchicki
Mariners	33	27	.550	6	Myron Pines
Padres	31	29	.517	8	Ken Berry
Cardinals	29	30	.492	9½	Keith Champion
Angels	29	30	.492	9½	Bill Lachemann
Giants	14	46	.233	25	Nelson Rood

PLAYOFFS: None.

1991 BATTING, PITCHING STATISTICS

CLUB BATTING

	AVG	G	AB	R	H	2B	3B	HR	BB	SO	SB
Brewers	.293	60	2095	442	614	69	40	23	327	408	72
Mariners	.286	60	2088	403	597	64	28	7	304	401	156
Padres	.283	59	2046	386	579	71	24	27	212	419	128
Athletics	.270	59	2012	411	544	65	17	15	333	364	84
Angels	.265	59	2023	357	536	62	39	10	314	449	62
Cardinals	.262	59	2044	351	535	84	22	27	287	426	56
Giants	.238	60	2011	296	479	79	17	9	301	496	93

CLUB PITCHING

	ERA	G	CG	SHO	SV	IP	H	R	ER	BB	SO
Athletics	4.27	59	1	3	16	516	475	334	245	302	422
Mariners	4.30	60	2	2	8	527	566	368	252	302	412
Angels	4.61	59	2	0	10	514	530	353	263	286	434
Brewers	4.80	60	4	0	12	525	523	376	280	319	461
Padres	4.89	59	1	3	16	514	551	376	279	293	406
Cardinals	5.42	59	0	0	17	525	611	394	316	247	460
Giants	6.14	60	0	0	5	522	628	445	356	329	368

INDIVIDUAL BATTING LEADERS
(Minimum 151 Plate Appearances)

	AVG	G	AB	R	H	2B	3B	HR	RBI	BB	SO	SB
Stefanski, Michael, Brewers	.364	56	206	43	75	5	5	0	43	22	21	3
Cerio, Steve, Cardinals	.359	56	223	44	80	16	1	9	48	28	32	4
*Keene, Andre, Giants	.348	44	138	30	48	11	2	1	30	33	25	12
#Cora, Manuel, Padres	.347	49	199	38	69	8	5	0	32	17	27	12
Imperial, Jason, Brewers	.341	33	129	38	44	8	5	0	33	23	25	0
#Cabrera, Juan, Athletics	.340	41	156	41	53	5	2	3	40	13	23	20
Aracena, Luinis, Athletics	.335	56	212	58	71	6	6	0	24	41	40	12
Bonnici, Jim, Mariners	.331	51	178	36	59	2	4	0	38	44	31	8
*Robertson, Tommy, Mariners	.331	34	142	28	47	3	5	2	30	10	11	8
*House, Howard, Brewers	.330	55	209	54	69	8	8	6	45	38	45	9

INDIVIDUAL PITCHING LEADERS
(Minimum 48 Innings)

	W	L	ERA	G	GS	CG	SV	IP	H	R	ER	BB	SO
Glinatsis, George, Mariners	10	2	2.19	12	12	0	0	74	63	35	18	32	80
Hernandez, Charlie, Giants	3	3	2.37	16	4	0	0	49	44	16	13	25	26
Lowe, Derek, Mariners	5	3	2.41	12	12	0	0	71	58	26	19	21	60
Rutter, Samuel, Brewers	5	2	3.28	11	8	1	0	58	45	34	21	25	58
Millay, Keith, Athletics	6	1	3.43	17	8	0	0	60	32	29	23	48	69
Busby, Mike, Cardinals	4	3	3.51	11	11	0	0	59	67	35	23	29	71
Loiselle, Richard, Padres	2	3	3.52	12	12	0	0	61	72	40	24	26	47
Zurn, Ricky, Brewers	4	3	3.53	9	9	0	0	51	34	26	20	27	49
Paulino, Angel, Mariners	3	3	3.60	14	12	0	0	65	65	35	26	29	41
Smith, Chad, Cardinals	3	2	3.72	14	10	0	0	68	67	39	28	11	54

GULF COAST LEAGUE

Changing Face Of GCL Has Expos As Champs

By ALLAN SIMPSON

Once a tightly-knit unit concentrated in the Tampa-St. Petersburg area of Florida, the complex-based Gulf Coast League continued to see its boundaries expand in 1991 with the Twins moving their entry south to their spring-training base in Fort Myers.

That necessitated branching the league off into three divisions, with little and in some cases no interdivisional play because of the league's restriction on travel. The four teams in the Northern Division, based in Baseball City, Kissimmee and Winter Haven, played no outside games.

The Expos, champions of the Central Division, won the league title, defeating the Orioles, Southern Division winners and the team with the best overall record, in a best-of-3 final. That broke a run of six straight years that the league champion had been either the Yankees or Dodgers.

1991 FINAL STANDINGS

NORTH	W	L	PCT	GB	Manager
Red Sox	33	27	.550	—	Felix Maldonado
Royals	31	29	.517	2	Bob Herold
Dodgers	29	31	.483	4	Ivan DeJesus
Astros	27	33	.450	6	Julio Linares
CENTRAL	**W**	**L**	**PCT**	**GB**	**Manager**
Expos	32	28	.533	—	Keith Snider
White Sox	30	29	.508	1½	Jaime Garcia
Pirates	30	29	.508	1½	Woody Huyke
Braves	30	29	.508	1½	Jim Saul
Yankees	27	32	.458	4½	Ken Dominguez
SOUTH	**W**	**L**	**PCT**	**GB**	**Manager**
Orioles	35	24	.593	—	Ed Napoleon
Blue Jays	31	28	.525	4	Omar Malave
Rangers	30	29	.508	5	Chino Cadahia
Twins	27	33	.450	8½	Dan Rohn
Mets	24	35	.407	11	Junior Roman

PLAYOFFS: Expos defeated Red Sox 1-0 in sudden-death semifinal; Expos defeated Orioles 2-1 in best-of-3 final for league championship.

TOP PROSPECTS

1991 ALL-STAR TEAM
C—Yobanne Deleon, Royals. **1B**—Joe Calder, Pirates. **2B**—Edgardo Alfonzo, Mets. **3B**—Elston Hansen, Yankees. **SS**—Keith LeGree, Twins.
OF—Duane Thomas, Orioles; Angel Dotel, Dodgers; Abdiel Cumberbatch, Yankees.
SP—Rich Forney, Orioles. **RP**—Bob Adkins, Blue Jays.

Manager of the Year—Ed Napoleon, Orioles.

TOP 10 PROSPECTS
(Selected by league managers for Baseball America)

Cliff Floyd
. . . No. 1 prospect

1. Cliff Floyd, 1b, Expos. 2. Elston Hansen, 3b, Yankees. 3. Carlos Subero, ss, Royals. 4. Joe Calder, 1b, Pirates. 5. Alex Ochoa, of, Orioles. 6. Vince Moore, of, Braves. 7. Alex Gonzalez, ss, Blue Jays. 8. Mike Bovee, rhp, Royals. 9. Jamie Ogden, 1b, Twins. 10. Ron Mahay, of, Red Sox.

DEPARTMENT LEADERS

BATTING

R	Elston Hansen, Yankees	45
H	Elston Hansen, Yankees	68
TB	Marlo Nava, Twins	97
2B	Michael Hardge, Expos	17
3B	Four tied at	7
HR	Duane Thomas, Orioles	10
RBI	Joe Calder, Pirates	45
SH	Three tied at	5
SF	Joe Calder, Pirates	8
BB	Tony Ferreira, Red Sox	49
IBB	Four tied at	2
HBP	Dan Collier, Red Sox	14
SO	Juan Batista, Expos	72
SB	Abdiel Cumberbatch, Yankees	44
CS	Two tied at	10
OB%	Elston Hansen, Yankees	.441
SL%	Duane Thomas, Orioles	.524

PITCHING

G	Jose Correa, Twins	27
GS	Harry Muir, Blue Jays	14
CG	Pedro Belmonte, Mets	4
ShO	Fifteen tied at	1
Sv	Rob Adkins, Blue Jays	10
W	Three tied at	7
L	Three tied at	6
IP	Harry Muir, Blue Jays	85
H	Three tied at	73
R	Ricky Clelland, Expos	45
ER	Ricky Clelland, Expos	38
HR	Pedro Belmonte, Mets	5
BB	Ricky Clelland, Expos	48
HB	Neil Stevens, Twins	8
SO	Mike Bovee, Royals	76
WP	Ricky Clelland, Expos	22
Bk	Three tied at	6

1991 BATTING, PITCHING STATISTICS

CLUB BATTING

	AVG	G	AB	R	H	2B	3B	HR	BB	SO	SB
Pirates	.267	59	1954	278	522	70	8	8	165	334	156
Royals	.259	59	1916	262	497	58	19	7	205	390	80
Dodgers	.257	60	1928	272	495	72	19	2	207	440	92
Yankees	.253	60	2043	286	516	75	9	8	243	432	109
Astros	.250	60	1886	227	472	51	21	7	147	379	106
Twins	.247	60	1872	260	462	68	37	13	191	388	100
Braves	.246	60	2002	271	492	77	25	10	176	429	72
Orioles	.245	60	1915	283	470	77	23	15	276	433	85
Rangers	.245	59	1945	233	476	90	26	15	142	370	79
Red Sox	.242	60	1935	299	468	60	21	20	269	418	73
Expos	.233	60	1948	276	453	79	22	18	201	477	117
White Sox	.226	59	1982	251	448	57	9	7	181	448	92
Blue Jays	.222	60	1897	213	421	79	28	12	149	421	57
Mets	.212	60	1816	222	385	61	19	4	199	429	93

CLUB PITCHING

	ERA	G	CG	ShO	SV	IP	H	R	ER	BB	SO
White Sox	2.78	59	2	5	13	522	430	234	161	178	496
Rangers	2.89	59	0	5	21	508	408	218	163	191	448
Orioles	2.97	59	4	5	10	493	404	230	163	204	437
Blue Jays	3.02	60	4	5	15	504	455	230	169	194	377
Yankees	3.10	60	3	2	10	526	504	281	181	166	440
Red Sox	3.23	60	7	6	12	501	507	245	180	142	338
Dodgers	3.36	60	4	4	13	498	476	256	186	204	425
Pirates	3.40	59	3	4	10	501	481	252	189	166	397
Twins	3.46	60	3	2	11	497	463	258	191	192	395
Royals	3.49	60	5	6	14	495	473	256	192	204	421
Mets	3.50	60	13	3	15	489	469	277	190	188	382
Expos	3.60	60	4	3	16	511	508	280	204	205	401
Astros	3.95	60	3	3	12	497	476	303	218	278	444
Braves	4.29	60	0	7	13	516	523	313	246	239	388

INDIVIDUAL BATTING LEADERS
(Minimum 162 Plate Appearances)

	AVG	G	AB	R	H	2B	3B	HR	RBI	BB	SO	SB
*Dotel, Angel, Dodgers	.400	41	120	24	48	9	2	0	15	26	15	6
Ortiz, Luis, Red Sox	.333	42	153	21	51	11	2	4	29	8	9	2
*Wuerch, Jason, Yankees	.333	38	150	24	50	8	0	0	18	9	23	2
Alfonzo, Ed, Mets	.331	54	175	29	58	8	4	0	27	34	12	6
Hansen, Elston, Yankees	.327	57	208	45	68	9	3	4	37	43	35	4
Long, Ryan, Royals	.311	48	177	17	55	2	2	0	20	10	20	6
Hawkins, Darnel, Astros	.309	45	139	25	43	4	2	2	23	28	24	14
Ochoa, Alex, Orioles	.307	53	179	26	55	8	3	1	30	16	14	11
Spencer, Shane, Yankees	.306	41	160	25	49	7	0	0	30	14	19	9
Stynes, Chris, Blue Jays	.306	57	219	29	67	15	1	4	39	9	39	10

INDIVIDUAL PITCHING LEADERS
(Minimum 48 Innings)

	W	L	ERA	G	GS	CG	SV	IP	H	R	ER	BB	SO
Marquez, Ihosvany, Orioles	5	3	1.12	10	8	1	0	64	31	11	8	33	70
Sohn, Young Chul, Dodgers	7	0	1.27	17	3	0	2	50	39	10	7	8	54
*Martinez, Cesar, Red Sox	3	2	1.33	13	8	1	0	54	50	19	8	16	32
Haynes, Jimmy, Orioles	3	2	1.60	14	8	1	2	62	44	27	11	21	67
Bevil, Brian, Royals	5	3	1.93	13	12	2	0	65	56	20	14	19	70
McCleod, Robert, Astros	4	3	1.93	9	9	2	0	51	39	19	11	13	39
*Marshall, Ted, White Sox	4	2	1.99	12	12	1	0	63	58	25	14	17	44
Bovee, Mike, Royals	3	1	2.04	11	11	0	0	62	52	19	14	12	76
Forney, Rich, Orioles	7	0	2.19	12	10	2	0	66	48	21	16	10	51
Muir, Harry, Blue Jays	3	5	2.23	17	14	0	0	85	73	29	21	25	55

DOMINICAN SUMMER LEAGUE

Talent-rich Blue Jays Dominate Latin League

By ALLAN SIMPSON

The Toronto Blue Jays were the only major league club to field two teams in the Dominican Summer League in 1991, but they showed they had plenty of talent to go around. The Jays' No. 1 entry won the league's Santo Domingo Division title by 15 games, then won the league's four-team championship.

Toronto posted a 52-17 regular-season record, largely on the strength of a 2.20 team ERA, then got two wins from league ERA leader Jesus Delgado (0.52) to win the playoffs—a triple-round robin series matching the three division champions and Atlanta, which had the best second-place record. The Blue Jays went 6-3 in the playoff round.

The Dominican Summer League, in its seventh year of sponsorship by major league clubs, is a feeder program for Hispanic players not ready to participate in American professional leagues. All but four clubs—the Reds, Phillies, Red Sox and Twins—fielded clubs, some as joint entries.

1991 FINAL STANDINGS

SANTO DOMINGO	W	L	PCT	GB
Blue Jays I	52	17	.754	—
Mariners	36	31	.537	15
Athletics	37	32	.536	15
Pirates	36	33	.522	16
Expos	36	34	.514	16½
Yankees/Mets	31	38	.449	21
Blue Jays II	25	43	.368	26½
Tigers/Cardinals	28	45	.388	30

CIBAO	W	L	PCT	GB
Indians	54	18	.750	—
Brewers	32	40	.444	22
Angels/LA/SD	31	41	.431	23
Royals/Cubs	27	45	.375	27

EAST	W	L	PCT	GB
Dodgers	45	24	.652	—
Braves	46	25	.648	—
Giants	45	26	.634	1
Rangers	34	35	.493	11
Astros	21	49	.300	24½
Orioles/W.Sox	19	51	.271	26½

PLAYOFFS	W	L	PCT	GB
Blue Jays I	6	3	.667	—
Indians	4	4	.500	1½
Dodgers	4	5	.444	2
Braves	3	5	.375	2½

1991 BATTING, PITCHING STATISTICS

INDIVIDUAL BATTING LEADERS
(Minimum 189 Plate Appearances)

	AVG	G	AB	R	H	2B	3B	HR	RBI	BB	SO	SB
DeLeon, Jorge, Tigers-Cards	.356	51	180	45	64	13	4	5	30	27	24	4
Jiminez, Jose, Angels-L.A.-S.D.	.347	50	167	34	58	13	3	2	29	37	15	14
Guzman, Ramon, White Sox	.341	64	223	43	76	15	0	13	49	29	57	20
Claudio, Patricio, Indians	.341	56	185	52	63	10	2	3	21	22	32	16
Paulino, Nelson, Braves	.340	69	265	61	90	6	10	1	27	49	16	23
Gonzalez, Efrain, Rangers	.338	54	204	27	69	6	2	3	34	15	18	9
Genao, Huascar, Indians	.337	68	249	39	84	11	7	0	49	43	14	12
Brito, Tilson, Blue Jays I	.336	70	253	56	85	16	2	4	55	44	19	11
Nunez, Ray, Braves	.333	71	285	65	95	21	1	5	48	29	19	25
Uribe, Dilone, Dodgers	.332	61	214	26	71	9	0	2	28	24	22	5

INDIVIDUAL PITCHING LEADERS
(Minimum 56 Innings)

	W	L	ERA	G	GS	CG	SV	IP	H	R	ER	BB	SO
Delgado, Jesus, Blue Jays I	5	1	0.52	15	7	3	4	69	46	9	4	34	50
Ward, Fermin, Yankees-Mets	7	2	1.27	29	1	1	13	57	40	15	8	30	65
Hurtado, Edwin, Blue Jays I	7	1	1.61	13	13	2	0	84	59	21	15	48	92
Abreu, Pablo, Indians	6	1	1.63	17	8	0	0	61	43	21	11	35	58
Rondon, Silverio, Braves	6	2	1.68	15	15	1	0	86	68	35	16	17	39
Carrion, Jose, Rangers	6	4	1.71	13	12	2	0	79	69	28	15	33	29
Martinez, Julio, Athletics	5	1	1.77	17	10	1	0	80	28	16	28	25
Valdez, Ruben, Athletics	4	3	1.88	16	13	1	2	86	69	29	18	27	63
Arteaga, Ivan, Expos	6	4	1.91	14	13	3	0	85	58	24	18	45	60

INDEPENDENT CLUBS

1991 FINAL STATISTICS

RENO — A

CALIFORNIA LEAGUE

BATTING	AVG	G	AB	R	H	2B	3B	HR	RBI	BB	SO	SB
Carcione, Tom, c	.259	64	220	24	57	6	1	2	13	28	62	1
*Clemens, Troy, c-1b	.224	69	152	22	34	5	0	2	19	30	21	0
Cole, Mark, 2b	.269	82	286	31	77	14	2	0	29	32	40	9
*Cortes, Rico, 1b	.234	33	107	9	25	6	1	0	13	9	19	0
Firova, Dan, c	.345	10	29	6	10	2	0	0	4	2	1	0
*Gonzalez, Cliff, of	.285	130	502	72	143	22	8	5	86	63	68	9
Gregory, Quinn, dh-2b	.150	14	40	4	6	1	0	2	5	4	17	0
Gunn, Clay, c	.000	1	0	0	0	0	0	0	0	0	0	0
Johnson, Dodd, 1b	.276	94	330	42	91	16	3	6	52	44	67	2
#Jones, Jimmy, 3b-2b	.204	45	103	19	21	5	0	3	12	22	23	3
#Krumback, Mark, of	.291	128	537	80	156	12	5	3	30	54	82	18
McCray, Justin, 2b-3b	.143	20	42	3	6	1	0	0	3	2	12	0
#McKeon, Kasey, 2b	.000	2	0	0	0	0	0	0	0	0	0	0
Mitchell, Tommy, 3b	.265	119	411	65	109	20	6	11	61	71	108	0
Postema, Andy, ss-3b	.211	111	413	51	87	13	4	0	40	42	82	6
Rabb, John, dh-of	.297	34	118	26	35	6	0	5	16	21	28	3
Roebuck, Joe, of	.266	112	394	45	105	19	5	14	54	25	98	2
*Songini, Mike, 3b	.235	20	51	6	12	1	0	0	4	5	8	1
*Stephens, Brian, of-dh	.318	54	173	21	55	13	0	1	27	16	41	0
Stiner, Rick, c	.000	3	2	2	0	0	0	0	0	2	0	0
Threadgill, George, dh	.236	43	123	19	29	7	1	1	16	35	35	3
Turco, Frank, 2b-ss	.173	38	104	7	18	3	1	0	4	7	28	3
*Urbon, Joe, of	.277	19	65	13	18	4	1	3	19	6	13	2
#Uribe, Wilson, ss	.206	10	34	3	7	1	0	1	7	3	6	0
#Wallace, Tim, ss	.359	33	131	21	47	9	0	2	17	16	15	5
Wilder, Willie, of	.261	31	69	14	18	2	0	2	7	7	19	1
Williams, Cliff, c	.267	15	30	5	8	1	0	0	0	1	10	0
Williams, Matt, c-1b	.225	55	151	17	34	8	1	0	11	13	37	0
#Young, Selwyn, 2b	.333	3	6	0	2	0	0	0	2	1	2	0

PITCHING	W	L	ERA	G	GS	CG	SV	IP	H	R	ER	BB	SO
*Alcantara, Francisco	6	3	5.15	64	0	0	4	72	81	54	41	53	66
*Beck, Dion	0	1	4.50	4	0	0	0	6	8	8	3	4	8
Buonantony, Rich	1	4	7.33	5	5	0	0	23	26	25	19	25	15
Crane, Rich	1	1	13.86	10	1	0	0	12	19	19	19	15	3
Easley, Logan	0	0	2.70	3	0	0	1	3	2	3	1	2	2
Everson, Greg	0	2	4.38	7	0	0	1	12	14	11	6	7	5
Gilles, Tom	1	5	6.36	10	8	1	0	47	67	40	33	16	28
Grove, Scott	0	2	8.10	2	1	0	0	7	9	8	6	6	1
Johnson, Dom	3	5	3.25	25	9	1	2	72	65	31	26	38	50
Kracl, Darin	1	2	4.80	5	5	0	0	30	35	17	16	15	17
Lienhard, Steve	0	0	3.00	1	0	0	0	3	4	2	1	0	3
Lopez, Rob	0	1	3.77	7	4	1	0	31	39	18	13	4	21
Magill, Jim	0	0	45.00	1	0	0	0	1	6	5	5	1	2
McCray, Todd	1	5	7.20	38	5	0	1	75	110	74	60	61	42
Mead, Timber	13	7	3.36	24	24	8	0	177	178	79	66	61	137
*Messer, Doug	5	9	6.10	25	15	1	3	90	113	72	61	52	39
Norris, Mike	0	3	6.35	6	6	0	0	28	31	23	20	11	21
*Odekirk, Rick	3	13	4.26	25	25	2	0	150	161	82	71	65	114
*Olker, Joe	2	2	7.39	6	6	0	0	32	39	30	26	20	21
Parisotto, Barry	7	3	3.91	31	0	0	7	51	39	25	22	38	43
Phillips, Lonnie	3	2	2.25	23	1	0	11	28	22	7	7	16	31
*Pinon, Abdom	2	3	4.50	15	1	0	1	24	30	31	12	26	21
*Roberts, Pete	5	1	2.30	10	8	0	0	59	50	17	15	20	46
Shaw, Shelby	3	2	5.23	17	11	1	0	76	85	49	44	36	46
*Stewart, John	0	0	5.40	3	0	0	0	3	5	2	2	3	3
Stuart, Brad	0	0	14.04	5	0	0	0	8	16	14	13	8	6
Treanor, Dean	0	0	27.00	1	0	0	0	1	1	3	3	3	0
Vargas, Jose	1	0	4.84	9	1	0	0	22	27	16	12	9	14
Voit, David	0	1	13.00	8	0	0	0	9	22	23	13	7	7
Warren, Joe	1	0	8.14	15	0	0	0	24	37	28	22	21	21

SALINAS — A

CALIFORNIA LEAGUE

BATTING	AVG	G	AB	R	H	2B	3B	HR	RBI	BB	SO	SB
Bishop, Jim, 3b	.278	133	478	68	133	19	2	17	106	81	132	3
#Briggs, Kenny, of-2b	.229	66	175	25	40	6	2	6	24	28	49	5
Carlson, Bill, 1b	.292	53	185	29	54	9	3	3	23	18	30	4
Cruz, Todd, ss	.254	100	355	35	90	17	2	3	36	25	53	3
*Eppard, Jim, 1b-of	.339	89	313	55	106	27	2	3	43	62	24	12
#Griffith, Tom, of	.108	21	65	8	7	2	0	0	2	9	24	1
Kawano, Ryo, of	.202	89	243	25	49	10	2	2	19	20	55	1
Koeper, Chris, of-3b	.298	38	124	16	37	8	1	1	17	5	27	9

1992 ALMANAC • **253**

BATTING	AVG	G	AB	R	H	2B	3B	HR	RBI	BB	SO	SB
Kohno, Takayuki, 2b	.143	16	42	5	6	0	0	1	1	3	6	1
Mifune, Hideyuki, 2b-ss	.300	132	493	85	148	17	1	6	49	53	69	30
Muramatsu, Arikato, of	.208	121	318	46	66	7	3	0	17	17	72	10
*Palma, Brian, of	.271	122	428	54	116	19	3	6	58	64	81	23
Rabb, John, dh	.071	3	14	1	1	0	0	1	1	1	4	0
Rivera, Rafael, c-3b	.200	75	150	18	30	5	1	2	17	13	51	1
Salazar, Angel, dh-2b	.254	22	67	12	17	2	0	0	7	7	5	1
*Shelton, Harry, of-2b	.218	92	326	41	71	8	3	2	33	31	53	12
Shepperd, Rich, of	.136	28	81	8	11	3	1	1	4	5	21	2
Swim, Greg, ss-2b	.200	17	45	5	9	0	1	0	1	3	16	2
*Yamanouchi, Kenichi, dh-1b	.242	90	223	16	54	12	0	1	14	30	58	2
Yasuda, Hideyuki, c	.240	128	416	35	100	19	3	5	46	46	120	5

PITCHING	W	L	ERA	G	GS	CG	SV	IP	H	R	ER	BB	SO
Arola, Bruce	2	6	3.38	41	1	0	18	53	54	22	20	15	41
Carrasco, Carlos	9	10	4.42	26	23	2	0	145	162	92	71	77	105
*Dillard, Gordie	5	7	4.80	19	19	3	0	114	124	76	61	53	83
*Fitzgerald, Dave	4	4	4.56	12	11	3	0	73	66	46	37	43	62
Ikesue, Kazutaka	9	9	5.71	28	22	2	0	134	171	102	85	63	76
*Karasinski, Dave	1	3	4.28	24	2	0	0	48	62	33	23	12	22
*Livingston, Dennis	0	2	5.54	14	2	0	0	26	36	21	16	21	18
Maye, Steve	3	8	5.61	13	12	5	0	85	98	64	53	52	48
McCreadie, Brant	0	2	5.31	20	3	0	1	42	35	28	25	27	41
Nishioka, Tsuyoshi	4	7	4.07	29	18	1	2	130	147	74	59	50	106
Ohta, Katsumasa	6	10	4.06	35	15	5	1	149	161	74	67	51	93
Ohtsubo, Yukio	3	5	6.80	41	3	0	1	87	123	76	66	35	40
Oka, Yukitoshi	1	2	7.40	13	2	0	0	21	24	22	17	12	12
*Olson, Ken	0	0	9.00	3	1	0	0	3	3	3	3	6	0
Oshio, Kenichi	2	1	6.47	13	2	0	0	32	42	24	23	29	23
*Stewart, John	3	5	2.94	33	0	0	2	49	41	23	16	20	50

MIAMI — A

FLORIDA STATE LEAGUE

BATTING	AVG	G	AB	R	H	2B	3B	HR	RBI	BB	SO	SB
#Alicea, Edwin, of	.255	102	368	55	94	20	7	2	30	52	63	33
Bradbury, Miah, c	.272	109	371	39	101	20	1	7	45	23	63	2
Bradish, Mike, 1b	.232	34	112	12	26	6	0	1	12	11	33	1
*Burton, Chris, of-dh	.238	55	189	25	45	2	1	1	11	23	47	24
Castleberry, Kevin, 2b	.219	20	64	12	14	4	2	0	4	9	9	8
D'Alexander, Greg, 3b	.241	103	369	40	89	20	2	6	48	42	82	10
*Dando, Pat, 1b	.266	37	124	15	33	4	2	1	10	3	23	1
*Dziadkowiec, Andy, c-dh	.248	48	137	7	34	7	1	1	14	24	20	2
*Giordano, Marc, 1b	.190	22	58	6	11	2	0	0	4	8	16	0
Hall, Andy, c-1b	.175	39	120	9	21	2	0	0	6	14	33	0
Hayden, Paris, of	.229	121	420	45	96	13	1	9	44	32	108	10
*Kidd, Dennis, of	.243	115	408	49	99	18	6	6	38	24	95	23
Lansing, Mike, ss	.286	104	384	54	110	20	7	6	55	40	75	29
Ledinsky, Ray, 1b-of	.168	51	137	11	23	5	0	1	14	25	35	5
MacArthur, Mark, of	.205	44	151	14	31	4	0	2	7	10	43	9
Morrisette, James, of-dh	.224	42	147	19	33	9	0	2	15	14	30	8
Roa, Hector, 2b-ss	.199	87	286	32	57	3	5	1	18	15	50	17
Surane, John, 2b	.230	68	178	27	41	2	0	0	13	37	37	10
Urcioli, John, 3b-2b	.233	73	236	19	55	8	0	2	24	12	49	2

PITCHING	W	L	ERA	G	GS	CG	SV	IP	H	R	ER	BB	SO
*Asche, Scott	8	7	3.68	28	19	1	1	120	139	61	49	41	60
Bautista, Jose	8	2	2.71	11	11	4	0	76	63	23	23	11	69
Ericson, Mike	1	3	2.70	8	8	0	0	37	29	12	11	8	21
Fritz, John	0	2	2.38	14	0	0	1	23	21	7	6	10	24
Haslock, Chris	1	2	1.49	20	0	0	5	36	25	6	6	8	19
Hurst, Jonathan	8	2	2.90	15	15	0	0	99	89	41	32	31	91
Kerfut, George	4	6	2.30	34	5	1	3	98	70	32	25	28	72
Klancnik, Joe	3	0	3.74	21	0	0	0	34	36	18	14	21	28
*Langley, Lee	4	3	4.15	23	0	0	4	35	33	18	16	14	42
Lemon, Don	0	1	5.19	10	1	0	1	17	23	15	10	4	13
Michno, Tom	11	15	2.42	29	29	13	0	216	175	77	58	66	190
Minchey, Nate	5	3	1.89	13	13	4	0	95	81	31	20	31	61
*Reed, Billy	0	2	6.85	10	0	0	0	22	29	18	17	17	11
Rogers, Charlie	6	7	4.02	22	20	0	0	107	107	54	48	52	71
Whitworth, Ken	1	7	3.75	20	7	0	1	70	59	38	29	35	37
*Williams, Ken	3	5	3.24	40	0	0	12	50	38	25	18	35	47

ERIE — A

NEW YORK-PENN LEAGUE

BATTING	AVG	G	AB	R	H	2B	3B	HR	RBI	BB	SO	SB
#Arias, Amador, ss-2b	.230	52	200	24	46	14	2	2	17	18	42	13
Astacio, Rafael, of-2b	.217	21	69	6	15	5	1	0	7	4	19	4
*Cabral, Irene, of	.200	9	25	6	5	0	0	0	1	9	12	3
Caple, Kyle, c	.129	9	31	5	4	2	0	2	4	0	8	0
Cruz, J.J., c-1b	.150	16	60	5	9	2	0	1	5	7	17	0
*DiMarco, Steve, 3b	.223	62	229	28	51	9	1	4	24	38	47	2
#Franklin, Micah, of-dh	.242	39	153	28	37	4	0	8	25	35	4	
*Hawkins, Ty, of	.212	17	66	9	14	4	0	1	5	15	17	0
Hood, Randy, of	.288	16	66	14	19	3	1	3	15	10	17	9

BATTING	AVG	G	AB	R	H	2B	3B	HR	RBI	BB	SO	SB
Juday, Rick, 2b	.338	74	302	59	102	19	0	8	45	39	48	7
Mahony, Dan, c	.246	36	134	9	33	4	0	1	18	5	36	0
Manning, Henry, c-dh	.159	12	44	3	7	1	0	0	8	2	7	0
Marrero, Ken, c	.191	30	110	10	21	5	0	2	11	7	30	0
*Sprick, Scott, 1b	.250	73	280	49	70	13	0	11	46	38	69	4
Stenta, Jeff, ss	.202	40	119	15	24	1	0	1	9	22	25	8
*Thomas, Kelvin, of	.264	70	258	55	68	21	4	9	30	39	69	15
Thomson, Scott, of	.299	41	167	25	50	15	0	6	30	12	37	3
Velez, Noel, of-1b	.258	47	163	29	42	5	2	3	18	16	43	6
Whitman, Jim, of-3b	.232	63	224	21	52	11	1	4	37	26	54	5

PITCHING	W	L	ERA	G	GS	CG	SV	IP	H	R	ER	BB	SO
Andrzejewski, Joe	1	5	7.02	16	7	0	0	42	34	42	33	65	31
Carter, David	5	4	4.98	21	0	0	1	47	41	28	26	25	29
Connolly, Matt	2	1	4.32	19	0	0	1	42	39	23	20	26	43
Jenkins, Jonathan	3	3	2.75	9	9	0	0	59	41	22	18	39	43
*Konieczki, Dominic	2	5	3.13	24	0	0	10	32	25	15	11	16	46
Krippner, Curt	3	6	5.50	15	12	2	0	74	66	48	45	47	73
Letourneau, Jeff	2	3	4.79	24	5	0	1	62	71	46	33	23	44
Lynch, Mike	6	3	2.87	16	15	1	0	94	69	47	30	51	102
MacNeil, Doug	3	4	5.47	12	8	2	0	51	59	35	31	21	46
Millerick, Edwin	0	0	8.59	5	0	0	0	7	8	7	7	10	4
Paskievitch, Tom	5	3	2.85	27	3	0	3	60	48	28	19	30	52
Pudlo, Scott	5	3	3.98	14	14	2	0	86	95	45	38	30	47
*Roberts, Tim	0	1	4.30	10	4	0	0	29	42	24	14	3	14
Smith, Roosevelt	0	0	2.79	5	1	0	0	10	6	4	3	19	5

BEND — A

NORTHWEST LEAGUE

BATTING	AVG	G	AB	R	H	2B	3B	HR	RBI	BB	SO	SB
#Bard, Mike, 3b-dh	.268	57	198	30	53	10	3	0	23	25	40	2
*Bonilla, Johnny, of	.209	22	43	6	9	3	0	0	2	4	6	0
Caple, Kyle, c	.194	22	62	4	12	2	0	0	2	8	18	0
*Glenn, Leon, 1b	.225	73	262	46	59	9	3	15	55	36	96	16
Hawks, Larry, of	.243	35	107	16	26	3	1	0	13	16	24	6
Lightner, Ed, 2b-of	.305	37	105	15	32	4	0	0	11	12	14	6
McGee, Brian, c	.277	55	191	35	53	12	0	2	31	16	51	9
Ollison, Scott, 2b-ss	.205	55	171	19	35	4	1	0	20	20	43	4
Parker, Stacy, of	.238	65	240	37	57	10	4	1	22	37	69	17
Pritchett, Tony, of	.241	68	237	50	57	14	4	2	24	41	51	26
Ringgold, Keith, of-dh	.125	8	24	3	3	0	0	0	0	3	10	1
*Savage, Jim, ss	.223	57	197	30	44	7	1	3	18	26	30	8
Schoen, Jerry, 3b	.234	39	141	17	33	5	1	0	9	13	37	3
Turco, Frank, Inf-of	.237	60	215	33	51	14	3	1	26	27	36	9
Turner, Ryan, of	.315	65	241	37	76	16	1	3	43	32	48	2
Williams, Cliff, c-1b	.127	32	71	8	9	2	0	2	7	8	29	1

PITCHING	W	L	ERA	G	GS	CG	SV	IP	H	R	ER	BB	SO
Boker, Mike	7	6	4.38	14	14	0	0	84	93	53	41	51	58
Cain, Tim	1	3	5.71	17	6	0	2	58	65	49	37	25	59
*Castaneda, Rob	1	2	3.86	19	0	0	2	33	40	15	14	11	16
Cock, J.R.	1	2	2.84	22	0	0	2	32	26	14	10	18	25
*Duke, Kyle	6	6	3.44	15	14	0	0	81	79	50	31	51	70
Finney, Mark	3	8	7.53	14	14	0	0	55	76	62	46	47	31
Fronio, Jason	0	0	3.95	5	0	0	1	14	12	7	6	6	11
Gibson, Monty	0	0	5.02	5	0	0	0	14	17	12	8	9	11
Goucher, Steve	1	2	6.46	14	3	0	0	39	51	35	28	9	18
*Haddock, Darin	4	4	5.57	11	11	0	0	52	72	42	32	10	37
*Knapland, Greg	0	0	27.00	2	0	0	0	3	7	15	10	11	2
Minik, Tim	0	0	2.31	21	0	0	10	23	18	8	6	13	18
Murphy, Patrick	3	3	2.92	23	0	0	3	52	42	21	17	30	59
Person, Robert	1	1	3.60	2	2	0	0	15	6	6	4	5	6
Samuels, Geoff	2	7	4.21	15	11	0	0	62	79	58	29	20	35
Young, Greg	0	0	4.00	9	0	0	0	18	11	11	8	7	7

POCATELLO — R

PIONEER LEAGUE

BATTING	AVG	G	AB	R	H	2B	3B	HR	RBI	BB	SO	SB
*Anderson, Todd, of	.244	43	119	17	29	1	1	0	10	9	31	6
Andrea, Lee, dh-of	.204	28	93	17	19	3	0	5	20	11	23	3
*Atwater, Buck, 2b-3b	.307	48	153	30	47	9	3	1	16	14	40	9
Banks, Dean, inf-of	.324	48	148	26	48	7	0	2	16	5	14	9
Carmona, William, of	.245	39	106	15	26	3	3	3	16	5	36	4
Fermaint, Mike, 2b	.333	28	90	22	30	3	0	0	8	14	17	4
Garrigan, Pat, ss	.348	50	178	33	62	10	4	1	33	20	30	5
#Hamm, Stacey, of	.250	40	108	9	27	4	1	0	12	5	38	8
Joyce, James, c	.172	34	99	14	17	4	0	0	7	16	35	2
Kaelin, Kris, 1b	.244	46	127	13	31	5	1	1	16	15	43	2
#Martinez, John, c-3b	.192	34	99	12	19	3	0	0	12	7	13	1
Mesa, Audy, 3b-2b	.292	39	130	14	38	8	2	1	25	3	22	1
*Minter, Larry, of	.323	40	130	19	42	5	1	0	9	0	35	3
Morris, Marc, c	.088	19	34	1	3	1	0	0	1	6	19	1
Philyaw, Dino, of	.059	7	17	2	1	0	0	0	1	0	6	0
Robinson, Terry, of	.303	56	198	36	60	9	3	0	16	24	46	31

BATTING	AVG	G	AB	R	H	2B	3B	HR	RBI	BB	SO	SB
#Scholtzen, Jeff, of-3b	.236	38	110	10	26	3	2	0	9	12	34	8
Weldon, Paul, 1b	.261	40	115	12	30	2	0	2	15	16	14	4
Wong, Kevin, dh-3b	.365	56	203	35	74	13	2	1	41	19	27	7

PITCHING	W	L	ERA	G	GS	CG	SV	IP	H	R	ER	BB	SO
Atwood, Derek	1	1	6.31	18	1	0	1	26	32	20	18	13	19
Callistro, Rob	0	3	5.92	9	7	0	0	49	62	43	32	20	50
Ekman, Rich	1	4	5.93	22	0	0	5	27	27	25	18	16	25
Gibson, Monty	0	2	9.37	14	0	0	0	16	28	20	17	7	6
Goucher, Steve	0	1	20.25	2	0	0	0	3	10	6	6	1	0
Grennan, Steve	2	6	4.14	23	6	0	3	54	43	32	25	32	64
Meyer, Jayson	3	6	5.27	14	13	1	0	82	104	63	48	41	57
*Mill, Steve	3	5	7.95	15	12	0	0	60	84	63	53	29	43
Millerick, Ed	0	3	6.20	13	1	0	2	20	26	15	14	12	20
Patterson, Steve	3	3	7.18	16	9	0	0	73	94	63	58	36	63
Reese, Jason	2	3	9.44	15	4	0	0	34	45	41	36	19	17
Schenck, Bruce	0	0	4.91	14	1	0	1	22	30	16	12	14	17
Stevens, Dale	3	2	7.71	24	0	0	0	30	46	32	26	28	24
Wechsberg, Von	3	7	4.27	13	13	1	0	72	78	52	34	46	48

SALT LAKE — R

PIONEER LEAGUE

BATTING	AVG	G	AB	R	H	2B	3B	HR	RBI	BB	SO	SB
Aranzullo, Mike, 3b-of	.303	25	33	12	10	1	0	0	4	3	8	2
Ayala, Reuben, 3b-dh	.091	3	11	1	1	1	0	0	2	1	2	0
Biggers, Brian, 2b-ss	.257	49	148	29	38	2	0	0	23	22	27	2
Bruno, Paul, 1b	.242	13	33	3	8	1	0	0	3	2	9	0
Castillo, Ben, of	.325	67	277	62	90	29	5	6	64	43	43	28
Cooper, Jeff, 3b-2b	.240	35	96	19	23	3	1	0	11	11	22	0
Cunha, Steve, of-1b	.275	40	91	19	25	5	1	2	12	6	19	2
*Edwards, Todd, 1b-of	.288	53	170	36	49	8	0	0	19	43	46	3
*Estevez, Carlos, 1b-dh	.302	46	159	27	48	6	0	3	36	16	31	0
Ferreira, Dan, 3b	.500	2	4	1	2	0	0	0	0	0	0	0
*Hirtensteiner, Rick, of	.356	70	295	77	105	12	8	11	71	36	45	20
Jones, Brian, c	.111	6	18	2	2	0	0	0	0	2	5	0
Macrina, Eric, 1b	.289	26	76	15	22	3	1	0	9	13	29	0
Martin, Jim, of	.176	12	17	3	3	1	0	0	0	6	8	1
Mialovich, Rich, 3b	.222	15	45	9	10	2	0	0	2	7	9	0
*Ortega, Ed, 2b-3b	.382	37	123	19	47	6	1	0	15	10	13	7
Radar, Keith, dh	.203	21	69	8	14	2	1	2	14	11	18	0
Rolls, David, c	.326	66	224	58	73	21	1	4	46	48	37	4
#Shaw, Kerry, 3b-2b	.301	23	73	19	22	2	0	1	14	15	5	0
Smith, Willie, c	.222	21	36	5	8	0	0	0	2	4	11	0
Stefan, Todd, ss	.303	64	231	48	70	6	6	0	51	36	28	8
*Todd, Theron, of	.317	52	189	35	60	13	4	5	38	33	21	14

PITCHING	W	L	ERA	G	GS	CG	SV	IP	H	R	ER	BB	SO
Ambos, Willie	7	4	4.18	14	14	0	0	75	95	40	35	21	56
Bergeron, Rob	1	1	5.91	8	0	0	1	11	18	8	7	2	4
Furmanik, Dan	4	0	4.29	14	1	0	3	21	26	12	10	8	21
Gilligan, John	6	1	1.71	25	0	0	6	63	46	15	12	13	78
Guidi, Jim	2	2	3.65	13	9	0	1	62	60	31	25	16	44
Guthrie, Joe	0	0	12.00	2	0	0	0	3	4	6	4	3	2
Harris, Gary	0	0	27.00	1	0	0	0	1	1	1	1	2	0
Knowles, Greg	0	1	7.71	3	2	0	0	15	11	12	4	1	2
*Marcon, David	8	2	4.27	14	14	1	0	78	83	43	37	23	49
*Matranga, Dave	1	0	3.77	13	0	0	2	31	31	17	13	11	26
McDonald, Kevin	7	1	3.05	15	15	3	0	83	84	36	28	32	85
Mirabella, Gene	1	1	6.67	7	7	0	0	28	38	24	21	15	23
Powers, Tad	0	1	4.50	5	0	0	1	8	6	5	4	4	9
Shultea, Chris	2	2	3.64	16	0	0	3	30	37	14	12	11	24
*Stephens, Mark	6	3	2.43	18	8	4	0	78	51	30	21	20	89
*Willard, Jon	4	2	3.86	16	0	0	2	35	37	27	15	7	20

AND THERE'S MORE

OTHER PRO BASEBALL
   Mexican League 258
   Japanese League 262
   Winter Leagues 264

COLLEGE BASEBALL
   Year in review......................273
   Conference stats, standings 285

AMATEUR BASEBALL
   Year in review......................295
   Standings, statistics 300

THE 1991 DRAFT
   Year in review......................303
   Selections, signings 306

MEXICAN LEAGUE

Long Wait Pays Off For Monterrey's Sultans

By ALLAN SIMPSON

For the Monterrey Sultans, 1991 was a banner year all the way.

The Sultans won their first Mexican League title in 29 years, beating the Mexico City Reds, four games to three, in the league's best-of-7 championship series.

Monterrey's 82-38, .683 regular season ledger also produced the league's best winning percentage in 12 years. The Sultans finished 15½ games ahead of the pack in the North Zone, then beat Jalisco and the cross-town Monterrey Industrialists in the first two rounds of the league's three-tiered playoffs before disposing of the 10-time champion Reds.

Monterrey, managed by former big leaguer Aurelio Rodriguez, clinched the series with Mexico City at home before 26,000 fans. It won the decisive seventh game, 16-5, as hot-hitting Juan Reyes homered to set a championship series record with his sixth home run. Orlando Sanchez, one of five ex-big leaguers on the Sultans roster, and Tony Aguilera also homered for the Sultans.

Rich Renteria
. . . .442 hitter

Righthander Arturo Gonzales, only 4-3 in the regular season, went 5-0 in the playoffs for Monterrey.

The championship series matched teams with the best records in each division. Mexico City finished atop the South Zone by a game over defending champion Leon, and had to go the limit in the zone final to dispose of Leon.

Mexico City was managed by the legendary but cancer-stricken Ben Reyes, who had guided the Reds to five titles in 18 years. Reyes was unable to travel to road games because of his illness.

While the final series between Monterrey and Mexico City attracted a minimum of 20,000 fans to all seven games, the league as a whole experienced a decline in attendance during the regular season, even with expansion teams in Jalisco and Cordoba and a general reduction in ticket prices. Overall, the league drew 2,419,567 in 1991—a decline of more than 300,000 from 1990.

Yucatan experienced a 14 percent drop, but still led the league for a fifth year in a row.

Flirting With .500

Jalisco's Rich Renteria, who was hitting almost .500 until the final month of the season, won the batting title with a .442 average. He fell 12 points shy of the record .454 set in 1986 by Willie Aikens. Renteria, who signed with Montreal following the season, also set a league record by homering in seven straight games.

All in all, it proved to be a remarkable comeback for Renteria, who was hit in the face by a line drive in pregame practice on Opening Day 1990, suffered a broken jaw and missed the entire season.

Renteria, who played in the big leagues most recently with

Seattle in 1988, was selected the league's Player of the Year. He led the expansion Charros to fourth place and a spot in the North Zone playoffs on the final day of the season.

Led by Renteria, who won the batting crown by 57 points, the league's top five hitters and seven of the first 10 were import players. Monterrey's German Rivera, a Puerto Rican, was second at .385.

Mexico City Reds outfielder James Steels, who finished fourth with a .371 average, became the first 30-30 player in Mexican League history. He hit 35 homers and stole 30 bases.

Campeche's Roy Johnson tied a league record with four homers in a game and went on to lead the league with 37 homers. He edged out Mexico City Reds teammates Larry See and Nelson Barrera, who had 36. See led the league with 129 RBIs.

Leon shortstop Roberto Vizcarra tied a league record with 49 doubles. Campeche relief ace Mike Browning, released a year earlier by Monclova, set a new standard with 34 saves.

1991 FINAL STANDINGS

NORTH	W	L	PCT	GB	SOUTH	W	L	PCT	GB
Sultans	82	38	.683	—	Mexico City Reds	74	44	.627	—
Laredo	67	54	.554	15½	Leon	73	45	.619	1
Industrialists	61	56	.521	19½	Campeche	70	50	.583	5
Jalisco	57	62	.479	24½	Yucatan	70	52	.574	6
Union Laguna	57	63	.475	25	Mexico City Tigers	62	56	.525	12
Saltillo	55	68	.447	28½	Cordoba	48	68	.414	25
Monclova	49	71	.408	33	Tabasco	46	72	.390	28
SL Potosi	47	74	.388	35½	Aguascalientes	36	81	.308	37½

PLAYOFFS: Quarterfinals (best-of-7)—Mexico City Reds defeated Yucatan 4-0, Monterrey Sultans defeated Jalisco 4-1, Leon defeated Campeche 4-1, Monterrey Industrialists defeated Laredo 4-0. **Semifinals** (best-of-7)—Mexico City Reds defeated Leon 4-3, Monterrey Sultans defeated Monterrey Industrialists 4-2. **Finals** (best-of-7)—Monterrey Sultans defeated Mexico City Reds 4-3.

1991 BATTING, PITCHING STATISTICS

INDIVIDUAL BATTING LEADERS
(U.S. Players and Players with 300 At-Bats)

	AVG	G	AB	R	H	2B	3B	HR	RBI	BB	SO	SB
Renteria, Rich, Jalisco	.442	104	382	90	169	30	6	24	106	50	30	17
Gainey, Ty, MC Reds	.427	29	103	35	44	6	1	9	36	15	24	5
Rivera, German, Sultans	.385	114	413	82	159	27	2	25	99	52	36	10
Stockstill, David, Laguna	.384	104	378	80	145	30	1	22	95	68	47	1
Steels, James, MC Reds	.374	120	468	131	175	29	1	35	121	60	59	30
Brown, Todd, Yucatan	.372	24	86	19	32	6	1	4	20	12	12	3
Cole, Mike, Industriales	.371	70	240	61	89	6	3	3	37	41	20	24
Diaz, Luis, Laredo	.371	110	367	77	136	24	3	23	89	54	53	5
Shepherd, Ron, Leon	.370	99	354	97	131	26	2	34	98	55	70	5
Tillman, Rusty, Tabasco	.364	114	396	81	144	26	1	22	83	51	68	24
Garbey, Barbaro, MC Tigers	.363	118	454	100	165	29	0	29	115	38	49	2
Garcia, Cornelio, Yucatan	.361	92	310	78	112	14	3	10	50	75	64	52
Bellino, Frank, San Luis	.360	102	359	76	129	23	6	19	73	52	45	3
Fernandez, Daniel, MC Reds	.359	111	434	101	156	22	3	5	55	59	40	13
Martinez, Grimaldo, Monclova	.358	99	371	70	134	13	7	3	40	34	66	15
Blocker, Terry, Leon	.358	112	430	85	154	29	7	18	106	47	60	10
Tellez, Alonso, Industriales	.358	118	469	83	168	31	3	20	77	23	39	4
Leyva, German, Monclova	.357	121	473	77	169	24	4	3	61	53	41	10
Estrada, Hector, MC Reds	.356	92	331	49	118	21	1	10	57	16	32	2
DelosSantos, Luis, Jalisco	.356	26	101	19	36	5	0	6	24	11	18	1
Jurak, Ed, MC Reds	.356	115	427	98	152	24	6	12	88	59	69	7
Monell, John, San Luis	.356	60	236	37	84	19	2	7	39	15	16	9
Alvarez, Chris, MC Tigers	.352	93	330	79	116	17	1	9	59	69	24	2
Jiminez, Eduardo, Aguas	.350	118	408	103	143	30	2	30	91	82	70	4
Machiria, Pablo, MC Tigers	.348	114	408	90	156	22	6	27	95	32	48	2
Nelson, Jerome, Saltillo	.347	50	174	39	61	10	1	5	22	41	17	12
Johnson, Roy, Campeche	.345	119	408	115	139	22	1	37	98	110	38	2
Sandoval, Jose, MC Reds	.340	117	421	90	143	23	4	25	80	31	60	2
Valdez, Luis, Aguas	.340	107	365	55	124	20	2	5	49	21	27	0
Motley, Darryl, Sultans	.339	117	449	123	152	31	4	26	103	61	86	8
Peralta, Amado, Saltillo	.339	102	327	57	111	22	6	12	75	56	48	5
See, Larry, MC Reds	.338	114	450	102	152	23	5	34	129	37	59	13
Esquer, Ramon, Leon	.337	111	418	88	141	25	13	9	55	55	46	23

	AVG	G	AB	R	H	2B	3B	HR	RBI	BB	SO	SB
Valenzuela, Armando, Saltillo	.337	102	419	68	141	15	5	0	38	21	47	21
Aguilar, Enrique, San Luis	.336	118	444	71	149	23	1	19	82	42	47	2
Valenzuela, Leo, Monclova	.334	121	413	87	138	19	2	13	67	71	60	10
Baca, Manuel, Aguas	.332	102	388	75	129	31	3	16	82	36	53	4
Cruz, Luis, Laguna	.331	112	423	74	140	26	7	24	98	34	69	5
Hinzo, Tommy, Yucatan	.330	112	451	91	149	18	9	10	48	43	51	61
DeAngelis, Steve, San Luis	.329	43	139	22	45	6	0	6	24	14	34	0
Romero, Marco, Laredo	.329	83	313	75	103	20	0	15	64	29	33	3
Reid, Jay, Laguna	.327	95	324	84	106	22	3	30	86	85	70	1
Taylor, Dwight, Laredo	.327	118	471	96	153	20	7	5	46	43	63	72
Verdugo, Vicente, MC Reds	.327	114	450	88	147	23	0	8	57	30	37	0
Padget, Chris, San Luis	.326	13	51	12	16	2	1	1	13	7	7	0
Rodriguez, Juan, Sultans	.325	103	400	79	130	20	1	3	61	50	20	6
Knabenshue, Chris, Saltillo	.323	42	133	35	43	9	3	3	30	47	34	4
Lopez, Salvador, Aguas	.322	97	345	75	111	18	6	17	50	29	32	4
Saenz, Ricardo, Saltillo	.322	112	400	69	128	29	1	20	77	37	97	3
Vizcarra, Roberto, Leon	.322	119	481	108	155	49	1	24	87	50	35	18
Cazarin, Manuel, Leon	.321	115	439	75	141	26	7	16	72	25	52	4
Saiz, Herminio, Laguna	.321	115	374	60	120	15	5	7	53	47	64	3
Agramon, Antonio, Saltillo	.320	105	347	55	111	27	4	4	60	28	63	5
Cooper, Gary, Tabasco	.320	72	269	44	86	16	0	5	35	27	42	0
Arredondo, Luis, Jalisco	.319	102	335	71	107	10	6	4	44	34	60	28
Arzate, Martin, Leon	.318	109	340	59	108	20	1	5	45	33	29	0
Romero, Oscar, Cordoba	.318	109	387	74	123	16	2	12	66	45	49	5
Castro, Eddie, Cordoba	.317	104	319	65	101	9	3	18	66	84	83	2
Young, Delwyn, Industriales	.316	12	38	5	12	1	0	1	4	6	9	0
Estrada, Roberto, Industriales	.315	102	302	46	95	9	5	3	29	23	29	3
Guzman, Manuel, Campeche	.314	106	373	67	117	15	1	22	71	43	31	1
Threadgill, George, Tabasco	.313	11	32	4	10	1	0	0	6	6	7	1
Garza, Gerardo, Industriales	.311	111	348	48	108	22	0	1	43	21	34	2
Ortiz, Alejandro, Laredo	.311	119	405	87	126	13	0	27	98	84	55	9
Reyna, Luis, Cordoba	.311	108	392	72	122	23	0	26	77	43	64	20
Avila, Ruben, Laguna	.310	120	423	75	131	18	2	20	76	45	84	5
Arce, Francisco, San Luis	.309	109	360	43	111	17	2	12	41	28	47	0
Rodriguez, Jose, Saltillo	.309	106	311	47	96	21	4	2	45	23	56	5
Valverde, Raul, Laguna	.309	100	376	60	117	15	8	5	43	29	43	1
Sanchez, Gerardo, Laredo	.307	121	450	98	138	15	1	22	78	59	41	11
Aguilera, Tony, Sultans	.306	116	471	107	144	17	4	26	61	75	88	25
Nichols, Howard, Leon	.306	88	301	73	92	19	2	15	57	44	38	2
Lopez, Gonzalo, Monclova	.305	100	315	69	96	13	7	3	41	36	54	8
Morones, Martin, Cordoba	.305	112	433	71	132	23	3	18	60	35	68	10
Reyes, Juan, Sultans	.305	114	423	70	129	32	1	26	101	46	102	2
Herrera, Ricardo, Jalisco	.304	118	451	96	136	21	6	7	51	67	46	30
Morales, Florentino, San Luis	.304	119	424	83	129	22	5	7	38	69	68	8
Cervera, Francisco, Cordoba	.302	105	328	56	99	19	3	15	51	21	75	10
Gonzalez, Jesus, Campeche	.302	121	469	60	142	16	0	5	43	36	29	4
Torres, Eduardo, Saltillo	.302	115	401	74	120	7	9	17	80	66	51	21
Aikens, Willie, Industriales	.299	111	361	52	108	14	0	19	80	80	59	2
Barrera, Nelson, MC Reds	.299	110	394	79	118	14	1	36	102	50	64	1
Herrera, Isidro, Campeche	.299	106	310	65	93	16	2	3	40	66	35	8
Ramirez, Enrique, Laredo	.298	121	430	61	128	10	1	3	50	32	21	18
Wong, Julian, Saltillo	.298	119	433	62	129	26	5	4	71	43	47	1
Wright, George, Yucatan	.294	121	428	74	126	13	1	20	65	83	56	18
Mora, Andres, Laredo	.293	117	413	65	121	11	0	28	96	54	60	0
Sanchez, Alex, Campeche	.293	115	430	81	126	27	2	34	115	26	87	16
Forrester, Tom, Monclova	.292	101	359	62	105	15	5	19	82	55	78	1
Martinez, Raul, Jalisco	.292	104	352	57	104	16	2	17	57	36	45	2
Abrego, Jesus, Jalisco	.291	97	326	75	95	30	2	5	43	50	36	2
Ponce, Hector, Yucatan	.289	109	391	38	113	11	4	2	39	17	30	15

INDIVIDUAL PITCHING LEADERS
(U.S. Players and Players with 100 innings)

	W	L	ERA	G	GS	CG	SV	IP	H	R	ER	BB	SO
Kerfeld, Charley, Jalisco	5	2	0.97	25	0	0	10	46	28	9	5	13	62
Browning, Mike, Campeche	3	4	1.48	48	0	0	34	73	51	13	12	10	39
Holman, Shawn, Laredo	3	2	1.73	9	3	0	0	26	14	7	5	14	16
Jones, Odell, Industriales	**9**	**4**	**2.67**	**18**	**18**	**5**	**0**	**108**	**93**	**38**	**32**	**33**	**94**
Garza, Alejandro, Sultans	13	6	2.72	20	19	4	0	129	110	46	39	58	86
Jones, Al, Cordoba	6	7	2.86	36	8	4	7	94	78	39	30	39	97
Spagnola, Glenn, Laredo	6	5	2.90	32	0	0	11	62	52	28	20	25	70
Esquer, Mercedes, Yucatan	15	3	3.12	22	22	7	0	153	148	57	53	33	136
Jiminez, German, Sultans	7	3	3.20	20	20	5	0	132	152	65	47	33	77
Lugo, Urbano, Jalisco	12	7	3.29	25	24	8	1	151	150	69	55	49	110
Acosta, Aaron, Monterrey	12	3	3.32	19	19	5	0	125	129	58	46	46	66
Thompson, Rich, Industriales	2	5	3.42	8	7	2	1	47	53	21	18	7	23
Lopez, Emigdio, Cordoba	11	7	3.57	26	25	7	0	169	184	79	68	52	103
Moreno, Angel, MC Tigers	12	4	3.61	24	24	9	0	155	181	75	62	47	115
Garcia, Jorge, Industriales	7	7	3.63	23	17	4	1	117	128	56	47	39	55
Osuna, Roberto, Sultans	8	4	3.65	24	17	1	2	131	142	62	53	51	71
Raygoza, Martin, Campeche	16	7	3.70	26	25	9	0	183	190	93	75	58	108
Perry, Jeff, Laguna	8	9	3.82	54	5	3	14	123	128	59	52	56	105
Huerta, Luis, Campeche	10	11	3.96	24	23	4	0	145	154	84	64	45	78
Valdez, Armando, Industriales	12	9	3.99	26	25	7	0	149	162	74	66	48	101
Schwabe, Mike, Jalisco	9	5	4.20	18	13	2	0	94	115	54	44	16	59
Dozier, Tom, Yucatan	11	8	4.23	21	21	8	0	151	138	79	71	47	98

Mexico City Reds infielder Larry See, left, led the Mexican League with 129 RBIs while teammate James Steels became the first-ever 30-30 player.

	W	L	ERA	G	GS	CG	SV	IP	H	R	ER	BB	SO
Velazquez, Israel, Leon	12	6	4.27	27	24	8	1	148	151	81	70	66	113
Saldana, Edgardo, Tabasco	7	12	4.29	23	22	8	0	136	157	74	65	47	64
Jiminez, Isaac, Industriales	7	9	4.31	22	22	3	0	121	131	69	58	68	78
Normand, Guy, Monclova	8	8	4.32	22	22	2	0	119	127	72	57	73	91
Rios, Jesus, MC Tigers	10	8	4.36	23	23	9	0	153	154	82	74	52	128
Sosa, Mario, Tabasco	9	9	4.45	23	22	3	0	119	140	69	61	52	59
Soto, Fernando, Leon	11	11	4.48	27	23	7	0	155	181	88	77	67	103
Cervantes, Lauro, Laguna	12	10	4.53	27	26	6	0	151	164	98	76	59	97
Medvin, Scott, Industriales	4	3	4.73	15	4	1	1	46	52	28	24	20	46
Alvarez, Juan, Laredo	7	5	4.75	26	22	4	0	137	142	79	69	70	93
Moreno, Jesus, Laredo	8	5	4.93	21	21	7	0	131	144	75	72	35	86
Shaw, Theo, Laguna	5	5	4.93	11	10	1	0	49	57	41	27	26	23
Barraza, Ernesto, Laredo	7	5	4.94	29	20	1	0	123	125	82	67	95	74
Garcia, Juan, MC Tigers	9	5	4.99	22	19	4	0	123	128	77	68	61	66
Gonzalez, Fernando, Laguna	9	11	4.99	28	25	9	0	169	203	111	94	49	138
Velazquez, Ildefonso, Cam.	13	6	5.01	24	24	7	0	162	195	103	90	45	62
Castellanos, Humberto, Saltillo	7	11	5.05	26	25	2	1	146	172	96	82	46	111
Pulido, Alfonso, Saltillo;	9	9	5.05	27	24	3	0	132	164	79	74	31	59
Camarena, Martin, Tabasco	7	8	5.11	22	21	3	0	123	133	84	70	35	58
Colorado, Salvador, Yucatan	8	5	5.18	22	22	6	0	144	171	96	83	18	49
Morrow, Ben, Saltillo	9	8	5.19	33	26	4	1	157	184	100	87	62	144
Montano, Francisco, Yucatan	6	8	5.24	22	21	0	0	122	143	85	71	64	82
Smith, Mike, Saltillo	4	3	5.25	13	10	0	1	58	73	38	34	41	50
Puig, Ed, MC Tigers	4	3	5.30	15	3	1	1	37	47	27	22	15	27
Peterek, Jeff, Laredo	9	6	5.37	21	19	3	0	119	144	77	71	42	100
Hernandez, Encarnacio, Yuc.	7	11	5.43	25	21	3	0	128	171	89	76	42	56
Navarro, Adolfo, Tabasco	4	8	5.45	21	20	2	0	109	125	71	66	53	67
Mendez, Luis, MC Reds	8	8	5.59	20	20	6	0	126	159	84	78	30	74
Quiroz, Aaron, Laredo	13	7	5.59	24	24	0	0	132	154	89	82	58	94
Palafox, Juan, Laguna	17	4	5.63	28	26	8	0	165	231	117	103	46	84
Ruiz, Cecilio, MC Tigers	7	9	5.63	24	22	2	0	131	166	92	82	48	73
Sinohui, David, Leon	11	9	5.66	26	24	4	0	146	178	107	92	69	92
Purata, Julio, Leon	12	5	5.70	23	23	2	0	120	145	88	76	69	75
Osuna, Ricardo, MC Reds	9	9	5.87	24	24	6	0	130	149	94	85	53	51

Boldface type indicates league's official batting champion, ERA leader.

JAPANESE LEAGUES

Dynasty In The Making; Seibu Wins 7th Title

By WAYNE GRACZYK

The Pacific League's Seibu Lions continued their dominance of Japanese pro baseball as they defeated the Central League champion Hiroshima Carp, four games to three, to win the best-of-7 Japan Series. For the Lions, it was their seventh Japan Series title in the last 10 years.

Seibu won the first, third, sixth and seventh games of the 42nd Japan Series. The Lions were led by slugging outfielder Koji Akiyama, who blasted four homers, and ace lefthander Kimiyasu Kudo, who won a pair on the mound. The Lions have now taken the Japan Series in 1982-83, 1986-88 and 1990-91, and lost in 1985 to the Hanshin Tigers.

Managed by Masaaki Mori, the Seibu club is second in dynastic consistency to the Yomiuri Giants and their 'V-9' victory string when the Giants won the Central League pennant every year from 1965 to 1973.

Orestes Destrade
. . . 39 homers

Destrade Wins Second HR Title

Lions Cuban-born fencebuster Orestes Destrade, a former Yankees and Pirates player, won his second straight PL home run title as he belted 39. He also shared the league RBI crown with former Baltimore first baseman Jim Traber of Kintetsu. Each had 92 RBIs. Lotte Orions outfielder Mitsuchika Hirai edged Orix Blue Wave third baseman Hiromi Matsunaga for the batting title, .3144 to .3140.

Buffaloes sophomore fireballer Hideo Nomo led the Pacific League with 17 wins and 287 strikeouts.

In the Central League, Yakult catcher Atsuya Furata took the batting championship on the final day, .3398 to .3395, over Chunichi first baseman Hiromitsu Ochiai. With 37 homers, Ochiai led the CL in that category and Swallows first sacker Katsumi Hirowasa won the RBI title with 99.

Thirty Americans played in Japan in 1991, and deserving of mention is former Dodgers and Pirates outfielder R.J. Reynolds, who hit .316 for the Central League's Yokohama Taiyo Whales. Reynolds set a Japan record with hits in 11 consecutive at-bats in August.

1991 FINAL STANDINGS

CENTRAL	W	L	T	PCT	GB
Hiroshima	74	53	2	.583	—
Chunichi	69	59	1	.539	5½
Yakult	66	63	2	.512	9
Yomiuri	66	64	0	.508	9½
Taiyo	64	66	1	.492	11½
Hanshin	48	82	0	.369	27½

PACIFIC	W	L	T	PCT	GB
Seibu	81	43	6	.653	—
Kintetsu	77	48	5	.616	4½
Orix	64	63	3	.504	18½
Nippon	53	72	5	.424	28½
Fukuoka	53	73	4	.421	29
Lotte	48	77	5	.384	33½

JAPAN SERIES: Seibu Lions defeated Hiroshima Carp 4-3 in best-of-7 final.

1991 BATTING, PITCHING STATISTICS

CENTRAL LEAGUE
INDIVIDUAL BATTING LEADERS
(Minimum 403 Plate Appearances)

	AVG	AB	R	H	HR	RBI
Furuta, Atsuya, Yakult	.3398	412	58	140	11	50
Ochiai, Hiromitsu, Chunichi	.3395	374	80	127	37	91
Takagi, Yutaka, Taiyo	.333	490	81	163	4	62
Nomura, Kenjiro, Hiroshima	.324	524	75	170	10	66
Reynolds, R.J., Taiyo	.316	468	71	148	15	80
Komada, Tokuhiro, Yomiuri	.314	510	66	160	19	66
Paciorek, Jim, Taiyo	.310	442	52	137	11	75
O'Malley, Tom, Hanshin	.307	476	61	146	21	81
Yamasaki, Ryuzo, Hiroshima	.301	402	54	121	8	50
Ray, Johnny, Yakult	.299	415	62	124	11	51

(Remaining U.S. Players)

	AVG	AB	R	H	HR	RBI
Ryal, Mark, Chunichi	.285	463	65	132	24	87
Bradley, Phil, Yomiuri	.282	440	67	124	21	70
Gonzalez, Denny, Yomiuri	.244	123	16	30	9	27
Allen, Rod, Hiroshima	.233	206	22	44	9	33
Wynne, Marvell, Hanshin	.230	453	40	104	13	44
Van Burkleo, Ty, Hiroshima	.203	59	2	12	2	5

INDIVIDUAL PITCHING LEADERS
(Minimum 130 Innings)

	W	L	ERA	G	SV	IP	SO
Sasaoka, Shinji, Hiroshima	17	9	2.44	33	0	240	213
Imanaka, Shinji, Chunichi	12	13	2.52	36	0	193	167
Kaku, Genji, Chunichi	13	9	2.71	33	2	163	95
Nishimura, Tatsuji, Yakult	15	8	2.80	30	0	228	134
Kawaguchi, Kazuhisa, Hiroshima	12	8	2.90	29	0	205	230
Kawasaki, Kenjiro, Yakult	14	9	2.91	28	1	192	148

(Remaining U.S. Players)

	W	L	ERA	G	SV	IP	SO
Anderson, Scott, Chunichi	9	7	4.09	23	0	132	80
Birtsas, Tim, Yakult	3	5	5.61	18	0	85	72
Service, Scott, Chunichi	0	0	9.00	1	0	1	0

PACIFIC LEAGUE
INDIVIDUAL BATTING LEADERS
(Minimum 403 Plate Appearances)

	AVG	AB	R	H	HR	RBI
Hirai, Mitsuchika, Lotte	.3144	353	38	111	4	34
Matsunaga, Hiromi, Orix	.3140	484	74	152	13	76
Shirai, Kzauhiro, Nippon	.311	328	50	102	4	32
Sasaki, Makoto, Fukuoka	.304	519	82	158	21	71
Wells, Boomer, Orix	.300	463	45	139	20	67
Akiyama, Koji, Seibu	.297	455	97	135	35	88
Ono, Hisashi, Fukuoka	.289	456	72	132	1	25
Hori, Koichi, Lotte	.284	380	53	108	20	69
Hirano, Ken, Seibu	.281	459	60	129	3	41
Nishimura, Norifumi, Lotte	.275	443	57	122	2	17

(Remaining U.S. Players)

	AVG	AB	R	H	HR	RBI
Dayett, Brian, Nippon	.333	42	2	14	0	1
Reid, Jay, Kintetsu	.275	182	30	50	10	34
Traber, Jim, Kintetsu	.272	486	61	132	29	92
Winters, Matt, Nippon	.269	472	57	127	33	84
Destrade, Orestes, Seibu	.268	437	90	117	39	92
Williams, Eddie, Fukuoka	.250	163	20	41	5	16
Hengel, Dave, Lotte	.250	4	0	1	0	0
Bathe, Bill, Nippon	.248	407	31	101	16	41
Bryant, Ralph, Kintetsu	.238	239	37	57	22	43
Diaz, Mike, Lotte	.237	139	22	33	10	23
Laga, Mike, Fukuoka	.236	453	53	107	32	81

INDIVIDUAL PITCHING LEADERS
(Minimum 130 Innings)

	W	L	ERA	G	SV	IP	SO
Watanabe, Tomio, Seibu	11	6	2.35	22	1	157	119
Shibata, Yasumitsu, Nippon	9	9	2.48	23	0	174	116
Kaku, Taigen, Seibu	15	6	2.59	24	1	184	108
Kudo, Kimiyasu, Seibu	16	3	2.82	25	0	175	151
Ono, Kazuyoshi, Kintetsu	12	4	2.86	21	0	145	65
Nomo, Hideo, Kintetsu	17	11	3.05	31	1	242	287

(Remaining U.S. Players)

	W	L	ERA	G	SV	IP	SO
Tunnell, Lee, Fukuoka	6	2	3.19	12	0	90	45
Young, Ray, Seibu	1	1	3.72	2	0	10	7
Schulze, Don, Orix	3	2	4.66	24	7	37	24
Hoffman, Guy, Orix	3	4	5.30	9	0	37	19

WINTER BASEBALL

New Name, Champion; Same Problems Remain

By ALLAN SIMPSON

The rapidly changing face of winter baseball took on a new twist in 1991, when the 42-year-old Caribbean World Series was shelved in favor of Winterball I.

Played at Miami's Robert Maduro Stadium, Winterball I proved to be a more attractive product than the first attempt at bringing winter baseball's showcase attraction to the United States—the 1990 debacle played at Miami's Orange Bowl. That event was played in a woefully inadequate facility before small crowds and was such a public relations nightmare that it forced tournament officials to rename the series.

Larger, more enthusiastic crowds sat in for Winterball I as Licey, the Dominican League champion, won five straight games to win the title. The Tigers went 3-0 in the round-robin segment of the competition then whipped Lara, the Venezuelan League representative, 13-4 and 13-1, to win the best-of-3 championship series in two straight games.

Henry Rodriguez
. . . Led Licey To Title

It marked the third time in four years that the Dominican entry won the four-nation tournament. Escogido, Licey's long-time cross-city rival, won the ill-fated 1990 tournament.

Tournament On Shaky Ground

ProServ, the Washington, D.C.-based sports marketing firm, underwrote the 1990 and 1991 series and in both years reported huge financial losses, raising questions about the future of the series in the U.S. ProServ had a three-year contract to promote the tournament in Miami. That agreement expires in 1992, but in November, 1991, an agreement was reached to move the series to Hermosillo, Mexico.

For 41 years, the Caribbean series rotated among the four participating nations. But with mounting financial problems and a Latin currency that continues to be devalued against the

---

LICEY's RODRIGUEZ: PLAYER OF YEAR

Henry Rodriguez, who hit .458 and led Licey to a five-game sweep in Winterball I, was selected Baseball America's 1990-91 winter league player of the year. The Los Angeles Dodgers first base prospect hit an overall .361 on the winter.

Baseball America's 1990-91 winter league all-star team, with composite regular season, playoff and Winterball I statistics:

C—Lenny Webster, San Juan/Puerto Rico (.292-7-27). **1B**—Henry Rodriguez, Licey/Dominican (.361-3-41). **2B**—Luis Sojo, Lara/Venezuela (.335-2-27). **3B**—Andujar Cedeno, Azucareros/Dominican (.261-2-40). **SS**—Carlos Garcia, Magallanes/Venezuela (.303-6-37).
OF—Greg Briley, Caracas/Venezuela (.335-7-47); Pedro Munoz, Mayaguez/Puerto Rico (.309-15-56); Luis Gonzalez, Tijuana/Mexico (.298-14-63).
DH—Hector Villanueva, San Juan/Puerto Rico (.314-13-48).
P—Juan Guzman, Licey/Dominican (11-1, 1.60); Joe Ausanio, Aragua/Venezuela (9-5, 3.21); Cecilio Ruiz, Obregon/Mexico (11-4, 1.98); Mark Zappelli, Obregon/Mexico (2-3, 1.74, 27 saves).

American dollar, the venue for the series was changed to Miami in 1990.

Serious questions about the future of winter ball, in general, sprung up in 1991.

Major League Baseball, concerned about deteriorating conditions in the traditional winter leagues, began exploring the possibility of operating leagues in Florida, Arizona and Hawaii. Those leagues would compete for American talent that typically is sent to the Caribbean. Nothing, however, was resolved for the 1991-92 winter season.

Meanwhile, baseball interest continues to grow substantially in Australia, making it another viable alternative. A number of promising minor league prospects played there in the 1990-91 season.

Offensive Outburst Lifts Licey

Licey, which finished last in the Dominican League with a .233 team batting average, made a shambles of Winterball I, outscoring its opposition 50-8 in winning five straight games.

The Tigers went undefeated in round-robin play, while Lara, Tijuana (Mexico) and Santurce (Puerto Rico) finished with 1-2 records. Lara won two tie-breaker playoff games to reach the final, but had little pitching left and was no match for Licey.

Licey rolled to a 13-1 win in the deciding game of the championship series, scoring nine times in the first inning. Outfielder Jerry Brooks (Dodgers), who had six RBIs in the game, was named MVP of the final set. Overall, Brooks went 9-for-19 (.473) with 10 RBIs in five games.

Another Licey outfielder, Geronimo Berroa, whom the Tigers picked up from league rival Escogido for Winterball I, hit .479 overall and was named MVP of the preliminary round-robin portion.

DOMINICAN REPUBLIC

The Licey Tigers, who went on to win Winterball I in easy fashion, faced their toughest challenge of the 1990-91 season in dethroning three-time defending champion Escogido in the Dominican League championship series. The Tigers won the best-of-7 event, 4-1.

Henry Rodriguez (Dodgers) was the hitting star in the final series for Licey, going 12-for-21 (.571) with 10 runs and six RBIs. He had five hits in the deciding game, as Licey won 8-7 in 11 innings.

The red-hot Rodriguez also hit a league-best .362 (21-for-58) in the 18-game round-robin portion of the Dominican playoffs, which Escogido won by a game over Licey. Rodriguez hit .316 during the regular season.

"You don't see that piece of hitting very often," said Licey manager John Roseboro, the former major league catcher. "Even his outs were cannon shots during the post season."

Andujar Cedeno
. . . MVP

Azucareros third baseman Andujar Cedeno (Astros), normally a shortstop, was selected the league's MVP. He hit .273 with 27 RBIs—second to Bernardo Brito's 31. Brito, an outfielder for Licey, led the league in RBIs for a third time.

The early part of the Dominican League season was interrupted for several days when a general strike closed down all but the island's essential services. Several American players were sent home as a precautionary measure against the threat of violence.

FINAL STANDINGS

REGULAR SEASON	W	L	PCT	GB
Licey	26	22	.542	—
Azucareros	26	22	.542	—
Aguilas	24	24	.500	2
Escogido	23	26	.469	3½
Estrellas	22	27	.449	4½

PLAYOFFS	W	L
Escogido	11	7
Licey	10	8
Aguilas	9	9
Azucareros	6	12

LEAGUE CHAMPIONSHIP SERIES: Licey defeated Escogido 4-1 in best-of-7 final.

INDIVIDUAL BATTING LEADERS
(Minimum 75 At-Bats)

	AVG	G	AB	R	H	2B	3B	HR	RBI	BB	SO	SB
Meulens, Hensley, Azu	.338	36	130	19	44	10	1	3	20	22	42	5
Grissom, Marquis, Esc	.321	33	134	25	43	6	4	3	19	14	17	12
Cabrera, Basilio, Azu	.316	25	76	8	24	2	1	0	10	12	5	1
Rodriguez, Henry, Licey	.316	39	152	17	48	9	4	1	20	12	20	3
Alou, Moises, Aguilas	.314	29	102	17	32	4	1	1	9	22	18	19
DelaRosa, Juan, Esc	.300	35	110	16	33	3	0	3	13	1	14	8
Fermin Felix, Aguilas	.300	26	90	12	27	3	1	0	9	13	3	0
Laureano, Francisco, Est	.295	35	105	17	31	4	0	1	14	25	16	2
DelaCruz, Hector, Esc	.294	28	85	7	25	2	2	0	6	9	11	4
Garcia, Leo, Aguilas	.294	41	163	20	48	12	4	0	17	7	10	3
Caraballo, Ramon, Est	.289	29	90	12	26	2	3	1	9	10	17	8
Tatis, Bernie, Aguilas	.287	46	174	28	50	4	1	6	24	28	29	15
Sabino, Miguel, Est	.286	41	126	19	36	3	0	0	14	16	15	9
Campusano, Sil, Licey	.284	36	134	18	38	8	2	0	11	12	21	6
Noboa, Junior, Esc	.283	32	99	12	28	3	0	0	6	5	8	0
Polonia, Luis, Aguilas	.283	21	92	17	26	4	3	0	5	6	8	5
Sambo, Ramon, Azu	.283	37	120	17	34	1	0	0	13	21	18	13
Mercedes, Luis, Est	.282	48	181	33	51	3	1	0	11	22	26	11
McRae, Brian, Licey	.280	37	143	29	40	9	0	1	11	20	20	10
Nunez, Mauricio, Est	.274	41	146	17	40	4	3	1	23	18	10	4
Cedeno, Andujar, Azu	.273	47	194	17	53	10	3	1	26	8	32	4
Rosario, Victor, Esc	.270	37	141	13	38	6	1	0	13	6	32	5
Offerman, Jose, Azu	.261	37	142	26	37	3	2	0	14	29	15	28
Tackett, Jeff, Est	.260	35	123	10	32	4	0	0	12	6	9	0
Linares, Rufino, Esc	.255	42	149	18	38	4	1	3	22	11	19	1
DelosSantos, Luis, Esc	.255	40	153	9	39	3	0	1	18	8	26	1
Cabrera, Francisco, Est	.253	46	178	28	45	11	0	8	26	20	24	1
Peguero, Julio, Agu	.253	29	79	6	20	1	0	0	6	9	7	1
Sanchez, Zoilo, Azu	.252	36	131	17	33	8	0	2	23	21	28	1
Vizcaino, Jose, Esc	.247	46	166	20	41	3	4	0	15	13	20	3
Castillo, Braulio, Licey	.239	46	159	18	38	11	5	2	15	16	50	3
Tena, Paulino, Agu	.238	41	147	16	35	4	1	0	15	4	24	6
Yan, Julian, Azu	.236	39	148	15	35	8	1	3	12	12	33	1
Brooks, Jerry, Licey	.235	46	170	15	40	7	0	3	20	12	17	2
Capellan, Carlos, Azu	.233	30	99	9	21	0	0	0	3	2	9	4
Berroa, Geronimo, Esc	.233	34	120	14	28	7	0	1	14	12	22	0
Servais, Scott, Agu	.232	39	125	7	29	4	0	0	10	12	23	1
Reyes, Gilberto, Licey	.229	29	96	8	22	4	1	0	11	1	9	0
Brito, Bernardo, Licey	.228	45	171	17	39	3	0	7	31	7	55	0
Suero, William, Esc	.225	31	89	10	20	6	0	0	7	10	11	4
Bell, Juan, Licey	.218	40	147	16	32	2	1	0	13	13	19	4
Chance, Tony, Estrellas	.216	36	125	15	27	5	0	3	19	10	26	4

INDIVIDUAL PITCHING LEADERS
(Minimum 30 Innings)

	W	L	ERA	G	GS	CG	SV	IP	H	R	ER	BB	SO
Garcia, Marcos, Agu	4	1	0.90	8	5	0	0	40	28	7	4	12	26
Castillo, Felipe, Azu	2	1	1.15	15	2	0	1	31	24	9	4	13	6
Guzman, Juan, Licey	7	1	1.69	10	9	0	0	59	47	14	11	18	54
Hartsock, Jeff, Licey	3	4	1.87	9	9	1	0	53	40	15	11	17	27
Pena, Ramon, Aguilas	0	2	2.01	24	0	0	12	31	25	9	7	6	18
Roscoe, Greg, Aguilas	2	2	2.10	6	6	0	0	34	39	13	8	7	16
Rojas, Mel, Esc	1	1	2.18	17	0	0	3	33	31	10	8	11	25
Manzanillo, Ravelo, Esc	4	3	2.22	13	11	1	0	65	48	19	16	44	47
Kraemer, Joe, Licey	0	3	2.45	8	0	0	0	44	43	14	12	18	17
Everson, Greg, Azu	3	2	2.51	20	1	0	0	32	38	14	9	17	13
Kramer, Tommy, Aguilas	3	3	2.53	7	6	0	0	32	32	12	9	8	21
Vargas, Jose, Estrellas	3	3	2.58	13	11	0	0	77	73	26	22	25	42
Encarnacion, Luis, Esc	2	1	2.60	22	0	0	8	35	28	11	10	9	28
Beasley, Chris, Azu	4	0	2.65	6	6	0	0	34	35	13	10	5	13
Ventura, Yorkis, Esc	1	2	2.98	11	8	0	0	48	40	18	16	19	23
Fulcar, Manuel, Agu	3	1	3.03	16	2	0	0	36	26	13	12	12	28
Pichardo, Hipolito, Azu	3	2	3.17	10	10	0	0	54	42	21	19	18	29
DelaRosa, Francisco, Est	7	1	3.29	11	11	0	0	66	66	27	24	22	49
Solano, Julio, Licey	2	3	3.34	21	0	0	4	35	30	17	13	11	15
Brito, Mario, Escogido	4	2	3.38	12	7	0	0	37	43	18	14	15	8
Nunez, Jose, Escogido	3	1	3.43	9	7	0	0	52	51	22	20	11	39
Rivera, Ben, Estrellas	2	3	3.58	10	10	0	0	50	47	26	20	31	32
Garcia, Apolinar, Aguilas	2	3	3.68	7	7	1	0	37	37	18	15	8	24

266 • 1992 ALMANAC

PUERTO RICO

The Santurce Crabbers survived a mid-season managerial shakeup to win their first Puerto Rican League title in 18 years. The Crabbers, under the direction of Max Oliveras, one of the most successful managers in league history, beat Mayaguez 5-3 in the best-of-9 championship series.

Oliveras, who guided San Juan to the league title a year earlier, took over for Mike Cubbage when the New York Mets third base coach abruptly quit, citing philosophical differences with the team's ownership.

"This team showed a lot of character out there," Oliveras said. "No one thought we could do it."

Santurce finished the regular season in third place, then went 9-9 in the league's preliminary round-robin playoff, to finish second to Mayaguez (14-4).

Hector Villaneuva ... Triple Crown

San Juan first baseman Hector Villaneuva (Cubs) became the league's fourth triple crown winner—and first since Wally Joyner in 1986. He hit .347 with 12 homers and 44 RBIs.

FINAL STANDINGS

REGULAR SEASON	W	L	PCT	GB
San Juan	33	25	.569	—
Caguas	31	28	.525	2½
Santurce	30	28	.517	3
Mayaguez	31	29	.517	3
Arecibo	29	30	.492	4½
Ponce	23	37	.383	11

PLAYOFFS	W	L
Mayaguez	14	4
Santurce	9	9
Caguas	7	11
San Juan	6	12

LEAGUE CHAMPIONSHIP SERIES: Santurce defeated Mayaguez 5-3 in best-of-9 final.

INDIVIDUAL BATTING LEADERS
(Minimum 100 At-Bats)

	AVG	G	AB	R	H	2B	3B	HR	RBI	BB	SO	SB
Villanueva, Hector, SJ	.347	49	167	26	58	7	0	12	44	27	22	2
Brewer, Rod, Mayaguez	.335	60	212	31	71	7	0	6	30	20	25	7
Morris, Angel, Santurce	.327	36	101	11	33	2	0	3	14	8	15	0
Jones, Chris, Ponce	.327	28	101	16	33	5	0	4	17	4	24	1
Munoz, Jose, Caguas	.323	50	158	26	51	6	2	0	12	19	19	12
Canale, George, Caguas	.315	43	149	26	47	13	0	5	30	21	28	3
Munoz, Pedro, Mayaguez	.308	40	143	22	44	5	2	6	27	13	23	17
Young, Gerald, Ponce	.305	44	151	29	46	8	4	1	13	37	15	12
Lopez, Luis, SJ	.304	39	148	16	45	10	0	1	14	7	14	1
Rodriguez, Victor, Are	.301	52	183	22	55	17	1	4	28	14	10	1
Cangelosi, John, May	.297	41	155	22	46	9	1	0	14	21	17	7
Beniquez, Juan, Snt	.289	43	135	13	39	6	0	0	16	8	15	0
Webster, Lenny, SJ	.286	53	199	24	57	14	0	5	23	11	23	1
Rodriguez, Boi, Caguas	.285	46	144	16	41	9	1	3	34	18	26	4
McIntosh, Tim, Caguas	.276	48	181	25	50	6	1	5	28	8	23	0
Moreno, Armando, May	.276	55	185	24	51	11	2	2	27	19	30	5
Rivera, German, Caguas	.275	55	204	28	56	9	0	2	17	12	26	5
Merced, Orlando, Are	.274	58	208	31	57	9	3	5	31	29	40	8
Maclin, Lonnie, Mayaguez	.273	33	110	15	30	5	2	1	14	9	14	6
Monell, Johnny, Ponce	.272	49	162	18	44	10	2	3	28	13	16	2
Escalera, Ruben, SJ	.271	53	177	32	48	9	0	2	12	28	34	2
Baerga, Carlos, SJ	.271	48	177	27	48	13	2	2	15	12	15	8
Birriel, Jose, SJ	.271	42	118	13	32	8	0	3	22	19	17	0
Ortiz, Junior, Santurce	.270	58	196	18	53	12	1	0	21	15	16	2
Aguayo, Luis, Arecibo	.269	44	156	21	42	14	1	1	19	11	24	2
Klesko, Ryan, Ponce	.269	47	175	21	47	10	1	3	15	17	32	4
Navarro, Tito, Arecibo	.267	48	161	26	43	8	1	0	12	21	17	10
Vargas, Hector, Arecibo	.262	50	168	33	44	5	2	0	12	39	25	6
Hollins, Dave, Caguas	.261	46	157	31	41	7	3	2	18	27	12	3
Chimelis, Joel, SJ	.260	57	192	19	50	10	1	1	21	11	17	3
Romero, Ed, Ponce	.258	49	163	23	42	7	1	0	14	18	12	4
Burgos, Francisco, Ponce	.256	54	195	13	50	8	0	1	20	7	14	3
Gomez, Leo, Santurce	.255	53	184	27	47	12	1	8	31	28	28	1
Cruz, Ivan, Mayaguez	.255	50	141	24	36	6	0	5	19	19	23	0
Chamberlain, Wes, Caguas	.253	49	194	31	49	10	2	10	30	6	15	10

	AVG	G	AB	R	H	2B	3B	HR	RBI	BB	SO	SB
Martinez, Luis, Ponce	.253	46	146	23	37	3	1	1	6	7	13	2
Jones, Barry, SJ	.249	57	209	27	52	7	5	2	26	18	28	1
Diaz, Alex, Mayaguez	.246	52	183	31	45	9	4	2	14	21	21	17
Cordero, Wil, Mayaguez	.245	56	192	31	47	13	1	2	26	26	38	4
Cotto, Henry, Caguas	.243	41	152	21	37	8	1	3	15	12	21	14
Sanchez, Osvaldo, Snt	.238	48	143	15	34	12	0	4	18	29	27	2
Powell, Alonzo, Arecibo	.237	59	219	20	52	10	1	5	34	23	28	4
Alicea, Edwin, Santurce	.237	42	139	26	33	6	1	3	9	24	19	10
Coolbaugh, Scott, May	.231	56	186	26	43	7	0	2	18	25	38	5
Rosario, Luis, May	.231	48	121	6	28	5	0	1	9	5	24	0
Williams Bernie, Are	.228	58	197	38	45	5	5	3	32	37	40	11

INDIVIDUAL PITCHING LEADERS
(Minimum 35 Innings)

	W	L	ERA	G	GS	CG	SV	IP	H	R	ER	BB	SO
Neely, Jeff, SJ	1	2	1.30	32	0	0	15	35	26	8	5	9	32
Walton, Bruce, Caguas	3	0	1.53	18	3	0	3	35	23	9	6	14	16
Wilson, Trevor, SJ	3	2	2.07	11	10	0	0	61	40	17	14	35	44
Nichols, Rod, Ponce	5	5	2.54	11	11	2	0	67	64	22	19	12	54
Ilsley, Blaise, Ponce	3	7	2.55	13	13	3	0	81	81	38	23	18	43
Torres, Ricky, Are	5	4	2.56	24	0	0	5	39	18	19	11	25	34
Rodriguez, Gabe, SJ	4	2	2.58	15	5	1	0	45	41	22	13	20	25
Gross, Kip, SJ	7	2	2.59	11	11	0	0	73	74	25	21	18	42
Puig, Benny, Arecibo	2	1	2.60	22	0	0	6	45	36	18	13	11	36
Sanchez, Geraldo, Cag	2	2	2.62	24	0	0	0	45	39	17	13	18	12
Bockus, Randy, Caguas	2	4	2.65	25	0	0	16	37	24	14	11	13	14
Valera, Julio, May	5	3	2.68	12	12	1	0	74	62	25	22	22	53
Burgos, John, Santurce	2	1	2.75	22	1	0	3	39	43	16	12	10	19
Sherrill, Tim, May	4	2	2.75	28	0	0	2	36	27	12	11	12	22
Sierra, Candy, Snt	5	4	2.77	11	10	1	0	62	73	32	19	20	29
Figueroa, Fernando, Cag	2	1	2.80	19	2	0	0	45	45	19	14	18	21
Melendez, Jose, Cag	4	2	2.82	9	9	1	0	51	45	21	16	15	27
Olivares, Omar, Cag	4	3	3.09	12	11	1	0	64	62	27	22	23	28
Navarro, Jaime, Snt	7	3	3.13	12	12	3	0	86	92	33	30	21	31
DeJesus, Jose, Caguas	2	1	3.16	8	8	0	0	43	29	19	15	28	17
Brown, Kevin, Santurce	1	4	3.31	8	8	1	0	54	56	26	20	17	39
Santiago, Delvy, Snt	3	3	3.44	15	7	0	0	50	58	27	19	17	31
James, Mike, SJ	2	3	3.45	8	8	0	0	47	40	21	18	23	20
Leiter, Al, Arecibo	3	1	3.50	9	9	0	0	36	32	17	14	29	29
Rosario, Jose, SJ	2	5	3.53	9	9	1	0	51	45	27	20	20	37
West, David, Santurce	5	4	3.55	11	11	2	0	63	60	30	25	33	39
Rivera, Randy, SJ	4	3	3.65	13	4	1	0	37	43	21	15	11	23
Bones, Ricky, Ponce	3	7	3.66	14	12	2	0	66	61	31	27	18	41
Hernandez, Roberto, May	5	5	3.72	19	7	2	1	68	68	33	28	23	35
Stewart, Hector, May	0	2	3.76	32	0	0	0	41	42	19	17	18	19
Tirado, Aris, Caguas	4	3	4.09	11	9	0	0	55	56	30	25	22	33
DeLeon, Luis, May	4	2	4.11	17	2	0	1	35	31	18	16	24	26
Oliveras, Francisco, Cag	3	7	4.11	13	12	1	0	66	76	41	30	21	41
Toliver, Fred, Arecibo	2	2	4.12	8	7	0	0	39	36	21	18	23	28
Beatty, Blaine, Arecibo	6	3	4.14	14	12	0	0	76	72	37	35	21	26

VENEZUELA

The Lara Cardinals, heavily stocked with Toronto Blue Jays prospects, won their first-ever Venezuelan League title in 1990-91, beating Caracas 4-2 in a best-of-7 final. It was Lara's first championship in 26 years.

"We had this big monkey on our back—and I guess it really was a gorilla—for 25 years," said Lara closer Mike Timlin (Blue Jays), who saved the final game with two scoreless innings. "We finally got rid of the monkey."

Timlin combined with starter Willie Banks (Twins) and Rob Wishnevski (Blue Jays) to stop Caracas, 1-0, on four hits. Mark Whiten tripled in Blue Jays teammate Derek Bell with the game's only run.

Lara second baseman Luis Sojo, who was traded from Toronto to California during the off-season, won his second straight batting title, at .362. Caracas outfielder Greg Briley (Mariners), who finished second at .359, led the league in runs (43), hits (79), total bases (120), doubles (20), RBIs (41) and stolen bases (33).

Aragua closer Joe Ausanio (Pirates) was the top pitcher.

Luis SoJo
... Repeat bat champ

FINAL STANDINGS

REGULAR SEASON	W	L	PCT	GB
Lara	37	23	.617	—
Magallanes	31	29	.517	6
Caracas	30	30	.500	7
Aragua	29	31	.483	8
Zulia	28	32	.467	9
La Guaira	25	35	.417	12

PLAYOFFS	W	L
Caracas	8	4
Lara	8	4
Magallanes	6	6
Aragua	2	10

LEAGUE CHAMPIONSHIP SERIES: Lara defeated Caracas 4-2 in best-of-7 final.

INDIVIDUAL BATTING LEADERS
(Minimum 100 At-Bats)

	AVG	G	AB	R	H	2B	3B	HR	RBI	BB	SO	SB
Sojo, Luis, Lara	.362	53	174	34	63	7	0	1	20	16	10	22
Briley, Greg, Caracas	.359	59	220	43	79	20	3	5	41	33	32	33
Infante, Alex, Lara	.347	50	173	30	60	6	3	0	14	19	13	7
Whiten, Mark, Lara	.323	43	158	28	51	6	5	5	26	14	36	13
Marcano, Raul, Aragua	.316	38	117	16	37	5	2	0	17	7	13	1
Tovar, Raul, LaGuaira	.316	58	206	34	65	15	0	8	35	35	37	8
Alfaro, Jesus, Caracas	.314	60	210	29	66	15	5	37	27	36	0
Delima, Rafael, Aragua	.306	37	134	23	41	6	2	0	21	27	11	3
Olivares, Ossie, Mag	.297	53	192	30	57	8	3	1	17	23	18	3
Vizquel, Omar, Caracas	.293	43	164	30	48	7	2	0	9	24	14	6
Galindo, Luis, LaGuaira	.292	40	120	21	35	3	1	0	11	20	14	12
Naveda, Edgar, Mag	.292	59	195	28	57	13	5	1	27	33	20	4
Alvarez, Chris, Zulia	.290	54	176	24	51	10	2	0	22	37	11	2
Perez, Robert, Lara	.290	54	183	17	53	8	3	2	21	9	26	3
Paredes, Johnny, Zulia	.289	47	180	26	52	10	0	0	17	15	12	13
Escobar, Jose, Lara	.281	49	135	17	38	5	2	1	16	12	11	2
Garcia, Carlos, Mag	.278	48	176	29	49	6	4	5	30	15	29	6
Magallanes, Willie, Mag	.278	57	198	34	55	10	0	8	29	40	50	3
Mitchell, Jorge, Mag	.274	53	168	27	46	11	5	2	28	22	31	8
Salazar, Angel, Zulia	.273	41	132	11	36	4	0	0	17	9	12	1
Mendez, Jesus, Aragua	.272	47	151	16	41	7	2	0	17	19	8	4
Polidor, Gus, LaGuaira	.271	50	170	13	46	12	3	0	13	11	17	2
Snider, Van, Mag	.270	53	196	28	53	15	0	6	35	21	35	0
Perez, Eddie, Aragua	.270	50	137	17	37	11	0	3	16	32	21	1
Espinoza, Alvaro, Aragua	.269	33	134	14	36	6	3	1	18	8	13	3
Davis, Mark, LaGuaira	.268	48	168	25	45	9	2	6	29	23	44	10
Sprague, Ed, Lara	.267	32	116	20	31	6	0	3	13	22	17	2
Bell, Derek, Lara	.266	51	192	30	51	7	4	3	33	11	35	17
Gomez, Erny, Caracas	.262	55	183	34	48	6	5	0	17	23	20	6
Knorr, Randy, Lara	.262	55	183	24	48	11	0	7	29	22	49	2
Amaro, Ruben, Zulia	.260	47	154	30	40	13	5	0	18	36	21	15
Hernandez, Leo, Aragua	.259	51	189	23	49	9	0	2	25	15	24	8
Zambrano, Eduardo, Ara	.258	56	178	31	46	8	1	11	35	27	39	6
Hernandez, Rodolfo, Mag	.257	44	113	24	29	2	0	1	7	25	12	3
Rincones, Hector, Mag	.257	42	101	12	26	4	0	0	7	11	5	1
Garcia, Jose, Aragua	.256	36	125	17	32	5	3	0	9	13	13	3
Armas, Tony, Caracas	.248	41	137	17	34	5	1	8	29	15	31	0
Leiva, Jose, Zulia	.246	53	175	33	43	6	2	1	14	30	30	20
Maas, Jason, Mag	.245	36	110	18	27	6	2	0	5	28	20	10
Karros, Eric, Caracas	.244	57	176	21	43	6	1	6	16	26	37	2
Odor, Rouglas, Zulia	.244	34	123	16	30	1	2	0	8	19	27	7
Uribe, Jorge, Caracas	.243	55	173	25	42	6	0	2	14	12	37	3
Estrada, Asdrubal, Lara	.241	49	162	19	39	6	1	2	18	12	34	1
Espinoza, Andres, Lara	.228	54	127	9	29	3	0	0	12	13	18	0
Azocar, Oscar, Caracas	.234	54	201	16	47	8	4	0	30	11	11	0
Hernandez, Carlos, Car	.227	53	181	25	41	8	2	3	18	13	17	0

INDIVIDUAL PITCHING LEADERS
(Minimum 40 Innings)

	W	L	ERA	G	GS	CG	SV	IP	H	R	ER	BB	SO
Knackert, Brent, Car	4	1	0.92	9	9	0	0	59	36	12	6	18	36
Alvarez, Wilson, Zulia	3	3	1.38	9	9	2	0	52	42	12	8	24	30
Ramos, Jose, LaGuaira	3	1	1.66	20	1	0	2	38	30	13	7	15	20
Timlin, Mike, Lara	2	2	1.85	22	0	0	12	34	20	12	7	11	34
Drahman, Brian, LaG	4	4	1.96	25	0	0	8	41	34	17	9	15	22
Peraza, Ossie, Lara	6	0	1.99	16	12	0	0	68	52	22	15	31	38
Wishnevski, Rob, Lara	6	1	2.06	12	11	0	0	42	23	16	35	41
Leal, Luis, Lara	3	3	2.12	15	2	0	3	34	41	12	9	4	8
Stephens, Ron, Zulia	1	3	2.27	7	5	0	0	36	24	10	9	15	14
Leon, Danilo, Zulia	1	2	2.35	31	1	0	4	57	37	16	15	34	45
Taylor, Wade, Mag	2	3	2.43	6	6	0	0	30	32	9	8	7	11
Burba, Dave, Caracas	7	1	2.50	16	6	0	2	58	44	16	16	23	32
Castillo, Juan, Mag	3	2	2.55	9	9	1	0	53	38	16	15	23	19
Martinez, Williams, Car	3	2	2.56	12	8	0	0	53	40	23	15	31	23
Richards, Dave, Zulia	4	3	2.78	24	0	0	3	32	30	14	10	23	24
Pavlas, Dave, Aragua	7	2	2.79	11	10	1	0	68	56	25	21	24	58
Conde, Argenis, Mag	2	7	2.82	13	12	1	0	70	65	40	22	29	30
Villa, Jose, Mag	4	2	2.85	30	0	0	2	54	42	20	17	15	35

	W	L	ERA	G	GS	CG	SV	IP	H	R	ER	BB	SO
Banks, Willie, Lara	6	1	2.88	14	11	0	0	72	66	30	23	36	38
Ausanio, Joe, Aragua	8	4	2.94	27	0	0	8	49	35	16	16	24	68
Minor, Blas, Aragua	3	3	3.08	13	13	0	0	85	88	39	29	18	55
Leal, Carlos, Caracas	1	2	3.09	19	0	0	0	35	37	15	12	18	22
Carrera, Omar, Lara	2	0	3.20	24	0	0	2	39	39	14	14	15	12
Owens, Dave, LaGuaira	2	2	3.31	7	6	0	0	35	29	16	13	13	19
Lugo, Urbano, Caracas	3	3	3.34	12	12	2	0	65	48	26	24	31	32
Medvin, Scott, Car	1	6	3.41	24	0	0	9	34	25	13	13	22	21
Garcia, Miguel, Car	2	4	3.55	14	6	0	1	46	50	23	18	16	24
Garces, Robinson, LaG	6	2	3.57	10	10	0	0	63	51	30	25	28	37
Vasquez, Luis, LaG	2	3	3.59	11	10	0	0	53	51	26	21	26	9
Strauss, Julio, Car	4	4	3.61	30	1	0	4	42	40	18	17	20	23
Gomez, Henry, Zulia	4	4	3.86	15	13	0	0	79	74	35	34	31	32
Lira, Felipe, LaG	1	3	3.86	16	5	0	0	37	37	18	16	13	33
Pershke, Greg, LaG	2	5	3.89	8	7	0	0	44	48	25	19	25	23
Castillo, Tony, Lara	6	2	3.91	13	10	0	0	53	52	27	23	23	26
Sanchez, Carlos, Zulia	4	3	3.92	16	4	0	0	44	45	25	19	9	25
Kanaure, Johann, Lara	1	4	3.96	20	5	0	0	36	36	22	16	31	38
Straker, Les, Mag	6	3	3.98	14	14	0	0	81	87	43	36	30	37

MEXICAN PACIFIC LEAGUE

Two years after being banished from the Mexican Pacific League, the Tijuana Colts unexpectedly won their second league title, beating Culiacan, 4-2 in the best-of-7 final.

Tijuana won its first title in 29 years in 1987-88, but amidst charges it encouraged players from opposing teams to not play at their competitive best, the franchise was disbanded the following season. As an expansion team in 1989-90, the Colts were 17-52 but with an infusion of talent from the Houston Astros, they effected a dramatic turnaround in 1990-91. The Astros provided a nucleus of talented young players that included first baseman Jose Tolentino (.329-11-55), third baseman-outfielder Luis Gonzalez (.303-6-43), and the team's three winningest pitchers: Ryan Bowen, Xavier Hernandez and Harold Allen.

Matt Stairs
. . . Batting champ

The Colts beat Guaymas and Obregon, both 5-4, to reach the final series.

Obregon reliever Mark Zappelli (Angels) set a league record with 23 saves, while Navojoa third baseman Matt Stairs won the first of two batting titles in 1991. He topped the Mexican Pacific League at .330, then went on to lead the Class AA Eastern League with a .333 mark.

FINAL STANDINGS

FIRST HALF

NORTH	W	L	PCT	GB
Guaymas	22	13	.629	—
Tijuana	21	13	.618	½
Obregon	21	14	.600	1
Mexicali	18	17	.514	4
Hermosillo	16	19	.457	6

SOUTH	W	L	PCT	GB
Los Mochis	19	15	.559	—
Mazatlan	17	18	.486	2½
Culiacan	16	19	.457	3½
Navojoa	14	21	.400	5½
Guasave	10	25	.286	9½

SECOND HALF

NORTH	W	L	PCT	GB
Obregon	23	12	.657	—
Hermosillo	19	13	.594	2½
Tijuana	20	14	.588	2½
Mexicali	18	16	.529	4½
Guaymas	14	19	.424	8

SOUTH	W	L	PCT	GB
Culiacan	16	15	.516	—
Navojoa	16	16	.500	½
Guasava	16	18	.471	1½
Mazatlan	14	21	.400	4
Los Mochis	9	21	.300	6½

PLAYOFFS: Quarter-finals (best-of-9)—Tijuana defeated Guaymas, 5-4; Obregon defeated Hermosillo, 5-2; Culiacan defeated Los Mochis, 5-4; Mazatlan defeated Navojoa, 5-4. **Semi-finals (best-of-9)**—Tijuana defeated Obregon, 5-4; Culiacan defeated Mazatlan, 5-3. **Championship Series (best-of-7)**—Tijuana defeated Culiacan, 4-2.

INDIVIDUAL BATTING LEADERS
(Minimum 120 At-Bats)

	AVG	G	AB	R	H	2B	3B	HR	RBI	BB	SO	SB
Stairs, Matt, Navojoa	.330	59	221	32	73	15	0	8	42	24	25	12
Brown Todd, Culiacan	.329	41	143	30	47	9	0	7	23	19	19	6
Tolentino, Jose, Tij	.329	69	243	39	80	21	2	11	55	39	38	5
Gainey, Ty, LM	.311	58	212	31	66	15	1	13	42	36	45	2
Estrada, Hector, Cul	.309	53	149	16	46	7	0	0	12	4	16	1
Velazquez, Guillermo, Mex	.309	69	256	35	79	14	0	7	46	28	42	1
Johnson, Roy, Mazatlan	.305	50	177	24	54	8	0	9	34	45	23	3
Hinzo, Tommy, Tijuana	.304	63	260	44	79	11	6	1	15	16	39	35
Houston, Mel, Hermosillo	.304	44	158	23	48	10	1	2	19	23	22	13
Gonzalez, Luis, Tijuana	.303	69	241	50	73	24	1	6	43	42	30	16
Sconiers, Daryl, Obrregon	.299	69	214	26	64	9	1	4	35	46	42	8
Smith, Greg, Hermosillo	.294	32	126	15	37	6	0	2	11	14	21	13
Nichols, Howard, Cul	.292	47	161	22	47	7	0	10	31	17	33	2
Valenzuela, Leo, Obr	.292	61	236	31	69	3	2	1	13	29	34	8
Sanchez, Gerardo, Obr	.292	59	202	33	59	10	4	1	22	31	16	2
Garcia, Cornelio, Herm	.291	61	237	36	69	8	3	5	17	36	47	20
Walters, Dan, Mexicali	.287	48	167	24	48	12	0	3	16	13	21	2
Scruggs, Tony, Mazatlan	.287	59	223	36	64	11	2	3	26	28	61	13
Garbey, Barbaro, Guasave	.283	53	187	15	53	0	0	4	21	12	19	0
Fernandez, Daniel, Maz	.283	62	247	39	70	5	1	2	12	30	23	22
Romero, Marco, Guaymas	.282	65	216	28	61	10	4	2	25	19	26	5
Rodriguez, Juan, LM	.282	63	227	25	64	6	1	0	17	26	12	5
Wilson, Jim, Mazatlan	.280	44	161	19	45	10	0	8	32	15	33	0
Tellez, Alonso, Mex	.279	50	190	23	53	11	1	5	24	15	33	3
Ortiz, Ray, Guasave	.278	69	252	35	70	17	0	8	36	38	42	6
Aguilera, Antonio, Nav	.277	67	224	33	62	11	5	2	23	31	40	16
Carrillo, Matias, Mex	.277	68	264	40	73	8	4	11	32	25	46	9
Vizcarra, Roberto, Obr	.272	69	246	47	67	5	0	8	23	33	19	16
Carter, Jeff, Navojoa	.271	65	225	44	61	8	5	2	21	65	39	18
Fernandez, Joey, Cul	.270	46	152	17	41	4	1	3	22	30	21	3
Bullock, Eric, Navojoa	.267	36	135	19	36	3	2	2	20	13	17	0
Dixon, Dee, Guaymas	.267	47	195	30	52	4	4	1	17	16	23	23
Leal, Guadalupe, Guasave	.266	56	177	25	47	5	2	5	27	15	28	3
Mangham, Eric, LM	.265	63	238	38	63	5	3	1	20	42	29	28
Lee, Derek, Guaymas	.264	46	159	23	42	6	3	7	26	35	29	3
Navarrete, Juan, Guay	.264	68	258	34	68	6	2	1	29	29	8	6
Rhodes, Karl, Tijuana	.263	43	164	30	43	6	3	2	20	26	16	4
Avila, Ruben, Guasave	.259	58	185	15	48	5	0	3	22	12	36	0
Hill, Orsino, Culiacan	.259	58	216	28	56	16	0	5	21	23	48	4
Smith, Greg, LM	.258	53	198	18	51	8	0	2	26	19	13	0
Jimenez, Houston, Mex	.255	54	200	28	51	8	1	6	19	18	23	10
Morgan, Kenny, LM	.255	43	153	13	39	5	1	3	12	20	37	1
Yacopino, Ed, Mazatlan	.254	35	138	13	35	6	0	0	7	7	15	4
Barrera, Jesus, Guasave	.253	70	241	28	61	7	1	0	16	37	24	4
Pacho, Juan, Mazatlan	.252	69	246	28	62	8	1	0	12	23	21	6
Brown, Jarvis, Guasave	.252	68	250	54	63	13	3	4	16	49	49	25
Baca, Manuel, Hermosillo	.250	51	156	18	39	9	0	2	9	10	29	1

INDIVIDUAL PITCHING LEADERS
(Minimum 45 Innings)

	W	L	ERA	G	GS	CG	SV	IP	H	R	ER	BB	SO
Bronkey, Jeff, Guasave	8	5	0.79	27	0	0	10	46	27	9	4	33	37
Barojas, Salome, Maz	5	1	1.00	27	0	0	18	45	29	7	5	24	27
Livernois, Derek, Cul	5	2	1.21	9	9	2	0	67	42	11	9	26	53
Zappelli, Mark, Obregon	1	1	1.34	32	0	0	23	47	24	8	7	15	37
Bullinger, Jim, Mexicali	5	1	1.66	9	9	2	0	60	37	15	11	21	42
Ruiz, Cecilio, Obregon	11	3	1.87	17	17	3	0	116	95	30	24	54	91
Esquer, Mercedes, Guay	6	6	1.90	13	13	5	0	95	72	24	20	21	74
Sauveur, Rich, Herm	7	6	1.92	16	16	4	0	117	101	37	25	37	74
Solis, Ricardo, Herm	8	5	1.95	16	16	7	0	124	95	33	27	21	49
Valdez, Armando, Guasave	3	4	2.12	29	0	0	7	59	47	16	14	18	38
Stroud, Derek, Mexicali	6	2	2.18	13	11	2	0	70	54	18	17	35	43
Haas, David, LM	4	2	2.43	15	10	3	2	89	58	28	24	43	66
Ochoa, Porfirio, Cul	3	2	2.48	15	2	0	1	58	60	17	16	14	30
Rodriguez, Rosario, Guay	7	1	2.50	12	11	3	0	86	76	24	24	37	58
Hernandez, Xavier, Tij	7	6	2.62	15	15	6	0	107	103	39	31	36	56
Herrera, Calixto, Obr	4	2	2.65	20	4	0	0	51	46	23	15	29	26
Raygoza, Martin, LM	4	2	2.68	8	6	3	0	47	45	19	14	14	14
Martinez, Ramon, Nav	4	2	2.71	17	11	1	0	80	74	31	24	42	48
Rambo, Dan, Guaymas	2	2	2.77	7	7	1	0	49	37	19	15	19	37
Jimenez, German, Guaymas	4	5	2.85	13	13	5	0	95	92	34	30	20	54
Moreno, Angel, Mazatlan	8	7	2.87	16	16	3	0	110	104	47	35	43	83
Gonzalez, Arturo, Nav	7	7	2.88	15	15	3	0	106	93	39	34	41	54
Soto, Fernando, Mex	4	2	2.90	19	6	1	4	71	69	26	23	25	33
Valdez, Rodolfo, Guay	6	5	3.00	15	4	0	0	96	96	37	32	37	55
Allen, Harold, Tijuana	7	3	3.01	14	14	2	0	84	67	40	28	58	56
Huerta, Luis, Culiacan	3	2	3.03	24	3	0	0	65	57	38	22	26	41
Bowen, Ryan, Tijuana	6	2	3.10	10	10	1	0	70	47	30	24	40	67
Osuna, Roberto, LM	6	4	3.21	15	10	3	0	73	58	27	26	38	37
Cervantes, Lauro, Guasave	2	6	3.39	13	13	0	0	80	68	41	30	32	29
Dominguez, Herminio, Nav	5	7	3.40	15	15	0	0	87	92	38	33	30	39
Moreno, Jesus, LM	2	10	3.43	14	14	5	0	100	88	41	38	31	68
Orozco, Jaime, Obr	6	8	3.51	15	15	4	0	95	106	41	37	20	48

AUSTRALIA

With interest in baseball escalating at a rapid rate, Australia has become a new frontier for winter baseball. In 1990-91, 34 U.S. players participated in the eight-team Australian Baseball League, in its second year of operation.

The Perth Heat, with four players provided by the Baltimore Orioles, won the league title, beating regular-season champion Daikyo in the league's best-of-5 championship series, 3-2. Native Australian Graeme Lloyd, property of the Toronto Blue Jays, was named the playoff MVP. He won two games from Daikyo, including the deciding game, 11-1.

Two Milwaukee Brewers prospects, first baseman John Jaha and catcher David Nilsson, finished 1-2 in the batting race to power Daikyo to the regular season title. Jaha hit .445 with 14 homers, while Nilsson, regarded as the finest Australian prospect ever signed by a major league club, hit .400 with 12 homers. Both players went on to have productive seasons at Class AA El Paso in 1991.

Dave Nilsson
... Native talent

Australia's recruitment of U.S. players is limited to those with Class A experience.

1990-91 FINAL STANDINGS

REGULAR SEASON	W	L	PCT	GB
Daikyo Dolphins	31	9	.775	-
Perth Heat	28	14	.667	4
Adelaide Giants	26	16	.619	6
Waverly Reds	20	18	.519	10
Parramatta Patriots	16	25	.390	15½
Sydney Wave	16	26	.381	16
Brisbane Bandits	13	26	.333	17½
Melbourne Bushrangers	11	27	.289	19

LEAGUE CHAMPIONSHIP SERIES: Perth defeated Daikyo 3-2 in best-of-5 final.

INDIVIDUAL BATTING LEADERS
(Minimum 100 At-Bats)

	AVG	AB	R	H	2B	3B	HR	RBI	BB	SO	SB
Jaha, John, Daikyo	.445	137	51	61	7	0	14	46	22	19	7
Nilsson, David, Daikyo	.400	135	28	54	14	1	12	37	13	5	3
Lewis, T.R., Perth	.394	142	40	56	11	2	5	32	20	17	4
White, Billy, Sydney	.384	146	28	56	6	0	6	23	17	21	16
Johnson, Ron, Daikyo	.383	133	36	51	13	0	11	34	22	22	0
Adamson, Tony, Perth	.379	140	42	53	10	1	17	54	18	17	4
Holland, Tim, Perth	.370	138	34	51	14	0	7	39	17	26	3
Clarkson, David, Waverley	.370	127	20	47	3	1	4	18	11	7	1
Scott, Andrew, Adelaide	.367	139	34	51	12	0	7	25	10	13	6
Mead, Timber, Adelaide	.362	141	31	51	7	1	3	22	8	17	6
Magnusson, Brett, Adelaide	.361	114	20	40	11	2	5	23	19	14	2
White, Gary, Parramatta	.356	135	14	48	10	0	3	27	6	20	2
DeJardin, Brad, Sydney	.355	141	35	50	6	1	6	20	29	29	7

INDIVIDUAL PITCHING LEADERS
(Minimum 60 Innings)

	W	L	ERA	G	SV	IP	H	R	ER	BB	SO
Fitzgerald, Dave, Daikyo	7	1	2.33	11	0	66	67	25	17	20	41
Meagher, Adrian, Daikyo	6	1	2.55	8	0	46	40	18	13	12	43
Anderson, Mike, Waverley	6	1	2.58	11	0	66	39	24	19	43	48
Lloyd, Graeme, Perth	6	1	2.62	9	0	55	43	21	16	14	44
Worrell, Tim, Brisbane	3	4	2.76	17	3	46	33	17	14	16	49
Leinen, Pat, Perth	9	1	2.86	12	0	72	68	31	23	23	41
Thomas, Royal, Brisbane	1	8	2.89	11	0	65	63	37	21	17	49
Dale, Phil, Waverley	7	3	3.18	10	0	68	63	26	21	11	42

Boldface type indicates official batting champion, ERA leader.

COLLEGE BASEBALL

Hymel's Timely Hitting Powers LSU To Title

By JIM CALLIS

Gary Hymel never dreamed his senior season could be this good.

Hymel, a catcher, led Louisiana State to its first College World Series championship by hitting .500 and driving in 10 runs in four games. He tied CWS records for home runs in a Series and a career (four), and set a new standard for slugging percentage (1.571). After the Tigers beat Wichita State 6-3 in the final game, Hymel was named Most Outstanding Player.

"I never expected to be the College World Series MVP," said Hymel, who tied another record by being hit by three pitches. "This is great. My career couldn't haven't ended any better than this."

Hymel said he thought he could hit 17 home runs and make the all-Southeastern Conference team in 1991. He hit .312 with 25 homers, breaking Albert Belle's single-season LSU home run record, and achieved far greater glory.

Gary Hymel
... Unlikely MVP

"It couldn't happen to a nicer guy," Tigers coach Skip Bertman said. "I didn't expect this. I thought he would be a 10-home run man with a low batting average."

Hymel served as a backup for two seasons before winning LSU's starting catching job in 1990. But after hitting eight home runs in the first half of the season, he wrenched his back swinging at a high pitch. He was limited to pinch-hitting and DH duties, and finished the year at .250. Even worse, he grounded out to end both of the Tigers' losses to Oklahoma State at the 1990 CWS.

Hymel said the injury and the ground outs pushed him to

COLLEGE WORLD SERIES CHAMPIONS
(All Time Champions)

1991—Louisiana State 55-18	1968—USC.............39-12
1990—Georgia.............52-19	1967—Arizona State 53-12
1989—Wichita State 68-16	1966—Ohio State............27- 6
1988—Stanford 46-23	1965—Arizona State 54- 8
1987—Stanford 53-17	1964—Minnesota...........31-12
1986—Arizona 49-19	1963—USC.................35-10
1985—Miami, Fla 64-16	1962—Michigan............34-15
1984—Cal. St. Fullerton 66-20	1961—USC.................36- 7
1983—Texas 64-14	1960—Minnesota...........34- 7
1982—Miami, Fla. 54-18	1959—Oklahoma State......27- 5
1981—Arizona State 55-13	1958—USC.................29- 3
1980—Arizona 43-25	1957—California 35-10
1979—Cal. St. Fullerton 60-14	1956—Minnesota...........33- 9
1978—USC................54- 9	1955—Wake Forest.........29- 7
1977—Arizona State 57-12	1954—Missouri.............22- 4
1976—Arizona 56-17	1953—Michigan............21- 9
1975—Texas...............59- 6	1952—Holy Cross 23- 6
1974—USC................50-20	1951—Oklahoma 19- 9
1973—USC................51-11	1950—Texas...............27- 6
1972—USC................47-13	1949—Texas...............23- 7
1971—USC................46-11	1948—USC.................26- 4
1970—USC................45-13	1947—California 31-10
1969—Arizona State 56-11	

1992 ALMANAC • **273**

LSU coach Skip Bertman clutches the College World Series championship trophy. His Tigers beat Wichita State, 6-3, in the final.

succeed. He lifted weights during the offseason, and built himself to a solid 6-foot-2, 205 pounds.

"He got very strong, and his confidence grew," Bertman said. "If he touches the ball, it can go out."

Balls flew off Hymel's bat in Omaha. Sixteen players have hit two home runs in a CWS game, and Hymel became the only one to do it twice.

"Toward the end of this year, I started thinking how much I really love this game. I want to play some more," said Hymel, who signed with the Montreal Expos as a 14th-round draft pick. "I put a little more into it, and I was on fire. Everything they threw, I hit it."

Tigers Change Their Style

Known for churning out pitchers, LSU changed tactics and bludgeoned its way to its first national championship. The first team to go undefeated in the CWS since Texas in 1983, LSU averaged a record 12 runs in its four games and hit a record-tying nine home runs.

"The offense is usually overshadowed by a Ben McDonald-type pitcher," Bertman said. "But the kids have hit well for two months now, and they kept getting better."

For the first time since the CWS switched to a two-bracket system to accommodate CBS-TV in 1988, two teams advanced unbeaten to the final. That made the Friday before the championship game an off day, and the hype started flying.

Most of the attention focused on Wichita State righthander Tyler Green, who would start the final game. Earlier in the week, on the same day the Philadelphia Phillies made him the

10th overall pick in the amateur draft, Green struck out 14 and held Creighton to two unearned runs in nine innings. He received no decision as Wichita State won the best game of the series, 3-2 in 12 innings.

Green throws a major league fastball and changeup, but it's his unique knuckle curve that sets him apart from other pitchers. Green taught himself the pitch, which comes to the plate at 85 mph before suddenly darting down, and reporters wondered how LSU could possibly hit it.

Bertman was confident his team would hit Green, who had won 11 straight decisions after a rocky start and owned an 11-1, 4.31 record.

"He's the best I've seen here since Frank Viola and Roger Clemens," Bertman said quietly. "But he doesn't throw faster than anybody here, and he doesn't have better control. Come on, we're not talking about Walter Johnson."

LSU avoided Green's changeups and knuckle curves whenever possible, and teed off on his fastballs. Green lasted only three innings, allowing four runs on five hits and three walks.

"All the attention he got made us concentrate harder," said second baseman Tookie Johnson, who scored twice in the first two innings. "We knew the knuckle curve was going to be a tough pitch to lay off. If there wasn't as much said about it, we probably would have been fooled by it."

First baseman Johnny Tellechea of champion LSU is hoisted skyward by reserve catcher Adrian Antonini.

Chad Ogea pitched into the eighth inning for his 14th victory before Rick Greene relieved him and earned his 14th save. Ogea said he was happy the pregame hoopla focused on Green.

"I like it where I don't get a lot of press," Ogea said. "I'd hate to be in Tyler Green's spot. He was hounded. I just went out to compete. I wasn't even nervous."

Going Outside The System

Bertman, who has brought LSU to Omaha in five of the last

NEBRASKA TEAM FINALLY MAKES IT

Led by coach Jim Hendry, above, and power-hitting third baseman Scott Stahoviak, Creighton became the first team from Nebraska to reach the College World Series in 1991.

six seasons, said this was the most talented team he's coached. It also was his most vexing.

Though the Tigers won a school-record 55 games, they couldn't get all facets of their game—hitting, pitching and defense—in sync early in the year. They also made many more mistakes than Bertman expected from a team with five senior starters.

"We made a lot of mental mistakes. We couldn't execute pickoff plays and bunt defense, which is unlike us," Bertman said. "It was very frustrating."

So Bertman and assistant coaches Beetle Bailey and Smoke Laval junked a lot of the pickoff plays and bunt defenses.

"They told us to just go out and win, that this team had a lot of talent and we should take advantage of it," Ogea said. "They found a way to make us play in the system without realizing it."

The turning point of LSU's season may have come after an April 2 loss to McNeese State. Bertman gathered the team in right field and asked to lead the prayer the Tigers say together after each of their games.

Bertman prayed that his players would stop chasing bad pitches, stop falling behind hitters, stop failing to advance runners, stop missing the cutoff man. The Tigers realized he was being facetious, but they got the message.

"He was trying to make the younger guys understand that we had a great club and could win," Hymel said. "He knew in his heart, and because he had been to Omaha before, that he had the team to win it."

After advancing to Omaha in four of the last five years but coming up empty, the Tigers finally had destiny on their side.

THE TOP 25

(Final 1991 Ranking)

Rank	Team	Record
1.	Louisiana State	55-18
2.	Wichita State	66-13
3.	Florida	51-21
4.	Clemson	60-10
5.	Florida State	56-15
6.	Creighton	51-22
7.	Southern California	46-17
8.	Long Beach State	45-22
9.	Fresno State	42-23
10.	Texas	48-18
11.	Cal State Northridge	44-18
12.	Oklahoma State	47-20
13.	Ohio State	53-13
14.	Hawaii	51-18
15.	Stanford	39-23
16.	Miami	46-17
17.	Pepperdine	41-17
18.	Southwestern Louisiana	49-20
19.	Texas A&M	44-23
20.	Maine	48-18
21.	North Carolina State	48-20
22.	Notre Dame	45-16
23.	California	37-27
24.	Alabama	42-20
25.	Southern Mississippi	42-24

Stanford first baseman David McCarty hit .420 with 24 homers, earning Baseball America college player of the year honors.

"The last two years were like eating a cake with no icing," Johnson said. "This was like eating a cake with the icing."

McCarty Named Player of the Year

Stanford first baseman David McCarty put together a monster season, hitting .420 with 24 homers. He won Baseball America's College Player of the Year award, and later was selected by the Minnesota Twins as the third pick of the draft.

Though McCarty hit .445 with Team USA in the summer of 1990, scouts still questioned his home run potential. Undaunted by the skepticism, McCarty put on a power display with tape-measure home runs, including a 450-foot shot in the regionals. He also homered in six straight games during a 26-game hitting streak.

"Coming into the season, I knew that's what the scouts wanted to see. I knew that's what we needed, too," McCarty said. "I needed to hit more home runs for the team to win. All I did was adjust my swing to get the ball in the air a little more. That, and I started pulling the ball a little more."

"Most of his home runs have traveled at least 400 feet," said Stanford coach Mark Marquess, the first of only five Cardinal players to hit .400 in a season. "You don't find too many players in the draft with that power. He has no holes in his swing. You can get him out, but not consistently with the same pitch."

McCarty edged Fresno State righthander Bobby Jones and Southern California outfielder Mark Smith. Jones was clearly the best pitcher in the nation, and led the Bulldogs to a fifth-place finish at the CWS. He went 16-2, 1.88 with 18 complete

1991 ALL-AMERICA TEAM

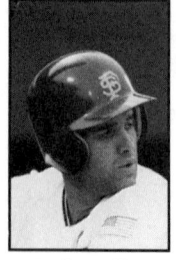

Pedro Grifol
...344-16-80

Brent Gates
...412-8-60

Joe Vitiello
...395-15-67

Kennie Steenstra
...17-0, 2.17

Mark Smith
...336-16-80

John Burke
...9-5, 2.25

FIRST TEAM

Pos.	Player, School	Yr.	AVG	AB	R	H	2B	3B	HR	RBI	SB
C	Pedro Grifol, Florida State	Jr.	.344	276	58	95	18	1	16	80	10
1B	David McCarty, Stanford	Jr.	.420	238	71	100	19	3	24	66	4
2B	Steve Rodriguez, Pepperdine	So.	.419	248	64	104	13	4	7	49	32
3B	Scott Stahoviak, Creighton	Jr.	.449	267	87	120	26	7	13	74	16
SS	Brent Gates, Minnesota	Jr.	.412	221	53	91	24	4	8	60	10
OF	Mark Smith, Southern Cal	Jr.	.336	241	72	81	18	7	16	80	18
	Mike Kelly, Arizona State	Jr.	.373	233	66	87	14	1	15	56	23
	Joe Vitiello, Alabama	Jr.	.395	220	55	87	20	1	15	67	3
DH	Mike Daniel, Oklahoma State	Sr.	.350	226	67	79	8	1	27	107	4

Pos.	Player, School	Yr.	W	L	ERA	G	SV	IP	H	BB	SO
P	Bobby Jones, Fresno State	Jr.	16	2	1.88	21	0	172	112	36	166
	Kennie Steenstra, Wichita State	So.	17	0	2.17	20	0	141	129	31	82
	Craig Clayton, Cal St. Northridge	Jr.	14	5	2.25	21	0	160	114	50	166
	Steve Whitaker, Long Beach St.	Jr.	11	3	2.83	18	0	124	99	63	99
	John Burke, Florida	So.	9	5	2.25	18	0	104	69	47	135

SECOND TEAM

Pos.	Player, School	Yr.	AVG	AB	R	H	2B	3B	HR	RBI	SB
C	Mike Durant, Ohio State	Jr.	.374	195	61	73	19	1	10	48	22
1B	Joe Ciccarella, Loyola Marymount	Jr.	.435	207	72	90	24	4	13	67	19
2B	Jimmy Crowley, Clemson	Sr.	.383	256	79	98	22	0	17	77	5
3B	Mike Edwards, Utah	Jr.	.457	184	57	84	15	3	17	60	12
SS	Chris Wimmer, Wichita State	So.	.401	312	99	125	16	3	4	68	54
OF	Mark Sweeney, Maine	Sr.	.384	229	77	88	11	5	23	80	22
	Marty Neff, Oklahoma	Jr.	.390	236	61	92	22	3	24	87	3
	Damon Mashore, Arizona	Jr.	.375	224	63	84	9	9	11	56	28
DH	Andy Bruce, Georgia Tech	Sr.	.345	249	67	86	19	3	22	96	3

Pos.	Player, School	Yr.	W	L	ERA	G	SV	IP	H	BB	SO
P	Jason Angel, Clemson	So.	14	2	2.33	20	0	108	75	36	66
	Bill Blanchette, Hawaii	Jr.	14	2	2.68	20	0	144	145	46	97
	Dave Tuttle, Santa Clara	Jr.	12	3	2.61	22	1	152	11	61	134
	Steve Trachsel, Long Beach St.	Jr.	11	6	2.78	20	0	149	129	38	139
	Chad Ogea, Louisiana State	Jr.	14	5	3.08	25	1	131	117	48	140

THIRD TEAM

C—Doug Mirabelli, Wichita State. **1B**—Eduardo Perez, Florida State. **2B**—Brett Jenkins, Southern California. **3B**—Dan Cholowsky, California. **SS**—Craig Wilson, Kansas State. **OF**—Chris Roberts, Florida State; Jerrold Rountree, UC Santa Barbara; Gene Schall, Villanova. **DH**—Greg Thomas, Vanderbilt. **P**—Ivan Zweig, Tulane; Jeff Granger, Texas A&M; Ken Kendrena, Cal State Northridge; John MacCauley, Evansville; Tony Phillips, Southern Mississippi.

Fresno State righthander Bobby Jones was the top pitcher in the collegiate ranks in 1991, compiling a 16-2, 1.88 record.

games and 166 strikeouts in 172 innings. Smith batted .336 with 16 homers and 18 stolen bases.

Hendry Wins Coaching Honor

Creighton's Jim Hendry was named Baseball America's Coach of the Year after the Bluejays won a school-record 52 games and finished third in the first appearance ever by a Nebraska team at the Omaha-based CWS . . . Texas righthander-DH Brooks Kieschnick won Baseball America's Freshman of the Year award. He hit .358 with 14 homers and 66 RBIs, and went 7-1, 2.58 on the mound . . . Mississippi State coach Ron Polk resigned in April to become executive director of the American Baseball Coaches Association and fight NCAA cutbacks on college baseball. Two weeks later, Polk decided not to leave the Bulldogs and fight the NCAA as a coach instead. Dick Bergquist, the former Massachusetts coach, eventually took the job . . . Georgia Tech third baseman Andy Bruce homered in eight straight games to set an NCAA record . . . Louisville and Western Illinois slammed an NCAA-record 17 home runs in the first game of a doubleheader. Louisville tied an NCAA record with 11 and won the game 28-26 . . . Cal State Northridge came within an inning of reaching the CWS in its first year as a Division I program. The Matadors were led by two-way star Craig Clayton, a first baseman-righthanded pitcher who hit .372 and went 13-4, 2.05 . . . All-America righthander John Burke pitched a no-hitter for Florida in the regionals, beating Furman 2-0 . . . Wichita State sophomore righthander Kennie Steenstra tied an NCAA record by winning 17 straight games.

Rodriguez' Decision Pays Off

Frank Rodriguez was the most intriguing college player in 1991. A second-round pick of the Boston Red Sox in 1990, he elected to attend Howard (Texas) JC, where he won Baseball America's Junior College Player of the Year award.

1992 ALMANAC • **279**

Rodriguez hit .450 with 26 homers and 93 RBIs as a shortstop, and went 14-1, 3.19 with 139 strikeouts on the mound. He led all juco players in home runs and pitching strikeouts, and helped Howard win the Junior College World Series. He was named MVP of that tournament after beating Manatee (Fla.) JC 7-2 in the title game with 17 strikeouts.

Pitcher-shortstop Frank Rodriguez led Howard (Texas) Junior College to national title.

The Red Sox signed Rodriguez for $425,000 nine hours before their rights to him expired and he entered the 1991 draft, where the Atlanta Braves most likely would have taken him with the No. 2 pick. Though scouts liked him better as a pitcher, he elicited a guarantee from Boston that he would be allowed to begin his career as a shortstop.

Deja Vu In Division II

For the second straight year, Jacksonville State (Ala.) won the NCAA Division II World Series, Craig Holman won the final game and Tim VanEgmond was named tournament MVP.

The Gamecocks beat Missouri Southern 20-4 in the championship game. VanEgmond had a save and two wins, and ran his scoreless innings streak to 43 before UC Riverside snapped it.

In NCAA Division III, Southern Maine won its first title by blanking Trenton State (N.J.) 9-0. The Huskies scored 42 runs in four straight victories, powered by tournament MVP Gary Williamson, who hit .563.

Lewis-Clark State (Idaho) won its fifth straight NAIA World Series and seventh in its eight years as the host team. The Warriors beat Oral Roberts (Okla.) 6-0 in the final game, as tournament MVP Greg Umfleet drove in all the runs they needed with a two-run single in the second inning. The NAIA will stage the 1992 tournament in Des Moines.

North Florida lefthander Sid Roberson won Baseball America's Small College Player of the Year award after going 15-1, 2.16 with 172 strikeouts and 125 innings. Roberson helped the Ospreys to a third-place finish at the NAIA World Series and set a school record with 19 strikeouts against Flagler (Fla.).

Cypress CC won the California community college championship, upsetting Sacramento City College 8-7 in the final. Sac City went 40-0-2 to start the season, but Troy Babbitt's 11th-inning home run gave Cypress the title.

BASEBALL AMERICA'S
1991 FRESHMAN ALL-AMERICANS

C—Jason Varitek, Georgia Tech
1B—Greg Thomas, Vanderbilt
2B—Greg Layson, Notre Dame
3B—Charlie Jones, Louisiana Tech
SS—Brian Wallace, Delaware
OF—Billy McMillon, Clemson; Morisse Daniels, Florida A&M; Vee Hightower, Vanderbilt
DH—Brooks Kieschnick, Texas
P—Marc Valdes, Florida; Ivan Zweig, Tulane; Jeff Granger, Texas A&M; Alan Benes, Creighton; Darren Dreifort, Wichita State; Brooks Kieschnick, Texas

Brooks Kieschnick ... Top freshman

NCAA DIVISION I LEADERS

TEAM BATTING
BATTING AVERAGE

	G	AVG
Iona	43	.356
Creighton	73	.355
Maryland-Baltimore County	50	.351
Harvard	40	.351
Villanova	53	.346
Long Beach State	67	.342
Clemson	70	.341
St. John's	49	.340
Delaware	42	.339
SW Missouri State	62	.338

RUNS SCORED

	G	R
Wichita State	79	708
Clemson	70	698
Creighton	73	677
Long Beach State	67	598
Oklahoma State	67	578
Louisville	62	559
Georgia Tech	68	549
Louisiana State	73	547
Florida State	71	543
Ohio State	66	534

HOME RUNS

	G	HR
Louisville	62	125
Clemson	70	111
Creighton	73	107
Oklahoma State	67	106
Cincinnati	58	88
Kentucky	61	86
Louisiana State	73	85
Wake Forest	59	85
Oklahoma	63	83
California	64	80
Wichita State	79	80

STOLEN BASES

	G	SB	ATT
Tennessee	60	174	238
Cal State Sacramento	65	166	246
Wichita State	79	165	200
Evansville	59	164	225
San Diego State	64	162	225
Coastal Carolina	65	159	176
South Alabama	61	152	206
Northeastern	50	145	167
SW Louisiana	69	145	184
UC Santa Barbara	59	144	201
Fordham	51	141	168

TEAM PITCHING
EARNED RUN AVERAGE

	G	ERA
Wichita State	79	2.93
McNeese State	52	2.99
Cal State Northridge	63	3.12
Jacksonville	64	3.16
Florida	72	3.30
Miami (Fla.)	63	3.33
Florida State	71	3.37
Pepperdine	59	3.38
Nicholls State	50	3.38
The Citadel	54	3.41

TEAM FIELDING
FIELDING AVERAGE

	G	PCT
Texas	66	.977
Virginia Commonwealth	58	.972
Long Beach State	67	.971
Miami (Fla.)	63	.971
Pepperdine	59	.969
Coastal Carolina	65	.969
Cornell	40	.968
Ohio State	66	.968
Florida State	71	.968

INDIVIDUAL BATTING LEADERS
(Minimum 120 At-Bats)

	AVG	G	AB	R	H	2B	3B	HR	RBI	BB	SO	SB
Gene Schall, Villanova	.484	40	155	48	75	15	1	18	69	15	20	0
Mike Neill, Villanova	.468	52	216	85	101	22	2	19	76	29	27	17
J.C. Hendrix, Campbell	.464	52	192	50	89	18	2	13	41	27	16	3
Allen Watson, NY Tech	.463	52	188	51	87	11	2	8	51	29	9	7
Tom Vantiger, Iowa State	.463	58	177	58	82	22	9	8	73	49	22	23
Mike Carlsen, Fair. Dick.	.462	40	145	36	67	12	1	5	27	6	18	12
Mike Edwards, Utah	.457	53	184	57	84	15	3	17	60	38	10	12
Scott Stahoviak, Creighton	.449	72	267	87	120	26	7	13	74	46	25	16
Jon Sbrocco, Wright St.	.447	51	179	54	80	17	3	1	28	35	15	7
John Burns, Maryland-Balt.Co.	.442	41	163	59	72	20	1	7	42	32	19	8
James Ruocchio, C.W. Post	.436	43	165	50	72	12	2	18	65	20	12	1
Kevin Bellomo, Western Carolina	.435	60	232	77	101	13	1	14	59	22	22	17
Joe Ciccarella, Loyola Mary.	.435	59	207	72	90	24	4	13	67	49	28	19
Phil Geisler, Portland	.435	38	124	31	54	13	0	7	44	15	13	4
Larry Sutton, Illinois	.434	48	159	48	69	13	1	9	52	5	17	3
Phil Hollis, Purdue	.431	56	183	42	79	10	1	1	28	11	6	4
Mike Smith, Indiana	.431	57	216	53	93	18	8	15	50	22	23	13
David Dill, Del. State	.425	40	134	50	57	10	0	10	54	36	11	8
Pedro Swann, Del. State	.424	38	132	52	56	9	3	14	52	32	4	9
Morisse Daniels, Fla. A&M	.423	42	142	46	60	13	8	3	45	15	18	18
Luis Garcia, Fairfield	.423	38	123	34	52	4	0	5	26	27	16	12
Jim Mrowka, Harvard	.423	40	149	35	63	19	0	1	27	20	22	8
Jeff Spilsbury, Iona	.422	43	173	52	73	14	2	7	36	23	16	7
T.J. O'Donnell, Old Dominion	.422	62	256	57	108	15	4	3	41	17	21	15
David McCarty, Stanford	.420	62	238	71	100	19	3	24	66	45	34	4
Steve Rodriquez, Pepperdine	.419	59	248	63	104	13	4	7	49	26	19	32
Scott Conant, West. Mich.	.418	54	201	51	84	16	3	3	44	19	24	12
Bob Mumma, Md.-Balt.Co.	.418	45	158	54	66	15	0	14	54	41	20	8
Greg Elliott, Md.-Balt.Co.	.417	44	180	56	75	11	3	11	50	25	19	12
Scott MacGregor, Cent. Mich.	.416	58	166	47	69	12	1	5	34	24	14	16
Doug Glanville, Penn	.414	35	140	32	58	9	5	6	36	9	9	15
Joe Gmitter, Rider	.414	49	191	45	79	12	5	3	55	39	26	22
Dan Kopriva, Louisville	.413	62	242	85	100	13	6	21	74	48	17	0
Bill Mueller, SW Mo. St.	.413	60	208	69	86	5	4	1	17	52	20	12
Matt Raleigh, West. Car.	.413	62	223	68	92	15	5	19	67	39	45	20
Tony Elsbrock, Cincinnati	.412	44	143	27	59	9	1	12	46	18	24	2
Brent Gates, Minnesota	.412	64	221	53	91	24	4	8	60	38	16	10
Chris Sexton, Miami (O.)	.412	49	153	48	63	11	6	5	48	30	8	17
Jason Geis, Portland	.411	42	146	35	60	9	0	4	28	22	20	5
John Callihan, Mercer	.408	45	169	38	69	17	4	4	43	16	22	2
Jason Giambi, Long Beach St.	.407	60	199	66	81	13	3	4	54	57	33	7

1992 ALMANAC • 281

	AVG	G	AB	R	H	2B	3B	HR	RBI	BB	SO	SB
Mike Welch, Ga. Wash.	.407	56	209	71	85	14	4	9	43	43	27	20
Bob Higginson, Temple	.404	46	156	41	63	12	3	15	56	33	17	16
Ken Cavazzoni, Columbia	.403	35	124	37	50	8	2	3	37	16	8	1
Robbie Moen, Arizona	.402	59	246	51	99	17	3	7	60	17	14	8
Greg Thomas, Vanderbilt	.401	57	227	66	91	18	3	16	71	26	43	4
Chris Wimmer, Wichita St.	.401	79	312	99	125	16	3	4	68	35	26	54
Geoff Loomis, Portland	.397	50	199	44	79	22	1	10	53	19	26	12
Steve Hazlett, Wyoming	.396	53	187	64	74	13	3	10	56	34	28	31
Mike Basse, Tennessee	.395	60	220	62	87	15	1	2	38	47	28	49
Joe Vitiello, Alabama	.395	62	220	55	87	20	1	15	67	41	31	3
Ed Christian, Long Beach St.	.394	61	188	46	74	11	1	2	41	24	23	18
Kevin Grijak, East. Mich.	.394	53	175	34	69	9	3	8	46	23	6	10
Chris Turner, West. Ky.	.394	56	188	51	74	24	0	7	48	40	9	25
Tim Albert, Hawaii	.393	66	211	62	83	10	6	1	35	33	23	14
Brian McArn, Nebraska	.393	46	135	46	53	11	2	4	27	29	17	18
Matt Luke, California	.393	63	267	56	105	15	6	5	57	22	31	2
Rob Yelton, Miami (O.)	.393	49	163	49	64	15	3	1	28	31	7	6
Brent Berglund, Butler	.392	52	176	28	69	4	0	2	35	11	31	3
Mickey Curry, UNC Charlotte	.392	54	209	46	82	11	2	3	56	25	17	13
Nick DelVecchio, Harvard	.392	38	130	35	51	12	2	10	37	21	24	1
Todd Nace, So. Miss	.392	66	268	60	105	22	2	6	42	30	50	8

RUNS SCORED

	G	R
Chris Wimmer, Wichita St.	75	99
Billy Hall, Wichita St.	74	94
Eduardo Perez, Florida St.	71	87
Scott Stahoviak, Creighton	72	87
Darren Bragg, Ga. Tech	65	86
Dan Kopriva, Louisville	62	85
Mike Neill, Villanova	52	85
Jim Sears, Villanova	52	84
Rick Freehling, Creighton	71	80
Dax Jones, Creighton	71	80
Chris Kowilcik, Wake Forest	59	80
Jim Crowley, Clemson	68	79
Steve Dailey, Oklahoma St.	66	79
Jerrold Roundtree, UCSB	59	79
Lyle Mouton, Louisiana St.	72	78
Scott Thomson, Old Dominion	62	78

HITS

	G	H
Chris Wimmer, Wichita St.	79	125
Scott Stahoviak, Creighton	72	120
T.J. O'Donnell, Old Dominion	62	108
Matt Luke, California	63	105
Todd Nace, So. Miss.	66	105
Eduardo Perez, Florida St.	71	105
Billy Hall, Wichita St.	78	104
Steve Rodriguez, Pepperdine	59	104
Kevin Bellomo, West. Car.	60	101
Mike Neill, Villanova	52	101
Jeff Cirillo, USC	64	100
Craig Clayton, CS Northridge	63	100
Dax Jones, Creighton	71	100
Dan Kopriva, Louisville	62	100
David McCarty, Stanford	65	100
Scott Thomson, Old Dominion	62	100

TOTAL BASES

	G	TB
Scott Stahoviak, Creighton	72	199
David McCarty, Stanford	62	197
Marty Neff, Oklahoma	63	192
Dan Kopriva, Louisville	62	188
Mike Neill, Villanova	52	184
Chris Kowilcik, Wake Forest	59	179
Eric Macrina, Clemson	69	179
Mark Sweeney, Maine	65	178
Andy Bruce, Ga. Tech	64	177
Mike Harris, Kentucky	60	174
Matt Raleigh, West. Car.	62	173
Jeff Pierce, N.C. State	67	171
Jim Crowley, Clemson	68	171
Mike Daniel, Okla. State	67	170
Jim Audley, Wichita State	79	167
Dax Jones, Creighton	71	167
Mike Smith, Indiana	57	167
Richie Hawks, Louisville	62	166
Gary Hymel, Louisiana St.	71	166
Scott Thomson, Old Dominion	62	166

DOUBLES

	G	2B
Doug Radziewicz, Georgia	57	31
Bill Selby, So. Miss.	66	31
Lou Lucca, Oklahoma St.	67	31

Chris Wimmer
. . . 99 R, 125 H

	G	2B
Brett Jenkins, USC	64	29
Kenny Noe, Maryland	56	28
Tim Florez, Grand Canyon	64	28
Chris Kowilcik, Wake Forest	59	26
Nandy Serrano, Florida St.	71	26
Scott Stahoviak, Creighton	72	26
Billy McMillon, Clemson	65	26
Peter Adams, George Mason	54	25
John Burns, Md.-Balt. Co.	46	25
Scott Snead, N.C. State	68	25
Joe Ciccarella, Loyola Mary.	59	24
Tony Farinacci, Grand Canyon	70	24
Brent Gates, Minnesota	64	24
Chris Hodge, Augusta	56	24
Joe Lis, So. Florida	60	24
Mike McCafferty, Creighton	72	24
Scott Thomson, Old Dominion	62	24
Chris Turner, West. Ky.	56	24

TRIPLES

	G	3B
Jim Audley, Wichita State	79	12
Ty Lynch, Cent. Florida	61	11
Dax Jones, Creighton	71	11
Pete DeLuca, Fordham	51	10
Steve Hinton, Creighton	73	10
Mike Fernandez, NY Tech	47	9
Tom Morton, Tulane	54	9
Tom Vantiger, Iowa State	58	9
Art George, Evansville	59	9
Damon Mashore, Arizona	65	9
Kevin Northrup, Clemson	67	9
Rick Freehling, Creighton	71	9

HOME RUNS

	G	HR
Mike Daniel, Okla. St.	67	27
Todd Greene, Ga. Southern	58	25
Gary Hymel, Louisiana St.	71	25
David McCarty, Stanford	62	24

	G	
Marty Neff, Oklahoma	63	24
Eric Macrina, Clemson	69	24
Mark Sweeney, Maine	65	23
Andy Bruce, Ga. Tech	64	22
Scott Sharts, CS Northridge	63	22
Dan Kopriva, Louisville	62	21
Chris Thomsen, Texas Christian	59	21
Mike Harris, Kentucky	60	20
Frank Jacobs, Notre Dame	61	20
Chris Kowilcik, Wake Forest	59	20
Rick Norton, Kentucky	61	20

RUNS BATTED IN

	G	RBI
Mike Daniel, Okla. St.	67	107
Andy Bruce, Ga. Tech	64	96
Steve Hinton, Creighton	73	90
Richie Hawks, Louisville	62	88
Marty Neff, Oklahoma	63	87
Doug Mirabelli, Wichita St.	77	85
Eric Macrina, Clemson	69	84
Jim Audley, Wichita St.	79	81
Pedro Grifol, Florida St.	71	80
Lou Lucca, Oklahoma St.	67	80
Mark Smith, USC	64	80
Scott Talanoa, Long Beach St.	61	80
Mark Sweeney, Maine	65	80
Frank Jacobs, Notre Dame	61	79
Gary Hymel, Louisiana St.	71	79
Todd Raleigh, West. Car.	59	78
Jim Crowley, Clemson	68	77
Jeff Pierce, N.C. State	67	77
Chris Roberts, Florida St.	68	77
Mike Neill, Villanova	52	76
Matt Brewer, SW Mo. St.	62	75
Brad James, Illinois St.	60	75
Michael Spiers, Clemson	68	75

BASES ON BALLS

	G	BB
Darren Bragg, Ga. Tech	65	72
Mike Daniel, Oklahoma St.	67	63
Steve Dailey, Oklahoma St.	66	63
Brett Barker, Cent. Fla.	59	60
Scott Hatteberg, Wash. St.	61	60
Murph Proctor, USC	64	60

STRIKEOUTS

	G	SO
Kenny Felder, Fla. St.	69	74
Gary Hymel, Louisiana St.	71	73
Brian Purvis, Florida	71	71
Eric Macrina, Clemson	69	69
Steve Hegan, Miss. St.	63	67
Jeff Parnell, So. Car.	62	64
Ty Mueller, Florida St.	70	64
Brad James, Illinois St.	60	63
Troy Penix, California	58	63

Mike Daniel
... Homer, RBI leader

TOUGHEST TO STRIKE OUT
(Minimum 125 At-Bats)

	AB	SO	Ratio
Lino Diaz, UNLV	176	5	35.2
Pedro Swann, Del. St.	132	4	33.0
Phil Hollis, Purdue	183	6	30.5
Chris Demetral, West. Mich.	179	6	29.8
Dan Sexton, Md.-Balt.Co.	149	5	29.8
Kevin Grijak, East. Mich.	175	6	29.2
Bill Dilenno, Delaware	145	5	29.0
Jason Porter, Port. St.	172	6	28.7

STOLEN BASES

	G	SB	ATT
Billy Hall, Wich. St.	78	59	68
Chris Wimmer, Wich. St.	79	54	64
Jerrold Rountree, UCSB	59	53	72
Brian Sullivan, Fordham	43	51	56
Mike Basse, Tennessee	60	49	64
Jeff Rollyson, Akron	57	49	54
Chuck Lane, Cent. Conn.	43	44	49
Kelly Smith, New Orleans	57	44	60
Calvin Murray, Texas	63	43	54
Coleman Smith, Tennessee	58	41	48
Mike Robison, Baylor	40	40	46
Scott Federle, Xavier	62	38	51

HIT BY PITCH

	G	HBP
Rowdy Nutt, NE La.	47	23
Brad Dolejsi, Okla. State	66	22
Harold Dueitt, So. Alabama	61	20
Pete Schramka, Coast. Car.	62	19
Mike Lawn, California	61	17
Joey Pulsonetti, St. John's	47	17
Lamarr Rogers, Long Beach St.	62	17

INDIVIDUAL PITCHING LEADERS
(Minimum 60 Innings)

	W	L	ERA	G	GS	CG	SV	IP	H	R	ER	BB	SO
Kirk Rueter, Murray St.	11	2	1.20	13	12	8	0	83	62	24	11	26	72
Stidham, Phil, Arkansas	4	2	1.20	36	0	0	10	60	35	14	8	24	47
Keith Garagozzo, Delaware	9	2	1.31	12	12	6	0	89	46	23	13	48	109
Steve Montgomery, Pepperdine	9	1	1.49	27	1	0	4	79	55	17	13	20	81
Bill Anderson, Ga. Wash.	7	3	1.74	12	11	7	0	88	64	28	17	14	84
Joe Maniscalco, Fordham	9	1	1.82	13	11	3	0	74	47	21	15	46	39
Bobby Jones, Fresno St.	16	2	1.88	21	20	18	0	172	112	38	36	36	166
Dave Leonard, Holy Cross	7	3	1.91	11	11	6	0	75	64	28	16	17	56
Jim O'Connor, NY Tech	6	5	1.98	14	12	9	0	91	73	36	20	16	57
Tony Phillips, So. Miss.	6	4	1.98	34	7	3	13	123	95	47	27	33	87
Darren Dreyer, SW Texas	9	4	2.07	16	12	8	2	83	66	25	19	20	87
Steve Reich, Army	5	3	2.07	16	8	7	3	74	65	24	17	16	71
Bob Bennett, Dartmouth	6	3	2.09	11	9	7	0	65	42	22	15	23	59
Mark Peterson, Port. St.	7	4	2.11	15	12	6	2	94	80	34	22	15	63
Kennie Steenstra, Wich. St.	17	0	2.17	20	19	10	0	141	129	50	34	31	82
John Burke, Florida	9	5	2.25	18	17	6	0	104	69	31	26	47	135
Craig Clayton, CS Northridge	14	5	2.25	21	18	15	0	160	114	57	40	50	166
Darren Dreifort, Wich. St.	9	2	2.29	24	4	0	1	78	62	21	20	27	63
Mike Tripp, Army	7	2	2.30	12	11	4	0	70	59	32	18	15	45
Mark Ringkamp, San Jose St.	7	5	2.32	16	13	6	1	97	87	31	25	23	65
Jason Angel, Clemson	14	2	2.33	19	15	3	0	108	75	38	28	36	66
Jon Ratliff, LeMoyne	6	2	2.33	12	9	6	1	66	54	26	17	22	51
Bill Underwood, Kent State	6	1	2.33	12	11	4	0	66	51	19	17	21	41
Chris Martin, San Jose St.	7	7	2.43	17	14	6	1	104	83	37	28	28	54
John MacCauley, Evansville	13	3	2.47	19	17	9	1	124	101	48	34	37	106

	W	L	ERA	G	GS	CG	SV	IP	H	R	ER	BB	SO
John Wylie, Jacksonville	11	5	2.45	24	18	7	2	147	149	75	40	25	88
Chris Michalak, Notre Dame	9	1	2.47	23	12	2	0	87	78	33	24	32	68
Glenn Nevill, Baylor	6	2	2.47	19	12	2	2	95	93	38	26	37	72
Jay Vaught, Texas	5	0	2.49	22	1	0	1	61	35	22	17	21	34
Grady Davidson, Southern	8	2	2.53	12	12	4	0	64	32	25	18	31	69
Grant Sullivan, Mississippi	6	3	2.53	14	13	6	0	96	85	37	27	31	66
Larry Thomas, Maine	9	4	2.54	15	15	7	0	99	83	36	28	36	108
Jeff Dillman, Rider	7	3	2.57	11	11	3	0	77	54	28	22	35	63
Brooks Kieschnick, Texas	7	1	2.58	18	12	2	1	80	60	30	23	26	61
Ken Britt, The Citadel	7	6	2.59	14	14	4	0	90	74	32	26	26	74
Shane Espitia, Nicholls St.	6	2	2.60	17	15	5	0	107	97	42	31	27	65
Sean Gavaghan, Richmond	11	6	2.60	17	16	12	0	131	127	54	38	40	88

WINS

	W	L
Kennie Steenstra, Wich. St.	17	0
Bobby Jones, Fresno State	16	2
Mike Heathcott, Creighton	15	3
Tom Schwarber, Ohio State	14	1
Jason Angel, Clemson	14	2
Bill Blanchette, Hawaii	14	2
Marc Valdes, Florida	14	4
Craig Clayton, CS Northridge	14	5
Chad Ogea, Louisiana St.	14	5
Gary Haught, SW Louisiana	14	6
Steve Phoenix, Grand Canyon	14	6
Kenny Kendrena, CS Northridge	13	2
Dennis Burbank, Okla. St.	13	3
John MacCauley, Evansville	13	3
Marc Pisciotta, Ga. Tech	13	3
Matt Donahue, N.C. State	13	5
David Tuttle, Santa Clara	12	3
Mark Brandenburg, Texas Tech	12	4
Chad Dembisky, Loyola Mary.	12	5
Jon Lieber, South Alabama	12	5
Will Ertel, Furman	12	6
Joey Hamilton, Ga. Southern	12	6

LOSSES

	W	L
Ted Langowski, San Francisco	1	11
Ricky Berrier, Campbell	2	10
Marc Pecha, San Francisco	2	10
Sean Whiteside, UNC Charlotte	5	10

APPEARANCES

	G
Ricky Greene, Louisiana St.	41
Marc Kubicki, So. Miss.	41
John Pricher, Florida	36
Phil Stidham, Arkansas	36
Ben Short, Alabama	36
Tom Hickox, Stetson	35
Dave Matranga, Nebraska	35

COMPLETE GAMES

	GS	CG
Bobby Jones, Fresno State	20	18
Craig Clayton, CS Northridge	18	15
Scott Sharts, CS Northridge	19	13
Sean Gavaghan, Richmond	16	12
Ken Kendrena, CS Northridge	17	12
Will Ertel, Furman	15	11
Steve Phoenix, Grand Canyon	22	11
Marc Rosenbalm, UNC-Asheville	16	11

SAVES

	G	SV
Danny Montero, So. Florida	26	14
Buddy Jenkins, Wake Forest	33	14
Ben Short, Alabama	36	14
Ricky Greene, Louisiana St.	41	14
Tony Phillips, So. Miss.	34	13
Jerry Santos, Fla. Int.	31	13
John Trisler, Ind. State	25	13
Craig Tucker, Hawaii	29	13
John Pricher, Florida	36	12
Mike Steele, Nicholls St.	25	11

INNINGS PITCHED

	G	IP
Bobby Jones, Fresno St.	21	172
Steve Phoenix, Grand Canyon	24	172
Craig Clayton, CS Northridge	21	160
Matt Donahue, N.C. State	21	159
Scott Sharts, CS Northridge	19	153
David Tuttle, Santa Clara	22	152
Steve Trachsel, Long Beach St.	20	149
Jon Lieber, So. Alabama	22	148

Craig Clayton
... 166 strikeouts

BASES ON BALLS

	IP	BB
Bart Grubbs, Grand Canyon	117	111
Dirk Lindauer, SW Mo. St.	81	75
Marc Pisciotta, Ga. Tech	122	72
Darrell Richardson, Rice	88	72
Scott Dodd, Arizona St.	56	71

STRIKEOUTS

	IP	SO
Craig Clayton, CS Northridge	160	166
Bobby Jones, Fresno State	172	166
Jared Baker, So. Carolina	123	151
Ivan Zweig, Tulane	120	146
Jon Lieber, So. Alabama	148	141
Chad Ogea, Louisiana St.	131	140
Scott Sharts, CS Northridge	153	139
Steve Trachsel, Long Beach St.	149	139
Matt Donahue, N.C. State	159	138
Rod Biehl, Louisville	89	136
John Burke, Florida	104	135
Tyler Green, Wichita St.	116	134
David Tuttle, Santa Clara	152	134
Steve Phoenix, Grand Canyon	172	132
Sean Rees, Arizona St.	111	128
Doug Creek, Ga. Tech	137	128
Kenny Kendrena, CS Northridge	144	128
John Dettmer, Missouri	120	127
Joey Hamilton, Ga. Southern	131	125
Marc Pisciotta, Ga. Tech	122	124

STRIKEOUTS/9 INNINGS
(Minimum 50 Innings)

	IP	SO	AVG
Rod Biehl, Louisville	89	136	13.8
Todd Fiegel, Virginia	60	84	12.6
Marc Kubicki, So. Miss.	84	110	11.8
Daniel Magee, Jackson St.	70	91	11.7
John Burke, Florida	104	135	11.7
Tim Davis, Florida St.	70	91	11.7
Jerry Santos, Fla. Int.	56	72	11.6
Jared Baker, So. Car.	123	151	11.1
Jeff Granger, Texas A&M	98	121	11.1
Keith Garagozzo, Delaware	89	109	11.0
Ivan Zweig, Tulane	120	146	11.0
Norm Swann, Niagara	51	62	10.9
Jason Bullard, Texas A&M	56	68	10.9
Chris Kotes, Columbia	56	68	10.9
Al Levine, So. Ill.	53	64	10.9
Allen Watson, NY Tech	82	99	10.9

CONFERENCE STANDINGS, LEADERS

Select NCAA Division I Conferences Only

ATLANTIC COAST CONFERENCE

TEAM	Conference W	L	Overall W	L
*Clemson	18	3	60	10
Georgia Tech	12	8	42	26
North Carolina State	11	10	48	20
North Carolina	10	10	36	23
Wake Forest	10	10	37	22
Virginia	10	11	28	27
Duke	6	15	24	27
Maryland	5	15	29	27

*Won conference tournament   **Boldface**: NCAA regional participant

ALL-CONFERENCE TEAM: C—Kevin O'Sullivan, Virginia. **1B**—Eric Macrina, Clemson. **2B**—Jim Crowley, Clemson. **3B**—Andy Bruce, Georgia Tech. **SS**—Todd Stefan, Clemson. **OF**—Darren Bragg, Georgia Tech; Billy McMillon, Clemson; Jake Austin, Wake Forest. **Util**—Brad Woodall, North Carolina. **DH**—David Norman, Duke. **SP**—Jason Angel, Clemson. **RP**—Buddy Jenkins, Wake Forest.

INDIVIDUAL BATTING LEADERS
(Minimum 125 At-Bats)

	AVG	G	AB	R	H	2B	3B	HR	RBI	BB	SO	SB
Cunha, Steve, Virginia	.400	35	135	31	54	12	2	5	28	10	9	6
McMillon, Billy, Clemson	.391	65	202	75	79	26	4	10	48	41	21	10
Noe, Kenny, Maryland	.383	56	214	46	82	28	3	3	44	18	28	8
Crowley, Jim, Clemson	.383	68	256	79	98	22	0	17	77	39	45	5
Clougherty, Pat, NC State	.378	58	193	40	73	21	1	11	49	29	44	1
O'Sullivan, Kevin, Virginia	.376	57	194	24	73	14	0	0	39	29	23	4
Kowilcik, Chris, Wake Forest	.374	59	238	80	89	26	2	20	63	36	32	2
Pierce, Jeff, NC State	.370	67	257	57	95	19	0	19	77	29	25	1
Spiers, Michael, Clemson	.364	68	250	71	91	18	0	11	75	40	52	16
Lockhart, Mike, Clemson	.357	51	143	38	51	10	4	4	44	24	17	4
Borawski, Paul, NC State	.351	67	259	67	91	23	2	12	56	30	46	9
Northrup, Kevin, Clemson	.350	67	254	72	89	20	9	5	48	31	32	21
Stefan, Todd, Clemson	.348	67	198	54	69	15	5	2	35	46	28	15
Olson, Scott, Maryland	.346	51	153	24	53	8	0	3	22	28	12	1
Bruce, Andy, Ga Tech	.345	64	249	67	86	19	3	22	96	36	43	3
Wolff, Michael, Ga. Tech	.344	43	157	37	54	9	3	9	38	23	19	10
Fleming, Carlton, Ga Tech	.343	66	268	62	92	7	5	0	43	38	14	26
DeBerry, Joe, Clemson	.342	65	243	67	83	17	3	15	62	42	51	6
Johnson, Drew, Maryland	.339	50	189	31	64	16	2	2	32	11	19	5
Austin, Jake, Wake Forest	.338	59	237	52	80	16	4	14	58	25	36	7
Martz, Danny, Wake Forest	.335	58	245	61	82	17	1	11	45	25	39	4
Stock, Kevin, Virginia	.335	54	197	35	66	13	1	1	24	15	27	7
Norman, David, Duke	.335	50	185	31	62	15	0	9	46	25	32	0
Macrina, Eric, Clemson	.335	69	260	67	87	18	1	24	84	37	69	3

INDIVIDUAL PITCHING LEADERS
(Minimum 60 Innings)

	W	L	ERA	G	GS	CG	SV	IP	H	R	ER	BB	SO
Angel, Jason, Clemson	14	2	2.33	19	15	3	0	108	75	36	28	36	66
Kruse, Kent, Virginia	4	4	3.40	18	14	2	0	87	100	50	33	29	76
Donahue, Matt, NC State	13	5	3.45	21	20	9	0	159	156	79	61	43	138
DeFranco, Steve, Wake Forest	4	3	3.46	12	10	0	0	68	64	35	26	31	39
Kimbrell, Mike, Clemson	11	0	3.56	17	12	2	0	81	69	34	32	34	73
Miller, Scott, Clemson	8	3	3.62	18	9	2	2	77	88	43	31	43	69
Runion, Tony, Duke	4	6	3.66	13	12	1	0	71	70	41	29	40	59
Johnson, Jay, UNC	6	3	3.75	15	13	0	0	82	91	40	34	42	48
Manning, Derek, UNC	3	4	3.80	16	16	3	0	85	97	52	36	35	66
Hostetler, Mike, Ga Tech	7	8	3.93	21	12	6	1	103	111	45	38	38	93
Senior, Shawn, NC State	9	6	3.96	20	17	0	0	98	94	48	43	54	80

BIG EIGHT CONFERENCE

TEAM	Conference W	L	Overall W	L
*Oklahoma State	17	7	47	20
Oklahoma	13	11	40	23
Missouri	12	12	41	20
Iowa State	12	12	33	26
Kansas	11	13	31	28
Nebraska	10	14	37	22
Kansas State	9	15	31	29

*Won conference tournament   **Boldface**: NCAA regional participant

1992 ALMANAC • **285**

ALL-CONFERENCE TEAM: C—Michael Daniel, Oklahoma State. **1B**—Jeff Niemeier, Kansas. **2B**—Brian Eldridge, Oklahoma. **3B**—Bill Vosik, Nebraska. **SS**—Craig Wilson, Kansas State. **OF**—Tom Vantiger, Iowa State; Joe Winkler, Missouri; Marty Neff, Oklahoma. **DH**—Mike Bard, Kansas. **Util**—Lou Lucca, Oklahoma State. **SP**—Don Wengert, Iowa State; Kent Hipp, Kansas State; Curtis Schmidt, Kansas; John Dettmer, Missouri. **RP**—Scott Moore, Oklahoma; Dave Matranga, Nebraska.

INDIVIDUAL BATTING LEADERS
(Minimum 125 At-Bats)

	AVG	G	AB	R	H	2B	3B	HR	RBI	BB	SO	SB
Vantiger, Tom, Iowa State	.463	58	177	58	62	22	9	8	73	49	22	23
McArn, Brian, Nebraska	.393	46	135	46	53	11	2	4	26	27	18	15
Neff, Marty, Oklahoma	.390	63	236	61	92	22	3	24	87	12	27	3
Vosik, Bill, Nebraska	.388	57	214	41	83	17	2	3	49	27	13	6
Winkler, Joe, Missouri	.387	61	222	61	86	11	3	0	25	47	21	7
Wilson, Craig, Kansas State	.386	60	228	60	88	15	5	9	52	23	14	10
Niemeier, Jeff, Kansas	.379	55	203	48	77	18	4	9	62	24	12	4
Lucca, Lou, Okla. State	.368	67	242	53	89	31	1	14	80	44	33	4
Bohrofen, Brent, Oklahoma	.364	58	184	39	67	8	1	12	48	20	43	3
Campbell, Scott, Oklahoma	.359	56	192	48	69	8	4	5	38	27	11	9
Berblinger, Jeff, Kansas	.354	59	229	49	81	10	3	3	36	25	40	16
Culp, Brian, Kansas State	.353	56	184	49	65	11	2	7	43	37	30	13
Hmielewski, Chris, Kansas State	.350	57	203	43	71	11	2	4	50	21	49	4
Daniel, Mike, Okla. State	.350	67	226	67	79	8	1	27	107	63	32	4
White, Derrick, Oklahoma	.348	62	233	48	81	14	7	9	50	23	31	12
Swanson, John, Okla. State	.347	52	170	45	59	12	0	4	31	34	25	7
Eldridge, Brian, Oklahoma	.341	63	223	42	76	14	3	8	40	22	25	9
Ryan, Jeff, Kansas State	.339	54	186	36	63	11	0	5	36	11	12	4
Bard, Mike, Kansas	.333	56	189	43	63	10	3	2	39	32	25	8
Inman, Wade, Oklahoma	.333	60	192	36	64	9	0	7	33	24	20	1

INDIVIDUAL PITCHING LEADERS
(Minimum 60 Innings)

	W	L	ERA	G	GS	CG	SV	IP	H	R	ER	BB	SO
Dettmer, John, Missouri	9	4	2.63	16	15	7	0	120	89	47	35	48	127
Schmidt, Curtis, Kansas	6	5	3.03	15	12	7	1	101	95	40	34	29	85
Matranga, Dave, Nebraska	8	6	3.08	35	0	0	7	73	77	39	25	30	54
Bullock, Josh, Nebraska	5	5	3.15	16	14	4	0	97	100	50	34	37	79
Hipp, Kent, Kansas State	5	5	3.47	14	12	6	0	83	85	38	32	36	65
Rutledge, Trey, Nebraska	5	6	3.66	15	12	0	0	76	71	57	31	36	60
Watkins, Scott, Okla. State	12	1	3.99	20	8	2	2	79	74	54	42	26	38
Munro, Mike, Missouri	7	4	4.06	20	12	5	4	89	86	46	40	41	56
Keling, Korey, Oklahoma	7	1	4.15	21	3	0	1	61	55	33	28	31	64
Stonecipher, Eric, Kansas	7	6	4.25	17	12	4	1	89	87	50	42	48	85
Walker, Jimmy, Kansas	8	4	4.28	26	3	2	2	76	63	37	36	62	61
Mendenhall, Casey, Oklahoma	7	6	4.29	22	13	2	2	103	109	62	49	16	108

BIG TEN CONFERENCE

TEAM	Conference W	L	Overall W	L
*Ohio State	20	8	53	13
Minnesota	18	10	37	27
Indiana	15	12	38	23
Northwestern	15	12	27	28
Michigan	15	13	34	23
Purdue	14	14	35	21
Illinois	13	15	26	30
Michigan State	12	16	28	25
Iowa	11	17	26	28
Wisconsin	6	22	16	36

*Won conference tournament   **Boldface:** NCAA regional participant

ALL-CONFERENCE TEAM: C—Mike Durant, Ohio State. **1B**—Jeff Monson, Minnesota. **2B**—Tom O'Neill, Wisconsin. **3B**—Tim Flannelly, Michigan. **SS**—Brent Gates, Minnesota; Mike Smith, Indiana. **OF**—Dan Ruff, Michigan; Mike Stein, Northwestern; Matt Wajda, Ohio State. **DH**—Ken Tirpack, Ohio State. **P**—Scott Klingenbeck, Ohio State; Dan Jones, Northwestern.

INDIVIDUAL BATTING LEADERS
(Minimum 125 At-Bats)

	AVG	G	AB	R	H	2B	3B	HR	RBI	BB	SO	SB
Sutton, Larry, Illinois	.434	48	159	48	69	13	1	9	52	34	17	3
Smith, Mike, Indiana	.431	57	216	53	93	13	8	15	50	22	23	13
Hollis, Phil, Purdue	.429	56	184	42	79	10	1	1	28	11	6	4
Gates, Brent, Minnesota	.412	64	221	53	91	24	4	8	61	38	16	10
Jones, Gary, Ohio State	.385	47	130	34	50	10	3	0	24	28	14	2
Perona, Joe, Northwestern	.384	56	203	47	78	13	2	9	50	22	26	20
Durant, Mike, Ohio State	.374	60	195	61	73	19	1	10	48	42	16	22
Smith, Bubba, Illinois	.362	56	196	50	71	16	0	18	61	26	30	1
Juday, Rich, Michigan State	.362	54	174	42	63	8	6	4	40	38	15	12
Minchk, Kevin, Iowa	.353	53	167	31	59	7	2	3	38	23	26	1
Klodnick, Keith, Ohio State	.359	61	217	63	78	14	2	7	43	27	10	9
Morris, Bob, Iowa	.350	55	197	40	69	10	7	5	41	27	31	2

	AVG	G	AB	R	H	2B	3B	HR	RBI	BB	SO	SB
Wolfe, Marty, Indiana	.354	62	198	60	70	12	4	12	50	44	28	7
Scheitlin, David, Purdue	.350	55	197	43	69	10	1	1	26	20	11	30
Lefebvre, Ryan, Minnesota	.350	52	180	54	63	8	3	3	27	31	16	9
Juday, Bob, Michigan State	.349	54	186	52	65	9	3	5	34	32	24	7
Goins, Kevin, Indiana	.349	62	212	49	74	20	1	12	64	34	39	0

INDIVIDUAL PITCHING LEADERS
(Minimum 60 Innings)

	W	L	ERA	G	GS	CG	SV	IP	H	R	ER	BB	SO
Jones, Dan, Northwestern	7	3	2.63	13	11	10	1	82	80	32	24	27	73
Wendt, Larry, Michigan State	4	4	3.27	12	12	5	0	66	61	35	24	28	41
Pfaff, Jason, Michigan	9	3	3.43	16	14	8	1	100	92	25	22	21	51
Klingenbeck, Scott, Ohio State	11	2	3.43	16	13	9	1	94	94	46	36	31	85
Henderson, James, Purdue	8	3	3.58	14	13	6	0	83	84	48	33	32	45
Bakkum, Scott, Minnesota	9	2	3.63	16	13	6	1	92	97	42	37	21	61
Brock, Russell, Michigan	8	6	3.72	16	15	7	0	94	90	24	23	33	82
Hirschman, Stu, Michigan State	7	2	3.80	14	12	3	0	73	69	41	31	20	43
Backlund, Brett, Iowa	8	4	3.88	15	15	8	0	102	105	52	44	29	94
Anderson, Tom, Iowa	7	5	3.92	13	13	5	0	83	74	45	36	36	60

BIG WEST CONFERENCE

TEAM	Conference W	L	Overall W	L
Fresno State	15	6	42	23
Cal State Fullerton	15	6	34	22
Long Beach State	14	7	45	22
Nevada-Las Vegas	11	10	30	25
UC Santa Barbara	8	13	33	25
Pacific	8	13	22	31
San Jose State	7	14	25	30
UC Irvine	6	15	24	32

Boldface: NCAA regional participant

ALL-CONFERENCE TEAM: C—Matt Hattabaugh, Cal State Fullerton. **1B**—Ricky Scruggs, UNLV. **2B**—Lamarr Rogers, Long Beach State. **3B**—Jason Giambi, Long Beach State. **SS**—Jason Wood, Fresno State. **OF**—Jerrold Rountree, UC Santa Barbara; Tory Miran, UNLV; Brent Cookson, Long Beach State. **DH**—Scott Talanoa, Long Beach State. **Util**—Todd Johnson, Fresno State. **SP**—Bobby Jones, Fresno State; Steve Whitaker, Long Beach State; Tim DeGrasse, UC Santa Barbara; Dan Naulty, Cal State Fullerton. **RP**—Chris Robinson, Cal State Fullerton.

INDIVIDUAL BATTING LEADERS
(Minimum 125 At-Bats)

	AVG	G	AB	R	H	2B	3B	HR	RBI	BB	SO	SB
Giambi, Jason, Long Beach St.	.407	60	199	66	81	13	3	3	54	57	33	7
Christian, Ed, Long Beach St.	.394	61	188	46	74	11	1	2	41	24	23	18
Rountree, Jerrold, UCSB	.391	58	236	79	92	14	8	3	40	51	44	53
Talanoa, Scott, Long Beach St.	.382	61	220	67	84	13	3	12	80	28	30	7
Diaz, Lino, UNLV	.375	50	176	37	66	8	2	1	20	5	20	6
Madsen, Dusty, UCSB	.369	49	149	28	55	6	3	3	25	19	38	9
Rogers, Lamarr, Long Beach St.	.365	62	211	68	77	13	5	1	33	39	23	15
Haar, Rich, UCSB	.363	58	237	59	86	17	2	6	60	30	25	16
Pridy, Todd, Long Beach St.	.361	58	166	29	60	14	0	5	44	9	24	4
Cookson, Brent, Long Beach St.	.357	66	235	62	84	13	4	15	60	32	60	21
Kuster, Nick, UNLV	.356	52	202	41	72	11	2	13	45	24	30	3
Johnson, Tim, UNLV	.353	55	232	44	82	10	0	10	39	16	19	9
Sisco, Steve, CS Fullerton	.350	56	234	55	82	15	4	3	40	27	34	11
Lane, Danny, UCSB	.350	35	143	34	50	11	0	11	60	15	20	4
Charles, Frank, CS Fullerton	.348	56	230	50	80	18	4	7	64	24	35	5
Wood, Jason, Fresno State	.343	65	254	51	87	17	6	6	56	36	44	3
Nevin, Phil, CS Fullerton	.335	56	230	51	77	19	3	3	46	31	29	18
Antoon, Jeff, UCSB	.329	59	231	46	76	14	1	8	59	35	39	7
Burke, Alan, Long Beach St.	.328	56	174	40	57	8	5	4	40	24	28	3

INDIVIDUAL PITCHING LEADERS
(Minimum 60 Innings)

	W	L	ERA	G	GS	CG	SV	IP	H	R	ER	BB	SO
Jones, Bobby, Fresno St.	16	2	1.88	21	20	18	0	172	112	38	36	36	166
Ringkamp, Mark, San Jose St.	7	5	2.32	16	13	6	1	97	87	31	25	23	61
Martin, Chris, San Jose St.	7	7	2.43	17	14	6	1	104	83	37	28	28	54
Trachsel, Steve, Long Beach St.	11	6	2.78	20	18	9	1	148	129	59	46	38	139
Whitaker, Steve, Long Beach St.	11	2	2.83	18	17	5	0	124	99	55	39	63	99
Brownholtz, Joe, Pacific	8	5	2.91	19	16	6	1	127	112	56	41	48	87
Taylor, Todd, Long Beach St.	8	2	2.95	26	4	0	2	64	60	27	21	22	52
May, Steve, UC Irvine	3	2	3.00	30	0	0	5	66	66	31	22	16	63
Shenk, Larry, Pacific	6	7	3.28	25	6	2	2	91	87	43	33	24	53
Yanko, Jim, Pacific	3	4	3.28	13	10	3	0	69	66	42	25	24	54
Naulty, Dan, UCSB	8	3	3.38	20	14	4	2	107	90	43	40	38	72
DeGrasse, Tim, UCSB	9	3	3.69	18	14	4	1	98	102	49	40	32	66
Croghan, Andy, Long Beach St.	9	2	3.82	20	15	4	0	106	95	47	45	47	60

METRO CONFERENCE

TEAM	Conference W	L	Overall W	L
*Florida State	15	5	56	15
Southern Mississippi	15	6	42	24
Tulane	12	8	36	18
South Carolina	11	9	40	22
Virginia Tech	9	11	24	30
Memphis State	8	10	30	24
Louisville	8	12	32	30
Cincinnati	2	19	28	30

*Won conference tournament   **Boldface:** NCAA regional participant

ALL-CONFERENCE TEAM: C—Pedro Grifol, Florida State. **1B**—Eduardo Perez, Florida State. **2B**—Martin Agee, Virginia Tech. **3B**—Dan Kopriva, Louisville. **SS**—David Dallas, Virginia Tech. **OF**—Todd Nace, Southern Mississippi; Bryan Brown, Tulane; Jerry Shepherd, South Carolina. **Util**—Les Jennette, Virginia Tech. **DH**—Steve Moss, Memphis State. **P**—Ivan Zweig, Tulane; Jared Baker, South Carolina.

INDIVIDUAL BATTING LEADERS
(Minimum 125 At-Bats)

	AVG	G	AB	R	H	2B	3B	HR	RBI	BB	SO	SB
Kopriva, Dan, Louisville	.413	62	242	85	100	13	6	21	74	48	17	0
Elsbrock, Troy, Cincinnati	.412	44	143	27	59	9	1	12	46	18	24	2
Nace, Todd, So. Miss.	.392	66	268	60	105	22	2	6	42	30	50	8
Shepherd, Jerry, So. Carolina	.383	59	193	45	74	18	2	14	60	43	43	1
David Dallas, Va. Tech	.371	49	178	51	66	9	5	1	25	34	33	27
Perez, Eduardo, Fla. State	.370	71	284	87	105	19	2	11	58	35	53	30
Hawks, Richie, Louisville	.358	62	260	56	93	19	3	16	88	19	24	1
Mottice, Mike, Cincinnati	.354	58	189	47	67	16	2	14	52	29	42	1
Barnes, Tommy, Louisville	.352	58	247	62	87	16	6	4	36	35	35	16
Oppel, Darren, Louisville	.350	61	214	61	75	18	1	16	71	43	36	1
Render, Steve, Va. Tech	.349	46	166	36	58	13	1	1	25	9	22	5
Willman, Dave, So. Carolina	.348	57	207	47	72	9	0	6	41	26	19	9
Grifol, Pedro, Fla. State	.344	71	276	58	95	18	1	16	80	28	34	10
Selby, Bill, So. Miss	.341	66	258	46	88	31	2	4	53	35	28	10
Cottam, Jeff, Memphis State	.338	47	154	20	52	12	0	0	34	22	9	1
Brown, Bryan, Tulane	.337	47	172	39	58	13	1	11	43	20	39	20

INDIVIDUAL PITCHING LEADERS
(Minimum 60 Innings)

	W	L	ERA	G	GS	CG	SV	IP	H	R	ER	BB	SO
Phillips, Tony, So. Miss	6	4	1.98	34	7	3	13	123	95	47	27	33	87
Kubicki, Marc, So. Miss	5	4	2.67	41	0	0	9	84	68	34	25	44	110
Davis, Tim, Florida State	9	2	2.84	23	2	0	1	70	55	23	22	21	91
Zweig, Ivan, Tulane	8	5	2.85	19	15	9	2	120	85	48	38	70	146
Robinson, Kenny, Florida State	5	1	3.06	18	7	2	5	71	50	26	24	30	83
Baker, Jared, So. Carolina	11	4	3.15	22	17	7	4	123	87	59	43	66	151
Scheuermann, Glenn, Tulane	5	0	3.26	14	9	1	0	61	64	27	22	17	25
Roberts, Chris, Florida State	7	2	3.52	16	15	3	0	92	90	41	36	27	70
Romanoli, Paul, Memphis State	6	5	3.59	16	15	7	0	105	102	48	42	17	92
Clontz, Brad, Va. Tech	5	5	3.69	13	12	5	0	85	76	44	35	31	84

MISSOURI VALLEY CONFERENCE

TEAM	Conference W	L	Overall W	L
*Wichita State	21	3	66	13
Creighton	16	8	51	22
Indiana State	15	9	42	23
Southwest Missouri State	14	10	40	22
Bradley	7	17	26	36
Southern Illinois	6	18	27	36
Illinois State	5	19	27	33

*Won conference tournament   **Boldface:** NCAA regional participant

ALL-CONFERENCE TEAM: C—Doug Mirabelli, Wichita State. **1B**—Jason White, Wichita State. **2B**—Billy Hall, Wichita State. **3B**—Scott Stahoviak, Creighton. **SS**—Chris Wimmer, Wichita State. **Util**—Mike Jones, Wichita State; Evan Pratte, SW Missouri. **OF**—Jim Audley, Wichita State; Matt Brewer, SW Missouri; Dax Jones, Creighton. **DH**—Steve Hinton, Creighton. **P**—Kennie Steenstra, Wichita State; Mike Heathcott, Creighton; Tyler Green, Wichita State. **RP**—Alan Levine, Southern Illinois.

INDIVIDUAL BATTING LEADERS
(Minimum 125 At-Bats)

	AVG	G	AB	R	H	2B	3B	HR	RBI	BB	SO	SB
Stahoviak, Scott, Creighton	.449	72	267	87	120	26	7	13	74	46	25	16
Mueller, Bill, SW Missouri	.413	60	208	69	86	5	4	1	17	52	20	12
Wimmer, Chris, Wichita St.	.401	79	312	99	125	16	2	4	68	35	26	54
Brewer, Matt, SW Missouri	.372	62	226	53	84	21	1	13	75	39	30	12

	AVG	G	AB	R	H	2B	3B	HR	RBI	BB	SO	SB
Jones, Dax, Creighton	.366	71	273	80	100	21	11	8	53	42	33	32
McCafferty, Mike, Creighton	.366	72	268	58	98	24	2	11	55	16	41	10
Hall, Billy, Wichita St.	.364	78	286	94	104	14	3	4	48	59	43	59
Martindale, Ryan, Creighton	.356	65	233	52	83	16	3	16	70	19	31	5
Schroeder, Todd, Illinois St.	.352	58	196	48	69	14	3	7	38	38	41	5
Pratte, Evan, SW Missouri	.352	62	236	63	83	16	6	10	57	26	27	9
Mirabelli, Doug, Wichita St.	.351	77	268	69	94	14	1	13	85	65	32	1
McConnell, Chad, Creighton	.344	62	209	58	72	10	5	11	51	32	51	15
Faron, Greg, SW Missouri	.339	54	174	33	59	14	0	4	26	15	18	3
Langer, Bobby, Creighton	.338	63	207	47	70	23	8	6	46	17	27	3
Hinton, Steve, Creighton	.338	73	278	64	94	18	10	12	90	41	29	8
White, Jason, Wichita St.	.337	79	276	66	93	16	2	13	65	33	57	2
Dreifort, Todd, Wichita St.	.337	79	273	58	92	12	5	8	56	45	36	10

INDIVIDUAL PITCHING LEADERS
(Minimum 60 Innings)

	W	L	ERA	G	GS	CG	SV	IP	H	R	ER	BB	SO
Steenstra, Kennie, Wichita St.	17	0	2.17	20	19	10	0	141	109	50	34	31	82
Dreifort, Darren, Wichita St.	9	2	2.41	24	4	0	1	78	62	27	21	29	63
Keaffaber, Randy, Indiana St.	8	1	2.80	18	5	1	1	61	67	24	19	23	26
Benes, Alan, Creighton	11	3	2.98	20	14	3	0	97	85	47	32	43	75
Giaudrone, Charlie, Wichita St.	5	1	3.11	14	12	2	0	72	61	32	25	35	43
Paxton, Darrin, Wichita St.	10	2	3.15	16	15	3	2	0	80	65	36	28	33	60
Farrell, John, Indiana St.	9	5	3.42	18	15	3	0	116	117	57	44	22	82
O'Connor, Brian, Creighton	5	3	3.82	25	8	2	6	73	74	51	31	33	37
Heatchcott, Mike, Creighton	15	3	3.95	20	20	7	0	132	134	69	58	68	87
Whitten, Casey, Indiana St.	8	2	4.01	13	12	3	0	67	66	37	30	31	72
Bergman, Sean, So. Illinois	4	6	4.09	16	16	3	0	106	107	69	48	51	99
Petcka, Joe, Bradley	5	4	4.38	14	9	3	0	64	67	37	31	45	49
Green, Tyler, Wichita St.	11	2	4.51	19	19	5	0	116	110	66	58	49	134

PACIFIC-10 CONFERENCE (SOUTH)

	Conference		Overall	
TEAM	W	L	W	L
Southern California	23	7	46	17
Stanford	18	12	39	23
California	14	16	37	27
UCLA	13	17	29	30
Arizona State	12	18	35	27
Arizona	10	20	27	32

Boldface: NCAA regional participant

ALL-CONFERENCE TEAM: 1B—Mike Robertson, USC; David McCarty, Stanford. **IF**—Jim Austin, Arizona State; Roger Burnett, Stanford; Dan Cholowsky, California; Jeff Cirillo, USC; Brett Jenkins, USC. **OF**—Mike Kelly, Arizona State; Matt Luke, California; Damon Mashore, Arizona; Mark Smith, USC; Joel Wolfe, UCLA. **Util**—Jon Zuber, California. **DH**—Robbie Moen, Arizona. **P**—Phil Kendall, USC; Jackie Nickell, USC; Scott Weiss, Stanford.

INDIVIDUAL BATTING LEADERS
(Minimum 125 At-Bats)

	AVG	G	AB	R	H	2B	3B	HR	RBI	BB	SO	SB
McCarty, David, Stanford	.420	62	238	71	100	19	3	24	66	45	24	4
Moen, Robbie, Arizona	.402	59	246	51	99	17	3	7	60	17	14	8
Luke, Matt, California	.393	63	267	56	105	15	6	5	57	22	31	2
Cirillo, Jeff, USC	.380	64	263	70	100	21	3	7	48	30	40	8
Jenkins, Brett, USC	.375	64	232	66	87	29	2	9	58	31	31	7
Mashore, Damon, Arizona	.375	56	224	63	84	9	9	11	56	29	44	28
Kelly, Mike, Arizona State	.373	62	233	66	87	14	1	15	56	53	48	23
Morales, Willie, Arizona	.371	44	143	23	53	12	1	2	31	9	21	0
Austin, Jim, Arizona State	.364	62	253	67	92	20	4	15	64	45	30	15
Zuber, Jon, California	.363	63	251	54	91	20	2	4	55	45	31	2
Webb, Kevin, UCLA	.352	32	125	22	44	9	0	6	27	13	35	1
Owens, Billy, Arizona	.346	59	234	52	81	14	0	12	63	37	42	3
Penix, Troy, California	.345	58	232	46	80	14	1	17	65	16	63	2
Wolfe, Joel, UCLA	.345	57	235	55	81	11	4	6	47	27	48	35
Cholowsky, Dan, California	.339	64	274	68	93	12	3	18	57	28	35	26
Oelschlager, Ron, Arizona	.338	55	145	22	49	5	2	1	27	21	24	4
Smith, Mark, USC	.336	64	241	72	81	18	7	16	80	38	28	18
Burrill, Casey, USC	.333	64	231	38	77	12	1	4	55	17	32	4
Ehmann, Kurt, Arizona State	.331	64	236	46	78	10	2	3	39	22	26	8
Lavoie, Marc, Arizona	.329	50	143	37	47	14	2	2	27	11	20	4
Moore, Michael, UCLA	.328	51	180	52	59	7	1	8	28	24	59	22
Hansen, Mike, UCLA	.328	50	137	29	45	9	0	4	20	10	23	3
Pritchett, Chris, UCLA	.328	58	241	52	79	11	0	18	57	29	47	6
Hammonds, Jeffrey, Stanford	.327	58	223	61	73	8	4	14	57	30	12	21
Tokhoim, David, UCLA	.321	59	265	46	84	11	4	6	53	26	33	19
Robertson, Mike, USC	.321	64	237	38	76	11	2	16	62	29	29	6
Hinds, Robert, UCLA	.321	55	209	52	67	11	2	1	17	26	39	10
Northam, J.J., Arizona State	.320	49	197	51	63	2	0	0	23	17	17	9
McGuire, Ryan, UCLA	.319	51	135	30	43	13	1	7	30	25	29	1
Aurand, Corey, USC	.318	56	192	47	61	8	4	6	24	34	20	5
Tejcek, John, Arizona	.318	59	233	47	74	9	4	3	34	25	35	15

1992 ALMANAC • 289

INDIVIDUAL PITCHING LEADERS
(Minimum 60 Innings)

	W	L	ERA	G	GS	CG	SV	IP	H	R	ER	BB	SO
Kendall, Phil, USC	8	2	3.05	28	2	0	2	77	74	34	26	26	56
Tatterson, Gary, Arizona St.	7	7	3.57	17	15	6	0	106	111	64	42	50	91
Hubbs, Dan, USC	7	2	3.60	26	3	0	3	70	65	36	28	29	66
Weiss, Scott, Stanford	8	7	3.77	33	3	1	7	88	85	42	37	34	91
Dorlarque, Aaron, Stanford	9	2	3.77	31	1	1	1	91	86	50	38	32	58
Nickell, Jackie, USC	9	4	3.92	22	17	4	0	103	108	52	45	28	79
Lewis, Mike, UCLA	5	6	3.99	20	16	2	0	117	125	71	52	54	75
Collett, Mike, USC	5	4	4.00	15	14	0	1	81	79	45	36	30	61
Adams, Willie, Stanford	7	4	4.14	17	17	4	0	96	101	53	44	34	81
Lindsay, Tim, UCLA	9	4	4.57	21	19	6	0	124	146	92	63	41	76
Donnelly, Kent, USC	7	1	4.88	19	17	1	0	83	96	60	45	47	52
Sepeda, Jamie, Stanford	6	2	4.96	20	14	1	0	78	78	49	43	39	44
Johnson, Barry, Arizona	3	7	5.32	21	8	0	2	66	73	47	39	22	51
Schweitzer, Tim, Arizona	4	4	5.32	14	14	1	0	64	74	55	38	34	60

PACIFIC-10 CONFERENCE (NORTH)

TEAM	Conference W	L	Overall W	L
Washington State	14	6	37	25
Oregon State	12	8	28	20
*Portland	11	9	31	19
Washington	8	12	27	23
Gonzaga	8	12	23	25
Portland State	7	13	29	24

*Won conference tournament   **Boldface:** NCAA regional participant

ALL-CONFERENCE TEAM: C—Mike Redmond, Gonzaga. **1B**—Phil Geisler, Portland. **2B**—Kevin Hooker, Oregon State; Steve Murphy, Washington. **3B**—Geoff Loomis, Portland. **SS**—Kevin Stocker, Washington. **OF**—Brad Clem, Portland; Darrin Kitchen, Washington State; Tad Thompson, Washington State. **Util**—Brent Lutz, Washington. **DH**—Jason Geis, Portland. **P**—Jeff Mansur, Portland; Mark Peterson, Portland State; Aaron Sele, Washington State. **RP**—Michael Call, Washington.

INDIVIDUAL BATTING LEADERS
(Minimum 125 At-Bats)

	AVG	G	AB	R	H	2B	3B	HR	RBI	BB	SO	SB
Geis, Jason, Portland	.411	42	146	35	60	9	0	4	28	22	20	5
Loomis, Geoff, Portland	.397	50	199	44	79	22	1	10	53	19	26	12
Thompson, Tad, Wash. State	.378	55	196	44	74	21	2	2	38	28	16	0
Stocker, Kevin, Washington	.374	50	206	54	77	14	1	2	26	20	14	28
Redmond, Mike, Gonzaga	.371	47	159	15	59	5	0	2	34	13	8	0
Hatteberg, Scott, Wash. State	.365	61	200	50	73	21	1	6	35	60	12	5
Tsoukalas, John, Gonzaga	.363	48	179	35	65	16	1	4	32	18	10	8
Lee, Bobby, Wash. State	.363	54	157	32	57	11	3	0	20	9	16	1
Lutz, Brent, Washington	.350	49	183	39	64	12	0	7	49	20	23	5
Linville, Sean, Wash. State	.349	51	146	42	51	9	1	0	23	26	19	4
Turner, Todd, Washington	.349	50	172	41	60	15	1	3	40	30	17	7
Walker, Dane, Portland	.341	53	185	37	63	12	3	1	34	20	20	19

INDIVIDUAL PITCHING LEADERS
(Minimum 60 Innings)

	W	L	ERA	G	GS	CG	SV	IP	H	R	ER	BB	SO
Peterson, Mark, Portland State	7	4	2.11	15	12	6	2	94	80	34	22	15	63
Sele, Aaron, Wash. State	8	6	2.83	17	13	10	0	108	92	46	34	33	114
Smith, Mason, Oregon State	6	4	3.17	15	8	3	1	60	61	37	21	24	28
Mansur, Jeff, Portland	9	3	3.33	17	13	5	0	95	94	46	35	27	73
Wittcke, Darren, Portland State	6	3	3.72	12	9	4	1	75	79	37	31	14	38
Schoppe, Dave, Oregon State	5	6	3.72	14	10	5	1	68	61	32	28	20	30
Berg, Chris, Washington	6	1	3.86	15	13	3	0	72	59	38	31	41	37
Smith, Jeff, Oregon State	6	5	3.88	19	15	4	0	93	90	47	40	37	74
Lindemann, Mark, Wash. State	4	3	4.02	16	16	2	0	65	70	34	29	34	40

SOUTHEASTERN CONFERENCE

TEAM	Conference W	L	Overall W	L
Louisiana State	19	7	55	18
***Florida**	16	8	51	21
Mississippi State	12	9	42	21
Alabama	14	11	42	20
Auburn	14	12	35	24
Kentucky	13	12	41	20
Tennessee	13	13	41	19
Mississippi	9	15	31	24
Vanderbilt	8	19	29	28
Georgia	7	19	27	31

*Won conference tournament   **Boldface:** NCAA regional participant

290 • 1992 ALMANAC

ALL-CONFERENCE TEAM: C—Mario Linares, Florida. **1B**—Mike Harris, Kentucky. **2B**—Tookie Johnson, LSU. **3B**—Rick Norton, Kentucky. **SS**—Kevin Polcovich, Florida. **OF**—Mike Basse, Tennessee; Kevin Kessinger, Mississippi; Joe Vitiello, Alabama. **DH**—Doug Hecker, Tennessee. **P**—John Powell, Auburn; John Burke, Florida; Marc Valdes, Florida.

INDIVIDUAL BATTING LEADERS
(Minimum 125 At-Bats)

	AVG	G	AB	R	H	2B	3B	HR	RBI	BB	SO	SB
Thomas, Greg, Vanderbilt	.401	57	227	66	91	18	3	16	71	26	43	4
Vitiello, Joe, Alabama	.395	62	220	55	87	20	1	15	67	41	31	3
Basse, Mike, Tennessee	.395	60	220	62	87	15	1	2	38	47	28	49
Harris, Mike, Kentucky	.389	60	239	70	93	11	5	20	61	40	30	19
Radziewicz, Doug, Georgia	.370	57	216	46	80	31	0	4	49	29	26	2
Hecker, Doug, Tennessee	.362	60	229	48	83	14	0	18	66	26	35	7
Albrecht, Andy, Auburn	.361	57	202	61	73	8	5	11	37	35	29	5
Kessinger, Kevin, Mississippi	.359	54	206	38	74	13	8	4	40	17	22	28
Leatherman, Jeff, Auburn	.359	59	217	54	78	14	0	8	60	47	21	1
Phillips, Steve, Kentucky	.357	55	185	42	66	16	3	9	49	31	54	19
Mouton, Lyle, LSU	.355	72	248	78	88	17	2	13	62	52	44	20
Linares, Mario, Florida	.350	67	234	41	82	22	0	14	55	14	39	1
Silvia, Brian, Mississippi	.347	53	167	47	58	13	2	13	39	24	31	6
Perry, Herbert, Florida	.346	70	257	56	89	17	0	15	57	29	51	9
Polcovich, Kevin, Florida	.345	69	255	54	88	12	2	0	30	46	43	20
Kerns, Mickey, Alabama	.343	62	245	62	84	16	1	12	43	31	61	19
Randa, Joe, Tennessee	.342	58	222	54	76	21	1	10	67	26	26	1
Majeski, Dave, Florida	.333	69	288	63	96	17	3	1	35	26	36	24
Norton, Rick, Kentucky	.329	61	231	57	76	14	2	20	72	34	45	2
Bridges, Kary, Mississippi	.323	55	217	45	70	10	4	0	28	20	15	10
Thompson, Billy, Kentucky	.322	54	208	40	67	13	2	5	34	16	51	9
Veal, Brannen, Auburn	.317	59	205	36	65	22	0	8	67	28	31	1
Cordani, Rich, LSU	.317	70	240	59	76	19	3	11	52	39	31	4
Smith, Coleman, Tennessee	.313	58	224	51	70	12	3	0	30	40	42	41

INDIVIDUAL PITCHING LEADERS
(Minimum 60 Innings)

	W	L	ERA	G	GS	CG	SV	IP	H	R	ER	BB	SO
Stidham, Phil, Arkansas	4	2	1.20	36	0	0	10	60	35	14	8	24	47
Burke, John, Florida	9	5	2.25	18	17	6	0	104	69	31	26	47	135
Sullivan, Grant, Mississippi	6	3	2.53	14	13	6	0	96	85	37	27	31	66
Carlyle, Kenny, Mississippi	9	4	2.57	13	12	6	0	81	78	29	23	18	55
Musselwhite, Jim, Georgia	7	3	2.62	25	4	3	5	76	65	25	22	18	51
Valdes, Marc, Florida	13	4	2.63	24	20	9	0	140	126	62	41	40	103
Sirotka, Mike, LSU	11	0	2.80	31	11	2	1	100	86	41	31	43	96
Kelley, Chris, Tennessee	7	2	2.88	16	9	4	0	72	60	31	23	37	69
Cosman, Michael, Mississippi	3	6	2.94	14	10	1	0	64	71	43	21	22	40
Harden, Jon, Mississippi St.	6	3	2.96	32	0	0	1	76	67	33	25	19	60
Ogea, Chad, LSU	14	5	3.08	25	20	1	1	131	117	59	45	48	140
Short, Ben, Alabama	7	3	3.10	36	0	0	14	61	47	27	21	26	52
Powell, John, Auburn	10	4	3.30	23	17	3	0	101	88	48	37	31	121
Fletcher, Paul, Tennessee	11	6	3.39	20	19	4	1	114	102	52	43	61	100
Smith, Scott, Kentucky	8	3	3.46	21	15	5	0	96	100	50	37	42	56
King, Richard, Tennessee	8	2	3.53	19	14	7	2	112	94	54	44	38	82
Pricher, John, Florida	5	4	3.53	36	0	0	12	66	68	34	26	27	76

SOUTHWEST CONFERENCE

TEAM	Conference W	L	Overall W	L
*Texas	14	7	48	18
Texas A&M	13	8	44	23
Baylor	12	9	40	20
Houston	10	11	37	19
Arkansas	10	11	40	22
Texas Christian	10	11	34	25
Texas Tech	9	12	42	18
Rice	6	15	16	34

*Won conference tournament **Boldface**: NCAA regional participant

ALL-CONFERENCE TEAM: C—Kirk Piskor, Arkansas. **1B**—Chris Thomsen, TCU. **2B**—Sittichoke Huckuntod, Texas A&M. **3B**—Clay King, Texas. **SS**—Shane Halter, Texas. **Util**—Charlie Rigney, Baylor. **OF**—Scott Malone, TCU; Mark Johnson, Arkansas; John Eierman, Rice; Rusty Smajstrla, Houston; Mike Hickey, Texas A&M. **DH**—Brooks Kieschnick, Texas. **P**—Mark Brandenburg, Texas Tech; Jeff Granger, Texas A&M; Al Benavides, Houston; Phillip Stidham, Arkansas.

INDIVIDUAL BATTING LEADERS
(Minimum 125 At-Bats)

	AVG	G	AB	R	H	2B	3B	HR	RBI	BB	SO	SB
Malone, Scott, TCU	.385	59	213	60	82	10	2	11	40	30	15	9
Thomsen, Chris, TCU	.373	59	220	46	82	13	1	21	70	21	37	5
Colby, Conrad, Texas A&M	.359	64	209	40	75	17	0	7	59	43	37	1
Kieschnick, Brooks, Texas	.358	58	204	50	73	20	4	14	67	43	17	2
Johnson, Mark, Arkansas	.354	61	226	69	80	21	5	6	51	22	21	21
Thomas, Brian, Texas A&M	.354	61	212	58	75	15	1	4	26	36	43	17

1992 ALMANAC • **291**

	AVG	G	AB	R	H	2B	3B	HR	RBI	BB	SO	SB
Hickey, Mike, Texas A&M	.348	63	221	59	77	13	6	7	51	37	34	12
Smajstrla, Rusty, Houston	.348	55	155	34	54	10	3	10	39	17	18	5
Eierman, John, Rice	.340	50	194	43	66	16	4	4	37	19	23	9
Finke, Jahn, Baylor	.338	60	198	47	67	10	3	13	48	27	37	6
Ellis, Kevin, Baylor	.338	59	225	46	76	14	3	11	52	13	38	10
Halter, Shane, Texas	.333	65	213	43	72	8	8	2	42	37	36	9
King, Clay, Texas	.333	66	240	55	80	15	3	6	53	35	20	4
Pugh, Scott, Texas	.332	66	247	52	82	22	2	3	46	36	20	6
Rigney, Charlie, Baylor	.326	57	190	35	62	11	2	5	45	16	18	3
Mendazona, Joe, Texas Tech	.324	51	173	41	56	13	2	2	32	23	18	8
Boydston, Jeff, Texas Tech	.323	56	130	39	42	9	4	1	16	38	24	23
Shook, Wes, Texas Tech	.322	60	227	50	73	13	6	13	60	26	31	4

INDIVIDUAL PITCHING LEADERS
(Minimum 60 Innings)

	W	L	ERA	G	GS	CG	SV	IP	H	R	ER	BB	SO
Stidham, Phil, Arkansas	4	2	1.20	36	0	0	10	60	35	14	8	24	47
Nevill, Glenn, Baylor	6	2	2.47	19	12	2	2	95	94	38	26	37	72
Vaught, Jay, Texas	5	0	2.49	22	1	0	1	61	35	22	17	21	34
Kieschnick, Brooks, Texas	7	1	2.58	18	12	2	1	80	61	30	23	26	61
Benavides, Al, Houston	10	5	2.78	24	3	1	4	81	75	32	25	20	49
Steph, Rodney, Texas Tech	9	4	2.86	16	12	7	1	88	87	37	29	26	80
Ruffcorn, Scott, Baylor	7	1	2.87	15	11	3	0	69	45	28	22	29	52
Foltyn, Frank, Baylor	9	5	3.04	24	3	2	2	74	55	30	25	26	64
Brandenburg, Mark, Texas Tech	12	4	3.12	20	18	12	2	147	143	63	51	20	87
Harrison, Scott, Texas	10	1	3.19	19	17	2	1	104	93	42	37	41	71
Rathbun, Jason, Baylor	3	1	3.19	17	9	1	3	68	62	37	24	34	32
Granger, Jeff, Texas A&M	9	3	3.20	17	14	5	1	98	70	44	35	56	121
Allen, Ronnie, Texas A&M	8	3	3.28	15	15	7	0	104	99	45	38	35	73

SUN BELT CONFERENCE

	Conference		Overall	
East Division	**W**	**L**	**W**	**L**
Jacksonville	11	6	43	21
Old Dominion	10	8	39	23
Virginia Commonwealth	9	8	38	20
UNC Charlotte	4	12	29	28
West Division	**W**	**L**	**W**	**L**
South Alabama	13	3	44	17
*Alabama-Birmingham	9	7	29	30
Western Kentucky	8	10	35	25
South Florida	4	14	34	26

*Won conference tournament   **Boldface:** NCAA regional participant

ALL-CONFERENCE TEAM: C—Mark Strittmatter, Virginia Commonwealth. **1B**—Scott Thomson, Old Dominion. **2B**—Doug Cann, Alabama-Birmingham. **3B**—Jim Krevokuch, Old Dominion. **SS**—Todd Campbell, Virginia Commonwealth. **OF**—T.J. O'Donnell, Old Dominion; Marc Marini, Jacksonville; Chris Turner, Western Kentucky. **DH**—Mickey Curry, UNC Charlotte. **P**—Heath Haynes, Western Kentucky; Jeff Ware, Old Dominion; John Wylie, Jacksonville.

INDIVIDUAL BATTING LEADERS
(Minimum 125 At-Bats)

	AVG	G	AB	R	H	2B	3B	HR	RBI	BB	SO	SB
O'Donnell, T.J., ODU	.422	62	256	57	108	15	4	3	41	17	21	15
Turner, Chris, Western Ky.	.394	56	188	51	74	24	0	7	48	40	9	25
Curry, Mickey, UNC Charlotte	.391	54	209	46	82	11	2	3	56	25	17	13
Metheny, Kristin, UAB	.385	57	226	53	87	12	5	0	29	35	21	9
Thomson, Scott, ODU	.385	62	260	78	100	24	6	10	50	19	28	16
Kontorinis, Andrew, USA	.368	59	212	50	78	14	1	2	56	33	14	5
Gann, Doug, UAB	.365	53	181	38	66	13	1	8	33	18	30	0
Marini, Marc, Jacksonville	.363	66	237	71	86	14	4	5	52	58	31	26
Mitchell, Donovan, UNCC	.362	57	233	69	84	17	0	1	32	30	21	36
Battle, Allen, South Alabama	.360	61	228	67	82	15	4	6	45	48	22	33
Campbell, Todd, VCU	.359	57	181	34	65	2	2	1	33	35	26	7
Lis, Joe, South Florida	.352	60	233	63	82	24	1	5	55	40	21	13
Krevokuch, Jim, ODU	.348	62	227	51	79	19	1	7	67	28	18	12
Halpern, Dan, Jacksonville	.343	50	175	40	60	9	3	3	41	15	16	3
Rackley, Keifer, UAB	.341	58	217	40	74	14	3	6	42	20	39	6

INDIVIDUAL PITCHING LEADERS
(Minimum 60 Innings)

	W	L	ERA	G	GS	CG	SV	IP	H	R	ER	BB	SO
Wylie, John, Jacksonville	11	5	2.45	24	18	7	2	147	149	75	40	25	88
Ledogar, Jeff, Western Ky.	10	3	2.63	20	16	4	1	99	89	38	29	24	61
Lieber, Jon, South Alabama	12	5	2.74	22	19	9	0	148	114	58	45	53	141
Haynes, Heath, Western Ky.	10	5	2.80	21	17	8	0	122	117	52	38	18	111
Williams, Matt, VCU	8	6	2.98	19	16	3	1	100	90	36	33	48	90
Kelley, Rich, Jacksonville	7	6	3.29	21	19	2	0	112	97	61	41	49	84
Topolka, David, Jacksonville	7	5	3.39	17	10	3	0	74	70	43	28	28	56
Bergeron, Rob, South Alabama	5	3	3.41	24	5	3	6	75	73	36	28	27	56
Cox, Doug, UNC Charlotte	4	2	3.57	15	10	2	0	63	63	28	25	31	37

WESTERN ATHLETIC CONFERENCE

	Conference		Overall	
TEAM	W	L	W	L
Hawaii	22	5	51	18
*San Diego State	15	6	43	21
Brigham Young	16	7	35	15
Wyoming	14	12	31	22
Utah	11	12	23	30
New Mexico	13	15	25	33
Colorado State	5	20	18	39
Air Force	1	20	22	27

*Won conference tournament   Boldface: NCAA regional participant

ALL-CONFERENCE TEAM: C—Todd Takayoshi, Hawaii. **1B**—Chris Cooper, Brigham Young. **2B**—Scott Dennison, San Diego State. **3B**—Mike Edwards, Utah. **SS**—Ron Warner, Wyoming. **OF**—Derron Moreland, Hawaii; Steve Hazlett, Wyoming; Tim Albert, Hawaii. **DH**—Matt Yost, New Mexico. **P**—Bill Blanchette, Hawaii; Rigo Beltran, Wyoming; Rick Navarro, San Diego State.

INDIVIDUAL BATTING LEADERS
(Minimum 125 At-Bats)

	AVG	G	AB	R	H	2B	3B	HR	RBI	BB	SO	SB
Edwards, Mike, Utah	.457	53	184	57	84	15	3	17	60	38	10	12
Hazlett, Steve, Wyoming	.396	53	187	64	74	13	3	10	56	34	28	31
Albert, Tim, Hawaii	.393	66	211	62	83	10	6	1	35	33	23	14
Vinyard, Derek, San Diego St.	.383	60	209	46	80	5	3	0	37	22	28	34
Beltran, Rigo, Wyoming	.380	53	163	59	62	12	2	6	47	51	14	6
Yost, Matt, New Mexico	.379	57	195	47	74	10	2	18	62	23	34	6
Cabbab, Harold, Hawaii	.369	41	130	41	48	12	3	2	30	21	12	14
Peters, Shaun, Utah	.355	48	169	43	60	11	6	5	39	22	24	1
Werner, Ron, Wyoming	.353	52	190	57	67	20	2	6	45	37	23	15
Tekayoshi, Todd, Hawaii	.350	69	246	57	86	12	5	8	59	56	19	31
Lacroix, David, Wyoming	.348	52	164	37	57	12	1	1	46	22	32	4
Kazlausky, Mike, Air Force	.348	42	132	44	46	12	3	6	33	14	9	24
Huitt, Paul, New Mexico	.342	57	196	38	67	16	4	0	36	19	37	12
Mullis, Vern, Air Force	.340	49	153	32	52	9	3	8	33	13	23	6
Walters, Jeff, Colorado State	.339	54	168	28	57	10	0	7	33	21	29	2

INDIVIDUAL PITCHING LEADERS
(Minimum 60 Innings)

	W	L	ERA	G	GS	CG	SV	IP	H	R	ER	BB	SO
Blanchette, Bill, Hawaii	14	2	2.68	20	19	9	0	144	145	62	43	46	97
Holliday, Brian, San Diego St.	6	3	3.38	19	16	2	0	91	75	42	34	45	88
Navarro, Rick, San Diego St.	8	6	3.39	23	17	0	0	98	102	49	37	31	91
Beltran, Rigo, Wyoming	8	1	3.61	13	13	4	0	87	76	46	35	45	84
Clark, Lance, Brigham Young	7	2	3.79	16	12	0	0	78	82	46	33	20	63
Madsen, David, BYU	7	1	3.86	15	11	5	0	65	69	36	28	23	41
Perreira, Brady, Hawaii	7	2	4.23	16	14	2	0	89	89	46	42	31	49
Karl, Scott, Hawaii	10	4	4.36	19	16	6	0	109	111	67	53	43	77
Borman, Clint, San Diego St.	5	3	4.46	17	11	3	0	75	78	47	37	27	41
Jensen, Rob, Brigham Young	9	4	4.95	17	14	3	0	79	83	48	43	27	65

CONFERENCE STANDINGS

REMAINING DIVISION I STANDINGS

AMERICAN SOUTH	Conf.		Overall	
	W	L	W	L
*SW Louisiana	14	4	49	20
Texas-Pan Am.	13	5	37	21
Central Florida	10	8	41	21
Louisiana Tech	9	8	31	26
New Orleans	9	9	26	19
Lamar	6	11	18	34
Arkansas State	1	17	10	35

ATLANTIC TEN	Conf.		Overall	
East	W	L	W	L
*Rutgers	11	5	33	24
Massachusetts	10	6	26	26
Temple	9	7	20	24
St. Joseph's	6	10	23	24
Rhode Island	4	12	15	27
West				
Penn State	11	5	25	20
George Washington	10	6	30	26
West Virginia	9	7	20	20
St. Bonaventure	7	9	28	14
Duquesne	3	13	13	20

BIG EAST	Conf.		Overall	
	W	L	W	L
St. John's	18	2	34	14
*Villanova	12	8	37	15
Providence	12	8	35	16
Boston College	12	9	23	19
Seton Hall	10	9	26	19
Connecticut	8	12	16	25
Pittsburgh	4	15	15	30
Georgetown	4	17	10	32

BIG SOUTH	Conf.		Overall	
	W	L	W	L
*Coastal Carolina	15	5	34	26
Augusta	13	5	27	30
Winthrop	10	8	22	22
Davidson	10	8	23	29
UNC Asheville	7	8	19	29
Radford	8	11	19	33
Charleston Southern	5	14	17	30
Campbell	5	14	11	40

COLONIAL	Conf.		Overall	
	W	L	W	L
Richmond	15	2	31	20
UNC Wilmington	11	9	25	27
*East Carolina	9	8	31	26
James Madison	7	9	25	23
George Mason	4	11	30	27
William & Mary	4	11	13	27

1992 ALMANAC • 293

EAST COAST

	Conf.		Overall	
	W	L	W	L
Rider	15	3	32	16
Delaware	15	3	34	8
*Towson State	13	5	28	23
Maryland-Balt. Cnty.	8	10	29	21
Cen. Connecticut St.	7	11	22	20
Hofstra	4	14	10	23
Drexel	1	17	4	34

ECAC

	Conf.		Overall	
	W	L	W	L
*Maine	14	1	48	18
Northeastern	12	3	35	15
Vermont	6	8	18	14
New Hampshire	5	9	16	12
Hartford	5	10	13	22
Boston University	2	13	14	38

Northeast

	W	L	W	L
Monmouth	10	5	18	19
St. Francis	8	7	13	20
Mount St. Mary's	8	7	15	19
Wagner	7	8	16	18
Fairleigh Dickinson	6	9	15	28
Long Island	6	9	19	18

Diamond

	W	L	W	L
C.W. Post	9	3	22	21
West Chester	7	5	20	22
Pace	6	6	24	23
New York Tech	6	6	31	22
Brooklyn	2	10	6	28

MAAC North

	W	L	W	L
LeMoyne	12	5	27	14
Siena	11	6	12	25
Canisius	6	11	13	33
Niagara	5	12	12	24

MAAC South

	W	L	W	L
Fairfield	13	3	20	17
Iona	9	7	24	19
LaSalle	9	7	14	26
Manhattan	6	10	14	28
St. Peter's	3	13	12	29

Patriot

	W	L	W	L
Fordham	12	3	35	16
Holy Cross	11	4	18	15
Lafayette	9	6	19	19
Bucknell	8	7	23	15
Lehigh	3	12	9	18
Colgate	2	13	4	27

EIBL

	Conf.		Overall	
	W	L	W	L
Princeton	14	4	24	22
Army	12	6	21	13
Dartmouth	9	7	15	21
Navy	9	7	18	15
Yale	10	8	19	15
Harvard	9	9	20	20
Brown	7	11	17	22
Cornell	7	11	23	17
Pennsylvania	6	12	17	19
Columbia	5	13	10	25

MID AMERICAN

	Conf.		Overall	
	W	L	W	L
Ohio	20	11	33	27
Kent State	19	11	34	22
Eastern Michigan	16	12	28	27
Miami (Ohio)	15	12	29	23
Western Michigan	16	14	29	25
Central Michigan	16	16	33	27
Ball State	15	17	29	30
Toledo	11	19	27	29
Bowling Green State	7	23	16	38

MIDWESTERN COLL.

	Conf.		Overall	
	W	L	W	L
Evansville	19	5	40	18
*Notre Dame	18	5	45	16
Detroit	18	6	36	19
Saint Louis	9	14	21	40
Butler	8	15	16	38
Xavier	6	17	23	39
Dayton	4	20	21	38

*Won conference tournament
Boldface: NCAA regional participant

MID-CONTINENT UNIV.

	Conf.		Overall	
	W	L	W	L
Illinois-Chicago	8	4	25	30
*Akron	8	4	38	21
Valparaiso	6	6	20	39
Cleveland State	2	10	19	22

Gray

	W	L	W	L
Eastern Illinois	8	0	27	32
Western Illinois	3	5	21	23
Northern Iowa	1	7	13	44

OHIO VALLEY

	Conf.		Overall	
	W	L	W	L
Murray State	14	3	24	18
*Mid. Tennessee St.	12	5	28	33
Eastern Kentucky	10	8	26	28
Morehead State	9	8	26	28
Austin Peay State	6	11	15	37
Tennessee State	5	11	18	25
Tennessee Tech	3	13	15	35

SOUTHERN

	Conf.		Overall	
	W	L	W	L
The Citadel	16	2	34	19
Western Carolina	11	3	36	26
Marshall	9	7	16	26
*Furman	6	5	26	26
Appalachian State	5	8	28	21
East Tennessee State	5	13	23	29
Virginia Military	1	15	2	35

SOUTHLAND

	Conf.		Overall	
	W	L	W	L
Northwestern St.	13	5	40	21
Sam Houston State	9	5	33	17
Texas-Arlington	8	6	32	22
Stephen F. Austin	8	7	20	35
SW Texas State	4	7	33	15
Northeast Louisiana	6	11	21	30
McNeese State	4	11	34	18

SOUTHWEST ATH.

	Conf.		Overall	
	W	L	W	L
Jackson State	12	4	23	20
Alabama State	10	8	23	17
Alcorn State	7	10	16	21
Mississippi Valley State	4	11	6	25

West

	W	L	W	L
*Southern	17	3	31	12
Texas Southern	13	11	18	33
Grambling State	12	12	18	23
Prairie View	2	18	7	35

TRANS AMERICA

	Conf.		Overall	
	W	L	W	L
Stetson	13	5	36	22
*Florida Inter.	11	7	43	23
Georgia Southern	10	8	32	27
Mercer	2	16	15	31

West

	W	L	W	L
Samford	9	5	23	26
Centenary	7	7	28	23
Arkansas-Little Rock	6	10	28	27

WEST COAST

	Conf.		Overall	
	W	L	W	L
Pepperdine	25	10	41	17
Loyola Marymount	25	11	38	22
St. Mary's	24	12	32	23
Santa Clara	20	16	34	25
San Diego	11	24	21	34
Nevada-Reno	10	25	24	33
San Francisco	9	26	14	42

INDEPENDENTS

	Overall	
	W	L
Miami	46	17
Cal State Northridge	44	18
Wright State	39	16
Liberty	32	14
Delaware State	27	13
Sacramento State	41	23
Florida A&M	29	17
SE Louisiana	25	20
Chicago State	20	29
Nicholls State	20	30
Grand Canyon	25	39
New Mexico State	22	36
U.S. International	16	44

AMATEUR BASEBALL

U.S. Finishes Third; Gains Olympic Berth

By JIM CALLIS

Team USA took care of business in 1991. By finishing third at the Pan American Games held Aug. 4-17 in Havana, Cuba, the United States qualified for the 1992 Barcelona Olympics.

Team USA coach Ron Polk (Mississippi State) started the summer in an unenviable position. He would either be forgotten as the coach who did as expected and got the United States into the Olympics, or remembered as the coach who blew it. When Team USA locked up a trip to Barcelona by winning its first five games in Havana, Polk was relieved.

"It was like taking a monkey off the kids' backs and a gorilla off of mine," said Polk, who estimated that the United States Baseball Federation would have lost at least $1 million in sponsorships if Team USA missed out on the Olympics. "We didn't talk about it much, but that dollar figure kept coming at us. I felt more pressure for the kids. I didn't want one of them to make an error that would cost us $1 million."

Ron Polk
. . . Felt pressure

After the five wins, Team USA lost 3-2 to Cuba in an epic battle before 60,000 fans at Estadio Latinoamericano. Both teams qualified for the playoff round, but an expected rematch for the gold medal never came off. Team USA lost 7-1 to Puerto Rico in the semifinals, and had to settle for a bronze medal after struggling to beat the Dominican Republic 2-1 in 15 innings.

The Cubans squashed Puerto Rico 18-3 for their 12th straight championship in a major tournament that they've participated in. Team USA hasn't beaten Cuba head-to-head in an international event since the 1981 Intercontinental Cup.

Florida State pitcher-outfielder Chris Roberts led Team USA to a third-place finish at the 1991 Pan American Games.

SUMMER BASEBALL

INTERNATIONAL CHAMPIONS

1991 Pan American Games at Havana, Cuba. **Champion:** Cuba. **Runner-up:** Puerto Rico. (United States finished third).
1991 Intercontinental Cup at Barcelona, Spain. **Champion:** Cuba. **Runner-up:** Japan. (United States did not participate.)
1991 World Junior Championship at Brandon, Manitoba. **Champion:** Canada. **Runner-up:** Taiwan. (United States finished third).

NATIONAL CHAMPIONS

National Baseball Congress World Series (unlimited) at Wichita, Kan. **Champion:** Anchorage, Alaska. **Runner-up:** Kenai, Alaska.
U.S. Olympic Festival X (18 and under) at Los Angeles. **Champion:** USA West. **Runner-up:** USA East.
American Legion World Series (19 and under) at Boyertown, Pa. **Champion:** Brooklawn, N.J. **Runner-Up:** Newark, Ohio.
All-American Amateur Baseball Association: (21 and under) at Johnstown, Pa. **Champion:** Baltimore. **Runner-up:** New Orleans.
Junior Olympic Super Series: at Columbus, Ga. **Champion:** Suffolk County, N.Y. (Police Athletic League champions). **Runner-up:** Pensacola, Fla. (Dixie Baseball Pre-Majors champions).

LITTLE LEAGUE

Big League World Series (16-18) at Ft. Lauderdale, Fla. **Champion:** Taipei, Taiwan. **Runner-up:** Maracaibo, Venezuela.
Senior League World Series (13-15) at Kissimmee, Fla. **Champion:** Ping-Tung, Taiwan. **Runner-up:** Pearl City, Hawaii.
Little League World Series (11-12) at Williamsport, Pa. **Champion:** Tai-Chung, Taiwan. **Runner-up:** San Ramon Valley, Calif.

AMERICAN AMATEUR BASEBALL CONGRESS

Stan Musial World Series (unlimited) at Battle Creek, Mich. **Champion:** Dallas. **Runner-up:** Lansing, Mich.
Connie Mack World Series (17-18) at Farmington, N.M. **Champion:** Cincinnati. **Runner-up:** Oradell, N.J.
Mickey Mantle World Series (15-16) at Waterbury, Conn. **Champion:** Norwalk, Calif. **Runner-up:** Baltimore.
Sandy Koufax World Series (13-14) at Spring, Texas. **Champion:** Paducah, Ky. **Runner-up:** Memphis.
Pee Wee Reese World Series (11-12) at Jonesboro, Ga. **Champion:** Dallas. **Runner-up:** Montebello, Calif.

NATIONAL AMATEUR BASEBALL FEDERATION

Major World Series (Open) at Louisville, Ky. **Champion:** Louisville. **Runner-up:** Eau Claire, Wis.
College World Series (19-20) at Dayton, Ohio. **Champion:** Kansas City. **Runner-up:** Livonia, Mich.
Senior World Series (17-18) at Youngstown, Ohio. **Champion:** North Atlanta. **Runner-up:** Bronx, N.Y.
High School World Series at Orlando, Fla. **Champion:** Orlando. **Runner-up:** Apopka, Fla.
Junior World Series (15-16) at Northville, Mich. **Champion:** Cincinnati. **Runner-up:** Redmond, Wash.
Sophomore World Series (13-14) at Northville, Mich. **Champion:** Miamisburg, Ohio. **Runner-up:** Warren, Mich.

BABE RUTH LEAGUE

Babe Ruth World Series (16-18) at Falmouth, Mass. **Champion:** Cincinnati. **Runner-up:** San Gabriel, Calif.
Babe Ruth World Series (13-15) at Lebanon, Mo. **Champion:** Marietta, Ga. **Runner-up:** Vancouver, Wash.
Babe Ruth World Series (13 Prep) at Millville, N.J. **Champion:** LaCrescenta, Calif. **Runner-up:** Drexel Hill, Pa.
Bambino World Series (12 and under) at Pueblo, Colo. **Champion:** Oakland. **Runner-up:** Pueblo, Colo.

PONY LEAGUE

Palomino World Series (17-18) at Greensboro, N.C. **Champion:** Weirton, W.Va. **Runner-up:** Vallejo, Calif.
Colt League World Series (15-16) at Lafayette, Ind. **Champion:** Tustin, Calif. **Runner-up:** DeWitt, Mich.
Pony League World Series (13-14) at Washington, Pa. **Champion:** San Juan, Puerto Rico. **Runner-up:** Fountain Valey, Calif.
Bronco League World Series (11-12) at Sacramento, Calif. **Champion:** Seoul, South Korea. **Runner-up:** Houston.

DIXIE BASEBALL ASSOCIATION

Majors World Series (17-18) at Sebring, Fla. **Champion:** Columbus County, Ga. **Runner-up:** Phenix City, Ala.
Pre-Majors World Series (15-16) at Montgomery, Ala. **Champion:** Pensacola, Fla. **Runner-up:** Troup County, Ga.
Boys World Series (13-14) at Rock Hill, S.C. **Champion:** Troy, Ala. **Runner-up:** Pensacola, Fla.
Youth World Series (12 and under) at Lakeland, Fla. **Champion:** Midland, S.C. **Runner-up:** Pensacola, Fla.

Craig Wilson, a junior shortstop from Kansas State, led Team USA with a .349 average in 1991.

Team USA, however, became the first American team ever to win a series in Cuba. The U.S. took two of three games prior to the Pan American Games, but Cuba still must be considered the favorite for the 1992 Olympics.

"Remember when Jesus Christ healed the blind man sitting out in front of the tent? Remember when Moses separated the Red Sea so the Israelites could go through, then closed it on the Egyptians?" asked Ron Fraser (Miami), who'll coach Team USA in 1992 and witnessed the medal round in Havana. "Those were two great miracles. Winning the Olympics would be a better miracle than the blind man, but not as great as the Red Sea."

Four teams from the Americas—Cuba, the U.S., Puerto Rico and the Dominican Republic—qualified for the Olympics. They'll be joined by two teams from Asia—Japan and Taiwan— European champion Italy and host Spain.

Canada Takes First Junior Title

Just like Team USA, the U.S. junior team settled for a bronze medal. Canada won its first gold medal in the 11-year history of the World Junior Championships, beating Taiwan 5-2 in the final Aug. 4 at Westbran Stadium in Brandon, Manitoba, Canada.

Canada never had finished higher than third, and had placed fifth the previous three years. Canada's role as the host nation paid off in crowd support.

"It was really a very exciting thing to watch," said U.S. coach Jack Hodges (Saddleback, Calif., CC). "The fans were really into the ballgame. They were the 10th man, no doubt about it."

In another first, Cuba didn't reach the gold-medal game. The Cubans, winners of eight of the first 10 tournaments, didn't even play for a medal. They finished fifth.

Team USA beat Australia 6-5 for its second straight bronze after winning world championships in 1988 and 1989. The highlight for the United States came when righthander Kenny Henderson (Ringgold, Ga.), a first-round draft pick who would pass up the Milwaukee Brewers for the University of Miami, struck out 19 and won a 2-1 three-hitter over Taiwan.

"I think we did the best job we could," Hodges said. "The best team won."

The Team USA juniors were selected from participants in the U.S. Olympic Festival, which was won by the West for the first time in 10 years the event has been staged. Pitchers Ben Tucker (Fresno) and Kirt Kishita (Palos Verdes, Calif.) combined on a 13-1 four-hitter over the East in the final game.

Glacier Pilots Win Battle Of Alaska

The Anchorage Glacier Pilots and Kenai Peninsula Oilers traveled 3,000 miles from their bases in the Alaska Central

Kelly Wins Golden Spikes Award

Arizona State outfielder Mike Kelly won the 1991 Golden Spikes Award, capping a brilliant college career.

The United States Baseball Federation gives the award annually to the nation's top amateur player, based on athletic ability, sportsmanship, character and overall contributions to the sport. Past winners have included major league stars Will Clark (1984), Jim Abbott (1987) and Robin Ventura (1988). The 1990 winner was Miami-Dade Community South righthander Alex Fernandez, now with the Chicago White Sox.

Kelly hit .373 with 15 homers, 56 RBIs and 23 stolen bases in 1991, a strong follow-up to his being named Baseball America's College Player of the Year in 1990, when he batted .376 with 21 homers, 82 RBIs and 20 stolen bases. He was the second overall choice in the 1991 draft, and signed with the Atlanta Braves for $575,000.

Mike Kelly

Other finalists were Minnesota shortstop Brent Gates, Miami catcher Charles Johnson, Fresno State righthander Bobby Jones, Stanford first baseman David McCarty, Wichita State righthander Kennie Steenstra, Arkansas righthander Phil Stidham, Maine outfielder Mark Sweeney and Iowa State outfielder Tom Vantiger.

Roberts Takes Top Summer Honors

Florida State star Chris Roberts' power-packed performance for Team USA in 1991 won him Baseball America's Summer Player of the Year award.

Roberts, a top professional prospect as a left fielder and as a lefthanded pitcher, hit .331 and led Team USA with 11 home runs and 40 RBIs. At the Pan American Games, his four home runs tied for the lead during the round-robin and he was the only American to make the all-tournament team. He also participated in the International Baseball Association's World All-Star Game in Los Angeles, picking up a save in the West's 8-7 victory.

Chris Roberts

"I love him as a pitcher," said Old Dominion coach Pat McMahon, a Team USA assistant in 1991. "He's an outstanding athlete, and he's an outstanding defensive outfielder."

Baseball America's Summer All-America first team:

C—Chris Widger (George Mason/Cotuit, Cape Cod), .306-5-30.

1B—Chris Hmielewski (Kansas State/Kenai, Alaska Central), .330-18-65.

2B—Mike Hickey (Texas A&M/Wareham, Cape Cod), .366-2-20. **3B**—Jason Giambi (Long Beach State/Team USA), .340-5-27. **SS**—Craig Wilson (Kansas State/Team USA), .349-0-16.

OF—Chris Roberts (Florida State/Team USA), .331-11-40; Chad McConnell (Creighton/Hyannis, Cape Cod), .287-7-25; Calvin Murray (Texas/Anchorage Bucs, Alaska), .310-2-32, 38 SB.

DH—Brooks Kieschnick (Texas/Anchorage Bucs, Alaska), .301-16-55.

P—Jeff Ware (Old Dominion/Team USA), 3-3, 2.83; Pat Ahearne (Pepperdine/Anchorage Bucs, Alaska), 8-3, 2.05; Joe Vogelgesang (Eastern Kentucky/Orleans, Cape Cod), 8-2, 2.03; Scott Gentile (Western Connecticut/Falmouth, Cape Cod), 1-0, 0.39, 12 SV; Bill Wissler (Pennsylvania/Bourne, Cape Cod), 6-4, 1.96; Brett Backlund (Fairbanks, Alaska), 10-0, 2.64.

League to play in the National Baseball Congress World Series, then met for the title. The Glacier Pilots won the final 9-4 Aug. 18 for their fourth title and first since 1986.

Anchorage second baseman Steve Sisco (Cal State Fullerton), who hit a two-run home run in the deciding game, said the 14th game of the year between the two teams was a fitting way to end the season.

"It said a lot for the Alaskan teams," he said. "That was the best part about it."

Two Alaskan teams met in the final of the 57th annual event for the first time since 1977. First baseman Chris Hmielewski (Kansas State) powered Kenai to the finals and won tournament MVP honors after hitting eight home runs and driving in a record-tying 25 runs in eight games. Hmielewski, undrafted in June, signed with the Montreal Expos immediately after the NBC World Series.

The Glacier Pilots also won the Alaska Central League title, finishing two games ahead of Mat-Su and four ahead of Kenai. In the Alaska League, the Anchorage Buccaneers won 11 of their last 12 games to nip the Alaska Goldpanners by one game.

Reconciliation between the two leagues still appeared difficult, but the Glacier Pilots and Goldpanners did meet for the first time since 1987, renewing what was once amateur baseball's greatest rivalry. The Pilots won 2-1 on a two-run home run from third baseman Clay King (Texas).

Hyannis Grabs Cape Championship

The Hyannis Mets won their first Cape Cod League title since consecutive championships in 1978-79. Hyannis beat the Chatham A's in two straight games in the best-of-3 finals.

Outfielders Matt Luke (California) and Greg Shockey (Cal State Northridge) closed out the playoffs with two-run home runs in the 5-2 finale. In the semifinals, Richard King (Tennessee) no-hit Wareham 3-0.

Bourne righthander Bill Wissler (Pennsylvania) became the third pitcher to be named Cape pitcher of the year twice. Wissler, who also won the award in 1990, went 6-4, 1.96 with 74 strikeouts in 92 innings. He signed immediately after the season with the Minnesota Twins.

UCLA outfielder Michael Moore was selected the top prospect in the Cape Cod League.

Yarmouth-Dennis failed to win the championship after back-to-back titles, but first baseman Brent Killen (Florida) was named Cape MVP. He hit .336 and led the league with 42 RBIs.

Other top performances were turned in by Wareham second baseman Mike Hickey (Texas A&M), who won the batting title with a .366 average, and Falmouth righthander Scott Gentile (Western Connecticut), who set a Cape record with 12 saves.

Wareham outfielder Michael Moore, who hit .314 but left early to return to UCLA to play football, was selected the league's top pro prospect in a Baseball America poll of managers.

INTERNATIONAL BASEBALL

TEAM USA
(Cumulative Summer Statistics)

BATTING	AVG	G	AB	R	H	2B	3B	HR	RBI	BB	SO	SB
Phillips, Tony, p	1.000	1	1	1	1	0	0	1	1	0	0	0
Powell, Jay, of	1.000	1	1	1	1	0	0	0	0	0	0	0
Lewis, Kevin, c	.500	2	2	0	1	0	0	0	0	0	0	0
Morales, Willie, c	.500	2	2	1	1	0	0	0	0	0	0	0
Bates, Jason, ss	.400	3	5	1	2	0	0	1	4	1	1	0
Wilson, Craig, 3b-ss	.349	30	109	12	38	5	1	0	16	6	11	1
Giambi, Jason, 3b	.340	30	103	23	35	9	1	5	27	26	23	3
Roberts, Chris, of-p	.331	35	139	30	46	8	0	11	40	14	34	3
Wimmer, Chris, of-inf	.326	34	95	21	31	4	1	1	10	17	15	17
Gomez, Chris, ss	.325	17	40	5	13	1	0	0	6	8	5	0
Johnson, Todd, c	.311	19	45	6	14	0	1	0	4	4	6	0
Greene, Todd, of	.303	29	76	14	23	4	1	5	12	9	19	3
Melendez, Dan, 1b	.287	35	115	18	33	4	0	6	19	19	12	0
Johnson, Charles, c-1b	.271	36	118	15	32	7	0	5	16	11	23	0
Rodriguez, Steve, 2b	.268	34	142	24	38	7	0	1	18	3	12	6
Hammonds, Jeffrey, of	.262	34	137	28	36	6	0	5	23	13	16	13
Taylor, Todd, c-of	.240	28	50	9	12	1	0	2	7	13	17	1
McMillon, Billy, of	.237	14	38	10	9	2	1	0	2	5	12	2
Leshnock, Don, c	.186	9	16	2	3	0	0	0	2	6	0	
Nevin, Phil, 3b	.179	17	39	6	7	3	0	1	7	6	18	0
McDonald, Jason, ss	.167	14	24	7	4	0	0	1	3	3	6	1
Bengoechea, Benny, ss	.000	3	1	1	0	0	0	0	0	0	1	0
Matvey, Mike, ss	.000	3	5	0	0	0	0	0	0	0	0	0
Thomas, Greg, 1b	.000	3	2	0	0	0	0	0	0	1	2	0

PITCHING	W	L	ERA	G	GS	CG	SV	IP	H	R	ER	BB	SO
Klingenbeck, Scott	1	0	0.00	1	1	0	0	3	0	0	0	1	4
Phillips, Tony	2	1	1.65	15	0	0	2	27	18	6	5	6	18
Dettmer, John	6	1	2.41	15	0	0	0	41	33	15	11	12	46
Ware, Jeff	3	3	2.83	10	8	3	0	54	49	25	17	29	53
Baker, Jared	0	0	3.00	1	1	0	0	3	3	1	1	1	1
Helling, Rick	2	0	3.10	9	5	0	1	29	21	11	10	14	32
Steenstra, Kennie	2	1	3.16	10	6	1	0	43	41	18	15	12	30
Granger, Jeff	5	2	3.50	12	4	0	0	44	35	22	17	24	38
Tuttle, David	3	1	3.56	9	8	1	0	48	37	23	19	26	53
Dreifort, Darren	0	0	3.75	6	0	0	1	12	17	5	5	3	6
Shuey, Paul	1	0	4.05	14	0	0	5	13	11	7	6	9	15
Zweig, Ivan	2	1	4.50	4	2	0	0	12	16	7	6	11	14
Roberts, Chris	0	0	9.34	3	2	0	0	9	14	9	9	8	8
Leshnock, Don	0	0	40.30	1	0	0	0	1	2	3	3	2	1

Boldface indicates played in Pan-American Games

1991 PAN AMERICAN GAMES
Havana, Cuba
August 4-17, 1991

ROUND-ROBIN STANDINGS

TEAM	W	L	RF	RA		W	L	RF	RA
Cuba	8	0	113	19	Mexico	3	5	35	62
United States	7	1	61	24	Aruba	2	6	20	88
Puerto Rico	5	3	65	52	Canada	1	7	38	63
Dominican Republic	5	3	33	39	Neth. Ant.	1	7	28	59
Nicaragua	4	4	51	36					

SEMIFINALS: Puerto Rico 7, United States 1; Cuba 14, Dominican Republic 5.

GOLD-MEDAL GAME: Cuba 18, Puerto Rico 3. **BRONZE-MEDAL GAME:** United States 2, Dominican Republic 1 (15 innings).

ALL-TOURNAMENT TEAM: C—Jose Delgado, Cuba. **1B**—Lourdes Gurriel, Cuba. **2B**—Antonio Pacheco, Cuba. **3B**—Omar Linares, Cuba. **SS**—German Mesa, Cuba. **OF**—Chris Roberts, United States; Victor Mesa, Cuba; Luis Ulacia, Cuba. **DH**—Romelio Martinez, Cuba. **LHP**—Jorge Valdes, Cuba. **RHP**—Felix Nova, Dominican Republic. **MVP**—Antonio Pacheco, 2b, Cuba.

INDIVIDUAL BATTING LEADERS: AVG—Antonio Pacheco, Cuba, .545. **R**—Four tied at 13; **H**—Antonio Pacheco, Cuba, 18; **2B**—Four tied at 5; **3B**—Fourteen tied at 1; **HR**—Three tied at 4; **RBI**—Antonio Pacheco, Cuba, 15; **SB**—Chris Wimmer, United States, 8.

INDIVIDUAL PITCHING LEADERS: W—Felix Nova, Dominican Republic, 4; **ERA**—Jorge Valdes, Cuba, 0.73; **CG**—Two tied at 2; **SV**—Tony Phillips, United States, 2; **BB**—Wendell Elizabeth, Aruba, 12; **SO**—Felix Nova, Dominican Republic, 23.

ROUND-ROBIN LEADERS
INDIVIDUAL BATTING
(Minimum 20 At-Bats)

	AVG	G	AB	R	H	2B	3B	HR	RBI	BB	SO	SB
Pacheco, Antonio, Cuba	.545	8	33	13	18	2	1	3	15	6	0	0
Delgado, Jose, Cuba	.500	7	20	8	10	1	0	2	7	4	3	0

	AVG	G	AB	R	H	2B	3B	HR	RBI	BB	SO	SB
Sosa, Miguel, Dom. Republic	.500	7	20	2	10	1	0	1	5	2	1	0
Ulacia, Luis, Cuba	.500	6	24	6	12	0	0	0	5	2	3	1
Olivos, Elias, Dom. Republic	.452	8	31	5	14	1	1	1	6	3	4	1
Aranzamendi, Jorge, Puerto Rico	.432	8	37	10	16	5	0	1	6	2	2	1
Heredia, Benjamin, Dom. Republic	.429	6	21	6	9	1	0	1	1	2	5	0
Gurriel, Lourdes, Cuba	.419	8	31	11	13	2	0	4	9	4	0	0
Linares, Omar, Cuba	.414	8	29	13	12	5	0	2	8	11	3	2
Wilson, Craig, USA	.414	8	29	6	12	3	0	0	3	2	4	1
Martinez, Romelio, Cuba	.409	8	22	12	9	0	0	3	6	7	3	0
Mesa, Victor, Cuba	.407	8	27	13	11	0	0	2	13	5	0	1
Lorenzana, Jose, Puerto Rico	.407	8	27	4	11	2	0	0	5	1	3	0
Thiel, Felix, Aruba	.400	8	30	5	12	4	0	1	3	0	3	0
Martinez, Ernest, Puerto Rico	.389	8	36	12	14	4	1	3	12	0	5	0
Zamora, Freddy, Nicaragua	.387	8	31	7	12	4	0	2	9	5	8	2
Serrano, Nandy, Puerto Rico	.387	8	31	7	12	3	0	2	7	3	3	0
Bracero, Albert, Puerto Rico	.387	8	31	6	12	5	1	2	9	2	4	0
Wimmer, Chris, USA	.385	8	26	5	10	2	0	1	5	5	4	8
Rodriguez, Steve, USA	.382	8	34	5	13	1	0	0	8	0	4	0
Castro, Arnoldo, Mexico	.375	8	32	11	12	2	1	1	1	3	2	0

INDIVIDUAL PITCHING
(Minimum 10 Innings)

PITCHING	W	L	ERA	G	GS	CG	SV	IP	H	R	ER	BB	SO
Valdes, Jorge, Cuba	2	0	0.73	2	2	1	0	12	5	2	1	3	14
Fernandez, R. Osvaldo, Cuba	1	0	0.82	3	1	1	0	11	5	1	1	1	15
Tamayo, Leonardo, Cuba	2	0	0.90	2	2	0	0	10	7	1	1	3	9
Smeeton, Chris, Canada	1	0	1.13	2	2	1	0	16	15	3	2	1	8
Cuevas, Orlando, Nicaragua	1	0	1.32	3	2	1	0	14	12	4	2	5	14
Ware, Jeff, USA	1	1	1.59	2	2	2	0	17	13	4	3	7	14
Lopez, Juan, Mexico	1	1	1.83	3	3	1	0	20	24	12	4	6	12
Werner, Clem, Aruba	2	0	1.84	4	1	0	0	15	14	5	3	7	9
Nova, Felix, Dom. Republic	3	0	1.86	3	1	1	0	19	12	4	4	7	23
Polanco, Javier, Nicaragua	1	1	1.98	3	1	0	0	14	10	3	3	7	11
Granger, Jeff, USA	2	0	2.38	3	1	0	0	11	13	5	3	5	11
Tuttle, Dave, USA	2	0	2.45	2	2	0	0	11	8	4	3	5	12
Velez, Wilfredo, Puerto Rico	1	0	2.77	2	2	0	0	13	11	5	4	1	15

1991 WORLD JUNIOR CHAMPIONSHIPS

Brandon, Manitoba, Canada
July 26-August 4, 1991

ROUND-ROBIN STANDINGS

TEAM	W	L	RF	RA	TEAM	W	L	RF	RA
Taiwan	8	1	73	23	Brazil	4	5	47	54
Canada	7	2	70	32	Mexico	4	5	69	36
United States	7	2	76	23	Netherlands	2	7	37	62
Australia	6	3	75	39	Italy	1	8	33	80
Cuba	6	3	71	19	Nigeria	0	9	6	189

GOLD-MEDAL GAME: Canada 5, Taiwan 2. **BRONZE-MEDAL GAME:** United States 6, Australia 5.

TEAM USA

BATTING	AVG	AB	R	H	2B	3B	HR	RBI	BB	SO	SB
Kjos, Ryan, p	.500	8	1	4	0	1	0	2	3	3	0
Hinch, A.J., c	.440	25	5	11	1	0	1	10	2	2	1
Pico, Brandon, of	.417	36	12	15	4	1	0	10	6	7	5
Metcalfe, Mike, 2b	.400	5	1	2	0	1	0	2	0	0	2
Post, David, inf	.382	34	9	13	3	0	0	8	7	6	6
Smith, Chris, of	.351	37	9	13	4	0	0	5	2	2	2
Adkins, Tim, p	.333	3	0	1	0	0	0	0	1	0	0
Kishita, Kirt, p	.333	3	0	1	0	0	0	1	0	0	0
Hastings, Lionel, ss	.324	37	9	12	3	0	1	9	7	7	5
Luzinski, Ryan, c	.310	29	5	9	1	1	1	1	0	5	0
Boone, Aaron, 2b	.289	38	11	11	0	0	1	9	7	4	2
Loewer, Carlton, p-inf	.273	11	1	3	0	0	0	0	0	5	0
Henderson, Kenny, p	.250	4	0	1	0	0	0	0	0	1	0
Carter, Cale, of	.143	28	8	4	0	0	0	2	5	3	3
Ottavinia, Paul, of	.111	36	11	4	1	0	0	1	6	5	3
Betti, Rick, p	.000	3	0	0	0	0	0	0	1	0	0
Eric Weaver, p	.000	2	0	0	0	0	0	0	0	0	0
Cruz, Jacob, of	.000	4	0	0	0	0	0	0	1	0	0

PITCHING	W	L	ERA	G	SV	IP	H	R	ER	BB	SO
Hastings, Lionel	0	0	0.00	1	0	2	0	0	0	0	0
Betti, Rick	1	0	0.00	6	1	8	3	0	0	3	9
Kjos, Ryan	2	1	0.45	5	0	20	10	2	1	8	22
Adkins, Tim	1	0	0.64	6	0	14	8	2	1	9	16
Loewer, Carlton	1	0	2.19	7	0	12	4	4	3	5	17
Henderson, Kenny	1	1	3.14	2	0	14	8	7	5	5	24
Kishita, Kirt	1	0	5.79	3	0	9	11	8	6	6	7
Weaver, Eric	1	0	7.72	4	0	5	10	5	4	2	7

COLLEGE SUMMER LEAGUES

CAPE COD LEAGUE

EAST	W	L	T	PTS	WEST	W	L	T	PTS
Chatham	24	19	1	49	Wareham	30	14	0	60
Orleans	21	21	2	44	Hyannis	26	16	2	54
Brewster	21	22	1	43	Cotuit	21	21	2	44
Yarmouth-Dennis	20	22	2	42	Bourne	20	20	4	44
Harwich	11	33	0	22	Falmouth	19	25	0	38

PLAYOFFS: Hyannis defeated Wareham 2-1 and Orleans defeated Chatham 2-0 in best-of-3 semifinals; Hyannis defeated Orleans 2-0 in best-of-3 final for league championship.

ALL-STAR TEAM: C—Chris Widger (George Mason), Cotuit; Bill Scalzitti (Florida International), Brewster. **1B**—Brent Killen (Florida), Yarmouth-Dennis. **2B**—Bob Juday (Michigan State), Falmouth. **3B**—Jamie Taylor (Ohio State), Chatham. **SS**—Wes Weger (Stetson), Wareham. **Util**—Mike Hickey (Texas A&M), Wareham. **OF**—Chad McConnell (Creighton), Hyannis; Marc Marini (Jacksonville), Brewster; Bob Higginson (Temple), Bourne; Jon Smith (Miami, Fla.), Hyannis. **DH**—Doug Hecker (Tennessee), Hyannis. **P**—Joe Vogelgesang (Eastern Kentucky), Hyannis; Casey Whitten (Indiana State), Wareham; Scott Gentile (Western Connecticut), Falmouth; Bill Wissler (Penn), Bourne; Brad Clontz (Virginia Tech), Wareham; Larry Hingle (Stetson), Hyannis; Derek Wallace (Pepperdine), Chatham; Doug Newstrom (Arizona State), Chatham.

INDIVIDUAL BATTING LEADERS
(Minimum 119 Plate Appearances)

	AVG	G	AB	R	H	2B	3B	HR	RBI	BB	SO	SB
Hickey, Mike, Wareham	.366	39	153	35	56	7	6	2	20	25	30	20
Weger, Wes, Wareham	.349	43	166	25	58	11	3	1	29	18	16	6
Marini, Marc, Brewster	.348	43	161	29	56	12	3	3	25	26	20	8
Killen, Brent, Y-D	.336	40	137	28	46	7	1	8	42	38	22	2
Moock, Chris, Wareham	.327	42	150	28	49	8	2	1	26	11	29	3
Smith, Jon, Hyannis	.320	35	147	28	47	8	2	6	20	8	33	12
Hecker, Doug, Hyannis	.320	42	169	25	54	10	1	4	28	5	36	1
Tobin, Shawn, Wareham	.319	40	144	17	46	8	0	0	25	10	19	2
Hartman, Brian, Hyannis	.317	36	101	12	32	6	0	2	17	15	21	0
Juday, Bob, Falmouth	.314	43	156	25	49	9	2	1	16	27	28	2
Stanczak, Jack, Wareham	.307	39	137	14	42	6	3	2	16	12	42	5
Widger, Chris, Cotuit	.306	40	160	21	49	6	1	5	30	13	29	4
Higginson, Bob, Bourne	.306	42	157	19	48	12	1	5	22	22	22	5
Mayes, Craig, Falmouth	.301	39	146	18	44	8	2	1	28	9	17	3
Scalzitti, Bill, Brewster	.301	41	156	19	47	7	0	2	25	14	23	1
Sobolewski, Mark, Bourne	.299	44	174	22	52	17	0	3	25	8	40	3
Carr, Jeremy, Chatham	.299	41	154	28	46	5	0	1	17	23	32	13
Fleming, Carlton, Cotuit	.296	39	159	28	47	2	1	0	11	16	9	21
Olexa, Mike, Harwich	.294	42	126	18	37	7	1	2	15	29	27	17
Thomas, Greg, Cotuit	.292	36	120	19	35	5	1	6	28	17	25	0
Schulz, Pat, Falmouth	.288	43	146	23	42	7	2	0	24	16	26	1
Newstrom, Doug, Chatham	.287	45	167	23	48	9	3	6	30	30	47	1
McConnell, Chad, Hyannis	.287	34	122	23	35	6	0	7	25	18	31	10
Suplee, Ray, Cotuit	.285	43	165	23	47	7	2	0	20	10	29	4
Warner, Mike, Brewster	.285	40	144	29	41	6	3	1	12	29	26	8
Mottola, Chad, Brewster	.279	43	154	43	63	6	1	4	17	9	27	4
Hughes, Bobby, Wareham	.278	38	108	18	30	7	1	5	24	18	27	1
Dicono, Michael, Y-D	.277	40	137	13	38	5	1	1	15	16	32	2
Merloni, Louis, Bourne	.277	43	159	25	44	10	1	1	15	16	14	4

INDIVIDUAL PITCHING LEADERS
(Minimum 35 Innings)

	W	L	ERA	G	GS	CG	SV	IP	H	R	ER	BB	SO
Clontz, Brad, Wareham	3	0	0.91	24	0	0	11	40	21	5	4	18	48
King, Richard, Hyannis	2	2	1.60	7	5	0	0	39	39	14	7	12	24
Alston, Garvin, Brewster	4	2	1.76	7	7	1	0	51	38	11	10	21	30
Konuszewski, Dennis, Falmouth	3	1	1.79	5	5	2	0	40	35	13	8	13	20
Wissler, Bill, Bourne	6	4	1.96	11	11	7	0	92	65	22	20	36	74
Vogelgesang, Joe, Orleans	8	2	2.03	17	9	3	1	80	68	20	18	28	65
Gavaghan, Sean, Orleans	4	2	2.04	15	10	4	3	84	55	25	19	28	74
Hingle, Larry, Hyannis	6	2	2.04	12	8	3	0	75	55	20	17	32	60
Wengert, Don, Hyannis	7	2	2.04	12	11	5	1	84	78	27	19	21	51
Donahue, Matt, Brewster	4	5	2.17	9	9	5	0	71	63	25	17	19	64
Dorlarque, Aaron, Wareham	7	2	2.24	12	7	0	1	68	65	26	17	31	55
Ertel, Will, Y-D	2	3	2.33	12	5	2	0	54	43	19	14	33	39
Whitten, Casey, Wareham	4	2	2.50	11	10	1	0	68	54	31	19	31	90
Smith, Scott, Chatham	2	4	2.54	11	6	1	0	50	42	28	14	20	37
Williams, Matt, Chatham	5	1	2.57	10	10	1	0	67	59	25	19	34	38
Duda, Steve, Chatham	4	2	2.89	10	10	3	0	62	52	23	20	26	31
Bailey, Roger, Brewster	4	4	2.90	12	11	5	0	87	71	34	28	33	70
Mendenhall, Casey, Wareham	4	3	2.93	12	11	5	0	86	78	45	28	31	65
Gaillard, Ed, Bourne	1	2	2.95	12	2	0	1	37	37	13	12	18	27
Alkire, Jeff, Hyannis	4	2	2.95	10	10	0	0	64	60	28	21	34	53

AMATEUR DRAFT 1991

Yankees Sign Taylor; Raise Stakes To $1.55 M

By ALAN SCHWARZ

The 1991 draft will be remembered for a North Carolina schoolboy, his steadfast mother, their California attorney, and how the three shocked the industry by ultimately shaking $1.55 million from the New York Yankees' deep pockets.

Brien Taylor, a lefthander from Beaufort, N.C., and the No. 1 overall pick by the New York Yankees, received the highest bonus in the 27-year history of the draft. It shattered the previous $575,000 mark held by John Olerud in 1989 and Mike Kelly, who signed with the Atlanta Braves as the No. 2 pick in 1991.

The Yankees had 84 days to sign Taylor, and waited until 83½ of them had elapsed before finally coming to terms just hours before the prize prospect would attend classes at Louisburg (N.C.) Junior College. Had he done so, the Yankees couldn't have signed him until the following May.

The patience of Taylor, and his mother Bettie who handled all negotiations along with agent Scott Boras, was the principal factor in their netting the record booty. Most people thought they would sign for around the original $350,000 the Yankees offered, but it turned out to be a long, sticky summer for the two sides, who at times exchanged heated words but finally sat down to sort out the mess.

North Carolina high school lefthander Brien Taylor signed for a record bonus.

When the dust cleared, the Yankees had their player, Taylor had his money, and the industry had serious heartburn. The draft system, which first was instituted to curb bonus inflation, was now producing up-front payments spiraling out of control.

Taylor's bonus was virtually 10 times that of Ken Griffey Jr., the No. 1 pick just four years before.

"This is not a smart thing," San Diego general manager Joe McIlvaine said. "We've got a workable, fair system that is equitable to clubs and players, and a few teams are trying to jeopardize it. If other clubs use these deals as a barometer, we'll all go out of business."

Continuation Of A Trend

Taylor's bonus surprised everyone, but it probably shouldn't have. Serious inflation truly had begun two years before, when the Baltimore Orioles gave No. 1 pick Ben McDonald a guaranteed three-year major league contract worth in excess of $800,000 that included a $350,000 signing bonus.

The industry hoped that McDonald's contract was an aberration, but it wasn't, because the next year another top talent came along, Todd Van Poppel. In order to entice him to skip college, the Oakland Athletics gave the fireballing Texan a $1.2 million three-year deal, with a $500,000 bonus. Other teams, already reeling from the effects of McDonald's contract, shook their heads.

The repercussions of the Van Poppel deal were unmistakeable in 1991. Every top-12 pick who signed received a bonus of at least $325,000, far more than *any* draftee got before 1989. And when Taylor signed in late August, he became the engine on a runaway train.

The principal cause for this was the players' threatening to go to college if teams didn't meet their demands. Draft rules mandate that clubs lose rights to four-year college players when they attend classes. So many draft picks, knowing they have teams over a barrel, can dangle that option across the negotiating table and scare the teams into coughing up bundles of money. That's what happened in New York.

Shawn Green
... Signs for $700,000

In order to curb bonus inflation, many clubs responded to the 1991 draft by proposing a rule change to go into effect at the Winter Meetings in December. The alteration would allow clubs to keep the rights to high school players for four years after they are drafted, eliminating the leverage a player wields by possessing college options.

Joey Hamilton, a junior righthander from Georgia Southern and the eighth pick overall, went down to the wire with San Diego, before agreeing on a $385,000 bonus. Later, Toronto spent $700,000—a bonus second only to Taylor's—to sign high school outfielder Shawn Green, the 16th pick overall. A unique twist to that contract allowed Green, a brilliant student, to attend Stanford for two semesters in each of his first three years before reporting to spring training with the Blue Jays.

Two First-Rounders Snub Offers

The Taylor signing had more than financial repercussions on the rest of the draft. Two clubs refused to take part in the inflation and didn't sign their first-round picks, both of whom not coincidentally were Boras clients.

Milwaukee, which selected Ringgold (Ga.) righthander Kenny Henderson with the fifth pick, would not meet his $1 million asking price. The Brewers countered with $500,000, and Henderson decided to enroll at the University of Miami.

Houston also passed on No. 6 selection John Burke, after the righthander from the University of Florida demanded the $500,000 Milwaukee had offered Henderson. The Astros, presumably reticent to shell out extra money with the team up for sale, declined.

The inability of two low-revenue teams to sign top selections caused the industry to worry that richer clubs such as the Yankees were pricing poorer teams out of the market. Houston GM Bill Wood directed his dismay at his counterparts, rather than the players and agents who demand the record-breaking dollars.

"It's a lack of backbone on the clubs' part, to be honest, in not being able to show some common sense," Wood said. "They've convinced themselves that the money doesn't matter and that it's a one-time thing. But these contracts become basepoints... And I don't want to become part of these matters of insanity."

Mrs. Taylor Hangs Tough

The negotiations between the Yankees and the Taylor camp were more than a simple case of the two sides sitting down and hashing out a dollar amount. The dealings involved accusations of racism from Bettie Taylor; New York's solicitation of outside help from the Major League Scouting Bureau; the Bureau scout using what the Taylors called bullying tactics to get them to sign; and Yankees owner George Steinbrenner saying that if his club couldn't sign Taylor, those responsible "ought to be shot."

Through all of it, though, Mrs. Taylor remained firm in her demand that Brien receive a contract identical to Van Poppel's. Her son was the consensus best talent in the draft, a 6-4, 205-pounder who went 8-2, 0.86 with 203 strikeouts and 24 walks in 84 innings as a high school senior. When the Yankees first offered a $350,000 bonus, she claimed that they were trying to lowball the family because they were black and poor.

That situation blew over rather quickly, but the two sides still didn't get close to agreeing for months. In mid-August, the Yankees asked the Scouting Bureau to send Don Koonce, who had evaluated Taylor at East Carteret High, to go to the Taylors' home and try to work things out.

The move backfired miserably. The Taylors claimed that Koonce tried to bully them into accepting the Yankees' latest $650,000 offer and they finally had to throw him off their property.

TOP 10 SIGNING BONUSES

Rank, Player, Pos.	Club, Year	Bonus
1. Brien Taylor, lhp	Yankees, '91	$1,550,000
2. Shawn Green, of	Blue Jays, '91	700,000
3. John Olerud, 1b*	Blue Jays, '89	575,000
Mike Kelly, of	Braves, '91	575,000
5. Todd Van Poppel, rhp*	Athletics, '90	500,000
Tony Clark, of	Tigers, '90	500,000
7. Frank Rodriguez, ss-rhp	Red Sox, '91	425,000
8. David McCarty, 1b	Twins, '91	395,000
9. Dmitri Young, 3b	Cardinals, '91	385,000
Joey Hamilton, rhp	Padres, '91	385,000

*Olerud and Van Poppel signed multiyear major league contracts, but only $575,000 and $500,000, respectively, were paid up front.

Note: Bonus payments include only cash received up front, and not scholarship money or incentives.

"I don't like it when people try to make me do what I don't want to do," Mrs. Taylor said. "He kept trying to push stuff down our throats. Let's just say that I realized that what's really going on here is a business, and that people will do whatever they have to do."

Two weeks later, Yankees general manager Gene Michael finally sat down with Mrs. Taylor and worked out the record contract. The main issue needed to be ironed out late in the negotiations was whether the contract would be major league and guaranteed. Since the Yankees wouldn't give Taylor a major league deal—that would force them to protect him in the expansion draft—they guaranteed the record $1.55 million.

Steinbrenner shared the shock of much of the industry, even after crippling his club's bargaining power by pressuring Michael to sign Taylor.

"Never in my wildest dreams would I have paid that kid a million and a half," Steinbrenner told New York Newsday. "No goddamn way! On a high school kid? No way!

"I'm getting damned tired of people spending my money like this."

With that, and a press conference days later where Taylor met the hounding Yankee press, Taylor got his first taste of New York.

St. Louis Grabs Talent

Lost in the bonus controversy was the actual premise of the draft, which is to distribute talent. Houston and St. Louis, after losing several high-profile free agents such as Vince Coleman, Terry Pendleton and Dave Smith the previous winter, made 13 of the first 50 selections.

St. Louis had three first-round picks, plus two sandwich picks between the first and second rounds. Altogether, the Cardinals signed a draft record 58 players.

Houston, meanwhile, drafted a record 101 players, topping its record of 100 set a year earlier. The Astros draft was hurt considerably by Burke going back to school, but the Astros still signed all of their other top picks, including six before the third round.

The Texas Rangers signed their first 28 picks, breaking a record set by the 1988 Yankees, who signed their first 27.

The first round almost was turned upside down when Frank Rodriguez, a shortstop-righthander at Howard (Texas) Junior College, almost entered the draft pool.

He had been selected by Boston with that team's first pick in the 1990 draft but opted to attend

Atlanta's Mike Kelly
... Second pick overall

school. Since teams retain the rights to junior college players until the next year's draft, like the Yankees would have with Taylor, the Red Sox made a last-minute $425,000 offer which Rodriguez accepted. Had he joined the 1991 fold, he might have gone as high as the second pick overall.

Award Winners Go High

Baseball America's last two college players of the year did rather well in the draft. Kelly, the 1990 award winner as an outfielder at Arizona State University, was considered to be the top talent in the draft until Taylor emerged in the final few months. Atlanta had no decision to make with the second pick, but it took the Braves almost six weeks to corral Kelly. Minnesota, drafting third, took Stanford University first baseman David McCarty, the 1991 college player of the year. The Twins signed him to a $395,000 bonus and later moved him to right field ... For the first time since 1985, no player drafted reached the majors in the same year ... Eduardo Perez, Tony's son and a first baseman from Florida State, became the fifth son of a member of Cincinnati's Big Red Machine of the '70s to be taken in the first round when the California Angels selected him 17th overall. He joined Ken Griffey Jr. (Mariners, No. 1 overall, 1987), Lee May (Mets, No. 21, 1985), Brian McRae (Royals, No. 17, 1985) and Ed Sprague (Blue Jays, No. 25, 1988) ... Three college quarterbacks of some note were selected: Louisville's Browning Nagle, who two months earlier had been the first player drafted by the New York Jets, Virginia's Shawn Moore and Colorado's Darian Hagan ... A record 1,600 players were drafted.

TEAM-BY-TEAM SELECTIONS

(Boldface type indicates player signed with selecting club; order of selection in parenthesis after team name.)

ATLANTA BRAVES (2)

1. **Mike Kelly, of, Arizona State University.**
2. (Choice to Cardinals as compensation for Type 'A' free agent Terry Pendleton).
3. **Blase Sparma, rhp, Ohio State University.**
4. Chris Seelbach, rhp, Lufkin (Texas) HS.
5. Vince Moore, of, Elsik HS, Alief, Texas.
6. **Jose Rodriguez, c, Cayey, P.R.**

7. **Earl Nelson, lhp, Clark HS, San Antonio.**
8. **Jason Schmidt, rhp, Kelso (Wash.) HS.**
9. **Brad Ripplemeyer, c-rhp, Kansas State University.**
10. Jerome Jones, 3b, Carthage HS, Beckville, Texas.
11. **Ken Giard, rhp, Toll Gate HS, Warwick, R.I.**
12. **Andre Johnson, of, Norfolk State University.**
13. **Byron Woods, of, Northeastern Oklahoma JC.**
14. **Kevin Lomon, rhp, Westark (Ark.) CC.**
15. **Eric Lairsey, lhp, Pierce County HS, Blackshear, Ga.**
16. **Willie Havens, rhp, Holmes HS, San Antonio.**
17. **Bill Shafer, rhp-1b, South Grand Prairie HS, Grand Prairie, Texas.**
18. Jason Noel, of, Edison (Fla.) CC.
19. Jes Rathke, rhp, Brownwood (Texas) HS.
20. **Javier Rivas, of, Los Angeles CC.**
21. **Mike Hostetler, rhp, Georgia Tech.**
22. Ryan Karp, lhp, University of Miami.
23. Don Denbow, of-1b, Corsicana (Texas) HS.
24. **Sequinn Leichmon, ss, Strong (Ariz.) HS.**
25. **Brad James, of, Illinois State University.**
26. **Pedro Swann, of, Delaware State University.**
27. **William Maier, c, Raritan Valley (N.J.) CC.**
28. **Paul Kelliher, c, University of Maine.**
29. **Kevin Grijak, of, Eastern Michigan University.**
30. Jason Cash, 1b, Newbury Park HS, Simi Valley, Calif.
31. Alton Huffstetler, rhp, Adairsville (Ga.) HS.
32. **Jimmy Armstrong, lhp, Dallas Baptist University.**
33. Phil Hollis, ss, Purdue University.
34. **Rick O'Neill, ss, Illinois State University.**
35. **Craig Rapp, lhp, North Carolina State University.**
36. **Dirk Blair, rhp, Southeastern Oklahoma State University.**
37. **Ben Weeks, rhp, Butte (Calif.) JC.**
38. **Dwayne Fowler, rhp, Long Beach State University.**
39. **Augie Vivenzio, c, College of Boca Raton (Fla.).**
40. Darnell Hendricks, of, Taft HS, Los Angeles.
41. **Thomas Coates, of, Austin Peay State University.**
42. **Scott Behrens, rhp, Illinois State University.**
43. Leland Macon, of, Kirkwood (Mo.) HS.
44. Greg Granger, rhp, Edgewood HS, Elletsville, Ind.
45. **Michael Weiser, of-3b, Fargo (N.D.) HS.**
46. Rinker Robinson, lhp, Tavares (Fla.) HS.
47. Kurt Bierek, 3b-1b, Modesto (Calif.) JC.
48. Kevin Willingham, rhp, DeSoto (Texas) HS.
49. **Ronald York, of, South Carolina State College.**
50. **Yves Martineau, rhp, Pointe-aux-Trembles, Quebec.**
51. Matt Sherwood, rhp, Blinn (Texas) JC.
52. Phil Doyle, 3b-of, University of Alabama.
53. **Robert Grob, c, Frederick (Md.) CC.**
54. **Carlos Lara, c, New Mexico Highlands University.**
55. Rodney Close, of, Bainbridge (Ga.) HS.
56. Earl Wheeler, rhp, Oklahoma State University.
57. Jason Garrett, 3b, Bowie HS, Manchaca, Texas.
58. Jason Gunter, rhp, Sulphur (La.) HS.
59. Jeremy Woods, rhp, Midwest City (Okla.) HS.
60. **Ron Lloyd, of, Judson HS, Schertz, Texas.**
61. Derek Berschaminski, 1b, University of North Dakota.
62. Robert Valdez, lhp, Central Arizona JC.
63. Frank Watts, of, Baker HS, Columbus, Ga.

BALTIMORE ORIOLES (9)

1. **Mark Smith, of, University of Southern California.**
2. **Shawn Curran, c, Corona (Calif.) HS.**
3. **Alex Ochoa, of, Miami Lakes HS, Hialeah, Fla.**
4. **Vaughn Eshelman, lhp, University of Houston.**
5. **Jim Wawruck, of, University of Vermont.**
6. **Daniel Fregoso, rhp, Catalina HS, Tucson.**
7. **Jimmy Haynes, rhp, Troup County HS, LaGrange, Ga.**
8. **Terry Farrar, lhp, Missouri Baptist College.**
9. **Chris Lemp, rhp, Sacramento (Calif.) CC.**
10. **Robert Waszgis, c, McNeese State University.**
11. **Brad Seitzer, 3b, Memphis State University.**
12. **Curtis Goodwin, of, San Leandro (Calif.) HS.**
13. **Jim Audley, of, Wichita State University.**
14. **Glenn Coleman, of, College of The Desert (Calif.).**
15. **Lamann Washington, ss, Beaufort (S.C.) HS.**
16. **Derek Adams, ss, Louisburg (N.C.) JC.**
17. Joel Franklin, rhp, Coronado (Calif.) HS.
18. Aaron Lane, lhp, Lincoln Land (Ill.) CC.
19. **Troy Tallman, c, Stanford University.**
20. **Allen Plaster, rhp, University of North Carolina-Charlotte.**
21. **Jeremy Winget, 1b, Murray (Utah) HS.**
22. **Chris Chatterton, rhp, High Point (N.C.) College.**
23. **Rick Krivda, lhp, California (Pa.) University.**
24. **Glenn Tatro, of, Bryant (R.I.) College.**
25. **Steven Firsich, rhp, Grossmont (Calif.) JC.**
26. **David Forney, rhp, Anne Arundel (Md.) CC.**

DRAFT '91: FIRST ROUND PICKS

Team, Player, Pos.	School	Hometown	Signing Bonus	B'date	B-T	Ht.	Wt.	AVG	AB	R	H	2B	3B	HR	RBI	SB
2. BRAVES. Mike Kelly, of	Arizona State U.	Los Alamitos, Calif.	$575,000	6-02-70	R-R	6-4	195	.373	233	66	87	14	1	15	56	23
3. TWINS. David McCarty, 1b	Stanford	Houston	395,000	11-23-69	R-L	6-5	205	.420	238	51	100	19	3	24	66	4
4. CARDINALS. Dmitri Young, 3b	Rio Mesa HS	Oxnard, Calif.	385,000	10-11-73	R-R	6-2	215	.425	80	37	34	8	1	11	31	5
7. ROYALS. Joe Vitiello, 1b-of	U. of Alabama	Stoneham, Mass.	345,000	4-11-70	R-R	6-3	210	.395	220	55	87	20	1	15	67	3
9. ORIOLES. Mark Smith, of	U. of Southern California	Arcadia, Calif.	350,000	5-07-70	R-R	6-2	215	.336	241	72	81	18	7	16	80	18
12. CUBS. Doug Glanville, of	U. of Pennsylvania	Teaneck, N.J.	325,000	8-25-70	R-R	6-2	180	.414	140	32	58	8	6	6	36	15
13. INDIANS. Manny Ramirez, of	George Washington HS	New York	250,000	6-30-72	R-R	6-1	185	.650	63	40	41	7	6	14	40	31
14. EXPOS. Cliff Floyd, 1b	Thornwood HS	South Holland, Ill.	290,000	12-05-72	L-R	6-4	220	.535	99	50	53	14	2	9	68	23
16. BLUE JAYS. Shawn Green, of	Tustin HS	Tustin, Calif.	700,000	11-10-72	L-L	6-3	170	.479	97	37	46	6	1	2	25	11
17. ANGELS. Eduardo Perez, 1b	Florida State U.	Santurce, P.R.	310,000	9-11-69	R-R	6-4	205	.370	284	87	105	19	2	11	58	30
18. METS. Al Shirley, of	George Washington HS	Danville, Va.	310,000	10-18-73	R-R	6-1	210	.429	49	23	21	6	0	8	22	11
19. RANGERS. Benji Gil, ss	Castle Park HS	Chula Vista, Calif.	310,000	10-06-72	R-R	6-2	180	.444	72	32	32	9	0	5	21	13
20. REDS. Calvin Reese, ss	Lower Richland HS	Hopkins, S.C.	200,000	6-10-73	R-R	5-9	160	.488	80	38	39	9	7	5	37	19
24. PIRATES. Jon Farrell, c-of	Florida CC	Jacksonville, Fla.	220,000	7-30-71	R-R	6-2	180	.300	130	33	39	11	1	9	38	19
26. ATHLETICS. Brent Gates, ss	U. of Minnesota	Grandville, Mich.	205,000	3-14-70	B-R	6-1	175	.412	221	53	91	24	4	8	60	10

Team, Player, Pos.	School	Hometown	Signing Bonus	B'date	B-T	Ht.	Wt.	W	L	ERA	G	Sv	IP	H	BB	SO
1. YANKEES. Brien Taylor, lhp	East Cartert HS	Beaufort, N.C.	$1,550,000	12-26-71	L-L	6-3	195	8	2	0.86	13	0	84	18	24	203
5. BREWERS. Kenny Henderson, rhp	Ringgold HS	Ringgold, Colo.	Did Not Sign	2-14-73	R-R	6-7	180	11	1	0.40	13	0	69	17	14	154
6. ASTROS. John Burke, rhp	U. of Florida	Littleton, Colo.	Did Not Sign	2-09-70	B-R	6-4	210	9	5	2.25	18	0	104	69	47	135
8. PADRES. Joey Hamilton, rhp	Georgia Southern U.	Statesboro, Ga.	385,000	9-09-70	R-R	6-4	215	12	6	3.85	21	1	131	123	51	125
10. PHILLIES. Tyler Green, rhp	Wichita State U.	Denver	325,000	2-18-70	R-R	6-5	185	11	2	4.51	19	0	116	110	49	134
11. MARINERS. Sean Estes, lhp	Minden HS	Douglas, Nev.	332,500	2-18-73	R-L	6-2	175	8	2	0.80	10	0	62	15	27	141
15. BREWERS. Tyrone Hill, lhp	Yucaipa HS	Yucaipa, Calif.	280,000	3-07-72	L-L	6-5	195	10	1	0.35	14	0	73	29	26	136
21. CARDINALS. Allen Watson, lhp	New York Tech	Middle Village, NY	225,000	11-18-70	L-L	6-3	190	9	4	4.17	14	0	82	73	32	99
22. CARDINALS. Brian Barber, rhp	Dr. Phillips HS	Orlando	200,000	3-04-73	R-R	6-1	175	11	0	0.63	14	0	67	36	25	77
23. RED SOX. Aaron Sele, rhp	Washington State U.	Poulsbo, Wash.	210,000	6-25-70	R-R	6-4	195	8	6	2.83	17	0	104	98	44	117
25. WHITE SOX. Scott Ruffcorn, rhp	Baylor U.	Austin, Texas	185,000	12-29-69	R-R	6-4	210	7	1	2.87	15	0	69	45	29	52

Eduardo Perez, son of Tony, was California's top pick.

308 • 1992 ALMANAC

27. Jamie Conner, ss, Hedgesville HS, Martinsburg, W.Va.
28. Angelo Stutts, of, Hammond (La.) HS.
29. Orrett Bennett, of, Evanston (Ill.) HS.
30. **Basilio Ortiz, of, Eastern Connecticut State College.**
31. Kyle Kennedy, rhp, Quitman (Miss.) HS.
32. Erick Mapp, of, Cochise County (Ariz.) CC.
33. **Kris Gresham, c, University of North Carolina-Charlotte.**
34. **Scott Conner, rhp, New Mexico JC.**
35. Shane Shallenberger, of, Portales (N.M.) HS.
36. Patrick Hicks, c, Mesa (Ariz.) CC.
37. Johnny Walker, of, Hillsborough HS, Tampa.
38. **Mat Sanders, rhp, University of Portland.**
39. Terry Hawke, of, Putnam City West HS, Oklahoma City.
40. Scott Emerson, lhp, Scottsdale (Ariz.) JC.
41. Hector Castenada, c, Laredo (Texas) JC.
42. Ryan Creek, of, Jefferson HS, Martinsburg, W.Va.
43. Jeff Ferguson, ss, LaSerna HS, LaMirada, Calif.
44. Brett Ames, lhp, Tucson (Ariz.) HS.
45. Tom Szimanski, rhp, Catonsville (Md.) CC.
46. Tom Clarkson, 2b, The Bolles School, Jacksonville, Fla.
47. Chris Pageau, ss, Schenectady (N.Y.) HS.
48. Matthew Riemer, ss, Patapsco HS, Baltimore.

BOSTON RED SOX (23)

1. **Aaron Sele, rhp, Washington State University.**
1. **J.J. Johnson, of, Pine Plains (N.Y.) HS** (Supplemental choice—37th—for loss of Type 'A' free agent Larry Andersen).
1. **Scott Hatteberg, c, Washington State University** (Supplemental choice—43rd—for loss of Type 'A' free agent Mike Boddicker).
2. **Terry Horn, rhp, Yukon (Okla.) HS** (Choice from Royals as compensation for Type 'A' free agent Mike Boddicker).
2. **Chad Schoenvogel, rhp, Blinn (Texas) JC.**
3. **Joe Caruso, rhp, Loyola Marymount University.**
4. **Joe Ciccarella, 1b-lhp, Loyola Marymount University.**
5. Mark Carroll, of, Holliston (Mass.) HS.
6. **Donny Jones, of, Poway (Calif.) HS.**
7. **Dan Collier, of, Enterprise State (Ala.) JC.**
8. **Luis Ortiz, 3b, Union (Tenn.) University.**
9. Dan McDonald, 3b, Evans HS, Orlando, Fla.
10. **Tony Rodriguez, ss, University of Charleston.**
11. **Jimmy Crowley, 3b, Clemson University.**
12. **Craig Bush, rhp, Lancaster (Ohio) HS.**
13. **John Eierman, of, Rice University.**
14. **Dana LeVangie, c, American International College.**
15. **Phil Bailey, rhp, Southeastern Illinois JC.**
16. **Tony Ferreira, 2b, Manatee (Fla.) CC.**
17. **Tim Vanegmond, rhp, Jacksonville State University.**
18. **Ron Mahay, of, South Suburban (Ill.) JC.**
19. **Brian Bright, of, University of Massachusetts.**
20. **Cesar Martinez, lhp, Chula Vista HS, San Diego.**
21. **Joel Bennett, rhp, East Stroudsburg (Pa.) University.**
22. **Jim Lentz, c, Columbia State (Tenn.) CC.**
23. **Bryan Brown, of, Tulane University.**
24. Ryan Beeney, ss, Newark (Ohio) HS.
25. Melvin Walker, of, McNair HS, Atlanta.
26. Jesus Armendariz, lhp, Howard (Texas) JC.
27. Jake Austin, of, Wake Forest University.
28. Rafael Gutierrez, of, Sandalwood HS, Jacksonville.
29. Lance Davis, lhp, Mary Montgomery HS, Semmes, Ala.
30. Chris Wiggs, ss, Santa Fe Catholic HS, Lakeland, Fla.
31. Daren Hobson, rhp, Meridian (Miss.) CC.
32. Joshua Stough, rhp, Walker County HS, Jasper, Ala.
33. **Diogenes Baez, of, Connors State (Okla.) JC.**
34. **Kevin Becker, rhp, Hilliard HS, Galloway, Ohio.**
35. Jerry Taylor, c-of, Goliad (Texas) HS.
36. Richie Wyman, of, Central Florida CC.
37. Ken Albarado, of, Woodlawn HS, Baton Rouge, La.
38. Steven Carver, ss, The Bolles School, Jacksonville.
39. Chris Davis, rhp, Northwest Mississippi CC.

CALIFORNIA ANGELS (17)

1. **Eduardo Perez, 1b, Florida State University.**
1. **Jorge Fabregas, 3b-c, University of Miami** (Supplemental choice—34th—for loss of Type 'A' free agent Chili Davis).
2. **Chris Pritchett, 1b, UCLA.**
3. **Mark Ratekin, rhp, Point Loma (Calif.) Nazarene College.**
4. **John Donati, 1b, DelaSalle HS, Concord, Calif.**
5. **David Kennedy, rhp-of, Montclair State College.**
6. **Brian Williard, rhp, Dixie Hollins HS, St. Petersburg, Fla.**
7. **Chris Turner, 3b-c, Western Kentucky University.**
8. Kurt Ehmann, ss, Arizona State University.
9. **Mark Sweeney, of, University of Maine.**
10. **Gary Hagy, ss, UCLA.**
11. **Jeff Knox, rhp, Deltona (Fla.) HS.**
12. Ken Maire, rhp, Eureka (Calif.) HS.

13. **Kyle Sebach, rhp, Grossmont (Calif.) JC.**
14. **Fred Young, rhp, Hillsborough HS, Tampa.**
15. **Korey Keling, rhp, University of Oklahoma.**
16. **Shawn Purdy, rhp, University of Miami.**
17. **Shad Williams, rhp, Fresno (Calif.) CC.**
18. **John Gledhill, rhp, Oklahoma City University.**
19. **Dennis McCaffery, of, Villanova University.**
20. Kevin Kloek, rhp, Citrus (Calif.) CC.
21. Keith Stafford, ss, South Georgia JC.
22. **Ron Martin, of, Downey HS, Compton, Calif.**
23. **Robbie Saitz, rhp, Fresno State University.**
24. **James Ruocchio, 3b, C.W. Post.**
25. Jon McGuire, 1b, McIntosh HS, Peachtree City, Ga.
26. Scott Schultz, rhp, Broad Run HS, Sterling, Va.
27. **Mark Mammola, lhp, Pace University.**
28. Frank Greely, of, Lassen (Calif.) JC.
29. Lyall Barwick, c, Delgado (La.) JC.
30. Mike Parisi, rhp, Arcadia (Calif.) HS.
31. Michael Monday, c, Orange Coast (Calif.) JC.
32. **John Wylie, rhp, Jacksonville University.**
33. **Orlando Palmeiro, of, University of Miami.**
34. Mike Halperin, lhp, Barron Collier HS, Naples, Fla.
35. Glenn Duckett, ss, Carthage (Mo.) HS.
36. Rob Plarski, c, Poway (Calif.) HS.
37. Carl Dalton, ss, Cave Spring HS, Roanoke, Va.
38. Richie Blackwell, lhp, Whiteville (N.C.) HS.
39. Enrique Ramos, rhp, Luquillo, P.R.
40. David Vindivich, of, Edmonds (Wash.) CC.
41. O.J. McDuffie, of, Penn State University.
42. Alfredo Diaz, ss, Pasadena (Calif.) CC.
43. Aaron Boone, ss-3b, Villa Park (Calif.) HS.
44. Eric Morgan, rhp, Cocoa (Fla.) HS.
45. Jacob Cruz, of, Channel Islands HS, Oxnard, Calif.
46. **Mike Butler, lhp, North Carolina State University.**
47. Eric Mayo, rhp, Cherokee HS, Canton, Ga.
48. Rudolph Stroud, ss-3b, Brandon (Fla.) HS.
49. **Mark Ledinsky, lhp-of, Jacksonville University.**
50. Allan Parker, ss, Polk (Fla.) CC.
51. Browning Nagle, rhp, University of Louisville.
52. Travis Exum, rhp, Lake Weir HS, Ocklawaha, Fla.
53. John Foran, rhp, Marianna HS, Alford, Fla.

CHICAGO CUBS (12)

1. **Doug Glanville, of, University of Pennsylvania.**
2. (Choice to Blue Jays as compensation for Type 'A' free agent George Bell).
3. **Bill Bliss, lhp, Villanova University.**
4. **Terry Adams, rhp, Mary Montgomery HS, Semmes, Ala.**
5. **Ozzie Timmons, of, University of Tampa.**
6. **Hector Trinidad, rhp, Pioneer HS, Whittier, Calif.**
7. **Maceo Houston, of, Galileo HS, San Francisco.**
8. **Steve Trachsel, rhp, Long Beach State University.**
9. Jon Lieber, rhp, University of South Alabama.
10. **Scott Weiss, rhp, Stanford University.**
11. Sean Drinkwater, 2b-ss, Cypress (Calif.) JC.
12. **Michael Reeves, of, Arizona State University.**
13. **Carl Schramm, rhp, Illinois Benedictine College.**
14. **Ben Burlingame, rhp, University of Maine.**
15. **Devin Chavez, 3b-1b, Riverview HS, Kennewick, Wash.**
16. Chad Tredaway, ss, Seminole (Okla.) JC.
17. **Mitchell Root, ss, Chatsworth (Calif.) HS.**
18. Trevor Humphry, rhp, Westark (Ark.) CC.
19. **Thomas Walker, 1b, Walla Walla (Wash.) CC.**
20. Bryan Garrett, of, Odessa (Texas) JC.
21. Chris Clemons, rhp, McGregor (Texas) HS.
22. **Kirk Goodson, rhp, Bluefield State (W.Va.) College.**
23. **Joe Szczepanski, lhp, California Baptist College.**
24. **Joe Terilli, of, Northwood (Texas) Institute.**
25. **Michael Tidwell, lhp, Lenoir-Rhyne (N.C.) College.**
26. Frank Sanders, of, Dillard HS, Ft. Lauderdale, Fla.
27. Orlando Lopez, lhp, Isabella, P.R.
28. **Randy Belyeu, c, Jacksonville State University.**
29. **Rudy Gomez, ss, California Baptist College.**
30. **Brian Kenny, rhp, Villanova University.**
31. **Steven Davis, rhp, Lenoir-Rhyne (N.C.) College.**
32. **Frank Sample, rhp, College of the Ozarks (Mo.).**
33. Robin Jennings, of, Manatee (Fla.) JC.
34. Jonathan Cornelius, of, Charter Oak HS, Covina, Calif.
35. Robert Nutting, c, Riverton HS, Galena, Kan.
36. Ramon Martinez, ss, Bayamon, P.R.
37. Chad Richardson, rhp, JC of Southern Idaho.
38. Curtis Hall, ss, Pocatello (Idaho) HS.
39. David Skeels, c, Thousand Oaks (Calif.) HS.
40. Kevin Lydon, lhp, Mission HS, Fremont, Calif.
41. Daron Mooneyham, ss, Mammoth HS, Mammoth Lakes, Calif.
42. Doug Webb, 3b-rhp, Alta HS, Draper, Utah.

43. Traver Hunter, rhp, JC of Southern Idaho.
44. Perry Amos, lhp, Butte (Calif.) JC.
45. Eluid Barreto, of, Agua Dilla, P.R.
46. Orlando Portalatin, of, Bayamon, P.R.
47. Roque Colon, of-1b, Manati, P.R.

CHICAGO WHITE SOX (25)

1. Scott Ruffcorn, rhp, Baylor University.
2. Larry Thomas, lhp, University of Maine.
3. Mike Robertson, 1b, University of Southern California.
4. Brian Boehringer, rhp, University of Nevada-Las Vegas.
5. Eric Richardson, of, Brenham (Texas) HS.
6. Harold Henry, of, Northeast Louisiana University.
7. Steve Olsen, rhp, Eastern Kentucky University.
8. Demond Thomas, ss-of, Elizabethtown (Ky.) HS.
9. Troy Fryman, 1b, Jefferson Davis State (Ala.) JC.
10. Juan Thomas, of, Paul Blazer HS, Ashland Ky.
11. Alan Levine, rhp, Southern Illinois University.
12. Stephen Brady, ss, Liberty University.
13. Mike Heathcott, rhp, Creighton University.
14. Glenn DiSarcina, ss, University of Massachusetts.
15. Charles Frontera, rhp, Bishop Ford HS, Brooklyn, N.Y.
16. Marc Kubicki, rhp, University of Southern Mississippi.
17. Demarcus Harris, ss, Caesar Rodney HS, Camden, Del.
18. Mike Cameron, of, LaGrange (Ga.) Ga.
19. Denis Pujals, rhp, Southwest HS, Miami, Fla.
20. Michael Call, rhp, University of Washington.
21. Matt Hattabaugh, c, Cal State Fullerton.
22. David Martorana, 3b-ss, Flagler College.
23. Anthony Milledge, of, Palmetto (Fla.) HS.
24. Paul Crow, rhp, San Jacinto (Texas) JC.
25. Shawn Buchanan, of, University of Nebraska.
26. Essex Burton, 2b-of, San Francisco State University.
27. Richard Bowrosen, 2b, Flagler College.
28. Clay Hill, of, South Grand Prairie HS, Grand Prairie, Texas.
29. John Herrholz, rhp, University of New Orleans.
30. Carmine Cappuccio, of, Rollins College.
31. Mike Bertotti, lhp, Iona College.
32. Dean Haase, c, University of Wisconsin-Oshkosh.
33. Julio Vinas, c, American HS, Hialeah, Fla.
34. David Marrero, 3b, Miami Lakes HS, Hialeah, Fla.
35. John MacCauley, rhp, University of Evansville.
36. Jason Jordan, 1b, Jefferson Davis HS, Montgomery, Ala.
37. Sean Duncan, of, Martin HS, Arlington, Texas.
38. Brandon Wilhite, rhp, Mississippi Delta JC.
39. Darin Dreasky, 2b, Central Michigan University.
40. Mike Schmitz, 1b, Brevard (Fla.) JC.
41. Robert Perry, 3b, Sacramento (Calif.) CC.
42. Derek Bullock, rhp, Chaparral HS, Las Vegas, Nev.
43. Michael Eaglin, ss-2b, DeAnza HS, San Pablo, Calif.
44. Tyler Borup, 1b, Sammamish HS, Bellevue, Wash.
45. Shannon Coulter, ss, Grand Prairie HS, Cedar Hill, Texas.
46. William King, rhp, Carrol HS, Ozark, Ala.
47. Deloren Corbett, rhp, St. Augustine (Fla.) HS.
48. Greg McGraw, rhp, Mortimer-Jordan HS, Gardendale, Ala.
49. Brian Jones, of, St. Augustine (Fla.) HS.
50. Bobby Langer, ss, Creighton University.
51. Robert Lamb, rhp, Mississippi Delta JC.
52. Shawn McGinn, ss, University of Nebraska-Omaha.
53. Chris Mader, c, Rollins College.
54. Lovett Purnell, of, Seaford (Del.) HS.

CINCINNATI REDS (20)

1. Calvin Reese, ss, Lower Richland HS, Hopkins, S.C.
2. Toby Rumfield, c, Belton (Texas) HS.
3. Joe DeBerry, 1b, Clemson University.
4. Kevin Bentley, of, Mansfield (Texas) HS.
5. Mike Harrison, c, University of California.
6. Dave Tuttle, rhp, Santa Clara University.
7. Chris Reed, rhp, Katella HS, Anaheim, Calif.
8. John Courtright, lhp, Duke University.
9. Damon Montgomery, of, Fremont HS, Los Angeles.
10. Armando Morales, rhp, University of New Orleans.
11. Scott Dodd, lhp, Arizona State University.
12. Rodney Steph, rhp, Texas Tech.
13. Jason Heath, 3b-of, Seminole (Okla.) JC.
14. Brian Koelling, ss, Bowling Green State University.
15. Ken Cavazzoni, of, Columbia University.
16. Bubba Hardwick, lhp, Polk (Fla.) CC.
17. Mike Jones, c-3b, Wichita State University.
18. Mike Coletti, lhp, Oklahoma City University.
19. Gene Taylor, rhp, Lubbock Christian University.
20. Jeff Stephens, 3b, University of Texas-Arlington.
21. Kevin Jarvis, rhp, Wake Forest University.
22. Clifton Foster, rhp, Angelina (Texas) JC.

23. James Ritchey, c, Copperas Cove (Texas) HS.
24. **Rodney Thomas, of, North Marion HS, Reddick, Fla.**
25. **John Gast, 3b, East Carolina University.**
26. **Wayne Wilkerson, of, Norfolk State University.**
27. Isaac Burton, 3b, Washington HS, Los Angeles.
28. **John Hrusovsky, rhp, Indian River (Fla.) CC.**
29. **Scott Snead, ss, North Carolina State University.**
30. Brian Carlin, of, Northwestern State University.
31. **George Dreisbach, c, West Liberty State College.**
32. Matt Cesare, ss, Pearce HS, Richardson, Texas.
33. Kevin Zellers, ss-2b, Holy Name HS, Maple Heights, Ohio.
34. **Elijah Robinson, of-1b, Central HS, Joliet, Ill.**
35. Doyle Preston, of, Mt. Vernon HS, Saltillo, Texas.
36. **Matt Martin, 2b, Lubbock Christian University.**
37. **Rossi Morris, of, Madison HS, Houston.**
38. John Sherbert, c, Whiteville (N.C.) HS.
39. **Yamil Concepcion, 3b, Florida, P.R.**
40. Stephen Larkin, 1b, Moeller HS, Cincinnati.
41. Aaron Fultz, lhp, Munford (Tenn.) HS.
42. **Demetrish Jenkins, ss, Dreher HS, Columbia, S.C.**
43. Jimmy Rice, ss-2b, McLean County HS, Owensboro, Ky.
44. Brett Backlund, rhp, University of Iowa.
45. James Ethridge, lhp, Marengo Academy, Linden, Ala.
46. Curt Lowry, of, Paris (Texas) HS.
47. Saul Bustos, 3b, Odessa (Texas) JC.
48. John Gildon, c, Pleasant Grove HS, Texarkana, Texas.
49. Rodriguez Sanders, of, Wilson HS, Florence, S.C.
50. Derbe Pearson, rhp, Dayton (Texas) HS.
51. Stephen Claybrook, ss, Calallen HS, Robstown, Texas.
52. Stuart Downing, of, Fairport (N.Y.) HS.

CLEVELAND INDIANS (13)

1. **Manny Ramirez, 3b-of, George Washington HS, New York.**
2. **Herbert Perry, 3b, University of Florida.**
3. **Chad Ogea, rhp, Louisiana State University.**
4. **Paul Byrd, rhp, Louisiana State University.**
5. **Kevin Logsdon, lhp, Linn-Benton (Ore.) CC.**
6. **Tom Vantiger, of, Iowa State University.**
7. **Pep Harris, rhp, Lancaster (S.C.) HS.**
8. **Chris Coulter, lhp, Pensacola (Fla.) JC.**
9. **Paul Meade, ss, Oral Roberts University.**
10. **Scott Sharts, 1b-rhp, Cal State Northridge.**
11. **Brad Kantor, 2b, Manatee (Fla.) JC.**
12. **Jeff Whitaker, ss, Martinsville (Va.) HS.**
13. **Ryan Martindale, c, Creighton University.**
14. **Mike Jewell, rhp, Sacramento (Calif.) CC.**
15. **Tommy Bates, ss, University of Southwestern Louisiana.**
16. **Rod Koller, rhp, Southern Arkansas University.**
17. **Wade Key, rhp, Spartanburg Methodist (S.C.) JC.**
18. **Michael Burritt, 3b-rhp, Oak Grove HS, San Jose, Calif.**
19. **Chris Maffett, rhp, Southport HS, Indianapolis.**
20. **Albie Lopez, rhp, Mesa (Ariz.) CC.**
21. Jed Hansen, ss, Capitol HS, Olympia, Wash.
22. **Grady Davidson, lhp, Southern University.**
23. **Greg Knapland, lhp, University of Washington.**
24. **Andre White, of, Laney (Calif.) JC.**
25. **Brandon Bluhm, lhp, West HS, Chehalis, Wash.**
26. Rufus Boykin, of, Oviedo (Fla.) HS.
27. Denny Vigo, 1b-3b, Cal State Northridge.
28. Warren Frierson, 2B, Hartsville HS, Lydia, S.C.
29. **Patrick Maxwell, 2b, Western New Mexico University.**
30. **Rodd Hairston, 1b, Stephen F. Austin University.**
31. **Ian Doyle, rhp, Cuyahoga (Ohio) CC.**
32. Jeff Seale, rhp, San Jacinto (Texas) JC.
33. **Dave Duplesis, 1b, St. Mary's (Calif.) College.**
34. Dave Majeski, of, University of Florida.
35. **Gary Tatterson, rhp, Arizona State University.**
36. **Jorge Santiago, 3b, Bayamon, P.R.**
37. **Michael Moore, c, West Virginia University.**
38. Robert Sherwood, c, Burroughs HS, Burbank, Calif.
39. Jason Elders, rhp, Rocky River (Ohio) HS.
40. **Michael Taylor, c, Brookdale (N.J.) CC.**
41. **Brian Buzard, lhp, Wichita State University.**
42. Erik Lane, ss, Russellville (Ark.) HS.
43. Damien Crabtree, lhp, Ballard HS, Seattle.
44. Damian Jackson, ss, Ygnacio Valley HS, Concord, Calif.
45. Greg Sinner, rhp, Kishwaikee (Ill.) JC.
46. James Gatlin, c, Cedar Hills (Texas) HS.
47. William Duffie, c, Irmo (S.C.) HS.
48. Shannon Jones, ss, New Mexico JC.
49. Steven Bourgeois, rhp, Delgado (La.) CC.
50. Ryan Post, rhp, Wilson HS, Tacoma, Wash.
51. Jonathan Stephany, of, Spanaway Lake HS, Tacoma, Wash.
52. Jay Giardina, rhp, Delgado (La.) CC.
53. Dale Dolejsi, rhp, Lindbergh HS, Renton, Wash.

54. John Waters, of, Eastern Wayne HS, LaGrange, N.C.
55. Jamie Hanson, c, Kentwood HS, Kent, Wash.
56. Erasmo Velasco, of, Laredo (Texas) JC.
57. Robert Augustine, rhp, Cowley County (Kan.) CC.
58. Damon Sims, rhp, Belaire HS, Baton Rouge, La.
59. Brian Holter, rhp, Benton (Ark.) HS.
60. Ryan Stofer, rhp, Victoria, B.C.
61. Andy Stemler, lhp, Lewis University.
62. Tim Thompson, ss, Harding HS, Charlotte, N.C.

DETROIT TIGERS (15)

1. (Choice to Brewers as compensation for Type 'A' free agent Rob Deer).
1. Justin Thompson, lhp, Klein Oak HS, Spring, Texas (Supplemental choice—32nd—for loss of Type 'A' free agent Jack Morris).
1. Trever Miller, lhp, Trinity HS, Louisville (Supplemental choice—41st—for loss of Type 'A' free agent Mike Heath).
2. Tarrik Brock, of, Hawthorne (Calif.) HS.
3. Brian Edmondson, rhp, Norte Vista HS, Riverside, Calif. (Choice from Brewers as compensation for Type 'B' free agent Edwin Nunez).
3. Justin Mashore, of, Clayton Valley HS, Concord, Calif.
4. Sean Bergman, rhp, Southern Illinois University.
5. Paul Megrini, rhp, Wallington (N.J.) HS.
6. Jason Pfaff, rhp, University of Michigan.
7. Arthur Adams, rhp, Laney (Calif.) JC.
8. Joe Perona, c, Northwestern University.
9. Clint Sodowsky, rhp, Connors State (Okla.) JC.
10. Thomas Gibson, of, Mission (Calif.) JC.
11. Brian Sullivan, of, Fordham University.
12. Clarke Rea, c, Arizona State University.
13. Evan Pratte, ss, Southwest Missouri State University.
14. Brian Prichard, c, Cincinnati Academy of Physical Education.
15. Phil Stidham, rhp, University of Arkansas.
16. Todd Bussa, rhp, Palm Beach Gardens (Fla.) HS.
17. Todd Ruyak, lhp, University of Virginia.
18. Peter Feeley, of, University of Lowell.
19. Robin Higginbotham, of, Mississippi Gulf Coast JC.
20. Rich Kelley, lhp, Jacksonville University.
21. Mark Tillman, of, Loyola Marymount University.
22. Tom Schwarber, rhp, Ohio State University.
23. Robert Grable, 3b, St. John's University.
24. Matt Bauer, lhp, Central Michigan University.
25. Scott Durussel, rhp, Western Michigan University.
26. John Reid, rhp, Stanford University.
27. Victor Rodriguez, ss, Woodham HS, Pensacola, Fla.
28. Robert Lemay, lhp, St. Andrews Presbyterian (N.C.) College.
29. Dan Ruff, of, University of Michigan.
30. Kevin Morgan, ss, Southeastern Louisiana University.
31. James Givens, 2b-ss, Kent State University.
32. Drew Christman, of, University of Oklahoma.
33. Ray Ricken, rhp, Notre Dame HS, Warren, Mich.
34. Inaldo Marrero, c, Arizona Western JC.
35. Scott Kennedy, rhp, Plymouth-Canton HS, Plymouth, Mich.
36. James Gordon, rhp, Turner HS, Burneyville, Okla.
37. Del Marine, c, Moorpark (Calif.) JC.
38. (selection voided)
39. Ryan Dedmon, 1b, Gaither HS, Lutz, Fla.
40. Enrique Martinez, ss, JC of the Desert (Calif.).
41. Joshua Kirtlan, 1b, Sacramento (Calif.) CC.
42. Sean Hugo, 1b, West Moore HS, Oklahoma City.
43. Troy Wachter, of, Miller Place (N.Y.) HS.
44. Doug Martin, rhp, Eastern Michigan University.
45. Dennis Walsh, lhp, University of Alabama.
46. Greg Raffo, rhp, Middle Tennessee State University.
47. Bobby Hughes, c-3b, Los Angeles Valley JC.
48. Tristan Paul, ss, Rolling Hills HS, Rolling Hills Estates, Calif.
49. Brian Shumard, 1b, JC of the Redwoods (Calif.).
50. Michael Jenkins, rhp, Moorpark (Calif.) JC.
51. Reggie Jackson, lhp, Hillsborough (Fla.) CC.
52. Chris McArtor, of, Gulf Coast (Fla.) CC.
53. Curt Bell, c, Indian River (Fla.) CC.
54. Ken Tipton, of, Texarkana (Texas) CC.
55. Robert Dickerson, of, Mississippi Gulf Coast JC.
56. Sean Davisson, c-of, Sacramento (Calif.) CC.
57. John Timko, c, Polk (Fla.) CC.
58. Steven Breland, lhp, Mosley HS, Panama City, Fla.
59. Toby McFarland, lhp, Riverside (Calif.) CC.
60. Kerry Collins, ss-3b, Penn State University.
61. Robert Yelton, c, Miami (Ohio) University.
62. Greg Frey, of, Ohio State University.

HOUSTON ASTROS (6)

1. John Burke, rhp, University of Florida.
1. Shawn Livsey, ss, Simeon HS, Chicago (Supplemental choice—28th—for loss of Type 'A' free agent Danny Darwin).
1. Jim Gonzalez, c, East Hartford (Conn.) HS (Supplemental choice—40th—

for loss of Type 'A' free agent Dave Smith).
 1. Mike Groppuso, 3b, Seton Hall University (Supplemental choice—44th—for loss of Type 'A' free agent Franklin Stubbs).
 2. Buck McNabb, of, Fort Walton Beach (Fla.) HS (Choice from Cardinals as compensation for Type 'B' free agent Juan Agosto).
 2. Jimmy Lewis, rhp, Florida State University (Choice from Brewers as compensation for Type 'A' free agent Franklin Stubbs).
 2. Eddy Ramos, 3b, American HS, Hialeah, Fla.
 3. Chris Durkin, of, Youngstown State University.
 4. Brian Holliday, rhp, San Diego State University.
 5. Dan Grapenthien, 1b-of, Thornton Fractional South HS, Lansing, Ill.
 6. Todd Hobson, of, Indiana State University.
 7. James Mouton, of, St. Mary's (Calif.) College.
 8. Tom Anderson, rhp, University of Iowa.
 9. Angelo Lee, of, Simeon HS, Chicago.
 10. Joshua Spring, rhp, Lebanon (Ohio) HS.
 11. Kevin Webb, 3b, UCLA.
 12. Rod Biehl, lhp, University of Louisville.
 13. Anthony Miller, lhp, University of Dayton.
 14. Bryant Winslow, 1b, University of California-Irvine.
 15. Rich Schulte, of, Central (Iowa) College.
 16. Michael Murphy, c, U.S. International University.
 17. Randy Albaladejo, c, Vega Alta, P.R.
 18. Mario Linares, c, University of Florida.
 19. Carlos Perez, 1b-of, Ellison HS, Killeen, Texas.
 20. Chris White, rhp, Cleveland State University.
 21. James Waring, rhp, Stetson University.
 22. Roger Rumsey, of, Dallas Baptist University.
 23. Kirk Larson, ss, Homestead HS, Sunnyvale, Calif.
 24. Joe Sewell, rhp, University of California-Irvine.
 25. Jose Flores, ss-2b, Brandeis HS, New York.
 26. Anthony Dermendziev, of, Santa Teresa HS, San Jose, Calif.
 27. Kyle Wagner, c, Red Land HS, New Cumberland, Pa.
 28. Aldren Sadler, rhp, Middle Georgia JC.
 29. Mark Loughlin, lhp, Providence College.
 30. Michael Machado, of, Antioch (Calif.) HS.
 31. Matt Williams, rhp, Edmond Memorial HS, Edmond, Okla.
 32. Bobby Howry, rhp, Deer Valley HS, Glendale, Ariz.
 33. Craig Castellanos, lhp, Victor Valley HS, Victorville, Calif.
 34. Tony Pruett, c-of, El Camino (Calif.) JC.
 35. Jermine Adams, of, Riverside (Calif.) CC.
 36. Keith Davenport, lhp, Michigan State University.
 37. Jeffrey Miller, rhp, Missouri Baptist College.
 38. Marlon Gardinera, of, Mission Bay HS, San Diego.
 39. Alvin Morman, lhp, Wingate (N.C.) College.
 40. Mike Metcalfe, ss, Colonial HS, Orlando.
 41. Heath Rose, lhp, MacMurray (Ill.) College.
 42. Ricky Blest, lhp, Missouri Baptist College.
 43. Roy Nieto, rhp, Southwestern (Texas) University.
 44. Todd Coburn, c, Butte (Calif.) JC.
 45. Marty Henry, rhp, Treasure Valley (Ore.) CC.
 46. Donald Smith, rhp, Orange Coast (Calif.) JC.
 47. Eduardo Fuentes, 2b, Santurce, P.R.
 48. Paul Barber, ss, Queen City (Texas) HS.
 49. James Davis, 3b, San Diego CC.
 50. Michael Keenan, rhp, Hancock (Calif.) JC.
 51. Johnny Mitchell, of, Middle Georgia JC.
 52. Jason Reed, lhp, El Capitan HS, El Cajon, Calif.
 53. Sean Tyler, of, Texarkana (Tex.) CC.
 54. Kraig Kupiec, of, Durfee HS, Fall River, Mass.
 55. Donald Olsen, c, Fullerton (Calif.) HS.
 56. Louis Collier, rhp, Vocational HS, Chicago.
 57. Fausto Abad, of, Middle Georgia JC.
 58. Jamie Falconer, lhp, LaGrand (Ore.) HS.
 59. Johnny Isom, of, Crowley HS, Ft. Worth, Texas.
 60. Joch Martin, of, Loves Park-Harlem HS, Rockford, Ill.
 61. Sean Fesh, lhp, Bethel (Conn.) HS.
 62. Jeff Henry, of, Glenwood HS, Phenix City, Ala.
 63. Gerald Witasick, rhp, Brevard (Fla.) CC.
 64. Luis Victoria, rhp, Catano, P.R.
 65. Kerry Bertrand, of, Berwick HS, Morgan City, La.
 66. Eric Dumas, of, Covington HS, Madisonville, La.
 67. Chad Dunavan, of, Everman HS, Fort Worth, Texas.
 68. Trevin Smith, rhp-c, West Mecklenburg HS, Denver, N.C.
 69. Alfonso Montoya, of, San Marino (Calif.) HS.
 70. Chris Briones, c, Brea (Calif.) HS.
 71. Jeff Beck, c, Mt. Vernon HS, Alexandria, Va.
 72. Matthew Maffei, 1b, Laguna Hills HS, Dana Point, Calif.
 73. Brett Baptist, rhp, Jacksonville (Ill.) HS.
 74. Matt Beaumont, lhp, Rittman (Ohio) HS.
 75. Donald Shump, 3b, Northeast HS, Pasadena, Md.
 76. Rahasal Buggs, c, Morgan Park HS, Chicago.
 77. Robert Giannola, c, Ohlone (Calif.) JC.
 78. Scott Martyka, of-lhp, Incline HS, Incline Village, Nev.
 79. Robert Medel, 3b, Waukegan (Ill.) HS.
 80. Thomas Uptegrove, of, Clear Creek HS, League City, Texas.

81. Jeff Latimore, 3b, Vocational HS, Chicago.
82. Robert Klemme, 1b, Niles North HS, Skokie, Ill.
83. Koby Stovall, lhp, Skyview HS, Billings, Mon.
84. David Vergara, lhp, Westminster (Calif.) HS.
85. Anthony Spivey, rhp, Pacelli HS, Phenix City, Ala.
86. Rodney Ruelas, lhp, Niles North HS, Skokie, Ill.
87. Evan Bailey, rhp, Escambia HS, Pensacola, Fla.
88. Britt Gusmus, of, Cherry Creek HS, Englewood, Colo.
89. Pat Harter, of, Fernandina Beach (Fla.) HS.
90. Danny Harris, 3b, Henry County HS, Stockbridge, Ga.
91. Brook Holding, 3b, Blanchard (Okla.) HS.
92. Mike Hammer, ss, Willowbrook HS, Villa Park, Ill.
93. Craig Everett, of, Norcast HS, Pasadena, Md.
94. Jose Avina, of, East Union HS, Lathrop, Calif.
95. Daniel Pagan, 3b-1b, Howard (Texas) JC.
96. Brian Hudson, rhp, Mater Dei HS, Fountain Valley, Calif.

KANSAS CITY ROYALS (7)

1. **Joe Vitiello, of-1b, University of Alabama.**
1. **Jason Pruitt, rhp, Rockingham County HS, Wentworth, N.C.** (Supplemental choice—30th—for loss of Type 'A' free agent Steve Farr).
2. **Ryan Long, 3b, Dobie HS, Pasadena, Texas** (Choice from Yankees as compensation for Type 'A' free agent Steve Farr).
2. (Choice to Red Sox as compensation for Type 'A' free agent Mike Boddicker).
3. (Choice to Dodgers as compensation for Type 'B' free agent Kirk Gibson).
4. **Dwayne Gerald, ss, St. Paul's (N.C.) HS.**
5. **Shane Halter, ss, University of Texas.**
6. **Mike Bovee, rhp, Mira Mesa HS, San Diego.**
7. Paul Failla, ss, North Alleghany HS, Wexford, Pa.
8. **Kevin Hodges, rhp, Klein Oak HS, Spring, Texas.**
9. **Steve Hinton, of, Creighton University.**
10. **Mike Sweeney, c, Ontario (Calif.) HS.**
11. **Joe Randa, 3b, University of Tennessee.**
12. **Mike Fyhrie, rhp, UCLA.**
13. **Roderick Myers, of, Conroe (Texas) HS.**
14. **Angel Macias, rhp, East Los Angeles JC.**
15. **Chris Connolly, lhp, Radford University.**
16. **Michael Bailey, rhp, Tallahassee (Fla.) CC.**
17. **Mark Johnson, of, University of Arkansas.**
18. Brian Teeters, of, Bakersfield (Calif.) JC.
19. Michael Currier, rhp, North Harris (Texas) CC.
20. **John Downs, rhp, Muscatine (Iowa) CC.**
21. **David Farsaci, rhp, High Point (N.C.) College.**
22. **Matthew Bennett, rhp, Davis HS, Modesto, Calif.**
23. **Andrew Brookens, 2b, Shippensburg University.**
24. Joe Carrillo, lhp, Southwestern (Calif.) JC.
25. **Les Norman, of, College of St. Francis (Ill.).**
26. **Joel Johnson, rhp, Simpson (Iowa) College.**
27. **Kris Glaser, rhp, Olney Central (Ill.) JC.**
28. **Daniel Servello, of, West Virginia University.**
29. Justin Craig, rhp, Peabody HS, Pittsburgh.
30. Michael McLain, rhp, Sacramento (Calif.) CC.
31. **Troy Babbitt, 3b, Cypress (Calif.) JC.**
32. **Paul Sanders, c, Oregon State University.**
33. **Ryan Towns, rhp, Blinn (Texas) JC.**
34. **Roger Landress, rhp, Augusta College.**
35. **Kevin Kobetitsch, lhp, Concordia (N.Y.) College.**
36. **Paul West, rhp, Garland County (Ark.) CC.**
37. **Rodney Williams, of, Palmdale (Calif.) HS.**
38. Shandel Curris, of, Cass HS, Detroit.
39. Jim Miller, rhp, Michigan State University.
40. Trenton Hauswirth, c, JC of the Desert (Calif.).
41. Dax Winslett, rhp, McLennan (Texas) CC.
42. Jarrod Smith, of-3b, Polk (Fla.) CC.
43. **Chris Medrick, lhp, Emporia State University.**
44. **Jeff Smith, rhp, Oregon State University.**
45. Ramon Smith, of, Encinal HS, Alameda, Calif.
46. Twaino Moss, of, Hancock Central HS, Sparta, Ga.
47. James Reinecker, rhp, Northview HS, Covina, Calif.
48. Jorge Ortiz, rhp, Carolina, P.R.
49. Jason Chandler, lhp, Burbank (Calif.) HS.
50. Chad Bumgarner, rhp, Palm Desert (Calif.) HS.
51. Michael Blang, rhp, Monona Grove HS, Monona, Wis.
52. Rex Crosnoe, c, Cape-Central HS, Cape Girardeau, Mo.
53. Derrick Robinson, 3b, Pleasant Grove (Utah) HS.
54. Edgar Orta, lhp, San Gabriel HS, Alhambra, Calif.
55. **Thomathon Good, of, Brazoswood HS, Clute, Texas.**
56. Scott Harrison, rhp, University of Texas.
57. Roy Marsh, of, Perry Hall HS, Baltimore.
58. Michael Mitchell, 1b, Rio Mesa HS, Camarillo, Calif.
59. Jason Guyton, of, Caruthersville (Mo.) HS.
60. Ron Rivera, rhp, Cayey, P.R.
61. Francis Rosa, rhp, Arecibo, P.R.
62. Kenneth Phillips, of, University of Oregon.

Two first-round picks went unsigned in 1991: Houston's John Burke, left, and Milwaukee's Kenny Henderson.

LOS ANGELES DODGERS (18)

1. (Choice to Mets as compensation for Type 'A' free agent Darryl Strawberry).
2. (Choice to Expos as compensation for Type 'B' free agent Kevin Gross).
3. **Todd Hollandsworth, of, Newport HS, Bellevue, Wash.** (Choice from Royals as compensation for Type 'B' free agent Kirk Gibson).
3. Todd LaRocca, ss, The Lovett School, Atlanta.
4. **Mike Walkden, lhp, Lake Stevens (Wash.) HS.**
5. **Doug Bennett, rhp, University of Arkansas.**
6. **Mike Iglesias, rhp, Hayward (Calif.) HS.**
7. **Brandon Watts, lhp, Ruston (La.) HS.**
8. **Vince Jackson, of, Central HS, Davenport, Iowa.**
9. **Dennis Winicki, ss, Mona Shores HS, Muskegon, Mich.**
10. **Lonnie Jackson, of, Washington HS, Oakland.**
11. **Chris Latham, ss, Basic HS, Las Vegas, Nev.**
12. **Carlo Walton, c, East Side HS, Newark, N.J.**
13. **David Fitzpatrick, rhp, Sullivan South HS, Kingsport, Tenn.**
14. **Robert Legendre, rhp, Cypress (Calif.) JC.**
15. **Erik Zammarchi, of, Marin (Calif.) JC.**
16. **Chris Sinacori, rhp, Florida International University.**
17. **Chad Zerbe, lhp, Hillsborough (Fla.) CC.**
18. **JoJo Smith, lhp, Vanderbilt University.**
19. **Rick Gorecki, rhp, Oak Forest (Ill.) HS.**
20. **Billy Stephens, rhp, Ringgold (Ga.) HS.**
21. **Kevin Zahner, c, Ellington HS, Rockville, Conn.**
22. **Ken Huckaby, c, San Joaquin Delta (Calif.) JC.**
23. David Carroll, lhp, Chantilly HS, Fairfax, Va.
24. **Kevin Smith, lhp, Columbus (Ga.) HS.**
25. **Murph Proctor, 1b, University of Southern California.**
26. **Chris Crabtree, lhp, Middle Tennessee State University.**
27. **Todd Soares, of, New Bedford (Mass.) HS.**
28. **John Landrum, of, Jacksonville State University.**
29. **Vern Spearman, of, Fresno State University.**
30. **Jack Johnson, c, University of Arizona.**
31. **Chris Demetral, 2b, Western Michigan University.**
32. Travis Hall, lhp, Middle Georgia JC.
33. **Jay Kirkpatrick, c, Methodist (N.C.) College.**
34. Cedric Allen, lhp, McLennan (Texas) CC.
35. **Eduardo Acosta, ss, Rock Falls (Ill.) HS.**
36. Kenneth Sikes, 1b-rhp, Perry (Ga.) HS.
37. Alejandro Periera, lhp, Miami-Dade CC New World Center, Miami.
38. **Gary Cope, rhp, Motlow State (Tenn.) CC.**
39. **Clifton Joyce, lhp, South Stokes HS, Walnut Cove, N.C.**
40. **Michael Sube, lhp, West Virginia University.**
41. **Carlos Castillo, rhp, Cypress (Calif.) JC.**
42. **Carlos Thomas, rhp, Tennessee State University.**
43. Chris West, 3b, Louisburg (N.C.) JC.
44. **Eric Vorbeck, of, Cal State Sacramento.**
45. **Marc Tramuta, ss, St. Bonaventure University.**
46. Mario Moody, ss, Glynn Academy, Brunswick, Ga.
47. Ken Jones, 1b, Pelham (Ga.) HS.
48. Matthew Svoboda, rhp, El Dorado HS, Placentia, Calif.
49. **Richard Ware, 2b, Greenville (Ill.) College.**
50. **German Gonzalez, 3b, JC of the Desert (Calif.).**
51. Dustin Rennspies, c, Mosley HS, Panama City, Fla.
52. **Cam Aronetz, lhp, Coquitlam, B.C.**
53. Chris Vaughn, lhp, John Logan (Ill.) JC.
54. Javier Ortiz, rhp, Caguas, P.R.
55. Brian Clark, c, Armijo HS, Fairfield, Calif.
56. Brian Wise, lhp, El Segundo (Calif.) HS.
57. Roger Cropper, of, St. Croix, Virgin Islands.

58. William Belcher, of, Fairfax HS, Los Angeles.
59. Jonathan Goodrich, rhp, Sonoma (Calif.) HS.
60. Steven Kline, lhp, Allegany (Pa.) CC.
61. Jareld Dunkin, c, Capitol Hill HS, Oklahoma City.
62. Kevin Clark, 3b, Basic HS, Henderson, Nev.
63. Richard Linares, rhp, Cerritos (Calif.) JC.
64. David Buhner, 1b, Clear Creek HS, Nassau Bay, Texas.
65. David Silvas, ss, San Jacinto HS, Pearland, Texas.
66. **Jason Bobb, rhp, Chippewa Falls (Wis.) HS.**
67. Derek Ornelas, of, Sylmar (Calif.) HS.
68. Chris Kenady, of, Westonka HS, Mound, Minn.
69. Richar Heineman, c, Culver City (Calif.) HS.
70. Joseph Jacobsen, rhp, Fresno (Calif.) CC.
71. Mark Fraser, rhp, Sudbury, Ontario.
72. Kerry Cosgrove, of, Palm Desert (Calif.) HS.
73. Stephane DiLauro, ss, Montreal, Quebec.
74. Eric Ontiveros, rhp, Bakersfield (Calif.) JC.
75. Joshua Hamik, c, Mt. Si HS, Fall City, Wash.
76. Brent Crowther, rhp, North Vancouver, B.C.
77. Rich Haley, of, Sacramento (Calif.) CC.
78. David Glass, of, Santa Rosa (Calif.) JC.
79. Stephen Matyczyk, ss, Southington (Conn.) HS.
80. Ismael Castaneda, lhp, Fresno (Calif.) CC.
81. Gar Vallone, ss, El Dorado HS, Placentia, Calif.
82. Michael Sanburn, rhp, JC of San Mateo (Calif.).
83. Aaron Wofford, ss, Yuba (Calif.) JC.
84. Jose Martinez, rhp, Los Angeles CC.
85. Darrell Sutton, rhp, Beverly Hills (Calif.) HS.
86. Brett Schafer, 3b, Santa Monica HS, Malibu, Calif.
87. Andy Saltsman, c, Crescenta Valley HS, La Crescenta, Calif.
88. Jarman Leach, of, San Marin HS, Novato, Calif.
89. Martin Meza, rhp, Cerritos (Calif.) JC.
90. Todd Blyleven, rhp, Cypress (Calif.) JC.
91. Steven Arffa, lhp, Glendora (Calif.) HS.
92. Derek Gauthier, 2b, Toronto.
93. William Stroud, c-1b, Dunwoody HS, Atlanta.
94. William McNally, ss, Winder Barrow HS, Winder, Ga.

MILWAUKEE BREWERS (5)

1. Kenny Henderson, rhp, Ringgold (Ga.) HS.
1. **Tyrone Hill, lhp, Yucaipa (Calif.) HS** (Choice from Tigers as compensation for Type 'A' free agent Rob Deer).
2. (Choice to Astros as compensation for Type 'A' free agent Franklin Stubbs).
2. **Judd Wilstead, rhp, Dixie HS, St. George, Utah** (Supplemental choice—71st—for loss of Type 'C' free agent Bill Krueger).
3. (Choice to Tigers as compensation for Type 'B' free agent Edwin Nunez).
4. **Mike Harris, 1b, University of Kentucky.**
5. Nomar Garciaparra, ss, St. John Bosco HS, Whittier, Calif.
6. **Cecil Rodrigues, of, Indian River (Fla.) CC.**
7. **Derek Wachter, of, Iona College.**
8. **Mike Matheny, c, University of Michigan.**
9. **Bill Dobrolsky, c, Shippensburg University.**
10. **Jim Wilkie, rhp, Triton (Ill.) JC.**
11. **Jeff Cirillo, 3b, University of Southern California.**
12. **Paul Arredondo, ss, Colton HS, Grand Terrace, Calif.**
13. **Byron Browne, rhp, Grand Canyon University.**
14. **John Trisler, rhp, Indiana State University.**
15. **Scott Talanoa, 1b, Long Beach State University.**
16. **David Preikszas, of, Miami (Ohio) University.**
17. **Charles O'Laughlin, lhp, Southwestern (Calif.) JC.**
18. **Tim Albert, of, University of Hawaii.**
19. **Mike Basse, of, University of Tennessee.**
20. **Michael Hancock, lhp, Volunteer State (Tenn.) CC.**
21. **Rob Gorrell, rhp, Arizona State University.**
22. Scott Morgan, 3b, Lompoc (Calif.) HS.
23. **Brian Dennison, lhp, University of Arkansas.**
24. **Andy Fairman, 1b, University of Michigan.**
25. Michael Swenson, lhp, Chamberlain HS, Tampa.
26. **Derek Ghostlaw, c, Bentley (Mass.) College.**
27. **Mark Stillwell, 1b, Kaiser HS, Honolulu.**
28. Antonio Valdez, rhp, Miami Beach (Fla.) HS.
29. Steven Brown, rhp, Central Arizona JC.
30. Mark Sobolewski, c-3b, Florida Southern College.
31. Brent Simonian, of, Fowler (Calif.) HS.
32. **Howard House, of, Howard University.**
33. Osmel Garcia, rhp-of, American HS, Hialeah, Fla.
34. **Mike Lawn, of, University of California.**
35. Geoff Hughes, of, Naperville North HS, Naperville, Ill.
36. Bobby Jones, of, Arlington HS, Riverside, Calif.
37. Albert Harvell, lhp, San Jose (Calif.) CC.
38. **Jason Imperial, 3b, Rutgers University.**
39. Maurice Crum, c-1b, University of Miami.
40. **Michael Stefanski, c, University of Detroit.**
41. Brad Gay, c, Hillsborough (Fla.) CC.
42. Jerry Fisher, rhp, Southern HS, Baltimore.

43. Michael Mace, rhp, Gulf Coast (Fla.) CC.
44. Robert Jones, lhp, Chipola (Fla.) JC.
45. **Jackie Ross, of, Miami-Dade CC North, Miami.**
46. Charles Payne, rhp, Battle Ground Academy, Brenton, Tenn.
47. Francisco Gonzalez, rhp, Arecibo, P.R.
48. Tommy Schenbeck, rhp, Palm Beach (Fla.) JC.
49. Scott Wayne, c, Englewood (Colo.) HS.

MINNESOTA TWINS (3)

1. David McCarty, 1b, Stanford University.
1. **Scott Stahoviak, 3b, Creighton University** (Supplemental choice—27th—for loss of Type 'A free agent Gary Gaetti).
2. **Mike Durant, c, Ohio State University.**
3. **Keith LeGree, ss, Statesboro (Ga.) HS.**
4. **Brett Roberts, rhp, Morehead State University.**
5. **Shawn Miller, rhp, Beyer HS, Modesto, Calif.**
6. **Pedro Grifol, c, Florida State University.**
7. **Latroy Hawkins, rhp, West Side HS, Gary, Ind.**
8. **Brad Radke, rhp, Jesuit HS, Tampa.**
9. **Neil Stevens, rhp-c, Beekmantown Central HS, Plattsburg, N.Y.**
10. **Anthony Banks, of, Hoover HS, San Diego.**
11. **Bill Wissler, rhp, University of Pennsylvania.**
12. **Jeff Mansur, lhp, University of Portland.**
13. **Matt Lawton, 2b, Mississippi Gulf Coast JC.**
14. Robert Neal, of, Westlake HS, Thousand Oaks, Calif.
15. Travis Huenfeld, of, Rockhurst HS, Olathe, Kan.
16. Rob Johnson, rhp, El Toro HS, Mission Viejo, Calif.
17. Eric Kunz, rhp, Keller HS, Wautauga, Texas.
18. **David Sartain, lhp, Virginia Commonwealth University.**
19. **Mike Fernandez, of-3b, New York Tech.**
20. **Steve Hazlett, of, University of Wyoming.**
21. **Michael Lewis, lhp, UCLA.**
22. Reid Hensley, rhp, Marian HS, Lansing, Ill.
23. **Dennis Sweeney, lhp, Seton Hall University.**
24. **David Schwartz, rhp, University of California.**
25. **Bob Robinson, rhp, Ohio University.**
26. Larry Hawkins, of, Mississippi Gulf Coast JC.
27. **Rafael Pina, rhp, East Los Angeles JC.**
28. **Chad Baucom, c, Hibbing (Minn.) HS.**
29. Chris Moten, rhp, Cerritos (Calif.) JC.
30. Ryan Kjos, rhp, Hopkins (Minn.) HS.
31. Steven Friedrich, c, Troy HS, Yorba Linda, Calif.
32. Matt Petersen, rhp, Iowa State University.
33. David Baine, lhp, Sonoma State University.
34. Tim Davis, lhp, Florida State University.
35. Myron Glass, of, St. Joseph HS, Kenosha, Wis.
36. David Doezie, c, Brighton HS, Sandy, Utah.
37. Cesar Barrera, 3b, Ontario (Calif.) HS.
38. Tim Mathews, rhp, University of Nevada-Reno.
39. Jon Hillis, c, Alvin (Texas) CC.
40. Cory Simpson, 3b-of, Red Bank HS, Chattanooga, Tenn.
41. Brad Niedermeier, rhp, Niles West HS, Niles, Ill.
42. German Casillas, lhp, Los Angeles Harbor JC.
43. Joe Bergen, c, Mesa (Ariz.) CC.
44. Thomas Gourdin, c, Murray (Utah) HS.
45. Kevin Allen, rhp, Mountain View HS, Mesa, Ariz.
46. **James Kohl, rhp, Rutgers University.**
47. **Pat Wright, of, University of Minnesota.**

MONTREAL EXPOS (14)

1. **Cliff Floyd, 1b, Thornwood HS, South Holland, Ill.**
2. **Scott Pisciotta, rhp, Walton HS, Marietta, Ga.**
2. **Rodney Pedraza, rhp, University of Texas** (Choice from Dodgers as compensation for Type 'B' free agent Kevin Gross).
3. **Jeff Hostetler, rhp, Cleveland State (Tenn.) JC.**
4. **Jim Austin, 3b-of, Arizona State University.**
5. **Mike Daniel, c, Oklahoma State University.**
6. **Derrick White, 1b, University of Oklahoma.**
7. **Doug O'Neill, of, Cal Poly San Luis Obispo.**
8. **Mark LaRosa, rhp, Louisiana State University.**
9. **Brett Jenkins, 2b, University of Southern California.**
10. **Brian Looney, lhp, Boston College.**
11. **Mark Grudzielanek, ss, Trinidad State (Colo.) JC.**
12. Shawn Wills, of, UCLA.
13. **Khary Heidelberg, of, Princess Anne HS, Virginia Beach, Va.**
14. **Gary Hymel, c, Louisiana State University.**
15. **James Ferguson, rhp, University of San Diego.**
16. **Buddy Jenkins, lhp, Wake Forest University.**
17. **Stanley Tarutis, rhp, University of Scranton.**
18. **Kirk Rueter, lhp, Murray State University.**
19. **Stephen Allen, c, University of Alabama.**
20. **Jamal Easterling, rhp, Vintage HS, Vallejo, Calif.**
21. **John White, of, Wagner College.**
22. Lance Calmus, rhp, Jenks (Okla.) HS.
23. **Mitch Simons, 2b, Oklahoma State University.**

FIRST-ROUND PICKS

Doug Glanville
... Cubs choice

Al Shirley
... Mets' man

Tyler Green
... Phillies pick

24. Allen Gallagher, rhp, Lower Columbia (Wash.) CC.
25. Craig Mattson, rhp, Belvidere (Ill.) HS.
26. Robert Henley, c, Mobile County HS, Grand Bay, Ala.
27. Jim Wynne, rhp, Oklahoma City University.
28. Darrell O'Brien, ss-2b, Ontario (Calif.) HS.
29. Nick Sproviero, rhp, University of New Haven.
30. Scott Campbell, of, University of Oklahoma.
31. Omar Fernandez, rhp, Gulliver Prep HS, Coral Gables, Fla.
32. Matt Copp, rhp, Green Mountain HS, Golden, Colo.
33. Dan DeStefano, rhp, Santaluces HS, Boynton Beach, Fla.
34. Scott Dennison, 2b, San Diego State University.
35. Shane McCubbin, c, Western Oklahoma State JC.
36. Brian Sosa, 3b, Yucaipa (Calif.) HS.
37. Maurio Hanson, of, Spartanburg Methodist (S.C.) JC.
38. Ryan Duffy, lhp, Sombra, Ontario.
39. Darrin Paxton, lhp, Wichita State University.
40. Kevin Galart, rhp, American River (Calif.) JC.
41. William Brabec, of, Glenbard East HS, Lombard, Ill.
42. Mike Cavanaugh, c, Linfield (Ore.) College.
43. Fernando DaSilva, rhp, Brossard, Quebec.
44. Vincent Guay, of, Sherbrooke, Quebec.
45. Rocky Murray, lhp, North Bend (Ore.) HS.
46. Jason Thorsteinson, 1b, Richmond, B.C.
47. Jon Valenti, ss, Highland HS, Bakersfield, Calif.
48. Matt Splawn, rhp-1b, Waxahachie (Texas) HS.
49. Ron Lewis, rhp, El Molino HS, Forestville, Calif.
50. Swindell Flowers, of, Greene Central HS, Hookerton, N.C.
51. Jeffery Sommer, 1b, Moorpark (Calif.) JC.
52. Eduardo Payan, 3b, Fairfax HS, Los Angeles.
53. Marlin Hamilton, 1b, Jordan HS, Long Beach, Calif.
54. Craig Peterson, of, McMinn Central HS, Etowah, Tenn.
55. Jody Crump, lhp, Harrison County HS, Sadieville, Ky.
56. Russ White, ss, Hale HS, Tulsa, Okla.
57. Daniel Chastain, c, Fort Collins (Colo.) HS.
58. Scott Wulfing, 2b, Poly HS, Riverside, Calif.
59. Rodney Weary, 1b, St. Louis CC-Meramec.
60. Jason Myers, lhp, Fontana (Calif.) HS.
61. Eric White, 2b, Mt. San Antonio (Calif.) JC.
62. Michael Clayton, c, Mt. San Antonio (Calif.) JC.
63. Jason Vanheerde, c, Eisenhower HS, Rialto, Calif.
64. Jay Sissener, rhp-1b, Mohave HS, Bullhead City, Ariz.
65. Jason Jenkins, rhp, Henry Clay HS, Lexington, Ky.
66. James Jennings, lhp, George Washington HS, Danville, Va.
67. Robert Hughes, of, Western Oklahoma State JC.
68. Dan DiPace, ss, Martin County HS, Palm City, Fla.
69. Troy Walsh, of, Bellport HS, East Patchogue, N.Y.
70. Scott Watkins, lhp, Oklahoma State University.
71. Shawn Moore, of, University of Virginia.

NEW YORK METS (22)

1. Al Shirley, of, George Washington HS, Danville, Va. (Choice from Dodgers as compensation for Type 'A' free agent Darryl Strawberry).
1. (Choice to Cardinals as compensation for Type 'B' free agent Vince Coleman).
1. Bobby Jones, rhp, Fresno State University (Supplemental choice—36th—for loss of Type 'A' free agent Darryl Strawberry).
2. Bill Pulsipher, lhp, Fairfax (Va.) HS.
2. Marc Kroon, rhp, Shadow Mountain HS, Phoenix (Supplemental choice—72nd—for loss of Type 'C' free agent Pat Tabler).
3. Jeff Kiraly, 1b, La Cueva HS, Albuquerque.
4. Erik Hiljus, rhp, Canyon HS, Santa Clarita, Calif.
5. Jared Osentowski, 3b, Kearney (Neb.) HS.
6. Eric Reichenbach, rhp, St. John's University.
7. Frank Jacobs, 1b, Notre Dame University.
8. Randy Curtis, of, Riverside (Calif.) CC.

9. Dave Swanson, rhp, Berlin HS, Kensington, Conn.
10. **Dwight Robinson, 3b, Middle Tennessee State University.**
11. **Todd Fiegel, lhp, University of Virginia.**
12. **Jason Jacome, lhp, Pima (Ariz.) CC.**
13. **Anthony Tijerina, c, Texas Tech.**
14. **Jeff Henderson, rhp, Golden West (Calif.) JC.**
15. Chris Petrocella, rhp, Fort Scott (Kan.) CC.
16. **Donald White, of, Southeastern (Iowa) CC.**
17. **Joe Crawford, lhp, Kent State University.**
18. **Tyson Young, 1b, Hardin Jefferson HS, Kountze, Texas.**
19. James White, of, Florida HS, Tallahassee, Fla.
20. **Andrew Cotner, lhp, Illinois State University.**
21. **Greg Beals, c, Kent State University.**
22. **Ervin Collier, rhp, County Central HS, New Madrid, Mo.**
23. **Cliff Jones, lhp, Hawaii Pacific University.**
24. **James McCready, rhp, Bentley (Mass.) College.**
25. Kyle Harris, of, Ridgecrest HS, Paragould, Ark.
26. Todd Jackson, rhp, Arizona Western JC.
27. **Mark Hokhanson, rhp, Joliet (Ill.) JC.**
28. **Mark Wipf, of, San Marcos HS, Santa Barbara, Calif.**
29. Mark Lukasiewicz, lhp, Secaucus (N.J.) HS.
30. **Chris George, lhp, Mississippi State University.**
31. Jerry Hiraldo, of, Carolina, P.R.
32. **Brett Rossler, c-3b, Pearl River (Miss.) JC.**
33. Owen Johnson, rhp, St. Pius X HS, Houston.
34. Travis Ryan, ss-2b, Labette (Kan.) CC.
35. Robert Cardera, lhp, Chabot (Calif.) JC.
36. Armando Fernandez, of, Hawthorne (Calif.) HS.
37. Brad Talley, rhp, Jefferson Davis HS, Montgomery, Ala.
38. Chris Prater, rhp, Three Rivers (Mo.) CC.
39. Jesus Maldonado, rhp, Roosevelt HS, San Antonio.
40. Robert Conway, rhp, Northwestern State University.
41. Richard Towers, rhp, Paris (Texas) HS.
42. Kenneth Bradley, ss, Dollarway HS, Pine Bluff, Ark.
43. Brandon Ford, of, Golden West HS, Visalia, Calif.
44. Jason Isringhausen, rhp, Lewis & Clark (Ill.) JC.
45. Eric Harris, 1b, Laney (Calif.) JC.
46. Brian Fassbender, rhp, West HS, Appleton, Wis.
47. Trevor Blake, of, Greenway HS, Glendale, Ariz.
48. William Abbott, rhp, North Little Rock (Ark.) HS.
49. Cory Buck, c, Neligh-Oakdale HS, Oakdale, Neb.
50. Ken Copeland, of, Otero (Colo.) JC.
51. Anthony Richardson, 1b, Kishwaukee (Ill.) JC.

NEW YORK YANKEES (1)

1. **Brien Taylor, lhp, East Carteret HS, Beaufort, N.C.**
2. (Choice to Royals as compensation for Type 'A' free agent Steve Farr).
3. **Tim Flannelly, 3b, University of Michigan.**
3. **Mark Hubbard, rhp-of, University of South Florida** (Choice from Giants as compensation for Type 'B' free agent Dave Righetti).
4. **Marc Gipner, c, Dunedin (Fla.) HS.**
5. **Lyle Mouton, of, Louisiana State University.**
6. **Eric Knowles, ss, St. Brenden HS, Miami.**
7. **Tommy Carter, lhp, Auburn University.**
8. **Grant Sullivan, lhp, University of Mississippi.**
9. **Keith Garagozzo, lhp, University of Delaware.**
10. Mike Muncy, ss, Camarillo (Calif.) HS.
11. **Jason Wuerch, of, Leamington, Ontario.**
12. **Bert Inman, rhp, McLennan (Texas) CC.**
13. **Andy Albrecht, of, Auburn University.**
14. **Ben Short, rhp, University of Alabama.**
15. **Steven Munda, rhp, University of Illinois.**
16. **Andy Croghan, rhp, Long Beach State University.**
17. Brad Rigby, rhp, Lake Brantley HS, Longwood, Fla.
18. **John Coleman, rhp, Northwood (Texas) Institute.**
19. **Roger Burnett, ss, Stanford University.**
20. **James Lewis, of, Virginia HS, Bristol, Va.**
21. **Scott Gully, rhp, Elon (N.C.) College.**
22. Scott Baldwin, lhp, Lewis-Clark State College.
23. **Steve Anderson, ss, San Jose State University.**
24. **John Quintell, c, Cal State Sacramento.**
25. Terry Harvey, rhp, Dacula (Ga.) HS.
26. **Dennis Burbank, rhp, Oklahoma State University.**
27. **Whitney Floren, rhp, University of South Florida.**
28. **Chris Heaps, ss, Gadsden State (Ala.) CC.**
29. Fred Rath, rhp, Jefferson HS, Tampa.
30. Michael Beresh, rhp, Cardinal Gibbons HS, Lighthouse Point, Fla.
31. Charlie Brown, rhp, John Carroll HS, Ft. Pierce, Fla.
32. Anraldo Espada, c, Coamo, P.R.
33. Todd Harrell, rhp, Gulf Coast (Fla.) CC.
34. Matt Parker, rhp, Jesuit HS, Temple Terrace, Fla.
35. **Steve Livesey, 3b-1b, Davidson College.**
36. Martin Winchester, 1b, Long Beach (Calif.) CC.
37. Ron Hollis, ss-rhp, Brighton HS, South Lyon, Mich.
38. Paul Reynolds, 1b, East Lake HS, Tarpon Springs, Fla.

39. David Renteria, ss, Riverside (Calif.) CC.
40. Major Hudson, of, St. John's HS, Darlington, S.C.
41. Chris Shafer, rhp, St. Petersburg (Fla.) HS.
42. Will Green, 1b-3b, Chipola (Fla.) JC.
43. Chris Plonk, rhp, Manatee (Fla.) JC.
44. Nicholas Skuse, rhp, West Valley (Calif.) JC.
45. Bronson Heflin, rhp, Central Florida CC.
46. William Lawrence, lhp, Pensacola (Fla.) JC.
47. Chad Plonk, rhp, Manatee (Fla.) JC.
48. Jason Flexen, of, Chabot (Calif.) JC.
49. William Friedman, rhp, Eastern Hills HS, Fort Worth, Texas.
50. Danny Larivee, of, Rio Americano HS, Sacramento, Calif.
51. Jon Boddy, 1b-3b, Woodham HS, Pensacola, Fla.
52. Michael Cutler, rhp, Orange Coast (Calif.) JC.
53. Eric Taylor, lhp, St. Petersburg (Fla.) JC.
54. Jason Crum, rhp, Indian River (Fla.) CC.
55. Marco Contreras, rhp, Citrus (Calif.) JC.
56. Mark Dean, ss, Florida CC.
57. Michael Caldwell, rhp, Columbia Falls (Mon.) HS.
58. Lawrence Markham, 2b, Okeechobee (Fla.) HS.
59. Tim Kester, rhp, Miami-Dade CC South, Miami.
60. Kelvin Washington, ss, Westwood HS, Ft. Pierce, Fla.
61. David Vance, of, Indian River (Fla.) CC.
62. Scott Sorenson, rhp, Palm Beach Lakes HS, West Palm Beach, Fla.
63. Jason Birmingham, ss, Sarnia, Ontario.
64. Rob Berryman, rhp, York HS, Yorktown, Va.
65. Jeremy Lewis, c, Jefferson HS, Cedar Rapids, Ia.
66. Alain Fernandez, of, Arroyo HS, San Lorenzo, Calif.
67. Kory Kiper, ss, Wellington HS, West Palm Beach, Fla.
68. Michael McKenna, rhp, Kishwaukee (Ill.) JC.
69. Mariano Borges, of, Arecibo, P.R.
70. Bert Martinez, 1b-c, Marian HS, Chula Vista, Calif.
71. Jesse Kerr, rhp, Clear Lake HS, Houston.
72. Howard Ferguson, rhp, Hamilton, Ontario.
73. Chris Targac, rhp, Sacred Heart HS, Weimer, Texas.
74. Joel Irvine, c, Des Moines Area (Iowa) CC.
75. Brent Hall, ss, Claresholm, Alberta.
76. Tim Borys, lhp, Surrey, B.C.
77. Robert Nicholson, of, Calgary, Alberta.
78. Brandon Ford, rhp, John Carroll HS, Vero Beach, Fla.
79. Chris Moock, 3b, Louisiana State University.
80. Rex Pritchard, 3b, Whittier Christian HS, Fullerton, Calif.

OAKLAND ATHLETICS (26)

1. **Brent Gates, ss, University of Minnesota.**
1. **Mike Rossiter, rhp, Burroughs HS, Burbank, Calif.** (Supplemental choice—38th—as compensation for Type 'A' free agent Willie McGee).
2. **Mike Neill, of, Villanova University** (Choice from Giants as compensation for Type 'A' free agent Willie McGee).
2. **Russ Brock, rhp, University of Michigan.**
3. **Joel Wolfe, of, UCLA.**
4. **Steve Wojciechowski, lhp, St. Xavier (Ill.) College.**
5. **Tim Smith, rhp, Ohio State University.**
6. **Tim Doyle, lhp, Cal State Sacramento.**
7. **Ricky Kimball, rhp, Florida State University.**
8. **Scott Sheldon, ss, University of Houston.**
9. **Damon Mashore, of, University of Arizona.**
10. **Zach Sawyer, rhp, Clinton (Mass.) HS.**
11. **Jason Wood, ss, Fresno State University.**
12. **Miguel Jiminez, rhp, Fordham University.**
13. **Jeff Light, c-rhp, Stanford University.**
14. Darrell May, lhp, Sacramento (Calif.) CC.
15. Brent Cookson, of Long Beach State University.
16. **Kurt Endebrock, 2b, Southern Illinois University.**
17. **Chris Thomsen, 1b, Texas Christian University.**
18. **Rick Norton, 3b, University of Kentucky.**
19. James Henderson, rhp, Purdue University.
20. Ivan Montane, rhp, Killian HS, Miami.
21. **Todd Ingram, rhp, University of Arizona.**
22. William Kingsbury, rhp, Villanova University.
23. Sean Gavaghan, rhp, University of Richmond.
24. **George Williams, 3b, University of Texas-Pan American.**
25. **Daniel Nerat, rhp, William Penn College.**
26. **Brian McArn, of, University of Nebraska.**
27. **Robert Leary, 1b, Louisburg (N.C.) JC.**
28. **Greg Smock, lhp, Austin Peay State University.**
29. **Joe Misa, rhp, Lewis-Clark State College.**
30. **Brad Stowell, rhp, The Citadel.**
31. Craig Wagner, of-1b, Broken Arrow (Okla.) HS.
32. **Michael Evans, rhp, St. Leo (Fla.) College.**
33. **Michael Thees, rhp, Carson Newman College.**
34. **Brad Parker, 3b, Auburn University.**
35. **Keith Millay, rhp, Gulf Coast (Fla.) CC.**
36. **Dane Walker, of, Portland State University.**
37. **Brandon Smith, c, Roswell (Ga.) HS.**

39. **Thomas Myers, lhp, UC Santa Barbara.**
40. **Raymond Sutch, rhp, James Madison University.**
41. **Steven Shoemaker, rhp, Muscatine (Iowa) JC.**
42. **Mark Buckler, of, University of Vermont.**
43. William Bishop, c, Mississippi Gulf Coast JC.
44. **Tod Frick, c, Florida Southern College.**
45. Leland McAfee, of, Mira Mesa HS, San Diego.
46. Tom Hamilton, of, Indian River (Fla.) CC.
47. Clinton Koppe, rhp, Brazoswood HS, Lake Jackson, Texas.
48. David Boone, of, Hickory (N.C.) HS.
49. Antonio Fant, of, El Cerrito HS, Richmond, Calif.
50. Rick Braisted, of, Dixie Hollins HS, St. Petersburg, Fla.
51. William Cornish, rhp, Northeast Lauderdale HS, Merion, Miss.
52. Donald Aslasken, of, San Jacinto (Texas) JC.
53. Carlos James, of, Seminole (Okla.) JC.
54. Adrian Yots, 1b-3b, Columbia State (Tenn.) CC.
55. Frank Campbell, 1b-of, Pasadena (Calif.) CC.
56. Jim Bonds, rhp-c, UCLA.

PHILADELPHIA PHILLIES (10)

1. **Tyler Green, rhp, Wichita State University.**
2. **Kevin Stocker, ss, University of Washington.**
3. **Ronnie Allen, rhp, Texas A&M University.**
4. **Gene Schall, of, Villanova University.**
5. Steve Verdusco, ss, Bellarmine Prep HS, Scotts Valley, Calif.
6. **Tommy Eason, c, East Carolina University.**
7. **Dave Tokheim, of, UCLA.**
8. **Dave Hayden, ss, University of Tennessee.**
9. **Phil Geisler, of, University of Portland.**
10. **Mike Grace, rhp, Bradley University.**
11. **Art Ruth, c, Cal State Stanislaus.**
12. **John Malley, ss, University of Illinois-Chicago.**
13. **Brent Bell, 1b-3b, St. John Bosco HS, Downey, Calif.**
14. Andrew Martin, 3b-1b, The Masters College.
15. Demond Thompkins, of, Eisenhower HS, Rialto, Calif.
16. **Pat Bojcun, rhp, Central Michigan University.**
17. **Joe Jelinek, 2b, Maple Woods (Mo.) CC.**
18. Bob Higginson, of, Temple University.
19. **John Salamon, rhp, Allegheny (Pa.) CC.**
20. **Dom DeSantis, rhp, University of New Orleans.**
21. **Greg Brown, rhp, University of Tennessee.**
22. **Craig Holman, rhp, Jacksonville State University.**
23. **Tom Vilet, of, University of Wisconsin.**
24. Chad Sweitzer, rhp, American River (Calif.) JC.
25. Jerry Whittaker, of, Poly HS, Long Beach, Calif.
26. **Thane Page, rhp, Crowder (Mo.) JC.**
27. **Andrew Sallee, 1b, Claremont McKenna (Calif.) College.**
28. Curtis Schmidt, rhp, University of Kansas.
29. Tim Pugh, lhp, Cecil (Md.) CC.
30. **John Whisonant, lhp, U.S. International University.**
31. **Glenn Nevill, lhp, Baylor University.**
32. Allan Hebbert, rhp, Alta Loma (Calif.) HS.
33. **Joel Gilmore, rhp, Dallas Baptist University.**
34. Aaron Edwards, of, Ontario (Calif.) HS.
35. **Dean Hopp, c, Northeastern Oklahoma JC.**
36. Paul Reynolds, 3b, Snowflake (Ariz.) HS.
37. **Carlton Hardy, 3b-rhp, Grambling State University.**
38. Dan Vetter, of, Del Campo HS, Fair Oaks, Calif.
39. **Wayne Johnson, of, Compton (Calif.) CC.**
40. Steven Afenir, c, Palomar (Calif.) JC.
41. **Jason Urbanek, 2b, Westby HS, Coon Valley, Wis.**
42. **Bruce Smolen, 3b, Bradley University.**
43. **Craig Billeci, 1b, St. Mary's (Calif.) College.**
44. Nathan LaDuke, of, Arizona State University.
45. James Gwaltney, lhp, Rancho Santiago (Calif.) JC.
46. John Lockett, of, Jordan HS, Long Beach, Calif.
47. Don Hill, rhp, Westlake HS, Westlake Village, Calif.
48. **Michael Merthie, of, Lake Mary HS, Sanford, Fla.**
49. Marlon McKinney, 3b, Poly HS, Sun Valley, Calif.
50. Chris Lee, rhp, Tooele (Utah) HS.
51. Chris Witt, rhp, Roger Bacon HS, Cincinnati.
52. Bobby Waits, lhp, Fresno (Calif.) CC.
53. Michael White, 2b, Anderson (Calif.) HS.
54. Alex Figueroa, c, Hawthorne (Calif.) HS.

PITTSBURGH PIRATES (24)

1. **Jon Farrell, c-of, Florida JC.**
2. **Dave Doorneweerd, rhp, Ridgewood HS, Port Richey, Fla.**
2. **Dan Jones, rhp, Northwestern University** (Supplemental choice—73rd—for loss of Type 'C' free agent Sid Bream).
3. **Matt Ruebel, lhp, University of Oklahoma.**
4. **Benjamin Boka, c, Barrington (Ill.) HS.**
5. **Marty Neff, of, University of Oklahoma.**
6. Mickey Kerns, of, University of Alabama.
7. **Anthony Womack, ss, Guilford (N.C.) College.**

FIRST-ROUND PICKS

Trio of Cardinals first-rounders
Dmitri Young　　Allen Watson　　Brian Barber

 8. Matt Pontbriant, lhp, Brevard (Fla.) CC.
 9. Deon Danner, lhp, University of North Carolina-Charlotte.
10. Chance Sanford, ss-2b, San Jacinto (Texas) JC.
11. Jason Bullard, rhp, Texas A&M University.
12. Stacy Hollins, rhp, San Jacinto (Texas) JC.
13. Chris Edmondson, 3b, Alcorn Central HS, Corinth, Miss.
14. Jacob Payne, c, Don Lugo HS, Ontario, Calif.
15. Jason McDonald, of, Sacramento (Calif.) CC.
16. Dan Gernand, rhp, Arizona Western JC.
17. Todd Schroeder, 1b, Illinois State University.
18. Brian Pelka, rhp, Allegany (Pa.) CC.
19. Marc Pisciotta, rhp, Georgia Tech.
20. Don Garvey, 2b, University of Wisconsin-Oshkosh.
21. Victor Bogan, of, Linn-Benton (Ore.) CC.
22. Mike Maguire, lhp, Northeastern University.
23. Sean Evans, rhp, University of South Carolina.
24. Ivory Jones, of, Vallejo (Calif.) HS.
25. Ken Fairfax, rhp, Geibel HS, Uniontown, Pa.
26. Tim Merrick, of, University of South Florida.
27. Michael Taylor, lhp, Admiral King HS, Lorian, Ohio.
28. James Martin, lhp, Eastern Michigan University.
29. Ron Ducksworth, ss, Mississippi Gulf Coast JC.
30. Craig Shotton, of, Florida Atlantic University.
31. Ricardo Hermida, rhp, Coral Park HS, Miami
32. Michael Teich, lhp, Cal State Sacramento.
33. Felix Merced, ss, Guaynabo, P.R.
34. Marcus Ponder, of, South Georgia CC.
35. Jason Green, rhp, Pinole Valley HS, Hercules, Calif.
36. Neil James, 3b, Lake Mary HS, Altamonte Springs, Fla.
37. Jim Krevokuch, 3b, Old Dominion University.
38. Steve Shoemaker, rhp, Phoenixville (Pa.) HS.
39. Dustin Hermanson, rhp, Kenton Ridge HS, Springfield, Ohio.
40. Colin Hinds, of, Hamilton HS, Los Angeles.
41. Todd Boulanger, lhp, Surrey, B.C.
42. Terry Mitchum, 1b, Fairfield (Ohio) HS.
43. Andrew Noffke, rhp, Northwestern HS, Springfield, Ohio.
44. Jason Moore, c, Sacramento (Calif.) CC.
45. Eugene Knapp, lhp, Osceola HS, Kissimmee, Fla.
46. Brian Brewer, lhp, Armijo HS, Fairfield, Calif.
47. Jeff Leatherman, 1b, Auburn University.
48. Scott May, c, Manatee HS, Bradenton, Fla.
49. Ken Bonifay, 1b-of, Georgia Tech.
50. Clyde Earl, ss, Chicago State University.
51. Kenneth Vike, rhp, DeSoto (Texas) HS.
52. O'Brien Cunningham, of, Lancaster (S.C.) HS.
53. Michael Ragland, of, Belmont (Tenn.) College.
54. Ryan Huffman, of, Clear Lake HS, Houston.
55. Terrance Goree, 2b, Carthage (Texas) HS.
56. Jim Brower, rhp, Minnetonka (Minn.) HS.
57. Paul Wilson, rhp, Boone HS, Orlando.
58. Scott Krause, ss, North HS, Willowick, Ohio.

ST. LOUIS CARDINALS (4)

 1. **Dmitri Young**, 3b-of, Rio Mesa HS, Oxnard, Calif.
 1. **Allen Watson**, lhp, New York Tech (Choice from Blue Jays as compensation for loss of Type 'A' free agent Ken Dayley).
 1. **Brian Barber**, rhp, Dr. Phillips HS, Orlando, Fla. (Choice from Mets as compensation for Type 'B' free agent Vince Coleman).
 1. **Tom McKinnon**, rhp, Jordan HS, Long Beach, Calif. (Supplemental choice—28th—for loss of Type 'A' free agent Terry Pendleton).
 1. **Dan Cholowsky**, 3b, University of California (Supplemental choice—39th—for loss of Type 'A' free agent Ken Dayley).
 2. **Eddie Williams**, c, Edison HS, Miami (Choice from Braves as compensation for Type 'A' free agent Terry Pendleton).

1992 ALMANAC • **323**

2. (Choice to Astros as compensation for Type 'B' free agent Juan Agosto).
3. Basil Shabazz, of, Pine Bluff (Ark.) HS.
4. Andy Bruce, 3b, Georgia Tech.
5. Darond Stovall, of, Althoff HS, East St. Louis, Ill.
6. John Mabry, of, West Chester University.
7. Doug Creek, lhp, Georgia Tech.
8. Antoine Henry, of, Clairemont HS, San Diego.
9. Dennis Slininger, rhp, Largo (Fla.) HS.
10. Allen Battle, of, University of South Alabama.
11. Mike DiFelice, c, University of Tennessee.
12. Michael Badorek, rhp, Olivet Nazarene (Ill.) University.
13. Scott Simmons, lhp, Southwest Missouri State University.
14. Mike Busby, rhp, Banning HS, Wilmington, Calif.
15. Victor Llanos, 3b, Carolina, P.R.
16. Kevin Lucero, lhp, Florida International University.
17. Ron Warner, ss, University of Wyoming.
18. Darrel Deak, 2b, Loyola Marymount University.
19. Terrence McClain, of, Cape HS, Cincinnati.
20. Jason Hisey, rhp, University of Arizona.
21. Jeff Meszar, ss, Butler County (Kan.) CC.
22. Scott Longaker, rhp, UC Santa Barbara.
23. Don Slattery, 1b, JC of Southern Idaho.
24. John Frascatore, rhp, C.W. Post.
25. Garrett Blanton, of, Florida State University.
26. Rigo Beltran, lhp-1b, University of Wyoming.
27. Rick Mediavilla, of, Loyola Marymount University.
28. Robert Strehlow, of-2b, Basic HS, Henderson, Nev.
29. Tim DeGrasse, rhp, UC Santa Barbara.
30. Curt Callicot, 3b, Riverside (Calif.) CC.
31. Larry Lucchetti, rhp, University of Nevada-Las Vegas.
32. Michael Cantu, 1b, Tarleton State (Texas) University.
33. Antonio Boone, rhp, Norfolk State University.
34. John O'Brien, 1b, Oral Roberts University.
35. Dan Heideman, rhp, Florida CC.
36. Alan Robinson, of, Widener University.
37. Chris Vlasis, of-3b, Virginia Commonwealth University.
38. Paul Romanoli, lhp, Memphis State University.
39. Jerry Santos, rhp, Florida International University.
40. Eric Miller, rhp, JC of Southern Idaho.
41. Steven Jones, rhp, Memphis State University.
42. Steve Cerio, c, University of Nevada-Las Vegas.
43. David Chasin, of, St. Louis CC-Meramec.
44. Earnest Fisher, rhp, Rider College.
45. Chad Smith, rhp, Lynchburg (Va.) College.
46. Jeff Dillman, rhp, Rider College.
47. Duffy Guyton, rhp, Dallas Baptist University.
48. Doug Radziewicz, 1b, University of Georgia.
49. Clint Davis, rhp, Dallas Baptist University.
50. Mike Eicher, of, University of Wyoming.
51. Curtis Underwood, 1b, Central State (Okla.) University.
52. Dirk Lindauer, rhp, Southwest Missouri State University.
53. Chad Sumner, 3b-2b, Georgia Southern University.
54. Keith Black, 2b, Troy State University.
55. Gary Taylor, of, University of Maine.
56. Jeff Twist, c, Highland HS, Bakersfield, Calif.
57. Aaron Gerteisen, of, Leon HS, Tallahassee, Fla.
58. Colby Neal, rhp, North Mecklenburg HS, Davidson, N.C.
59. Jaime Sanjurjo, of, Rio Grande, P.R.
60. Shawn Lopez, of, Fort Scott (Kan.) CC.
61. Ray Davis, rhp, Palatka (Fla.) HS.
62. Daniel Rude, rhp, Skyview HS, Billings, Mon.
63. Hank Crosby, 3b-2b, Kanab (Utah) HS.
64. Jason Shanahan, 3b, Sentinel HS, Missoula, Mon.
65. Sean Centeno, 3b, Kelly Walsh HS, Casper, Wyom.
66. Paul Williams, lhp, Mountain Home (Idaho) HS.
67. Bryan Donnelly, rhp, St. Louis CC-Meramec.

SAN DIEGO PADRES (8)

1. Joey Hamilton, rhp, Georgia Southern University.
1. Greg Anthony, rhp-of, Tavares (Fla.) HS (Supplemental choice—31st—for loss of Type 'A' free agent Jack Clark).
2. Jon Barnes, rhp, Lancaster (S.C.) HS.
3. Antone Williamson, 3b, Torrance (Calif.) HS.
4. Sean Mulligan, c, University of Illinois.
5. Joey Long, lhp, Kent State University.
6. Mike Grohs, rhp, Old Dominion University.
7. Homer Bush, ss, East St. Louis (Ill.) HS.
8. Manuel Cora, ss, Levittown, P.R.
9. Craig Hanson, rhp, Triton (Ill.) JC.
10. John Roberts, of, Watson Chapel HS, Pine Bluff, Ark.
11. Scott Pugh, 1b, University of Texas.
12. Scott Eggleston, rhp, Maple Woods (Mo.) CC.
13. Reginald Stewart, of, Fernandina Beach HS, Yulee, Fla.
14. Derek Valenzuela, c, St. John Bosco HS, Anaheim, Calif.
15. Justin Atchely, lhp, Sedro Wooley (Wash.) HS.

16. **Alex Rivera, of, Cayey, P.R.**
17. **Billy Hall, 2b, Wichita State University.**
18. **Robert Compton, rhp, Seminole (Okla.) JC.**
19. **Charlie Greene, c, Miami-Dade CC South, Miami.**
20. **Paul Thompson, 1b, Blinn (Texas) JC.**
21. Michael Weston, lhp, Lower Richland HS, Eastover, S.C.
22. **Joe Grygiel, lhp, University of Lowell.**
23. **Dwight Wyatt, of, Halifax County HS, Scottsburg, Va.**
24. Darrell White, rhp, Bolton HS, Alexandria, La.
25. **John Biancamano, 3b, Fairleigh Dickinson University.**
26. Alex Andreopoulos, c, Toronto.
27. **Derek Vaughn, of, Santa Monica (Calif.) JC.**
28. Greg Kennedy, lhp, Meridian (Miss.) CC.
29. Bryan Ward, lhp, Morris (N.J.) CC.
30. Michael Hermanson, rhp, Kishwaukee (Ill.) JC.
31. **Tim Hall, c, Cumberland (Tenn.) University.**
32. James Garcia, of, San Bernardino Valley (Calif.) JC.
33. **Randall Fjeld, rhp, Liberty HS, Renton, Wash.**
34. Sandy McKinnon, of, Coffee HS, Nicholls, Ga.
35. **Brian D'Amato, rhp, Pilgrim HS, Warwick, R.I.**
36. **David Lebak, of, Trenton State College.**
37. Matt Bentke, of, Brenham (Texas) HS.
38. **Richard Loiselle, rhp, Odessa (Texas) JC.**
39. Casey Kirkman, rhp, Exeter (Calif.) HS.
40. **Joe Frias, 2b, Oklahoma City University.**
41. John Dettmer, rhp, University of Missouri.
42. **Mel Edwards, 2b-1b, Rider College.**
43. **Arthur Vazquez, rhp, Miami-Dade CC North.**
44. **Ralph Perez, of, Southwest HS, Miami.**
45. **Kevin Johnson, c, Mayville State (N.D.) University.**
46. Kyle White, 1b, Laney (Calif.) JC.
47. Leon Bertsch, rhp, Morris (N.J.) CC.
48. **Kyle Moody, 2b, University of Texas.**
49. Scott Shores, of, Phoenix JC.
50. **Jerrold Rountree, of, UC Santa Barbara.**
51. Torri Allen, of, John Jay HS, San Antonio.
52. Matthew Spade, rhp, Boyertown (Pa.) HS.
53. Robert Hughes, of, University of Iowa.
54. **Tim Goins, c, St. Mary's (Texas) University.**
55. **Jerry Creer, 2b, East St. Louis (Ill.) HS.**
56. **John Nash, of, Princeton University.**
57. **Jerry Burns, rhp, Napa Valley (Calif.) JC.**

SAN FRANCISCO GIANTS (16)

1. (Choice to Blue Jays as compensation for Type 'A' free agent Bud Black).
1. **Steve Whitaker, lhp, Long Beach State University** (Supplemental choice—33rd—for loss of Type 'A' free agent Brett Butler).
2. (Choice to Athletics as compensation for Type 'A' free agent Willie McGee).
3. (Choice to Yankees as compensation for Type 'B' free agent Dave Righetti).
4. **Chris Gambs, rhp, Monte Vista HS, Danville, Calif.**
5. **Billy Vanlandingham, rhp, University of Kentucky.**
6. **Duane Thielen, 3b, Mt. Hood (Ore.) CC.**
7. **Julian Frazier, of, Smackover (Ark.) HS.**
8. **Dax Jones, of, Creighton University.**
9. **Doug Vanderweele, rhp, University of Nevada-Las Vegas.**
10. **Jeff Martin, rhp, Hazen HS, Renton, Wash.**
11. Tim Kraus, rhp, Colerain HS, Cincinnati.
12. **Tim Luther, rhp, Missouri Southern State University.**
13. **Marcial Gomez, rhp, Columbus HS, Hialeah, Fla.**
14. **Ray Jackson, of, University of Tennessee.**
15. **Randy Swank, ss, American River (Calif.) JC.**
16. David Rosato, ss, South HS, Torrance, Calif.
17. **Frank Charles, c-of, Cal State Fullerton.**
18. **Kevin Brown, rhp, North Salem HS, Salem, Ore.**
19. **Matt Brewer, of, Southwest Missouri State University.**
20. **Eric Stonecipher, rhp, University of Kansas.**
21. George Arias, 3b, Pima (Ariz.) CC.
22. Gary Phillips, 3b, Motlow State (Tenn.) CC.
23. Craig Wilson, ss, Kansas State University.
24. **Charles Peysar, rhp, Atascadero (Calif.) HS.**
25. **Tim Flores, 2b, Grand Canyon College.**
26. **Hiram Ramirez, c, Ensenada, P.R.**
27. **Jarod Juelsgaard, rhp, Iowa State University.**
28. **Derek Dana, c, University of Massachusetts.**
29. **Al Benavides, rhp, University of Houston.**
30. **Richard Hyde, rhp, University of Illinois.**
31. **Thurman Williams, of, Chatsworth (Calif.) HS.**
32. **Adam Benschoter, c, Siena Heights College.**
33. **Ken Feist, of, Portland State University.**
34. Juan Johnson, ss, Thomas Stone HS, Waldorf, Md.
35. **Rico Bolivar, 1b-of, Umpqua (Ore.) CC.**
36. **Vince Towns, rhp, Suitland HS, Forestville, Md.**
37. Herbert Baxter, lhp, Spartanburg Methodist (S.C.) JC.
38. John Fullford, of, Douglas County HS, Castle Rock, Colo.
39. Darvin Traylor, of, Riverside (Calif.) CC.

FIRST-ROUND PICKS

Joey Hamilton
. . . Padres pick

Shawn Estes
. . . Mariners

Benji Gil
. . . Rangers

40. Scott Stroth, rhp, Kansas State University.
41. Don Montgomery, c, Lewis-Clark State College.
42. Maurice Taylor, of, Thornwood HS, Calumet City, Ill.
43. J.T. Messick, ss, Union HS, Tulsa, Okla.
44. Kevin McGonnigal, of, University of Maryland.
45. Darren Wittcke, rhp, Portland State University.
46. Dan Calcagno, c, Sonoma State University.
47. Chris Kelly, rhp, University of Tennessee.
48. Noe Najera, lhp, Cypress (Calif.) JC.
49. Leron Golden, of, American River (Calif.) JC.
50. Stephen Gurtner, rhp, Butler County (Kan.) CC.
51. Faruq Darcuiel, of, Hoover HS, Fresno, Calif.
52. Scott Boyle, lhp, San Marin HS, Novato, Calif.
53. Ken Grundt, lhp, Missouri Southern State University.
54. Jeff Locklear, lhp, Pembroke State University.
55. Tim Casper, 2b, Missouri Southern State University.
56. Keivn Bellomo, of, Western Carolina University.
57. Craig Gee, rhp, Fontana HS, Bloomington, Calif.
58. Ronald Foster, 3b, Indian Hills (Iowa) CC.
59. Lorenzo Hidalgo, rhp, San Joaquin Delta (Calif.) JC.
60. Ken Henderson, of, San Jose State University.
61. Jason Beeler, rhp, Farmington (Ark.) HS.
62. Chad Breashears, of, Malvern HS, Donaldson, Ark.
63. Douglas Cecil, lhp, Fresno (Calif.) HS.
64. Anthony Lacy, of, Sacramento (Calif.) CC.
65. Shawn Everett, of, Cosumnes River (Calif.) JC.
66. Craig Marcelin, c, St. Louis CC-Forest Park.
67. Matthew Meier, 2b-ss, Washington HS, Cedar Rapids, Iowa.
68. Samuel Mathis, rhp, El Dorado (Ark.) HS.
69. Demetris Jones, of, Motlow State (Tenn.) CC.

SEATTLE MARINERS (11)

1. Shawn Estes, lhp, Douglas HS, Minden, Nev.
2. Tommy Adams, of, Arizona State University.
3. Jim Mecir, rhp, Eckerd College.
4. Desi Relaford, ss, Sandalwood HS, Jacksonville, Fla.
5. Sean Rees, lhp, Arizona State University.
6. Craig Clayton, rhp-1b, Cal State Northridge.
7. Bruce Thompson, of, Brandon (Fla.) HS.
8. Derek Lowe, rhp, Ford HS, Dearborn, Mich.
9. Trey Witte, rhp, Texas A&M University.
10. Jeff Borski, rhp, University of South Carolina-Aiken.
11. Peter Weinbaum, rhp, Nassau (N.Y.) CC.
12. David Lisiecki, rhp, Lake Michigan (Mich.) JC.
13. Kevin Jenkins, rhp, Riverview (Mich.) HS.
14. Raul Rodarte, ss, Rancho Santiago (Calif.) JC.
15. Doug Anderson, lhp, University of North Florida.
16. Dan Sullivan, rhp, Indian River (Fla.) CC.
17. Kenny Winzer, rhp, Southern University.
18. Craig Bryant, ss, University of North Alabama.
19. Tony Phillips, rhp, University of Southern Mississippi.
20. Erik O'Donnell, rhp, University of Portland.
21. Toby Foreman, lhp, St. Mary's (Calif.) College.
22. Darren Bragg, of, Georgia Tech.
23. Joseph Gazarek, of, North Baltimore (Ohio) HS.
24. Paul London, ss, Bethel HS, Hampton, Va.
25. Matt Mantei, rhp, River Valley HS, Sawyer, Mich.
26. Bubba Smith, 1b, University of Illinois.
27. Todd Cady, c, Grossmont HS, La Mesa, Calif.
28. James Riggio, rhp, Hillsborough (Fla.) CC.
29. Chad Soden, lhp, Tuckerman (Ark.) HS.
30. Edward Odom, ss, Atlantic HS, Delray Beach, Fla.
31. Ryan Black, of, Sam Houston HS, Arlington, Texas.
32. George Glinatsis, rhp, University of Cincinnati.

33. **Byron Thomas, of, Catonsville (Md.) CC.**
34. Michael Martin, ss, Maclay HS, Tallahassee, Fla.
35. Steve McNair, ss, Mt. Olive (Miss.) HS.
36. Andrew Schope, lhp, Hempstead HS, Dubuque, Iowa.
37. Daniel Scutchfield, lhp, Saline (Mich.) HS.
38. Damian Cox, of, Victor Valley HS, Victorville, Calif.
39. Kevin Faircloth, ss, Glenn HS, Winston-Salem, N.C.
40. Lance Scott, rhp, Carmel (Calif.) HS.
41. Lenny Weber, rhp, Jeanerette (La.) HS.
42. **Craig Griffey, of, Ohio State University.**
43. Ryan Nye, rhp, Cameron (Okla.) HS.
44. Chris Gorr, ss, Rancho Buena Vista HS, Vista, Calif.
45. John Thompson, ss, Shadle Park HS, Spokane, Wash.
46. Federico Warner, of, Oceanside (Calif.) HS.
47. William Lewis, c, East Carteret HS, Smyrna, N.C.
48. Nicholas Williams, c, Hastings (Mich.) HS.
49. Tyson Kimm, ss, Norway HS, Amana, Iowa.
50. Jelani Lewis, of, Logan HS, Union City, Calif.
51. Mark Fields, of, Southwestern (Calif.) JC.
52. Bryan Pfeifer, lhp, Kennedy HS, Taylor, Mich.
53. Jeff Tucker, rhp, Allen County (Kan.) CC.
54. Gregory Theron, rhp, Dobson HS, Mesa, Ariz.
55. Jason Beverlin, rhp, Dondero HS, Royal Oak, Mich.
56. **Jose Cruz, 3b, San Jacinto (Texas) JC.**
57. Francisco Antunez, c, Bayamon, P.R.
58. **Scott Bosarge, c, University of South Alabama.**
59. Chris Schmitt, lhp, Manatee (Fla.) JC.
60. Rudolph Sasina, c, Overland HS, Aurora, Colo.
61. Edward Davis, of, Cerritos (Calif.) JC.
62. James Lezeau, of, Prescott (Ariz.) HS.
63. Charles Gipson, of, Loara HS, Anaheim, Calif.
64. Brian Klomp, rhp, King's River (Calif.) JC.
65. Shane Ziegler, rhp, Howard (Texas) JC.
66. Brian Fontes, rhp, Fresno (Calif.) CC.
67. Darian Hagan, ss, University of Colorado.

TEXAS RANGERS (19)

1. **Benji Gil, ss-of, Castle Park HS, Chula Vista, Calif.**
2. **Terrell Lowery, of, Loyola Marymount University.**
3. **Lawrence Hanlon, ss, University of Texas-Arlington.**
4. **Chris Curtis, rhp, Blinn (Texas) JC.**
5. **Mark O'Brien, lhp, Deering HS, Portland, Maine.**
6. **Steve Sadecki, rhp, Vanderbilt University.**
7. **Bert Gerhart, rhp, New Hope HS, Columbus, Miss.**
8. **Roger Luce, c-rhp, University of Texas.**
9. **Scott Eyre, lhp, JC of Southern Idaho.**
10. **Dave Geeve, rhp, Bradley University.**
11. **Lance Schuermann, lhp, University of Nevada-Las Vegas.**
12. **Lanny Williams, c, Henderson State (Ark.) University.**
13. **Mike Edwards, 3b, University of Utah.**
14. **Jon Pitts, c, Esperanza HS, Anaheim, Calif.**
15. **Kerry Lacy, rhp, Chattanooga State (Tenn.) Tech CC.**
16. **Chris Starr, rhp, Muskingum (Ohio) College.**
17. **Todd Gates, of, Loyola Marymount University.**
18. **Dan Magee, lhp, Jackson State University.**
19. **Jim Bethke, c, Oak Park HS, Kansas City, Mo.**
20. **Brian Roberts, of, University of Illinois.**
21. **Paul Dalzochio, rhp, California State University.**
22. **James Koehler, 1b, University of Oklahoma.**
23. **Steve Burton, 1b, University of Richmond.**
24. **Mark Ringkamp, rhp, San Jose State University.**
25. **Billy Seaton, rhp, Mohave HS, Riviera, Ariz.**
26. **David Gandolph, lhp, Indiana University.**
27. **Charles Sullivan, 2b, Vanderbilt University.**
28. **Tom Migliozzi, rhp, St. John's University.**
29. Tim Beard, lhp, Grace King HS, Metairie, La.
30. **Desi Wilson, of, Fairleigh Dickinson University.**
31. **Joe Brownholtz, lhp, University of the Pacific.**
32. **Scott Buchheit, lhp, Southwest Missouri State University.**
33. John Thobe, rhp, Rancho Santiago (Calif.) JC.
34. **Shelby Shaw, rhp, McNeese State University.**
35. Daniel Ortiz, lhp, Hoboken (N.J.) HS.
36. **Brad Stuart, rhp, University of New Orleans.**
37. **James Kennedy, c, University of North Florida.**
38. Paul Lesch, rhp, Clackamas (Ore.) CC.
39. **Kevin Sisk, ss-3b, James Madison University.**
40. **Jeff Carew, rhp, Kimberly (Wis.) HS.**
41. James Smith, rhp, Boyle County HS, Danville, Ky.
42. **Darin Haddock, lhp, Oklahoma Baptist University.**
43. Joe Raineri, of, Smithtown East HS, Smithtown, N.Y.
44. **Eric Vargas, c, California State University.**
45. **Harold Vallot, rhp, University of Arkansas.**
46. **Tim Minik, rhp, Austin Peay State University.**
47. **Keith Nalepka, c-1b, Montgomery (Md.) JC.**
48. **Daniel Vaughn, rhp, Crowder (Mo.) CC.**

1992 ALMANAC • **327**

49. Jerry Martin, rhp, Shelby State (Tenn.) CC.
50. Patrick Underhill, rhp, University of West Florida.
51. Todd Walker, ss, Airline HS, Bossier City, La.
52. David Ullan, c, La Grande (Ore.) HS.
53. Daryl Henderson, lhp, Elgin (Ill.) CC.
54. Raul Ibanez, of, Sunset HS, Miami.
55. Trey Moore, lhp, Keller HS, Southlake, Texas.
56. Brian Wisler, of, Lynnwood HS, Alderwood Manor, Wash.
57. Theodore Warrecker, c, Hancock (Calif.) JC.
58. Kevin Bradley, rhp, San Jose (Calif.) CC.
59. Brian Davis, rhp, Corcoran (Calif.) HS.
60. Lawrence Vrtiska, rhp, Iowa Western CC.
61. Steve Maltaglaiti, rhp, East Islip (N.Y.) HS.
62. Jason Rogers, lhp, McQueen HS, Reno, Nev.
63. Pat Flury, rhp, Reed HS, Sparks, Nev.

TORONTO BLUE JAYS (21)

1. Shawn Green, of, Tustin (Calif.) HS (Choice from Giants as compensation for Type 'A' free agent Bud Black).
1. (Choice to Cardinals as compensation for Type 'A' free agent Ken Dayley).
1. Jeff Ware, rhp, Old Dominion University (Supplemental choice—35th—for loss of Type 'A' free agent George Bell).
1. Dante Powell, ss, Millikan HS, Long Beach, Calif. (Supplemental choice—42nd—for loss of Type 'A' free agent Bud Black).
2. Trevor Mallory, rhp, Lakewood HS, St. Petersburg, Fla. (Choice from Cubs as compensation for Type 'A' free agent George Bell).
2. Dennis Gray, lhp, Long Beach State University.
3. Chris Stynes, ss, Boca Raton (Fla.) HS.
4. Roger Doman, rhp, Joplin (Mo.) HS.
5. Rickey Cradle, of, Cerritos (Calif.) HS.
6. Jose Silva, rhp, Hilltop HS, Chula Vista, Calif.
7. Carlton Loewer, rhp, St. Edmund HS, Eunice, La.
8. Stoney Briggs, of, Delaware Tech.
9. Pat Thacker, c, Millikan HS, Long Beach, Calif.
10. Kenny Robinson, rhp, Florida State University.
11. Adam Meinershagen, rhp, Oakville HS, St. Louis.
12. Keiver Campbell, of, Alcorn State University.
13. Alex Gonzalez, ss, Killian HS, Miami.
14. Alonso Beltran, rhp, New Mexico JC.
15. Sharnol Adriana, 2b, Martin Methodist (Tenn.) JC.
16. John Tsoukalas, 3b, Gonzaga University.
17. Mike Carlsen, 2b, Fairleigh Dickinson University.
18. Ryan Griffin, of, Dunedin (Fla.) HS.
19. Brent Lutz, c, University of Washington.
20. Ben Weber, rhp, University of Houston.
21. Tim Lindsay, rhp, UCLA.
22. Andrew Dolson, lhp, Troy State University.
23. Chris Kotes, rhp, Columbia University.
24. Albert Montoya, lhp, New Mexico State University.
25. Ryan Franklin, rhp, Spiro (Okla.) HS.
26. Jason Maloney, rhp, Bullard HS, Fresno, Calif.
27. Paul Barton, lhp, University of Utah.
28. Steve Sinclair, lhp, Victoria, B.C.
29. Scott Bartucca, 1b, Onondaga (N.Y.) CC.
30. Joe Lis, 2b, University of South Florida.
31. Jim O'Connor, rhp, New York Tech.
32. Mark Voisard, rhp, Mt. Vernon Nazarene (Ohio) College.
33. Kurt Heble, 1b, McNeese State University.
34. Ted Langowski, 1b, University of San Francisco.
35. Darin Nolan, rhp, Washington State University.
36. Thomas Vaught, 3b, Tallassee (Ala.) HS.
37. Gary Miller, rhp, Penn State University.
38. Alan Ford, rhp, San Francisco State University.
39. Chris Ermis, rhp, San Antonio (Texas) JC.
40. Steve Marr, rhp, Western Kentucky University.
41. Angel Abreu, rhp, Guaynabo, P.R.
42. Andrew Srebroski, ss, Anne Arundel (Md.) CC.
43. Louis Benbow, 2b, Saddleback (Calif.) JC.
44. Craig Quinlan, 1b, St. Thomas (Minn.) University.
45. Mike Morland, c, University of Texas.
46. Rayfield Ragland, of, Chipola (Texas) JC.
47. Peter Polis, c, New York Tech.
48. Ryan Adamo, rhp, Reedsport (Ore.) HS.
49. Emanuel Hayes, ss, Odessa (Texas) JC.
50. Roraino Golston, of, New Mexico JC.
51. Symmion Willis, ss, Mays HS, Atlanta.
52. Edsel Ambrosina, 2b, Berrien Springs, Mich.
53. Vick Brown, ss, Grand Ridge HS, Cypress, Fla.
54. Cuba Gregory, ss, Southeastern HS, Detroit.
55. Gregg Rinaldi, rhp, Memorial HS, New Hyde Park, N.Y.
56. Les Dennis, ss, West Linn (Ore.) HS.
57. Ronald Mason, of, Martin Methodist (Tenn.) JC.
58. Patrick Guerrero, 3b, Middle Georgia JC.

INDEX

AMERICAN LEAGUE
Baltimore 54
Boston 59
California 64
Chicago 69
Cleveland 84
Detroit 89
Kansas City 99
Milwaukee 109
Minnesota 114
New York 124
Oakland 134
Seattle 165
Texas 170
Toronto 175

NATIONAL LEAGUE
Atlanta 48
Chicago 74
Cincinnati 79
Houston 94
Los Angeles 104
Montreal 119
New York 129
Philadelphia 139
Pittsburgh 144
St. Louis 149
San Diego 155
San Francisco 160

AMERICAN ASSOCIATION
Buffalo 145
Denver 110
Indianapolis 120
Iowa 75
Louisville 150
Nashville 80
Oklahoma City 171
Omaha 100

INTERNATIONAL LEAGUE
Columbus 125
Pawtucket 60
Richmond 49
Rochester 55
Scranton/W-B 140
Syracuse 176
Tidewater 130
Toledo 90

PACIFIC COAST LEAGUE
Albuquerque 105
Calgary 166
Colorado Springs ... 85
Edmonton 65
Las Vegas 156
Phoenix 161
Portland 115
Tacoma 135
Tucson 95
Vancouver 70

EASTERN LEAGUE
Albany 125
Canton 86
Hagerstown 56
Harrisburg 120
London 90
New Britain 61
Reading 141
Williamsport 130

SOUTHERN LEAGUE
Birmingham 70
Carolina 145
Charlotte 76
Chattanooga 81
Greenville 50
Huntsville 136
Jacksonville 166
Knoxville 177
Memphis 101
Orlando 116

TEXAS LEAGUE
Arkansas 151
El Paso 110
Jackson 95
Midland 66
San Antonio 105
Shreveport 162
Tulsa 172
Wichita 156

CALIFORNIA LEAGUE
Bakersfield 106
High Desert 157
Modesto 136
Palm Springs 66
Reno 253
Salinas 253
San Bernardino ... 167
San Jose 162
Stockton 111
Visalia 116

CAROLINA LEAGUE
Durham 50
Frederick 56
Kinston 86
Lynchburg 61
Peninsula 168
Prince William ... 126
Salem 146
Winston-Salem 76

FLORIDA STATE LEAGUE
Baseball City 101
Charlotte 172
Clearwater 141
Dunedin 177
Ft. Lauderdale ... 126
Lakeland 91
Miami 254
Osceola 96
St. Lucie 131
St. Petersburg ... 151
Sarasota 71
Vero Beach 106
West Palm Beach . 121
Winter Haven 62

MIDWEST LEAGUE
Appleton 102
Beloit 112
Burlington 96
Cedar Rapids 81
Clinton 163
Kane County 57
Kenosha 117
Madison 137
Peoria 77
Quad City 67
Rockford 121
South Bend 72
Springfield 152
Waterloo 157

SOUTH ATLANTIC LEAGUE
Asheville 97
Augusta 146
Charleston, S.C. .. 158
Charleston, W.Va. . 82
Columbia 131
Columbus 87
Fayetteville 92
Gastonia 173
Greensboro 127
Macon 51
Myrtle Beach 178
Savannah 152
Spartanburg 142
Sumter 122

NEW YORK-PENN LEAGUE
Auburn 98
Batavia 143
Elmira 63
Erie 254
Geneva 78
Hamilton 153
Jamestown 123
Niagara Falls 93
Oneonta 128
Pittsfield 132
St. Catharines ... 178
Utica 72
Watertown 88
Welland 147

NORTHWEST LEAGUE
Bellingham 169
Bend 255
Boise 68
Eugene 103
Everett 163
Southern Oregon . 138
Spokane 159
Yakima 107

APPALACHIAN LEAGUE
Bluefield 58
Bristol 93
Burlington 88
Elizabethton 118
Huntington 78
Johnson City 154
Kingsport 132
Martinsville 143
Princeton 82
Pulaski 52

PIONEER LEAGUE
Billings 83
Butte 174
Great Falls 108
Helena 113
Idaho Falls 52
Medicine Hat 179
Pocatello 255
Salt Lake 256

ARIZONA LEAGUE
Angels 68
Athletics 138
Brewers 113
Cardinals 154
Giants 164
Mariners 169
Padres 159

GULF COAST LEAGUE
Astros 98
Blue Jays 179
Braves 53
Dodgers 108
Expos 123
Mets 133
Orioles 58
Pirates 148
Rangers 174
Red Sox 63
Royals 103
Twins 118
White Sox 73
Yankees 128

1992 ALMANAC • 329

NOTES

Unparalleled baseball grandstands.

The trademark of Southern Bleacher. Baseball grandstands from Southern Bleacher will assure you of the highest quality and best value in design, engineering, manufacturing and installation. Custom mitered grandstand designs can be enhanced with integral roof and skybox systems that distinguish Southern's engineering integrity. Plus, reserved section spectators will be comfortable for all nine innings in the contoured SOBCO Aluminum Stadium Chair. Southern offers design/build services in the expansion of your existing steel or concrete stadium. Base line additions can be designed to provide a continuous crosswalk from the original structure. Wood seating sections can be renovated with aluminum bench seating. Since 1946 the name Southern Bleacher has stood for unparalleled achievements in permanent grandstands, stadium seating and portable bleachers.

Southern® BLEACHER COMPANY

P.O. Box One, Graham, Texas 76046
Toll Free: 1-800/433-0912   In Texas: 817/549-0733   FAX: 817/549-1365

ROTISSERIE® LEAGUE STATS

The only official Stats Service authorized by the guys who invented Rotisserie® League Baseball!

- ☐ **Fast! Reliable! Accurate!**
- ☐ **FAX or MODEM Service Available!**
- ☐ **Free Agent Listings!**
- ☐ **Farm System Reports!**
- ☐ **Extra Stat Categories!**
- ☐ **Free Commissioner's Service!**
- ☐ **Join A League We Form!**
- ☐ **Mixed Leagues OK!**

ROTISSERIE® LEAGUE STATS
370 Seventh Avenue
Suite 312
New York, NY 10001

Telephone: 212-695-3463

Rotisserie Souvenir Shop

Send away NOW for your copy of **The Rotisserie Baseball Video** featuring **Reggie Jackson** and the founders of Rotisserie League Baseball! Also ask about our 100% cotton T-shirts and stylish baseball caps, both featuring our logo in living color. Order yours today!!

BASEBALL AMERICA'S 1992 DIRECTORY

Baseball America's annual Directory brings a research library to the palm of your hand. Whether you're a top-notch baseball executive or a hungry-for-more fan looking for the inside track, you'll want to keep this book nearby.

The Directory provides major and minor league schedules, ballpark locations and telephone numbers. Even game times.

Looking for someone? The Directory offers full front office information for teams on all levels, from the commissioner's lieutenants to the radio guy in Pocatello.

Our new service directory will tell you where to buy a radar gun, or a case of sunflower seeds. How about someone to liven up your ballpark? Captain Dynamite is only a phone call away.

Of course, it wouldn't be Baseball America's if it didn't provide information on amateur baseball, Japan, Mexico and the winter leagues, too.

BASEBALL AMERICA'S 1992 DIRECTORY
For Who's Who And Who's Where.

Available March 1992

Baseball America • P.O. Box 2089 • Durham, NC 27702

Please send me _____ copy(s) of the 1992 Directory at $8.95 each.

☐ My check or money order is enclosed ALM92

☐ Please bill to my: ☐ Visa ☐ MC ☐ AMEX

Card No. _____ Exp. Date _____

Name _____

Address _____

City _____ State _____ Zip _____

For faster service on credit card orders, call
1-800-845-2726
M-F, 9-5 ET

triple play

OWN & MANAGE YOUR OWN TEAM

FANTASY BASEBALL

**WHO WOULD YOU DRAFT FIRST?
WILL CLARK OR JOSE CANSECO**

PLAY BY MAIL & FAX
24 Hour Interactive Hotline
We're Fast, Convenient, Accurate.

Draft Players
Make Trades
Sign Free Agents
Live or Phone Drafts
8 OR 16 Team - Leagues
Win Prizes

CALL FOR A **FREE** 1992 DRAFT & RULE BOOK
(800) 992-6622
(516) 796-4600 (NY & NJ)

TRIPLE PLAY FANTASY SPORTS, INC.

STURDISTEEL
A TRADITION OF QUALITY

"For all Your Stadium Needs" For more than 50 years, the tradition of quality at Sturdisteel has been based on our commitment to our customers to research, design, engineer, fabricate and install the finest seating available at fair and competitive prices. Sturdisteel's expert craftsmanship of permanent grandstands, portable bleachers and aluminum stadium seats sets the standard in outdoor seating.

RECENT INSTALLATIONS:

Reading Phillies	Reading, PA
Minnesota Twins Spring Training Complex	Fort Myers, FL
El Paso Diablos	El Paso, TX
Tacoma Athletics	Tacoma, WA
Midland Angels	Midland, TX

Sturdisteel®

A Division of Schultz Industries, Inc.
P.O. Box 2655 • Waco, Texas 76702-2655
1-800-433-3116 (USA) • 1-817-857-3744 • FAX 1-817-857-3244

Here's The Pitch.

Pencil Yourself Into The Lineup.
Don't Get Caught Looking.

We take the mound 24 times a year. And as a 10-year veteran, we've developed quite a repertoire. We paint the corners with our special reports and insightful examinations of trends in the game.

Our colorful features, both major and minor league, will entice you like a lollipop curve. Our draft coverage and prospect lists are nothing but heat, right down the middle. And we may surprise you with an occasional knuckleball, just a tinge of humor and irreverence that helps weave the fabric of baseball.

We blaze the trail for you to follow your favorite prospects up the ladder to stardom, with complete minor league statistics and reports. And even before they sign their first professional contract, we've got our eye on them with college and amateur news.

From Pulaski to Pittsburgh, Tokyo to Omaha, Baseball America keeps you in touch with the game.

So come on, you're up.

Baseball America • P.O. Box 2089 • Durham, N.C. 27702

Please Send Me: ☐ **2 Year Subscription at $58.95**
　　　　　　　　 ☐ **1 Year Subscription at $35.95**
　　　　　　　　 ☐ **½ Year Subscription at $19.95**

☐ My check or money order is enclosed (in U.S. funds only)

☐ Charge to my: ☐ Visa ☐ MC ☐ AmEx

Exp. Date _____

Card No. _____

Name _____

Address _____

City _____

State _____ Zip _____

Phone (___) _____

For Faster Service On Credit Card Orders Call Toll Free
1-800-845-2726
9-5 EST
Please Have Your Credit Card Ready

ALM92

Don't Be A Draftbook Dodger, It Could Cost You 25 Years

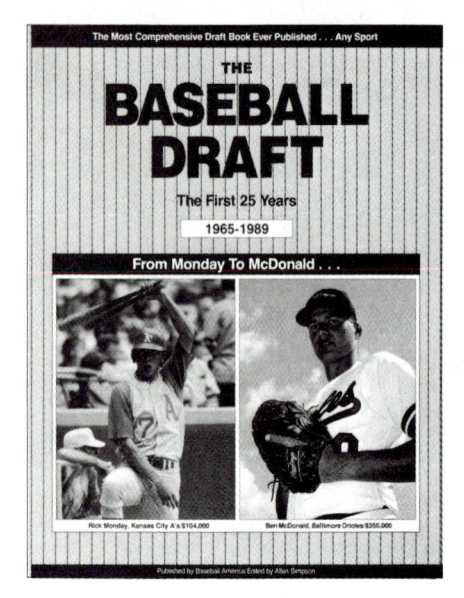

The Most Comprehensive Draft Book Ever Published... Any Sport

THE BASEBALL DRAFT

The First 25 Years
1965-1989

From Monday To McDonald...

Rick Monday, Kansas City A's/$104,000

Ben McDonald, Baltimore Orioles/$350,000

Published by Baseball America Edited by Allan Simpson

Make Baseball America's *THE BASEBALL DRAFT: The First 25 Years* your first-round selection. **It is the most comprehensive draft book ever published . . . any sport**, for only **$19.95**.

- 312 pages featuring more than 200 stories and 400 photos on the most intriguing names of the draft era
- A complete listing of every player ever drafted, 1965-1989 . . . more than 31,000 names
- Club-by-club, year-by-year selections highlighting which players reached the big leagues
- Draft Trivia: The best and worst drafts, father-son acts, bonus information, the biggest flops, most selections by state
- Players who went straight to the big leagues; players who were overlooked in the draft
- Comprehensive charts on the first-round picks
- Reggie Jackson, Mike Ivie, David Clyde, Steve Chilcott, Kirk Gibson, Jim Abbott — all the fascinating names of the draft era . . . in one book!

....

Baseball America • Dept. D1 • P.O. Box 2089 • Durham, NC 27702

☐ Please send me ____ copies of **THE BASEBALL DRAFT** @ $19.95 each
☐ My check or money order is enclosed.
☐ Please bill my: ☐ Visa ☐ MC ☐ American Express
Card No._____Exp. Date_____
Name_____
Address_____
City_____State_____Zip_____

For faster service on credit card orders call:
1-800-845-2726 M-F, 9:00-5:00, ET